漢語仏典における偈の研究

齊藤隆信

法藏館

はしがき

すこし古くなるが、日本で交通安全の標語といえば、「注意一秒、怪我一生」や、「飲んだら乗るな、乗るなら飲むな」あたりが常套句であろうか。どちらも短くて覚えやすいように対句と押韻が配慮されている。これが交通事故の減少に貢献しているのかは知らないけれど、リズミカルな響きは、一度聞いたら耳について離れにくい効果はあるのかもしれない。一方、一字一音節の漢字は、工夫しだいで日本語以上にリズムをもたせることができる。北京の街角で見かける交通標語の中で目にとまったのが、「司机一滴酒、親人二行泪」だ。ドライバーが一滴の酒を飲めば、家族は二すじの涙を流すということで、押韻こそしていないが、五字一句に仕立て、それぞれ品詞において対になっている。誰が考えたのか、実に巧みである。

中国では春節になると家々の玄関に対聯をかける風習がある。めでたい句を紙に書いて、戸口の両側に貼りつけ、この一年もよい年になりますようにと願いをこめる。北京の中心部は都市開発によって、平房が取り壊されているので、対聯の貼り紙はしだいに減りつつあるが、それでも勇気をだして迷路のようなフートンの奥へと足を踏み入れると、各家の戸口の両側に対聯を、その上には横聯を見かけることがある。聯は既成の句を書いてもよいが、自分で考えるほうがおもしろい。そんな聯を探して歩くのも春節の楽しみだった。ある日のこと、中国中央電視台（CCTV）が中国東北部で鹿を飼育する青年の生活を放映していた。鹿の角は漢方薬として高く売れるため、田畑の仕事よりもずっと割がいいそうで、多くの農民が鹿を飼っているという。村で一番たくさん鹿を飼っている青年が、玄関先で取材を受けていた。小鼻をふくらませ得意になってサクセス・ストーリーを語っている表情がなんとも滑稽だったが、その後方には、確かに「要想富　快養鹿」（Yào xiǎng fù　Kuài yǎng lù）の聯が貼ってあった。金持ちになりたきゃ、さっさと鹿を飼おうぜってことだ。一句の字数を三文字にして、句中の声調は二句一対に、そして句末の文字を押韻させている。つまり、中華の韻文の三要素である音数律（一句の字数）、声律（句中の平仄）、韻律（句末の押韻）のすべてを具備しているのである。わずか六文字でありながら、それはまぎれもなく立派な韻文作品であった。さすが村一番の発財（なり金）だけあって、うまく考えたものだと感心する。

さて、前置きが長くなってしまったが、本書が目的としているのは、実のところ、先の交通標語やこの鹿飼い青年の作品を、中華の韻文の三要素によって評価するように、仏典の偈頌に対して同じ作業を行うことにある、と言えば理解していただけるだろうか。

＊　＊　＊

言うまでもなく、漢語仏典の文章は、散文（長行）と韻文（偈頌）の二種でしかない。これまでの仏教研究は散文資料を対象とすることが常であり正当な手法であった。それは韻文にまさる豊富な分量と詳細な内容とが、期待される成果を生み出してきたからである。おそらく今後もそれは変わることはないだろう。しかしながら、ごく単純に考えたならば、もう一方の韻文資料を俎上にあげないとは、いったいどうしたことか。本研究ではこれまで散文の陰に甘んじてきた韻文を研究対象とすることの意義を提起したい。つまり散文にはない韻文だけがもつ律動という不可視なものを、可視的なものとして顕在化させることによって、種々の問題を解明しようとする挑戦なのである。

本書は、これまで継続して行ってきた「漢語仏典における偈の研究」についての報告である。そもそも本研究は、中国の浄土教礼讃偈を文学作品として評価できるか否かという着想からはじまった。つまり、唐代の浄土教礼讃偈の校本とその訳注を作成している作業の中で、それらが李白や杜甫によって方向づけられた近体詩の格律に準拠していることに気づいたことが契機となっている。その発見は、「偈」がインド仏教を源泉としていながら、同時に中国文学としての「詩」であることの発見でもあった。そうした関心は、漢訳仏典と中国撰述経典〈疑偽経典〉にも及ぶようになった。それら悉皆調査の結果として、特定の漢訳者が翻訳した経典の偈や、中国撰述経典に説かれている多くの偈にも、中華の詩の絶対条件である押韻〈通押を含む〉を具えているものが存在することがわかってきた。そして、この方面の研究がほとんど手つかずということもあって、仏典全般における偈の総合的な研究の必要性を痛感するにいたった。ただし、それを成就するには少しばかり時間がかかる。そこで、本書では偈の律動を中心とした研究に限定することにした。ここで言う律動とは規則的、周期的に繰り返される音楽的なリズムであり、具体的には前述した音数律、声律、韻律といった中華の韻文における三要素である。したがって、律動の配慮が施されていない偈については、本書では対象外ということになる。

また、ここで用いる「漢語仏典」の定義について、広義おいては漢語によって表記される仏教文献のすべてをさすが、それでは収拾がつかなくなるので、本研究においては以下の三種に分類した。第一に漢語に翻訳された〈漢訳仏典〉、第二に中国で撰述された〈中国撰述経典〉、そして第三に浄土教の信仰儀礼書である〈浄土教礼讃偈〉である。ここでは、これら三種の総称として「漢語仏典」と呼ぶことにする。ただし、本書ではこのうち、第一〈漢訳仏典〉と第二〈中国撰述経典〉だけを話題とし、第三の〈浄土教礼讃偈〉については、中国浄土教儀礼全体の中で再構築した上で公開したほうが得策であると考えており、近いうちに続刊する予定である。

なお、本書の各章は初出一覧に示したように、旧稿が多くを占めているが、全体の体裁を考慮したとき、重複部分と不足部分を斟酌し、できるだけ刪繁補欠を加えた上で体裁を整えている。また、旧稿における不適切な内容と表現、それに誤字と脱字なども最低限の訂正を施してある。ただし、論旨の展開上、どうしても削れないこともあり、そのため複数の章において重複する文言をそのまま残したところもある。

* * *

平成二三年度、『漢語仏典における偈の研究』と題する学位請求論文を佛教大学に提出した。本論の「浄土教礼讃偈の律動と通俗性を中心として」と、副論の「漢訳仏典および中国撰述経典を中心として」の二部である。このたびの出版においては、学位請求論文の副論に数件の論文を新たに加えた構成となっている。

漢語仏典における偈の研究　目次

第二部　各論篇

【凡　例】

一、本書は総論篇、各論篇、資料篇からなる。総論篇と各論篇は旧稿の改訂と新稿からなり、資料篇には《漢訳仏典有韻偈頌一覧表》、および《漢訳経典偈頌総覧》を収めた

一、論文中に引用した全集の名称と敦煌石室写本は以下のように略した

『大正蔵経』……『大正新脩大蔵経』

＊『大正蔵経』の引用で「三本」とする場合は、宋元明版の三種大蔵経を意味する

『卍続蔵経』……『大日本新纂続蔵経』

『浄全』…………『浄土宗全書』

『続浄全』………『続浄土宗全書』

敦煌石室写本（『敦煌宝蔵』、『敦煌吐魯蕃文献集成』、『国家図書館蔵敦煌遺書』などを用いた）

斯……スタイン本（イギリス大英図書館蔵）

伯……ペリオ本（フランス国立図書館蔵）

北……北京本（中国国家図書館蔵）

孟……オルデンブルグ本（ロシア科学アカデミー東洋学研究所サンクトペテルブルグ支部）

一、引用文は、異体字を含めすべて正字・新字体で統一した。ただし異体字の類似性を配慮して、あえて旧字体を用いる場合もある。また「佛教大学」などの固有名詞も旧字を用いた

一、引用文の前後で括弧に示したのは、全集や叢書の巻数と頁数である

（一二・二六五下）……『大正蔵経』の第一二巻二六五頁下段

＊出典が『大正蔵経』以外の場合は、全集・叢書名を付記している

＊『高麗大蔵経』（東国大学校本）によって『大正蔵経』の誤植を訂正した

一、偈の句末の括弧には当該韻字の韻目（『広韻』の韻目）、および韻部（漢訳時代の韻部）を示した

また、押韻（または通押）する句末の韻字は、ゴシック体によって示した

例：世所希見**聞**（平文・真）……韻字「聞」の韻目は平声文韻で、韻部は真部に属す

なお、押韻や通押していない句末の文字にも、参考までにすべて韻目と韻部を示した

一、漢字の右にある記号は以下のとおり。○＝平声　●＝仄声　◎＝平声押韻　◉＝仄声押韻

一、推定音をIPA（国際音声記号）によって表示した。なお、その際に音声記号［　］、音素記号／　／、そして推定音の復元に用いられる＊は表示しない

一、漢字の推定音については、上古音と中古音を李方桂に、魏晋南北朝音を丁邦新によって表示した

漢語仏典における偈の研究

第一部　総　論　篇

第一章　研究序説

第一節　本研究の梗概

ここでは本研究「漢語仏典における偈の研究」の構想・目的や意義と方法論について述べる。筆者がこれまでに積みあげてきた「漢語仏典における偈の研究」は、そもそも漢訳仏典から中国撰述経典へと段階的に論証し、最後に浄土教礼讃偈を扱っている。したがって、この研究序説では、これらの資料すべてを視野に入れた問題として総体的に述べていることを諒解されたい。

一、構想・目的

漢語文献は、その文章スタイルから散文と韻文とに分類できる。それは漢訳された仏教文献においても同様であり、散文を長行と称し、また韻文を偈頌と称するのが通例である。これまで中国仏教の思想研究や、漢語の仏教文献研究においては、そのテキストが韻散混淆体であれば、長行（散文）を対象とすることが多く、偈頌（韻文）が積極的に対象とされたことは稀であった。確かに長行研究から導かれる成果は、確実でしかも迅速かつ正当なものであることは誰もが認めるところである。そして、それだけに今後もこの手法は覆されることはないはずである。

一方、偈頌の研究においては、今後どれほど研究が進展しようとも、思想解明において長行を凌ぐほどの成果は期待できそうにない。それは、これまでと同様に偈頌に研究のメスが入らないと予想されるからである。その理由はいくつか想定できるだろう。主な原因としては以下の二点ではないかと思われる。第一に、その内容が所詮は長行の反覆にすぎないという認識が根強いからである。およそ当該文献の内容を知ろうとするならば、誰もがそれを長行に求め、長行以上の詳細な情報を偈頌に求めることはないからである。つまり文献の思想内容を理解する上で、偈頌は最初から検討の対象とはなりがたいということである。第二は、文章構造の問題である。五言や七言のごとく定められた句中の音節数に詞語を嵌入し、また節奏点を配慮しつつ翻訳するならば、時に実字や助字を加減し、さらに語彙を倒置したり、造語するなどしなければならない。このような数多くの制約に拘束される偈頌には、長行における通常の措辞に比して破格が多く、さらには句間をまたぐ詞彙割裂の現象も引き起こす特殊な文体となっている。これは翻訳者の漢語語彙の豊富さと漢語語法の的確さが要求されるわけで、長行のように自由に表現しえないことから、逆に読み手の側も同じように読解が困難で意味のとりにくい文体となっているからである。偈頌の内容は長行に対して付属的で不完全であり、しかも難読であり、かつ視覚的には韻文の装いをしただけで、内実は散文にすぎないという認識から、なかなか研究の俎上にのぼってこなかったものと考えられるのである。

さらに、偈頌が中華の詩歌として扱われなかった理由としては以下のことが推測できる。すなわち、偈頌とは翻訳によって一句の音節数を均一化しただけの無韻の韻文（unrhymed verse）という印象を与えたために、中華の韻文として評価される機会を喪失してしまったということである。確かに漢訳仏典の偈頌の多くが、あたかも散文を機械的に五言や七言という音節に分断しており、しかもその大多数が無韻であることは事実として認めざるをえない。しかし、ごく単純に考えてみれば、漢語仏典の文章スタイルには、前述のごとく長行（散文）と偈頌（韻文）

を除いて他に存在しないのだから、偈頌も積極的に取りあげなければならないはずである。これまでの仏典研究は、総じて長行を中心とした片輪走行で行われてきたが、もう一方のスタイルとしての偈頌を見直すことで、たとえその成果が微々たるものであったとしても、これまで閉じられていた扉が開かれる可能性もあるに違いない。

仏教の百科全書とも言える大蔵経（一切経）は、インド仏典を漢訳した典籍がその大多数を占めている。また、この大蔵経に包摂されることのない夥しい中国撰述の仏典も現存している。本研究は大蔵経や、そこに入蔵されない中国撰述仏典や浄土教礼讃偈などの中にあらわれる偈頌に焦点をあて、そこにひそむさまざまな問題を解明することを目的としている。たとえば以下のようなものである。

Ａ　なぜ詩としての格を具えた有韻偈頌が漢訳されるのか
Ｂ　韻文訳する効果（利点と欠点）とは何か
Ｃ　有韻偈頌はなぜ特定の訳者に顕在的なのか
Ｄ　中華伝統の韻文とどのように関連するのか
Ｅ　後世になるとなぜ漢訳経典の有韻偈頌は減少していくのか
Ｆ　律蔵と論蔵にはなぜ有韻偈頌がないのか
Ｇ　中国撰述経典にはなぜ有韻偈頌が多いのか
Ｈ　中国浄土教の礼讃偈はなぜ有韻偈頌に仕立てられるのか

インド仏典の韻文が漢訳されるということは、一度はインド的な韻文（gāthā）が解体されてしまうものの、次には中国的な韻文（偈頌）へと再構築されていく。本研究は、その普遍性と特殊性を解明することに重点をおいており、そのため中華の韻文作品を勘案しながら、その時代の音韻体系に準拠しつつ、異なる韻部の文字がはたして通押するのか否かを検証するものである。

二、意義

本研究の中心的な眼目は、偈頌における詩律論である。したがって、詩律の配慮が施されていない資料は対象外となる。これまで漢語仏典における偈頌は、中華の詩歌として扱われることがなかった。それは偈頌ということばが無韻の文を連想させるために、これを韻文として対峙しようとする機会を逸してしまったからであろう。しかし、前述したように、これまでの長行を中心とした研究に反省を加えつつ、長行の研究と同時に偈頌を韻文資料として取りあげ評価することで、以下のような問題点の究明が可能となる。ここに本研究の大きな意義がある。

A　失訳経典（翻訳者未詳の経典）の漢訳者や漢訳年代の想定
B　中国撰述経典の撰述年代の想定
C　浄土教礼讃偈の通俗性や文学的性格の解明
D　韻文テキストの校訂や原初形態の復元
E　中古音韻学研究への新たな材料の提供
F　長行の中に隠れている偈頌（または韻文）の発掘
G　以上を通して仏典における韻文の再構築の過程を浮き彫りにすることができる

漢訳経典における偈頌は、視覚的に見たとき、一句中の字数が後漢から隋までは五言が多く、唐代になると七言が増加してくる。また句数にしても概ね偶数句が保持されている。加えて節奏点も規範に準じて翻訳されているものが多い。したがって、中華の文壇における趨勢と歩調を合わせていると言える。これは普遍性である。しかし、仏典に顕著な特殊性も同時に保有している。これまでの研究者は漢訳された偈頌には中華の詩文における絶対条件としての押韻など存在しないものと誤認してきた。ところが大蔵経に収められている経論を調査すると、実際には押韻する偈も存在し、しかもそれらが特定の時代に集中していたり、また特定の訳者の翻訳に顕著であったりする傾向がある。そしてその規範は文壇の詩文にはないような、仏典における特殊性が認められるのである。

これまで漢語仏典の偈頌を研究の俎上にのせたような成果は報告されていない。そしてその音韻学的な方面に及んでは皆無に等しい。朱慶之は、「佛典与漢語音韻研究――二〇世紀国内佛教漢語研究回顧之一――」（四川大学漢語史研究所編『漢語史研究集刊』第二輯、巴蜀書社、二〇〇〇年）において、仏典と漢語音韻学に関わりのある二〇世紀の研究史を巨視的に回顧しているが、そこに紹介されているものは、主に漢訳経典における音写語をめぐっての梵漢対音の究明であって、本研究が意図しているような偈頌の音韻そのものが材料とされたような研究を紹介したものではない。したがって、本研究で扱う資料を加えることによって、仏教学と中国語音韻学方面に対して新たな材料を提供することになるはずである。

また、本研究では漢語仏典における詩文（偈頌）を材料としているが、これを先に示した三種に分類した上で調査研究を進めていくことになる。それぞれの意義については以下のとおりである。

①漢訳仏典における偈頌

インド仏典が漢訳されはじめた後漢において、安世高は gāthā を「絶」「絶辞」「縛束説」と訳し、つづく支婁迦讖は「偈」と訳した。そして安世高が漢訳した偈頌にあっては一句中の字数に統一性がなかったが（雑言）、支婁迦讖はこれを意図的に均一化している（斉言）。それは、他でもなく中華の詩の体裁を意識した上での配慮である。さらに降って三国になると呉の居士支謙によって句末押韻の配慮も加えられてくる。これは中国的な韻文に再構築されたことを意味する。この韻文の再構築ということをめぐって、失訳経典（翻訳者未詳の経典）の訳者や漢訳年代を想定し、またテキストの校訂と原初形態の復元が可能となり、さらには中古漢語における音韻研究に新たな材料を提供するなど、さまざまな問題を解明することができるのである。なお、偈頌が押韻するのは漢訳経典だけではない。『大智度論』の偈にも少なからず含まれており、これは鳩摩羅什の漢訳方針との矛盾や自作の詩作との関連から、羅什翻訳説・加筆説などの懸案に一石を投じることになるだろう。

②中国撰述経典における偈頌

中国で撰述された経典（疑偽経典）は、早く『出三蔵記集』五の「新集安公疑経録」に二六部三〇巻が一括分類されていることから、四世紀中葉ごろまでにそのいくつかは存在していたことがわかる。現存する撰述経典の数量は、『開元釈教録』（七三〇年）に著録されている四〇六部一〇七四巻に遠く及ばないものの、敦煌石室や日本の寺廟などには往時を知る貴重な資料として現在も珍蔵されている。ここでは、それらのうち経中に偈を含む文献の中からさらに音韻の配慮（主に句末の押韻と句中の平仄）が施されている偈のみを対象とする。現存する中国撰述経典の中で、その経中に偈を含んでいるのは、わずかに四〇部を超える程度であるが、中華の詩との関係、テキストの校訂と原初形態の復元、撰述年代の推定、経典読誦との関連性、音韻の配慮にともなう疑偽経典であることの露呈など、関連する諸問題を明らかにすることができる。

③浄土教礼讃偈における偈頌

南北朝末期から隋唐、そして五代をへて宋初にいたるまで、阿弥陀仏信仰を鼓舞する浄土教の諸儀礼は大いに盛行した。その初期においては、単に浄土や仏を讃歎するだけで、礼讃偈に音楽的な配慮は施されていなかったが、唐代以後の作品には押韻・平仄・対句・典故などが具わってくる。これは宗教作品でありながらも、同時に文学作品としても評価できるような配慮が加わったことを意味する。練りあげられた詩歌は、聞いて耳に心地よく、また記憶し易いため、暗誦にも適し、その詩語や平仄からは詩情の喜悦憂愁までもが伝わり、文学的にも高い評価が得られるわけだ。ところが、これまで礼讃偈を詩文学の観点から検討することはほとんどなかった。そこで唐代浄土教における礼讃文に説かれる偈頌（礼讃偈）の詩律を調査することで、純文学に対する通俗性、俗文学性を解明するとともに、詩律に忠実な中国伝存テキストと、それを閑却した日本伝存テキストの特徴を鮮明にすることができる。

三、方法論

仏典の漢訳は、後漢の安世高にはじまる。後漢の建和二（一四八）年に洛陽に到り、それ以後建寧年間（一六八〜一七二）までの二〇年ほどの間に、『安般守意経』・『陰持入経』・『七処三観経』・『道地経』・『人本欲生経』・『十二門経』など禅観経典を多く漢訳した。僧祐の『出三蔵記集』によると、三五部の安世高訳経典を著録しており、偈を含むものは、『五陰譬喩経』と『七処三観経』、および『道地経』だけである。ただし『五陰譬喩経』は後世に安世高に仮託された経典であるから、そこに説かれる五言の偈は安世高の漢訳ではない。そもそも安世高が偈を漢訳する際には、斉言（句中の文字数が均一であること）ではなく、雑言（句中の文字数が均一でないこと）であった。ところがつづく支婁迦讖になると、わずかな例を除けば、すべて斉言句をもって構成されるようになる。以後はこの支婁迦讖の漢訳体例が標準的な漢訳偈頌のスタイルとなる。このスタイルが導入されると、安世高が用いた「絶」は使用されなくなり、かわって支婁迦讖の「偈」が用いられるようになる。

さて、支婁迦讖以降に漢訳された偈は、一句中の音節数を一律にすること（音数律）で、視覚的には中華の韻文の体裁を有しているが、平仄（声律）や押韻（韻律）といった韻文における諸条件を欠いており、厳密には中華の韻文に準拠した文章ではない。すると、こうした偈を韻文としての中華の「詩」とみなすことはできない。ではこれをどう呼称すべきなのか。インド西域の原典における韻文が漢訳されると、外見的には詩歌のごとく装うが、しかしその内実にいたっては、所詮は視覚的には斉言を保持しているだけで、その実、散文と変わることのないスタイルである。それはやはり「詩」と呼べるようなものではなく、音写語の「偈」と表記するより他にないだろう。このように最初の漢訳者である安世高から支婁迦讖への偈頌をめぐる漢訳体例の変化と、その後の偈頌の各種様態を、それぞれの漢訳者の訳風や、時代性、そして典籍の種別などを通して十分に調査検証しなければならない。

本研究においては、漢語仏典における偈頌を総合的に検討していく。具体的には以下のようにすすめる。まずは詩律の配慮された偈を漢語仏典の中からすべて抽出する。そしてその字音調査が必要となるので、より良質な資料を基本材料とし、漢訳された原初形態の通押状況を検討するとともに、後世において韻字がどのように校訂されていくかも追跡調査しなければならない。よって諸版本・写本・石経など、より豊富な資料を渉猟することが不可欠となる。現段階での可能な限りの資料を蒐集した上で、その次に漢訳仏典・中国撰述経典・浄土教礼讃偈に説かれているすべての偈を個別に検討する。それら有韻偈頌の数量・句式・字数・平仄・押韻などをできる限り細かく調査することである。具体的にそれぞれ摘記すると、以下のようになるだろう。

①漢訳仏典における偈では、経典と論疏の有韻偈頌を資料として、その傾向や特色を時代別、あるいは漢訳者別に調査する。そして、有韻偈頌として漢訳するその意義について、またその功罪についても検討する。

②中国撰述経典（疑偽経典）における偈では、翻訳経典との比較において、その通押の状況や撰述年代の推定、そして経典読誦との関係、さらには教義が重要か、それとも旋律がより重要なのかなど、撰述者らの思惑なり

配慮を知ることができ、興味深い多くの問題が山積されている。

③浄土教の礼讃偈では、多くは一句が五言や七言、句数は四句や八句で構成されている。つまり絶句や律詩を意識して作られた偈に他ならない。この時代は近体詩が生まれ、八世紀の李白や杜甫に及んで全盛となる。よって近体詩に定められる厳格な詩律によって、これらの礼讃偈を評価し、さらに韻律に合致しない用字を考証して本来的なテキストを校讎復元しなければならない。

以上、大まかに研究方法を述べてきたが、近年はＩＴ化の進展によってテキストデータと画像の処理が容易になってきた。また日本における疑偽経典の新発見や敦煌石室の浄土教儀礼文書の整理によって、本研究を促進する上での環境が好転した。ＩＴ技術の操作と多種の領域（仏教学・仏教文献学・中国詩文学・中国語音韻学）の学際的結合によって、新たな研究分野を開拓することが可能となってきた。昨今の状況を考慮し、本研究の成果をデジタル化によって広く公開することも想定している。

第二節　中華の韻文と漢語音韻学

本研究は、漢訳経典をはじめとする仏典における偈の格律全般を分析することによって、そこに見え隠れしている種々の問題を解明することを目的としている。これを遂行するためには、中華の韻文と漢語音韻学の基本的な事項、すなわち五言詩と七言詩の律動や、韻文としての三要素、音韻論などを確認し、本研究を理解するための一助としたい。それは、漢語仏典の有韻偈頌が、中華の韻文やその格律と交渉があったものと考えられるからである。ただし、ここで述べることはみな予備知識であるので、必要のない場合は次節に進んでいただきたい。

一、中華の韻文

中華の韻文というと、ただちに想起されてくるのは、『詩経』や『楚辞』などの先秦の作品群であり、また楽府、賦（漢の古賦、魏晋の俳賦、唐の律賦、宋の文賦）、詩、詞、新楽府といった種々のジャンルであろう。『詩経』は四言が基調であり、『楚辞』は五言・六言・七言が混在し、楽府や賦は時代が降るに従って五言を基調とする作例が数を増してくる。詩はさまざまであるが、やはり五言と七言が多い。一方、中唐以後の詞はメロディ（曲調）に文字をあてた韻文（塡詩）ということであり雑言体となっている。いずれにせよ、総体的に俯瞰したとき、後漢以後は五言こそが中華の韻文における主要な地位を獲得し、唐代では七言が多く作られていく。そして仏典の漢訳はまさに後漢から唐にかけて盛んに行われたのであるから、文壇の趨勢と歩調を合わせるかのごとく、五言を一句とする偈が最も多く、七言の偈がそれについでいる（第一部第二章参照）。そこで、ここではその五言詩と七言詩について述べておこう。

まとまった五言詩の早期の作品としてよく知られているのは、梁朝の昭明太子蕭統（五〇一～五三一）が蒐集した『文選』に収められている作者未詳の古詩一九首である。(1) 前漢、後漢にわたって作られ、男女の悲哀や旅路での望郷の想いが綴られている。ただ五言の作例が詩壇において定着するには、この古詩一九首が作られた時代よりも少し後、すなわち建安文学まで俟たなければならない。

後漢最後の皇帝である献帝は、実質的に曹操に権勢を握られた傀儡政権であった。その年号を建安（一九六～二二〇）という。この時期に花開いた文学を建安文学といい、詩のスタイルを建安体という。その担い手は建安七子と謳われる孔融をはじめとする七人の文人であり、また三曹といわれる魏室の曹操、曹丕、曹植であった。平板で単調な『詩経』以来の四言や賦の旧套から脱却し、新たな韻文として五言のリズムを産出し、文学界に新風をまきおこした。つづく南北朝ではこれまで韻文の中心であった賦から詩へと移行したのである。それは同時に『詩経』や楽府のような歌うための韻文歌謡ではなく、朗誦するための韻文を意図した作品、つまり読者を前提として創作される文学作品としての記念すべき第一歩であった。それ以後、南北朝末期にいたるまでの文壇においては、この五言が席巻することになる。したがって五言基調の詩形としては、この建安年間からはじまると言ってよいのである。

この五言詩はそれ以後、詩文学史を通して、やはり最も中心的な詩形であったことは確かである。たとえ唐代になって、より軽快なリズムとより華美な修飾を駆使する七言詩が風靡するにしても、五言詩が衰退したというのではなかった。重厚な律動（規則的・周期的に繰り返される音楽的なリズム）がはたらく五言は、依然として中華の韻文における正統な詩形として陸続と作られていく。それは隋から導入された官吏登用試験の科挙の科目に五言六韻一二句の排律が課せられたことも大きな要因であろう。すなわち武周革命以前から政界を牛耳っていた武照（則天武后、六二四〜七〇五）は、永隆二（六八一）年に、科挙の中でも最も高級官僚への道が開けており、そのため競争が最も激しい進士科において、その試験科目に経義（儒教の経に対する理解を試す試験）・策論（政治文を書かせる試験）とともに新たに詩賦を加えた。韻文である詩と賦を、定められた規格の中で作らせる考査である。挙人たちは出世と英名栄達を求め、進士及第を果たすべく、とくに詩作の技量を高めなければならなかった。したがってこれ以後は、文人知識人の必須の教養として詩を作ることが義務づけられてくるとともに、これによって五言のみならず、七言詩にあっても、南北朝期にまして多く作られる機縁となった。こうして、詩が知識人にとって欠くべからざる教養の象徴として文壇に君臨することになったのである。唐代詩文における時代区分としての四唐からすると、それは初唐のことであった。それを継ぐ盛唐には李白（七〇一～七六二）や杜甫（七一二～七七〇）が世に出て、近体詩の格律を詩の規準として不動のものとし、王維（七〇一?～七六一）と孟浩然（六八九～七四〇）が山水を題材とした詩を作り、さらに中唐では白居易（七七二～八四六）が二八〇〇首を超える詩を詠んだ。また、同じく進士科に及第し「古文」の復古を提唱した韓愈（七六八～八二四）や柳宗元（七七三～八一九）が詩作においても古代の韻文を範とした。そして晩唐でもやはり進士科に及第した杜牧（八〇三～八五二）や李商隠（八一二?～八五八）などが輩出するのである。前者は七言絶句が高く評され、後者は対句を凝らした作品を多く詠んでいる。このように唐代を代表する詩人の多くが挙人であったことは、科挙という選抜考査が、彼らをして詩を多作せしめただけではなく、結果的にはその水準をも高める役割を果たしたのである。

他方、七言詩の早期の作例としても、人口に膾炙している項羽（前二三二～前二〇二）の「垓下の歌」があり、降って魏の文帝曹丕（一八七～二二六）の「燕歌行」もよく知られているが、漢魏両晋を通して七言詩が多く作られることはなかった。これが南北朝末期になると、しだいに民間歌謡としてその作例が増加し、隋唐にいたると文人らによって積極的に受容されてゆく(2)。小川環樹によれば、それは初唐の四傑である盧照鄰や駱賓王の七言長編詩あたりからであるとする(3)。以後、盛唐の詩仙李白や詩聖杜甫によって数多くの七言詩が作られ、同時に近体詩というさまざまな格律を具備した詩形が文壇に一つの地位を築くことになったのである。宋代は新たに詞が盛行したのであるが、これはメロディに歌詞をあてた雑言体の韻文であり、詩とは区別され、正統な文学として扱われなかった。詩はとくに七言詩が唐詩のスタイルを継承しつつ、宋以後も依然として作られていくのである。

五言と七言のスタイルは、韻文作品において揺るぎない地位を獲得することになったが、その原因については先学によりほぼ共通の指摘がなされている。吉川幸次郎は、『詩経』以来の四言を「リズムは単調で退屈」とし、建安体である五言を「リズムが活動的」と述べ[4]、また松浦友久は、五言と七言はともに奇数音節であり、句末に半拍分の休音が生まれ、これが音楽的な旋律を生むと指摘している[5]。つまり五言も七言も韻文のリズムとなる条件が整い、朗誦するにも、またそれを聞くにも心地よいメロディとなっているということである。ただし同じリズムであっても、二音節をもって一拍をうつ漢語の特性から、五言は三拍子であり、七言は四拍子という相違があることを述べているのである[6]。これはまた五言の重厚感や七言の軽快感となって対照的に表出される要因であり、それぞれの作者によって両者のスタイルを使い分ける指標ともなっていたのである。

＊　　＊　　＊

中華の韻文は、古代歌謡にはじまり、それらが取捨された上で『詩経』三百余首にまとめられてくる。これらの詩歌には不安定ながらも、すでに規格化が見られる。漢語という言語の特性の中から自然に発生したものもあれば、詩歌としての技巧をより凝らすべく、いわば人工的に手が加えられることもある。そうした諸規格が漸次積み重ねられ、さらに精錬されて楚辞、楽府、賦、詩などのジャンルを築くことになった。そして唐代になると最も麗巧な詩形としての近体詩が誕生するにいたる。文人たちはその詩形に存分の彫琢を加えることで互いの技巧を競った。その後は詞や新楽府なども創作されたとはいえ、この近体詩の格律は中華の主要な韻文として、他にその地位を譲ることなく現在まで継承されているといえる。

ところで、こうした中華の韻文にあっては、そのジャンルこそ異なるが、おしなべて韻文と呼称される以上は、すべてに共通する要素・決まりごとがある。それは韻文の三要素と言ってもよい。それが本研究のテーマである律動に他ならない。すなわち①音数律（句中の字数や節奏点）、②声律（句中の平仄）、③韻律（句末の押韻）である。

本研究においては、この韻文の三要素たる律動にもとづいて偈を評価検証することになるので、ここでその大綱を述べておきたい。

①音数律（syllable meter）

漢字はいつの時代であっても、一字一音節が鉄則である。つまり五言であれば五音節、七言であれば七音節となる。したがって、字数がそのまま音節数となるのだから、一句中の字数を均等にそろえる斉言の句は、各句の発声時間（朗誦時間）を一定に保つことを意味する。換言すれば同じ音節数の繰り返しは、それだけで一定のリズムを生み出すことになる。ただし、『詩経』や『楚辞』には、雑言の句（字数が均一化されていない句）も混在しており、また後世の詩文でも句中の字数が均等になっていない作品もある。よって、この音数律を具えていたとしても、それだけで中華の韻文であるとみなすわけにはいかない。しかし、句中の音節を調整することは、わが国の五七調の短歌にも通じる理屈であり、さらに古代ギリシャやローマの古典文学、そして仏典を記述したサンスクリット語などは、音節数の調整によって散文とは異なるリズムを刻んでいるので、脚韻の具備しない韻文（unrhymed verse＝無韻の韻文）ともいわれる。したがって、漢語においても脚韻の配慮はなくとも、音節数（字数）が均一化されているならば、それは人工的な修辞が加わったことになるので、視覚的にも、また拍節リズムの点からも散文でありながら、韻文的な印象を付与することになる。

ここで、日本でもよく知られている五言詩と七言詩の各一首を例として音数律を確認してみよう。

杜甫（七一二〜七七〇）の「絶句」

江碧鳥逾白
山青花欲然
今春看又過
何日是帰年

張継（生没年不詳、八世紀）の「楓橋夜泊」

月落烏啼霜満天
江楓漁火対愁眠
姑蘇城外寒山寺
夜半鐘声到客船

中国の韻文は時代によって、またジャンルによっては一句中の字数が均一にされていないものがあるが、右に示したような唐代の近体詩は、句中の音節数が均一にされている。こうした斉言詩は、朗誦する際に規則正しいリズムを刻むことになる。前述したように、各句を朗誦する時間に、ばらつきがないということである。

さらにこの音数律においては、一句の字数制限だけではなく、句中にもそれぞれ小さな節奏という停頓があり、それがまた歯切れの良いリズムを生み出す役を担っている。五言は二字目の後に置かれ、〔○○／○○○〕となり、七言は四字目の後に置かれ〔○○○○／○○○〕となる。それは同時に意味のまとまりを示す単位となることも多いので、作者は意図的にこのリズムを基調とする詩形の雛形に、一つひとつの漢字を嵌入していく作業を行うことになる。

先の二首の例では以下のようになる。日本語の訓読を付せば、一句の意味のまとまりがどこにあるかがより鮮明になるだろう。

杜甫「絶句」

江碧／鳥逾白　　江碧にして　鳥逾よ白く
山青／花欲然　　山青くして　花然えんと欲す
今春／看又過　　今春　看（みす）みすまた過ぐ
何日／是帰年　　何の日か　是れ帰年ならん

張継「楓橋夜泊」

月落烏啼／霜満天　　月落ち烏啼き　霜天に満つ
江楓漁火／対愁眠　　江楓漁火　愁眠に対す
姑蘇城外／寒山寺　　姑蘇の城外　寒山寺
夜半鐘声／到客船　　夜半の鐘声　客船に到る

作品を鑑賞する側にしても、共通の理解として、音の停頓する位置と意味のまとまりを意識しながら朗誦していくことになる。定まった音節から生み出される音声リズムの単位と、そこに嵌め込まれる意味の単位が一致することによって、より韻文的な効果が期待できるのである。この巧麗にして人為的なリズムこそが音数律である。

②声律（tone）

声律とは漢字の声調を意味する。一つひとつの漢字音は、音韻学的にIMVE/Tという構造によって説明することができる。すべての漢字はこれに洩れるものはない。

I = Initial（声母）
M = Medial（韻頭＝介音）
V = Vowel（韻腹＝主母音）
E = Ending（韻尾、F = Final が用いられることもある）
T = Tone（声調）

たとえば「天」という漢字の現代普通話はピンインで tiān と表記されるので、その字音をIMVE/Tで示すと以下のようになる。

I = t　M = i　V = a　E = n　T = 第一声（陰平）

声母（I）から韻尾（E）までがそれぞれ配当され、声調（T）は韻腹 a のトーン（高低、抑揚）なので第一声ということになる。

このようにすべての漢字には、字音（IMVE）だけではなく、声調（T）も具わっているのである。古代漢語からそれは存在していたと推定されているが、時代も地域も貫くような統一的な声調はなく、また長らくそうした声調の弁別が行われた形跡すらもない。ところが、梵語仏典の中国への流伝にともなって、とくに四世紀以後にそれらインド西域の仏典が盛んに漢訳されるに及んで、みずからの母語である漢語の声調を自覚せざるをえなくなってきた[7]。そして五世紀、周顒（?〜四八五）や沈約（四四一〜五一三）らによって不十分ながらも漢字の声調が体系化されたといわれている[8]。基本的に平声・上声・去声・入声の四声[9]なる声調を与えることによって、語義を弁別する破読が漢語における声調の大きな役割となっている（現代漢語の四声と古代中世漢語の四声は異なる）。

このように声調（T）が語義を規定する言語である漢語は、実は発声するだけでも音楽的な律動を生み出すことになる。つまり、ことさらに楽曲的なメロディにのせなくとも、旋律が得られることになる。韻文に仕立てようとするのであれば、旋律を無視するわけにはいかないので、結果的に声調をより緻密に斟酌しながら漢字を選定して、あたかもパズルのように組み合わせなければならないことになる。たとえば同じ声調の漢字を並べると単調となるため、韻文としての抑揚ある音楽的な律動を感じることができないが、そこに別の声調の漢字を配置することによって変化が生まれ、結果的にメロディのある句を形成することになる。したがって、すべての漢字に具わっている声調というのは、同音異義の文字を区別する標識であるとともに、また組み合わせによって豊かなメロディを生み出す律動的な効果も期待できるということである。

さて、四声ははじめの平声と後三声に二分される。平声は文字どおり平らかな声調で、後の三声はみな抑揚変化のある声調である。これを平仄と呼称する。平とは平声で、仄とは後の三声の総称である（仄とは〝かたむく〟の意）。中国詩において四声を表示する際には、平声を「○」で、仄声を「●」であらわすことになっており、これを先の二首で確認すると以下のようになる。

杜甫「絶句」

江碧●鳥逾○白
山青○花欲●然
今春○看又●過
何日●是帰○年

張継「楓橋夜泊」
月落●烏啼○霜満●天
江楓○漁火●対愁○眠
姑蘇○城外●寒山○寺
夜半●鐘声○到客●船

杜甫の「絶句」五言の場合は、各句の二字目と四字目の声調を異にしていることがわかる。これを二四（にし）不同といい、五世紀以後にこうした配慮が意図的に施されてくる。それは一句中の声調が単調にならないようにするための工夫である。しかも第一句と第四句はともに「●○」となり、第二句と第三句は「○●」となっている。これによってより音楽的なリズムを演出することを可能にする。一方、張継の「楓橋夜泊」七言では、同じく二四不同でありながら、しかも二字目と六字目が同じ声調（つまり四字目と六字目が異なる声調）となっている。これを二六（にろく）対という。そして杜甫の「絶句」と同様、第一句と第四句の声律は同じ「●○●」で、第二句と第三句は「○●○」となるように漢字が嵌め込まれている。これらもやはり声律からくる音楽的なリズムを配慮することから、あえて人工的に手を加えているのである。右の例はどちらも四句であるが、これが倍の八句やそれ以上の句数になっても事情は同じことであり、四句の格律が倍になっていくだけのことである。

ただし、この声律にしても、先の①音数律と同じく、中華の韻文における絶対条件とはなりえない。たとえば六朝を席巻した四六駢儷文は、各句の音数律を整え、なおかつ声律である平仄配置に配慮がなされた文体である。駢儷文は、確かに韻文的な要素を包含してはいるが、中華の文章形態においては、あくまでも散文に収められるのである。したがって、中華の韻文として欠くことのできない唯一の条件は、次の③韻律ということになる。韻律という修辞的技巧さえ具わっていれば、それは韻文なのであって、字数を問題にする①音数律であっても、また声調を問題にする②声律であっても、ともにいっそう華美な文章に仕立てるべく、③韻律を補完するための脇役でしかないということである。その他に対句や典故、そして双声語（同声母の語彙）、畳韻語（同韻母の語彙）、重語（同字を重ねた語彙）などの修辞にしても、みな同じく韻文をより秀麗に表達せしめる名脇役を担っているにすぎない。なお、後述することであるが、漢語仏典の偈頌における声律の配慮は、漢訳仏典にはほとんどその配慮はなく、中国撰述経典や浄土教礼讃偈に顕在的である。

③韻律（meter）

韻律（＝押韻律）こそ、中華の韻文を韻文たらしめる根源的な要素である。『詩経』など先秦の韻文が句中押韻することを除いて、基本的には句末に押韻するので、ここでは句末押韻に限定して述べる。先ほど示した漢字の字音としてのIMVEは、声母（I）と韻母（MVE/T）に分類でき、このうち韻母がここで言うところの韻律に関わってくるのである。再び先の「天」を例にとると、韻母ian に声調が第一声なので、ピンインでiān と表記される。

したがって、このianと同じ音素をもつ漢字が同韻母ということになり、もしそれらを並記して二音節語彙を造語したときには、その語彙を「畳韻語」と呼び、もしそれらを詩文における偶数句末に配置したときには、「押韻」と呼ぶ。たとえば「先天的な能力」などと言う場合の「先xiān」と「天tiān」は、普通話では声母（I）がそれぞれxとtで異なっているが、韻母は同じくianとなるので畳韻語といわれる。このような畳韻語は、『詩経』の「窈窕」をはじめ、「爛漫」、「逍遥」、「荒涼」など擬態語や擬声語に用いられることも多い。

さて、押韻についてであるが、ここでも先の二首を例とする。

杜甫「絶句」

江碧鳥逾白
山青花欲然◎（平声先韻）
今春看又過
何日是帰年◎（平声先韻）

張継「楓橋夜泊」

月落烏啼霜満天◎（平声先韻）
江楓漁火対愁眠◎（平声先韻）
姑蘇城外寒山寺
夜半鐘声到客船◎（平声仙韻）

五言詩の場合は偶数句末が押韻するので、「然」と「年」が韻字であり、七言詩の場合は初句にも韻字を置くので、「天」「眠」「船」が押韻となっている（韻字の右の◎は平声で押韻する場合に付ける。なお、仄声で押韻する場合は◉を付す）。現代普通話では同じ韻母ではないが、括弧に『切韻』の最終増訂版である『広韻』の韻目を示したように、杜甫や張継が活動した時代の漢字音、つまり中古漢語の時代においては同音であり、しっかりと押韻していたのである。

このように漢語で綴られる韻文としての絶対条件とは、この句末（多くは偶数句末）の押韻だけである。なお『詩経』など先秦の韻文には毎句押韻や、句中押韻の例も見られるが、後になくなっていく。そうした韻文を楽曲メロディにのせて歌謡するにせよ、また単に朗誦するにせよ、偶数句末にいたって同じ韻母 MVE/T で収束する文字が配置されるということは、散文とは異なる安定性と音楽性、余韻と充足感を与えることになるのであって、決して欠くことのできない韻文の要素なのである。日本の詩歌は五七調といった音節リズム（音数律）を重視するが、中国では音節リズム以上にこの押韻リズム（韻律）を重視する。

ただし、漢訳仏典の偈における押韻は、中華の文壇における詩文のそれに比較すると、かなり粗くて緩いものとなっている。つまり文壇の詩文ではありえないような押韻例が、あたりまえのごとく偈の中に点在するのである。これを通押（後述する）という[10]。

以上、中華の韻文における三要素（①音数律　②声律　③韻律）は、主役と脇役の差こそあれ、どれも韻文を構成するための要素であり、これらが重層的に具わることで、美麗な調べ（ハーモニー）を演出することになる。例として示した二首にこの三要素をすべて盛りこむと以下のようになる。

杜甫「絶句」
江碧●／鳥逾白○●　　江碧にして　鳥逾よ白く
山青○／花欲然●◎（平声先韻）　　山青くして　花然えんと欲す
今春○／看又過●●　　今春　看みすまた過ぐ
何日●／是帰年○◎（平声先韻）　　何の日か　是れ帰年ならん

張継「楓橋夜泊」
月落烏啼●○／霜満天●◎（平声先韻）　　月落ち烏啼き　霜天に満つ
江楓漁火○●／対愁眠○◎（平声先韻）　　江楓漁火　愁眠に対す
姑蘇城外○●／寒山寺○●　　姑蘇の城外　寒山寺
夜半鐘声●○／到客船●◎（平声仙韻）　　夜半の鐘声　客船に到る

なお、これら韻文の律動としての三要素が、漢語仏典の有韻偈頌にどの程度まで干渉し、また拘束しているのかについては、本書の第一部第二章を参照されたい。

二、漢語音韻学（韻律・押韻・通押）

本研究におけるさまざまな懸案事項は、当該資料の偈において、右に示した韻文の三要素がどれほど反映されているかということである。このうち、①音数律はほとんどの仏典において斉言偈であり、四言・五言・七言の異なりがあるだけである。また節奏点も中国撰述経典や浄土教礼讃偈では概ね守られているといえる。②声律は一部の中国撰述経典と浄土教礼讃偈のほとんどがこれに配慮した痕跡を認められるが、漢訳経典にはまったく配慮されていない。③韻律に関しては少し複雑である。それは偈の句末韻字が押韻するか否かを見極めるという単純作業のようではあるが、そのためには漢訳や撰述された時代の推定漢字音を知っておく必要がある。時代が特定できるテキストに関しては問題ないとしても、たとえば失訳経典や撰者を特定できない中国撰述経典においては易しいことではない（ただし韻律から逆に漢訳や撰述の年代が推定できることもある）。したがって、ここでは、どのような段取りをふんで推定音価を求め、さらにその音価が押韻なのか失韻なのかを判断する手立てについて簡単に述べる。

漢字は表意文字（表語文字）であるため、古代中世に用いられていた実際の漢字音は現在に残されていない。またその字形そのものから字音を完全に復元することも不可能である。ただ、漢字音が時代とともに変化してきていることは明らかである。その証例を二、三あげれば、『詩経』における押韻が中世ではすでに押韻していないこと、サンスクリットまたはプラークリットの対音漢字が後に対音とはなりえなくなったこと、地域間の字音（方音）に異なりがあることなどである。漢字音はさまざまな要因によって漸次演変しているのであり、これを永続的（時間）に、また広域的（空間）に一定の音価として保存していくことがきわめて難しい言語なのである。先秦の詩文が中世では押韻しなかったり、盛唐の作品も現代では麗しい余韻を響かせないことと同じく、仏典の漢訳者らが心血そそいで韻文訳した偈も、後世にはその調べが感知されることがなくなってしまう。もと押韻している偈を読誦したとしても、後には無韻のテキストを読誦するに等しく、実にむなしいものとなる。しかし、だからと言って後世の誦者や評者を責めることはできない。なぜなら漢字音が時代の推移とともに演変していくということが意識されはじめたのは、明末の陳第（一五四一～一六一七）を嚆矢とし[11]、これを継承した顧炎武（一六一三～一六八二）以後の清朝考証学におけるめざましい躍進にともなう成果だったからである。それ以前は、先秦の漢字音と当代の漢字音が同一の音価であると信じて疑うことはなかったのである。

上古音（『詩経』が編集された東周から両漢の漢字音。単に古音ともいう）であろうと、また魏晋南北朝の漢字音であろうと、その字音の推定・構擬においては、確実性のある中古音（『切韻』が編集された隋を中心とする南北朝後期から唐中期までの漢字音。近音ともいう）の調査からはじまる。それについては、これまでカールグレン（高本漢、Bernhard Karlgren, 1889-1978）をはじめとする東西の漢学者によって、さまざまな角度から音価が推定されてきた。つまり、上古音においては、『詩経』や『楚辞』、さらに先秦諸子の韻文の押韻単位、諧声符の分類、『切韻』以降の韻書における音韻体系をもってそれを推定し、中古音においては同じく『切韻』をはじめとする韻書、等韻図である『韻鏡』、その他『玉篇』などの反切や読若法の資料、現代中国の諸方言、漢語文化圏（チベット、モンゴル、日本、朝鮮、ヴェトナム）に残っている漢字音、また漢訳仏典の音義資料や音写語（梵漢対音・蔵漢対音）、そして詩詞韻文資料などを用いてなされてきた。本研究でもこうした資料や、それにもとづく研究成果をよりどころとして進めることにする。ただここで扱う仏典は後漢にはじまり唐のはじめまでに限られることから、適応される資料にも制限がともなう。

本研究では実際の音価（国際音声記号 IPA として表記する）を求めることを目的としているのではなく、異なる二つの文字が押韻するのか否かを見極めることができれば目的は達成されることになる。したがって、それには韻書と韻図を用いなければならない。韻書には、『切韻』五巻（陸法言、六〇一年成書）を用いるのが基本である。しかし、『切韻』は完本として現存していないので、専門的な研究を行う場合を除いては、その最終増訂版である『広韻』五巻（陳彭年、一〇〇八年成書）を便宜的に用いることになっている。すべての漢字の音は声母と韻母からなっており、韻書からは韻母を知ることができる。この『広韻』という韻書は、陰声韻・陽声韻・入声韻に分けられ、またそれぞれの声調である平上去入の四声によって分類されている。韻書が韻母の情報であるのに対して、韻図は声母の情報を与えてくれる。それには『切韻』系韻書における韻目（代表的な字）と連動している『韻鏡』（作者不明、一一世紀ごろ成書）を用いるのが普通である。日本語の五十音図のように、縦の系列と横の系列からなり、縦は声調による分類であり、横は調音点と清濁によって分けられている。これら韻書と韻図から韻母と声母となる字を抽出し、いわばその反切によって漢字音が決定するのである。たとえば「涼」という漢字音は、『韻鏡』によると半舌音「良」の声母（来母）であり、『切韻』によれば平声「陽」の韻母とされているので、中古音にあっては「良陽の反（切）」ということになる。ところで韻図も韻書も、あくまでも同じ声母や同じ韻母の漢字を並べているだけであり、そこから国際音声記号IPAとしての音価がすぐさま推定されるということではない。もし、国際音声記号をもって字音を示すならば、先学が声母と韻母の音を推定しているので、それらを参照すればよい[12]。たとえば、先と同じように「天」を例とすれば、現代漢語（普通話）ではピンインでtiānと表記されるが、中古漢語の声母では、『韻鏡』によると「透」声母でtʻと推定され、韻母は『広韻』によると「平声先韻〈小韻天〉」でien韻母と推定されるので、tʻienが復元再構される。また韻書では韻母ienを有する漢字だけが同じ枠の中に排列されるが、たとえ同じienであっても声調が異なる場合は、それぞれ平上去入の中でまとめられることになる。

　さて、先秦から両漢にいたる上古音と、隋唐の中古音の究明は、近現代の漢語音韻学の進展によって大いに解明されてきたといえる。ところがその上古音と中古音の中間にある魏晋南北朝期の音韻体系については、王力、羅常培、周祖謨、丁邦新らによって論究されてきたといっても、その蓄積は必ずしも十分とはいえない。水谷真成はその原因について、以下のように述べている。

この期間が中国の伝統的学問の経学にとってあまり重要な時期と見なされていず、従って関心をもつ層も薄かったこと、政治的には分裂期であり、地理的にも民族的にも複雑をきわめた時期であるため、語学的な処置をほどこすことが困難であったこと、さらに後漢以後一般的に言って文献が急激に増大するが、その割には音韻資料としてきわだって優位にあるものがなかった、或いは伝わらなかったことなどが主たる理由として指摘し得よう。(13)

ところで音韻学史において、この上古から中古へと移行する三国両晋南北朝期においてこそ、多くの仏典が漢訳されていることは周知のとおりである。したがって、漢訳仏典の有韻偈頌を精査していく作業は、他でもなく研究成果の蓄積がとぼしいこの時期の音韻体系をもってなされなければならないのである。

本研究では、漢訳仏典および中国撰述経典や浄土教礼讃文における偈の詩律研究を目的としている。ただし詩律といっても、六朝末期から隋唐に作られる礼讃偈はともかくとして、対象とする漢訳仏典のほとんどが、漢詩文においては南北朝、すなわち古体詩の時期に相当するテキストなので、後に近体詩になると定められるような平仄、対句、典故などの厳格な格律が具わっているわけではない。加えて翻訳という制限もあって、調査の対象となるのは、概ね①音数律と③韻律の状況だけである。仏典の偈頌において、二四（にし）不同や四六（しろく）対、奇数句末の仄声字、粘法反法などといった②声律を具えはじめるのは、南北朝末期以後に撰述された一部の中国撰述経典と浄土教礼讃偈だけであり、漢訳された経典の偈頌には、声律の諸条件を具えるものはないからである。

そこで、漢訳仏典の有韻偈頌の考察に入る前に、通押についていささか述べておかなければならない。押韻については先に述べたとおりであるが、この通押とは要するに緩和された押韻のことであり、句末の押韻単位が実際に押韻するその許容範囲と言ってよい。近体詩の格律以降には、さまざまな詩律にもとづいて作詩され、とくに押韻については『切韻』の体系を受けているものが多い。しかし、前述したごとく仏典が漢訳され有韻偈頌が多く見られるのは、魏晋南北朝期のテキストである。この時代は『切韻』のような南北の字音を総合的に調査して韻書が作られることもなく、また遡って漢代の影響が強かったり、あるいは降って『切韻』に近かったりと、時代によって地域によって、そして個人によってもさまざまであった。『切韻』や『広韻』の音韻体系を基準とし、この時期の詩人の作品を材料としてその音系を推定していくわけであるが、同じ韻部（主母音と韻尾が同じもの）であれば押韻し、また場合によっては異なる韻部であっても押韻させていたのである。このように通常の押韻とは異なる特殊な押韻事例（不同の韻、あるいは不同の韻部、声調の相違）を押韻の許容範囲とみなし、それを通押という。要するにIMVE/Tのうち、わずかにVEの一致ということになる。

仏典の漢訳と撰述は、二世紀中葉からはじまる長い時間と、そして中原から江南という広大な地域において行われてきた。もし、そこにあらわれる偈頌の脚韻に配慮が認められるというならば、それは翻訳者または撰述者各人の感覚的主観的な判断に委ねられる作業であったものと考えてよい。少なくとも作詩上に一定の拘束力を発揮する韻書が成立し流布するまではそうであったはずである。本来ならば、韻はその時代とその地域の韻に従うべきであり、それをもって通押の基準とすべきであるが、南北朝に編纂された韻書資料は残念ながら湮滅してしまったことから、[14]決定的な基準をそれらに求めることができず、すべては推定の音価を手がかりとするほかないのである。

まず隋唐で盛んに用いられた浄土教の礼讃文類における通押に関しては、ことに近体詩の確立以降の礼讃偈であれば、唐詩における押韻が最も参考となる。また六朝末以降に撰述された疑偽経典であっても、浄土教礼讃偈と同様に『切韻』の音系がほぼそのまま適応される。そこで、現今では『切韻』の最終増訂本にして、その音韻体系を比較的忠実に継承することになる。もとより時代の降る、しかも官韻の韻書で調査することは不条理のようであるが、まったくの不当というわけでもない。なぜなら、『広韻』のもととなる『切韻』は五、六世紀における漢語の共通の音韻系統をとどめているとも考えられ[15]、現存する浄土教の礼讃文類のほとんどが隋唐の資料であり、また南北朝後期に漢訳、あるいは撰述された仏典の偈頌における通押を調査する際にも、さほど大きな問題にはならないからである。

さて、南北朝の終わりから隋唐にかけては上述のとおりであるが、漢訳のはじまる後漢安世高から五世紀まで、具体的には二世紀中葉から劉宋・北魏のころにかけての訳経の偈頌に対しては、この『切韻』系韻書の音系をもって適応させることはできない。こうした事例や、各韻書において押韻とならない韻字の合韻に関しては、梁の顧野王『玉篇』（五四三年）における反切も六世紀の江東音韻資料として適宜参照しなければならないし、『一切経音義』などの仏教資料も貴重な資料となる。また、幸いに先学の労作がいくつかあるので参考に供することができる。王力の「南北朝詩人用韻考」は、南北朝の時代順に詩人別、地域別に詩文中の韻字を示し、また「詩韻常用字表」では南北朝隋唐期の入韻を表示している。さらにまた羅常培・周祖謨の『漢魏晋南北朝韻部演変研究』や、周祖謨の『魏晋南北朝韻部之演変』には、両漢から三国を経て南北朝隋へと、王朝ごとにその韻部の分合状況を明らかにし、韻部の通押状況を知ることができ、同じくDing Bangxin（丁邦新）の *Chinese Phonology of the Wei-Chin Period: Reconstruction of the Finals as Reflected in Poetry*（『魏晋音韻研究』）も通押と韻部の変遷が示されており有用である。当然ながら本研究においても大いに参考に供した。

ただし大きな問題はなお残されている。それは、中国の詩を資料とする韻部の演変分合の状況というものは、わずかな例外を除いて押韻単位（多くは偶数句末）がすべて押韻していることを前提としての結果であり、そのためいつの時代の作品であっても、そこから韻部が乖離してはまた統合されてゆく演変の跡を追うことが可能であったが、漢訳仏典の偈頌における押韻単位は必ずしも押韻（または通押）しているわけではないので、偶数句末のすべてが押韻しているという大前提に立つことができないのである。たとえば、ある一連の偈に一〇の押韻単位があるとしよう。そのうち七つの押韻単位がその時代の韻部に照らして確実に押韻し、残る三つの単位がその時代の詩文中に用例を欠いていたり、反切資料からも通押を帰納できないような場合、この三つの単位をいかに取り扱うかが問題となる。正統な詩文においては、陰部と陽部、それに陽部と入部はそれぞれ通押する事例がなかったり、陰陽入の各部内で通押例がない韻部に所属する漢字が、この三つの単位の中に含まれていた場合、はたして当該の漢訳者においては押韻（または通押）するものとして自覚されていたと言えるのか、それとも七つの単位は押韻させたが、残る三つの単位ははじめから無韻の偈として漢訳していたのか、その判断を下すことは容易でないということなのである。

ここで実際に仏典の偈の中から韻字に陰・陽・入の三類が用いられている例をあげて、通押の見極めを確認してみよう。なお、詳細は本書の第二部第十二章を参照されたい。括弧には『広韻』の韻目と漢訳された時代の韻部を示した。

呉の康僧会訳『六度集経』六（『大正蔵経』三・三四下）

善権之所**度**　有益不唐**挙**（上語・侯）

而現此変化　亦以一切**故**（去暮・魚）

『広韻』（『切韻』としても可）では、声調も韻目も異なる陰類の「挙」と「故」であるが、後漢ではともに魚部に括られていた。三国になって分かれて侯魚両部となったが、劉宋にいたるまで通押させる例は、詩文中においても、また仏典においても少なくないことから、おそらく漢訳者の康僧会には自覚的な韻律配慮があったとみなすことができる。なお初句の「度」（去暮・魚）も押韻している。

東晋の失訳『般泥洹経』上（一・一七九中）

　譬華浄無疑　得喜如近**香**（平陽・陽）
　方身観無厭　光若露耀**明**（平庚・庚）

『広韻』の陽韻と庚韻は、それぞれ陽部と庚部であるが、庚部の「明・兄・京」などの韻字は、後漢のときと同じく陽部に接近しているため、三国両晋における詩文中にも押韻する作例を散見することができる。また西秦の聖堅訳『演道俗業経』にも「養」（陽部）と「盲」（庚部）が通押する例が見られる。これら陽類の用例はいずれも通押と認めることができる。

姚秦の鳩摩羅什訳『大智度論』一三（二五・一五八上）

　若生阿浮陀　具満三十**六**（入屋・屋）
　別更有五世　皆受諸苦**毒**（入沃・沃）

この入類の屋部と沃部の通押例は後漢の詩にも見られ、三国で四例、両晋では二一例を数える。劉宋以後には屋沃両部は合流して屋部となることからも、これが鳩摩羅什によって意図的に通押させた偈であることがわかるだろう。

以上、それぞれ陰・陽・入の三類の偈を例として取りあげたが、実は右の通押の可否判定にあっては、さほど困難はなく、中華の詩作の通押状況と比較勘案すれば容易にうかがい知ることができる。それでは、以下の例はいかがであろうか。簡単に判定できるものばかりではないことを、それぞれ右と同じテキストの中から示す。

呉の康僧会訳『六度集経』六（三・三四下）
値見如来世　当曼精進受（上有・侯）
除去睡陰蓋　莫呼仏常在（上海・咍）

三国から宋にかけては侯部と咍部の通押例は認められず、ただ侯部と之部の通押例があるだけである。しかし後漢では「受」と「在」はそれぞれ魚部と之部で通押している。三国の韻部分合は後漢のそれに接近していることから、通押していた可能性も捨てきれない。

東晋の失訳『般泥洹経』下（一・一八四下）
由仏興使我得　清白行無玷欠（入薛・屑）
学当知正志念　愛喜法精進入（入緝・緝）

屑部と緝部の通押例は存在しない。屑部と葉部の合韻例は晋代に一例あるが、それをもってこの偈の屑部と緝部が通押していたと言うには無理があるだろう。

姚秦の鳩摩羅什訳『大智度論』一三（二五・一五九上）
明珠天耳璫　宝渠曜手足（入燭・屋）
随心所好愛　亦従天樹出（入術・質）

入類の屋部 -k と質部 -t とでは押韻しない。ただ、わずか梁代に「服」と「物」の一例だけ認められる。しかしこうした特殊な作例を韻文として通押とみなしうるか、それともテキストの錯綜かは、容易に判断することはできないのである。

これら三つの偈の前後に配置される他の偈はみな押韻または通押していることから、一貫して偈頌全体に韻律への配慮があったと認めたいところであるが、各時代の詩文学作品の用韻に照らしても、同類の用例を多く検出しえないので、右に示した仏典の用例における通押の是非を早急に決定することはできない。もちろん中華の詩文中に用例がないからと言って、簡単に無韻や失韻であると断定し排除すべきではないと思うが、しかしそうかと言って、やみくもにすべての用例を通押の偈として取りあげるには、しかるべき根拠を示さなければなるまい。このように、わずかな事例ではあるにせよ、通押の可否を判定することは容易でない場合がある。

また、もしかりに漢訳者の出身地別、または漢訳された地域別に韻を調査し、これをもって通押の是非を求めたとしても、大きな成果は得られないだろう。(16)なぜなら同時代同郷人であっても、韻部の認識は一様ではなく、さらにこの時代多くの漢訳者たちはその伝記からして、各地を転々と移動しながら漢訳事業を行っているので、音韻的に強く影響を受けた活動地域を特定しえないからである。また訳主にはそれぞれ助訳者がいて、その訳業を支えており、経典によっては異なる助訳者の参画もあったこと、そして有韻偈頌からは訳主の個人的な音価の特色を検出できるほど豊富な資料が残されていないこと、そして何よりも異言語に転換する上での言語的限界と、真理を伝達する難しさからして、どこまでを通押とするか、はたして漢訳仏典の偈における通押の許容範囲は詩文の通押と同じなのか、それともいっそう緩やかであったのかなどに関して、これを簡単に断定することはできそうにない。

本研究に取りあげなかった偈は、押韻単位の七割以上が韻をふまないと考えていただきたい。もし残る三割の押韻単位が通押しているといっても、それは漢訳仏典に普遍的に見られる偶然の通押と考えられ、そこに訳者による意図的な韻律配慮は介在しなかったと判断できるからである。つまり、ある経典中のある章品に、まとまった四句偈が一〇ほどあったとして、うち七偈が無韻で、残る三偈だけが有韻であるならば、この三偈は、たまたま韻母が一致（あるいは近似）したにすぎないということである。それはたとえば以下のような場合である。

義浄訳の『根本説一切有部毘奈耶破僧事』二〇巻（七〇二年漢訳）には数多くの偈が説かれている。ところが韻を配慮したと思わせるような偈は巻第一六（二四・一八五上）の以下の偈のみである。

其長者子見大目連。心極驚怪。而説頌曰

今見日神身（平真）　従日下吾前（平先）
誰令現其身（平真）　速答是何人（平真）
為当是日耶　為是多聞天（平先）

為当是月下　　為復帝釈身（平真）

義浄の活動した七、八世紀に真韻と先韻の押韻は都合が悪い。たとえ同じ平声にして、陽類 -n 音で収束するにしても、多くの偈が説かれる当該典籍の中で、この一偈だけが訳者による意図的な配慮であると判断することはできない。しかも義浄によって漢訳された他の典籍において韻の配慮がまったくなされていないことから、これは漢訳仏典に普遍的に見られる現象とみなし、本書ではとくに取りあげなかった。大蔵経の中にはこのような偶然に通押する事例があちらこちらに見られるからである。当該経典にあらわれる一まとまりの偈頌で、四割から五割以上の割合で押韻または通押しているならば、漢訳者または述作者によって意図的に配慮された「詩的な偈」であると判断できるのである。そうした偈だけを選んで一覧に示したのが、本書第三部の資料①《漢訳仏典有韻偈頌一覧表》である。

以上、偈頌における句末の押韻または通押を見極めることは非常に困難なことであるから、当該経典が漢訳された各時代の韻部を示し、その通押する用例の有無を調査するとともに、先にもふれたように、通押の用例がない押韻単位についても検討を加えていかなければならないのである。

第三節　来華僧の漢語能力

流沙を越え、あるいは南海を経由してたどりついたインドや西域諸国からの来華僧たちが、言語も概念も異なる仏のことばを漢民族とその時代の漢語文章の趨勢に適応させるように仕立てることは、決して易しいことではなかった。まして原典の韻文を漢語の韻文に転換することは言うまでもない。当然ながらそこに要求されていたのは的確な漢語能力であったに違いない。その漢語能力とは、大まかに言えば、豊富な語彙数、適正な語法、精確な漢字音の識別力であり、さらには中国古典に対する幅広い知識も含むであろう。これらを習得することは、仏典を漢訳する現場において必ずや裨益する要素であり、彼らが実際に漢訳事業を開始するまでに、程度の差こそあれ一定の水準に達しておく必要があったに相違ない。ここでは、そうしたインドや西域から来て漢訳事業を担った来華僧たちにおける漢語能力について考察する。

一、求那跋陀羅の漢訳

ここで漢訳者の漢語習得について資料からながめてみよう。来華僧たちが実際に漢訳をすすめていく際に、はたして漢語をどのように習得していくのであろうか、また来華後、どれだけの時間をおいて漢訳にとりかかっていたのかなど、関連する問題について述べることにする。

本題に入るに先立って、まずは劉宋の求那跋陀羅（三九四～四六八）の伝記に注目してみたい。なぜなら、そこには漢訳者が直面する漢語習得の苦悩と、それを克服しようとする工夫とがともに語られているからである。『出三蔵記集』一四（五五・一〇五中）や『高僧伝』三（五〇・三四四中）にある求那跋陀羅伝によると、南海を経て元嘉一二（四三五）年に広州に留錫した求那跋陀羅は、漢人僧らの要請によって諸経を訳出し、また講経も行ったという。『高僧伝』には以下のように伝えている。

頃之、衆僧共請出経、於祇洹寺集義学諸僧、訳出雑阿含経。東安寺、出法鼓経。後於丹陽郡、訳出勝鬘・楞伽経。徒衆七百余人、宝雲伝訳、慧観執筆。往復諮析、妙得本旨。後譙王鎮荊州、請与倶行安止新寺。更創房殿、即於新寺、出無憂王・過去現在因果経一巻、無量寿一巻、泥洹・央掘魔羅・相続解脱波羅蜜了義・現在仏名経三巻・第一義五相略・八吉祥等諸経、幷前所出凡百余巻。常令弟子法勇伝訳、度語。

確かに求那跋陀羅は数多くの経典を漢訳しているが、それには宝雲・慧観・法勇らが作業を分担し、また義学の諸僧七〇〇名もが動員されていたことは看過できない。なぜこのような組織的な翻訳がなされたのであろうか。それはつづく記載から察しはつく。

譙王欲請講華厳等経、而跋陀自忖、未善宋言、有懐愧歎。即旦夕礼懺、請観世音乞求冥応。遂夢有人白服持剣、擎一人首、来至其前曰、「何故憂耶」。跋陀具以事対。答曰、「無所多憂」。即以剣易首、更安新頭。語令迴転曰、「得無痛耶」。答曰、「不痛」。豁然便覚、心神悦懌。旦起、道義皆備、領宋言。於是就講。（五〇・三四四中）

仏駄跋陀羅が訳した六〇巻本『華厳経』の講経の依頼を、譙王（劉宋第三代皇帝の実弟で南譙王の義宣）から受けた求那跋陀羅は、その時点でその要請に応じるだけの語学を身につけていなかったという事実である。後に夢中の感応によって「宋言」（漢語）を感得したという神秘的な逸話の真偽はともかく、伝記の記載は時間的な流れに沿っていると考えられるから、「百余巻」もの膨大な仏典を漢訳した後に、「宋言を領」したという奇妙なはなしになる。

かの『勝鬘経』の漢訳についても、『出三蔵記集』九（五五・六七中）に、

請外国沙門求那跋陀羅、手執正本、口宣梵音。山居苦節通悟息心釈宝雲訳為宋語。徳行諸僧慧厳等一百余人、考音詳義以定厥文。大宋元嘉十三年歳次玄枵八月十四日、初転梵輪、訖于月終。

とあるように、求那跋陀羅が来華した翌年の元嘉一三（四三六）年の夏に、その来華まもない求那跋陀羅の口誦と、宝雲による漢訳、そして慧厳ら一〇〇人以上の音義考証を担う者たちによって訳業が完遂されたことを伝えている。このように、求那跋陀羅は漢語を習得する以前に、すでに仏典の漢訳を行っていたことは明らかなのである。

常識的に言えば漢訳者には少なくとも二つの言語（原典の記述言語と漢語）に通じていなければならないはずであるが、実際に右の求那跋陀羅伝から知られることは、漢語を習得しないままに漢訳事業を行い、翻訳者としてその名を仏教史に残したということになる。はたしてそのようなことが現実としてありうるのだろうか。

ここで問題とされるべきことは、右の伝記中にある「訳出雑阿含経」「出法鼓経」「訳出勝鬘・楞伽経」である。通常「訳出」や「出」といえば翻訳を意味するものである。つまり、原典を漢語に転換する作業を意味する。しかし求那跋陀羅はこの時点で漢語を習得していなかったので、この「訳出」や「出」はみずからの翻訳ということはありえない。そこで注目できるのは、文中の「宝雲伝訳、慧観執筆」と「常令弟子法勇伝訳、度語」である。

宝雲とは、『出三蔵記集』や『高僧伝』にも立伝されているように、当代における梵語を駆使する数少ない漢人僧の一人である。法顕らとインドを目指し弗楼沙国（プルシャプラ、現ペシャワール）まで来たが、意を翻して帰国し、後に仏駄跋陀羅に師事し、さらに南下して建康の道場寺に入り訳経活動に従事している。『高僧伝』には「遍く梵書を学び、天竺諸国の音字・訓詁、悉く皆な備え解す」（五〇・三三九下）と讃えられるほどの俊逸であった。また『出三蔵記集』では「常に手に胡本を執り、口に晋語を宣ぶ。華戎兼ねて通じ、音訓允正なり。雲の定むる所、衆咸く信服す」（五五・一一三上）ともあるように、原典を手にとりつつ、それを漢語で語っていたということである。したがって、ここに宝雲が「伝訳」したというのは、求那跋陀羅の誦出する原典を漢語に伝え訳した（翻訳）ということになる。

一方の慧観は、この宝雲の朋友であり、訳業をよく助けていたようである。『高僧伝』七（五〇・三六八中下）の義解篇によると、もと廬山の慧遠に師事したが、鳩摩羅什の入関によって長安に赴きその門に投じ、羅什の没後には再び南下して道場寺に住した。老荘の教えにも律典（『十誦律』）にも通じていたという。彼が訳場で担った「執筆」とは宝雲の伝訳する漢語を記録する役目である。

また弟子の法勇とは漢人僧であり、『観世音授記経』を訳出した曇無竭である。法顕の渡天に刺戟され、劉宋の永初元（四二〇）年に同志二五人とともに天竺に赴き仏跡を巡礼し、南天竺から乗船して広州に帰着している。おそらく後に北上して建康に到り、そこで罽賓国で得た『観世音授記経』の原本をみずから漢訳したのであろう。そして、そこで求那跋陀羅の訳業にも参画したと考えられる。その訳場では「伝訳」と「度語」を担ったというが、「伝訳」も「度語」も同じく原典から漢語へと転換することを意味する。やはり梵漢両語を具えた者にしかできない務めである。

したがって、宝雲・法勇といった当時は数少ない梵漢両語に通じたブレーンを側近として、「七百余人」もの「義学諸僧」を動員していたのが、求那跋陀羅の訳経事業であり、「百余巻」にのぼる仏典の漢訳は、みなこのような組織的な訳経グループによって成就されたに相違なかろう。以上のことから、実際に漢語を善くしない求那跋陀羅の役割というのは、誦出に限られていたものと推断できる。しかし、あくまでも求那跋陀羅を中心とした訳経事業であったので、その功績によって訳主としての名をとどめたということであるが（同訳の『勝鬘経』も同じ事情である）、その陰で数多くの漢人僧の献身的な「往復諮析」があったことを忘れることはできない。

二、漢訳事業の組織化

仏典を異なる言語に翻訳するには、対象となる言語の習得が求められるが、はたしてインド西域からの来華僧たちは、どの程度漢語を習得した上で実際の漢訳にとりかかっていたのだろうか。

僧祐は『出三蔵記集』一の「胡漢訳経音義同異記第四」において、以下のように述べている（五五・四下）。

義之得失由乎訳人、辞之質文繫於執筆。或善胡義而不了漢旨、或明漢文而不暁胡意。雖有偏解、終隔円通。若胡漢両明、意義四暢。然後宣述経奥、於是乎正。前古訳人、莫能曲練。所以旧経文意、致有阻礙。豈経礙哉、訳之失耳。

要するに、漢訳においては胡語と漢語、それに当然ながら仏教の知識が必要であり、これによってはじめて教旨を説き明かすことができるということである。つまり訳人（主にインド西域からの来華僧）と執筆（主に漢語を母語とする者）の共同作業によって、はじめて文（辞＝美しく飾られた漢語）と質（義＝原典に忠実な教理）のバランスのとれた訳出が実現する。(17) しかし、前代の漢訳者にはそれが具備されていなかったために、文意が通じないことがあった。その問題は原典に起因するのではなく、漢訳者の資質にあることを指摘している。この僧祐の叙述は、異なる言語を転換する上でのきわめて基本的、かつ最も妥当な指摘と言えよう。

しかし、実際のところ来華僧は漢語を善くせず、また漢語を母語とする者も梵語や胡語、そして仏典の知識に欠けていた漢訳初期においては、個人が独力で漢訳することは容易なことではなかったはずである。少なくとも滞華年数を重ねた来華僧や、インド西域へと求法の長旅にでた漢人僧を除いては、漢訳するだけの条件を満たすことができなかったであろうことは容易に想像される。

そこで、後になると漢訳事業の組織化がはかられてくる。組織的な漢訳事業がいったいどの典籍の漢訳を契機としてはじまったのか、その正確なところは不明であるが、『出三蔵記集』の支婁迦讖の附伝にある竺朔仏伝に見られる以下の記事（五五・九六上）、

朔又以霊帝光和二年、於洛陽訳出般舟三昧経。時讖為伝言、河南洛陽孟福張蓮筆受。

そして『出三蔵記集』七の道行経後記にも（五五・四七下）、

光和二年十月八日、河南洛陽孟元士口授天竺菩薩竺朔仏。時伝言訳者月支菩薩支讖、時侍者南陽張少安・南海子碧、勧助者孫和・周提立。正光二年九月十五日、洛陽城西菩薩寺中、沙門仏大写之。

とある。『般舟三昧経』も『道行般若経』も、その漢訳において、ともに役割分担がなされていたように、後漢にはじまる漢訳当初から組織的な漢訳が行われていたと考えられる。また僧伽跋澄伝（五五・九九上中）にも以下のような分業による訳出の状況を伝えている。

遂共名徳法師道安集僧宣訳。跋澄口誦経本、外国沙門曇摩難提筆受為胡文。仏図羅刹宣訳秦、沙門智敏筆受為漢文、以偽建元十九年訳出。自孟夏至仲秋方訖、初跋澄又賷婆須蜜胡本自随。明年趙政復請出之、跋澄乃与曇摩難提及僧伽提婆三人、共執胡本。秦沙門仏念宣訳、慧嵩筆受、安公法和対共挍定。故二経流布伝学迄今。

ここからは、四世紀後半にあって役割がより細分化されていたことが知られる。もちろんこれは初期のことなので、後世に実現したような国家事業のもと、公的資金を投じて行われる訳経事業でもなければ、また厳密な役割分担が制度として整備確立していたのでもない。この分業化された組織の具体的な役職とその業務に関しては、周知のとおり、賛寧の『宋高僧伝』三（五〇・七二四中～）に、訳主・筆受（綴文）・度語（訳語・伝語）・証梵文・潤文・証義・梵唄・校勘・監護大使が、また志磐の『仏祖統紀』四三（四九・三九八上～）には、訳主・証義・証文・書字・筆受・綴文・参訳・刊定・潤文とあるように、各役職名とそれらの作業行程が示されている。[18] そして賛寧は、「梵客華僧、聴言揣意、（中略）彼暁漢談、我知梵説、十得八九」とも述べているように、漢訳事業にあっては、来華僧だけではなく、中華の僧も同じく梵語を習得すべきであり、両者の協力によって漢訳を遂行すべきことを述べている。これらは賛寧が安世高以来、魏晋南北朝、そして隋唐を経て約八〇〇年にわたる訳経事業を俯瞰した上での結論であり、ここにいたって漢訳体例は総結されたといえよう。[19]

三、来華僧の漢語習得過程

仏典を中華に賷すといっても、来華僧の多くは漢訳して数十巻、数百巻にも達するような大部の聖典を貝葉として持ちこんだのではなく、その記憶に刻みつけて将来していたことは周知のことである。それに関連して『高僧伝』二には、持律僧としても名高い仏陀耶舎の伝（五〇・三三四上中）がある。驚くべきは、その記憶力である。疑い深い秦主の姚興は彼の力量を試すのであった。

頃之興命什訳出経蔵。什曰、「夫弘宣法教、宜令文義円通。貧道雖誦其文、未善其理。唯仏陀耶舎深達幽致。今在姑蔵、願下詔徴之」（中略）方至長安、興自出候問、別立新省於逍遥園中、四事供養、並不受。時至分衛、一食而已。于時羅什、出十住経。一月余日、疑難猶予、尚未操筆。耶舎既至、共相徴決、辞理方定。道俗三千余人、皆歎其当要。（中略）耶舎先誦曇無徳律。偽司隷校尉姚爽、請令出之。興疑其遺謬、乃請耶舎令誦羌籍薬方可五万言。経二日乃執文覆之、不誤一字。衆服其強記。即以弘始十二年、訳出四分律凡四十四巻、并長阿含等。涼州沙門竺仏念訳為秦言、道含筆受。

姚興は、羌族の戸籍と漢方薬の処方、合わせて五万言を読みあげさせ、二日後にその記憶を試したところ、一字として誤りはなかったという。この仏陀耶舎は、鳩摩羅什すらも一目おく存在であったようで、持戒の中に身を律した僧である。

他にも道安の『鞞婆沙序』（『出三蔵記集』一〇、五五・七三下）に興味深い記事がある。

会建元十九（三八三）年、罽賓沙門僧伽跋澄、諷誦此経四十二処。是尸陀槃尼所撰者也。来至長安、趙郎飢虚在往求令出焉。其国沙門曇無難提、筆受為梵文、弗図羅刹訳伝、敏智筆受為此秦言、趙郎正義。起尽自四月出、至八月二十九日乃訖。胡本一万一千七百五十二首盧長五字也。凡三十七万六千六十四言也。秦語為十万五千九百七十五字。経本甚多、其人忘失、唯四十事。

これは罽賓沙門の僧伽跋澄が長安において、この『鞞婆沙論』を口に誦出し、同じく罽賓沙門の曇無難提がこれを梵文のまま記録にとどめ、弗図羅刹がその記録にもとづいて漢語に転換口誦し、それを敏智が秦言（漢語）に筆記したことを伝えた記事である。そして最後に依頼主の趙郎は意味が通るように文を正したということである。しかし、あまりにも大部であったため、訳主の僧伽跋澄はその最後の部分を忘失してしまい、そのため四〇品にとどまったという（現存本は後補された四二品となっている）。たとえ忘失したとはいえ、そのほとんど、すなわち漢語（秦語）にして「十万五千九百七十五字」に相当する仏典を記憶にとどめていたということである。これら仏陀耶舎と僧伽跋澄の例は、数ある来華僧のわずか一端であるが、その記憶力には驚愕せざるをえない。

さて、そのように貝葉ではなく、記憶という媒体によって仏典を齎した来華僧は、実際に漢訳にとりかかるわけであるが、ここでは主に漢訳者――つまりインド西域諸国からの来華僧――の漢語習得の過程を、伝記と経序の記事をもとに確認してみたい。『出三蔵記集』によると、後漢から梁にいたる六王朝で、四一九部の経典が八五人の訳者によって漢訳されたとし（五五・五下）、また『高僧伝』の訳経篇には正伝に三五人が、附伝に三〇人が訳者として立伝されている。とくにその『高僧伝』の訳経篇から取材しながら述べることにする。

賛寧のことばにあったように、漢訳事業は来華僧当人だけの作業ではなく、漢語を母語とする者の助力を得て、語彙や語法上の問題を含め、より漢語らしい表現に手直しされていくことになる。しかし、助訳者はあくまでも脇役でありつづけた。来華僧の中には、たとえば僧伽跋澄・帛尸梨蜜多羅・求那跋陀羅などは、みずから漢訳することはなく、梵語や胡語を口誦（誦出）するにとどまり、漢語を母語とする伝訳者がその口誦された音声を漢語に転換していくこともあった。ところが後世編纂される各種の経典目録には、口誦した来華僧の名前だけを明記することが普通である。これは南北朝の前期にはよくあることであった。厳密に言えば伝訳者（筆受・綴文・度語を担当する者）こそが訳者として経録に著録されてしかるべきなのである。後期になるとその状況に変化があらわれるとはいえ、漢訳事業は複数の頭脳集団が組織的に行っていくので、その組織の代表者の名が漢訳者として後世に残されるのであろう。稀に共訳者または助訳者が訳者とされることもあるが[20]、多くはやはり、流沙を踏破しあるいは南海を往航して身命を顧みず、はるばる仏法宣流のためにやってきて、その法を口誦（誦出）した来華僧の偉業を讃えて訳者とする暗黙の了解があるようである。

ところで、そうしたインド西域諸国から、はじめて中華にやってきた者が、そこで法を宣説するためには、必ず漢語を習得する必要があったわけで、漢訳にせよ講経にせよ、そのいずれであろうと、中華の文化とそこに居す人々と接触する上で、それは必須の要件であった。『出三蔵記集』の僧伝や経序、三種『高僧伝』の訳経篇の中には、彼らが中華で漢語を学び、そして仏典の漢訳や講経に従事していくありさまを伝えている。ここではそれらの資料にあらわれる記載をもとに、来華僧の漢語習得にまつわる事情を確認しておこう。

言うまでもなく、はじめて中華にやってきた僧たちが、単独で漢訳することなど不可能であった。にもかかわらず、中には翻訳できる十分な漢語能力を具えないうちに漢訳にとりかかる場合もあった。たとえば『法句経』の漢訳者と伝えられている維祇難と竺将炎（または竺律炎ともいう）である。『出三蔵記集』一三の安玄伝には以下のようにある（五五・九六上）。

将炎、未だ漢言を善くせず、頗る尽くさざる有り。然に志は義本に存し、質実に近し。

同様のことは『高僧伝』一の維祇難伝にも（五〇・三二六中）、

呉の黄武三（二二四）年を以て、同伴の竺律炎と来りて武昌に至る。曇鉢経の梵本を齎す。曇鉢とは即ち法句経なり。時に呉士共に経を出すを請う。〔維祇〕難は既に未だ国語を善くせず。乃ち其の伴の〔竺〕律炎と共に訳して漢文と為す。〔竺律〕炎も亦た未だ漢言を善くせず、頗る尽くさざるあり。志は義本に存し、辞は朴質に近し。

さらに『出三蔵記集』一〇に収められる「僧伽羅刹集経後記」には訳経僧の仏図羅刹について、以下のように伝えている（五五・七一中）。

大秦建元二十（三八四）年十一月三十日、罽賓比丘の僧伽跋澄、長安石羊寺において此の経及び毘婆沙を口誦す。仏図羅刹翻訳するも、秦言未だ精しからず。

また『高僧伝』六の慧遠伝には曇摩難提についても次のとおり記されている（五〇・三五九中）。

昔、〔道〕安法師、関に在り、曇摩難提に阿毘曇心を出ださんことを請う。其の人、未だ晋言を善くせず、頗る疑滞多し。後に罽賓沙門の僧伽提婆あり、博く衆典を識る。晋の太元十六（三九一）年を以て、来たりて潯陽に至る。〔慧〕遠は重ねて阿毘曇心及び三法度論を訳さんことを請う。是に二学乃ち興る。

そして『歴代三宝紀』九、梁の勒那摩提の訳本においては（四九・八六中）、

十地経論十二巻、初め論を訳す時、未だ魏言を善くせず。器世間を名づけて盞子世間と為す。後に殿斎に入るに因り諸の宿徳を見て、弟子より器を索め、乃ち総じて鉢幞を授く。器は是れ総名なるを悟るに因り、遂に改ためて器世間と為す。（中略）右六部合二十四巻は、梁武帝の世の中天竺国三蔵法師勒那摩提なり。

とあり、降って『続高僧伝』一の曼陀羅の伝でも（五〇・四二六上）、

伝訳を事とすと雖も、未だ梁言を善くせず。故に出す諸の経文は多く隠質なり。

と伝え、さらに罽賓国出身の般若[21]の漢訳について、『貞元録』一七（五五・八九二上）に「般若三蔵続翻訳経記に曰く」として般若三蔵の事績を紹介している。師子国（スリランカ）の東を建中二（七八一）年に発ち、半年ほどで広州に達し、後に舅の羅好人の庇護を受け、その要請によって貞元二（七八六）年、大秦寺の波斯（ペルシャ）僧景浄とともに『六波羅蜜経』七巻を漢訳した。しかし、その惨憺たるありさまは、

時に般若なるものあり、胡語を閑（なら）わず、復た未だ唐言を解さず。景浄も梵文を識らず、復た未だ釈教に明らかならず。伝訳と称すと雖も未だ半珠をも得ず。

とあることから察することができる。助訳者をつとめた景浄という人物は、「景浄、弥尸訶（メシア）教を伝うべし」とあるように、大秦寺に住していたネストリウス派キリスト教の宣教師であり、かの大秦景教流行中国碑頌并序の作者でもある。般若は漢語を知らず、助訳者の景浄は梵語はおろか仏教も知らなかった。それでも七巻本の『六波羅蜜経』を漢訳したというのだから、暴挙という他ない。よって二年後の貞元四（七八八）年には、勅を奉じて再訳されることとなり、これが現在の『大乗理趣六波羅蜜経』一〇巻なのである。

以上はみな漢語を習得していない来華僧について記載された好例である。みずから漢訳する場合もあり、また請われるままに漢訳にとりかかることも多かったようであるが、漢語に熟達していない段階で漢訳された経典は、これを読もうにも、とても堪えうるものではなかったのである。僧肇の「百論序」には以下のような叙述がある（三〇・一六八上、五五・七七中下）。

> 天竺沙門鳩摩羅什あり、器量は淵弘にして俊神超邈、鑽仰すること年を累ね、転た測るべからず。常に斯の論を味詠し以て心要となす。先に親しく訳すと雖も、方言いまだ融らかならず。思尋する者をして謬文に躊躇せしめ、標位する者をして帰致に乖迕せしむるに至る。大秦の司隷挍尉安城侯の姚嵩は、（中略）毎に茲の文を撫して慨する所、良に多し。弘始六年、歳は寿星に次るを以て、理味の沙門を集め、什と正本を考挍し、陶練覆疏して、務は論旨に在らしめ、質をして野とならず、簡にして必ず詣り、宗致劃爾として間然たることなからしむ。

鳩摩羅什が入関したのは弘始三（四〇一）年の一二月二〇日である。年が明けて四月にはこの『百論』の漢訳にとりかかったことがわかっている。後涼にとどまること十数年の羅什であっても、実際の漢訳となると別であったのだろうか、その訳文は流麗ではなかったのである。この『百論』を味読していた安城侯の姚嵩は、その文章に対して慨嘆している。そこで羅什は弘始六（四〇五）年に再訳に着手することになった。これは、羅什といえども漢訳の初期から名訳家ではなかったということの証左である。

ところで、来華僧たちが漢語を母語とする者と直接に意志を通わせることは不可能であったようである。その事情を求那跋陀羅伝には（五〇・三四四上）、

訳に因りて言を交わすと雖も、欣若として蓋を傾けり。

と伝え、いわゆる通訳を介していたことがわかる。また求那跋摩伝でも（五〇・三四一上）、

俄かにして寺において法華及び十地を開講す。法席の日、軒蓋は衢に盈ち、観矚往還するもの、肩随踵接せり。跋摩、神府自然にして、妙弁天絶なり。或いは時に訳人を仮りて往復懸悟す。

と伝えているように、経典の講説は漢語でなされたのではなく、やはり通訳によってなされていた。日常的な会話にせよ、講経にせよ、いずれも通訳が介在していたのである。この求那跋摩は、漢語の重要性を認め、インドから来た尼僧に対しても、「且つ宋語を学ばしむ」（五〇・三四一中）とあるように漢語の習得を人に勧めているほどである。

必要にせまられた来華僧たちは、漢語の習得につとめるわけであるが、中にはそれをあえて放棄する者さえいた。帛尸梨蜜（帛尸梨蜜多羅）の伝に（五五・九九上）、

蜜は性高簡にして晋語を学ばず。諸公、之と語言するに、蜜は伝訳に因るも、然して神領し意得て、頓に言前を尽くす。其の自然天抜にして悟得の非常なるを歎ぜざるはなし。

とあり、また『世説新語』巻上（言語篇）には、

高坐道人（帛尸梨蜜）は漢語を作さず。或もの此の意を問うに、簡文（司馬昱）曰く、以て応対の煩を簡くと。

とあるように、彼は煩瑣な対人関係が苦手であり、それを回避するため、あえて漢語を習得しようとしなかったようである。また「阿毘曇心序」には、鳩摩羅跋提の記事を載せて（五五・七二中）、

釈和尚（道安）、むかし関中に在りて鳩摩羅跋提をして此の経を出ださしむるに。其の人、晋語を閑わず。偈本は訳し難きを以て、遂に隠れて伝わらず。

とある。

しかし、こうした事例は決して多くはない。漢訳において漢語の習得が不可欠であったことは言うまでもないの

であって、ほとんどの漢訳者は、みずから漢語の習得につとめている。以下がそれである。

安世高：「至止未久、即通習華語、於是宣訳衆経」（五〇・三二三中）
安玄：「漸練漢言、志宣経典、常与沙門講論道義」（五五・九六上）
竺叔蘭：「既学兼胡漢、故訳義精允」（五五・九八下）
鳩摩羅什：「什率多闇誦、無不究達、転解秦言、音訳流利」（五五・一〇一中）
竺仏念：「家世河西通習方語、故能交訳戎華宣法関渭。苻姚二代常参伝経」（曇摩難提伝、五五・九九中）
「家世西河洞暁方語、華戎音義、莫不兼解」（竺仏念伝、五五・一一一中）

訳経僧たちは漢土を踏んで以来、しだいに漢語を習得していったことが確認される。それが明確にあらわれているのが先にも紹介した仏図羅刹である。「僧伽羅刹集経後記」において（五五・七一中）、

仏図羅刹、翻訳するも、秦言未だ精しからず。

とあるように仏図羅刹の漢語能力が高くなく、そのため『僧伽羅刹集経』は決して巧みな訳文ではなかったので、釈道安らがすすんで校閲したほどであったという。ところが、僧伽跋澄伝にも仏図羅刹の記事を載せて（五五・九九中）、

仏図羅刹は何の国人なるかを知らず。徳業は純白にして経典を該覧す。久しく中土に遊び、善く漢言を閑い、其れ梵文を宣訳するや、苻世に重んぜらる。

とある。つまり、先の建元二〇（三八四）年に『僧伽羅刹集経』を漢訳した時点では漢語に明るくなかった仏図羅刹ではあったが、中華において久しくして漢語を習得したであろうことは、苻氏の前秦において高く評価され重用されたことから推知することができるのである。

また『出三蔵記集』一三（五五・九九下）、および『高僧伝』一の僧伽提婆伝（五〇・三二八下〜三二九上）に、

はじめ僧伽跋澄は婆須蜜を出だし、曇摩難提の出だす所の二阿含・毘曇・広説・三法度等、凡そ百余万言に及ぶも、慕容の難に属して戎敵紛擾し、兼ねて訳人造次にいまだ善く詳悉せず、義旨句味は往往にして尽くさず。俄かに安公は世を棄り、いまだ改正するに及ばず。後に山東は清平となり、提婆は乃ち冀州沙門法和と倶に洛陽に適き、四、五年の間、前経を研講し、華に居ること稍く積み、博く漢語に明るくして、方に先の出だす所の経は多く乖失あるを知る。法和はいまだ定まらざるを慨歎し、乃ち更に提婆をして阿毘曇及び広説を出ださしむ。

とある。そしてこれとほぼ同じ内容が、釈道慈の「中阿含経序」にある以下の文である（五五・六三下〜六四上）。

むかし釈法師（道安）、長安において中阿含・増一・阿毘曇・広説・僧伽羅叉・阿毘曇心・婆須蜜・三法度・

二衆従解脱縁を出だせり。この諸の経律は凡そ百余万言にして、並な本に違い旨を失い名は実に当たらず。属辞に依悕して句味もまた差う。良に訳人の造次、いまだ晋言を善くせざるに由るが故に爾らしむるのみ。会たま燕秦交戦し、関中は大いに乱る。ここに良匠は世に背すが故に以て改正するを獲ることなし。乃ち数年を経て関東小しく清まるに至り、冀州の道人釈法和・罽賓の沙門僧伽提和は門徒を招集して倶に洛邑に遊び、四、五年の中に研講し精を遂くして、其の人漸く漢語を暁れり。然る後、乃ち先の失を知る。ここに和（釈法和）は乃ち先失を追恨し、即ち提和（僧伽提和）に従って更に阿毘曇及び広説を出だせり。これより後、この諸の経律漸くみな訳正しかり。

右の二文を考釈すると以下のようになる。その昔、釈道安が僧伽跋澄と曇摩難提に『阿含経』など諸経を漢訳させたが、彼らは漢語に精通していなかったために、その訳文は誤りが多く本旨を失うものであった。しかし、その後僧伽提和が洛陽においてこれら諸経を研鑽し講経すること四、五年に及ぶや、しだいに漢語に熟達し、それら先に訳した諸経典における欠陥に気づくようになり、再び『阿毘曇』と『広説』を訳出することができたというのである。

それでは、いったいどれほどの期間をおいて、漢語を習得し実際の漢訳事業に着手するのかというと、右の僧伽提和にあっては四、五年とあったが、それ以外にも以下の事例がある。

安世高（五五・九五上）

至止未久、即通習華語、於是宣訳衆経（中略）弁而不華、質而不野。

曇無讖（五五・一〇三上）

河西王沮渠蒙遜。聞讖名呼与相見。接待甚厚。蒙遜素奉大法志在弘通。請令出其経本。讖以未参土言。又無伝訳。恐言舛於理不許。於是学語三年、翻為漢言、方共訳写

曇摩崛多と曇摩耶舎（『舎利弗阿毘曇序』、二八・五二五中、五五・七一上）

以秦弘始九年、命書梵文、至十年尋応令出。但以経趣微遠、非徒関言所契。苟彼此不相領悟。直委之訳人者。恐津梁之要、未尽於善。停至十六年、経師漸閑秦語、令自宣訳（中略）并挍至十七年訖

曇摩崛多と曇摩耶舎らは、天竺を発って中華にたどりつき、弘始九（四〇七）年に秦王の詔を奉じて、暗誦していた『舎利弗阿毘曇論』を梵文のままに書きとめ、翌一〇年に完了した。しかし漢語を善くしないために、さらに弘始一六（四一四）年までとどまり、しだいに漢語を習得し、翌一七（四一五）年には完全に校訂をなし終わった。つまり、彼らは漢語の習得に八年の歳月を費やしたことになる。

また、中天竺出身の求那毘地については、『出三蔵記集』一四（五五・一〇六下、『高僧伝』三、五〇・三四五上）、および同巻九の「百句譬喩経前記」（五五・六八下）によると、中天竺から中華に入ったのは建元年間（四七九～四八二）のはじめのことであり、永明一〇（四九二）年の九月一〇日に『百句譬喩経』一〇巻を訳し、ついで『十二因縁経』・『須達長者経』各一巻も漢訳している。したがって、来華後約一〇年にして漢訳を行っていたということになろうか。

以上のことから、語学の習得時間には個人差や、置かれた環境にもよるが、鳩摩羅什のように長期にわたる軟禁

生活を余儀なくされていた場合は例外としても、通常の来華僧たちは、漢土を踏んで後およそ三年から七年八年、長くて一〇年ほどの間に漢語を習得し、その後に漢訳に着手したということになる。この間には漢語の習得だけではなく、中華の古典や文学などの修学にもあて、来るべき日のために準備していたものと考えられる。もちろん前述したように、たとえ漢語を習得しなかったとしても、たとえば宝雲・法勇・法顕などの渡印僧ら梵漢両語に通じた者たちとの組織と分担によっても漢訳を可能にすることもあった。その場合、来華僧はただ経文を原語で誦出（口誦）するだけであり、漢語への転換に関与することはいっさいなかったといえる。

したがって、先述の求那跋陀羅について、その訳出と伝えられている『摩訶迦葉度貧母経』（一四・七六二下）・『罪福報応経』（麗本）（一七・五六三中）には、押韻する偈が説かれているのであるが、漢語すらままならない求那跋陀羅に到底なし得るはずもなく、助訳者の関与を想定しなければ説明できないのである。[22]

また、『法句経』の偈もこの場合の好例である。『高僧伝』一の維祇難伝には（五〇・三二六中）、

呉の黄武三（二二四）年を以て、同伴の竺律炎と来りて武昌に至る。曇鉢経の梵本を齎す。曇鉢とは即ち法句経なり。時に呉士共に経を出すを請う。〔維祇〕難は既に未だ国語を善くせず。乃ち其の伴の〔竺〕律炎と共に訳して漢文と為す。〔竺律〕炎も亦た未だ漢言を善くせず、頗る尽くさざるあり。志は義本に存し、辞は朴質に近し。

とある。漢訳者の維祇難、そして竺律炎も、ともに漢語を善くしなかったため、その訳文は「志は義本に存し、辞は朴質に近し」というありさまだった。ところが、この『法句経』には偈頌が多く説かれており、その中には中華

の詩律を具えたものが含まれている。漢語を善くしない維祇難と竺律炎の二人に、はたして韻律を配慮した偈の漢訳は可能だったのかといえば、それは考えがたいことである。したがって、現在伝承されている『法句経』は、この二人が手がけた初訳本ではないことになる。それは両者の訳文に不満を抱いていた「僕」「呉士」――おそらくは呉の支謙[23]――が後に新たな原本を入手し、これを漢訳した上で初訳本に編入した際に、もとの訳偈にも手を加えていたとしか考えられないのである。[24]支謙みずからが漢訳した経典には押韻する偈が少なからず含まれている事実からも、この説の蓋然性はきわめて高いはずである。

以上、漢訳者の漢語習得に関して述べてきた。漢語の習得を放棄した者もあったが、多くはやはり習得につとめたのであり、そしてその年数は前述したように、来華後おそくとも一〇年で漢訳に着手しているということである。ただし、現代のように語学教育が確立されていないような時代にあって、彼らインド西域からの僧が漢語を習得するには、漢語を母語とする者との強い関わりがなければならなかったはずである。日常的な会話からはじまり、数年を経て漢訳にとりかかるのであろうが、翻訳とはみずからが知りえた知識の中でしか行えない作業なので、非日常的な特殊な漢字や語法は使われるはずはない。漢訳仏典に用いられている漢字の字種は決して多くはなく、[25]その文章には日常会話で習得した語彙と語法が用いられているはずである。安世高以来、来華僧の漢訳した仏典の文章に口語表現が多いのはそのためであろう。[26]

＊　　＊　　＊

ある文化圏に特有の概念やものを、それが存在しない他の文化圏の言語に転換するという作業は、大きな困難がともなうことは今さら言うまでもない。仏教が中国に伝来するときも同じような困難がともなったはずである。仏典の漢訳は後漢の安世高と支婁迦讖にはじまる。後に彼らに仮託される経典を排除し、翻訳事実の確実性の高い経典の中から語彙を抽出するとき、それらはまさしく彼らが創作し選定した訳語ということになる。

安世高

仏・比丘・沙門・婆羅門・辟支仏・地獄・餓鬼・畜生・聞如是・舎衛国・祇樹給孤独園・戒定慧・解脱・欲界色界無色界・五陰・四諦・泥洹・苦習尽道

支婁迦讖

菩薩・菩薩摩訶薩・阿須倫・弥勒菩薩・優婆塞優婆夷・無所従生法忍・兜術天・閻浮・摩訶衍・六波羅蜜・一生補処・阿惟越致・三昧

これらの漢訳語彙はすでに後漢に定められたにもかかわらず、現在でも通用する語彙である。かつて玄奘がインドの留学を終えて、中国で翻訳活動を行う際に五種不翻を提起している（『翻訳名義集』序）。つまり意訳することなく、インドの言語の発音と同じ音の漢字（音写語）で表現すべき五箇条のことであるが、その第四条に、「四に古に順ずるが故に。阿耨菩提の如きは翻ずべからざるに非ざれども、摩騰以来、常に梵音を存す」（五四・一〇五五上）と示されている。「阿耨菩提」は意訳すべき語彙ではあるが、迦葉摩騰からずっと音訳されたままであるので、その旧習には従うべきであるという方針である。この五箇条の翻訳方針は、実は玄奘がことさら提起しなくとも、それまでに暗黙の了解として概ね遵守されてきたものばかりであり、意訳語であろうと、音訳語であろうと、ひとたび定められた訳語は踏襲される傾向にあったのだ。

いわゆる古訳時代、すなわち漢訳の最初期に関わっていた者にとっては、訳語語彙を選定しなければならないという大きな負担があった。しかし、その段階を経て旧訳時代に入ると、訳語語彙の問題は踏襲することで解消されたが、次にせまられていた問題は文体であった。いかに仏典が漢民族に親しまれるかは、翻訳の文体そのものに左右されていた。これは文質論争として激論が交わされた問題であり、古く道安の「五失本三不易」（『摩訶鉢羅若波羅蜜経抄序』）にはじまり、霊裕の「訳経体式」（『続高僧伝』九）、翻経館学士劉憑の「外内傍通比校数法一巻」（『歴代三宝紀』一二）、彦琮の『弁正論』に示される「十条」と「八備」（『続高僧伝』二）、明則の「翻経儀式」（『唐高僧伝』一〇、靖玄伝の附伝）、撰者未詳「翻経法式論一部十巻」（現存せず、『大唐内典録』五）、賛寧の「六例」（『宋高僧伝』三）がその代表である。そのように試行錯誤を繰り返しながら、また時に激しい論争を交わしながら仏典の漢訳が行われてきたのは、他でもなく来華僧とこれを助けた数多くの漢人による私利私欲のない奮励があったことを忘れることはできない。

註

（1）逯欽立輯校『先秦漢魏晋南北朝詩』上、三三九頁～（中華書局、一九八三年）

（2）七言詩が増加していく要因については、松浦友久『中国詩歌原論——比較詩学の主題に即して——』一六三頁「七言詩盛行の要因」を参照（大修館書店、一九八六年）。

（3）小川環樹『中国詩人選集　唐詩概説』三四頁（岩波書店、一九五八年、後に『小川環樹著作集』第二巻に所収、筑摩書房、一九九七年）

（4）吉川幸次郎述・黒川洋一編『中国文学史』一〇三頁（岩波書店、一九七四年）

（5）前掲の松浦友久〔一九八六〕を参照。

（6）五言詩や七言詩におけるリズム論については、松浦友久〔一九八六〕を参照。

（7）陳寅恪「四声三問」（『清華学報』九巻二期、一九三四年、後に『金明館叢稿初編』に収載。三三八頁、上海古籍出版社、一九八〇年）。

（8）声調に関する先行研究は、大島正二『中国言語学史　増訂版』（汲古書院、一九九八年）を参照。
（9）現代中国語（普通話）の四声（第一声、第二声、第三声、第四声）とは異なる。
（10）詩文に用例のない場合に、その押韻単位がはたして通押といえるのか、それとも明らかな失韻なのかは、慎重に判定されなければならない。
（11）『毛詩古音考』序・『読詩拙言』・『屈宋古音義』において指摘されている。前掲の大島正二『中国言語学史　増訂版』二九四頁～。
（12）たとえば、李新魁『漢語音韻学』一三一頁（北京出版社、一九八六年）には、先学（カールグレン、趙元任、王力、陸志韋、方孝岳、李方桂、董同和、周法高、李栄）がそれぞれ再構した中古音の声母と韻母の推定音が一覧となって示されている。
（13）水谷真成「上中古の間における音韻史上の諸問題」（『中国文化叢書1　言語』大修館書店、一九六七年、後に水谷真成『中国語史研究――中国語学とインド学との接点――』三省堂、一九九四年）を参照。
（14）古くは魏の李登『声類』一〇巻、晋の呂静『韻集』五巻などがあったが、これらは私的な韻書であったと考えられ、また現在は散逸して断片でしかうかがうことができない（大島正二『中国言語学史　増訂版』第三章第二節「韻書の出現――『切韻』前史――」）。
（15）周祖謨「切韻的性質及其音系基礎」（『問学集』上冊四三四頁、中華書局、一九六六年）、唐作藩『音韻学教程』（九八頁、北京大学出版社、一九九一年）参照。なお『切韻』の音系に関するその他の諸説は、前掲の大島正二『中国言語学史　増訂版』（一七六～一八二頁）などを参照。
（16）王力の「南北朝詩人用韻考」（『清華学報』一一巻三期、一九三六年、後に『龍虫並雕斎文集』等所収）においては、詩文においてその韻部通押の状況は、詩人の出身地（地域）によって相違することはないとして、その原因を二点指摘し（一、祖父の籍を自己の籍としている。二、詩人は官吏が多いことから官韻を用いる）、「因此、我們発見時代対於用韻的影響大、而地域対於用韻的影響小」と述べている。また謝霊運を例として同時代同郷であっても、用韻に個人の差が認められることも指摘している。

(17) なお、道安の五失本三不易説にはじまる漢訳体例全般については、この方面の報告として、丘山新の諸論文がある。「漢訳佛典の文体論と翻訳論」(『東洋学術研究』二二の二、一九八三年)、「漢訳仏典に及ぼした中国思想の影響――古訳時代の文体論――」(『仏教思想史』二、一九八〇年)、「漢訳仏典と漢字文化圏――翻訳文化論――」(シリーズ東アジア仏教第五巻『東アジア社会と仏教文化』春秋社、一九九六年)、拙文「『浄度三昧経』と竺法護訳経典」(『佛教大学総合研究所紀要』四、一九九七年)を参照。

(18) 組織的な漢訳事業における役職とその役割は時代によって、また組織の規模によっても若干の相違がある。さらに同じ名称の役職であってもその内容を異にすることもある。たとえば「筆受」がそれである。紙面に経文を記録することではあるが、翻訳作業の過程においては、二つの意味があるようである。『出三蔵記集』一〇にある道安の『鞞婆沙序』(五五・七三下)からそれを確認できる。そこには「会建元十九(三八三)年、罽賓沙門僧伽跋澄、諷誦此経四十二処。是尸陀槃尼所撰者也。来至長安、趙郎飢虚在往求令出焉。其国沙門曇無難提、筆受為梵文、弗図羅刹訳伝、敏智筆受為此秦言、趙郎正義。起尽自四月出、至八月二十九日乃訖。胡本一万一千七百五十二首盧長五字也。凡三十七万六千六十四言也。秦語為十万五千九百七十五字」とある。これは罽賓沙門の僧伽跋澄が長安に来て、この『鞞婆沙論』を口に誦出し、同じく罽賓沙門の曇無難提がこれを梵文のまま記録にとどめ、弗図羅刹が翻訳し、それを敏智が秦言に記録し、最後に依頼主の趙郎が意味が通るように文章を正したということである。つまり、梵語を記録することも、また翻訳された漢語を記録することも、ともに「筆受」とされていたのである。また筆受の役がある漢訳においては、それが講義形態をとる漢訳であった可能性もある。

(19) 深浦正文「訳経の制規」(『日華仏教研究会年報』第三年、一九三八年)、陳福康『中国訳学理論史稿』(上海外語教育出版社、一九九二年)や『中国訳学史』(上海外語教育出版社、二〇一〇年)を参照。

(20) たとえば、聶承遠訳『超日明(三昧)経』二巻は、『出三蔵記集』二によると、「沙門竺法護、先訳梵文、而辞義煩重、優婆塞聶承遠整理文偈、刪為二巻」(五五・九下)とある。竺法護の漢訳であったことは確実であるが、しかし現存本はみな「西晋清信士聶承遠訳」とされている。これは助訳者が漢訳者として立てられた一例である。

(21) 『宋高僧伝』では巻二の唐洛京知慧伝と巻三の唐醴泉寺般若伝を別人のように立伝しているが、両者は同一人物である（小野玄妙編纂『仏教経典総論』一七一頁下〈大東出版社、一九三六年〉を参照）。

(22) 本書第三部の資料①《漢訳仏典有韻偈頌一覧表》を参照。

(23) 「僕」は『出三蔵記集』七にある『法句経序』（五五・五〇上）に見られ、「呉士」は『高僧伝』一の維祇難伝（五〇・三二六中）に見られ、ともに『法句経』の漢訳に関与した人物である。呉の士とは優婆塞の支謙のことであろう。

(24) 本書第二部第四章を参照。

(25) ある一つの漢訳仏典に用いられている総字数に対する総字種と、その割合を算出することによって、漢訳仏典に用いられている字種がいかに少ないかがわかる。これはインド西域からの来華僧による訳本と、漢語を母語とする者が撰述する章疏類や疑偽経典と比較するとより顕著である。いま、試みに安世高訳経典の中で、その訳出経典と安世高に仮託されたと伝えられる経典を比較すると、以下のようになる。初期漢訳の筆頭にあげられる安世高の訳経においては、その字数に対する字種の割合（字種率）が低いことが確認できるのである（字種率の算出には、師茂樹によって開発されたN-gram 統計を取るためのアプリケーションソフト morogram を用いた）。

典籍名	漢訳者名	総字数	総字種	字種率
安般守意経	安世高	一四、三一五	五三六	三・七四
七処三観経	安世高	一〇、四八〇	六四二	六・一三
陰持入経	安世高	八、八三七	四一三	四・六八
人本欲生経	安世高	六、二一九	二五七	四・一三
漏分布経	安世高	二、七五四	一七〇	六・一七
奈女祇域因縁経	安世高（伝）	七、五六九	九八三	一二・九
分別善悪所起経	安世高（伝）	七、三五七	一、〇七四	一四・六
尸迦羅越六方礼経	安世高（伝）	一、八五二	四八六	二六・二
五陰譬喩経	安世高（伝）	七八九	二〇五	二六・〇
論語	安世高（伝）	約一三、七〇〇	一、二七五	約九・三〇

(26) Erik Zürcher（許理和）, "Late Han Vernacular Elements in the Earliest Buddhist Translations" (*Journal of the Chinese Language Teachers Association* vol. 12, 1977); "A New Look at the Earliest Chinese Buddhist Texts," *From Benares to Beijing: Essays on Buddhism and Chinese Religion*" (edited by Shinohara Koichi and Gregory Schopen, Mosaic Press, 1991)、森野繁夫「六朝訳経の語法と語彙」（『東洋学術研究』二二の二、一九八三年）、入矢義高「中国口語史の構想」（『集刊東洋学』五六、一九八六年）、松尾良樹「漢代訳経と口語——訳経による口語史・初探——」（『禅文化研究所紀要』一五、一九八八年）、太田辰夫『中国語史通考』（白帝社、一九八八年）、朱慶之『仏典与中古漢語詞彙研究』（文津出版社、一九九二年）、梁暁虹『仏教詞語的構造与漢語詞匯的発展』（北京語言学院出版社、一九九四年）、前掲拙文「『浄度三昧経』と竺法護訳経典」を参照。

第二章　漢語仏典における偈の形態論
――中華の韻文との連動――

はじめに

本章では、漢訳仏典における偈の形態について、中華の韻文形態とともに広く論じていく。梵語や胡語の仏典が漢訳されると、原典の韻文は結果体的には中華の韻文の趨勢に連動するかのように再構築されていくようである。最初期の安世高訳において、gāthā は「絶」や「縛束説」と訳され、句中の字数は雑言であって均一ではなかった。しかし、つづく支婁迦讖になると「偈」と音写され、句中の字数は中華の韻文に歩調を合わせるかのように斉言となり均一化されていく。(1) 後漢における訳偈の一句中の音節数は、すでに三言・四言・五言・六言・七言・九言が出揃い実に多彩である。これがさらに降って三国両晋になると、建安文学の影響であろう、句中の字数は五言が他を圧倒するようになる。そして南北朝の末期からは七言がしだいに増加し、隋唐の詩形の洗礼を受け、宋代の訳経では七言偈が五言偈を凌駕する勢いを見せる。

このように漢訳仏典の偈は、外見的には中華の韻文の形態を模倣することで、長行（散文）のスタイルとは視覚的な区分がなされてきた。また多くの訳者は句中の節奏点をも考慮し、さらに一部の漢訳者は、中華の韻文にある絶対条件としての韻律にも配慮を加えて漢訳している。これによって視覚的スタイルだけではなく、その律動においても、言語転換によって一旦は解体されたインド西域で成立した原典の形態を、自覚的に中華の韻文として再構築しようとしていたことがわかるのである。そして驚くことに、後述するごとく散文と韻文の中間的存在である賦（古賦や俳賦）に似せたと思しき長行すらも漢訳されていることから、翻訳という大きな障壁に挑んだ訳者らの苦慮の痕跡を見てとることができるのである。

仏教が中華の思想に浸透するにつけ、仏教そのものがもつ個性を保持しながらも、一方では柔軟に同調していくしたたかさを、漢訳仏典の文章に見ることができるのである。以下、それらに関して個別に検討を加えていく。

一、偈の研究史

漢訳仏典の文章は、長行と偈頌に分類でき、偈頌はさらに大きく二分することができる。孤起偈（伽陀 gāthā）と重頌偈（祇夜 geya）である。[2] ただし漢訳された経論中の表記については、両者を区別することはなく、概ね「偈」、「頌」や「伽陀」と統括されている。[3] 伽陀（gāthā）と祇夜（geya）は本来異なるものでありながら、中国において、または漢訳においてこれを厳密に区別している様子はない。『大智度論』三三（『大正蔵経』二五・三〇七上）に、

> 一切偈名祇夜、六句・三句・五句、句多少不定、亦名祇夜、亦名伽陀。

とあるように、混用されていることがそれを物語っている。つまり、インド西域原典の韻文は、中国ではみな「偈」に統合されていく傾向があるということである。それはたとえば、吉蔵の『百論疏』巻上の上（四二・二三八中下）にも、

問斯論既是長行。何故云論有百偈従偈立名。答偈有二種。一者通偈、二者別偈。言別偈者、謂四言五言六言七言、皆以四句而成、目之為偈、謂別偈也。二者通偈、謂首盧偈。釈道安云、蓋是胡人数経法也。莫問長行与偈、但令三十二字満、即便名偈、謂通偈也。中論・十二門即是別偈、斯論（百論）謂通偈也。婆沙列四種偈。（中略）所言偈者、外国称為祇夜、亦云竭夜。今略其煩故但云偈。此土翻之句也頌也。有人言、偈是此門之名、訓之為竭。以其明義竭尽、故称為偈。

と述べられていることからもわかる。よって、ここでも必要のない限り両者を区別せずに論じていくことにする。

従来の仏典研究においては、偈頌だけを研究の俎上にのせることは決して多くはなかった。むしろ皆無に近かったのではないだろうか。よって研究史として、とくにここに紹介できるものはない。無論、一典籍のすべてが孤起頌によって構成される『仏所行讃』や『仏本行経』などを対象とした研究もなされているが、漢訳仏典全般の中での偈を総体的に研究の対象とすることはなかった。偈の研究が放置されてきたのは何も現在のことだけではない。中華においては幾度となく漢訳経典の文体論が取りざたされてきた。いわゆる文質論争であり、仏典の漢訳が盛行する南北朝から注意されてくることは周知のことである(4)。そして、この度重なる論争の結果として、翻訳者による翻訳体例が案出され、さらに修正加上が行われてきた。ところが、そうした文質論争にしろ、また翻訳体例にしろ、これらの問題の争点は、やはり例外なく長行（散体）に限られており、それが偈頌にまで及ぶことはなかったのである。このように、翻訳という言語転換にあって、偈の位置づけや評価はいかほどであったのか、古今を通していまだに明らかにされていないのが現状である。

ただ、わずかに顔治茂は偈頌に関する若干の報告をまとめている。しかしながら、必ずしも賛同できるものばかりではない。顔氏の論点は以下の四項にまとめられる[5]。

(1) 総体的にみて、訳経の偈頌が押韻することはない。伝統的な中華の詩が句末に押韻することと異なるもので、偈は無韻の詩といえる。（中略）訳経中の偈頌と原典の偈頌とは〝入韻〟の相違があるのだ。

(2) 一句の字数は、五字・七字が多く、四字がこれにつぎ、三字・六字や、七字を超える偈頌はさほど多くない。

(3) 句数については、四・八・一二句から、多いものでは数十から、『慧印三昧経』などのように一〇〇句を超えるものもある。さらに奇数句からなる偈頌もある。

(4) 一句中の字数は偈頌ごとに定められているから、時として語義と語彙に割裂の現象を引き起こす。これは六朝期の訳経において顕著である[6]。

まず(1)については、本研究が問題とするところであるので、後章において反駁する。(2)と(3)については、概ね氏の述べるとおりである。(4)についても、翻訳という制約とその限界があることを物語るもので、訳経にはしばしば見られることである。

他にも、兪理明は、「韻文を用いた訳経は、読誦に都合よく伝播を容易にするが、翻訳者の苦労がともない、（中略）短期間に長篇の韻文に訳していくよりは、句中の字数をそろえるだけのほうが容易である」と述べている[7]。先の顔氏も押韻しない偈の漢訳について、兪理明に同調するように、「自由な表現を可能にし、大量の翻訳に便となった」と述べている。経典の偈頌に対する言及とは、概ねこの程度のものである。

また顔氏は、長行と偈頌の相違について、「訳経中の散行には四字句・五字句・七字句があり、偈頌にも同じように四字偈・五字偈・七字偈がある。その区別はいったいどこにあるのか」と述べて自説を三つたてている（前掲書三七～三八頁）。それによると、一つには散文は故事・教理に用いられ、偈頌は対話・復牒・総括において用いられる。二つには散文は仏の教えを「説」き、偈頌は仏の功徳を「唱」えるものである。三つには散文は基本的に四言の句式を基調としており、そこに四言以外の句が交わるものであり、一方偈頌においては一連の偈頌の句中における字数は均一となると述べている。顔氏の説はどれももっともであるが、三つめに関しては、『七女経』や『仏般泥洹経』など数部の経が例外となる。

さらに朱慶之、兪理明ともに、訳経の散文と韻文とは形式的に、前者は途切れ無しに連写され、後者はきちんと句ごとに並べて書写されると述べている。[8] しかし、これは経典が印刷されて以後のことである。料紙が貴重な時代にあっては必ずしもそのようになっているわけではない。実際に敦煌文献の中には散文と同じように偈頌が連写されている資料が多くある（とくに浄土教の礼讃文など）。また印刷大蔵経でも、たとえば支謙訳『七女経』（一四・九〇八中下）の雑言偈や、三巻本『般舟三昧経』（高麗版、一三・九〇六上～九〇七中）の雑言偈は、散文と同じく連写されている例がある。また房山石経では、とくに隋唐など比較的古い石刻資料は、改行はおろか、通常は句と句の間に設ける一字分または半字分の余白すらもない例がある。

その他、李立信「論偈頌対我国詩歌所産之影響――以〈孔雀東南飛〉為例――」（中国文学研究叢刊『文学与仏学関係』学生書局、一九九四年）や、王晴慧「浅析六朝漢訳仏典偈頌之文学特色――以経蔵偈頌為主――」（『仏学研究中心学報』第六期、国立台湾大学仏学研究中心、台北、二〇〇一年）の論考もあるが、ごく梗概的なものであり、また仏典の文献学的批判が正しく行われておらず、客観的な論証が尽くされているわけではない。なお、以上は先行研究に見られる偈の形態論であって韻律論ではない。偈の韻律論についてはあらためて後述する。

漢訳仏典の偈とは、前述したごとくインド西域の仏典における韻文を翻訳することによって、漢語として再生された文章を意味する。本来、漢語以外の言語で綴られる仏典における韻文は、インドの言語であれ、西域の言語であれ、いずれにしても概ね各行の音節数とその長短によって一定のリズムを維持している。この文体は記憶を容易にする実用的な配慮であり、また結果的に仏教文学といわれるような分野を創出させることにもなった。漢訳仏典の偈を素材とした研究であっても、原典を放置したまま進めることは問題があるが、周知のように原典の数は限られており、しかも当該の漢訳テキストと並べたとき、分量も内容も過不足なく正確に対応するものが現存していない上、さらにそれらは漢訳よりも時代の下がる写本であることから、ここではそうした原典の韻文についてはふれず、あくまでも漢語に転換された後の「偈」について、中華の韻文学と比べながら鳥瞰したいと思う。

さて、そもそも原典が韻文であるならば、これを翻訳する際にも韻文によってなされることは理想かもしれない。つまり語義や内容を転換するだけではなく、視覚的な形態も転換してこそ、より厳密な意味での翻訳といえるのではなかろうか。しかしながら、内容の転換はおよそ可能であるとしても、形態の転換というものは技術的に不可能であり、また道義的にも許容しえないことである。なぜなら言語が異なれば、その構造（語法・語音・音節など）が異なるからであり、そして釈迦の金言を伝承すべき護法的精神から、形態の転換によって惹き起こされる語義・内容の喪失や改竄が危惧されるからであろう。しかし、一経典中にあって散文と韻文が併説されている典籍であれば、何らかの手立てを講じないと、翻訳後において、散文と韻文との弁別が困難になり、安世高訳経典のように両者を視覚的に区別できないようなスタイルが出現してしまう（本書第二部第一章を参照）。そこで後世の訳者たちは、厳密な意味での韻文ではないにせよ、せめて視覚的には韻文らしいスタイルを導入して漢訳したのである。つまり異なる二つの言語ゆえ、韻文としての質的な差異はあるものの、インド西域の原典における韻文に対しては、中華の韻文における形態をもってそれに対応せしめようとしたことである。ただし、それには当然ながら可能域と不可避な限界とがある。たとえば中華の詩文では、その多くが五言や七言といった斉言である。したがって、漢訳仏典の偈も斉言に仕立てることは可能である。また音節の長短を調整して詩形の節奏リズムを維持させることも可能である。さらには偶数句末を押韻させることも、あながち不可能なことではない。しかしながら、すべての gāthā を中華の詩形に適応させることはできない。つまり翻訳上の限界があるということである。たとえば平仄配置や対句・典故などの修辞技法を駆使して漢訳するわけにはいかない。これを無理に行えば、すでに翻訳ではなくなり、撰述や改竄のそしりを受けかねないからである。このように、翻訳は常に可能域とその限界との狭間で緊張をともないつつ行われていたということを知るべきである。

それでは、漢訳経典の偈はいったいどれほどの数量になるのだろうか。試みに『大正蔵経』第一巻から第二一巻までの一四二〇部において、儀軌類を除いた経典のみ調査すると、六〇〇部以上がその中に偈を含んでいる。(9) それを漢訳者の時代順に並べたものが本書第三部の資料②《漢訳経典偈頌総覧》である。この《総覧》を眺めているだけで、以下の点に気づくであろう。

・偈はどの部類であっても均等にあらわれているが、般若経典類には少ない。
・いつの時代でも平均的に偈は説かれている（漢訳されている）。
・各漢訳者に顕在的な漢訳上の特質は見られない（竺法護を除く）。
・竺法護訳経典の偈は、その一句中の音節数が多彩である。
・大多数が斉言偈からなり、雑言偈はきわめて少ない。
・最短は三言一句から最長の一二言一句まで訳されている。
・五言の偈が圧倒的に多く、そして七言と四言がこれにつぐ。
・隋からしだいに七言が増し、宋代の密教経典では五言を凌ぐ勢いである。

・四言は八言の可能性があり、逆に八言は四言の可能性もある。
・大多数が偶数句からなり、奇数句はわずかである（備考欄を参照）。
こうしたことは漢語の問題ではなく、インド西域の原典における問題であるから、調査以前からすでに大方の予測はついていた。ただし、漢訳された偈の構造——すなわち句中の字数・句数・漢語としての律動——に関しては、必ずしも一様ではない。時代別・訳者別に、ある程度その特質があらわれているようである。

＊　　＊　　＊

さて、前章の第二節に述べた中華の韻文における三要素としての①音数律、②声律、③韻律が、はたして仏典の有韻偈頌にどれだけ取り入れられ、いかに偈の文体を拘束しているのだろうか。漢語仏典の有韻偈頌を、漢訳経典・中国撰述経典・浄土教礼讃偈の三類に分けて考察を進めているので、この三類に韻文の三要素の一々を当てはめて検証することになるが、三類のすべてに三要素が具わっているわけではない。ただし③韻律だけは韻文の絶対条件であるので、押韻や通押は程度の差こそあれ、概ね具わっているといえる。

◎漢訳経典（漢訳論書も含む）の有韻偈頌

翻訳という言語転換を要するので、物理的な限界もあるため、韻文の三要素をみな具えることは不可能である。もしそれを実現しようとするならば、原意を損ない道義をも侵しかねないからである。まず、①音数律については、安世高には自覚的に配慮した形跡はないが、つづく支婁迦讖以後は中華の韻文の形態を取り入れ、以後はそれが踏襲されていくことになる。また節奏点についても、ある程度は配慮しているといえる。②声律については、これは規則的な平仄配置を意味するわけで、そもそも五世紀以前に意識されるべくもないが、それ以後であっても、なお配慮されたような形跡は確認できない。翻訳者にとって文意の翻訳を優先させることが使命であるから、句中の平仄配置まで気を配って漢訳しようとすることは、翻訳時間の長期化にもつながり、また改竄のそしりを受けかねなかったのであろう。漢訳仏典の偈において声律が採用されることは、ついになかったと言ってよい。③韻律については、完璧に押韻するものは少なく、隣接する韻部との通押や、四声の相違に関わりなく通押する緩さが多く見られ、また押韻する一連の偈の中には、明らかな失韻の偈も挿入されていることがある。これもやはり先と同じように言語転換における限界であり、また不用意な改竄を恐れた訳者の翻訳姿勢のあらわれと考えてよさそうである。

◎中国撰述経典の有韻偈頌

漢訳経典のそれとは異なり、翻訳という拘束を受けないので、知識人の教養の一端を偈の中に認めることができる。①音数律、②声律、③韻律のどれも、一定のレベルを保っているのである。とくに①音数律では、各句の中に置かれる節奏点に乱れが生じていないこと、また③韻律では、漢訳経典の偈にあるような緩い通押が減少し、その時代の漢字音によって比較的正しく押韻していることを指摘できるのである。

◎浄土教礼讃偈の有韻偈頌

韻文の三要素が最もよく完具されている。これもまた中国撰述経典と同様に、翻訳という拘束を受けていないことや、さらに大衆を動員した儀礼の現場において用いるという文献的な性格からも、より音楽的でより通俗的な韻文、つまり大衆音楽的な詩歌が求められたことが、中華の韻文として認知しうる大きな原因であるに相違ない。①音数律に乱れなく、②声律ではとくに中唐以後の礼讃文に近体詩の平仄配置が受容され、また③韻律にあっても概ね破格はない。礼讃偈と呼称されながらも、礼讃詩と称して遜色ないほどの作品群といえる。(10)

二、正格句式

①字数

仏典が漢訳される後漢以後の中華の詩形において圧倒的に多いのは句中の字数を均一にした斉言の詩である。よって、仏典の漢訳でも多くが一句を四言・五言・七言で漢訳することになったものと考えられる。つまり中華の韻文の格式を採用して、これを偈の翻訳に転用したということである。しかし、漢訳の最初期は、いまだその体例（方針・基準）が決定されていなかったので、試行錯誤を繰り返していた。それは偈頌だけではなく長行においても事情は同じことである。こうした初期の訳経者たちの苦悩と工夫を通過して、おおよその体例が決定するのは、早くとも釈道安（三一二〜三八五）のときである。その五失本三不易には漢訳における不可避な限界や許容範囲、そして禁止事項が俯瞰的に示されている。[11] その後、隋彦琮の十条と八備、隋明則の翻経儀式（または翻経法式論、現存せず）、唐玄奘の五種不翻、宋賛寧の六例が案出され、[12] また、そこまで体系化されなくとも、経序や僧伝類から個別の問題をうかがうことができる。すなわち歴史的にみても、必ずしも統一的見解が策定されたわけでないことがわかるだろう。結局は翻訳者らの姿勢や方針が、訳された仏典に影をおとすことは避けられないのである。それは現代における翻訳の現場でもまったく同じことである。[13]

さて、話題を偈にもどして初期漢訳の実態を瞥見しておこう。最初の漢訳者、安世高訳経典における斉言の偈は『五陰譬喩経』の五言偈のみである。しかし本経は後に安世高に仮託された経なので、これを漢訳偈頌の嚆矢とすることはできない。安世高は基本的に中華の詩形などまったく無頓着で、すべて雑言のスタイルをもって漢訳している（本書第二部第一章を参照）。たとえば、『七処三観経』の第七経（二・八七七上）には以下のようにある。

従後説絶、
善群居依賢者　為知諦願宿命行　為楽得無有憂　得善自在
仏説如是。

意味のまとまりから断句してみたが、ここで説かれる絶（＝偈）は二三文字なので、どの数でも割り切れない。つまり、偈であっても視覚的には長行（散文）のスタイルと同じ雑言句の偈なのである。安世高の訳出経典中の偈とは、後世仮託された典籍を除いて、概ねこのように視覚的には韻文と散文とを区別することができないのである。ただし、斉言句で漢訳されている偈も二例ある。一つは『七処三観経』（二・八八一下）の四言四句である。

従後説絶、
欲見明者　当楽聞経　亦除垢慳　是名為信
仏説如是。

もう一つには、これまで三国の失訳とされ、今では安世高の訳出が有力視されている『雑阿含経』[14]の五言四句である（二・四九八下）。

従後説絶、
若身不侵者　口善意亦然　如是名不侵　無所侵為奇

これら二つの例が安世高によって意図的に斉言句で漢訳されたのか、それとも偶然このように四言や五言で均一化されたのかは、にわかに判断できないものの、結果的はこれが後に決定する斉言句の嚆矢となっていることは事実である。

安世高につづく漢訳者で、月氏から来華した支婁迦讖になると、雑言の偈はほとんど漢訳されていないので、[15] ここにいたって句中の字数を意識した漢訳――換言すれば中華の詩形を意識した漢訳――が行われていたことは明白である。

『般舟三昧経』上（一三・九〇六上）

仏爾時頌偈曰、

心者不知心　有心不見心　心起想則痴　無想是泥洹
是法無堅固　常立在於念　以解見空者　一切無想念

『般舟三昧経』上（一三・九〇八上）

仏爾時頌偈曰、

三千大千之国土　満中珍宝用布施　設使不聞是像経　其功徳福為薄少
若有菩薩求衆徳　当講奉行是三昧　疾悉諷誦此経法　其功徳福無有量
如一仏国塵世界　皆破壊砕以為塵　彼諸仏土過是数　満中珍宝用布施
其有受持是世尊　四句之義為人説　是三昧者諸仏慧　得聞功徳叵比喩（以下略）

『雑譬喩経』（四・五〇〇下）の五言偈、三巻本『般舟三昧経』の五言・六言・七言の偈、一巻本『般舟三昧経』の三言・五言・六言・七言の偈にあるとおりである。また同じく後漢の曇果・康孟詳『中本起経』の四言・五言の偈、康孟詳『興起行経』の五言偈、竺大力・康孟詳『修行本起経』の五言・七言・九言の偈、支曜『成具光明定意経』の四言・五言の偈というように、後漢の訳経における偈頌の一句中の字数は、中華の韻文の字数に合わせるかのように、三言から九言まで、[16] ほぼ出揃っていたと言ってよい。さらに最長の一二言は、呉の支謙訳『慧印三昧経』（趙城金蔵・高麗版のみ）に見られる。[17] また竺法護の訳経における偈は、その句中の字数が多彩であり、四言・五言・七言はもちろんのこと、『決定総持経』には三言の偈があり、他に六言偈を含む経典が六部、八言偈を含む経典が四部ある。とくに三言・六言・八言は漢訳中にあって特殊な事例であるので、竺法護訳経典における偈の句式は他の訳者と比較しても特徴的となっている。しかし漢魏両晋という漢訳初期における偈の字数は、五言が他を圧倒的に凌駕している。その数からして五言以外の句式の偈は、むしろ特殊のようにすら感じられる。そして時代の経過とともに、とくに隋唐から宋にいたる訳経の偈は四言が激減の一途をたどり、かわって七言の偈が多数あらわれるようになる。これは漢訳仏典の偈を悉皆調査した結果から言えることなのである（本書第三部の資料②《漢訳仏典偈頌総覧》を参照）。

このように、仏典の偈においては、四言から五言、そして七言偈へと推移していくことがわかるが、それを裏づける事例をあげておこう。それには時代を隔てて漢訳された同本異訳を比較することによって、明らかになるはずである。そこで、まず取りあげるのは、東晋の曇無蘭『戒徳香経』（二・五〇七下）、そして異訳の宋の法賢『戒香経』（二・五〇八中）の偈である。両経の漢訳は約六〇〇年の隔たりがある。以下に引くように、前者の東晋訳では五言偈として訳されており、後者の宋訳では同じ内容でありながら、七言偈として漢訳されている。

曇無蘭『戒徳香経』、三八一～三九五年訳出（二四句・一二〇字）

雖有美香花　不能逆風熏　不息名栴檀　衆雨一切香
志性能和雅　爾乃逆風香　正士名丈夫　普熏于十方
木蜜及栴檀　青蓮諸雨香　一切此衆香　戒香最無上
是等清浄者　所行無放逸　不知魔径路　不見所帰趣
此道至永安　此道最無上　所獲断穢源　降伏絶魔網
用上仏道堂　昇無窮之慧　以此宣経義　除去一切弊

法賢『戒香経』、一〇〇一年訳出（一六句・一一二字）

世間所有諸花果　乃至沈檀龍麝香　如是等香非遍聞　唯聞戒香遍一切
旃檀鬱金与蘇合　優鉢羅幷摩隷花　如是諸妙花香中　唯有戒香而最上
所有世間沈檀等　其香微少非遍聞　若人持仏浄戒香　諸天普聞皆愛敬
如是具足清浄戒　乃至常行諸善法　是人能解世間縛　所有諸魔常遠離

なお、もう一つの異訳、秦代の失訳『別訳雑阿含経』一（二・三七六下～三七七上）も、五言詩が全盛の時期だけに、翻訳された句式も五言偈となっている（二六句・一三〇字）。

若栴檀沈水　根茎及花葉　此香順風聞　逆風無聞者

持戒香丈夫　芳馨遍世界　名聞満十方　逆順悉聞之
栴檀及沈水　優鉢羅抜師　如此香微劣　不如持戒香
如是種種香　所聞処不遠　戒香聞十方　殊勝諸天香
如此清浄戒　不放逸為本　安住無漏法　正智得解脱
衆魔雖欲求　莫知其方所　是名安隠道　此道最清浄
永離於諸向　捨棄於衆趣

それ以外の事例をあげれば、東晋仏駄跋陀羅『大方等如来蔵経』と、唐の不空訳『大方広如来蔵経』は、前者がすべて五言偈に訳され、後者はすべて七言偈に訳されている。また『華厳経』の東晋訳六十巻本（仏駄跋陀羅、四一八～四二〇年訳出）、唐訳八十巻本（実叉難陀、六九九年訳出）、唐訳四十巻本（般若、七九八年訳出）の偈を比べても、六十華厳では五言が七言に比してかなりの分量を占め、八十華厳では逆に七言が五言より若干多くなり、四十華厳にいたっては七言偈の数がさらに増して五言偈を完全に圧倒している。さらに北涼曇無讖『金光明経』の偈はすべて四言一句であるが、異訳で唐の義浄訳『金光明最勝王経』になると四言はすべて喪失し、かわって五言と七言によって漢訳されている。こうした事例は、さらに多くあげられる。とくに七世紀以降の唐宋代になって七言偈の数が増加するのは、なんと言っても密教経典である。『大正蔵経』一八巻から二一巻に収められる密教部の経典に目をやれば、明らかに七言の句式が他を凌駕していることに気づくはずである（資料②《漢訳仏典偈頌総覧》を参照）。

前述したごとく、こうした現象は、それぞれの時代における中華の文壇における伝統的詩形の変遷を明確に反映したものと考えられる。支婁迦讖が『般舟三昧経』（一七九年の漢訳）で七言偈の漢訳をはじめて行うが、当時の中華の文壇では建安文学の潮流に乗じて五言の詩が主流になりつつあった。したがって仏典の漢訳においては、しばらくは五言偈が採用されていた。しかし七言偈がまったく漢訳されていなかったのではない。魏晋南北朝では少数ながらも漢訳されつづけた。それが唐代にいたり、詩文学で七言詩の作例が増加するに従い、仏典にあってもそれに歩調を合わせるかのように、多く七言偈が漢訳されていくようになったということである。

なお、この五言・七言の句式を採用して偈の漢訳に適応させるにつけ、さらに重要なことは、拍節や読誦との関わりを指摘しなければならない。つまり偈における一句の字数は圧倒的に奇数音節が多く、偶数音節からなる句が寡少な根拠がここに求められるということである。これもやはり中華の詩歌の特性からくるものである(18)。二言（二字）を一拍とする漢語において、四言や六言といった偶数音節の偈は、それぞれ二拍と三拍となり、句末の休音がなくなることで単調なリズムとならざるをえない。ところが五言や七言のような奇数からなる偈は、三拍と四拍のリズムとなり、どちらも句末に半拍の休音が生まれ、句の余韻を残す効果を演出し、意味の理解を助けることにもなると同時に、次の句への移行を容易にさせるのである(19)。最後が一言一拍となることは、漢語として安定性に欠けるが、その不安定感が繰り返されることで独特のリズムを演出するということである。

四言　〇〇／〇〇（二拍）　……偶数音節偶数拍子
六言　〇〇／〇〇／〇〇（三拍）　……偶数音節奇数拍子
五言　〇〇／〇〇／〇×（三拍）　……奇数音節奇数拍子（休音あり）
七言　〇〇／〇〇／〇〇／〇×（四拍）　……奇数音節偶数拍子（休音あり）

こうして、漢語仏典の偈においては、読誦の便宜を考慮すればこそ、詩文学と同様に、句末に休音のある奇数音節の五言と七言の偈が多く採用され盛況したものと考えられるのではなかろうか。

これに関して格好の事例は、いわゆる「普賢行願讃」である。[20]東晋の元熙二（四二〇）年に仏駄跋陀羅によって漢訳された『文殊師利発願経』（一〇・八七八下）を嚆矢として、後に八世紀中葉の不空が『普賢菩薩行願讃』（一〇・八八〇上）を訳し、さらに貞元一四（七九八）年には般若が『華厳経』四〇「入不思議解脱境界普賢行願品」（一〇・八四七上）を漢訳している。みな偈によって説かれており、前者の東晋訳は五言、そして後者の唐訳二本はいずれも七言となっている。そして大切なことは、もともと本典が読誦のために用いられたということであろう。『出三蔵記集』九の「文殊師利発願経記」（五五・六七下）には以下のようにある。

晋の元熙二（四二〇）年、歳は庚申にあり。楊州闘場寺に於いて、禅師新たに出して云く、外国の四部衆、仏に礼する時、多く此経を誦し、以て発願して仏道を求む。

また各大蔵経には「普賢行願陀羅尼」を巻末に付し、その後には（一〇・八八一下）、

毎日普賢菩薩行願讃を誦して後、即ち此の真言を誦すこと纔に一遍を誦せば、普賢行願悉く皆な円満にして、三摩地の人は速に三昧現前するを得、福徳・智慧の二種荘厳し、堅固の法を獲て速疾に成就せん。

とあるように、「普賢行願讃」の読唱は日課とされていたことである。はたして中国においてどれほど口誦されていたのかは不明であるが、典籍の性格として、もともと読誦が想定されているのであるから、漢訳にあってもそれ

に適応すべく訳されてしかるべきであろう。東晋訳では五言偈であっても、七言の詩が多く作られる唐代において漢訳された唐訳においては七言を採用することが時宜にかなった訳者による配慮であったのである。日常的な経典読誦との関連から考察を加えても、やはり中華の詩文学の趨勢や動向が、漢訳経典の文体や形態に一定の影響を及ぼした結果であると考えるべきである。

さて、五言と七言のごとく奇数音節を一句とする偈が、他よりも多く漢訳されていた要因は、概ね上述の解釈で説明できるが、逆にこれらを除く字数の偈が、なぜ韻文の漢訳のスタイルとして盛行しえなかったのだろうか。そこで松浦友久の詩の音節数とリズム論の観点をもとに、漢訳の偈に実際に存在する三言・四言・六言・八言・九言、一二言が少ない原因を類推すると、以下のようになるだろう。[21]

三言は、支婁迦讖と竺法護などが訳した若干の偈頌にその用例を見るにすぎない。

伝支婁迦讖『般舟三昧経』（一巻本）の三言偈（一三・八九八中）

立一念　信是法　随所聞　念其方　宜一念　断諸想　立定信　勿狐疑　精進行　勿懈怠
勿起想　有与無　勿念進　勿念退　勿念前　勿念後　勿念左　勿念右　勿念無　勿念有

偈というよりは、禁止事項を格言的に連呼している。このような場合には、歯切れのよいリズムを形成し、むしろ有効であったかもしれない。

竺法護『決定総持経』の三言（一七・七七二上）

修清澄　鮮潔句　清且涼　無所授　亦無造　無所得　遵速疾　取新生　奉精進　礼行歩
勤修行　智暁了　主観察　無所起　去患難　遊慕便　挙軽便　普清浄　無不浄

これは「総持章句」として説かれており、偈として説かれているのではなさそうである。ただし、中国詩における三言詩は『詩経』国風の周南における螽斯や、召南における江有汜にすでに見られるといっても、その作例はあまりにも僅少である。原典を漢訳するにつけ三言に凝縮することは、漢訳者にとって相応の負担が生じるものであろう。また意を尽くして表現しようにも、あらかじめ準備された音節がわずかに三文字ではどうにもならない。右の例のような格言として表現する場合を除き、長行の反復としての重頌偈にはふさわしくないと思われる。

四言は、『詩経』以来の韻文における基本的な詩形となってきたが、『楚辞』においてはすでにこの四言基調を脱し、漢代になると賦（漢賦）という韻文でありながら散文的なジャンルが創作され、両漢の代表的な韻文の一形態としての地位を保った。こうした新たな韻文のスタイルの創出にともない、四言はしだいにすたれてきたのである[22]。そして後漢末期になり、建安文学に中心的な役割を果たした三曹と建安七子と謳われる知識人らの出現によって詩が作られるようになると、この漢賦も衰退していく。その建安文学にあっては五言詩が多く作られ、これが魏晋南北朝の主流の詩形となっていくのである。

呉維祇難『法句経』巻上（四・五六四下）

見善不従　反随悪心　求福不正　反楽邪婬
凡人為悪　不能自覚　愚痴快意　令後鬱毒

殃人行虐　沈漸数数　快欲為人　罪報自然
吉人行徳　相随積増　甘心為之　福応自然

四言は四音節二拍であるから、各句の音節も拍子も、ともに偶数リズムである。偶数は確かに安定感はあるが単調なリズムに陥る。仏典においても散見されるが、魏晋南北朝では散文の方面にあって四六文（四六駢儷文）が席巻する時代であり、したがって四言の偈頌は、四言の長行（散文）と同じリズムを刻むことになり、これではあまりにも平板すぎて眠くなる。読誦する際に長行から偈頌へ、また偈頌から長行へという変化を体感することができず、音声リズムとしては単調となり、口に誦しても、耳に聞いても起伏に富んだ変化の妙は、ここからは感知されない。したがって四言の偈が漢訳されることは多くなかったものと考えられる。四言というものは、やはりよどみなく読誦される長行においてこそ都合よいスタイルで、また記憶にも便となり、とくに長部の経典を速読するには向いている。読んでも聞いてもスピードを体感できるのは、四言句（四音節二拍子）という偶数リズムだからである。一方で五音節三拍子の五言の偈が多く漢訳されるのは、三国両晋以後のことであり、それは中華の文壇の趨勢と連動している状況を示している。漢訳された偈頌において四言が減少するのは北魏のころからであり、隋唐の訳経中にもその数は少なく、これが宋代になると、こちらが意識して探さない限り見つけられないほどに激減する状況にある。

六言は、『楚辞』に比較的多く見られる音数律であるが、六朝後半からはほとんどその作例を見ず、文壇において詩形としての一つの地位を築くことはなかった。六言は四言と同じく、散文である四六体のリズムであり、韻文のそれではない。仏典の偈頌に使用頻度が少ないのは、先の四言と同じく長行との混同を回避するためであろう。

東晋失訳『般泥洹経』巻上（一・一八四下）

甘露化従仏出　疾如聴弟子陳　教以此勧後学　七覚妙宜諮賢
由仏興使我得　清白行無玷欠　学当知正志念　愛喜法精進入
一白専護定意　如法解為浄智　有疾者宜聞斯　覚微想除邪思
是疾者為法王　道宝出自此源　彼猶尚請聆法　況凡夫而替聞

唐代以降にはますます六言詩の作例が減少していくが、それは近体詩の声律の規範に六言がそぐわないためでもある。つまり句中の平仄の配置（二四不同・二六対）や隣接する聯との不具合は、華美な修辞を重んじる唐詩には不向きなのである。六言の偈がほとんど存在しないのは、漢訳者らにもこれらが自覚されていたからであろう。

八言も、八音節四拍であり句末の休音がない淡白で単調なリズムとなり、これでは四言のリズムと変わることはない（八言は四言の倍数）。

西晋竺法護訳『文殊師利仏土厳浄経』巻上（一一・八九一下）

各各欣喜而歎頌曰、

人中之上如月盛満　為正導師丈夫師子
世尊入城利益衆生　普安一切盲聾視聴
飢飽寒温乱者得定　貧者得富狂邪得正
諸天在上散雨華香　作衆伎楽以為供養

すでに四言がある限りは、八言は詩形として存在する意義がないのである。おそらく仏典の偈にあってもこれらの偶数音節が多く漢訳されなかった背景には、こうした事情が関与していたと思われる。この『文殊師利仏土厳浄経』の例は、高麗版で八言一句の排版にされているが、他の版本ではみな四言一句の排版となっている。こうした排版の相違からも、やはり八言は四言の二倍であって、新たなリズムを刻むスタイルではないことが理解できる。

九言は、唐宋までの漢訳仏典での作例として、後漢竺大力・康孟詳の『修行本起経』下（三・四六八中～四六九上）にある四〇句が唯一の用例となる。

於是太子、即説頌言、

如令人在胎不為不浄　如令在浄不為不浄汚
如令苦不為多無有数　仮令如是誰不楽世者
（中略）
如令諸蔭蓋不為怨家　如令諸六入無有苦悩
如令一切世間為不苦　仮令如是誰不楽世者

漢訳の偈にあっては、これ以外に訳例が存在しないようである。中華の詩においても稀見の類に属す。七言の頭に二言を加上したものであって、韻文としての音節数がいたずらに冗長であり、たとえ奇数音節であってもリズムに軽快さと歯切れのよさがなく、また句末の押韻においても（とくに隔句韻）、音節数が多いぶん韻文としての余韻が感知しえなくなる。したがって詩形として一つのジャンルを築けなかったと考えられる。それは仏典の漢訳にも当てはまるのである。

一二言は、漢訳仏典における偈の最長音節である。偶数拍であり、かつ作例の少ない六言の変形（二倍）であること、そして先の九言と同様に音節数がやたら冗長にすぎるため、韻文としての音響的な効果が発揮されない。やはり音節数は適度に短くないと、どうしても単調で歯切れの悪いリズムとなってしまい、しかも長行と同化した偶数拍のリズムでは読誦にも不向きとなる。なお一二言偈は、支謙の『慧印三昧経』の趙城金蔵と高麗版にその用例があって、他の版本では四言に排版されている（一五・四六七下）。

仏爾時便説偈言
行是三昧於無底念疾得為仏　一切十方無央数仏護持法者
便悉得聞無量無底諸経正教　持是経者便得無極陀鄰尼門
欲知人声諸慧三昧当於是経　四諦度脱無所著慧能伏諸有
無起無滅無有処所能致清浄　便逮相好一切功徳及十種力

漢訳の原初形態としては、諸版本で排版されているような四言一句ではなく、趙城金蔵と高麗版の一二言一句であったはずである。それは四句一偈の原則から意味のまとまりを調査することで説明することができる（後述する）。

*　*　*

再度ここで確認しておこう。後漢後期以降の中華における詩文学の趨勢が、『詩経』の四言基調から脱し、そして後漢末の建安体に顕在化する五言へと移り変わり、それに歩調を合わせるかのように、仏典の偈の漢訳にもこの五言基調が導入されてきたものと思われる[23]。そしてさらに降って隋のころから七言偈が増加し、宋代に及んでいっそう増えていく。これらの変遷も、南北朝末から本格的に作られる七言詩の詩形と決して無関係ではなく、中華の詩歌の句式に連動したかたちで、漢訳者たちによって仏典の偈に受容されたものと考えられるのである[24]。

移りゆく時代の趨勢と人々の嗜好に歩調を合わせつつ仏典が漢訳されるところに、出世間でありながらも、なお世間の動向に背を向けることができない仏教の体質を露呈していることが知られよう。仏典の漢訳においては、その初期から中華伝統の思想や中華在来の文体と語彙を取り入れ、これによって理解をより深くより広範に浸透させることに一役かっていた。それを格義と言う。この格義を偈頌の漢訳において論ずる際には、以上に述べたような中華の詩歌における形態の伝統をそのまま受容したことをもって言えるのである。偈の漢訳において、漢訳者たちが新たな雛形を作り、それを規格形式化するよりも、むしろ既存にして周知の規格（中国詩）があるならば、そのまま転用することが漢訳時間の短縮にもなり、しかもこれによって新来の思想が抵触することなく、比較的穏やかに中国に、とりわけ文人知識階層に受け入れられていくのである。

②原典と漢訳との音節数の対応

先には漢訳仏典の偈における句中の字数を、中華の韻文に関連づけて述べてきたが、ここで一つの問題がある。それは、漢訳される偈の音節数はサンスクリット語など原典の音節数の拘束を受けて決定されるのではないかという問題である。つまり、漢訳以前のテキストの中に、すでに五言や七言に漢訳せざるをえない要素があるか否かということであり、たとえば一句中の音節数の多い gāthā は七言以上の偈に漢訳され、逆に音節数の少ない gāthā は五言以下の偈として漢訳されるのではないかということである。これが明確に立証されるならば、私の立論、すなわち中華の詩文学における趨勢と連動して漢訳されているという仮説が瓦解することになる。

そこで寡聞ながら先行研究をあげると、平田昌司が『根本説一切有部毘奈耶破僧事』の偈を一例として、「梵本と義浄訳との偈頌の韻律には、一句の音節数においてさほど相関性がなく、漢訳が平仄の顧慮した形跡はさらに見あたらない。①（八音節）に七言が用いられ、⑦⑧⑨（一二、一三、一四音節）に五言があてられる状況は、訳者が原韻律に無頓着であったことを示そう」と述べている。しかしそれと同時に、「原韻律に配慮しつつ一句の字数を定めたのではないかと疑われる個所も皆無ではない。たとえば……」とも指摘し、その用例を示している。さらに、「最も基本的な韻律である anuṣṭubh 体の八音節四句を、できるだけ五言四句にしようとする傾向は認めてよい」とも述べている。[25] このように義浄訳『根本説一切有部毘奈耶破僧事』の偈は、インド西域原典の音節数の影響を受けるものと、そうでないものとがあるということであり、今後はこうした方面の成果との関連で、漢訳仏典における偈の句中における字数について考察してゆくべきである。なお、朱慶之は竺法護訳『正法華経』に説かれるすべての偈、および失訳『大乗悲分陀利経』五の偈を調査した上で、「漢訳仏典における偈の換言（途中で句中の字数を換える偈）の現象は、原典の詩律における転換を反映したものであり、漢訳者の創造ではない」と述べている。[26]

ただ、思うに梵語テキストが漢訳偈頌の音節数を常に支配しているというのであれば、各時代を通して四言・五言・七言など普遍的にあらわれてくるはずである。しかし、実際に六世紀末の隋から唐宋における訳経中の偈に七言が多くなっていくことは、動かしようのない事実であり、また漢訳の偈は五言や七言といった奇数音節からなる偶数句で完結する偈が圧倒的であることも事実である。これらはみな中華の韻文の形態を反映しており、文壇の詩形から影響を受けていたということは否定できそうにない。したがって漢訳以前のテキストとの関連だけで漢訳時の音節数の根拠を求めることはできないのではなかろうか。ただし原典の gāthā が時代とともに音節数が増してくるというのであれば話は別である。

しかし、それでも氷解しえない疑問もある。それは、七言偈が全盛の宋代であっても、なお五言の偈も並行して漢訳されているし、同一訳者の訳経中でも四言・五言・七言が普遍的に見られることである。たとえば、姚秦の鳩摩羅什訳『諸法無行経』の五言偈は、異訳である隋の闍那崛多訳『諸法本無経』では七言偈となるも、さらに後宋の異訳である紹徳訳の『大乗随転宣説諸法経』になると、すべて五言と四言で訳されている。また、密教経典を多く漢訳した宋施護の訳経中の偈は、どの経も七言が多いとはいえ、中に五言や四言も含まれている。そして法天・法護・惟浄・法賢など宋代の訳者はみなこれと事情は同じである。また施護とともに来華した天息災の訳経中の偈はすべて五言で訳され、七言の偈は皆無となっている。これは唐代の不空や菩提流志にあってもやはり同じことである。このように宋代にいたっても、なお五言や四言が漢訳されつづけるということは、中華の韻文における趨勢のみに拘束支配されていたのでなかったことを示唆している。したがって中華の文壇からの影響だけでは、この問題を説明できないのであり、インド西域原典の音節数との関わりや、漢訳者各人の漢訳方針も含めて巨視的に考察する必要がありそうである。

それに関して『高僧伝』一三の経師篇には、東国の歌（中華の韻文）と西方の賛（インドの韻文）の相違を示した後、さらに以下のように両者の隔たりを指摘していることは止目されてよいだろう（五〇・四一五上）。

自大教東流、乃訳文者衆、而伝声蓋寡。良由梵音重複、漢語単奇。若用梵音以詠漢語、則声繁而偈迫。若用漢曲以詠梵文、則韻短而辞長。是故金言有訳、梵響無授。（仏教が中国に伝わってから、経文を翻訳することは多いが、音声まで伝えることは稀であったのは、梵語が複音節語であり、漢語が単音節語であるからだ。もし梵語のメロディに漢語の語彙をあてて詠うと、メロディがもともと長いのに漢語は短く終わってしまい、逆に漢語のメロディに梵語の語彙をあてて詠うと、漢語の短いメロディの中に梵語の長い語彙は収まらなくなる。だから釈迦の教えを翻訳することはあっても、梵語の音声までは伝授されなかったのだ）

要するに、これは表意（語）文字の漢語は一字一音節が鉄則であるから、梵語の韻文を漢訳するにあたって伝えるべき内容を漢語に転換することは可能であっても、音節数まで相応に調整することは不可能であるということであろう。したがって、「金言有訳、梵響無授」とは、西方の賛（韻文としての gāthā）の長短音節を、東国の歌（韻文としての詩偈）に対応させることの難しさをあらわしていると考えられるのである。

③句数

「一四句偈」（四句からなる一偈）という決まり文句があるように、仏典の偈は、梵語であろうと、また漢語であろうとも、四句をもって一つの偈を形成するというのが基本である。ただし六句一偈もあれば、三句の偈などもあり、必ずしも四句をもって一偈というわけではないが、偶数句末に押韻を要求する中華の韻文では、基本的には四句をもって最少句数の韻文として成立する。したがって漢語仏典の偈にあっても、これが反映されているのである。この点、梵語仏典の韻文は、中華の韻文の形態に転換するには都合が良かったということになる。

さて、漢訳仏典の偈の句数は、右に述べたごとく圧倒的に偶数句が多く、それは原典に従ったまでのことであろうが、奇数句も実は少なくはなく、とくに唐宋代に漢訳された密教経典において散見される。破格は句中の字数の不均衡としてあらわれる程度である。しかしこれは詞彙の割裂を回避するための措置であり、一聯（二句）の字数の総計が偶数になっていれば大きな問題とはならない。ところが一聯中の字数が奇数であれば、偈に対するこれまでの我われの一般的な認識を打ち砕くものである。つまりスタイルからして長行のそれと何ら相違するものではなくなるのである。ただしこうした事例は決して多くはない。

また、竺法護訳と伝えられる『龍施菩薩本起経』のように、各版本はみな一三五句の奇数句からなっているようでありつつも、韻律にもとづいて偈を再構築すると、実は一三六句、または一四〇句の偶数句こそが本来の姿である可能性があることや（本書第二部第五章を参照）、淮州の曇弁が撰述した『妙好宝車経』の『大正蔵経』本（中村不折旧蔵敦煌写本）は五言六九句の偈があるが、出口常順蔵本（トルファン出土仏典断片図録『高昌残影』法藏館、一九七八年）では三句を加えた七二句であり、韻律上の問題を解消できる例もある（本書第二部第九章を参照）。

以上の点からして、やはり偶数によって漢訳され、また撰述されるのが漢語仏典における偈の標準的な句数であると認識しなければならないようである。

④節奏・割裂

原典の韻文を中華の韻文の形態に準拠させつつ漢訳するということは、字数制限が定められた句として漢訳するということであり、漢語を善くしない訳者にとっては、決して容易なことではなかったはずである。それは、散文（長行）の漢訳と最も異なる点であり、時間と労力を要する作業であったに相違ない。

韻文では、このように字数の調整を配慮しつつ漢訳が進められていくのであるが、さらに大きな壁がある。それが節奏の問題である。漢訳者らが中華の韻文に合致させつつ漢訳しようとするとき、視覚的には字数を調整する必要があり、また格律においては押韻や平仄配置などが要求されるが、これらは言語転換にともなう限界でもあるのでひとまず措くとしても、割裂（詞彙が句間をまたぐ）と節奏（句中のリズム）の問題が大きく立ちはだかることになるはずである。

中華の詩においては必ず律動（一定の周期で繰り返されるリズム）というものがある。その律動によって一作品全体のリズムが形成される。それは句中における音節数によって形成させるリズムである。五言であれば第二字目と第五字目にあり「○○／○○○／」、七言句では第四字目と第七字目である「○○○○／○○○／」[27]。これが中華の詩歌における旋律の基点、すなわち節奏点（停頓）である。そしてこの節奏点は文章における音声の単位であるが、これと意味の単位とが符合することもまた重要である。音声ごとに意味もまとまっていることによって、作品を朗誦し鑑賞する際に、流れをよりスムーズにして理解を助ける効果を求めているからであり、また詩としても一定の評価がなされるからである。唐詩の中からそれぞれの用例をあげる。

五言（杜甫「絶句」）

江碧／鳥愈白　　江碧にして　鳥愈よ白く
山青／花欲燃　　山青くして　花燃えんと欲す
今春／看又過　　今春　看みすまた過ぐ
何日／是帰年　　何の日か　是れ帰年ならん

七言（李白「少年行」）

五陵年少／金市東　　五陵の年少　金市の東
銀鞍白馬／度春風　　銀鞍白馬　春風を度る
落花踏尽／遊何処　　落花踏み尽くして　何の処にぞ遊ぶ
笑入胡姫／酒肆中　　笑って入る胡姫　酒肆の中

このように、作詩をする際に五言は［○○／○○○／］の旋律となるように、また七言では［○○○○／○○○／］の旋律となるように、この用意された旋律の雛形に、あたかも漢字を嵌め込んでいくような作業をして作品は完成される。

さて、それでは漢訳経典の偈ではいかがであろうか。結論から言うと、多くは句中の節奏を配慮しつつ漢訳されているようである。(28) いま左に五言偈と七言偈をもって、若干例を紹介してみよう。

後秦鳩摩羅什訳『妙法蓮華経』巻二譬喩品（九・一〇下）

我聞／是法音　　得所／未曾有
心懐／大歓喜　　疑網／皆已除
昔来／蒙仏教　　不失／於大乗
仏音／甚希有　　能除／衆生悩
我已／得漏尽　　聞亦／除憂悩
我処／於山谷　　或在／樹林下

若坐／若経行　常思／惟是事
嗚呼／深自責　云何／而自欺
我等／亦仏子　同入／無漏法
不能／於未来　演説／無上道
（以下略）

東晋仏駄跋陀羅訳『華厳経』巻一世間浄眼品（九・三九七中下）

無尽平等／妙法界　悉皆充満／如来身
無取無起／永寂滅　為一切帰／故出世
諸仏法王／出世間　能立無上／正教法
如来境界／無辺際　世間自在／称無上
仏難思議／無倫匹　相好光明／照十方
大聖世尊／正教道　猶如浄眼／観明珠
一切世間／衆生類　不能思議／仏功徳
消滅一切／愚痴闇　超昇無上／智慧台
如来功徳／難思議　衆生見者／煩悩滅
得見不動／自在尊　能生無量／悦楽心

宋施護訳『一切秘密最上名義大教王儀軌』上（一八・五三六下～五三七上）

五身作者／如是生　不見衆生／決定身
亦復不見／決定心　観想諸仏／亦如是
若欲頂礼／仏大士　応当頂礼／自実智
仏智自智／本同源　秘密性中／無二相
若了一切／無我生　所生即是／無二智
愛非愛中／得解脱　彼頂礼相／無所有
法非已生／非現生　已生已謝／現無住
観想諸仏／相亦然　応当頂礼／自実智
愛非愛本／無分位　随衆生心／而動乱
染種煩悩／過失中　悉成一切／相応事

ここに示した例は、みな『大正蔵経』から任意に抜き出した五言偈と七言偈であるが、五言偈の場合は上二字と下三字で分かれ、七言偈では上四字と下三字で分かれていることが確認できる。漢訳者たちは、中華伝統の韻文における節奏リズムを意識しながら、そこに単音節の漢字や、時にはあえて複音節の語彙を造語することで、巧みに漢字を加減しつつ節奏リズムの雛形に嵌め込み、可能な限り語彙が句間をまたぐことがないように、また句中の節奏点すらもまたがないように偈を翻訳していたのである。

インド西域の原典と漢語とは言語は異なるも、原典の偈と漢語の詩が共通に具える音楽性が、漢訳者をしてこのように配慮せしめたのではないだろうか。以上、漢訳者たちの多くが偈を漢訳する際に、すでにある中華の詩歌に準拠させようという意識がはたらいていたことは明らかである。

ただし、例外はつきものであり、音声リズムと意味リズムが合致しない場合もある。右の例では『妙法蓮華経』の「常思／惟是事」の「思惟」が句中の節奏点をまたいでいる。かりに「常思／如是事」とすれば解消される程度のことであるが、名訳者の鳩摩羅什のなんとしたことか。いずれにせよ、こうした原因は、翻訳という言語転換における技術的・道義的な限界や、訳者の漢語能力の限界などが横たわっているからである。しかし、それとても漢訳偈頌の全体からすれば決して多いわけではない。

三、破格句式

これまでは漢訳仏典における偈の正格句式として字数と句数や節奏点など、その大多数の偈において見られる常見の特質について述べた。ここではそうした句式には合致しない特殊な句式、すなわち破格の句式について検証してみよう。

ある言語を自国の言語に転換することは大きな困難を伴うが、とりわけ宗教に関わる思想・信条・倫理・道徳を説く文献の翻訳は、決して単純で易しい作業ではなく、訳者の資質が問われる知的営為であったに違いない。もし翻訳の対象となるものや概念が自国に存在しない場合、これをいかに翻訳するのかが大きな障壁となるからである。しかし、翻訳こそが伝達手段なのだから、それを放置するわけにはいかない。『春秋左氏伝』に孔子のことばとして、

　言は以て志を足し、文は以て言を足す。言わざれば誰か其の志を知らん。之を言いて文なきは、行なわるるも遠からず。（襄公二五年の条）

とあるように、成文化されずして、ことばや思いが普く伝播することがないということも事実であるから、訳者においてはその力量が要求され、過度の負担となっていたに違いない。実際のところ完全な転換は不可能であるが、より可能域に近づけるために、さまざまな工夫をするわけである。仏典の翻訳においてより重要なことは、内容の転換であって、決して形態の転換ではない。形態にふり回されているうちは、釈迦の真理を伝えることができないからである。内容を重視すればこそ、形態には破綻が生じてしまう。それをここでは破格と呼ぶことにする。漢訳仏典中にどれだけ破格の偈が見られるかを、先の正格で検討したものと同じ項目（字数、句数、節奏・割裂）を立てて比較してみよう。まずは字数から。

①字数

　まとまった一連の偈における、句中の字数の均一化については、中華の詩文においては、ことに近体詩ならば必ず斉言が要求されるが、古体詩では雑言も少なからずある。また唐代以後であっても、陳子昂（六六一～七〇二）の「登幽州台歌」のように五言六言を連接させた雑言古詩もある。

　前不見古人　　後不見来者　　前に古人を見ず　後に来者を見ず
念天地之悠悠　　独蒼然而涕下　　天地の悠悠たるを念（おも）い　独り蒼然として涕下る

さらには中唐以降、とくに五代から宋にかけて全盛となる詞も、やはり塡詞と言うだけに、定められたメロディに詞彙を嵌め込んでいるので長短雑言の句式をとっている。このように中華の詩詞格律はいつの時代も必ずしも一様ではないとはいえ、たとえ雑言でありながらも、一定の旋律を保持し、散文の駢儷体とぎりぎりのところで一線を画す独特なバランスを具えた韻文となっているのである。

さて、詩詞にも例外的な破格が存在するのと同様に、仏典の偈においても例外はつきものである。つまり、句中の字数が不均衡となる雑言の偈が存在するのである。

まずは先の陳子昂の「登幽州台歌」にあるように、句中の字数が相違するものが連接した偈である。後漢竺大力と康孟詳訳の『修行本起経』巻上（三・四六六中下）に以下のようにある。

太子歎じて曰く、人世に生まれ、此の老患あり。愚人は貪愛するも、何の楽むべきものあらん。物は春に生まれ、秋冬に悴枯し、老い至ること電の如し、身安ぞ恃むに足らん。即ち偈を説きて言く、

老則色衰　　病無光沢
皮緩肌縮　　死命近促
老則形変　　喻如故車
法能除苦　　宜以力学
命欲日夜尽　　及時可勤力
世間諦非常　　莫惑堕冥中
当学燃意燈　　自練求智慧

離垢勿染汚　　執燭観道地

四言八句偈の直後に五言八句偈が接続している。もちろん意味の流れからしても途切れのない内容となっている。また姚晋竺仏念訳の『出曜経』二（四・六一九中）でも以下のようにある。

爾の時世尊、大衆の中に在して、此の偈を説きたまう、

非空非海中　　非入山石間
無有地方所　　脱止不受死
老見苦痛　　死則意去
楽家縛獄　　貪世不断

「非空非海中」の五言四句は、よく知られた呉の維祇難訳と伝えられる『法句経』巻上の一文（四・五五九中）を、「老見苦痛」の四言四句も同経の一偈（四・五五九上）を援引してきている。この『法句経』に説かれる両偈を、『出曜経』では連接させているのである。(29)

次に各句の字数にまったく統一性が認められない事例。前記の二例はさほど問題とはならないが、以下の二例は事情を異にする。まず呉支謙『七女経』（一四・九〇八中下）である。この経典では、七姉妹の長女が「寧ろ各々一偈を作り」ときりだし、各人が順次偈を誦していく。ところが「偈」としながらも、句中の字数の均衡がまったくとられていない雑言の偈となっている。

第一女言く、「寧ろ各々一偈を作り、死人の魂魄を救うべし」。六女皆な言く、「大いに善し」。
第一女言
此人生時　好香塗身　著新好衣　行歩衆中　細目綺視　於人中作姿
則欲令人観之　今死在地　日炙風飄　主作姿則者　今為所在
第二女言
雀在瓶中　覆蓋其口　不能出飛　今瓶已破　雀飛而去
第三女言
乗車而行　中道捨車去　車不能自前　主使車行者　今為所在
第四女言
譬如人乗船而行　衆人共載而渡水　得岸便繫船　棄身体去　如棄船去
第五女言
有城完堅　中多人民　皆生長城中　今城更空　不見人民　為在何所
第六女言
人死臥地　衣被常好　従頭至足　無有欠減　今不能行　亦不能動揺　其人当今
為在何所
第七女言
一身独居　人出去其舎　舎中空無有守者　今舎日壊敗

第一女は四言から六言を一句とする偈を誦し、第二女は四言で統一するも奇数句（五句）となり、第三女は四言と五言の句を、第四女は四言と五言と七言の句を、第五女と第六女は四言句基調の中に五言を一句まじえ、そして第七女は四言と五言と七言の句を誦している。呉の支謙は音律に配慮しながら偈を漢訳することもあるので[30]、このような破格の偈を漢訳したことに対しては、なんとも違和感を拭えない思いがする。そしてまた「偈」と表記していながら、このような句中の字数の不均衡と句数の不統一は、伝統的な中華の詩の正格句式にもなく、また漢訳仏典の偈頌に対する我われの認識をも覆すものである。

さて、こうした支謙訳『七女経』における破格の偈に違和感を抱くのであるが、同じように感じていた者がいたようである。それは『七女観経』の編者である。敦煌石室から発見されたこの『七女観経』は、支謙訳『七女経』の抄出経典である。両経の偈は同内容でありながら、敦煌本『七女観経』の偈はすべて斉言（五律）に再編成されており、しかも偶数句末の押韻についても十分に配慮がなされているのである。八世紀以降の唐朝における抄出編集経典と考えられるこの『七女観経』の編者が、その時代の詩歌（近体詩）の格律に合致させることで、支謙訳『七女経』における破格句式の偈を、正格句式に再編したものと考えられよう。その詳細は別章に譲る（本書第二部第十章）。

さて、もう一例は西晋白法祖訳の『仏般泥洹経』巻下（一・一七四上～）にある偈である。ただし宋元明の三本では概ね五言が保たれているが、高麗版だけが以下のように雑言となっている。

迦葉即ち頭面を以て仏の足に著け、仏の功徳を陳ぶるに偈を説きて言く、

彼為不生老　亦為不死　彼為不復会　無有相逢憎

彼為不復令　愛欲相別離　当為求方便　令致得是処
彼為是五陰　以畢不復受　亦不復為為　有受是五陰
苦為以尽畢　有本亦以除　当為求方便　令致得是処
仏為断世間　愛欲為以畢　便名為忍　亦捨所世間悩
仏為自安　亦致世間安隠　但当為叉手　当為謙礼仏
仏為所説法　為世間最明　仏為最見道　安隠無所礙
亦為活天下　令不復老死　当何為世間　人不受仏恩
月為以出　但為夜去冥　日為以出　但為昼作明
電為以出　但能照明雲　仏明為以出　令為明三界
一切所河　為無過崑崙河　一切所大水　為無過於海
一切星宿明　月最為明　仏為世間　天上天下最尊
仏為以度世　為施福至今　仏為教誡行　為至今分明
亦為至今　為仏弟子受行　一切天亦人　恭敬叉手行礼

迦葉讃じ畢り、天神鬼龍帝王黎民は皆な仏足に礼す。衆礼し訖畢るに、足還た棺に入る。

ここでも「偈を説きて言く」としながらも一句中の字数を四言・五言・六言の雑言偈として訳している。右の句の切り方は『大正蔵経』によっているが、二八ある各聯が概ね［五言―五言］を基調としており、一七聯ほどになる。［四言―六言］からなる聯が五つあるが、これはおそらく詞彙の割裂を回避するために意味上からそのように配置したのであろうから、［五言―五言］にもどしてもかまわないわけである。たとえば「仏為自安　亦致世間安隠」における［四言―六言］の区切りは意味上の区切りであるから、これを単純に形式から「仏為自安亦　致世間安隠」というように［五言―五言］に配置しても問題ないということなのである。つまり一聯（二句）の合計が一〇文字であれば、問題がないということである。別に、七言一句の偈であれば、一聯（二句）が一四文字となっていれば、たとえば［五言―九言］であろうと、［六言―八言］であろうと、また［一〇言―四言］であっても問題ないということである。実際に漢訳経典の偈には、前述したごとく一聯（二句）の上句と下句をまたいで詞彙が表現される割裂の現象は、しばしば見受けられるからである。

ただし問題は、右の『仏般泥洹経』における［五言―四言］（第一聯）、［四言―五言］（第一七・一八・一九・二三聯）、［五言―六言］（第二八聯）のように聯の字数の総数が奇数になる場合である。これらは句の割裂現象とは無関係な句作りである。斉言を漢訳偈頌の標準的スタイルと考えれば、明らかに雑言の句聯であり、破格となる。

偈の漢訳にあって、その字数においては、斉言の形式をとることが古今を通して漢訳者らの共通の認識であった。しかし右のような二経の例、つまり直前で「偈」と前置きしておきながら、実際には雑言の句作りで漢訳することはきわめて特殊な事例である。いったいこうした偈は、長行（散文）とどれほど相違するというのだろう。というのは、六朝期の漢籍の文体は四六体が全盛であり、これが漢訳経典の長行に取り入れられている。散文であってもあたかも韻文のごとき四言・六言のリズムと対偶、それに韻律の配慮もなされている。よって、仏典の偈頌と、終始四六で構成される散文において、文体自体に区別がなくなってしまうからである。ともすると右の雑言の偈よりも、四六体の長行部分のほうが、視覚的にも聴覚的にも、より「偈」といいうる体裁をなしているといえるのである。雑言句の偈は、あたかも長行の文を無造作に分断したごとくであり、四字や六字といった一定の句作りが保たれる長行がより偈頌らしい体裁を有し、雑言の偈頌がより長行的であるかのごとくに感じられるのである。

さて、こうした散文と同じ句作りをした雑言の偈は後漢安世高にはじまる。その『七処三観経』や『道地経』、安世高訳と想定される失訳『雑阿含経』一巻には、「従後説絶」や「従後縛束説」を定型の冠句をもって漢訳されている。詳細は第二部第一章に譲るとして、ここでは『七処三観経』第一一経（二・八七七下）だけをあげておこう。

従後説絶、
若比丘立戒根　亦摂食亦知節度　亦不離覚　如是行精進　上夜後夜不中止　要不自侵減　要近無為
仏説如是。

ここで「絶」とあるのは gāthā の最早の訳語で、「偈」に他ならない。句中の字数については、安世高の訳経事業において、梵語の散文と韻文を漢訳する際の漢訳方針は、いまだ確立されていなかったということである。同じく後漢の支婁迦讖にいたって、偈頌は概ね斉言の句式となり、これが漢訳における文体の標準として定着していくことになる(31)。

以上、まとめると、まず一句の字数については、漢訳初期においては五言と四言が圧倒的であり、後になると南北朝末から詩文学の趨勢を反映して、七言偈がしだいに増大し、唐末から宋にいたってはより顕著になってくる。そしてまたこの一句の字数を奇数音節で漢訳されるのは、偈の読誦と、句末の休音が関係しているものと考えられる。

なお、漢訳経典の偈頌における一句中の字数について注意を要することは、以下のことである。まず四言偈とされる偶数字の一句中の字数判断は、どうも書写する者や大蔵経の編集者によって、それぞれ異なっているということである。たとえば竺法護訳『文殊師利仏土厳浄経』上には八言偈（一一・八九一下）が説かれている。

人中之上如月盛満　為正導師丈夫師子
世尊入城利益衆生　普安一切盲聾視聴
（以下略）

これは高麗版系統であるが（金蔵は欠本）、宋元明の三本や宮内庁本（東禅寺版）においては、これを四言の偈として排版している。

人中之上　如月盛満　為正導師　丈夫師子
世尊入城　利益衆生　普安一切　盲聾視聴
（以下略）

同じく竺法護の『賢劫経』八の八言偈（一四・六二下）は、正倉院聖語蔵本だけは四言の偈として書写されており、同訳『決定総持経』の八言偈二〇句（一七・七七二中）も、高麗版以外はすべて四言四〇句として排版されている。

しかし、こうした例はさして大きな問題ではない。基本的に漢訳仏典における一偈とは、四句、または六句や八句で構成される傾向にあるからである。また一句中の音節が八であれ一二であれ、最小単位の四言で語義が完結していれば、句中の字数の長短は自由がきくからである。

ところが次の例はそれとは異なる。支謙訳『慧印三昧経』の巻末に説かれる偈である。[32]宋版系統では、以下のごとく四言偈（一五・四六七下～四六八上）の句作りとなっている。

行是三昧　於無底念　疾得為仏　一切十方
無央数仏　護持法者　便悉得聞　無量無底
諸経正教　持是経者　便得無極　陀鄰尼門
（中略）
等意自守　示一切人　以三昧経　莫楽愛欲
譬如蓮華　不著於水　堅住精進　譬如飛鳥
在於虚空　行是已後　便得無極　陀鄰尼門

ところが高麗版や趙城金蔵では、以下のように一二言を一句としているのである。

行是三昧於無底念疾得為仏
一切十方無央数仏護持法者
便悉得聞無量無底諸経正教

持是経者便得無極陀鄰尼門
（中略）
等意自守示一切人以三昧経
莫楽愛欲譬如蓮華不著於水
堅住精進譬如飛鳥在於虚空
行是已後便得無極陀鄰尼門

このように諸写版本によってそれぞれ異なる句中の字数をめぐって、はたして漢訳の原初形態としては、四言一句（宋版系）だったのか、それとも一二言一句（高麗版系）だったのであろうか。その判断の手順としては、ひとまず句間をまたぐ割裂の有無を基準とすべきである。その作業を通過させることによって、次には四句をもって一つのまとまった意味の単位をなしているか否かで一偈を見極めることができる。こうした手順に従って右の偈をながめるとき、もし『大正蔵経』のごとく四言を一句とし、四句をもって一偈とすると「行是三昧　於無底念　疾得為仏　一切十方」となる。ところがこれでは第四句の「一切十方」が文脈上意味をなさない。この句は次の第二偈の「無央数仏」へと接続する修飾句であることがわかる。以下同じように見ていけば、この偈を一句四言の四句一偈とすると破綻することが明白となる。そして意味の流れから高麗版や趙城金蔵の一句一二言とみなすことが了解されるのである。したがって支謙の訳出当初は一二字一句の偈として漢訳されていたに相違ないのである。ところがその理由は不明であるが、後に四字一句に改められてしまったのである。なお『大正蔵経』のように四字一句を採用しているのは、磧砂版・永楽北蔵・龍蔵であり、高麗版の一二字一句とするのは他に趙城金蔵のみである。『大正蔵経』とその底本としての高麗版における排版の相違は、両者の間に頻伽蔵が介在しているからであり、遡れば縮刷蔵経が、さらに黄檗版（明の嘉興蔵の復刻）といった明版系統からの流れであることが原因であることについては、『龍施菩薩本起経』の偈においても同様の現象が見られる（本書第二部第五章）。しかし、仏典の偈頌にはしばしば割裂の現象が認められるので、この方法にしても経典によっては適応されない場合がある。また同一経典の偈であろうとも、写経生や版本の排版者が、一句をいくつの音節で区切っていたかによって、相違することもあるだろう。

漢訳仏典の偈において四言で排版されているものの中には、実は原初形態として八言や一二言であったかもしれないし、その逆に八言や一二言で排版されている偈は、実は四言、あるいは六言の偈であるかもしれないものもある。その場合には、ひとまず右に示したような手順を用いて検証するのが賢明である。

②句数

安世高の漢訳を除き、支婁迦讖以後にあって漢訳仏典の偈は、概ね偶数句をもって漢訳されている。それは、そもそも原典に忠実に従ったということもあろうが、中華の韻文のスタイルに準拠させたことも当然考えられることであろう。『詩経』や『楚辞』など先秦の韻文を除き、仏教が伝来して漢訳されはじめる後漢の後半における文壇の韻文は、偶数句末に押韻を要求する格律がすでに定着している。この格律を仏典の偈に応用したのである。実のところ押韻する漢訳仏典の偈は少ないのであるが、偶数句として漢訳することは、視覚的に中華の韻文の雛形を模倣したということになるだろう。それは、先に句中の字数においても五言を採用する傾向にあると指摘したこととまったく同様の理屈である。すなわち、ひとたび漢語に転換された以上は、すでに漢語としての新たな生命が与えられ、新たな民族文化を対象として伝播させていこうとする漢訳者らの使命からも、中華の文章形態に合致させる必要があったということなのである。この手続きをふまずして、仏典の流布、仏教の伝播は約されなかったのである。

ただし、例外はここにもあるわけで、奇数句からなる偈が存在することについては、第三部の資料②《漢訳仏典偈頌総覧》の備考欄に示したとおりである。『大正蔵経』二一巻までの偈が説かれている六百数十部の経中に、奇数句を含む訳経は四〇経ほどである。しかし、この四〇経の中の偈全体に占める奇数句の割合はさらに低いのである。たとえば、劉宋の求那跋陀羅訳『雑阿含経』五〇巻中には五言と四言の偈が数多く説かれているが、わずか一偈を除いてみな偶数からなっている。その唯一の奇数句の偈とは（二・二三下）、

方便建諸業　　積集能守護
知識善男子　　正命以自活
浄信戒具足　　恵施離慳垢
浄除於速道　　得後世安楽
若処於居家　　成就於八法
審諦尊所説　　等正覚所知
現法得安隠　　現法喜楽住
後世喜楽住

である。また同様に、西晋竺法護訳の『生経』五巻には四言七句の奇数句の偈が一つだけ見られる（三・九〇下）。

此事大佳　微妙難量
名徳流布　無有衆悪
能堪住法　将無於此
有所誑詐

この『生経』にも他に四言・五言・七言の偈が多数説かれており、右の偈を除くすべてが偶数句からなる偈である。したがって、先述した六八五経中に四〇経が奇数句の偈を含んでいるとはいえ、その割合は当該経典中の偈頌全体の数量からすればきわめて少なく、むしろ例外的でさえある。

しかし、現実にこうした奇数句からなる偈が存在するのであるから、これは中華の韻文スタイルの踏襲とばかり決めつけるわけにはいかない。やはり、原典の影響も想定し、また漢訳者の漢訳方針や漢語能力などもあわせて考慮すべきである。さらには当該経典の書写や排版時における錯誤と脱句の可能性も想定する必要があろう。たとえば、後秦の仏陀耶舎と竺仏念によって漢訳された『長阿含経』一（一・一〇中下）の中にも多数の偈が説かれているが、高麗版と宋元明の三本で句数の異同がある。

譬如力士　屈伸臂頃
我以神足　至無造天
（中略）
浄心詣我　光如月満

迦葉弟子　諸根具足
浄心詣我　不乱大仙
神足第一　以堅固心
為仏弟子　浄心而来
為仏弟子　礼敬如来
具啓人尊　所生成道
名姓種族　知見深法
成無上道　比丘静処
離于塵垢　精勤不懈
断諸有結　此是諸仏
本末因縁　釈迦如来
之所演説

高麗版ではこのように奇数句になっているが、三本や聖語蔵本では、「浄心詣我」と「不乱大仙」の間に、「如北天念」の一句が存在する。したがって三本や聖語蔵本では、偶数句からなる偈ということになる。このように書写や排版時における錯誤によって奇数句になってしまったと思しき例は、他にも『出曜経』(四・七二八上)や『大方広宝篋経』(一四・四八〇上)の偈、そして中国撰述経典の『妙好宝車経』(八五・一三三五中)の偈にも見られる。(33) もちろん、当該経典が漢訳された原初形態が偶数句からなる偈であったと断定することはできないが、その可能性を大いに残すことになる。したがって、六百数十部の経中に四〇経の偈に奇数句が含まれるとしても、テキストの校合によって実際の数値はさらに少なくなるはずである。

③節奏・割裂

前述したように、中華の詩においてはリズムとしての節奏点がある。五言では［〇〇／〇〇〇／］となり、七言句では［〇〇〇〇／〇〇〇／］である。そしてこの音声の単位が意味の単位と一致することで、中華の詩文として美しい響きとなるのであった。しかし、すべての詩文において、そのように両者が符合するというわけではない。次の韻文中に見られる「閏八月初吉」と「南朝四百八十寺」がその例である。

五言（杜甫「北征」）

皇帝／二載秋　　皇帝　二載の秋
閏八／月初吉　　閏八月の初吉
杜子／将北征　　杜子　将に北に征き
蒼茫／問家室　　蒼茫として　家室を問わんとす

七言（杜牧「江南春」）

千里鶯啼／緑映紅　　千里鶯啼き　緑紅に映ず
水村山郭／酒旗風　　水村山郭　酒旗の風

南朝四百／八十寺　　南朝　四百八十寺
多少楼台／烟雨中　　多少の楼台　烟雨の中

詩文においても、節奏点の約束ごとをあえて打ち破ってでも表現したいことがあれば、そちらを優先する。すべて規則に拘束されていては、自由闊達で躍動感のある作品にならないからである。

さて、漢訳の偈における節奏が概ね遵守されていることは既述のとおりであるが、そうでない偈、つまり節奏点や句間をまたぐ割裂の現象を惹き起こしている偈も少なからず見られる。たとえば、西晋竺法護訳『海龍王経』一（一五・一三二中）の以下の偈である。

慈施／愍傷俗　　示現／与世眼
雖生／於世俗　　無著／如蓮華
施俗／之安隠　　在世／照三世
解法／如日光　　稽首／世最上
十力／超施戒　　自調／成眷属
焼除／塵労冥　　御衆／如調馬
施与／七大財　　恩慈／加衆生
為一／切父母　　稽首／最福田
眉間／相光曜　　如日／白雪光

梵天／人在上　無能／見其頂

右の三句が音声リズムと意味リズムが一致していない。こうした現象は確かに中華の詩文よりも多く見られるが、それは決して漢訳者の漢語能力の低さを意味するのではなく、原典に対する忠実な漢訳を目指そうとするためである。無理に音声リズムに合わせて漢訳する危険を避けたものと考えられるのである。

　こうした節奏点の問題だけではなく、漢訳の偈には一まとまりの詞彙が一聯（二句）の上句と下句にまたがって訳される割裂の現象もしばしば見ることができる。支謙訳『慧印三昧経』（一五・四六四下〜）をあげる。

我自／念無央　数恒／辺沙劫
爾時／於世有　仏名／為福名
教授／世間住　寿六／十七劫
爾時／法王衆　僧復／無央数

ここにあげた四聯（八句）のすべてにおいて、詞彙が句間をまたいでいることがわかるが、多くは奇数句（上句＝起句）から偶数句（同聯の下句＝対句）へとまたぎ、偶数句（下句）からつづく奇数句（次聯の上句）へとまたぐことはない。右の例では第一聯の「無央数」が、第二聯では「有仏」、第三聯では「住寿」、第四聯では「衆僧」がそれぞれ上下の句に分断されていることがわかる。本来分断できない詞彙を五言一句であるから強引に分断したのである。試みに各聯を意味の区切りをもって断句すると以下のようになる。

我自念　無央数恒辺沙劫
爾時於世有仏　名為福名
教授世間　住寿六十七劫
爾時法王衆僧　復無央数

また世親の『無量寿経優婆提舎願生偈』の偈（二六・二三一上中）を例にとれば、九六句あるうち、

正覚／阿弥陀　法王／善住持
同地／水火風　虚空／無分別
何等／世界無　仏法／功徳宝

の三聯（六句）がそれにあたる。各聯は［五言―五言］の形式をとっており、視覚的には偈として配置されているが、詞彙が上句と下句にまたがっている。先と同じように、意味の流れから配置し区切るならば、以下のようになるはずである。

正覚阿弥陀法王　善住持
同地水火風虚空　無分別
何等世界　無仏法功徳宝

こうした事例は他にもたくさんあげることができる。それらは、本来は長行であった経文を、あたかも機械的に四言・五言・七言に分断したかのようですらある。そうでなければ、右の例にある五言偈はもと一〇言偈であったのではないかとも想定できるのである。すなわち『慧印三昧経』は、

我自念無央数恒辺沙劫
爾時於世有仏名為福名
教授世間住寿六十七劫
爾時法王衆僧復無央数

となり、『無量寿経優婆提舎願生偈』は、

正覚阿弥陀法王善住持
同地水火風虚空無分別
何等世界無仏法功徳宝

というようにである。このように一〇言一句と考えれば、句間をまたぐ割裂現象は解消される。いずれにせよ、これらは漢訳仏典にのみ見られ、中国撰述経典の偈や浄土教礼讃偈には見られない現象なのである。

割裂とは端的に言うならば、句中の節奏点に無頓着であるということである。これは翻訳過程に生じる不可避の

限界であろう。つまり、異言語を転換するにつけ、あらかじめ決められた字数に収めていくことへの限界であり、また漢訳者における漢語習得の度合いにも左右されるということである。前述したごとく、可能であれば中華の韻文における節奏を配慮した正格句式で漢訳を目指すのであるが、実際には必ずしもそればかりではないということである。

おわりに

翻訳仏典の偈における一句の字数については、やはり五言が圧倒的に多く、七言がそれにつぐ。それは中華の韻文の趨勢を反映した現象であるに相違ない。中華の韻文は後漢になって『詩経』の四言を脱し、五言詩がしだいに増加してくる。これと時を同じくして仏典の漢訳がはじまる。さらに時移って南北朝末から隋唐にかけて漸進的に七言詩が隆盛する。やはりこの七言詩が隆盛の時期における訳経中の偈、および唐宋に多く訳される密教経典の偈の多くが七言偈として訳出されている。

次に句数については偶数句で漢訳されることが常識であった。時に奇数句からなる偈も漢訳されているが、それらの中には諸写版本によって調査すると、実はもともとは偶数句であったと思しき偈も存在するのであった。ただし、以上の字数と句数の問題は単に中華の詩文との関わりだけですべてが氷解するものではない。前述したようにインド西域の原典において、すでに翻訳後の形態を拘束し方向づけるようなスタイルになっていたこともあわせて検証しなければならないようである。

そして節奏についても、中華の韻文に歩調を合わせるかのように、五言も七言もそれぞれ漢訳者たちの自覚的な配慮の痕跡が認められた。

また本章では詳しく述べないが、押韻についても、漢訳経典中の有韻偈頌はすべて隔句韻（偶数句のみの入韻）である。これも後漢以降の古典詩の大多数がそのようになっていることから、訳経にも影響した結果であろう。隔句韻は南北朝期における中華の標準的詩形であり、七言詩もそれまでの毎句韻から、六朝後期には隔句韻になってくる。平仄の配置については、漢訳経論においては認められず、数部の中国撰述経典の偈や浄土教礼讃偈にはその配慮を認めることができる。

インド仏教が異なる土地の異なる思想・宗教という土壌に移植されると、仏教本来の特性を保持しながらも、新たな環境になじもうとする適応力を、こうした偈の形態から知ることができるのである。漢訳者たちは中華の詩形を範として、したたかにその文壇における趨勢と雁行していく姿勢をとったということである。

これをまとめると、漢訳仏典の偈は以下のような手続きのもとに漸次演変していったと想定しうる。

①語義の転換：ブッダの教法を忠実に漢訳。長行との区別が視覚的に曖昧な雑言＝安世高

②形態の転換：中華の韻文に倣い漢訳。各句の字数を斉言とし、また偶数句にする＝支婁迦讖

：五言は建安文学にはじまり、それが偈の漢訳に影響する＝支謙・康僧会など

：七言は隋唐の民間歌謡から増加し、偈もこれを受容する＝闍那崛多・施護など

③格律の転換：中華の韻文に倣い、脚韻をふむ偈が出現する＝支謙

④旧態の復活：③を廃し、①と②を範として旧態に復す＝玄奘

註

（1）　最初期の訳語「絶」について、あるいは「偈」と「詩」の相違、「偈」という表記が「詩」に代替しえなかった

原因などは第一部第三章、および第二部第一章を参照されたい。

（2）伽陀（gāthā）と祇夜（重頌 geya）の相違については、前田専学『原始仏教聖典の成立史研究』（山喜房仏書林、一九六四年）所収「九分十二分教各論」を参照のこと。祇夜（重頌）が散文の内容を韻文で復唱することについて、伝統的に義理を堅固にし、言語を厳飾し、未了義を補釈するためであるとされている。

（3）漢訳された「偈」と「頌」は、慧琳『一切経音義』二七（五四・四八三下）に、「偈、梵に伽陀と云い、此には頌と云う。美歌なり」とあるように、両者の間に顕著な区別はなかったようである。またそれぞれ梵語原典の gāthā と śloka があてられるという説に対しては、朱慶之が梵漢《法華経》を比較することによって妥当でないことを立証している（「梵漢《法華経》中的〝偈〟〝頌〟和〝偈頌〟（一）」四川大学漢語史研究所編『漢語史研究集刊』第三輯、巴蜀書社、二〇〇〇年）。

（4）文体論については丘山新の諸論文がある。「漢訳仏典に及ぼした中国思想の影響――古訳時代の文体論――」（『仏教思想史』二、一九八〇年）、「漢訳仏典の文体論と翻訳論」（『東洋学術研究』二二の二、一九八三年）、「漢訳仏典と漢字文化圏――翻訳文化論――」（シリーズ東アジア仏教第五巻『東アジア社会と仏教文化』春秋社、一九九六年）など。氏は散文・韻文を分類していないが、両者を総体的にまとめて論述する詳細な報告である。なお筆者もかつて文体について愚考を開陳したことがあるので、そちらも参看されたい（「『浄度三昧経』と竺法護訳経典」『佛教大学総合研究所紀要』四、一九九七年）。

（5）顔洽茂『仏教語言闡釈――中古仏経詞匯研究――』三一～四〇頁（杭州大学出版社、一九九七年）

（6）この第四項の詳細は顔洽茂の同書一八〇頁「語詞的割裂和省縮」を参照。

（7）兪理明『仏経文献語言』（巴蜀書社、一九九三年、四〇頁）を参照。

（8）朱慶之『仏典与中古漢語詞彙研究』一〇頁・一一頁、一四頁・三七頁（文津出版社、一九九二年）、兪理明『仏経文献語言』二五～三〇頁、三七～四一頁。

（9）この数値は、わずか一偈だけのものや、既訳の偈頌を踏襲する後世の経典も含んだ数である。

（10）拙文「礼讃偈の韻律――詩の評価とテクスト校訂――」（『浄土宗学研究』二六、二〇〇〇年）、同「法照の礼讃偈における通俗性——その詩律を中心として——」（『浄土宗学研究』三〇、二〇〇四年）。

（11）「五失本三不易」は『摩訶鉢羅若波羅蜜経抄序』（『出三蔵記集』第八、五五・五二中）に示されている。なお、三不易の易については「やさしい」と「かえる」の異論がある。河野訓『初期漢訳仏典の研究——竺法護を中心として——』二九一頁（皇學館大学出版部、二〇〇六年）参照。

（12）「十条八備」は『続高僧伝』巻二の彦琮伝（五〇・四三八下～四三九上）、「五種不翻」は『翻訳名義集』序（五四・一〇五五上）、「六例」は『宋高僧伝』巻三（五〇・七二三中）にそれぞれ見られる。早くは深浦正文「訳経の制規」（『日華仏教研究会年報』第三年、一九三八年）の論考がある。なお、隋の明則（『続高僧伝』一〇、靖玄伝の附伝、五〇・五〇二中）が「翻経儀式」を撰述したことは『宋高僧伝』三に記されており、これは『大唐内典録』五（五五・二八〇中）に著録される「翻経法式論一部十巻」のことであろうが、残念ながら現存していない。

（13）たとえば、アメリカの小説家ハーマン・メルヴィル（一八一九～一八九一）が一八五一年に発表した *Moby Dick, or the White Whale* の日本語版は『白鯨』として親しまれているが、原作者の言語感覚や、文中の哲学的表現、宗教的表現などにより、その理解は複雑で難解であるといわれている。そのため日本語訳としては、一九四一年に阿部知二によって出版されているが、現在にいたるまで約七〇年の間に、一一の訳本が世に出されている。翻訳という言語転換の難しさは昔も今も同じであって、この『白鯨』の例はその事情を物語っているといえよう。

（14）林屋友次郎「安世高訳の雑阿含と増一阿含」（『仏教研究』一の二、仏教研究会編、大東出版社、一九三七年）、また近年の報告としては、Paul Harrison, "Another Addition to the An Shigao Corpus?: Preliminary Notes on an Early Chinese Saṃyuktāgama Translation"（櫻部建博士喜寿記念論集『初期仏教からアビダルマへ』平楽寺書店、二〇〇二年）がある。

（15）支婁迦讖訳『般舟三昧経』巻上（四事品第三・譬喩品第四、ただし高麗本のみ）、呉支謙訳『七女経』、西晋白法祖訳『仏般泥洹経』などは雑言の偈が含まれている。

（16）一句三言の偈は、竺法護『決定総持経』、伝支婁迦讖訳の一巻本『般舟三昧経』にある。

（17）一句一二言の偈は非常に珍しい。ただこれだけ句中の字数が多く、しかも偶数であることから、三言・四言・六言ではないかとも考えられる。その証拠として本経の磧砂版や『大正蔵経』（頻伽蔵を版下に用いている）ではこれを四言一句に編集させているが、それでは句と意味の切れ目に破綻が生じてしまう。また三言一句や六言一句としても詞彙が割裂してしまう。よって意味と句の切れ目が相応している高麗蔵の一二言一句で理解すべきなのである。

(18)　松浦友久『中国詩歌原論――比較詩学の主題に即して――』所収「五、詩とリズム」を参照（大修館書店、一九八六年）。

(19)　なお、三言偈も休音をもつ二拍であるが、あまりにも短すぎ、中華の詩文学においても多くの事例はない詩形であることから、仏典には受容されにくかったものと推察される。加えて一句三字というその制約のうちに漢訳する技量が及ばなかったのであろう。

(20)　この「普賢行願讃」については、中御門敬教「普賢行と普賢行願」（『仏教文化研究』四六、二〇〇二年）を参照。

(21)　前掲松浦友久〔一九八六〕を参照。

(22)　四言の詩が減少していく要因については、松浦友久〔一九八六〕一六四頁「四言詩漸減の要因」を参照されたい。

(23)　五言の詩の作例が多くなり一つのジャンルを形成するのは、いわゆる建安体とされる魏の曹操（武帝、一五五～二二〇）や、その子息の曹丕（文帝、一八七～二二六）と曹植（陳思王、一九二～二三二）にはじまる（吉川幸次郎述・黒川洋一編『中国文学史』一〇〇頁、岩波書店、一九七四年）。

(24)　周一良は「論仏典翻訳文学」でこれを簡単に述べている。「仏典的体制固然是依照原本、但究訳成漢文、多少要受漢文文学的影響。譬如経典里的偈語、不問原文音節如何、大抵魏晋六朝時所訳以五言四言為多、七言極少。而隋唐以後所訳偈語、十九是七言、五言極少、四言簡直看不到了」（『周一良集』第三巻、遼寧教育出版、一九九八年、原載は『中報文史副刊』第三～五期）。また兪理明も『仏教文献語言』（三七頁、巴蜀書社、一九九三年）において、「五言句是一定要用的基本句式、由于唐宋詩的影響、七言句在唐宋仏経韻文中也占有相当数量」と述べ、張先堂「敦煌本唐代浄土五会賛文与仏教文学」（『敦煌研究』一九九六年第四期）では、「所以仏経翻訳家們只能結合漢語言文学的伝統、将印度仏経転化為適合中国人閲読、欣賞習慣的文体。于是我們看到、仏経中的偈早期多訳為四言・五

言韻文体、到了後来又往往訳為七言韻文体」と述べている。他に中華の七言詩と仏典の七言偈の関連については、陳允吉「中古七言詩体的発展与仏偈翻訳」（陳允吉主編『仏経文学研究論集』復旦大学出版社、二〇〇四年）がある。

(25) 平田昌司「義浄訳「根本説一切有部毘奈耶破僧事」はインド韻律をどう処理したか」（古田敬一教授頌寿記念『中国学論集』汲古書院、一九九七年）

(26) 朱慶之「敦煌変文詩体文的換〝言〞現象及其来源」（『敦煌文学論集』四川人民出版社、一九九八年）を参照。また辛嶋静志によると、部分的に原典の音節の影響を受ける場合もあるとして、たとえば、竺法護は『正法華経』でtristubh-jagati は四言八句に、śloka は五言四句に訳しているという（「『仏典漢語詞典』の構想」京都大学人文科学研究所編『中国宗教文献研究』二七頁、臨川書店、二〇〇七年）。なお鳩摩羅什訳『妙法蓮華経』はこうした傾向をまったく無視して漢訳されているとのことである。またジャン・ノエル・ロベール「『法華経』における竺法護の翻訳の方法」（同書一七五頁）参照。

(27) さらにこれを細かく分けると、それぞれ［〇〇／〇〇／〇／］と、［〇〇／〇〇／〇〇／〇／］となる。

(28) なお仏典の七言偈の休音について、Erik Zürcher（許理和）, "A New Look at the Earliest Chinese Buddhist Texts," p. 299（*From Benares to Beijing: Essays on Buddhism and Chinese Religion*, edited by Shinohara Koichi and Gregory Schopen, Mosaic Press, 1991）、中国語訳は「関於初期漢訳仏経的新思考」（四川大学漢語史研究所編『漢語史研究集刊』第四輯、二〇〇一年）において、四字と三字の間で停頓（休音＝節奏点）を認めることができると指摘している。もちろん七言偈だけではなく、五言偈においても、二字と三字の間で停頓するのである。

(29) ただし朱慶之が「敦煌変文詩体文的換〝言〞現象及其来源」で述べているように、これは原典と関連しているようなので、破格とまで言うことはできない。常見の偈の形式とは若干相違しているという程度である。

(30) 本書第二部第三章、第四章を参照。

(31) ただし『般舟三昧経』巻上の四事品第三（一三・九〇六上中）、および譬喩品第四（一三・九〇七中下）に見られる高麗本の偈頌は雑言である。なお宋元明の三本では、それぞれ六言と五言の斉言句からなっている。前掲

Erik Zürcher（許理和）「関於初期漢訳仏経的新思考」の注記⑭、また本書第二部第一章を参照。

（32）『慧印三昧経』は歴代の経録によって支謙訳出とされているが、本経には音写語が非常に多く、それらは支婁迦識訳経典の訳語語彙と一致している。支謙はその漢訳にあたって、音写語を避けて、意訳語を用いていることや、偈頌の割裂の現象（まとまった詞彙が句間をまたいで訳されている。奇数句と偶数句の間で顕著である。たとえば「説偈言、我自念無央　数恒辺沙劫　爾時於世有　仏名為福明」）がないことなどから、本経が支謙訳とされることに対して、いささか疑問をもっている。なお、本経の成立について、三宅徹誠「『慧印三昧経』とその成立」（『仏教史学研究』四八の一、二〇〇五年）がある。

（33）中国撰述経典の『妙好宝車経』に説かれる奇数句からなる偈は、出口常順蔵トルファン出土仏典断片図録『高昌残影』（法藏館、一九七八年）によって偶数句であったことが確認された（本書第二部第九章）。また『龍施菩薩本起経』の一三五句からなる奇数句の偈も、その韻律から本来は偶数句であることを論じた（第二部第五章）。

第三章　有韻の偈と中国詩

はじめに

中華独自の韻文は『詩経』や『楚辞』以来、さまざまな規格を積み重ね、散文には見られない修飾された文学作品として展開し、八世紀になると近体詩という、以後絶大な影響力をもつ詩形が確立し、およそ民国成立にいたるまで、中華の詩は概ねこれに準拠して作られることになる。

さて、インド仏典の gāthā が漢語に翻訳されるにあたって、漢訳者たちは一句中の音節数を統一的にまとめあげ、あたかも詩歌を思わせるような句式に翻訳していく。しかし視覚的には詩であっても、実際、中華の韻文におけるさまざま格律に準拠しえないし、またこれは当然のことでもあった。それは翻訳という言語転換に普遍的に見られる限界なのである。すなわち、《語義》の翻訳と《形式》の翻訳は別ということである。その一方で、中華で撰述された仏典（述作経典・論章疏類・浄土教礼讃偈など）に見られる偈頌はどうかというと、実は詩の格律のうちいくつかが認められ、偈というよりは、むしろ「詩的な偈」あるいは「詩」としても評価できる。

本章ではこの漢訳仏典の偈を中華の詩と比べながら、両者の特質を明らかにすることを目的とする。

一、偈と詩

流沙を渡り中原にたどりついた経論が、漢語に翻訳されるにあたって、語義の翻訳は可能であっても、ことにその韻文においては、中華の韻文の格律へと転換させることは難しい。概ね句中の字数を均一化することはできても、数多くある詩律の法則に準拠させることは困難ということである。ただし三国呉の支謙が訳した『維摩詰経』においては、押韻に限って若干の配慮が認められると指摘しうる。たとえ帰化三世とはいえ、洛陽で生を享け漢語文化の教養を身につけた居士支謙は、より理想的な翻訳の体例を示そうとしたものと思われる。とは言っても、後述するように、そうした支謙の翻訳体例は、漢訳仏典全体の中では数少ない事例であり、言語の転換における限界を超えることができないのが漢訳仏典における偈の実状である。

一方、詩はどうであろうか。中国文学における文献遺産は、そのスタイルから散文と韻文に大別される。そして『書経』と『詩経』をそれぞれの嚆矢として概ね大過ないと思われるほどに、そのスタイルの乖離は古くからはじまっていた。時移って東漢から三国、そして両晋南北朝をへて隋唐にいたり、中唐の韓愈らが古文復古運動を興すまでの中国散文文学界数百年間には駢儷文が君臨した。この駢儷文は韻文と散文の特質を具えた文体で、文学界では大いに隆盛を見せた。字数の統一と対句の妙を軸に、平仄や典故などさまざまな飾りをしつらえた文体で、南北朝期の訳経のスタイルにも影響すること少なくなかった。しかし駢儷文は散文であって、韻文に属すのではなく、その駢儷文が栄華盛行していた時期であっても、韻文は韻文として独歩していたわけである。つまり、中華において韻文と散文は常に並行しつつ共存しているのである。

韻文としての詩にはさまざまな規則があり、それらは一度に定められてきたのではない。一句の字数についていていえば、『詩経』においては四言、西漢以降は五言が主流となり、さらに降って七世紀から七言詩が本格的に作詩されるようになる。押韻はすでに『詩経』において認められ、二四不同の平仄への意識は六朝中期（五世紀初頭）に芽生え、五世紀末には確定したとされる。また七言詩の二六対は八世紀以降となる。反法や対句の修辞は五世紀末以降になって顕在化し、粘法となると八世紀になってようやく定着する。加えて典故という、権威を引き出し、作詩を立体的に浮かび上がらせる技法も用いられる。また近体詩における禁忌としては、同一句中の冒韻、下三連や孤平、さらに奇数句末の平声字の使用と換韻がある。悠久の歴史の中で漢語がもつその独自の特性（一字一音節・声調）ゆえに、しだいに作詩者に格律が意識され、ついには李白や杜甫の詩において決定的となった。それ以降の詩はその詩律に準拠して作詩され、これを近体詩（今体詩）と呼び、それ以前の古体詩（古詩）や民国以降の新体詩（白話詩）と区別する。

ここで、翻訳された仏教経典における真理としての「偈」と、中華における文学としての「詩」について一考してみたい(1)。gāthā は翻訳されて「偈」、「伽陀」と写されたり(2)、「唄偈」と表記されたり、あるいは「偈頌」、「讃偈」などと梵漢混淆化されることが一般であり(3)、およそ仏典においては、訳経をはじめ注疏においても、偈頌に対して「詩」という表記がとられることは、まずもってありえない(4)。そこにはインドの gāthā を写した「偈」と、中華古来の「詩」とを厳然と区別しなければならない理由があったと思われる。もっとも少し時代が降ると「詩偈」とされることもあるが、やはりその用例は特殊であり、きわめて少ない(5)。「詩」のもつ歴史と伝統の重厚さに加え、その厳格な格律の規定、また漢民族の作るものだけが「詩」であって、外来のものはたとえ本来的に韻文であっても、「詩」と表記できないほどに、両者の間には受け入れがたい墻垣が横たわっていたと想像しうる。実際「詩」と表記してもよさそうでありながらも、あえて「偈」とするところに訳者あるいは華人の意識が垣間見られるのではなかろうか。陳寅恪はその論文「論韓愈」の中で、この仏典の偈頌を「似詩非詩」と述べているが、まったく正鵠を射ているのである。(6) ただし、呉の支謙撰とされる『法句経序』(『出三蔵記集』七)には、「偈者結語、猶詩頌也」(『大正蔵経』五五・四九下)とある。仏典の偈を詩頌になぞらえたこのような表現は、同時代においては他に類例がなく、(7) 有韻偈頌の漢訳を実現しえた支謙だからこそ、言いえたものと推断される。

さて、偈頌が韻文形式で漢訳されることはないとはいえ、字数(音節数)を均一化し、同一韻字を用いたりすることで、可能であれば「詩的な偈」を志向していた漢訳者がいたことも事実である。その早い時代の例をあげると、後漢曇果・康孟詳共訳の『中本起経』下(四・一六三中)に以下のようにある。

外道所修事　精懃火為最
学問日益明　衆義通為最
人中所帰仰　遮迦越為最
江河泉源流　大海深為最
衆星列空中　日月明為最
仏出於世間　受施為上最

ここでは五字一句の偶数句でまとめ、すべて韻字を「最」で統一している。この五言五音節と同一韻字によって、翻訳した偈においても、漢語としての一定の旋律をもたせようとしていたわけである。これと同じ例は漢訳経典中にしばしば散見され、また古く『詩経』や、後世の敦煌変文においても見られる。ただし、中華伝統の詩の観点から言えば、同一韻目の異字を用いるべきであって、同一韻字を用いるべきでないことは言うまでもない。

さて、一方「詩」は孔子によって集められた三〇〇篇以来、時に不規則ではあるにしても、韻をふむことを絶対条件としている。しかし前述したように翻訳仏典においてはその条件を欠かざるをえない。たとえインドや西域諸国の韻文であろうとも、翻訳においてそれを漢語としての「偈」の上に活かすことは概ね不可能である（後述するように若干の例を除く）。それは翻訳者の漢語能力――豊富な語彙力と音韻の識別能力、すなわち音義の知識――の限界も一因ではあるが、韻の配慮を過剰に意識することによる原意喪失・原典改竄という翻訳上の体例を犯しかねないと危惧することが最大の原因になっているからである。これについては、『法句経序』における維祇難の指摘が裏づけている。(8) 加えて中華の文学作品には、文章の調和をはかり潤いを与える対偶表現も、後世の十全さはないにせよ、『詩経』以来用いられる。ところが「偈」はこれらの条件を満たすものではない。ともあれ、このように経典の「偈」が、中華の「詩」に具わる必要最小限の条件――押韻――を有しえないことから、「詩」と表記することが憚られたのではなかろうか。

さらに重要なことは、仏教徒にとって「偈」とはブッダによって語られる真理であり真実であるのに対して、「詩」は文学であり、虚構の世界の産物ということである。(9) 経典は真理を伝達する媒体であるから、たとえ「詩」と評価できる「偈」であろうとも、これを軽率に「詩」と表記することが憚られたものと考えられる。そしてこうした両者の認識によって、中国仏教史上、「偈」の表記が定着し慣例化したのではなかろうか。ともかく「偈」はどこまでも gāthā の漢訳でしかないことになり、厳密に言えば中華の文学作品の「詩」として評価を下せる範疇にないものとなる。これは漢訳仏典のみにとどまらず、中国述作経典・浄土教礼讃文・章疏の類でも事情は同じことである。

また漢訳された仏教語において、伝統的に用いられ定着している訳語は、たとえ漢字音の変化が生じたとしても、別の訳語に改められることは稀なのである。たとえば『翻訳名義集』序に紹介されている玄奘の五種不翻は、漢訳する際に意訳してはならない五つのケースを説いたものであるが、その第四条に（五四・一〇五五上）、

順古故。如阿耨菩提。非不可翻。而摩騰以来常存梵音。（古式に従うからである。たとえば阿耨多羅三藐三菩提を意訳しないようなものである。迦葉摩騰から常に梵音をもって音写しているからだ）

とある。これは、古くから伝統的に用いられている音訳語は意訳してはならないという指摘である。この玄奘の漢訳体例はおそらく中国僧の共通の認識であり、たとえ漢字音が演変したからといって、これに相応する音訳語をあてたり、また相応する意訳語を与えることは控えられたのであろう。現に後漢三国両晋など比較的古い時期に定められた音訳語は、その後の密教文献を除いて、各時代にわたって多く踏襲されている。後漢の支婁迦讖から用いられて定着している「偈」は、密教において「伽他」と表記される事例を除いては、いつの時代でも gāthā に対する常用の音写語として伝承されているのである。

他方、浄土教の往生礼讃文類における讃偈についてはどうか。六朝末から隋唐をへて宋にいたる礼讃諸文献が敦煌石室から発現されたが、寡聞ながらそれら讃偈を含めても、「詩」とされることはなく、常に「偈」と表記されてきている。善導の『往生礼讃偈』について見ると、日没と初夜は『無量寿経』によりつつ、そして中夜と後夜も翻訳に関わることから、「偈」とされて然りであるが、晨朝と日中は彦琮と善導の自作の偈であり、そこからは中華の「詩」の芳香が紛々としている。(10) このように翻訳に関わらないものであろうと、慣例的に「偈」「偈頌」「讃

偈」と表記し、「詩」とされないことは、あらゆる仏教典籍において例外のない現象なのである。漢訳仏典における偈が、「詩」という表記をとりえなかったとする先の推定の是非はともかく、漢訳にせよ撰述にせよ、およそ漢語で書かれた仏典において、おしなべて「詩」を語らないことは否定しえない事実である。

＊　＊　＊

この執拗なまでに「偈」を用いる伝統は、仏教徒によって漢訳あるいは撰述される仏典においてのことである。それでは、非仏教徒が仏典の偈に接することがあって、しかもそこに詩律の配慮があることを感知しえたなら、これをどう評価するだろうか。ここに興味深い事例があるので紹介してみよう。

後秦の鳩摩羅什が沙門法和に贈ったという一〇偈を取りあげてみる。この一〇偈は、うち八偈が散佚しているようで、現在では二偈だけが残っている。その二つの偈は脚韻をふんでおり、詩として評価することができる。僧祐『出三蔵記集』（五五・一〇一下）および慧皎『高僧伝』（五〇・三三二中下）に、

> 什、嘗て頌を作り、沙門法和に贈る。云く、
> 心山育徳薫　流芳万由旬（上平声諄韻・真部）　心山、徳薫を育み　流芳、万由旬なり
> 哀鸞鳴孤桐　清響徹九天（下平声先韻・先部）　哀鸞、孤桐に鳴き　清響、九天に徹る
> 凡そ十偈たり。辞喩皆な爾り。

とあるように、一〇偈のうち一偈をあげている。また欧陽詢の『芸文類聚』七六にも以下のごとくある。

秦鳩摩羅什法師の十喩詩に曰く、

十喩以喩空　空必待此喩　　十喩以て空を喩え　空必ず此の喩を待つ
借言以会意　意尽無会処　　借言以て意を会し　意尽く会す処なからん
既得出長羅　住此無所住　　既に長羅より出るを得　此に住まるも住まる所なし
若能映斯照　万象無来去　　若し能く斯を映して照さば　万象来去なからん

右の例について、まず僧祐は『出三蔵記集』で、慧皎も『高僧伝』において、羅什自作の詩偈をまとめて「十偈」と称している。一方、高祖、太宗に仕えた欧陽詢（五五七～六四一）は『芸文類聚』七六で、これを「十喩詩」と総称している。同じ羅什自作の韻文に対して、前者は「偈」とし、後者は「詩」の表記をとっているわけである。

もう一例をあげよう。隋の彦琮法師（五五七～六一〇）といえば文帝や煬帝とも親交があり、『衆経目録』を撰し、他に『福田論』『僧官論』『慈悲論』『黙語論』『鬼神録』『通極論』『弁正論』『通学論』『善知識録』など数多くの著作を残した博学多才な文化人でもあった。この彦琮が礼讃文を撰していたことは、善導の『往生礼讃偈』や法照の『浄土五会念仏誦経観行儀』『浄土五会念仏略法事儀讃』に引用されていることで知られている。五言八句三二首からなる讃文を、善導は「彦琮法師願往生礼讃偈」と題して自撰の『往生礼讃偈』に組みいれている。また一方、この彦琮の讃文は、早くにわが朝に将来され正倉院の御物として現在まで伝えられている。(11)『聖武天皇宸翰雑集』に含まれる「隋大業主浄土詩」がそれである。この名称が聖武天皇によって与えられたのか、それともすでに大陸においてて名づけられていたのかは不明であるが、彦琮の礼讃文が「……浄土詩」と命名されていることに注意しなければならない。ここでもやはり、同じ彦琮の礼讃文に対して、前者は「偈」とし、後者は「詩」の表記をとっているのである。そしてこうした呼称の相違は、単なる表記上の問題にとどまらない。ここから言えることは、同一の韻文資料を前にして、仏教徒あるいは出家者（僧祐・慧皎・善導）は慣例的に「偈」と呼び、そうでない識者あるいは非仏教徒（欧陽詢・聖武天皇？）は詩律を具えていればこそ、中華の教養にもとづいて「詩」と評価しているということである。

さて、この表記上の相違から、現代のテキスト研究に視点を移してみよう。仏典においては伝統的に「偈」と表記されることから、直感的に何が想起されるであろうか。おそらくは、翻訳によって一句の音節数を均一化しただけの無韻の韻文ということではなかろうか。ここに反省すべき点がある。我われはこれまで、この外来の「偈」という響きのために、中華の「詩」としての評価を下す機会を失ってきた。はからずも次節に紹介する先行研究がその轍をふんでいる。「偈」という表記や、そのように呼称してきた伝統に問題があるわけではない。問題は「詩」としての評価を怠ってきた、資料に対峙する我われの姿勢にあると言わねばならない。もう一度、漢語仏典におけるすべての偈を詩として評価できるか否かを検証しなければならないのである。これによって同一文献の諸テキスト間における用字取捨に益となり、仏典の翻訳と述作の峻別に新たな基準を設けることにもなり、また翻訳者を推定したり、さらに翻訳文体論にも新たな知見を提示することになるはずである。そして実際の訳者や作者が苦慮して作詩した、いわば文学作品を発掘することにもなるはずである。

なお、ついでながら拾得に以下の作品があるので、紹介しておきたい。

我詩也是詩　有人喚作偈　詩偈総一般　読時須子細
緩緩細披尋　不得生容易　依此学修行　大有可笑事

時は唐代七世紀、天台山国清寺に住まい、襤褸をまとう珍無類な寒山と拾得という詩人がいた。寒山は三百余詩、そして拾得は六十余詩を残しており、それら作品はともに白話詩と評されている。その拾得の作品中に右の詩がある[12]。拾得みずからは「詩」を作っているつもりでも、世間の人はそれを「偈」と呼ぶ。確かに中華の詩と、漢訳されたインドの偈とは、視覚的には概ね同じ体裁となるが、作品の韻律や内容などを鑑賞する際には、その違いをしっかりと見極めていただきたいものだ、と言いたげである。この拾得の時代（おそらく盛唐のころ）では、詩と偈は区別されていたということである。それがどのように意識されていたかは不明であるが、詩は中華伝統の韻文であり、偈は外来の韻文であるという相違、そして前者は正統、後者は非正統という意識があったものと推察される。白話詩人であった拾得の通俗的な作品は、その内容からも韻律からも中華伝統の詩の範疇には収まらず、仏典における偈（視覚的に韻文を装うだけで、韻文の諸条件をともなわない）と同類であるとみなす者がいたということである。

二、先行研究の問題点

本項では偈頌の韻に関して的をしぼり、先行論文中のいくつかの言及をながめてみよう。翻訳文体論を云々する場合には、以下に紹介するごとく、若干の関説はあるものの、それらは実際に大蔵経におけるすべての偈の韻を調査した上での叙述ではない。おそらくは、前章で述べたように、「偈」ということばから想起される先入観のためであろう、足並みそろえて「無韻」と繰り返しているにすぎない[13]。以下にそれらをあげておく（引文の傍線は筆者による）。

梁啓超は「翻訳文学与仏典」において、訳経と中華の書の文体を比較し、その相違を一〇項目あげている。その第一〇に、「インドの詩歌を漢訳すると無韻の偈頌となる」と述べている[14]。

Erik Zürcher（許理和）は“A New Look at the Earliest Chinese Buddhist Texts”において、『修行本起経』と『中本起経』の文章が漢代における訳経において、最も成熟した訳文であるとしながらも、「偈頌はすべて意訳され、五言七言あるいは九言の無韻の詩句となっている」としている。(15)ところが、『成具光明定意経』や『修行本起経』、『中本起経』は有韻偈頌として漢訳されているのである。

朱慶之は『仏典与中古漢語詞彙研究』において、「偈頌とは梵語 gāthā の音訳と意訳であり、原文の意味としては歌であり詩歌である。四句をもって一偈とし、毎句の音節数には厳格な制約があり、押韻しない。（中略）翻訳文は形式的には原典と同じく、散文は連写され、韻文はそろえて写される。(16)しかし、原典の詩歌を漢語の詩歌にすることはできない。なぜなら漢語の詩歌は押韻するからである」と述べている。

兪理明は『仏経文献語言』において、「漢訳仏経の偈頌は、漢語にある厳格な意味での韻文ではないが、原典は韻文になっており、翻訳した後に句末の押韻がないとしても、句中の字数は統一されている。また句ごとに行を分けて書写され、これは散文と異なっている。句の字数をそろえることは、韻文的な味わいがある」とする。(17)また、「漢訳仏経の韻文は字数の統一を強調するだけで、押韻は要求していない。（中略）訳経者は自然に句中の字数を統一させることで、句末の押韻の代用とし、押韻しない韻文を作りあげたのである」とも述べている。(18)

李立信は「論偈頌対我国詩歌所産之影響――以〈孔雀東南飛〉為例――」において、「わが国の詩歌は韻文であり、一首詩として押韻しないものはないが、偈頌は押韻しないのを常とし、とくに早期に漢訳された経典の偈頌はほとんどまったく押韻していない。ただ『高僧伝』において押韻している偈詩があるにすぎない」と述べている。(19)

顔洽茂は『仏教語言闡釈――中古仏経詞匯研究――』において、「偈頌の部分は、無韻の詩体をもって訳したものである」、「総体的にみて、訳経の偈頌とは押韻しないものであり、これは伝統的な中華の詩が句末に押韻すること異なるもので、無韻の詩といえよう」、「六朝の訳経における偈頌は、無韻の詩体であり、これは大きな創造であったに相違なく、〝韻〟という拘束から逃れることになり（後略）」と述べる。[20]

張先堂は「敦煌本唐代浄土五会賛文与仏教文学」において、「漢訳仏経の偈頌は四言・五言・七言の韻文句式になっているけれど、そこに韻律を求めることはできない。なぜならそれらはすべて押韻していないからである」と述べる。[21]

王晴慧は「浅析六朝漢訳仏典偈頌之文学特色――以経蔵偈頌為主――」において、「偈頌部分は明らかに斉言の詩歌形式を採用しているが、その斉言部分はみな押韻していない。よってそれと正格の詩歌とは似て非なるものである」、「漢訳の偈頌は平仄・字数・押韻といった特徴を要求せず（後略）」と述べている。[22]

その他にも、胡適が「佛教的翻訳文学（上・下）」において、『妙法蓮華経』譬喩品や、曇無讖によって訳された無韻の『仏所行讃』と中華の文学との関連を述べているが、訳経中の偈全般を見とおして論述するものではなかったので、「曇無讖や宝雲などの用いた偈頌は当時の民歌を基にしていたようであるが、脚韻を用いることはなく、もっと自由なスタイルであった」と述べ[23]、加地哲定『増補　中国仏教文学研究』も、「翻訳経典の偈頌は押韻しない」とするにとどまっている。[24]

このように足並みそろえて、訳経の偈頌は「無韻」、「不押韻」、「不押韻的韻文」、「無韻的偈頌」、「無韻之詩体」とみなし、漢訳者によってなされた韻律配慮をいっこうに認めていないのである。こうした結論は、決して悉皆調査がなされた上での結論ではなく、また梵語の偈が漢訳される際に、その《形式》まで転換しえないという思い込みに起因していると考えられる。

しかしながら、山口久和だけが、支謙訳『維摩詰経』の特徴として、句末の押韻を指摘している。[25]

支訳第三の特徴として、詩頌の押韻が指摘できる。普通のskt の偈頌を漢訳した場合、押韻はせずに五言句でまとめることが多い。これは押韻する場合、訳者に漢語の微妙な声調を区別し得る聴覚と豊富な語彙力が要求され、従って到底外国僧の能くし得る所ではなかったからである。ところが漢語を母国語とした支謙にはこれが可能であった。現に支訳経典の詩頌の偶数句末は、多少の不規則は見られても一応古詩の押韻の体裁をとっている。

このように支謙訳『維摩詰経』のみに限られるが、韻律を配慮しつつ漢訳された経典も存在するということをすでに指摘しているのである。

おわりに

漢語仏典においては「偈」と表記され、たとえ「詩」の格を有していようとも、「偈」の表記が踏襲されてきた要因を垣間見た。それは、仏教徒は真理としての仏言を真摯に受けとめ、中華の文学としての「詩」の表記と区別し忌避したこと、そしてまた逆に中華の文学の観点からも、「詩」の格を具備しえない仏典のそれは、どこまでも gāthā の音訳語「偈」でしかないと評価されたこと、さらには伝統を維持しようという漢訳体例（玄奘の五種不翻）に準拠したことに起因するからであろう。そして偈頌の韻に関する先学の諸見解を通覧したが、いずれも「無韻」を連呼するだけで、詩的な偈（有韻の偈）の存在を見過ごしてきたのである。

漢訳された偈の句式は、音節数を調整することで視覚的には韻文の体裁をとっているかのごとくである。しかし、中華の韻文における絶対条件としての押韻を認めることができない上、語彙の割裂の現象も見うけられ、ともすると散体（長行部分）を一定の音節に分断しただけではないかと思えるような偈頌さえある。確かに真理仏言を伝達することが最優先される経典にあって、《語義》の漢訳を閑却して《形式》をより重視するわけにはいかないのが道理である。しかし、ある一部の訳者（第二部各論篇を参照）は、韻を配慮しつつ漢訳することも可能であった。それは豊富な語彙力と音韻の識別能力が要求される、まさに《形式》の漢訳を実現させた瞬間でもあった[26]。

これまでに仏典における偈頌が中華の詩歌として扱われたことはなかった。「偈」という表記は無韻の文を連想し、ために韻文として評価する機会を逸してきたからである。しかし、それらを中華の韻文資料として再評価することで、その音韻体系からは多くの問題を究明できるのである。

後漢から魏晋南北朝、そして隋唐にいたる漢訳仏典ならびに中国撰述経典（疑偽経典）・道教経典、さらに浄土教礼讃偈と変文・講経文――すなわちインド原典の gāthā から漢訳仏典の「偈」へ、そしてその「偈」から中国撰述の「詩的な偈」や「詩」――への変遷を、インドから中華への仏教東漸にともなう韻文の再構築という、中華における文学的（美文）・実用的（読誦）配慮が解明できるかと思う。

註

（1）木村英一「中国における哲人の詩について――詩と偈との関係より見ての断層――」（結城教授頌寿記念『仏教思想史論集』大蔵出版、一九六四年）は、偈の哲理と詩の文学性が相互に影響を受けていたことを述べている。

（2）「伽他」は、施護や法賢など宋代の訳経中に多く見られる。

（3）漢訳された「偈」と「頌」は、慧琳『一切経音義』二七（五四・四八三下）に「偈、梵に伽陀と云い、此には頌と云う。美歌なり」とあるように、両者の間に顕著な区別は意識されなかったようである。また、梵語の gāthā と śloka がそれぞれあてられるという説に対しては、朱慶之が梵漢《法華経》を比較することによって妥当でないことを立証している（「梵漢《法華経》中的〝偈〟〝頌〟和〝偈頌〟（一）」四川大学漢語史研究所編『漢語史研究集刊』第三輯、巴蜀書社、二〇〇〇年）。

（4）ただし、呉支謙撰とされる『法句経序』には、「偈者結語、猶詩頌也」とあるように、仏典の偈を詩になぞらえている。こうした例は同じ時代において他に類例がなく、後述するように、有韻偈頌の漢訳を実現しえた支謙だからこそ、「猶詩頌也」と言いえたものと推断される。「詩頌」については註（7）を参照。

（5）台湾の蕭鎮国による『大正蔵経』テキストデータベース（一巻~五五巻および八五巻）をもとに大陸で修訂されたデータベースによって検索をかけると、「詩偈」の用例は史伝部に一一例だけヒットする。ただし、それらはみな経典の偈頌を意味するものではない。他に『漢語大詞典』（一一巻・一四九頁左）でも用例をあげている。また契此（?~九一六、布袋和尚、後世の大肚弥勒のモデル）には、「詩偈」二四首の作品がある。しかしいずれにしても、漢訳仏典の中において「詩偈」とされる用例は皆無である。後になると、たとえば天台智顗『妙法蓮華経玄義』六上（三三・七五二下~七五三上）に「四伽陀、此云不重頌。亦略言偈耳。四句為頌。如此間詩頌也」とある。

（6）陳寅恪『金明館叢稿初編』（上海古籍出版社、一九八〇年）所収。なお原載は『歴史研究』一九五四年第二期。

（7）この「詩頌」とは、『詩経』の六義の中にある頌（しょう）を意味する。『詩経』における頌（しょう）は四〇篇（周頌三一篇・魯頌四篇・商頌五篇からなる）あり、基本的には韻文で綴られる。もと朝廷の宗廟を祭祀する際に舞踊とともに奏でられる宗教的な詩歌であり、またその功徳を讃える楽歌であった。そして後には王侯貴族の業績や聖者の功徳を讃える褒詞を総称するようになる。

（8）『法句経序』における維祇難の翻訳論が雄弁に語っている。「維祇難曰く、仏の言は其の義に依りて用って飾らず、其の法を取りて以て厳らず。其れ経を伝うる者は、当に暁り易くするとも、厥の義を失うこと勿らしめよ。是れ即ち善と為す」（『出三蔵記集』七、五五・五〇上）。

（9）漢民族としては「詩」に人間存在の大きな意義を認め、虚構とは考えていなかった。『詩経』に「詩は志の之く所なり。心に在るを志と為し、言に発するを詩と為す」（大序）とあり、『論語』に「子曰く、詩三百、一言以て之を蔽う、曰く思い邪なし」（為政）、また「詩を学ばざれば、以て言うことなし」（季氏）、「子曰く、小子何ぞ夫の詩を学ぶことなきや。詩は以て興すべく、以て観るべく、以て群すべく、以て怨むべし。邇くは父に事え、遠くは君に事え、多く鳥獣草木の名を識る」（陽貨）とあるとおりである。そしてこのような態度は、降って梁の劉勰『文心雕龍』明詩にも受け継がれている。ただし釈迦のことばこそ唯一の真理と認め、そこに救いを求めて世俗を超えた方外の賓である出家者（広義には仏教徒）としては、詩を含めた世間のありとあらゆることがらは、おしなべて虚仮・虚妄であり虚構なのである。

(10) 拙文「礼讃偈の韻律――詩の評価とテクスト校訂――」（『浄土宗学研究』二六、二〇〇〇年）を参照。

(11) 佐佐木信綱編『南都秘极』第壱集（一九二一年）。また岩井大慧「聖武天皇宸翰雑集に見えたる隋大業主浄土詩について」（一九二八年）、同「広法事讃を通して再び聖武天皇宸翰浄土詩を論ず」（一九三四年）。ともに『日支仏教史論攷』（東洋文庫、一九五七年）所収。

(12) 寒山や拾得の詩については、項楚『寒山詩注（附拾得詩注）』（中華書局、二〇〇〇年）が参考となる。同書八四四頁を参照。

(13) ただし梵本偈頌の韻律そのものが、漢訳にどの程度反映されるかについては、平田昌司「義浄訳「根本説一切有部毘奈耶破僧事」はインド韻律をどう処理したか」（古田敬一教授頌寿記念『中国学論集』汲古書院、一九九七年）がある。

(14) 『中国仏教研究史』一二八頁（新文豊出版、一九二二年稿）、他に『仏学研究十八篇』一七八頁（中華書局、一九八九年）。

(15) *From Benares to Beijing: Essays on Buddhism and Chinese Religion* (edited by Shinohara Koichi and Gregory Schopen, Mosaic Press, 1991). この論文には顧満林の訳文「関於初期漢訳仏経的新思考」（『漢語史研究集刊』第四輯、巴蜀書社、二〇〇一年）がある。

(16) 文津出版社、一九九二年、一四頁

(17) 巴蜀書社、一九九三年、三六～三七頁

(18) 同書四〇頁

(19)　中国文学研究叢刊『文学与仏学関係』学生書局、一九九四年、四八頁
(20)　杭州大学出版社、一九九七年、三一頁・三五頁・四〇頁
(21)　『敦煌研究』一九九六年第一期、七〇頁
(22)　『仏学研究中心学報』第六期、国立台湾大学仏学研究中心、台北、二〇〇一年、三四頁・三八頁
(23)　『白話文学史』上巻、上海新月書店、一九二八年、一九五頁
(24)　同朋舎出版、一九七九年、一一頁
(25)　山口久和「支謙訳維摩経から羅什訳維摩経へ――訳経史研究の支那学的アプローチ――」(『印度学仏教学研究』二六巻一号、一九七七年)参照。
(26)　一部の漢訳仏典の偈頌における韻律の配慮は、インド西域などの原典における原韻律をそのまま導入したということではなく、あくまでも中華古来の韻文(詩歌)の格律へと転換させたということである。

第二部　各論篇

第一章　gāthā の訳語とその変遷

――絶・縛束・偈・伽陀――

はじめに

梵語の gāthā は、はじめ「絶」と漢訳されたようだ。[1] それは後漢安世高訳の『七処三観経』においてである。同じく後漢の支婁迦讖が漢訳した『般舟三昧経』では「偈」と写され、そして後に梵漢の合成語「偈頌」が造語されると、「偈」が仏典において定着するようになった。

安世高が gāthā の訳語として用いた「絶」から、支婁迦讖より以後はなぜ「偈」が採用されるようになったのか、また後世になると「偈陀」や「伽陀」「伽他」（「陀」のかわりに「他」も用いられるが、煩を避けて本章では「陀」をもって統一する）といった複音節詞として写されるようになったが、その変遷をなさしめた要因を検証することが本章の目的である。さらには「偈」とは「陀」が略された語なのかなどの問題もあわせて検証する。そして、安世高訳『道地経』においては「絶」を用いず、「縛束」という説明句によって漢訳されていたこともあわせて検討を加えてみたい。

一、『七処三観経』と『雑阿含経』の偈

『七処三観経』は、『歴代三宝紀』四（『大正蔵経』四九・五〇中）によると、元嘉元（一五一）年に漢訳されたと

伝えられる。現今の高麗版と宋元明の三本で大いに相違しており、前者には三〇経が収められ、後者にはこれに一七経を加えた四七経が収められている。『七処三観経』という経名の由来については、一経全体にかかるのではなく、失訳『雑阿含経』一巻の巻末第二七経にも編入されているごとく、もと短い経典であり、他の経典とまとめてこのように呼称されているにすぎず、第二経目からは別の経典となっている。

ところで、本経で説かれる偈頌は、「偈」ではなくして、「絶」と表記されており、そうした「絶」を高麗版では一二例（第二・三・四・五・六・七・一一・一二・一三・一五・一六・二八経）[2]を、また宋元明の三本では一五例（上記の他に第四三・四四・四七経を加える）を検出することができる。ここでは高麗版の用例を若干示してみよう。

第二経（二・八七六上）

仏従後説絶、

不守意者　邪疑故亦睡眠故　魔便得自在如是　但当守意　若欲諦行　但当見諦行　亦当知内出已　不堕睡眠

便得断苦本

仏説如是。

第七経（二・八七七上）

従後説絶、

善群居依賢者　為知諦願宿命行　為楽得無有憂　得善自在

仏説如是。

第一一経（二・八七七下）

従後説絶、

守舎亦護亦行　是名為四舎　諦説如是　賢者行是不中止　為尽苦得道

仏説如是、弟子起礼仏受行。

きまって「従後説絶」（これより後に、絶を説く）という定型の冠句が配置され、また定型の結句「仏説如是」をもってしめくくっている。その中間に置かれる文章は、すべてその前に説かれた長行の内容を反復しているのである[3]。ここで比較的短い第一二経（二・八七七下）の全文を引いて、実際にそれを確認してみる。

聞如是。一時仏在舎衛国、行在祇樹給孤独園。仏告比丘、若比丘有四行、不自侵、要近無為。何等為四。是間比丘（比丘）持戒行戒中律根、亦閉至自守意。飯食節度、不多食、不喜多食。上夜後夜常守行。是為四行。比丘不自侵、亦近無為。従後説絶。

若比丘立戒根　亦摂食亦知節度　亦不離覚　如是行精進　上夜後夜不中止　要不自侵滅　要近無為

仏説如是。

このように「従後説絶」と「仏説如是」にはさまれた文章が、その前の長行に説かれている「四行」の内容を、反復していることがわかるだろう。つまり「若比丘……要近無為」が偈頌であることがわかる。したがって、「絶」とは、後世に表記されるところの「偈」に他ならないことも理解されるのであり、安世高が、gāthā を「絶」と漢訳していたことになる。

さて、この「従後説絶」であるが、『七処三観経』以外にも、三国ごろの失訳とされながら、林屋友次郎によって安世高訳であることが論証された一巻本の『雑阿含経』にも見られるのである。[4] この経の漢訳年代に関しては、『出三蔵記集』四以来失訳とされており、しかも同集の「条新撰目録闕経」の中に著録されていることから（五五・三六上）、これ以前の訳出ということだけしかわからない。しかし林屋は、安世高訳経典であることをみごとに論証している。[5] この全二七経が収められる『雑阿含経』において、偈頌を意味する「絶」は総計七箇所を数えることができる。[6] うち第二六経は短い経典なので以下にその全文を示す（二・四九八下）。

聞如是。一時仏在王舎国時、有婆羅門名為不侵行者、至仏所、与仏談一処坐。已一処坐、不侵行者向仏説如是。我名為不侵。仏報言、如名意亦爾。爾乃婆羅門応不侵。従後説絶、

若身不侵者　　口善意亦然

如是名不侵　　無所侵為奇

即不侵行者従坐起、持頭面著仏足下、従今持教誡、不復犯五戒。仏説如是。

このようにわずか一二〇字弱の短経であり、『七処三観経』と同じように「従後説絶」の冠句のあとに斉言の四句が説かれている。この第二六経に相当する、異訳の劉宋求那跋陀羅訳『雑阿含経』四二（第一一五六経）、および秦代失訳『別訳雑阿含経』四（第七九経）の二経をここに併記し、「絶」が後世に常用となる「偈」に他ならないことを再確認しておこう。まずは『雑阿含経』四二から（二・三〇七下～三〇八上）。

如是我聞。一時仏住舎衛国祇樹給孤独園、世尊晨朝著衣持鉢、入舎衛城乞食。時有不害婆羅門、来詣仏所。白仏言、世尊、我名不害。為称実不。仏告婆羅門、如是称実者。若身不害、若口不害、若心不害、則為称実。爾時世尊、即説偈言、

若心不殺害　口意亦俱然
是則為離害　不恐怖衆生

仏説此経已、不害婆羅門、聞仏所説、歓喜随喜、復道而去。

ついで『別訳雑阿含経』巻四（二・四〇一中）。

如是我聞。一時仏在舎衛国祇樹給孤独園。爾時無害摩納往詣仏所、問訊安慰、情報備到、致問周訖、在一面坐、白仏言、瞿曇、我名無害。因此名故、得無害不。仏言、汝身口意、都不生害、故称無害。爾時世尊、即説偈言、

身不毀害　口意亦然
是故号汝　名為無害

仏説是已、諸比丘聞仏所説、歓喜奉行。

このように三経所説の内容と構成は、ほぼ完全に対応している。また安世高訳とされる一巻本『雑阿含経』における残る六箇所の「従後説絶」（四九三上・四九五中・四九八上）、「説絶辞」（四九四上）、「説是絶」（四九四下に二箇所）にしても、それらの「絶」が、異訳の「偈」に対応している。なお、このうち「絶辞」のような二音節からなる造

語は、後に同じく二音節詞「偈頌」へと継承されている（後述する）。

さて、『七処三観経』に話題をもどして、偈頌の句作りに関して少しく述べよう。『七処三観経』のすべての偈頌に対し、その所説の内容を語義にもとづいて句点を入れてみると、前記のようにその句中の字数は一定していないことがわかる。これは後述する同じく安世高訳の『道地経』でも同じである。つまり各句の字数は雑言の構造になっており、このため文体としては長行（散文体）と何ら変わるところがないのである。[7] これに関して Erik Zürcher（許理和）は、漢訳初期の安世高とその助訳者らは偈頌をどのように漢訳するかを知らなかったと述べている。[8] 確かに支婁迦讖の『般舟三昧経』以降の偈頌は、わずかな例を除いて、[9] すべて四言・五言・七言などの斉言句にまとめられていくことから考えて、安世高においては、偈頌を漢訳する際の体例として、長行のそれと区別しようとする意識がいまだ想起されてなかったと思われる。ただし、わずかに宋元明本の第四三経だけは四言からなる斉言の偈頌になっている（二・八八一下）。

従後説絶、
欲見明者　当楽聞経　亦除垢慳　是名為信
仏説如是。[10]

しかし、この第四三経を除くすべての偈が雑言になっている以上は、これとても単なる偶然であるか、あるいは後世の者の手が加えられているのかもしれない。

いずれにせよ、以上のことから安世高訳経典の原本に偈頌がなかったというわけではなく、安世高が長行と偈頌を漢訳するにつけ、その文体に視覚的な区別をつけずに漢訳していたにすぎなかったということなのである。

なお付言するが、最近李小栄・呉海勇の「仏経偈頌与中古絶句的得名」（陳允吉主編『仏経文学研究論集』復旦大学出版社、二〇〇四年）が発表され、仏典の「絶」と中国詩の「絶句」を関連づけている。そこでは吉蔵の『中観論疏』一（四二・一上）の、「又言偈者、此土漢書亦有此音。訓言竭義。謂明義竭尽故称為偈」を引証して、「偈」と「絶」は字音が近似するばかりか、「竭」を媒介として両者は同義であると述べ、「絶」が音訳と意訳の双方を採用した訳語であることを示唆している。また天台智顗の『仁王経疏』四（三三・二七三上）にも「偈者竭也。摂義竭尽、故名為偈。四句為偈。句有三・四・五・七等差別。若梵天以三十二字、為首盧偈。即以八字為句也。云云」とある。しかし、これらの「竭」とは、尽きる・尽くすの義であり、長行の内容を簡潔に表現し尽くすという意味で偈を説明しただけの文章である。したがって「竭」を媒介として「絶」が意訳でもあるとの李小栄・呉海勇の説は、いささか苦しい説明である。そもそも後世の詩文において四句を単位とする「絶句」という語は、陳の徐陵（五〇七～五八三）が編撰した『玉台新詠』巻一〇において、「古絶句」や「雑絶句」としてはじめてあらわれるのであり、[11] gāthā の訳語としての「絶」はわずかに後漢の安世高のみが使用した珍奇な語彙である。安世高が活躍していた二世紀後半からはるかに降った六世紀にあらわれる「絶句」との間に、「絶」が伝承されてきたような事実を資料の上に確認することができないことからしても、[12] 両者はまったくの無関係であるとみなすべきである。

二、絶から偈へ

『七処三観経』では、冠句「従後説絶」と結句「仏説如是」にはさまれた散文体（長行）の文章が、実は偈頌であることが確認された。そして同時に「絶」とは gāthā に対する最初の訳語であったことも了解された。では、安世高において、なぜ gāthā が「絶」と訳されたのであろうか。そこで、まず問題とされるべきことは、はたしてこの「絶」は音写語なのか、それとも意訳語なのかということである。もし、gāthā の音写であるならば、同じ音写の「偈」と、当時の漢字音が同じか、または類似音であったと言わざるをえない。そこで、「絶」と「偈」の上古音を調査する必要が生じる。

清朝になると考証学の進展にともない、漢字音の研究、すなわち音韻学は、文字学・訓詁学・文法学などの方面との連携をつよめながら、その解明が飛躍的に促進されていく。これによって、たとえば『詩経』の押韻単位において、それが今音と相違して押韻とならない場合には、近世の学者によって叶韻説をもって対応したのであるが、字音そのものが時代の推移にともなって演変していることが判明したことで、今音では通押とならない単位でも、上古音にあっては完璧に押韻していたことも知られるようになったのである。

さて、それでは後漢安世高と支婁迦讖によって選定された「絶」と「偈」の、上古音における音価を確認しておこう。なお音韻学においては、研究者によって上古音と中古音の境界や中古音の下限に相違が見られ、仏典の漢訳がはじまった後漢は上古音の時期に属している。しかし、漢訳が盛んとなる魏晋南北朝は上古から中古へと移り変わる過渡期でもあることから、伝統的な詩文においては、上古音をもって作詩される場合も少なくないのである。とくに -p・-t・-k を韻尾にもつ入声の問題は顕著である。ここに示す「絶」と「偈」も舌尖の入声的な閉塞韻尾 -t と -d を有している。

「絶」は、推定上古音の音価が dzwiat であり、その韻は月部に属し、「偈」も上古音では閉塞韻尾をもつ去声祭部で、gjiadh の音価であった(13)。なお、上古音韻部に関しては、カールグレンからその音価が推定されており、現在は修正が加えられている。研究者によってその構築した音価に若干の相違があるが、本書では李方桂の説に従うこ

とにする。(14)

上古音の推定

「絶」……dzwiat：従母、入声月部、外転二二合口、全濁歯音四等

「偈」……gjïadh：群母、去声祭部、外転一三開口、全濁牙音三等

※半母音 j は三等の弱介音、w も四等弱介音、h は去声を意味する

声母

「絶」……全濁歯音の dz-（従声母）で舌尖前の塞擦音

「偈」……全濁牙音の g-（群声母）で舌根の塞音

※調音点が舌の前後という大きな相違がある

韻母

「絶」……上古音から両漢にいたるまで月部

「偈」……祭部に属す

※母音は同じ a で、韻尾もともに舌尖音 -t や -dh（h は去声）を有す。月部と祭部は通押する。

まず声母に関して言うと、「絶」は全濁歯音の dz-（従声母）で舌尖前の塞擦音であり、「偈」は全濁牙音の g-（群声母）で舌根の塞音である。よって調音点としては、舌の前後の相違があり、とても近似の声母ではなく、前掲の Erik Zürcher（許理和）論文でもこれを保留している。(15) よって gāthā の対音として、後者の「偈」がふさわしいことは言うまでもない。ただし、群声母 g- には一等と二等の文字が存在せず、必ず介音 -ï- が入るので、厳密には gāthā の対音となるべき直音（介音 -ï- がない音）の漢字が存在しないことから、「偈」が完璧なる gāthā の音

写語とはなりえないのである。

次に韻母について。上古音から両漢にいたるまで「絶」は月部、「偈」は祭部に属し、それぞれ舌尖音の閉塞韻尾である閉塞音 -t や -dh を有し、そして主母音も同じく a であることから、近似の韻母だったのである。しかし思うに、そもそも漢籍中の「偈」という字は、仏教経典が後漢に訳出される以前は、その使用頻度はきわめて少なく、たとえば『荘子』（天道）に「又何偈偈乎掲仁義、若撃鼓而求亡子焉意、夫子乱人之性也」とあり、また『詩経』（国風・檜風）に「匪風発兮、匪車偈兮。顧瞻周道、中心怛兮」とある程度でしかないのである。これらはどれも、「大きい・猛々しい・騒々しい」などを意味する擬声語をあらわしている。また『漢書』七〇（陳湯伝四〇）に、「会漢発兵送呼韓邪単于、郅支由是遂西破呼偈・堅昆・丁令、兼三国而都之」のように、地名（匈奴の北の小国）に用いられたりもする（中華書局本には、服虔曰：「呼偈，小国名，在匈奴北」師古曰：「偈音起厲反」と注記する）。こうしたことから、少なくとも先秦における「偈」の音は、月部 gjiat のみであって、仏典の偈頌を意味する祭部 gjiadh はなかったものと考えられる。よって「絶」も「偈」も双方ともに上古にあっては月部の -at をもって押韻する文字であって、gāthā を最初に「偈」と漢訳した支婁迦讖においては、その音価を入声月部の gjiat として、またはこれに近似したものと受けとめていたはずである。

ところが後世になると、たとえば『切韻』では詩歌を意味する仏典の「偈」を去声祭韻に収めて、「偈句。其憩反」と記し、もう一方の先秦からある「偈」を入声薛韻に収め、「武也」と記しているごとく、両者を区別するようになる。[16] よって仏典の漢訳がはじまり、どれほどかは知らないが、おそらくはさほど時間をあけないうちに、南北朝の前期には、すでに仏典の「偈」は gjiadh にして祭部に収められ、gjiat ではなかったと考えられる。それは中古以降になって、閉塞韻尾が消失して -i に変化したことにより、新たに「陀」や「他」のような舌尖音を補って複音節化させたり、「伽他」のように別の音写語があてられていることからも明白である。つまり -i に変化しうる条件は、-t のような強い韻尾ではなく、-d・-dh の弱い韻尾であったからである。

ちなみに祭部であっても、両漢を通して月部とは、詩文において通押している。また三国以降は月部の「偈」は屑部に属すが、やはり三国両晋から南北朝（とくに南朝）においては、祭部が閉塞韻尾 -d を有しているために、詩文において通押している用例を多数検出することができるのである。

いずれにせよ「絶」の韻母は -wiat であり、「偈」は去声祭部 -jiadh（三等開口）であるから、ともに梵語 gāthā（あるいは俗語 gādhā）[17]と近似の韻母を有していたことがわかるであろう[18]。

しかしながら、前述したごとく「絶」の声母は舌尖音の dz- であり、およそ gāthā の音とは、その相違が甚だしいことから、真に音写語であったと断定するわけにもいかない。あるいは「絶」の音が、外国僧安世高には gāthā の対音になりうると認識されたのであろうか。それとも安世高が活動していた南方の漢字音（方音）と関係があるのだろうか。今後は後漢の推定音の再確認や、安世高訳経典の音写語全般と方音との対比調査が必要となるであろう。

さて、それでは支婁迦讖以降になると、なぜこの「絶」が踏襲されなくなり、かわって「偈」が用いられ、しだいに定着していったのだろうか。その原因として以下のことが考えられよう。

1、音の変化から

A〈声母〉：かりに「絶」が gāthā の音写語であったならば、その推定声母 dz- は舌尖前の塞擦音であり、gāthā の対音として許容できなかった。

B〈母音〉：かりに「絶」が gāthā の音写語であったならば、「絶」の上古母音 a が、中古への過渡期である後漢において、舌の位置が上昇し、少しずつその音価をεに変化させてきたために、gāthā のよりふさわしい対音から乖離しはじめていた。

C〈韻尾〉：上古音から中古音へと変化していく過程の後漢三国のころに、「偈」の濁音の韻尾 -d が弱化の一途をたどり、gïadh を音価とする「偈」が適当な対音となってきた。

2、語義から

「絶」は常用の文字であって、しかも語義的性格が強い動詞として使われることから、この一字を訳語として用いることは、混乱をまねきかねないと危惧されたからであろう。漢訳仏典における仏教語を通覧すれば察することができるように、通常はその漢字だけでは独立した意味を形成しがたい、すなわち語義性の弱い文字が音写語として選択される傾向がある。しかも常用ではない文字がその条件でもある。さらに言えば、動詞は避けられる傾向にある。前述したごとく、後漢以前の漢籍資料において、「偈」は常用の文字ではなかった。こうした傾向は、現代中国語における外来語についても共通している。これは表意文字である以上、古今を通して漢字がもつ宿命でもあるわけだ。複音節の音写語であればまだしも、一音節をもって音写語を当てはめるには、やはり語義性の弱く、常用でない文字が選択されなければならないのである。「絶」の使用は、これが音訳語なのか、それとも意訳語なのか当惑させられる。(19) 以上のようなことから、支婁迦讖の訳経以降は、「絶」にかわって「偈」を用いるようになったものと考えられるのである。

さて、漢訳仏典の訳語や訳文の雛形を作りあげた安世高の辛苦は想像を絶するものであり、それだけに後世における評価もさまざまである。いくつかの仏教語彙（聞如是、仏、祇樹給孤独園、阿難、比丘、沙門、四諦、地獄、餓鬼、畜生、五陰、三界など）に限っては、現在まで使用され定着している事実が、その訳語語彙の適性を示すものであるが、その一方で、漢語の語法を逸脱した直訳の文章が難読であることは、その後の中国仏教において読誦に堪えず、読み継がれてこなかった事実が雄弁に語ってくれている。その訳文について、僧祐は『出三蔵記集』一三の安世高伝に「弁而不華、質而不野」（五五・九五上）と称賛している。「不華」「質」の評価はともかく、はたして「弁」「不野」と言えるのか甚だ疑問である。実際には漢語の語法を逸脱すること少なからず、たいへん難解な訳文となっている。こうしたことは、これまでにもたびたび指摘されてきたのであり、最近の報告としては、大阪河内長野の金剛寺で発見された『安般守意経』や『十二門経』の写本研究、そしてパーリテキストの一部として漢訳されていることが判明した『陰持入経』の対照研究によって、版本だけでは理解しえなかった文脈が解読できるようになるとともに、これらの作業を通して安世高における訳風の特色についても見えてきたのである。[20] このように安世高の研究が進展する中にあって、「絶」が梵語 gāthā の訳語であることは確実ではあるが、それが音訳なのか、それとも意訳なのかは明瞭にしえないのである。

もし Erik Zürcher（許理和）が述べるように、これが音写であるならば、前述したように韻母は近似しているものの、声母 dz- は調音点を異にしているので、音写語として説明できないのであるが、あるいは安世高の漢字音の識別能力や南方の方音に起因するものなのだろうか。そして、もし意訳であるならば、はたして宇井伯寿が述べるような「絶す」や、李小栄が述べる「竭・尽」が、gāthā にふさわしい語義としてしっくりくるだろうか。「絶」は音写と意訳のどちらか一方であるはずであるが、それを決するだけの根拠がないのである。

ところで、安世高の訳経中の「絶」は、ここで問題としている梵語 gāthā の訳語としての「絶」の他にも散見される。以下にそれらの若干例を示す。

『七処三観経』（九横経、二・八八一中）

この故に我れ為に身の悪行を捨つる者を説く。身の悪行を捨てざれば、便ち絶して財産あることなし。また布施を行わずば、これ両侵に堕す。（是故我為説捨身悪行者。不捨身悪行、便絶無有財産。亦不行布施、是堕両侵）(21)

『道地経』（一五・二三二下、二三三上）

清浄にして淡白、その相然なり。至尊は世に福祐人の視をすら絶つ。（清浄淡泊其相然。至尊世絶福祐人視）

たとい鶣鵲また一切の良医、幷な祠祀して尽く会すも、また是を愈すことあたわじ。すなわち医意念すらく、この病は痛にして、命は絶えることを求む。（設鶣鵲亦一切良医、幷祠祀尽会、亦不能愈是。便医意念、是病痛命求絶）

『阿毘曇五法行経』（二八・九九九中）

分別念とは何等となす。所観と観は随いて絶せずして相い随う。これを名づけて念となす。（分別念為何等。所観観随不絶相随。是名為念）

これら動詞としての「絶」は、字書どおりの語義として用いられている。したがって、安世高は漢語の「絶」の語義については正しく理解していたことになる。これ以外にも『陰持入経』上には「九絶処」という用語としても用いられている（一五・一七五上中）。

九絶処とは、一切の悪行に部伴せられ、従って流行す。二本あるが為に従って結罪あり。三悪本また四倒ありと為す。彼の二本の罪癡とは何等と為す。一に痴と為し、二に有愛に堕すと為し、名づけて二本と為す。三悪本とは何等と為す。一に貪欲と為し、二に瞋恚と為し、三に痴惑と為す。是を名づけて三悪本と為す。四倒ありり。四倒とは何等と為す。非常を常と念ず。是を思想倒と為し、意倒と為し、見倒と為し、是を一倒と為す。苦を計して楽と為し、非身を身と為し、不浄を浄と為す。[22]

さらにもう一例の九絶処として（一五・一七六上）、

九絶処あり。一切の浄法部をして堕して聚合せしむ。何等をか九と為す。一に止、二に観、三に不貪、四に不恚、五に不痴、六に非常、七に苦、八に非身、九に不浄。是を九と為す。[23]

これについて『陰持入経註』巻上（三三・一七上）には、「師云く、絶とは、悪意と断絶するを謂うなり」とあるので、動詞の用法ということになる。また Zacchetti〔2002〕はこれをパーリテキストの nava padāni kusalāni（九つのよい句）に対応する訳語と指摘しているが、なぜ「絶」が訳語とされたのかについて、また gāthā の訳語としての「絶」との関連には言及していない。[24] さらに、先の『阿毘曇五法行経』には、「入生老死非常名字絶具如応」（二八・九九八下）とあり、また「非常為何等、已生復亡。名字為何等、知分別。絶為何等、字為具。政用為何等、字会」（二八・一〇〇一上中）とあるが、どちらにしても意味を把握しがたい文脈である。[25]

はたして「絶」は音写なのか、それとも意訳なのか。依然として確定しかねる難問である。

三、絶辞と頌偈

ここでgāthāの訳語として採用された「絶辞」や「頌偈」という呼称についてふれておく。最初の漢訳者である安世高は、原典の韻文を漢訳する際に、その冠句を「従後縛束説」（この後にまとめて説き示そう）のように説明句で示したり、「従後説絶」（この後に絶を説こう）のように用いていた。そうした中にあって、安世高訳と思しき一巻本『雑阿含経』[26]の中では、「絶辞」（二・四九四上）という語彙が用いられている。

婆羅門、譬喩月従移。説絶辞、

譬如月明在中行、一切天下星宿、従明所勝。信聞者亦爾。能布施無有慳、難捨世間一切、為従布施明。（以下略）

おそらく安世高が用いた「絶辞」の「辞」とは、『楚辞』の「辞」を受けたものであろう。『楚辞』とは紀元前三〇〇年ごろの楚の地方で歌われた詩歌であり、かの屈原の創始にかかり、宋玉や景差などに継承された詩形である。「兮」「些」「只」が多用され、後に賦に発展していく。この『楚辞』の「辞」とは、すなわち祭祀において祈りのことばとして朗詠される宗教歌謡であり、これが念頭にあって、「絶」に中華伝統の「辞」を添えたものと考えられる。安世高は「説絶」（絶を説く）とするのが通常であるが、この「説絶辞」（絶辞を説く）ように複音節にすることによって、その意味をより明確にしようとしたのである。

安世高についで仏典の韻文を漢訳したのは、月氏国出身の支婁迦讖であった。彼は韻文の呼称として、音訳語の

「偈」を用いた。安世高が用いた「絶」は、漢語では通常動詞として用いられ、しかも語義性が強いので誤読しかねない。よって、むしろ常用の文字ではなく、しかも語義性が弱い「偈」を新たに採用したものと推察される。支婁迦讖訳の『般舟三昧経』（三巻本）においては、韻文が漢訳される際、冠句に「説頌言」「頌偈言」「以偈讃曰」「頌斯偈言」などと訳されている。七言偈と五言偈の例をそれぞれ一つだけ示す。

仏爾時頌偈言、
如新磨鏡盛油器　女人荘飾自照形
於中起生婬欲心　放逸恣態甚迷荒
追不至誠虚捐法　為色走使焼其身
女人患害従是起　用不解法非常空　（一三・九〇八下）

仏爾時頌偈言、
有居家菩薩　欲得是三昧
常当学究竟　心無所貪慕
誦是三昧時　思楽作沙門
不得貪妻子　捨離於財色　（一三・九一〇中）

この「偈」に関しては、後節において詳論するとして、ここでは、支婁迦讖が音訳語の「偈」に、なぜ漢語としての「頌」を添加したのかを考えたい。

「頌」と聞いて想起されるのは、『詩経』を解釈するための概念としての六義（風・雅・頌・賦・比・興）の「頌」である。大序には「頌」について以下のように記す。

頌者美盛徳之形容、以其成功、告於神明者也。（頌とは盛徳の形容を美し、其の成功を以て神明に告ぐる者なり）

『詩経』における頌は、四〇篇（周頌三一篇・魯頌四篇・商頌五篇からなる）があり、基本的には韻文で綴られるが、そうでないものも含まれる。[27] もと朝廷の宗廟を祭祀する際に舞踊とともに奏でられる宗教的な詩歌であり、またその功徳を讃える楽歌であった。そして後には王侯貴族の業績や聖者の功徳を讃える褒詞を総称するようになる。ここでは、『詩経』周頌における臣工之什にある「武」を例として示す。[28]

於皇武王　ああ皇なる武王
無競維烈　げにつとめたまいしその烈
允文文王　まことに文ある文王
克開厥後　よくその後を開きたまい
嗣武受之　その武ついでこれを受け
勝殷遏劉　殷に勝ってこれを絶滅し
耆定爾功　その功業を成就したまいぬ

重要なことは、頌の内包する性格として、まず宗教歌であったということ。そして大多数が韻文であり、人物の遺徳を讃えるということである。仏典に説かれる gāthā もまた、宗教歌であり、原典は韻文で綴られており、仏菩薩の徳を称賛する歌である。この両者の性格があい通じること、つまり『詩経』の頌で歌讃される内容を彷彿とさせるという連想的類似性により、仏典の韻文の「偈」は、中華の韻文の「頌」に相応しうるという解釈が成り立ち、漢訳経典においては「偈曰……」を「頌曰……」で代替させることが可能だったのであり、また「頌偈」「偈頌」という梵漢混合の同義二音節詞が造語されたものと考えられよう。漢訳仏典が『詩経』の頌を導入したこと、そしてそれが支婁迦讖であったことは、疑いようのないことである。これは中国の詩文学の用語が仏典の漢訳に流用された一例といえるのである。慧琳の『一切経音義』二七（五四・四八三下）には、

　偈、梵に伽陀と云い、此には頌と云う。美歌なり。室盧迦には三十二字四句を一偈と謂うなり。

とあるように、漢訳者にとっては、インドの偈と中華の頌との両者の間の顕著な区別など意識していなかったようである。また梵語の gāthā と śloka がそれぞれ偈と頌に充当されるという説に対しては、朱慶之が梵漢『法華経』を比較することによって妥当でないことを立証しているように[29]、原典の韻文はみな一様に偈という漢語があてられて、これが一貫して踏襲されていくのではないだろうか。

なお、支婁迦讖訳『般舟三昧経』の「頌偈言」は、構造的に「説偈言」と同じであるので、これは「偈を頌して言く」と訓むべきである。また後漢康孟詳訳『興起行経』の「以偈頌曰」（四・一六九中、ただし『出三蔵記集』では失訳）にしても、「偈を以て頌して曰く」の意であるように、漢訳初期に用いられた「頌」は、動詞として機能し

ていた。しかし後になると、たとえば東晋僧伽提婆『増一阿含経』三の「能造偈頌、嘆如来徳」（二・五五七中）や、姚秦の仏陀耶舎・竺仏念『長阿含経』二一に、「侍者復作偈頌、白帝釈言」（一・一四一下）とあり、梁の曼陀羅仙訳『大乗宝雲経』の「彼諸菩薩、造此偈頌」（一六・二二一上中）、「出此偈頌、歌詠仏徳」（一六・二四三上）のごとく、同義二音節の「偈頌」という語彙が普遍的に用いられるようになっていくのである。ここに「頌偈（偈を頌す）」から、二音節名詞の「偈頌」へという方向を確認できるのである。

以上のごとく、安世高は「絶辞」と訳し、支婁迦讖は「頌偈」と訳したように、これらはともに二音節詞として造語したことで、意味の明確化をはかったのである。前述したごとく、これら「辞」（『楚辞』の辞）も「頌」（『詩経』の頌）も中華の韻文における用語であり、訳者は原典の韻文を漢訳するにつけ、その韻文という近似性から、「絶」と「偈」に、前漢からすでに広く用いられていた「辞」と「頌」[30]をそれぞれ添加することで、語彙の安定感と、語義の充足感を付与したのである。おそらく、安世高は主に江南で活動しているので、南方で主流であった『楚辞』の「辞」を採用し、支婁迦讖はその活動地域が北方であり、やはり北方で歌われていた『詩経』から「頌」を採用したのではなかろうか。いずれにせよ、このように中国の古典文学から語彙を採用していた事実から、広く中華の文学と偈頌の漢訳が連動していたことを予感させるものがある。仏典の韻文を中華の伝統的韻文に投影し、さらにその呼称までも採用したことは、漢訳者によって仏教から中華の文体への歩み寄りの痕跡として考えるならば、それは興味深いことである。

四、二音節詞「伽陀」の出現と「偈」の訛略説

次に漢訳初期において、「偈」の一音節語彙が、後に「偈陀」や「伽陀」のような二音節詞とされるようになっ

たのかを述べよう。すでにふれてはいるが、結論から言うと、「偈」を用いる以上は、複音節化させる必要がなかったからである。

仏教用語は、漢民族の嗜好としての簡素化と、その合理的傾向からして、音写語をしばしば省略表記することがある。たとえば〔阿弥陀→弥陀〕、〔阿修羅→修羅〕、〔祇樹給孤独園→祇園〕、〔劫波→劫〕、〔恒河沙→恒沙〕、〔支婁迦識→支識〕、〔鳩摩羅什→羅什・什〕などである。しかしこれらは、それが音訳された当初から省略されていたはずはない。不正確でしかも誤解をまねきかねないような略音（または略語）を、仏教の知識が不完全な中国人に対してその最初期の訳経から用いるとは考えがたい(31)。したがって、もともとは完全な音訳語が用いられ、それが定着したときに、長行では四六体に整える都合から、または偈頌でも五言や七言といった句中の字数制限から、あるいはまた単なる嗜好から、略したほうが利便であると判断しえて、はじめて省略されるものと考えられる。「偈」にしても、支婁迦識訳の『般舟三昧経』においてはじめて音訳され、そこには一音節の「偈」以外には見られない。よって少なくとも支婁迦識においては、「偈」の一字で gāthā の完全な、あるいはきわめて近似の対音音価を有していたと考えるべきなのである。梵語の gāthā そのものがすでに二音節であることに加え、後世になると「伽陀」のように、やはり二音節で漢訳されることから、一音節の「偈」は、「陀」あるいは「他」を省略したものであり、「偈陀」、「伽陀」とするのが本来正式な訳語だとする考えは正しくはないのである。

もし漢訳者が gāthā を複音節詞として漢訳しようとするならば、「偈」字の舌尖の入声的な閉塞韻尾が消失し、-i に変化した南北朝中期以降でなければならない。その時代の「偈」の音価は gjäi であり、これではなるほど gāthā の対音字にはなりえない。そこで gāthā の -thā の対音漢字を補う必要が生じたために、同じく舌尖を調音点とする声母 t- あるいは d- を有する文字を探さなくてはならなくなり、ここではじめて「他」（t'a）あるいは

「陀」(da)が選択される可能性がでてくるのである。とくに「陀」は、「偈」と同様に、語義的性格が弱く、しかも常用の文字ではないことから、音写語としては適しているといえよう。

それでは二音節詞「偈陀」は、はたしていつから使用されてくるのだろうか。道理として、前述したように「偈」字の入声韻尾が消失した後でなければならないので、問題の解決は、その変化の時期を特定することにある。ところが三国両晋南北朝期の詩文においては、広く去声祭部と入声屑部は通押するので、その分岐点はそうたやすく判定することはできない。水谷真成は永明年間の詩人における去入の押韻状況と梵漢対音を調査した結果として、四世紀後半から五世紀の前半ごろには、実際の音価としては、去声の閉鎖韻尾が消失し、入声とは独立したとしながらも、多くの詩人の作品中には伝統的に去入通押させることは珍しくないと結論づけている。(32) この水谷の調査の確かさは、周祖謨『魏晋南北朝韻部之演変』(東大図書公司、台北、一九九六年)の合韻表と合韻譜によって、去入通押の例がさらに長い期間にわたっていることから、追認することができる。

さて、訳経中において、gāthā が複音節詞として漢訳された最初の事例は、おそらく東晋の僧伽提婆訳『中阿含経』四五(一・七〇九中)ではないかと思われる。

世尊告曰、比丘、我所説甚多。謂正経・歌詠・記説・偈他・因縁・撰録・本起・此説・生処・広解・未曾有法、及説義。(他に七六四上中にも計四例ある)

これは、世尊が十二部経を述べた箇所であり、この四つめに「偈他」とある。こうした複音節詞「偈陀(他)」の用例はきわめて少なく、漢訳仏典中にほとんどその用例を見ることはできないようである。本経が漢訳されたのは、隆安元（三九七）年一一月から翌二年六月にかけてのこととされるから、この資料から判断すれば、四世紀の後半には、入声韻 -d が消えて -i に変化していたと言わねばならないが、わずかここだけの用例をもってそれを断定することはできない。そして十二部経を列挙する際には、前記のような二音節詞ではあるが、それ以外は通常「偈」の一字が用いられているのである。よってむしろこの「偈陀」の用例は、入声韻尾を残しながら、音写語を造語する際に用いられる連声法[33]によって「偈陀」と写したものであると考えたほうが自然であろう。連声法は、複音節の音写語にあって、時に前の文字の韻尾と、次の文字の声母がその音を共有する現象のことである[34]。これはより自然な発声を追求した結果であって、反切法において上字と下字の介音が同じものを選択されることと原理的には一様であると思われる[35]。兪敏は、「訳文を正確にするために、常に一つの音を二つの音節に属させている。たとえば南無の m は南の韻尾にも、無の声母にもあらわれるのである。日本の明覚の『悉曇要訣』には連声の法は、下字の頭音をもって、上字の終響としている、と記されている」と述べている[36]。実際にマガダ国の音写語「摩竭提」や「黙偈陀」を発声するときには、共有する韻尾と声母とは、別々に発声されるのではなく、一つの音として発せられることは言うまでもない。こうした事例は音写語においては、他にも「阿逸-多」、「安-那般-那」、「禅-那」、「索-訶」、「卒-都婆」、「陀隣-尼」、「檀-那」、「南-無」、「波羅蜜-多」、「補特-伽羅」、「悦-頭檀」、「薩-埵」、「三-昧」など多数あげることができる。よって、「偈」は閉塞韻尾を保有しながら、連声法によって「陀」が加えられたと考えるべきである。そしてまた「陀」は平声であるから、gāthā の長母音（-thā）にあてられてしかるべきなのである。

一方、同じ複音節の「伽陀」についてはいかがであろうか。その最早の使用例として、姚秦鳩摩羅什の訳経において見られる。「伽」の推定上中古音は次のとおりである。

上古音 gjiar＞中古音 gja：群母、平声戈韻、開口、全濁牙音三等
ka：見母、平声麻韻、開口、全清牙音二等

たとえば『大品般若経』一（八・二二〇中）に以下のようにある。

十二部経、修多羅・祇夜・受記経・伽陀・憂陀那・因縁経・阿波陀那・如是語経・本生経・方広経・未曾有経・論議経。

他にも『妙法蓮華経』（九・七下）、『仏蔵経』（一五・八〇二下）、『華手経』（一六・一三七中、一六八中）にも見られ、それらはみな十二部経を列挙する際の表記である。また訳経中において gāthā が複音節化されると、「偈陀」よりは、むしろ「伽陀」と訳されることが一般となるのであって、これはとくに隋から唐宋においては常見となる。その理由は、「偈」の中古音韻尾が -i となってしまい、gāthā の音写語としてふさわしくなくなり、むしろ「伽」の中古音 gja（または ka[37]）が近似していたからである。

羅什の時代、「偈」の入声韻尾の有無にかかわらず、上古音以来、入声韻尾 -t をもたない「伽」は、「陀」を補うことで、「偈」の一字とともに、gāthā の音写語として同じ時代を並行して用いられたと考えられる。現に羅什は十二部経を列記する際に gāthā を「伽陀」と写しているが、長行から偈頌に変わる常套句においては、「而説偈言」として、必ず「偈」を採用している。このような同一漢訳者による「伽陀」と「偈」の使い分けは、五世紀初頭から六世紀にかけて、仏駄跋陀羅[38]、曇無讖[39]、求那跋陀羅[40]、法顕[41]、菩提流支[42]、般若流支[43]の訳出経典中にも同様なことがいえる。よって、「伽陀」が用いられるようになったことが、ただちに去声「偈」の閉塞韻尾 -dh の消失を物

語ることにはならないのである。このように通常の偈が説かれる場合と十二部経を列記する場合では、漢訳者によってそれぞれ「偈」と「伽陀」の使い分けがなされているのであるが、それは十二部経を並べる際に、他がみな「修多羅」・「祇夜」・「受記経」などとして複音節で表記されていることから、逆に一音節の「偈」では音（音声）と義（意味）の安定感がともなわないために、複音節の「伽陀」を用いたのかもしれない。

＊　　＊　　＊

さて、この「伽陀」のような複音節化現象に関して、以下の中国撰述の論章疏に若干の解説を見ることができる。まず天台智顗の『法華玄義』六上に（三三・七五二中）、

祇夜と偈陀、当体を名と為す（中略）偈陀に四種あり。法華に阿閦婆等の偈ありと言うが如し。涅槃の二万五千偈は、是れ則ち偈経なり。

また『大唐西域記』三の烏仗那国の条（五一・八八二下～八八三上）には、「是如来在昔為聞半頌之法」とあり、その「頌」には、

旧に伽（三本作「偈」）と曰う。梵文の略なり。或いは偈他と曰う。梵音の訛りなり。いま正音に従いて宜しく伽他と云うべし。伽他とは、唐に頌と言う。頌は三十二言なり。

の割注が記されている。これと若干の相違はあるが、ほぼ同文が『大慈恩寺三蔵法師伝』二（五〇・二三〇中下）にも引かれている。そこには以下のようにある。

旧に偈と曰う。梵文の略なり。或いは偈陀と曰う。梵文の訛りなり。いま正に従いて宜しく伽陀と云うべし。伽陀とは、唐に頌と言う。頌は三十二言あるなり。

ここで玄奘は、「伽」あるいは「偈」を梵語 gāthā の略音であり、またその複音節詞「偈陀」であっても梵語音の訛音であるとみなし[44]、現今（七世紀中葉）にあっては、正音に従い「伽陀」とすべきであると述べている。つまり「偈」は玄奘の時には gjäi に変化していたため、すでに gāthā の対音とはなりえず、「伽」に代替すべきであり、なおかつ入声韻尾の文字「陀」あるいは「他」を補わねばならなかったことを物語っている。なお「旧に伽（三本作「偈」）と曰う。梵文の略なり」とあるが、音変化する以前は入声韻尾が存在するので決して「略」ではなくして、「偈」の一字であっても gāthā の立派な対音であったことは前述したとおりである。

また他にも玄応『一切経音義』（六四九年）二三（『高麗版大蔵経』三二・三一二下）には、

伽他　此の方には頌に当たる[45]。或いは摂と云う。言く、諸々の聖人の作る所なり。重頌と字の多少とを問うなかれ。四句を頌と為すは皆な伽他と名づく。案ずるに西国の、経を数うるの法は、皆な三十二字を以て一伽他と為す。或いは伽陀とも言う。訛りなり。旧に偈と言うは、亦た伽他の訛りなり。

とあり、さらに八世紀の良賁撰『仁王般若経疏』巻中一（三三・四七一中下）には、

解して曰く、言う所の偈とは、此に三解あり。一に偈は竭と云うなり。義を摂し竭尽す。二に偈は憩と云うなり。語、憩息なるが故に。三に梵に伽他と云う。此には諷誦と云う。古訳経は乃ち偈他と云う。[46] 他の字を略去し、但だ名づけて偈と為すは、語の訛略なり。

とあるごとく、やはりこの時代、「偈」の字音変化によって、gāthā の対音としては「伽陀」（玄応は「伽他」）でなければならないという認識がなされてくるのである。[47]

以上のごとく、訳経における「偈他」の用例は、実のところ東晋僧伽提婆の『中阿含経』だけであり、「伽陀」は鳩摩羅什をもって嚆矢とし、隋唐代になってしだいに常見されることを考慮するとき、また詩文等の用例からしても、南北朝中後期まで「偈」の去声舌尖韻尾が残っていたと考えられるのである。

では「偈」が「偈陀」の略音であるという玄奘や良賁の叙述はいかがであろうか。そもそも漢字音が時とともに変化しているということは、明末の陳第（一五四一～一六一七）によって提唱されたことであり、[48] 玄奘の時代には何人といえども感知しえないことであった。当然ながら玄奘は、支婁迦讖が『般舟三昧経』を漢訳したときの「偈」の漢字音が、初唐にいたるまで変わらぬ音で伝えられてきたという了解の上で、これを gāthā の略音であると述べているのである。よって漢訳初期においては断じて玄奘や良賁が言うような略などではなかったことは、すでに言を俟たないのである。しかし実際に「偈」の音が完全に gjäi に変化した唐代以降においても、習慣的に伝統的に「偈」の一字を用いることもあり、それはその時期における「偈」の実際の音価からすれば、確かに「陀」

あるいは「他」を省略したものと言わざるをえないのである。「偈」が「陀」や「他」を省略した略音であるとみなす研究者もいるが[49]、それは誤解であり、少なくとも後漢から魏晋南北朝中葉ごろまでの訳経中に見られる「偈」は、舌尖音韻尾を帯びているため略音でもなければ、もちろん訛音でもなかったはずである。

なお、同じ複音節で、梵漢混淆の二音節詞「偈頌」は、二字を一つの単位（一拍）として、旋律がより安定する漢語の特性から新たに造語されたものと考えてよいだろう。ことに魏晋以降の漢訳経典における長行（散文）のスタイルは四字を一句とするものが増加してくる。「偈頌」も一句を四音節にまとめるために作られたのである（たとえば、「仏説偈曰」・「説偈頌曰」など、四音節にまとめれば「偈」でも「偈頌」でも、ともに用いられる）。そしてまたgāthāの音訳「偈」に、意訳の「頌」（もと『詩経』六義の「頌」）を加えることで、旋律のみならず語義の安定をも配慮した結果であろうことは、容易に推察されるのである。その最初の使用例についてであるが、おそらくは南北朝の中期ごろから使用されるようであり、具体的には東晋仏駄跋陀羅訳『観仏三昧海経』のころからではなかろうか[50]。

また、「偈陀」が少なく、「伽陀」が多い理由は、「偈」の中古音韻尾が-iとなったので、gāthāの音写語としてふさわしくなく、「伽」の中古音がgaであったからである。

五、闍那崛多の訳経における伽陀と三摩地

それでは「偈」から「伽陀」へと訳語が代替する時期はいつのことだろう。「偈」から二音節詞「伽陀」が出現しやすくなる環境——すなわち陰声韻の去声字における入声韻尾の消失——を実際に仏典の中で求めることはできるだろうか。それには「偈」と同じ去声の閉塞韻尾を有する別の音写語を例として、その音写語が別の訳語に代替

する時期を確認できればよい。そこで例として取りあげる音写語とは、samādhi の対音「三昧」である。後漢の支婁迦讖がはじめて用いた「三昧」は[51]、後世になると、ことに唐代以降の密教文献には「三摩地」(sam-mua-di) とされてゆく。他にも「三摩提」「三摩帝」とも訳されている。「昧」(去声隊韻、合口明母) の上古音は madh であり、仏典が漢訳されてしばらくの間は、十分に samādhi の対音 sam-madh となっていたわけである。ところが後に「昧」の入声韻尾 -dh が消失して -i に変化し、muai に音変化したために、sam-muai の音価では、すでに梵語 samādhi の音訳でありつづけることができなくなってしまった[52]。そこで新たに梵語の長母音の対音字をあてる必要から[53]、中古音 mua の音価を有する「摩」(平声戈韻) が漢訳者によって採用され、さらに舌尖閉塞音 d を補うべく、去声 di の音価をもつ「地」や、tiei の「帝」も採用されたということである。すべては「昧」の音変化が齎した現象であり[54]、「三摩地」という詞匯が新たに生み出されたのである。では「三昧」が「三摩地」へと代替するのはいつのことか。その転換の時こそが、陰声韻の去声字における閉塞韻尾が消失した時期である蓋然性が高いのであり、同時に「偈」が複音節詞「伽陀」に改訳される時期と重なるものと予想されるのである。

「偈」と「三昧」が、いったいいつから「伽陀」と「三摩地（三摩提）」へと改訳されていくかを調査してみた。その結果以下のことが判明した。まず「伽陀」については、十二部経を列挙する場合には鳩摩羅什・求那跋陀羅・曇無讖の訳出経典あたりからあらわれ、般若流支や月婆首那といった北魏の訳経には長行中にもあらわれているので、五世紀の前半には「伽陀」が用いられていたことがわかる。しかし「仏説伽陀曰」のような偈頌の直前に置かれる常套句として用いられるのは、隋の闍那崛多からであった。ただし菩提流支『入楞伽経』一（一六・五一五上）には偈頌の直前に「以伽他妙声、歌歎如来、而説偈言」とあるように、「伽他」と「偈」を同時に用いる珍しい例もある。

一方、「三摩地」に関してであるが、やはり隋の闍那崛多から用いられ、玄奘もこれを多用することがわかった。ただし「三摩提」は早く西晋の白法祖訳『仏般泥洹経』上（一・一六六上中）や、東晋の仏駄跋陀羅訳『達摩多羅禅経』にも見られる。前者は「比丘有是三心、浄心思心智心。浄心為尸大、思心為三摩提、智心為崩慢若。尸大心者、不婬不怒不貪。三摩提者、摂心令不走。崩慢若者、心無愛欲」とあり、後者は一三例を検出できるが、それらすべては五言の偈頌の中にあらわれるだけで、長行にあっては逆にすべて「三昧」が用いられている。おそらく五言という音節の制限によって「三摩提」を用いざるをえなかったのだろう。なお、「三摩帝」はほとんど用例がないほどに僅少である。

そこで、闍那崛多（五二三〜六〇〇）の訳経に注目しなければならない。ガンダーラ出身の闍那崛多は、師弟ともども北周の武成年間（五五九〜五六〇）に帝都長安に達する。流沙を踏破する長旅の間、止むにやまれぬ捨戒の辛苦を舐めたが、入京間もなくして再び具足戒を受け、漢語を習得し漢訳作業にとりかかるという苦労人である。その訳経は前期と後期に分けることができ、前期は入京から建徳三（五七四）年の北周武帝による廃仏までであり、この間に共訳が九部、単訳が四部ある。後期は開皇五（五八五）年から卒する開皇二〇（六〇〇）年までで、『大唐内典録』五（五五・二七六上中）においては、三七部一七六巻が著録され、そのほとんどが現存している。

まず前期は長安の四天王寺で『十一面観音』（共訳）・『金仙問経』（単訳）などを訳し、また益州（成都）の龍淵寺では『観音偈』・『仏語経』・『種種雑呪経』（以上みな単訳）を漢訳した。[55] ところが北周の廃仏によって突厥にまで難を逃れ、その地で約一〇年をすごす。その間に訳経があったか否かは資料には記されていない。そして再び長安に招致されたのは開皇五（五八五）年であった。それからの漢訳事業は後期にあたり、『添品妙法蓮華経』の漢訳を除けば、[56] 同年一一月にはじまる『一向出生菩薩経』から、『威徳陀羅尼経』二〇巻を漢訳し終える開皇一六（五九六）年の一二月にいたる一一年間にわたっている。その後期の訳経三七部のうち三四部が現存する。またその中で二八部は訳出年代が判明しており、六部は訳出年代が不明となっている。それを訳出年代順に列挙して表1・表2に示した。

表1・表2から興味深い事実が見てとれる。開皇一四（五九四）年になると、音写語に変化があることが確認できるのである。彼の現存訳経のうち、訳出年時が判明しているものは二八部であり、その初期の訳出経典から一貫して「偈」と「三昧」を用いていたが、開皇一五（五九五）年の『観察諸法行経』（開皇一五年五月）、『諸法本無経』（開皇一五年七月）になると、一変してそろって「伽他」と「三摩地」を用いるようになるのである。また『諸法最上王経』（開皇一五年七月）には「伽他」と写され、『大集譬喩王経』（開皇一五年六月）と『仏華厳入如来徳智不思議境界経』（年時不明）にも「三摩地」と写されている。上古からともに舌尖閉鎖韻尾を有する「偈」および「昧」が、闍那崛多の漢訳の最後期に属する訳出経典において、そろって「伽他」と「三摩地」に代替しているということは、いった何を意味するのであろうか。それは、音価の変化によってほぼ同時期に、「偈」と「昧」がそれぞれ gāthā と samādhi の対音でありつづけることが困難なほど乖離してしまい、闍那崛多はその訳経事業の晩年にいたって、それまでみずから用いていた「偈」と「三昧」を、「伽他」と「三摩地」に改めざるをえなかったと考えるのが自然である(57)。前述したように「偈」と「昧」の二字は、ともに去声の祭韻と隊韻であり、入声韻尾を有している。したがってほぼ同じ時期に入声韻尾が消失し、これによってほぼ同時期に「伽他」と「三摩地」に改訳されたということになるだろう。そして、それが闍那崛多の晩年の訳本の中にあらわれ、以後それが用いられてゆくのである。

gāthā　偈 gjiadh > gjäi → 偈他 gjäi-t́a → 伽他 ga-t́a　※「偈他（陀）」の使用例は寡少

表１　闍那崛多による訳出年代が判明している経典（北周の廃仏以後）

大正	No	典籍名	訳出年代	gāthā	samādhi
19	1017	一向出生菩薩経 1	585.11～585.12	偈・偈頌	三昧
17	834	大威燈光仙人問疑経 1	586.1 ～586.2	偈・偈頌	三昧
14	471	文殊尸利行経 1	586.3 ～586.4	頌・偈	三昧
14	431	八仏名号経 1	586.5 ～586.6	偈	—
16	690	希有挍量功徳経 1	586.6 ～586.6	—	—
24	1495	善恭敬経 1	586.7 ～586.8	偈	—
21	1334	如来方便善巧呪経 1	587.1 ～587.2	—	—
13	408	虚空孕菩薩経 2	587.1 ～587.3	偈・偈頌	三昧
20	1093	不空羂索呪経 1	587.4 ～587.5	—	三昧
21	1348	十二仏名神呪除障滅罪経 1	587.5 ～587.5？	偈	三昧
21	1345	金剛場陀羅尼経 1	587.6 ～587.8	—	三昧
3	190	仏本行集経60	587.7 ～591.2	偈	三昧
14	480	月上女経 2	591.4 ～591.11	偈・偈句	三昧
14	479	善思童子経 2	591.7 ～591.9	偈	三昧
11	310	賢護長者経 2（大宝積経）	591.11～591.12	偈	三昧
21	1340	法炬陀羅尼経20	592.4 ～594.6	偈	三昧
12	379	四童子三昧経 3	593.5 ～593.7	偈・偈頌	三昧
14	443	五千五百仏名経 8	593.8 ～594.9	偈	三昧
13	416	大集賢護菩薩経 5	594.12～595.2	偈・偈頌	三昧・**三摩提**
15	649	観察諸法行経 4	595.4 ～595.5	**伽他**・歌頌	**三摩地**
13	422	大集譬喩王経 2	595.5 ～595.6	—	**三摩地**
15	651	諸法本無経 3	595.6 ～595.7？	**伽他**・**伽陀**・歌頌	**三摩地**
21	1341	大威徳陀羅尼経20	595.7 ～596.12	偈	三昧
17	824	諸法最上王経 1	595.7 ～595.7	**伽他**	—
12	355	入法界礼性経 1	595.7 ～595.8	—	三昧
15	591	商主天子所問経 1	595.8 ～595.9	—	三昧・**三摩提**
12	327	発覚浄身心経 2	595.9 ～595.10	偈・**伽陀**	—
17	837	出生菩提心経 1	595.10	偈・偈頌	—

表2　訳出年代が判明していない経典

大正	No	典籍名	訳出年代	gāthā	samādhi
10	303	仏華厳入如来徳智不思議境界経 2	不明	—	**三摩地**
11	310	護国菩薩経 2（大宝積経）	不明	偈	三昧
14	485	無所有菩薩経 4	不明	偈・偈頌	三昧
19	992	大方等大雲請雨経 1	不明（闍那耶舎）	—	—
21	1354	東方最勝燈王如来経 1	不明	偈	（**三摩帝**）
24	1493	大乗三聚懺悔経 1	不明	—	—

表3　『開元釈教録』で著録され、訳出年代が判明していない経典

大正	No	典籍名	訳出年代	gāthā	samādhi
1	24	起世経10	不明	偈・**伽他**	**三摩提**

samādhi　三昧 sam-madh ＞ sam-muai → 三摩地
sam-mua-di

漢字音は急激に変化することなく、時間的にも空間的にも緩やかに変化し、しだいに定着していく。「味」を含む祭部は、字音の演変過程にある南北朝では、詩文において入声屑部と押韻するものとそうでないものとがあるように、おそらくは漢訳者においても一様ではなかったものと推測しうる。周祖謨は、魏晋宋における祭部や泰部など一部の陰声韻去声の文字が入声と通押するのは、その韻母には-d のような輔音性の韻尾がなお残存しており、また声調においても入声と近似していたためであり、このような現象は斉梁から後には減少していくと述べている(58)。実際に詩文で祭部と屑部の通押例を検出すると、三国で二二例、両晋で二九例、劉宋は八例、斉梁陳隋で合わせて二〇例であった。泰部が入声と通押することは劉宋以後になると二、三を数える程度に激減するのは、祭部よりも若干早くに閉塞韻尾が消失しはじめたことを意味する。以上のことから、

祭部に属す「偈」もおそらく三国両晋までは閉塞韻尾を具えており、字音の漸進的な変化にともない、北魏や劉宋のころにはしだいに入声と通押しないものとされ、詩文においてもその作例が減少してきたと考えられる。仏典の漢訳においても「三昧」の字音がすでに samādhi の対音としてはふさわしくなくなり、一部の訳者の訳経中に反映されはじめたということではないだろうか。そしてこれは南北朝が終わり隋にいたってほぼ決定的となり、闍那崛多の晩年の訳経にいたって、ついに「三摩地」が採用されるようになり、それが密教経典など後の訳経においても踏襲されてくるのだろう。

詩文においても魏晋南北朝から隋にかけて、ことに江南にあっては去声祭部と入声屑部が通押している。しかし北方の詩文中にこの両部が通押する例は、少なくとも北魏以降はほとんど皆無に近いようである（前掲周祖謨七三九頁）。

しかし、問題はなおも残る。それはたとえ閉鎖韻尾が消失した後であっても、後漢支婁迦讖以降、伝統的に「偈」や「昧」を用いつづける傾向にあったと予想されることである。唐代であっても「三昧」を用いることもわずかではあるが存在することはその例であろう。それはちょうど南北朝の詩人が実際の音価ではなく、韻書にあらわれるような伝統的・因襲的な押韻体系に準拠して作詩させてきたようなものである。前出の水谷真成が指摘するごとく、閉鎖韻尾が消失する時期は、沈約の詩が舌尖閉鎖音を有する去入両声を厳格に分けて押韻していることから、四世紀後半から五世紀の前半を想定するのが妥当であるが、実際の作詩にそれが反映されるには、もう少し時間を要したということである。その事情は仏典の漢訳もまた同じである。後漢から長きにわたって常用の対音漢字として「偈」や「三昧」が用いられてきた伝統や慣例に従ったにすぎず、そこに漢字音の変化などは介在しない。玄奘三蔵の翻訳体例である「五種不翻」（『翻訳名義集』序、五四・一〇五五上、一〇五七下）は、意訳してはならない五つの原則を簡潔に述べたものであり、その第四は以下のとおりである。

古に順ずるが故なり。阿耨菩提の如し。翻ずべからざるに非ざるも、〔迦葉〕摩騰以来、常に梵音を存す。

つまり仏典漢訳の第一人者であった伝説の迦葉摩騰から用いられている音写語はこれを踏襲すべきであるという意味であり、これに準じて言えば、「偈」「三昧」という訳語は後漢の支婁迦讖以来、長く音写されてきた伝統があるので、字音の変化によって gāthā や samādhi の対音にならなくなった後も、これをあえて「伽陀」や「三摩地」などに改訳しないほうが良いという判断である。

ついでながら「契」について一言する。かつて周一良は向達の説に従って「契」を梵語 gāthā の音写語であると述べた。(59) しかしすでに胡適が、「一契、如今人説〝一只〟曲子」と述べ、(60) また福井文雅も「唐代俗講儀式の成立をめぐる諸問題」で、『翻訳名義集』四（五四・一一二三下）の「音義云、契之一字、猶言一節一科也」を引いて、「文章の一区切れを指すものであり、沢田瑞穂も、その「支那佛教唱導文学の形成」の中で「ちなみに、契とは詞章の段節を言ふ」と書いておられる」と述べている。(61) したがって「契」とは歌曲を数える名量詞と解することができると思われ、決して梵語 gāthā の音写語ではない。ちなみに李方桂による「契」の推定音は、khiadh > khiei となる。

六、『道地経』と『五陰譬喩経』の偈

僧祐の『出三蔵記集』では、安世高の訳出経典を三五部ほど著録しているが、後世の仮託と思しきものを除外す

ると、現存するものは一九部にすぎない[62]。これらの中、偈を含むものは、『七処三観経』、および『道地経』と『五陰譬喩経』だけである[63]。『七処三観経』は先にふれているので、ここでは『道地経』と『五陰譬喩経』における偈頌を検討してみる。まずは『道地経』である。『出三蔵記集』一三の安世高伝には（五五・九五上）、

初め外国三蔵の衆護、経要を撰述して二十七章と為す。世高乃ち護の集むる所を七章に剖析し、訳して漢文と為す。即ち道地経なり。

とあるように、衆護が編集した本来の二七章を、安世高が七章に剖析したものが『道地経』であるという。現存する『道地経』も確かに七章からなっている。漢訳の年代に関しては、『歴代三宝紀』の修行道地経の下にある、「初出漢永康元年」との注記に従うならば、西暦一六七年ということになる。その真偽はともかくとしても、経録の記載と文体やその語彙からしても安世高の訳出経典であることを疑う材料はないと考えられる[64]。

本経の偈頌については、「絶」や「偈」の表記はまったく見られないので、異訳の西晋竺法護訳『修行道地経』と比較しつつ、内容から長行と偈頌の分岐点を確認しなければならない。ここにその用例を挙出し、あわせて竺法護訳『修行道地経』一の集散品第一を併記する。

安世高訳『道地経』散種章第一（一五・二三一上中）

……当一切捨。如是行者、但当一切捨、使行道地。従後束説、
生老病死著意憂。便身生苦已欲度世者。便行道地莫厭在身。（中略）

何等為不可行、何等為可行、何等為行者、何等為地者。

①不可行者、（中略）今世法従道或離道。是名為不可行。是何以不可行。離無為故。従後縛束説、

瞋恚欲殺　常身楽浄　受想不慧不随従　若干悪　仏説是不可行

②何等為可行（中略）不楽世間徳厭食可無為。亦如是輩行法従応致無為。是名為可行。何以為是可行。従是致無為。従後縛束説、

戒浄堕信不念身斂受法事。聴者諦見不侵若干。是応無為得道者。仏説法念若干種意。定無有苦無有疲。已説功徳聚。摂根伏身応可行。

③行者為何等（以下略）

④何等為道地（以下略）

西晋竺法護訳『修行道地経』巻一の集散品第一（一五・一八二上中下）

……唯当棄捨一切諸求。是故修行、欲離悩者、常当精進、奉行此経。即説頌曰、

堕生老死而憂悩　身心所興有衆苦

欲得済度不復還　学修行道莫有厭

何謂無行、何謂為行、云何修行、云何修行道。

①其無行者、（中略）遠于道義是謂無行。此於無為而不可行。於是頌曰、

瞋恚貪欲念害命　常有楽身不浄想

邪智反順若干瑕　仏説是輩不可行

②何謂可行（中略）如是輩法近於無為、是謂可行。行在何許謂之泥洹。於是頌曰、
　戒浄志楽無我想　唯聴経義随善友
　所見審諦如教行　仏説此則無為道
　諸可所趣衆法念　定若干意無苦厭
　是為講説徳所聚　摂定諸根是謂行
③何謂修行、云何為行（以下略）
④何謂修行道（以下略）

＊　　＊　　＊

このように、竺法護の『修行道地経』と安世高の『道地経』とは、文章の構造が完全に対応している。よって、竺法護訳の「即説頌曰」と「於是頌曰」が、安世高訳では「従後束説」と「従後縛束説」に対応する句であると認められる。この「従後」は、先の『七処三観経』に見られたように「この後に」の意であり[65]、「縛束」とは他に「束結」（一五・二三二下）とも訳されているように、おそらく「まとめる・概括する・総結する」というような意味であると考えられ[66]、現代漢語であれば「以下概括起来説」のように表現できるだろう。意味は、「〔仏は長行の内容を〕この後にまとめて説かれた」である。また「従後束説」の「束」については、原本は「来」と作る。しかし『大正蔵経』一五巻二三二頁下一一行に「従後束結説」とあり、この用例の宋元明三本が「従後来結説」とあるごとく、「束」と「来」の字形が酷似するために誤用されていると考えられる。よってこの「来説」は、もと「束説」であったものが転写されていくうちに、字体が相似することから「来」に誤写されたものと考えてよいだろう（趙

城金蔵は高麗本に同じ。敦煌本・房山隋唐刻経にはない)。なお『道地経』では、右に示した三例の他にも、明らかに偈頌であると断定できるものが六箇所ある。それぞれ、「従後現説」(二三一中一六行)、「従後説」(二三一下二一行)、「得是経説」(二三二上一四行)、「従後現説」(二三二中一九行)、「従後縛束」(二三二中二八行)、「従後束結説」(二三二下一一行)と訳されており、これに対応する竺法護訳『修行道地経』では、すべて「於是頌曰」と統一的に漢訳されている。このように、「束」や「縛束」などの意味するところは、長行の内容を簡潔に「まとめる」ということであり、その下に説かれるものが雑言句で構成される偈頌なのである。偈頌が支婁迦讖以降、五言や七言の斉言として漢訳され、それが定着したことは事実である。しかし偈頌といえば斉言句のみであると理解し、『七処三観経』やこの『道地経』の雑言の文章を、散文とみなすことは誤りである。散文の句式をもって偈頌を漢訳することが、最初期漢訳者としての安世高による漢訳体例だったからである[67]。

以上のごとく、この『道地経』において、たとえ『七処三観経』のような「絶」や、支婁迦讖以降に用いられる「偈」という表記がなくとも、またすべて視覚的は散体で漢訳されているとはいえ、長行所説の内容を、この「従後縛束説」の下に復唱していることから、それらが偈頌であることを容易に知ることができるのである[68]。

先の『七処三観経』・『雑阿含経』とこの『道地経』は、ともに安世高の訳出にもかかわらず、前二者は「絶」と訳され、後者は「縛束」と訳されていることについては、その理由を明確にすることはできない。しかし両経の漢訳年代についていえば、ともに『歴代三宝紀』の記事ではあるものの、『七処三観経』が元嘉元(一五一)年、『道地経』が永康元(一六七)年である。もしこれを信頼するならば、安世高は当初gāthāを「絶」と訳したが、後に「従後縛束説」のごとくに改訳したということになる。つまり安世高の訳語「絶」から、支婁迦讖の「偈」へと変遷する間に、同じく安世高によって「従後縛束説」と漢訳されていたということである。以上のことをふまえたならば、同じく「絶」を用いた『雑阿含経』の訳出年時（未詳）は、『道地経』の訳出（一六七年）より前に位置づけることも可能性であろう。

＊　　＊　　＊

次に安世高訳とされる『五陰譬喩経』の巻末に説かれる偈頌についてであるが、はじめに「於是仏説偈言」の冠句があって、以下の偈頌が説かれる（二・五〇一中下）。

沫聚喩於色　痛如水中泡　想譬熱時炎　行為若芭蕉
夫幻喩如識　諸仏説若此　当為観是要　熟省而思惟
空虚之為審　不睹其有常　欲見陰当爾　真智説皆然
三事断絶時　知身無所直　命気温煖識　捨身而転逝
当其死臥地　猶草無所知　観其状如是　但幻而愚貪
心心為無安　亦無有牢強　知五陰如此　比丘宜精勤
是以当昼夜　自覚念正智　受行寂滅道　行除最安楽

前掲の林屋友次郎〔一九三七〕は、本経の訳語および整理された五言偈から判断して、安世高訳とは認められないと述べ、Erik Zürcher（許理和）にしても、本経を古訳とはするものの、訳語等の風格から安世高訳とは認めていない[69]。なお、宇井伯寿は前掲『訳経史研究』（三五一頁）において、安世高訳として認めている。本経が安世高訳か否かは別としても、宇井が安世高訳経に対して、「珍しくも偈が存在する。安世高訳とせられて、現代に存する経には偈は、此の経の外には見出されない。加之、修行道地経の如きは、竺法護訳には偈が多数存するが、安世高が抄した道地経は、偈に当たる所も、凡て散文とせられて、偈とはせられて居ないから、安世高の訳経には偈があったかどうか疑わしいとも思はれる」と述べていることだけは、先の『七処三観経』・『雑阿含経』と『道地経』に偈頌が説かれていることが判明したので、この宇井説は訂正されなければならない。それでは、はたしてこの『五陰譬喩経』を安世高訳とすべきであろうか。

安世高はその経典の訳出にあたって、当然ながら仏典漢訳の前例がないことから、みずから漢訳の基本方針（漢訳体例）を確立しなければならなかった。それはおそらく羅什のころまでつづき一つの定着をみるも、道安の「五失本三不易」（『摩訶鉢羅若波羅蜜経抄序』）、彦琮の『弁正論』の「十条」と「八備」（『続高僧伝』二）、玄奘の「五種不翻」（『翻訳名義集』序）、賛寧の「六例」（『宋高僧伝』三）にも独自の体例があることから、漢訳者にあっては永遠の課題であったといえる。安世高の訳した経典は、どれも難解であり、後世の訳経の文体とは大きく異なり、語法に破格が認められ、語彙にあっても熟していないのである。

本経をまず経録からながめると、『出三蔵記集』二の安世高訳経の条（五五・六上）に著録され、以後歴代の経録においても安世高訳と判定されている。一方、訳語語彙や文体に関しては、経典自体が短いだけに、語彙の用例をあげて他の安世高訳とされるものと比較することができないが、文体からすると、時に不規則はあるものの、四字句が基調となっていることがわかる。これは他の安世高訳経典が句中の字数が統一されていないことと相違している。さらに偈頌そのものからするならば、安世高は『七処三観経』で gāthā を「絶」とし、先の『道地経』では「縛束して説く」などとしているが、この『五陰譬喩経』は「偈」としていること、さらに『七処三観経』と『道地経』が雑言句の偈頌であったのに対して、五字の斉言句からなる本経の偈頌は、かなり整理されていると言わざるをえない。よって林屋の言うように、これを安世高訳とする確たる材料はないように思え、むしろ否定できる材料がそろっていると言える。こうしたことから、ここでは『五陰譬喩経』を安世高の訳出経典から除外して考えるべきかと思われる。

おわりに

季羨林は「浮屠与仏」、およびその続篇「再談浮屠与仏」において、「仏」が梵語の buddha から直接音訳されたものではなく、俗語からの音訳であり、あわせて「仏陀」の略音でもないことを論究した(70)。本論は季氏の論考に触発されるところ大である。

最初期の訳経僧である後漢の安世高は、gāthā の訳語として「絶」を用いた。そして、同じく後漢の支婁迦讖においてはこれを踏襲せず「偈」という音写を採用している。多くの訳語を安世高から踏襲しているはずの支婁迦讖であっても「絶」を用いることはなかったのである。支婁迦讖が「偈」を用いた要因は、gāthā の対音として声母も韻母もともにふさわしく、しかも使用例が少なく語義性の弱い漢字だったことを指摘できるだろう。

また、「偈」は当時としては舌尖塞音を帯びていたため、一音節だけでも gāthā（あるいは gādhā）の音写語となりうるもので、決して「陀」や「他」を省略した語ではなかった。しかし字音のゆるやかな変化にともない、「偈」の閉塞韻尾が漸進的に消失してしまい、南北朝末から隋になると、もはや gāthā の対音でありつづけることが不可能となっていたようである。それについては、「三昧」から「三摩地」へと改訳されていく事情とあわせて検証することができた。また入声韻尾の -d̄h は -i に変化したため、中古音では「偈」に「他」や「陀」を添加しても十分な対音ではなくなっていたのである。これによって羅什からわずかに使われはじめる「伽他」という複音節詞が、ようやく表舞台にあらわれ、唐代にいたってとくに密教文献においてほぼ定着するようになったのである。その転換点に位置づけられる訳者として、隋の闍那崛多をあげることができた。いずれにせよ梵語の対音漢字が、時代とともに変遷したのは、漢字音そのものの変化に由来していたのである。

また、林屋友次郎〔一九三七〕が指摘したように「従後縛束説」という説明句的な漢訳も安世高が行っていた事実も再確認した。仏典の翻訳に前例のない安世高においては、みずからが漢訳方針を確立しなければならなかったわけであり、そのためこの「絶」から「縛束」へ、そして支婁迦讖の「偈」へという変遷は、初期訳経における苦慮を物語る痕跡と言えるであろう。

註

（1）これをはじめて指摘したのは、おそらく林屋友次郎「安世高訳の雑阿含と増一阿含」（『仏教研究』一の二、仏教研究会編、大東出版社、一九三七年）である。そこでは「安世高は偈頌（gāthā, śloka）のことをば偈又は頌と言はずして絶と訳して居り、その絶は五言や七言に整へられず、棒書きになつて居ることである」と述べられている（一二一頁）。ただし、林屋はこの「絶」が音写語かそれとも意訳語かについての言及を避けている。

宇井伯寿は、「仏は従後に説絶つ」、「従後説絶す」、「従後説を絶す」と誤読し、さらにその註でも、「後には説くこと絶ふ」と訓んで、「絶」を動詞として理解している。つまり、「絶」を意訳語とみなしているのであるが、その訓読には問題があるように思う。『訳経史研究』（岩波書店、一九七一年）の『七処三観経』訓読を参照。

Erik Zürcher（許理和）, "A New Look at the Earliest Chinese Buddhist Texts," *From Benares to Beijing: Essays on Buddhism and Chinese Religion* (edited by Shinohara Koichi and Gregory Schopen, Mosaic Press, 1991) においても、gāthā, sometimes translated as *song*（頌）, sometimes transcribed as *jie*（偈）or *jue*（絶）

と述べ（p. 286）、その後で「従後説絶」について、*Cong hou shuo jue*（dzʻiwät apparently is a transcription of *gāthā*, the initial remains puzzling）（p. 295）と述べているので、「絶」をgāthāの音写語とみなしているが、声母が対音になりえないことも指摘している。この論文には顧満林の中文訳「関於初期漢訳仏経的新思考」（『漢語史研究集刊』第四輯、巴蜀書社、二〇〇一年）がある。

なお、安世高訳経典の特徴については、宇井伯寿〔一九七一〕、Erik Zürcher（許理和），“Late Han Vernacular Elements in the Earliest Buddhist Translations”（*Journal of the Chinese Language Teachers Association* vol. 12, 1977. 中文訳として「最早的仏経訳文中的東漢口語成分」（『言語学論叢』一四、一九七七年）、小池一郎「初期訳経僧の憂鬱」（『同志社外国文学研究』四九、一九八七年）などがあり、参考となる。

（2）Paul Harrison は、“The *Ekottarikagama* Translations of An Shigao,” *INDICA ET TIBETICA: BAUDDHA VIDYASUDHAKARAH*, 1997 において、宋元明をもって『七処三観経』のテキストを再編成しなおしている。これによれば『大正蔵経』の八七六頁中段第一行にある「……従後説」は、八八一頁中段第二二行の「絶無有財産……」へと接続する。よって高麗蔵の第三経にも「絶」と表記される偈頌が説かれていることになる。『七処三観経』の高麗版は明らかにテキストの錯綜が認められるのである。

（3）ただし高麗版で第六にあたる経において「従後説絶」の後には偈頌が漢訳されておらず、すぐに第七経が接続している。訳出されなかったのか、それとも流伝の過程において欠けてしまったのかは不明である。

（4）三国ごろとしたのは、『歴代三宝紀』五の「魏呉録」で失訳扱いされているからである（四九・六一上）。

（5）一巻本の『雑阿含経』に関する最近の報告として、Paul Harrison, “Another Addition to the An Shigao Corpus?: Preliminary Notes on an Early Chinese śaṃuktāgama Translation”（櫻部建博士喜寿記念論集『初期仏教からアビダルマへ』平楽寺書店、二〇〇二年）がある。

（6）林屋は、椎尾弁匡の成果を高く評価しながら、『開元録』一三（五五・六一四下）の「似是安高所出」の記載や、独自の見解をもって、本経の安世高訳出説を補強している。

（7）おそらくこれが原因で、宇井伯寿は本経や『道地経』においては偈頌が説かれていないと考えたのであろう〔一九七一〕。一句中の字数が斉言に定められるのは、支婁迦讖以降（『般舟三昧経』巻上四事品第三に見られる偈頌の高麗本を除く）であり、安世高はそのような配慮をしていなかったのである。

(8) 前掲 Erik Zürcher（許理和）論文を参照。

(9) 後漢支婁迦讖訳『般舟三昧経』巻上（四事品第三・譬喩品第四、ただし高麗本のみ）、呉支謙訳『七女経』、西晋白法祖訳『仏般泥洹経』、失訳『雑阿含経』などである。

(10) 各版本ではこの「仏説如是」を偈頌に含めているが、長行に相違ない。

(11) 内田泉之助『玉台新詠』下、六三三頁・六七〇頁（新釈漢文大系六一、明治書院、一九七五年）を参照。

(12) 絶句という語の意味については断句・截句とも呼ばれるように、律詩を半分に断ち切るとする説や、楽府の四句を切り取ったとする説などがある。いずれにせよ裁断するという文字どおりの意味が絶句の「絶」であって、これと安世高によって音写された「絶」とは本質的に異なる。

(13) 李方桂は、上古祭部の平声を -d に、上声を -dx に、去声を -dh に、入声を -t としている。つまり去声は舌尖韻尾 -d であって、-h は喉擦音を意味するのではなく、単に去声を表した符号にすぎない（『上古音研究』三三頁・五二頁、商務印書館、一九八〇年）。

なお「偈」は『広韻』で入声薛韻（全濁牙音三等）にも収められている。この場合の上古推定音は gjiat である。

(14) 李方桂〔一九八〇〕

(15) *Cong hou shuo jue* (dz'iwät apparently is a transcription of *gāthā*; the initial remains puzzling) (p. 295)

(16) 「偈」は『切韻』において去声祭韻 gjäi（偈頌の意）と入声薛韻 gjät（武の意）分かれているが、諧声の音符「曷」を有していることから、本来は入声で、「渇」「喝」「掲」などと同じ音、あるいは近似音 gat を想定することができる。上古祭部「偈」(giad (h)) の濁音入声韻尾 -d は、中古にいたって消失し、-i に演変したが、入声の「偈」（義は武勇）はその清音尾 -t を消失することなく、『広韻』のころまで保たれたのである（ただし実際にこの入声音をもって発声されていたとは限らない）。

(17) 宇井伯寿〔一九七一〕三五一頁

（18）なお、去声「偈」の半母音 j は三等の弱介音で、「絶」の w も四等弱介音であるから、ともに gāthā の対音となりうるものと考えられる。

（19）註（1）を参照。

（20）Stefano Zacchetti, "An Early Chinese Translation Corresponding to Chapter 6 of the *Petakopadesa* An Shigao's *Yin chi ru jing* T603 and Its Indian Original: a Preliminary Survey," *Bulletin of the School of Oriental and African Studies* 65 (1) (2002); "The Rediscovery of Three Buddhist Scriptures on Meditation: A Preliminary Analysis of the *Fo shuo shi'er men jing*, the *Fo shuo jie shi'er men jing* Translated by An Shigao and Their Commentary Preserved in the Newly Found Kongō-ji Manuscript," *Annual Report of the International Research Institute for Advanced Buddhology at Soka University* 6 (2003); "An Shigao's Texts Preserved in the Newly Discovered Kongo-ji Manuscript and Their Significance for the Study of Early Chinese Buddhism," (2004), Flolin Deleanu, "The Newly Found Text of the Anban shou yi jing Translated by An Shigao," *Journal of the International College for Advanced Buddhist Studies* 6 (2003).

（21）*Aṅguttara-nikāya*, vol. 3,『南伝大蔵経』一七巻、増支部経典三「人品」、二〇七頁。

（22）「九絶処、為一切悪行令部伴従流行。為有二本従有結罪。為三悪本亦有四倒。彼二本罪癰為何等。一為痴、二為墮有愛、名為二本。三悪本為何等。一為貪欲、二為瞋恚、三為痴惑、是名為三悪本。有四倒。四倒為何等。非常念常、是為思想倒、為意倒、為見倒、是為一倒。計苦為楽、非身為身、不浄為浄」

（23）「有九絶処。令一切浄法部堕聚合。何等為九。一止、二観、三不貪、四不恚、五不痴、六非常、七為苦、八非身、九不浄。是為九」

（24）Zacchetti は、nine (distinct) items, nine crucial points, nine positve factors と訳している。氏の言うようにパーリテキストの kusalāni が distinct や crucial や positve の意味を含むとしても、これが gāthā の訳語としての「絶」に通じるのかは明確ではない。また、gāthā が句ごとに断絶しているとも解釈できる。これについては、gāthā のチベット訳 tshigs su bcad pa が、「節において区切ったもの」の意であり、ここで言うところの「絶」に近しいとも考えられる（中御門敬教氏の教示による）。

(25) 宇井伯寿（一九七二）は、それぞれ「生、老、死、非常、名字、絶具にして、応の如し」（三八三頁）、そして「非常とは何等とが為す。已に生じて復た亡ぶなり。名字とは何等とか為す。知分別なり。絶とは何等とか為す。字の具と為す。政用は何等とか為す。字の会なり」（三九〇頁）と訓読しているが、後の解説において「理解せられ難い」（四〇六頁）と述べている。

(26) 林屋友次郎（一九三七）

(27) 『詩経』において例外的に周頌の中に押韻しない七篇があるが、押韻しない理由についての定説はない（村上哲見『唐詩』三〇七頁、講談社、一九九八年）。目加田誠は周頌の押韻しない作例を指摘して、「恐らく舞容を主として、楽の節調はゆるく、韻をふむに至らぬのであろう」と述べている（『詩経研究』一六〇頁、一九五〇年、のち『目加田誠著作集』第一巻、龍渓書舍、一九八五年）。

(28) 訳文は目加田誠『詩経訳注（下）・楚辞〈目加田誠著作集第三巻〉』一六八頁（龍渓書舍、一九八三年）による。なお同『中国古典文学大系　詩経・楚辞』二七七頁（平凡社、一九六九年）では訳文が若干異なっている。

(29) 朱慶之「梵漢《法華経》中的〝偈〟〝頌〟和〝偈頌〟（一）」（四川大学漢語史研究所編『漢語史研究集刊』第三輯、巴蜀書社、二〇〇〇年）を参照。

(30) 「楚辞」ということばは、前漢から使われていた詞彙であるが、劉向（前七七～前六）が使用してから広まっていくとされる。また、『詩経』の六義における「頌」は前漢武帝のころに発見された行政法典である『周礼』に「六詩」の一つとして「頌」を立てている。また『詩経』序にも「六義」の中に頌を立てているが、この序は作者が明確にされていないので成立時期は不明である（孔子説・子夏説や前漢の衛宏説などがある）。しかし、支婁迦讖の活動する後漢末期よりも先んじて成立していたことは確実である。したがって、安世高・支婁迦讖は、それぞれ中華伝来の「辞」「頌」を、音訳語「絶」「偈」に添加することが時代的に可能であった。

(31) 季羨林「浮屠与仏」（『中央研究院歴史言語研究所集刊』一九四七年。後に『季羨林文集』第七巻仏教、江西教育出版社、一九九八年に収める）、同「再談浮屠与仏」（『季羨林文集』第七巻仏教）参照のこと。なお、後者の和訳として「「浮屠」と「仏」再論」（辛嶋静志・裘雲青共訳、『創価大学国際仏教学高等研究所年報』一〇、二〇〇七年）がある。

(32)　水谷真成は去声閉鎖音韻尾の消滅を四世紀後半から五世紀の前半であるとしている。「上中古の間における音韻史上の諸問題」（『中国文化叢書1　言語』大修館書店、一九六七年）における上古音去声韻尾の消滅の項、および「永明期における新体詩の成立と去声の推移」（吉川博士退休記念『中国文学論集』筑摩書房、一九六八年）を参照。ともに後に水谷真成『中国語史研究――中国語学とインド学との接点――』（三省堂、一九九四年）に収録される。

(33)　安然『悉曇十二例』（八四・四六二下～四六三下）に、「また梵音の中に連声法あり。或いは下字の首響を以て、連なりて上字の尾響と呼び、或いは上字の尾音を成して重ねて下字の首字を加う」とある。

(34)　たとえば「摩竭提」である。この用例は後漢の竺大力・康孟詳訳『修行本起経』（『綜理衆経目録』失訳、五五・一六下）に、「是時仏、在摩竭提界善勝道場貝多樹下」（三・四七二中）と早くに見えている。「摩竭提」の推定音価は、mua-giet-dei であり、「竭」の韻尾 -t と「提」の声母 d- は、清濁の相違があるものの、同じく舌音（舌尖音）である。また「黙偈陀」にしても「黙」の韻尾 -k と「偈」の声母 g- がともに牙音（舌根音）であり、さらに「偈」の韻尾 -t と「提」の声母 d- がやはりともに舌音（舌尖音）であるように、音写語を造る際には、清濁の相違はあるが、前の文字の韻尾と後につづく文字の声母の音を同等、あるいは近似するように重ねているのである。

(35)　陸志韋「古反切是怎様構造的」（『中国語文』一二六、一九六三年第五期）を参照。

(36)　兪敏「後漢三国梵漢対音譜」（『中国語文学論文選』光生館、一九八四年。後に『兪敏語言学論文集』収録、商務印書館、一九九九年）

(37)　『広韻』では「伽」と同音の「茄」「枷」の両字が、麻韻（小韻は嘉）にも収められており、『韻鏡』では見母の二等に配されている。したがって、「伽」は ka と読まれていたと推察される。

(38)　『大方広仏華厳経』一二（九・四七八上）。

(39)　『大般涅槃経』三（一二・三八三下）・一二（一二・四五一中）。

(40)　『楞伽阿跋多羅宝経』（一六・四八一上）。

(41)『大般泥洹経』二（一二・三八三下）。

(42)『入楞伽経』一（一六・五一五上、五一九下）。

(43)『正法念処経』多数あり。

(44)梵語音の対音語彙として、仏典中にしばしば「訛略」と指摘されることがある。それらについては、顧満林「漢文仏典中〈訛略〉一語五種用法」（『漢語史研究集刊』第一一輯、巴蜀書社、二〇〇八年）を参照。

(45)高麗版は「此方常頌」に作る。趙城金蔵は「此方當頌」である。「常」と「當」はしばしば誤写され、それが蔵経に踏襲されることがある。ここは「當」を採用すべきであろう。

(46)明覚の『悉曇要訣』三（八四・五四七上）には「乃云」に作り、「乃至」ではない。

(47)これはあくまで、この時期の漢字音が、梵音に対応しえないという認識であって、漢字音が時代とともに変化していることを認識したということではない。

(48)『毛詩古音考』序・『読詩拙言』・『屈宋古音義』において指摘されている。大島正二『中国言語学史　増訂版』二九四頁～（汲古書院、一九九八年）を参照。

(49)たとえば朱慶之〔二〇〇〇〕は、「〝偈〟是不完全音訳、其双音節常見形式為〝偈陀〟」と述べている。

(50)後漢康孟詳訳の『興起行経』巻上に「以偈頌曰」（四・一六九中）とある（ただし本経は『出三蔵記集』で失訳）。しかし同じく後漢の支婁迦讖訳『般舟三昧経』には、各偈の冠句として「仏爾時頌偈言」（一巻本）、「仏爾時頌偈曰」（三巻本）とあるように、「頌」は動詞として訓むべきもののようであるから、『興起行経』の「以偈頌曰」も、「偈を以て頌して曰く」と訓むのであろう。漢訳仏典中には「以此頌偈、讃仏徳已」「出此偈頌、歌詠仏徳」とあるように「頌」を名詞とする場合もあれば、「以偈頌曰」「仏爾時頌偈言」のように動詞としても用いられている。

(51)支婁迦讖訳の『般舟三昧経』、『阿闍世王経』、『阿閦仏国経』に見られる。

(52)ただし「三昧」という音価が変化して samādhi に対応しなくなった後でも、慣習として「三昧」を用いている。

(53)六世紀以降の漢訳仏典における音写語で、梵語の長母音には平声があてられたが、唐代になると、かわって去声があてられるようになる。水谷真成「梵語音を表わす漢字における声調の機能」（『名古屋大学文学部二十周年記念論集』一九六八年、後に『中国語史研究――中国語学とインド学との接点――』三省堂、一九九四年に収録される）を参照。

(54)　前掲の明覚『悉曇要訣』三（八四・五四三下）には、samādhi の音訳語を『切韻』に照らして、新訳の「三摩地」が梵語に順じ、旧訳の「三昧」は「大謬」であると下している（「新訳に三摩地と云うは、此の音、梵文に順ず。古訳に三昧と云うは、（中略）古訳の大謬と為すべし」）。さらに新訳と古訳の『切韻』にもとづく音の相違を、なんとか正音に会通させようとしている。こうしたことは漢字音に変化があることを知りえなかったからである。また前掲宇井（一九七二）（四八一頁）も samādhi の対音としての「三昧」を誤解している。なお漢字音が変化することについては明の陳第（一五四一～一六一七）によってはじめて提唱される。

(55)　『大唐内典録』五（五五・二七一下～二七二上）によると、『十一面観音（経）』は、闍那耶舎を師とする兄弟子の耶舎崛多と共訳した『十一面観世音神呪経』一巻であり（『大正蔵経』二〇巻に所収）、『金仙問経』とは『金色仙人問経』二巻（現存せず）をさす。また『観音偈』は『妙法蓮華経普門重誦偈』一巻であり、後に『添品妙法蓮華経』へ編入されるものである。なお『仏語経』は現存しない。『種種雑呪経』一巻は『大正蔵経』二一巻に収められている。『続高僧伝』には以上の四経をあげるが、『大唐内典録』では闍那崛多の単訳を四部、共訳を九部の都合一三経をあげている。これらは廃仏前の訳経であり、闍那崛多の訳経活動の前期に相当するものである。

(56)　『添品妙法蓮華経』の訳者である闍那崛多や、その成立年代の疑義については、佐々木孝憲「添品妙法蓮華経考」（『大崎学報』一二〇、一九六五年）を参照。

(57)　なお「三摩提」と写す用例は意外に早く、西晋無羅叉の『放光般若経』巻一八（八・一三〇上）であろうか。

(58)　前掲周祖謨『魏晋南北朝韻部之演変』（三一頁・三四頁・四四頁・七三九頁）を参照。

(59)　『周一良集』第三巻、遼寧教育出版、一九九八年

(60)　胡適「仏教的翻訳文学（下）」（『白話文学史』上巻、上海新月書店、一九二八年）

(61)　『大正大学研究紀要』五四号、三一七頁、一九六八年

(62)　近年、大阪河内長野の金剛寺（真言宗）から、入蔵される『安般守意経』とは異なる別本、そして新出で同じく

安世高訳『十二門経』が、梶浦晋（京都大学人文科学研究所）によって発見された。これを加えれば、現存の安世高訳経典数が二一部になる。

(63) 後世になって安世高に仮託された経典では、『阿難問事仏吉凶経』、『長者子懊悩三処経』、『温室洗浴衆僧経』など、数部の経典中に五言の斉言偈が訳されている。

(64) ただし「如是病痛、相不可治。設扁鵲、亦一切良医、幷祠祀尽会、亦不能愈是」（一五・二三三上）にある、古代中国の伝説上の名医「扁鵲」は漢訳時に付加されたものであろう。

(65) 「従後」の仏典中の用例は決して多くはないが、「この後に」や「それより後」のような意味で用いられている。ここでの用例は長行から偈頌へという次第順序の前後関係を意味する「従後」であるが、時間の前後関係についても用いられている。たとえば竺法護訳『無極宝三昧経』巻上の「有貧窮者、給与護之、従後無所悕望」（一五・五一〇中）である。

(66) 「縛束」は『漢語大詞典』巻九（九六一頁）には、「裹扎」（つつむ）・「捆綁」（しばる）の義とする。なお前掲 Erik Zürcher（許理和）論文では、The following is said in *gāthās* (p. 287), The following is said in a bound (= metrical?) way (p. 295) とある。

(67) 宇井伯寿は、「唯一いうべきことは、竺法護には各章の初め、及び中途に、偈文が存するが、安世高はそれに相当するものを、すべて散文として訳出し、而も章首のものの外は殆どすべて省略して居ることである。安世高の現存の訳経には偈文となって居るものは殆ど無いというべく、唯一五陰譬喩経に、比較的長い、偈が存するのみである」と述べている（『訳経史研究』四三二頁）。宇井の考えでは、五言一句で漢訳された斉言偈の『五陰譬喩経』だけが安世高訳経中の唯一の偈頌としており、『七処三観経』と『道地経』の偈頌を偈頌としていないようである。つまり漢訳された後の散文体は偈頌ではないと述べているのである。繰り返して言うが、安世高は原典の偈頌を漢訳する際に、斉言句にまとめようとする考えは芽吹いていなかったのであり、散文体であっても偈頌であることに相違ないのだ。支婁迦讖が『般舟三昧経』を漢訳してから、漢訳経典の偈頌は斉言句で漢訳されるのが通例となる。

(68) 宇井伯寿は、「後より縛束して……を説き」、「後より束結して……と説く」と訓んで、偈頌と理解した上で訓読することはなかったようである（『訳経史研究』四一一～四三六頁）。

(69)　"Late Han Vernacular Elements in the Earliest Buddhist Translations"（最早的仏経訳文中的東漢口語成文）、および前掲"A New Look at the Earliest Chinese Buddhist Texts"（関於初期漢訳仏経的新思考）を参照。

(70)　註（31）を参照。

第二章　漢魏両晋南北朝期の有韻偈頌

はじめに

仏典の漢訳は後漢の安世高にはじまる。安世高はもと安息国（パルティア）の太子であったが、父王崩御の後、位を叔父に譲り出家し、遠く錫を東に振り、後漢の桓帝（在位一四六～一六七）の建和二（一四八）年に洛陽に到るや、建寧年間（一六八～一七二）までの二〇年ほどの間に禅観経典を漢訳した。これらの中、偈を含む経典は、『七処三観経』、および『道地経』と『五陰譬喩経』だけである。以後、同じく後漢の支婁迦讖がつづき、三国から両晋にかけて陸続と漢訳が行われ、南北朝が終わり隋によって南北が統一されるまでの間に、ほとんどのジャンルにわたる仏典が漢訳されている。本章では、後漢から南北朝までの間に漢訳された訳経中の偈を鳥瞰する。

一、漢訳仏典における無韻の偈

漢訳仏典の偈における一句中の字数について言えば、最少の三字から最長で一二字まである。ただし、訳経の偈は大多数が無韻なので、一句の字数が偶数となっている場合、これを一句とすべきか、二句とすべきか判定に苦しむ場合もある。たとえば、八言一句の偈は四言二句の可能性もあり、逆に四言二句の偈は八言一句偈の可能性もあるわけである。また、句数については、わずか二句のものをはじめ、一〇〇句を超える偈もあり、一経全体が偈で構成される『仏所行讃』などさまざまである。そして通常は偈数句でまとめられるが、奇数句からなる偈も少なからず見られる。

それでは、はじめに実際に訳経に普遍的にあらわれている無韻の偈（押韻しない偈）を数例示してみよう。例としてあげるのは、よく知られる経典である。

魏康僧鎧『無量寿経』巻上「四誓偈」（『大正蔵経』一二・二六九中）

我建超世願　必至無上道
斯願不満足　誓不成正覚
我於無量劫　不為大施主
普済諸貧苦　誓不成正覚

後秦鳩摩羅什『妙法蓮華経』第七「普門品第二十五」（九・五七下）

世尊妙相具　我今重問彼
仏子何因縁　名為観世音
具足妙相尊　偈答無尽意
汝聴観音行　善応諸方所

唐玄奘『解深密経』序品第一（一六・六八九下）

仏説離言無二義　甚深非愚之所行
愚夫於此痴所惑　楽著二依言戯論
彼或不定或邪定　流転極長生死苦
復違如是正智論　当生牛羊等類中

ほとんどの訳経における偈とは、このように一句中の音節数（＝字数）を均一にそろえることはあっても、脚韻を配慮することはない。また、脚韻以外にも中華の韻文として定められている数多くの格律があるが、それらにも準拠していないのである。たとえば句間の割裂の現象がそれである。中華の韻文では、節奏リズムと意味の切れ目とが概ね一致している。つまり、これによって作品を鑑賞する際に、音声は流麗に流れ、詞彙は容易に理解できるように工夫されているわけである。しかし漢訳された経論には、この規律に沿わないものが多くある。たとえば、世親の『無量寿経優婆提舎願生偈』（『往生論』、二六・二三一上中）を例としてあげよう。

正覚阿弥陀　法王善住持　↓　正覚阿弥陀法王　善住持
同地水火風　虚空無分別　↓　同地水火風虚空　無分別
何等世界無　仏法功徳宝　↓　何等世界　無仏法功徳宝

各聯は［五言―五言］の形式に従ったものであり、押韻こそしていないものの、すべてこのように視覚的には斉言の五言をもって配置されている。一字一音節の漢字の特性から、これが五音節からなる一定の音数リズムとなっている。しかし、この偈をよく見ると、語彙が起句（奇数句）と対句（偶数句）にまたがって配置されている。もし意味で断句するならば、矢印の下のようになるはずである。本来句中の字数が均一にならない散文・長行を、無理に五言に裁断して、視覚的に韻文を装っているかのようである。これはまさに文意を分断した処置であり、名訳とは言えない。もし形態よりも文意を重んじて善処するのであれば、一〇言一句の構造にするほうがよほど得策である。

さて、こうした現象が発生する最大の理由は何かというと、それは原典資料の原義を重視するということにある。付随的な理由としては訳者の漢語能力と翻訳期間の短縮化であったと思われる。漢訳経典の偈には、この『往生論』と同じような例がいくつもある。これはすでに偈とは言えない。たとえ原典が韻文であろうと、漢訳されたことによって、押韻もなく、しかも詞彙の割裂をひきおこしてまで、視覚的に五言にしているだけで、内実は散文と同じである。つまりこの『往生論』の偈は、もと韻文であったが、漢訳されて偈の体裁に転換されたものの、あたかも散文（長行）を韻文（偈頌）のスタイルに見せかけただけにすぎないということである。『宋高僧伝』巻三訳経篇の飛錫伝（五〇・七二一下）には、不空による『仁王護国般若経』と『大乗密厳経』の漢訳に参与したこととして、以下のように述べられている。

先に多羅葉に在りし時は、みなこれ偈頌なり。今訳す所は多く散文に作る。

インドの韻文が漢訳されると、そのすべてが韻文の体裁で訳されるとは限らないということである。原典の韻文を中華の韻文に仕立てることは、さまざまな点において困難な作業であったが、中には同一の脚韻字を用いることで、詩的な旋律をもたせようとした偈も見られる。左に二例をあげる。

曇果・康孟詳訳『中本起経』巻下（四・一六三中）

外道所修事　精懃火為**最**
学問日益明　衆義通為**最**
人中所帰仰　遮迦越為**最**
江河泉源流　大海深為**最**
衆星列空中　日月明為**最**
仏出於世間　受施為上**最**

支謙訳『太子瑞応本起経』巻下（三・四七九下）

久得在屏処　思道其福**快**
昔所願欲聞　今以悉知**快**
不為彼所嬈　能安衆生**快**
度世三毒滅　得仏泥洹**快**
生世得睹仏　聞受経法**快**
得与辟支仏　真人会亦**快**
不与愚従事　得離悪人**快**

有黠別真偽　知信正道**快**

これら二経の五言四偈の脚韻字を、それぞれ「最」と「快」で統一したのは、より音楽性を追求した結果であったと考えられる。たとえそれが原典に従ったにすぎないとしても、偶数句末における措辞を同一漢字で統一させている事実には、中華の詩の格律に準拠させようとする訳者の意図を見てとることができよう。そして『詩経』にも、こうした同一韻字を用いる例がすでに見られる。

国風（周南）の樛木

南有樛木　葛藟纍**之**
楽只君子　福履綏**之**
南有樛木　葛藟荒**之**
楽只君子　福履将**之**
南有樛木　葛藟縈**之**
楽只君子　福履成**之**

国風（召南）の鵲巣

維鵲有巣　維鳩居**之**
之子于帰　百両御**之**

維鵲有巣　維鳩方**之**
之子于帰　百両将**之**
維鵲有巣　維鳩盈**之**
之子于帰　百両成**之**

また、同様に国風（周南）の芣苢や、小雅（魚藻之什）の瓠葉にも見られる。さらに降って、後世の敦煌変文の「韓朋賦」においても確認できる（王重民『敦煌変文集』一三八頁、人民文学出版社、一九五七年）。

（前略）
井水湛湛　何時取**汝**
釜竈尫尫　何時吹**汝**
床席闐房　何時臥**汝**
庭前蕩蕩　何時掃**汝**
園菜青青　何時拾**汝**

これもやはり旋律を維持させるための一つの工夫だったのだろう、結果的には一定のリズムを刻む音楽的な効果（この場合はリフレイン効果）を具えることになった。

以上、漢訳仏典における一般的な無韻の偈を簡介した。大多数の漢訳仏典の偈とは、これと大同小異であると言ってよい。つまり偈とは名ばかりであって、原典の韻文gāthāを、漢訳する際に、中華の韻文の諸条件をもって転換することができず、そのためやや無理があっても五言や七言というように断句させ、また同一韻字を偶数句末に用いることで、視覚的に韻文体に見せかけることで、それらしさを擬似演出しているにすぎないのである。

二、漢魏晋南北朝に漢訳された有韻偈頌

ここでは仏教が東伝して漢訳が開始された後漢から三国両晋をへて、南北朝の末期にいたるまでの、漢訳仏典における有韻偈頌を通覧する。なお、すべての有韻偈頌をここで取りあげるのではない。とくに注目すべき偈頌については、後述の各章において論述しているので、そちらを参照されたい。また、必要に応じて本書第三部の資料①《漢訳仏典有韻偈頌一覧表》をご覧いただきたい。

①後漢安世高

沙門厳仏調が撰した『沙弥十慧章句序』（『出三蔵記集』一〇、五五・六九下～七〇上）には以下のような記述がある。

昔在仏世、経法未記、言出尊口、弟子誦習。辞約而義博、記鮮而妙深。仏既泥曰、微言永絶、猶穀水消竭、日月隕墜。於是衆賢共使阿難演其所聞、凡所著出十二部経。其後高明各為注説、章句解故、或以十数。有菩薩者、出自安息、字世高。韜弘稽古、靡経不綜。愍俗童矇、示以橋梁。於是漢邦敷宣仏法。凡厥所出数百万言、或以口解、或以文伝。（中略）調以不敏得充賢次、学未浹聞、行未中四。夙羅凶咎遘和上憂。長無過庭善誘之教。悲窮自潜無所繫心。

厳仏調について詳細は不明であるが、確かなことは後漢の臨淮（江蘇省南部の洪沢湖周辺）出身の私度沙門であり、

安息国出身の安玄とともに『法鏡経』を訳している。また右の文からして安世高の弟子であったと推察され、師の安世高について、「或以口解、或以文伝」と述べるごとく、経文を口頭で解説（講経か）し、また書面で伝達していたということである。

表4　安世高、伝安世高訳経典にみる字種率

典籍名	漢訳者名	総字数	総字種	字種率
安般守意経	安世高	14,315	536	3.74
七処三観経	安世高	10,480	642	6.13
陰持入経	安世高	8,837	413	4.68
人本欲生経	安世高	6,219	257	4.13
漏分布経	安世高	2,754	170	6.17
奈女祇域因縁経	安世高（伝）	7,596	983	12.9
分別善悪所起経	安世高（伝）	7,357	1,074	14.6
尸迦羅越六方礼経	安世高（伝）	1,852	486	26.2
五陰譬喩経	安世高（伝）	789	205	26.0
論語		約13,700	1,275	約9.30

さて、『出三蔵記集』以来、安世高訳とされるものは三五部[1]で、そのうち現存するものは『大正蔵経』に収められる一九部であり[2]、偈頌を含むものは『五陰譬喩経』と『七処三観経』、そして『道地経』の三部だけである。ここでは、後世の経録において安世高に仮託された経について瞥見してみる。

費長房の『歴代三宝紀』では数多くの失訳経典が安世高訳とされ、『出三蔵記集』の三五部がほぼ五倍の一七六部（四九・五二中）にまで加増されている。それは北周武帝による廃仏の苦汁を飲まされた費長房の護法精神からなされる裁量であって、これを安易な盲断として一蹴すべきではない[3]。とはいえ、『歴代三宝紀』で新たに安世高訳に編入された経典と、安世高訳であることを疑いえない経典と比較すれば、その文体や語彙は漢語としてこなれており、明らかに異質であると感じとることができる。加えて当該経典に用いられている漢字の字種に著しい相違がある。

たとえば『安般守意経』・『七処三観経』・『陰持入経』・『人本欲生

経』・『漏分布経』の字数に対する字種の割合は、伝安世高と疑われる『奈女祇域因縁経』・『分別善悪所起経』・『尸迦羅越六方礼経』・『五陰譬喩経』に用いられている字種の割合と比較すると、前者が後者よりもはるかに低い数値を見せている（表4を参照）(4)。そもそも翻訳というものは、その翻訳者みずからが習得した語彙の中でしか表現しえない作業である。そのため訳者の習得語彙の多寡は、そのまま翻訳された文献の字種率に如実に露呈するものである。したがって、これは安世高の漢語習得と必ずや相関するものである。学的見地からするならば、安世高訳が明らかな経典と、後世に安世高の訳出として仮託され伝承されてきた経典とは厳然と区別しておかなければならない(5)。

さて、そのような伝安世高訳の経典で、偈を含むものは総計一三経あり(6)、その押韻の状況を精査すると、以下の三部の経典における偈に脚韻への配慮がなされているようである。それら三経典は、その文体からして明らかに安世高の訳出ではなく、両晋南北朝期の成立であろうと想定される。

◎『尸迦羅越六方礼経』一巻（『歴代三宝紀』四、なお『出三蔵記集』四では失訳）

本経には別に三部の異訳とパーリテキストがあり、それら四本にあらわれる偈と比較すると本経のそれだけが内容的に相違している。しかし、通押となると本経だけにその配慮がなされているのである。経末に「尸迦羅越、即受五戒、作礼而去」とあるように、一旦は経説が終結しているにもかかわらず、その直後に「仏説唄偈」との冠句につづいて、以下のごとく総計八〇句からなる偈が説かれる。その偈は換韻の状況からして八句をもって一偈としていることがわかる（一・二五一下～二五二中）。なお赤沼智善は、本経の偈には原始経典に見ることができない「六度」や「天中天」といった大乗の用語があらわれていることを指摘し、諸異本中最も後期に改変を受けて成立したと述べている(7)。本経は後漢の漢訳と思われず(8)、また以下の偈も後漢の訳でも、また安世高の訳でもないと思われるので(9)、括弧には『広韻』の韻目、および劉宋北魏の韻部を示した。

尸迦羅越、即受五戒、作礼而去。仏説唄偈、

①鶏鳴当早起　被衣来下**牀**（平陽・陽）
澡漱令心浄　両手奉花**香**（平陽・陽）
仏尊過諸天　鬼神不能**当**（平唐・陽）
低頭遶塔寺　叉手礼十**方**（平陽・陽）
②賢者不精進　譬如樹無**根**（平痕・魂）
根断枝葉落　何時当復**連**（平仙・先）
採華著日中　能有幾時**鮮**（平仙・先）
放心自縦意　命過復何**言**（平元・魂）
③人当慮非常　対来無有**期**（平之・之）
犯過不自覚　命過為自**欺**（平之・之）
今当入泥犂　何時有出**期**（平之・之）
賢者受仏語　持戒慎勿**疑**（平之・之）
④仏如好華樹　無不愛楽者（上馬・歌）
処処人民聞　一切皆歓喜（上止・之）
令我得仏時　願使如法王（平陽・陽）
過度諸生死　無不解脱者（上馬・歌）
⑤戒徳可恃怙　福報常随己（上止・之）

現法為人長　終遠三悪道（上皓・宵）
戒慎除恐畏　福徳三界**尊**（平魂・魂）
鬼神邪毒害　不犯有戒**人**（平真・真）
⑥堕俗生世苦　命速如電**光**（平唐・陽）
老病死時至　対来無豪**強**（平陽・陽）
無親可恃怙　無処可隠**蔵**（平唐・陽）
天福尚有尽　人命豈久**長**（平陽・陽）
⑦父母家室居　譬如寄客**人**（平真・真）
宿命寿以尽　捨故当受**新**（平真・真）
各追所作行　無際如車**輪**（平諄・真）
起滅従罪福　生死十二**因**（平真・真）
⑧現身遊免乱　済育一切**人**（平真・真）
慈傷墜衆邪　流没于深**淵**（平先・先）
勉進以六度　修行致自**然**（平仙・先）
是故稽首礼　帰命天中**天**（平先・先）
⑨人身既難得　得人復嗜**欲**（入燭・屋）
食婬於意識　痛想無厭**足**（入燭・屋）
予種後世栽　歓喜詣地**獄**（入職・職）

六情幸完具　何為自困辱（入燭・屋）
⑩一切能正心　三世神吉祥（平陽・陽）
不与八難貪　随行生十方（平陽・陽）
所生趣精進　六度為橋梁（平陽・陽）
広勧無極慧　一切蒙神光（平唐・陽）

中華の詩においては通常、換韻する箇所に文意の展開があるわけで、本経も例外にもれず概ね八句をもって一偈となっている。全体で八〇句あるから一〇偈ということになる。途中④⑤に失韻もあるが、よく作られている。なお⑥偈は、後漢失訳『禅要経』（一五・一二三八下）と同一の偈である。

ところで対告衆が仏に礼拝し、その場から立ち去った後に説かれているが、いったい仏は誰を相手に説いたというのだろうか。このような不自然な構造は、この偈がもともと原典に存在しないものであった可能性がある。それはパーリテキストや異訳(10)にこの巻末の偈が説かれていないことからも首肯できるのではなかろうか。思うにこの偈は、梵唄など仏教音楽として儀礼に取り入れられていたのではなかろうか。たとえば②の八句などは、三階教の信行の『七階仏名経』や、善導の『往生礼讃偈』における無常偈にも似た偈が説かれている。このように、経典の末尾に不自然に偈が加えられている例として、他に西晋失訳の『長寿王経』や元魏吉迦夜『称揚諸仏功徳経』がある。そこでもそれぞれ「諸比丘歓喜為仏作礼」、「一切大会皆大歓喜、前為仏、作礼而去」とあり、対告衆が礼拝した（その場から立ち去った）後に唐突に偈が説かれ、またその偈は既存の経典における押韻する偈が集められている。両経はともに有韻偈頌を意図的に配置することで、何らかの役割（梵唄などの儀礼）を担わせていたと考えられる。

◎『奈女祇域因縁経』一巻（『歴代三宝紀』四、なお『出三蔵記集』四では失訳）

『大正蔵経』には二種の『奈女祇域因縁経』があり、ともに安世高訳とされているが、南北朝の成立と考えられる。異訳間の相違は序分に相当する箇所の有無にすぎない。本経の偈は一箇所（一四・八九六下）のみで、後に述べる西晋の法立・法炬訳『諸徳福田経』（一六・七七八中）に説かれるものと全同である。あるいは『諸徳福田経』から転用したものではなかろうか。

三尊慈潤**普**（上姥・魚）　慧度無男**女**（上語・魚）
水果施弘報　縁得離衆**苦**（上姥・魚）
在世生華中　上則為天**后**（上厚・侯）
自帰聖衆**祐**（去宥・侯）　福田最深**厚**（上厚・侯）

◎『自誓三昧経』一巻（『歴代三宝紀』四、なお『出三蔵記集』四では失訳）

偈は二箇所に見られる。本経の異訳としては他に西晋竺法護訳『如来独証自誓三昧経』があり、両経の長行は相違するが、偈はまったく同じであるから、その漢訳の成立において互いに関連していることは明らかである。そもそも安世高が漢訳した偈は斉言ではなくして、雑言偈であり、なおかつ偈の冠句には「従後縛束説」や「従後説絶」が配され、本経のような「以偈讃曰」や「而作頌曰」の冠句は、支婁迦讖から用いられてくるので、本経が安世高の訳出ということはありえないのである。

押韻については二つめの偈頌（一五・三四五上）に認められる。

法界一切空　色身清浄**真**（平真・真）
総持度無極　三昧無有**因**（平真・真）
仏界亦不空　慧浄亦不**有**（上有・侯）
哀世表微笑　正士宣速**受**（上有・侯）

漢訳経典は読唱する便宜から、そして中華の文章スタイルの影響から、長行は四言リズム（偶数音節）、偈頌は五言や七言リズム（奇数音節）を刻んでいく。とくに両晋南北朝における大多数の訳経中の文体がそうである。しかし、安世高の訳経は長行も偈頌もともに、そのように一定の音節を繰り返すリズムで翻訳されておらず、また時に漢語の語法にも従わず、その訳語は統一性を欠いている。当然そこに経典読誦に対する配慮などありえなかったわけである。ところが後世に仮託されるようになった伝安世高訳経典になると、六朝文学の影響を受け、長行では四六体を取り入れ、偈頌では後漢のころから盛況してきた五言を受け入れた。そしてさらに押韻の配慮も加えられたのである。したがって、これらの経典は三国（三世紀初頭）から『出三蔵記集』の成立（六世紀初頭）にいたる間に成立したものと考えられる。

②後漢支曜

支曜について、その詳細は何もわかっていないが、支姓からすると、あるいは支婁迦讖と同じ月氏国出身であったと思われる。『出三蔵記集』一三、および『高僧伝』一にある支婁迦讖伝の末尾に、それぞれ、

時又有支曜、訳出成具光明経云。（五五・九六上）

又有沙門支曜・康巨・康孟詳等、並以漢霊・献之間、有慧学之誉、馳於京洛。曜訳成具定意・小本起等。（五〇・三二四下）

と簡介されるにすぎない。支曜の訳出経典は『歴代三宝紀』以後になって、多くが仮託されていくようであるが、初期の資料では『成具光明定意経』と『小本起経』だけを著録している。

◎『成具光明定意経』（一五・四五二中下）

本経には古い訳語が多く見られることから、後漢の訳出を疑うには及ばない。経中に四言と五言の偈とがあり、以下に示す五言の偈の韻字は、『切韻』系韻書においてみな平声でそろえられ、しかも「財」「疑」を除いて韻尾には陽声韻 -n や -ng を配している。

天尊実神妙　　世所希見**聞**（平文・真）
変改卓犖異　　睹者莫不**欣**（平欣・真）
諦観甚奇雅　　現変難等**双**（平江・冬）
不作而自具　　不労飽満**衆**（平東・東）
不語自然使　　不教令自**行**（平唐・陽）
不為而遇為　　是徳以可**将**（平陽・陽）

本行何術法　生而有此**栄**（平庚・耕）
積何徳之本　致斯巍巍**尊**（平魂・真）
願哀貧道者　開饒以法**財**（平咍・之）
決心之結網　放令無余**疑**（平之・之）

右の偈とは別に、四五五頁の中段にも五言偈が説かれており、やはり陽声韻で統一されている。

面部人雄顔　眼鼻口正端（平桓・寒）
金体極軟細　今笑何盛欣（平欣・真）
方口含白歯　脣像朱火明（平庚・耕）
姿美八十種　今笑必有因（平真・真）
鏡歯牙四十　広舌頬車方（平陽・陽）
語則香気発　今笑為誰成（平清・耕）
眉髭紺青色　眼瞼双部当（平唐・陽）
白毫天中立　今笑唯願聞（平文・真）
天眼已了朗　道眼已備通（平東・東）
法眼与慧眼　此四已具成（平清・耕）
笑必有感応　啓化於未成（平清・耕）

或当受拝決　　故笑発金顔（平刪・元）

これは偶然とは考えられない現象であり、韻尾を鼻子音でそろえることによる音響的な余韻を残そうとした訳者による意図的な配慮と認めるべきであるが、押韻とまで言うことはできないので、これ以上は論じないことにする。詳細は第二部第十二章において扱う。

③後漢竺大力・康孟詳

◎『修行本起経』巻下（三・四七一上中）

本経は後漢の訳出ではなく三国呉の支謙訳『太子瑞応本起経』を受けて、東晋に漢訳されたとも言われている。[11]偈頌は七言四句が一八偈あり、これらは『太子瑞応本起経』巻上（三・四七七中下）のそれにほぼ一致する。Erik Zürcher（許理和）[12]は、『修行本起経』と『中本起経』の文章が漢代における訳経では最も成熟した訳文であるとしながらも、偈頌はすべて意訳され、五言七言あるいは九言の無韻の詩句となっていると指摘している。しかし、以下に引くように、本経の偈は決して無韻などではないのである。一八偈のうち、本経の諸本や、『太子瑞応本起経』の諸本によって校讎を加えると、うち②④⑤⑦⑩⑪⑫⑱の八偈が脚韻をふむ。ただし周祖謨〔一九九六〕の合韻譜を参考とすれば、たとえば③や⑮、あるいは①と⑭も通押していた可能性がある。括弧には晋代の韻部も示した。

①比丘何求坐樹下　　楽於林藪毒獣間（平山・寒）
雲起可畏窈冥**冥**　　天魔囲繞不以驚（平庚・庚）

②古有真道仏所行　恬惔為上除不**祥**（平陽・陽）→三本・『太子経』作「明」（平庚・庚）
其成最勝法満**蔵**　吾求斯座決魔**王**（平陽・陽）
③汝当作王転金輪　七宝自至典四方（平陽・陽）
所受五欲最無比　斯処無道起入宮（平東・東）
④吾睹欲盛呑火銅　棄国如唾無所**貪**（平覃・覃）
得王亦有老死憂　去此無利勿妄**談**（平談・談）
⑤何安坐林如大語　委国財位守空**閑**（平山・寒）
不見我興四部兵　象馬歩兵十八億（入職・職）→『太子経』作「億八**千**」（平先・寒）
⑥已見猴猿師子面　虎兕毒蛇豕鬼形（平青・庚）
皆持刀剣擭戈鉾　超躍哮吼満空中（平東・東）
⑦設復億妶神武備　為魔如汝来会**此**（上紙・支）
矢刃火攻如風雨　不先得仏終不**起**（上止・之）
⑧魔有本願令我退　吾亦自誓不空還（平刪・寒）
今汝福地何如仏　於是可知誰得勝（去証・蒸）
⑨吾曾経身快布施　故典六天為魔王（平陽・陽）
比丘知我宿福行　自称無量誰為証（去証・蒸）
⑩昔吾行願従錠光　受拝為仏釈迦**文**（平文・真）
怒畏想尽故坐斯　意定必解壊汝**軍**（平文・真）

⑪我所奉事諸仏多　財宝衣食常施**人**（平真・真）
仁戒積徳厚於地　是以脱想無患**難**（平寒・寒）
⑫菩薩即以智慧力　申手按地是知**我**（上哿・歌）
応時普地軒大動　魔与官属顚倒**堕**（上果・歌）
⑬魔王敗績悵失利　惛迷却踞前画地（上至・脂）
其子又暁心乃寤　即時自帰前悔過（上過・歌）
⑭吾以不復用兵器　等行慈心却魔怨（平元・寒）
世用兵器動人心　而我以汝等衆生（平庚・庚）
⑮若調象馬雖已調　然後故態会復生（平庚・庚）
若得最調如仏性　已如仏調無不仁（平真・真）
⑯垓天見仏擒魔衆　忍調無想怨自降（平江・冬）
諸天歓喜奉華臻　非法王壊法王勝（去証・蒸）
⑰本従等意智慧力　慧能即時攘不祥（平陽・陽）
能使怨家為弟子　当礼四等道之証（去証・蒸）
⑱面如満月色従容　名聞十方徳如**山**（平山・寒）
求仏像貎難得比　当稽首斯度世**仙**（平仙・寒）

④後漢曇果・康孟詳

◎『中本起経』二巻（『出三蔵記集』二）

経録によれば本経は康孟詳によって後漢献帝の建安年間（一九六～二二〇）に漢訳されたとされるが[13]、先の『修行本起経』と同じように、後漢ではなく晋代の漢訳とも言われている[14]。『出三蔵記集』二（五五・六下）をはじめとする経録では「太子中本起経」と呼称されるように、釈迦の初転法輪から涅槃にいたるまでの物語である。なお曇果の名は『歴代三宝紀』からあらわれることから、にわかに信頼することはできない。偈は上下巻に通じて六箇所に見られる。ここでは明らかに韻の配慮が認められるものだけを示す。その他の例は本書第三部の資料①《漢訳仏典有韻偈頌一覧表》を参照されたい。括弧には『広韻』の韻目と両晋の韻部を示した。

①至道無往返　玄微清妙**真**（平真・真）
不没不復生　是処為泥**洹**（平桓・寒）
此要寂無上　畢竟不造**新**（平真・真）
雖天有善処　皆莫如泥**洹**（平桓・寒）　（四・一四八下）

②容顔紫金耀　面満髪紺**青**（平青・庚）
大人百福徳　神妙応相**経**（平青・庚）
方身立丈六　姿好八十**章**（平陽・陽）
頂光燭幽昧　何駃忽無**常**（平陽・陽）　（四・一五〇中）

③夫為世間**将**　順正不阿**抂**（平陽・陽）
矜導示礼儀　如是為法**王**（平陽・陽）
多愍善恕正　仁愛好利**人**（平真・真）
既利以平均　如是衆附**親**（平真・真）（四・一五二下～一五三上）

④無憂無喜相　心虚清浄**安**（平寒・寒）
已能無所生　見諦入泥**洹**（平桓・寒）
覚正念清明　已度五道**淵**（平先・寒）
恩愛網断壊　永寂悦彼**安**（平寒・寒）（四・一五六中）

以上、すべて『広韻』の平声で押韻していることがわかる。なお、上引③の偈は『法句譬喩経』四（四・六〇七上）の偈に等しい。

また、呉の支謙がこの『中本起経』から取材して梵唄を製したということが、『出三蔵記集』一三に見えている。

また無量寿・中本起経に依り、讃菩薩連句梵唄三契を製す。[15]（五五・九七下）

同じく『出三蔵記集』の経唄導師集でも当時存在した梵唄を列記し（五五・九二上中）、その中に、

支謙製連句梵唄記　第九

とあるのがそれに相当するものと思われる。この梵唄は現存しないものの、梵唄が仏教音楽であることを斟酌するならば、おそらくは本経に説かれている有韻偈頌が、支謙をして梵唄を製作せしめるにいたったのではないかと思われる。さらに同じく経唄導師集には、

帝釈楽人般遮瑟歌唄　第一　出中本起経

とも著録されている。したがって、『中本起経』からは二種の梵唄が作られていたということになる。ただし、右に示した有韻偈頌は、帝釈天の楽神である般遮とは関わりがないようであり、現存する『中本起経』にはそれらしきものは見あたらず、むしろ『太子瑞応本起経』上（三・四七七中下）、または『修行本起経』下（三・四七一上中）から取材されたものではないかと考えられる。

本経や『修行本起経』の漢訳に携わった康孟詳の伝については詳らかにしえないが、『出三蔵記集』一三の安玄伝に附伝として録されている。

次に康孟詳なる者あり。其の先は康居の人なり。『中本起』を訳出す。安公称うらく、「孟詳の出だす経は奕奕として流れ、便ち玄趣を騰ぐるに足れり」と。

同様に『高僧伝』一の支婁迦讖の附伝にも（五〇・三二四下）、

孟詳、『中本起』及び『修行本起』を訳す。是より先に沙門曇果、迦維羅衛国に於いて梵本を得る。孟詳、竺大力と共に訳して漢の文と為す。安公云く、「孟詳の出だす所は奕奕として流れ、便ち玄趣を騰ぐるに足れり」と。

とある。その訳文を絶賛した安公（釈道安）の評価は、あるいは偈頌における韻の配慮に対する賛辞もこめられていたのかもしれない。

⑤後漢支婁迦讖

後漢の代表的な漢訳者に支婁迦讖がいる。『雑譬喩経』（四・五〇〇下）の五言四句にはじまり、三巻本『般舟三昧経』（一三・八九九下～）の五言、六言および七言偈、『無量清浄平等覚経』（一二・二八〇中～）の五言および六言の偈が多数あるが、いずれも中華の韻文としての配慮は施されていない。ただ偈頌の漢訳をめぐって支婁迦讖にも功績はあった。それは、安世高の雑言偈を捨てて斉言偈（句中の字数の均一化）を導入したことであり、さらに「偈」という音写語をはじめて用いたことであった。前者は中華の韻文のスタイルに歩み寄ったことで、視覚的な美と読誦の便を配慮したものと言える。つまり漢語としての仏典の文体や構造を練り直したということである。また後者は安世高が用いていた語義性の強い「絶」や「縛束」を廃して、語義性が弱くしかも常用語彙ではない「偈」を用いたことである。斉言スタイルと音写語「偈」の導入の二要素は、散文（長行）との明確な区分を意識させるに十分である。ともにそれ以後の仏典にあって、たとえ漢訳であろうと撰述であろうと、踏襲されていく規範となったわけで、ここに支婁迦讖の偈頌漢訳における大きな功績を認めなければならない。

なお、後漢の漢訳者として、他にも厳仏調・安玄・竺朔仏・康巨がいる。しかし、いずれも支婁迦讖に同じく、偈の脚韻を配慮して漢訳した痕跡は認められなかった。

以上のことから、後漢の訳経中にあって『成具光明定意経』、『修行本起経』、『中本起経』の偈において、不十分ながらも訳者による意図的な韻律配慮を認めることができるのである。ただし前述したように、後二経は晋代の訳出であることを支持する研究も報告されていることから、これらを後漢の訳出に収めることは躊躇せざるをえない。したがって、現在確実視されるのは、霊帝（在位一六八～一八九）のころ支曜によって漢訳された『成具光明定意経』の偈においてこそ、仏典の漢訳史上、はじめて「詩的な偈」の試みがなされたということになるだろう。

⑥魏白延

諸経録によると、魏の白延には六部の訳経があったと伝えられ、そのうち現存しているのは『須頼経』一巻のみである。本書第二部第八章を参照されたい。

⑦呉支謙

洛陽で生を享け、生涯にわたって居士を貫いた支謙の訳経中の偈については後述する。また、支謙と伝えられていない訳経の中にも、実は支謙の訳経または訳偈が混在していることについても論及した。問題は偈頌の韻律を配慮した上で漢訳できる条件とは何か、そしてなぜ支謙はかくも多くの有韻偈頌を漢訳しえたかということである。

本書第二部第三章、第四章を参照のこと。

⑧呉康僧会

その先祖は康居国（現ウズベキスタン）であったが、商いをしていた父の代にはすでにインドに居していたようである。父とともに交趾（現ベトナムのハノイ周辺）に来た康僧会は、十数歳にして父母を失って出家する。赤烏一〇（二四七）年、建業（現在の南京）に移り呉主孫権の信任を受けて建初寺を創建し、また孫皓に授戒するなどして江左に仏教を広めた功労者である。

さて『大正蔵経』における康僧会の訳出経典は、わずかに以下の二経典のみであり、両経ともに偈頌が説かれ、押韻するものが少なくないようである。

◎『六度集経』八巻（『出三蔵記集』二）

本経には有韻の偈が巻四と巻六の二箇所に見られ、前者は慧覚訳『賢愚経』一一（四・四二六中）、および鳩摩羅什訳として伝承されてきた『仁王般若波羅蜜経』巻下（八・八三〇中）にも転用されている。まずは巻四（三・二二下～二三上）にある四言の偈について。

劫数終訖　乾坤烔然（平仙・寒）　須弥巨海　都為灰**煬**(16)（平陽・陽）
天龍福尽　于中凋**喪**（平唐・陽）　二儀尚殞　国有何**常**（平陽・陽）
生老病死　輪転無**際**（去祭・祭）　事与願違　憂悲為**害**（去泰・泰）
欲深禍高　瘡疣無**外**（去泰・泰）　三界都苦　国有何**頼**（去泰・泰）

有本自無　因縁成**諸**（平魚・魚）　盛者必衰　実者必**虚**（平魚・魚）
衆生蠢蠢　都縁幻**居**（平魚・魚）　声響倶空　国土亦**如**（平魚・魚）
識神無形　駕乗四**蛇**（平麻・歌）　無明宝養　以為楽**車**（平麻・歌）
形無常主　神無常**家**（平麻・歌）　三界皆幻　豈有国**耶**（平麻・歌）

次に巻六（三・三四下）の五言偈は以下のとおり。

仏者譬甘露　聴聞無厭足（入燭・屋）
不当有懈怠　無益於一切（入屑・屑）
五道生死海　譬如堕汚**泥**（平斉・支）
愛欲所纏裹　無智為甚**迷**（平斉・支）
日出衆華開　譬仏之色**身**（平真・真）
日没華還合　世尊般泥曰（入月・屑）　→　明版作「**洹**（平桓・寒）」
値見如来世　当曼精進受（上有・侯）
除去睡陰蓋　莫呼仏常在（上海・咍）
深法之要慧　不以色因**縁**（平仙・寒）
其現有智者　当知為善**権**（平仙・寒）
善権之所度　有益不唐**挙**（上語・魚）

而現此変化　亦以一切**故**（去暮・魚）

◎『旧雑譬喩経』二巻（『法経録』六）

本経は『出三蔵記集』では失訳であるが、『高僧伝』一には、「また小品及び六度集・雑譬喩等を出だす」（五〇・五二六上）とあり、『法経録』からは康僧会の訳経として著録される。押韻する偈は巻上に説かれる以下の五言二六句である（四・五一〇下）。

手足及与頭　五事雖絆**羈**（平支・支）
但当前就死　跳踉復何**為**（平支・支）
手足及与頭　五事雖被**繋**（去霽・脂）
執心如金剛　終不為汝擘（入麦・錫）
吾為神中王　作鬼多力**旅**（上語・魚）
前後噉汝輩　不可復称**数**（上麌・魚）
今汝死在近　何為復諂**語**（上語・魚）
是身為無常　吾早欲棄**離**（平支・支）
魔今適我願　便持相布**施**（平支・支）
縁是得正覚　当成無上**智**（去寘・支）
志妙摩訶薩　三界中希**有**（上有・侯）

畢為度人師　得備将不**久**（上有・侯）
願以身自帰　頭面礼稽**首**（上有・侯）

両経ともに明らかな失韻も含まれるが、意図的な配慮がなされていたことは疑いえないだろう。『高僧伝』一の康僧会伝に、「また泥洹唄声を伝う。清靡哀亮にして一代の模式なり」（五〇・三二六上）とあり、また同巻一三の経師篇の終わりには、「ただ康僧会の造る所の泥洹梵唄は今に尚お伝う。即ち敬謁一契なり。文は双巻泥洹に出でたり。故に泥洹唄と曰う」（五〇・四一五中）とあることに注目できよう。[17] これは経典の翻訳にとどまらず、仏教音楽としての梵唄によっても仏教の拡張と浸透を企図したことを意味する。そしてこうした才知が偈の漢訳にも発揮されたものと推察されるのである。それは支謙が梵唄を作っていたことと事情は同じである。なお、第八句「終不為汝擘」の韻字が「繫」と押韻しないことについては、本書第二部第十二章を参照されたい。

⑨呉維祇難

呉の維祇難の伝は、『出三蔵記集』一三の安玄伝の附伝（五五・九六上）にあり、また『高僧伝』一（五〇・三二六中）には正伝がある。もとインドの出身で、外道を崇拝し火祠を祀っていたが、比丘の呪術に魅せられて出家する。その比丘に師事して三蔵四阿含を学び諸国を遊学してまわった。呉の黄武三（二二四）年に竺律炎（または竺将炎）とともに、『法句経』の梵本を携えて武昌に到る。そして当地で『法句経』を漢訳したという。

この『法句経』には偈が多く説かれており、中には有韻偈頌も見られる。ただし維祇難とその同行の竺律炎の二人は漢語を善くしなかったと伝えられている。そこで、その漢訳事業に携わっていた支謙の存在が大きく浮上してくるのである。現在見ることのできる『法句経』は支謙による再訳本に相違あるまい。この『法句経』の漢訳事情と偈頌の押韻に関する詳細は後述する（第二部第四章）。

⑩西晋法炬・法立

『法句譬喩経』の有韻偈頌（四・五七八下、五七九下、六〇七上）は、先の『法句経』や『中本起経』四（四・一五二下）、曇景『未曾有因縁経』下の偈（一七・五八七上）と同じ。漢訳者が有韻の偈頌を転用したのである。

⑪西晋法立・法炬

◎『諸徳福田経』（『出三蔵記集』二）

本経には九箇所のまとまった偈が説かれており（一六・七七七上～七七八下）、そのうちの七箇所の偈に押韻が認められる。なお、先の伝安世高訳とされる『奈女祇域因縁経』（一四・八九六下）と同じ偈がある。またこの法立・法炬の二人は竺法護の訳出事業にも参画している。ここでは二例のみを示す。

惟念過去世　供養為軽**微**（平微・脂）
蒙報歴遐劫　余福値天**師**（平脂・脂）
浄慧断生**死**（上旨・脂）　痴愛情無**遺**（平脂・脂）
仏恩流無窮　是故重自**帰**（平微・脂）　（一六・七七七中下）

三尊慈潤**普**（上姥・魚）　慧度無男**女**（上語・魚）
水果施弘報　縁得離衆**苦**（上姥・魚）
在世生華中　上則為天**后**（上厚・侯）
自帰聖衆祐（去宥・侯）　福田最深**厚**（上厚・侯）　（一六・七七八中）

⑫西晋竺法護

竺法護の伝歴やその漢訳事業をめぐる諸問題については、すでに先学の報告が少なからずあるので[18]、ここで論じることは屋上に屋を架することになるが、いささか確認しておきたい。竺法護の訳経において聶承遠・聶道真父子など、その他多数の助訳者が存在していたことは、『出三蔵記集』にある竺法護訳経典の経目・経序・伝記からうかがい知ることができる。直接間接に訳業に関わった者は、出家在家を問わず、合わせて三〇人の名を確認できるのである[19]。竺法護の漢訳は後世における国家事業としてのそれではなく、あくまでも私的事業ではあったものの、資料の上から察するに、組織を編成した大々的な共同作業の嚆矢となったことは明らかである。

さて、多くの助訳者に支えられた漢訳にあって、その訳文中に竺法護の原案がどれだけ残されたのか疑問なしとは言えない。たとえば、竺法護伝の附伝として紹介されている聶承遠の項には（五五・九八上）、

初め護（竺法護）、西域に於いて超日明経の胡本を得て訳出す。頗る繁重なること多し。時に信士の聶承遠ありて、乃ち更に詳しく文偈を正し、删りて二巻と為す。今の伝うる所の経これなり。承遠は明練にして才理あり、志を法務に篤くす。護公の出す経に多く参正す。

とある。すなわち、まず竺法護本人が『超日明三昧経』を漢語に訳したが、その訳文はひどく繁重であったために、それを聶承遠が詳細に文偈を正して、余分なところを削り二巻に仕立てたということである。さて、このように竺法護の訳文を聶承遠が改治したということは、その文章が何がしかの加減や改善が加えられていることは言うまでもないが、それでは「文質」（飾り立てられた文と朴訥なままの文、または意訳と直訳）という点についてはどうだろうか。それを語る資料が敦煌本の『衆経別録』（伯三七四七）の記載である。[20]

> 超日月（明）三昧経　無相定慧を以て宗と為す。質多し。晋武帝の時、沙門竺法護訳出し、優婆塞の聶承遠治定す。

「質多し」とあることから、たとえ聶承遠の刪訂が加えられていたにせよ、その文体は、なお「質」であったわけである。また『出三蔵記集』七の合放光光讃略解序第四（五五・四八上）にも、

> 光讃、護公は胡本を執り、聶承遠は筆受す。言は天竺に准じ、事は加飾せず。悉は則ち悉なりて、辞は質にして文に勝るなり。

と記されている。『光讃般若経』も聶承遠の幇助に負うものであるが、その文体は飾ることなく文よりも質に傾いていたというのである。これらによって、竺法護の訳文そのものが漢訳完成時点においても、なお保存されていたことがわかるだろう。

聶承遠がその子息の聶道真とともに、多く竺法護の訳経を輔佐していたことは、各種経序からうかがい知ること

ができる。(21)『出三蔵記集』九に載録されている『漸備経十住胡名并書叙』には、「聶承遠筆受、帛元信・沙門法度此人。皆長安人也」（五五・六二中）とあるように、彼は長安の出身であったようである。また『高僧伝』三（五〇・三四五下）の訳経篇には以下のようにある。

爰に安清（安世高）・支讖（支婁迦讖）・康会（康僧会）・竺護（竺法護）等に至るまで、並な世を異にするも時は一なりて、踵を継ぎて弘賛す。然るに夷夏は同じからず、音韻は殊に隔たれり。訓詁を精括するに非ざるよりは、領会すること良に難し。属、支謙・聶承遠・竺仏念・釈宝雲・竺叔蘭・無羅叉等あり、並な妙に梵漢の音に善くするが故に能く翻訳の致を尽くす。一言三復、詞旨分明なり。然に後に更に此の土の宮商を用って飾り以て成製す。

「妙に梵漢の音に善くする」漢訳者の中に、聶承遠が参画していることを勘案すれば、訳経事業において大いにその力量を発揮していたであろうことは想像できる。また、先に引いた『出三蔵記集』一三の竺法護伝に紹介されている聶承遠の伝（五五・九八上）に、

時に信士の聶承遠ありて、乃ち更に詳しく文偈を正し、刪りて二巻と為す。今の伝うる所の経これなり。承遠は明練にして才理あり、志を法務に篤くす。護公の出す経に多く参正す。

とあった。この記述は、同じく『出三蔵記集』二（五五・九下）で同経を著録して、

晋武帝の時に、沙門の竺法護、先に梵文を訳す。而るに辞義煩重なれば、優婆塞の聶承遠は文偈を整理し、刪りて二巻と為す。

とあり、また『高僧伝』一（五〇・三二七上）にも、

時に清信士の聶承遠あり。明解にして才あり、志を務法に篤くす。護公の出す経に、多く文句を参正す。超日明経、初めて訳すに、頗る煩重多し。承遠刪り正し今行わる二巻を得る。其の詳定する所の類は皆な此の如し。

とあるように、みな彼への評価は一致している。現在、『大正蔵経』一五巻に聶承遠の訳出として、『超日明三昧経』二巻を収めているのがそれである（これは助訳者が漢訳者として立てられて現在まで伝承された例である）[22]。このように竺法護の訳文を聶承遠が「詳正文偈」「整理文偈」「刪正」している。右に示した『高僧伝』の「其の詳定する所の類は皆な此の如し」が意味することは、竺法護の訳経の多くに助訳者として参画し、それらの経の文偈を詳正し整理し刪繁し、そして治定したということである。しかしそれであってもなお現存する竺法護訳経典の語彙や文体を通覧するにつけ、漢語の文章として練られておらず、どこか稚拙さと荒っぽさが残るように感じられるのは[23]、先に示した『衆経別録』の「多質」という評価と符合する。経序などでは、竺法護の訳文を称賛することもあり、確かに安世高に比べるならばそのとおりではあるが、もし呉の支謙の訳文と比較するならば、流暢さにおいて足元にも及ばない。

さて、本題の偈にもどる。竺法護の訳出経典に見られる偈の特徴としては、第三部の資料①《漢訳仏典有韻偈頌一覧表》に示したように、他の訳経者に比べると六言偈がめだつ。また三言や八言偈もあって、なかなか多彩である。これが単に原典に起因する問題かどうかは不明であるが、他の漢訳者にはない特色と言ってよいだろう。また、現存する竺法護訳経典の偈にあって、偶数句末が押韻しているものは、『鹿母経』・『如来独証自誓三昧経』・『生経』・『普曜経』・『龍施菩薩本起経』の五部である。『生経』三と『普曜経』五に見える有韻偈頌だけは、意図的に通押させていたようである。その詳細は後章で述べる。

『宋高僧伝』三にある（五〇・七二四上）、

半声とは則ち言音分明ならずして訛僻なり。此れ麁語なり。一に是れ麁にして細にあらず。五印度の時俗の言の如き是なり。二には唯だ細にして麁にあらず、法護・宝雲・奘師・義浄は声明音律を洞く解し、中天の細語と典言を用いて訳する者の如き是なり。

の記載は、竺法護がインドの声明音韻方面においては十分な知見を具えていたということを伝えている。よって竺法護らの訳経事業において、有韻偈頌として漢訳させていたことを否定することはできないようである。しかし、数多くの助訳者の存在も閑却できず、彼らの積極的な修訂によって漢訳がなされていたことも考慮しなければならない。そしてまた、竺法護訳経典中のほとんどの偈が押韻していないこと、そして『生経』と『普曜経』の通押偈があるとしても、それら両経の中に説かれている他の偈はみな無韻であるという事実もある。これは呉の支謙訳の経典中における偈が、一経全体に配慮がなされていることと大きく異なる。たとえば、東晋失訳の『般泥洹経』の訳者をめぐって、支謙と竺法護の両訳出説が立てられているが、筆者は支謙による訳出であると推断している。その『般泥洹経』の有韻偈頌は経中に広範囲にあらわれており、それは支謙訳の有韻偈頌経典の特色そのものであり、竺法護とは異質であるからなのである。

以上をまとめると次のようになる。竺法護の訳経における偈は、その句中の字数が多様であり、四言・五言・七言にはじまり、『決定総持経』には三言の偈もあり、他に六言偈を含む経典が六部、八言偈を含む経典が四部ほど確認できる。三言・六言・八言は漢訳中にあって数少ない訳偈であることから、竺法護が訳した偈の句式は、他の漢訳者と比べても顕著な相違を認めることができる。また押韻については、偶然の通押であったり、既訳の偈からの転用であったり、また竺法護に仮託されたと思しき経典（多くは支謙の訳出経典であろう）でもあることから、積極的に中華の詩律を配慮しつつ漢訳していたのではないように思われる。ただし、右に見た『生経』と『普曜経』の有韻の偈には、助訳者らの参画と何らかの関連がありそうだということである（後述する）。

⑬後秦鳩摩羅什

中国仏教史において三大翻訳家の一人に数えられる鳩摩羅什（三五〇～四〇九）[24]の訳出経典が、東アジアの仏教に大きな影響を与えたことは誰もが認めるところである。仏教伝来から四〇〇年を経てようやく漢訳体例の標準的規格が確定したと言える。そして現在においても、玄奘にはじまる新訳にまして広く用いられているのは、もっぱらその流麗な訳文のたまものである。つまり、単に漢訳された漢語としての文章表現だけではなく、読誦における句作りにも意図的な配慮が加味されているということである。その羅什の偈に対する漢訳方針や、とくに『大智度論』の有韻偈頌については後述する（第二部第七章）。

⑭宋求那跋陀羅

『高僧伝』によると、求那跋陀羅（三九四～四六八）は、劉宋の元嘉一二（四三五）年に南海を経て広州に入ったが、漢語を善くしなかったため、すぐには講経の依頼に応じることができなかった。しかし、夢中に感応を得て「宋語」を習得したという。この逸話の真偽はともかくとして、漢語の習得なくして、原典の韻文を有韻偈頌の体裁に漢訳することはおよそ不可能である。しかしながら、以下の二経の偈には韻律配慮がなされている。

◎『摩訶迦葉度貧母経』（一四・七六二下）

大千国土　仏為特**尊**（平魂・魂）
次有迦葉　能閉罪**門**（平魂・魂）
昔在閻浮　糞窟之**前**（平先・先）
為其貧母　開説真**言**（平元・魂）
時母歓喜　貢上米**瀋**（平元・魂）
施如芥子　獲報如**山**（平山・先）
自致天女　封受自**然**（平仙・先）
是故来下　帰命福**田**（平先・先）

◎『罪福報応経』（麗本のみ）（一七・五六三中）

賢者好布施　天人自扶**将**（平陽・陽）

施一得万倍　安楽寿命**長**（平陽・陽）
今日施善人　其福不可**量**（平陽・陽）
皆当得仏道　度脱於十**方**（平陽・陽）

求那跋陀羅が漢語を習得した後の訳出か、それとも梵漢両語に通じた助訳者による改治であると考えざるをえない。なお、前者の『摩訶迦葉度貧母経』は『出三蔵記集』で失訳とされており、『歴代三宝紀』から求那跋陀羅の訳経に編入されている。また後者の『罪福報応経』は『出三蔵記集』では未著録の典籍で、やはり『歴代三宝紀』から求那跋陀羅訳に編入されている。よって、そもそも求那跋陀羅を両経の漢訳者とみなすべきか否かも含めて検討しなければならない。

⑮元魏吉迦夜

◎『称揚諸仏功徳経』下（一四・一〇三上）

①徳如月満其如来　諸天最上為尊**雄**（平東・東）
此諸大尊徳中**王**（平陽・陽）　能為衆生除諸**殃**（平陽・陽）
②持諸仏名功徳**成**（平清・庚）　能浄諸刹為肅**清**（平清・庚）
其難得値此尊**経**（平青・庚）　少有衆生聞其**名**（平清・庚）
③若有信行而供**養**（上養・陽）　得大智慧勇力**強**（平陽・陽）
解了諸法無有**量**（平陽・陽）　当成一切正覚**王**（平陽・陽）

④正覚之法甚深**微**（平脂・脂）　不当於中起狐**疑**（平之・之）
当善信奉諸導**師**（平微・脂）　歓喜敬礼慎莫**疑**（平之・之）

漢訳仏典の有韻偈頌には、しばしばこのような毎句韻の例がある。①の「雄 -jaŋ」と「殃 -juŋ」は、この時期それぞれ東部と陽部に属しており、詩文中の用例は五つあるが、みな劉宋の用例である。②以下がすべて押韻していることから鑑みて、漢訳者の吉迦夜と曇曜としては、①偈にも韻律を配慮しようという意図があったはずである。

⑯南斉求那毘地

『出三蔵記集』一四の求那毘地伝（五五・一〇六下、『高僧伝』三、五〇・三四五上）、および同巻九の「百句譬喩経前記」（五五・六八下）によると、中天竺から中華に入ったのは建元年間（四七九～四八二）のはじめのことであり、永明一〇（四九二）年の九月一〇日に『百句譬喩経』一〇巻を訳出し、また『十二因縁経』、『須達長者経』各一巻をも漢訳している。その『百句譬喩経』一〇巻とは、現存する『百喩経』四巻である。巻数の相違はおそらく調巻によるものと考えられるが、現存本は一〇〇話ではなく、高麗版が九八話、宋元明の三本は九九話となっている。右の偈は第九〇話「地得金銭喩」に見えている。

◎『百喩経』（四・五五六下）
今日営此**事**（去志・脂）　明日造彼**事**（去志・脂）　→　三本作「此業」（入業・葉）
楽著不観苦　不覚死賊**至**（去至・脂）

匆匆営衆務　　凡人無不**爾**（上紙・支）
如彼数銭者　　其事亦如**是**（上紙・支）

初句の「事」は、宋元明の三本で「業」に作る。いずれが原初形態かは不明であるが、第二句との対句であれば「業」が採用されるべきである。あるいは高麗版が第二句の「事」にあわせ、また初句押韻の要請から校訂されたのかもしれない。押韻は蕭斉の韻部によると脂部と支部となるが、劉宋のころからこの両部の文字は通押するので、求那毘地に句末配慮の意図があったことは間違いなかろう。この時、すでに来華して十数年が経過していることからも、韻律への配慮が不可能ではなかったのかもしれない。ただしこの『百喩経』には他にも三箇所に偈が説かれているが、それらはすべて無韻となっており、ここだけが唯一の有韻偈頌である。

⑰涼代失訳『長者法志妻経』

従無数億劫　　積行難可**量**（平陽・陽）
慈愍于衆**生**　　使発大道**行**（平庚・庚）
三界猶如化　　一切悉空無（平虞・魚）　→　金蔵・房山金刻作「**行**」（平庚・庚）
能暁了此慧　　度脱諸十**方**（平陽・陽）
三十二相明　　姿好八十**種**（上腫・冬）
口出万億音　　功徳自厳**容**（平冬・冬）
雖処現三界　　開示三道**場**（平陽・陽）

三垢今已滅　除于三界**殃**（平陽・陽）
心如明月珠　処欲無所**着**（入薬・薬）
等行離愛憎　一切無適**莫**（入鐸・薬）　（一四・九四四中下）

天帝日月王　転輪四域**主**（上麌・魚）
威勢無幾間　不可久恃**怙**（上姥・魚）
在豪如朝**露**　夢中有所**睹**（上姥・魚）
覚以忽滅尽　不知所湊**処**（去御・魚）
五陰如幻化　三界由己**作**（去暮・魚）
三世以平等　道心無等**侶**（上語・魚）
諦解作是了　誰男何所**女**（上語・魚）
天帝聞斯言　黙然無所**語**（上語・魚）　（一四・九四五上中）

本経は『出三蔵記集』の「新集安公涼土異経録」（前涼の失訳経典）に収められているように、古訳時代に属す訳出経典である。「従無数億劫」ではじまる五偈二〇句は、諸本をもって校合することですべて通押となる。第六句「一切悉空無」は、高麗版および宋元明の三本では韻字を「無」としているが、趙城金蔵（『中華大蔵経』二四冊三三七頁中段）、および房山石経（『房山石経』一四冊八六頁上段）の金刻だけが「行」に作る。これによって陽部と庚部の通押となるのである。晋代やその前後の時代も含めて、この陽庚両部が通押する詩作の例は、少なからず存在する。

次の「天帝日月王」ではじまる五言一六句偈の第一〇句「三界由己作」の「作」は『広韻』の去声箇韻（造也）や入声鐸韻（為也）ではなく、去声暮韻（造也）がその読唱音であったはずである。

⑱梁代失訳『長者女菴提遮師子吼了義経』

其女菴提遮即以偈歎曰、

嗚呼大慈**悲**　知我在室**已**（上止・脂）
今賜一味食　尋仰睹聖**旨**（上旨・脂）

復以偈答彼化女曰、

我常念所思　大聖之所**行**（平庚・庚）　→　斯二七九「化」（去禡）
未曾与汝異　何事不清**浄**（去勁・庚）

其化女聞菴提遮説偈已、即没不現。其女菴提遮以心念誦偈言、

我夫今何在　願出見勝**尊**（平魂・魂）
願知我心浄　速来得同**聞**（平文・文）　→　通押例あり

爾時菴提遮浄心力故、其夫随念即至其所。是女菴提遮見其夫已、心生歓喜以偈歎曰、

嗚呼大勝**尊**　今随済我**願**（去願・魂）
不辞破小戒　恐当不同**聞**（平文・文）　→　通押例あり

其夫見菴提遮説偈言已、即還以偈責曰、

嗚呼汝大**痴**　不知善自**宜**（平支・支）
労聖賜余食　守戒竟何**為**（平支・支）
時女菴提遮即随其夫往詣仏所、各自礼仏及諸大衆恭敬而立。時女菴提遮以偈歎曰、
我念大慈悲　救護十方**尊**（平魂・魂）→斯二七九作「仏」（入物・質）
欲設秘密蔵　賜我浄余食（入職・職）→伯二三〇二作「**飯**」（去願・先）
大聖甚難会　世心有所**疑**（平之・之）
誰可問法者　発衆菩提**基**（平之・之）（一四・九六三上中）

我雖内室中　尊如目前**現**（去霰・先）
仁称阿羅漢　常随不能**見**（去霰・先）
大聖非是色　亦不離色**身**（平真・真）
声聞見波**旬**　謂是大力**人**（平真・真）
嗚呼今大徳　随聖少方**便**（去線・先／平仙・先）
不知本元由　於我生倒**見**（去霰・先）（一四・九六三下）

嗚呼今大徳　徒学不能**知**（平支・支）
自男生我女　豈非妄想非（平微・脂）→斯一六九・二七九・一六五三・二三〇二・聖語蔵本作「**悲**」（平脂・脂）

悔過於大衆　於法勿生**疑**（平之・之）
我上所言説　是仏神力**持**（平之・之）　（一四・九六四下）

本経は『開元録』六（五五・五三九上）において、はじめて著録される梁代失訳経典である。偈は他にも説かれているが、押韻するものは右の偈に限られる。また、本経には敦煌石室写本が少なからず残されており[25]、また正倉院聖語蔵にも神護景雲二（七六八）年御願経として現存している。それらを用いて校訂することで南北朝後期の韻部として十分に通押することが判明した。たとえば、「救護十方尊」と「賜我浄余食」とでは失韻となるが、敦煌本（伯二三〇二）によって校すると、「食」には「飯」の異読があることによって解消され、それをもって原初形態を復元できる可能性もでてくるのである。

⑲北周隋闍那崛多

ガンダーラ出身の闍那崛多（五二三～六〇〇）は、同学四人ともども北周の武成年間（五五九～五六〇）に長安に達し、漢語を習得した上で漢訳作業にとりかかっている。その訳経は前期と後期に分けることができ、前期は入京から建徳三（五七四）年の北周武帝による廃仏までであり、この間に共訳が九部、単訳が四部ある。後期は廃仏後の隋の開皇五（五八五）年から没する開皇二〇（六〇〇）年までで、『大唐内典録』五（五五・二七六上中）においては、三七部一七六巻が著録され、そのほとんどが現存している。

◎『一向出生菩薩経』

欲為臭穢魔所行　亦是地獄之因縁（平仙）
既知罪業悪道本　於他一切除嫉心（平侵）
名利恭敬親友捨　愛目平視諸衆生（平庚）
形顔端正甚奇妙　威光徳大色従容（平冬）
一切有為諍訟本　宜須捨離莫復**存**（平魂）
若能如是捨愛已　得入如是入法**門**（平魂）
慇懃日夜求諸法　専心正直楽菩**提**（平支）
如是常能親近法　心門畢現陀羅**尼**（平脂）　（一九・七〇〇下）

本経が漢訳された時期は、『歴代三宝紀』一二に、「開皇十五（五九五）年十一月翻、十二月訖。沙門僧曇筆受、沙門彦琮制序」（四九・一〇三下）とあるとおりである。ここに示した偈の押韻は決して十全とはいえないまでも（正倉院聖語蔵の天平一二年御願経も韻字に異同はない）、前半は平声の鼻子韻尾（-n, -ng, -m）をそろえていること、そして後半は明らかに押韻の配慮が施されていることがわかる。なお、この時期にはすでに『切韻』と同じ音系によって韻文が作られていた。

＊　　＊　　＊

以上のように、後漢から魏晋南北朝にいたる漢訳仏典における有韻偈頌を俯瞰してきた。ここで述べなかった訳者と訳経については、本書の各章各節において論じているので、そちらを参照されたい。

ところで、gāthāを有韻偈頌として漢訳すること、すなわちインド西域の韻文を中華（漢語）の韻文に転換することは、語義や内容の翻訳だけではなく、形態をも翻訳（転換）しようとする試みであった。後漢の安世高は形態に拘ることはなかったが、つづく支婁迦讖がはじめて中華の韻文の音数律を漢訳に導入した。すなわち一句中の字数を五言や七言に均一化することで、同一音節の繰り返しによる律動を歌曲としての偈に付帯させたのであった。さらに三国両晋になると韻律の配慮も加えられるようになり、南北朝期はそれでも少数ではあるが、漢訳者らの脳裏には、インド西域の韻文を、漢語の韻文の形態に転換せしめようという意識が芽生えていたのである。たとえ全編が有韻でなくとも、その一部分を意図的に押韻させている訳例があるのはそれを物語っている。ただ、過度に形態に傾いた文飾は危険である。それは仏典の漢訳にあっては、何よりも釈迦の金言を伝承することこそが漢訳者に求められる最重要課題だったからである。それは古訳時代や旧訳時代にしばしば問題とされてきた文体論でも問題にされてきていることである[26]。しかし、その一方で経典は読唱されるものである。したがって口誦するに便となる四字一句の偶数リズムが要求されることも事実である。経典みずからが口誦を奨励している『妙法蓮華経』の文体が好例である。まして中華の文章は美文でなければ評価されない。とくに仏教が受容されてくる魏晋南北朝の文壇といえば四六駢儷体が席巻した時期である。美文こそが知識人の証しであり、なおかつその文章が広範に流布していくことを思えば、たとえ漢訳仏典であろうとも、ひとたび漢語で綴られる以上は例外ではないはずである。

こうして漢訳者に求められたのは金言の正しい伝承という役割だけではなく、読唱の便という実効性や、漢語としての美文という汎用性をも考慮した上での漢訳が要請されていたに違いない。それは三国以後にしだいに漢訳の体例が定まり、それに従って時代に即応した漢語文体が陸続と翻訳されていくことからも首肯できるのである。つまり、この時期の経典に目をやれば、駢儷体はともかくとして、長行にあっては、四字を基調とした句作りの連続で文章が組み立てられ、それは一句が同音節で発声される誦経への配慮だけではなくて、漢語文章として美文である条件ともなる。また特に読誦を奨励していない経典であっても、その長行が概ね四字一句で漢訳されているのは、時代の文章論に即応せしめたことを物語っているのである。

おわりに

流沙を渡り、南海を越えて中国に齎された仏典は、それを将来した者、または彼を中心として組織されるグループによって漢訳されることが多い。当然ながら漢訳者やその成員に要求されることは、原意に忠実な漢訳である。ところが原意を忠実に訳そうとするあまり、漢語としてこなれた文章スタイルでなくなってしまうことがある。そこで訳文に工夫を加え修辞を施すと、逆に度を超えた意訳であると警告を受ける。ならばとばかりに意訳をとりさげると問題はふりだしにもどってしまう。この直訳と意訳の境界線をはさんで行きつ戻りつする訳者のディレンマは絶えず生じ、両者のせめぎあいの中で、仏典の漢訳規則が制定され、さらに修正が加えられていったのである。

本研究が問題とすることは、インド西域の原典が漢語に翻訳される際に、その韻文をいかに漢訳するかという点であり、漢訳者によるその知的な営みを解明することを主目的としている。しかし、韻律を配慮して漢訳することが、仏典の翻訳において正しい手法であったか否かは別の問題である。南北朝の前半までには、このような有韻偈頌を見ることができるが、南北朝以後の訳経には、隋唐で四部、宋で二部というように、かえって少なくなっていくことが、その是非を示唆しているように感じられる。漢訳仏典の翻訳体例[27]には偈の漢訳に関する具体的な規矩は定められていないが、しだいに詳細かつ体系化していく中で、やはり語義の翻訳がより重要であり、形態の転換がそれに優先されてはならないことが、漢訳者に意識されてきたのである。つまり、漢訳仏典における偈頌は、結局のところ無韻の偈頌という翻訳体例に収まったわけである。

註

（1）『出三蔵記集』に「三十四部」（五五・六中）とあるのは誤り。
（2）宇井伯寿『訳経史研究』（岩波書店、一九七一年）に収められる。なお、『大正蔵経』（一三・三九四中）に収められている『大方等大集経』巻五九・六〇の十方菩薩品について、宋元明の三本はみな安世高訳の「仏説明度五十校計経二巻」とするが、それは誤りである。
（3）大内文雄「中国仏教における通史の意識――歴代三宝紀と帝王年代録――」（『仏教史学研究』三三の二、一九九〇年）
（4）字種の算出においては、テキストに『大正蔵経』を用い、外字を処理した上で、師茂樹が作成したソフト morogram を使用した。
（5）前掲の宇井伯寿〔一九七一〕四三七～四五三頁を参照。
（6）『大正蔵経』四九に収められる『迦葉結経』一巻を含む。
（7）『仏書解説大辞典』第四巻一五七頁参照。
（8）前掲の宇井伯寿〔一九七一〕四三七頁。
（9）香川孝雄「敦煌本戸迦羅越六向拝経について」（『佛教大学研究紀要』五九、一九七五年）は、偈の中に説かれる大乗的な要素を指摘し、また「この偈は後世の付加であって、安世高の訳になるものではない」と述べている。さらに本経の訳者について「支謙が有力候補にあげられる」とも述べている。
（10）Singalovada-suttanta（Digha-nikaya 31）、漢訳異本には、西晋支法度訳『善生子経』、後秦仏陀耶舎・竺仏念訳『長阿含経』一一「善生経」東晋僧伽提婆訳『中阿含経』三三「善生経」がある。
（11）河野訓「初期中国仏教の仏伝をめぐる諸問題――「修行本起経」に関連して――」（『東洋文化研究所紀要』一一

三、一九九一年）を参照。

（12）"A New Look at the Earliest Chinese Buddhist Texts, *From Benares to Beijing: Essays on Buddhism and Chinese Religion* (edited by Shinohara Koichi and Gregory Schopen, Mosaic Press, 1991). なおこの論文には顧満林の中文訳「関於初期漢訳仏経的新思考」（『漢語史研究集刊』第四輯、巴蜀書社、二〇〇一年）がある。

（13）康孟詳の伝は詳らかにしえないが、『出三蔵記集』一三（五五・九六上）にわずかに記載されている。

（14）榎本文雄「法句譬喩経の成立について――『中本起経』の成立にからんで――」（『季刊アーガマ』一三〇、一九九四年）を参照。

（15）「讃菩薩連句梵唄三契」について、「讃菩薩」と「連句梵唄三契」に分けるべきかもしれないが、確証がもてないため、ここでは分けずに表記した。

（16）「煬」：三本は「揚」（平声陽韻）に作る。

（17）「双巻泥洹」とは、現今の東晋失訳『般泥洹経』のことであり、その巻上に説かれている「敬謁」を句頭とする「敬謁法王来　心正道力安　最勝号為仏　名顕若雪山　譬華浄無疑　得喜如近香　方身観無厭　光若露耀明　唯仏智高妙　明盛無瑕塵　願奉清信戒　自帰於三尊」（一・一七九中）の有韻偈頌に相当する。よって「敬謁一契」と呼称するのである。

（18）河野訓「竺法護の経典漢訳の特徴について」（木村清孝博士還暦記念論集『東アジア仏教――その成立と展開――』春秋社、二〇〇二年）にはそれらが紹介されている。

（19）横超慧日「広律伝来以前の中国に於ける戒律」（『中国仏教の研究』法藏館、一九五八年）、佐々木孝憲「竺法護の訳経について――正法華経読解のための基礎的考察――」（坂本幸男編『法華経の中国的展開』平楽寺書店、一九七二年）ではすべての名を列挙している。

（20）この目録には各経の経題をあげた下に、巻数、主題、文質、翻訳者と翻訳年代が端的に記されている。各経ごとに「文」「質」「文質均」「文多」「質少」「多質」「不文不質」「文多質少」などと文質を記載することは、他の経録に類例のないものである。内藤龍雄「敦煌出土「衆経別録（残巻）」」（『大崎学報』一二二、一九六七年）、同「敦

煌残欠本「衆経別録」について」（『印度学仏教学研究』一五巻二号、一九六七年）、白化文「敦煌写本《衆経別録》残巻校釈」（《敦煌学輯刊》一九八七年第一期）を参照。

(21) 前掲の佐々木孝憲〔一九七二〕を参照。

(22) 『出三蔵記集』によると、『超日月明三昧経』は竺法護の条にも、そして聶承遠の条にも著録されている。そして現行本は各版ともに聶承遠訳出となっている。はじめに漢訳したのはあくまでも竺法護であり、聶承遠はこれを改治したということである。これは助訳者が漢訳者として伝承された例である。

(23) これについてはしばしば先行研究で指摘されることである。前掲の河野訓〔二〇〇二〕。

(24) 羅什の生卒年時には諸説あるが、いま塚本善隆の「仏教史上における肇論の意義」（『肇論研究』法藏館、一九五五年）の説によった。

(25) 本経の校訂には、岡本嘉之「敦煌本「仏説長者女菴提遮師子吼了義経」校訂テキスト」（『東洋学研究』二四、一九八九年）がある。

(26) 漢訳仏典の文体論争については、丘山新「漢訳仏典に及ぼした中国思想の影響――古訳時代の文体論――」（『仏教思想史』二、一九八〇年）、「漢訳仏典の文体論と翻訳論」（『東洋学術研究』二二の二、一九八三年）、「漢訳仏典と漢字文化圏――翻訳文化論――」（シリーズ東アジア仏教第五巻『東アジア社会と仏教文化』春秋社、一九九六年）などを参照。

(27) 道安の「五失本三不易」は『摩訶鉢羅若波羅蜜経抄序』（『出三蔵記集』八、五五・五二中）にあり、彦琮の「十条」「八備」は『続高僧伝』二の彦琮伝（五〇・四三八下～四三九上）に、玄奘「五種不翻」は『翻訳名義集』序（五四・一〇五五上）に、賛寧の「六例」は『宋高僧伝』三（五〇・七二三中）にそれぞれ見られる。なお『宋高僧伝』には隋の明則（『続高僧伝』一〇、靖玄伝の附伝、五〇・五〇二中）が「翻経儀式」を撰述したと記している。これは『大唐内典録』五（五五・二八〇中）に著録される「翻経法式論一部十巻」のことであるが、残念ながら現存しない。

第三章　支謙の訳経における偈の詩律

はじめに

漢訳仏典に見られる大多数の偈頌が、中華の詩律に準拠しえないことについては、第一部第三章において「偈と詩」の項を設けて述べた。ここでそれを簡単に言うと、「偈」とは漢訳されたことによって、一句中の音節だけを均一化し、視覚的には韻文の体裁を有する、実は無韻の散文のことであり、「詩」とは『詩経』以来押韻を絶対条件とし、後になると数多くの格律が定められる中華独自の韻文のことである。漢訳仏典においては真理の伝達こそを優先することから、中華の詩律に合致させつつ翻訳させることは大きな困難をともなった。また仏教徒は漢訳された偈頌を詩とは称さなかった。それは詩と表記しえないほどの相違があったからである。単に無韻と有韻の相違のみにとどまらず、仏言（真理）と文学（虚構）の相違でもあったわけである。一方で、仏教徒が偈とするものを、非仏教徒は詩と称することがある。その場合、その偈には確かに詩律が具備されており、中華の詩としても評価することができたからに他ならない。

いずれにせよ、偈の翻訳においては語義の翻訳は可能であろうとも、インドの詩律を中華の詩律に転換しえないのが、翻訳における普遍的現象であり、また限界でもある。しかしそれを可能にする訳者も、わずかではあるが存在した。それが呉の支謙であった。本章はそれを確認するものである。これはまた、本来の gāthā を詩の形式をもって漢訳すべきか、音節数を整えただけの偈として漢訳すべきかという翻訳体例の問題にも関わってくるのである。

一、呉の居士支謙

支謙の伝は『出三蔵記集』一三（『大正蔵経』五五・九七中下）の支謙伝第六に初見する。生涯居士を貫いたことから『高僧伝』の正伝に列せられることはなかったが、同巻第一の康僧会伝（五〇・三二五上）に附伝として若干うかがうことができる。ここでは本章に関わるところのみを、他の資料を用いて関説するにとどめる。

祖父の代に大月氏から帰化した支謙は中華で生を享け(1)、漢民族としての教養を有していた。一三歳で外国の書物に学び六カ国語を習得し、支婁迦讖の資である支亮に師事して仏教や世間の芸学を広く修める。後に漢室の大乱によって呉に移り、呉主孫権に博士として抜擢重用され、東宮皇太子の輔導役にも任じられる。『高僧伝』はこのあとに、支謙が「韋曜諸人と共に匡益を尽く」（五〇・三二五上）したことを伝えている。この韋曜（韋昭。避諱により韋曜とする説あり）については、『三国志』呉志の「韋曜」の条に、「〔孫〕和廃後、為黄門侍郎。孫亮即位、諸葛恪輔政表、〔韋〕曜為太史令、撰呉書。華覈・薛瑩等、皆与参同。孫休践祚、為中書郎博士祭酒。命〔韋〕曜依劉向故事校定衆書。（中略）孫晧即位、封高陵亭侯、遷中書僕射職省、為侍中常領左国史」とあるように、中央政界で政務を執っていた人物である。太史令に任じられ『呉書』を編集する中で、孫晧が実父孫和（二五〇年に皇太子から庶子に降格）を本紀に載せるよう命じたが、孫和が帝位に就いていない事実を理由に、本紀ではなく列伝に載せるべきであると進言した。これによって孫晧の逆鱗にふれ、鳳凰二（二七三）年に収監され処刑されている。いずれにせよ、支謙が国政にも参与していたことは確実である。

また、支謙の訳経活動についてはその伝にあるとおり、黄武元（二二二）年から建興年間（二五二〜二五三）にいたる約三〇年である。実はこれは孫権の在位年間（二二二～二五二）に相当する。赤烏四（二四一）年に皇太子の孫登（二〇九～二四一）が三三歳の若さで死去すると、三男の孫和を皇太子に立てたが、四男孫覇との後継問題で紛糾した（二宮事件）。孫権はこれを打開するために赤烏一三（二五〇）年に七男孫亮（在位二五二～二五八）を皇太子にすえた。そして孫権が崩ずるや（二五二年四月）、わずか一〇歳の孫亮が帝位に就くとその輔導役を辞して穹隆山（または穹隘山）に隠棲している。建興年間にいたるまで経典の訳出につとめたというが、おそらくは孫権が崩じた建興元年四月までを意味するものであろう。[2] 皇位継承問題に辟易としたというよりは、孫権の死によって後ろ盾を失うとともに、皇太子の輔導の任を解かれたのであろう。支謙の訳経期間と孫権の在位期間が奇しくも一致することは、それを示唆している。

支謙が六〇歳にして穹隆山に死すと、呉主孫亮はその死を悼んで、

支恭明、疾む所を救わず、其の業は沖素を履み、始終高かるべし。之が為に惻愴として已むこと能わざるのみ。
（支恭明不救所疾、其業履沖素、始終可高。為之惻愴不能已已）（五五・九七下）

と書して諸僧に贈っていることからすれば、支謙の没年は孫亮が廃位された太平三（二五八）年以前ということになる。そしてみずからを輔導した師である支謙であったからこそ、孫亮はその死を悼んだものと考えられる。その孫亮も廃位からわずか二年、一八歳の若さで崩ずる。六男孫休による毒殺とも言われている。

支謙の没年は以上のように、孫権が崩御して後（二五二年四月一六日）、孫亮が廃位（二五八年九月）されるまでの間であるが、孫権が崩御して後、穹隆山に隠棲し、世間との交りを断ち竺法蘭とともに「五戒を更練」したとい

う。「更練」とはおそらく諸経典によりながらも、そこに中華の風土や漢民族の風俗・気質などを斟酌しつつ、在家者に容易に受け入れられるように五戒を解説したのであろう。藤田宏達は、それを〈無量寿経〉の五悪段であろうと推定しているが、[3]その当否はともかくとして、この更練した期間などを数年加えたとすれば、二五四年から二五八年に六〇歳で逝去したと考えられるのである。逆算すると生年は一九五年から一九九年ごろということになる。

ところで、支謙はなぜ出家しなかったのか。その意志がなかったと言えばそれまでであるが、一つには、当時中国人の出家が許可されていなかったことがあろう。はじめて公許がおりたのは朱士行の時であった。もう一つには出家作法（授戒作法）が行えるほどの環境が整っていなかったことも考えられる（具体的には三師七証の不備）。また、中インドの出身の曇柯迦羅は、魏の嘉平三（二五一）年に洛陽に来て、はじめて『僧祇律戒本』一巻を伝え、安息国の曇諦も正元初（二五四）年に洛陽において『曇無徳羯磨』一巻を訳出している。もちろん律蔵が漢訳されていなくとも授戒出家は可能であるが、当時の中国で律に対する意識が希薄だったことは確かである。

二、支謙の訳風

すでに述べたように、支謙の訳経活動の期間は、呉主孫権の在位期間と重なっている。すなわち黄武元（二二二）年から建興年間（二五二〜二五三）にいたる約三〇年の間に、江南の地で二七経を漢訳した（『高僧伝』康僧会の附伝では四九経とする）。孫権に信任されて「甚だ寵秩を加わう」とあることから、その得るところの俸禄をもって漢訳事業にあたったと推察される。その訳文は、「曲は聖義を得て、辞は文雅を旨とす」であったという。さらに〈無量寿経〉と『中本起経』にもとづいて「讃菩薩連句梵唄三契」を製したと記される。[4]

さて支謙訳経の特質については、支敏度の『合首楞厳経記』（『出三蔵記集』七、五五・四九上）に、越は才学深徹にして、内外備さに通ぜり。季世文を尚ぶを以て、時に簡略を好む。故に其の出だす経は頗る文麗に従えり。然るに其の属辞と析理は、文にして而も越えず、約にして而も義顕われり。真に深く入れる者と謂うべきなり。

とあるように、古来名訳の評価が下されている。(5) 確かに古訳時代にあって、支謙を越える訳経者は絶無と言えよう。

ここで偈の韻ということに限って、この支敏度による評価を確認すると、『出三蔵記集』の支謙伝からうかがえるように、「曲は聖義を得て」とは、訳経の際に音曲の配慮がなされていたことを想起させるものであり、また「讃菩薩」と「連句梵唄三契」を製したという記事は、たとえこれらが現存していなくとも、(6) 仏教讃歌であったことを十分に推察しうる。(7) してみると、六カ国語に通じていた支謙は、韻文原典を漢訳する際に可能な限りこの音楽的なリズムを活かしつつ翻訳しうる状況下にあったことが想定できる。句中の字数を五言や七言というように均一化させて偈を漢訳したことによって、視覚的には中華の詩文と同じ体裁になった。たとえ視覚的にでも詩としてのスタイルを具えているのだから、おのずから偶数句末の押韻も要求されてきたのだろう。ことに中華で生を享け、中華伝統の教養を具え、また仏教讃歌をも製作し、さらに東宮の輔導役に任じられるほどの力量であればこそ、原典の韻律を配慮しつつ偈を漢訳することは、支謙にとってあながち不可能ではなかったものと考えられる。

三、支謙訳経典における有韻偈頌

呉の支謙の訳経は、『大正蔵経』で五一部を数え、このうち『出三蔵記集』以来支謙訳とされているものは、(8) 多くとも二二経である。(9) まずこれを精査し、その後に伝支謙訳経典を検討する。これら五一部のうち、偈を含んでいる経典は二〇部あり、それらは四言・五言・六言・七言からなる偶数句がほとんどで、稀に一句中における字数の不統一や奇数句の偈も見られる。支謙の訳経中でも、まったく押韻しないものから、ほぼ完璧に押韻するもの、さらにその中間のものまでさまざまであり、以下に示すものはその中でも比較的よく押韻する偈であるので、必要に応じて原文を引いてみる。ここで引用しない他の有韻偈頌は、本書第三部の資料①《漢訳仏典有韻偈頌一覧表》を参照されたい。なお括弧には『切韻』（陸法言、六〇一年成立）の最終増訂本にして、その音韻体系を比較的忠実に継承しているとされる『広韻』（陳彭年、一〇〇八年成立）の韻目と三国の韻部を示した。ここから三国においてはどの韻部に含まれるかが了解されよう。また通押に関しては、羅常培・周祖謨『漢魏晋南北朝韻部演変研究』（科学出版社、一九五八年）、および周祖謨『魏晋南北朝韻部之演変』（東大図書公司、一九九六年）が有用であり、適宜参照に供した。

①『太子瑞応本起経』二巻（『出三蔵記集』二）

巻上と巻下にそれぞれ有韻偈頌が見られる。まず巻上末（三・四七七中下）には七言四句からなる一八の偈がある。これらの偈は、後漢竺大力・康孟詳訳『修行本起経』巻下（三・四七一上中）と同じものである。押韻すべき一八箇所中、少なくとも八偈が押韻する。これは帝釈天の楽神である般遮が詠みあげる歌讃である。「法苑雑縁原始集目録」（『出三蔵記集』一二）には僧祐が撰集した『法苑雑縁原始集』[10]六に「経唄導師集」があり、そのリストには当時作られた梵唄が列記されている。その最初に「帝釈楽人般遮瑟歌唄　第一　出中本起経」（五五・九二上中）と記されている。帝釈天の楽人である般遮瑟の歌唄が、『中本起経』を出典としているということである。しかし現存する『中本起経』にはそれらしきものは見あたらず、むしろこの『太子瑞応本起経』、または『修行本起経』から取材されたものではないかと思われるのである。[11]以下に示す。

1比丘何求坐樹下　楽於林藪毒獣間（平山・寒）
雲起可畏窈冥**冥**　天魔囲繞不以**驚**（平庚・庚）
2古有真道仏所**行**　恬惔為上除不**明**（平庚・庚）→『修行本起経』作「**祥**」（平陽・陽）
其城最勝法満**蔵**　吾求斯座決魔**王**（平陽・陽）
3汝当作王転金輪　七宝自至典四**方**（平陽・陽）
所受五欲最無比　斯処無道起入**宮**（平東・東）→通押例あり
4吾観欲盛呑火銅　棄国如唾無所**貪**（平覃・覃）
得王亦有老死憂　去此無利勿妄**談**（平談・談）
5何安坐林而大語　委国財位守空**閑**（平山・寒）
不見我興四部兵　象馬歩兵億八**千**（平先・寒）→『修行本起経』作「十八億」（入職・職）
6已見猴猿師子面　虎兕毒蛇豕鬼形（平青・庚）
皆持刀剣擭戈矛　超踔哮吼満空中（平東・東）
7設復億姟神武備　為魔如汝来会**此**（上紙・支）
矢刃火攻如風雨　不先得仏終不**起**（上止・之）→通押例あり
8魔有本願令我退　吾亦自誓不虚還（平删・寒）
今汝福地何如仏　於是可知誰得勝（去証・蒸）
9吾曾経身快布施　故典六天為魔王（平陽・陽）
比丘知我宿福行　自称無量誰為証（去証・蒸）

10吾昔行願従定光　受別為仏釈迦**文**（平文・真）
怒畏想尽故坐斯　意定必解壊汝**軍**（平文・真）
11我所奉事諸仏多　財宝衣食常施人（平真・真）
仁戒積徳厚於地　是以脱想無患難（平寒・寒）
12菩薩即以智慧力　伸手案地是知**我**（上哿・歌）
応時普地砰大動　魔与官属顛倒**堕**（上果・歌）
13魔王敗績悵失利　惛迷却踞前画地（上至・脂）
其子又暁心乃悟　即時自帰前悔過（上過・歌）
14吾以不復用兵器　等行慈心却魔怨（平元・寒）
世用兵器動人心　而我以等汝衆**生**（平庚・庚）
15若調象馬雖已調　然後故態会復**生**（平庚・庚）
若得最調如仏性　已如仏調無不仁（平真・真）
16姟天見仏擒魔**衆**　忍調無想怨自**降**（平江・冬）
諸天歓喜奉華臻　非法王壊法王勝（去証・蒸）
17本従等意智慧力　慧能即時攘不祥（平陽・陽）
能使怨家為弟子　当礼四等道之証（去証・蒸）
18面如満月色従容　名聞十方徳如**山**（平山・寒）
求仏像貌難得比　当稽首斯度世**仙**（平仙・寒）

次に巻下に説かれている偈は三箇所にまとまって見られ、はじめ（三・四七九上）は失韻であるが、それらは諸経にも散見する偈である。[12] 次の偈（三・四七九下）は韻字「快」で統一されており、そして左に引用する三つめの偈（三・四八〇上中）は、高麗版と宋元明版に用字の相違があり、それらを韻にもとづいて取捨すると、[13] 一〇偈中に実に九偈が押韻することになる。いま紙面の都合もあり、その一〇偈のみを示す。なおこの偈の全文は、後に竺法護『普曜経』（三・五二七中）に編入され、また1から4の四偈は西晋失訳『長寿王経』（三・三八七中～三八八上：房山隋唐刻・遼金刻経、高麗版のみ）にも編入されることになる。

1聴我歌十力　棄蓋寂定**禅**（平仙・寒）　→　三本「禅定（去径・庚）」、麗本ニ拠ル[14]
光徹照七天　徳香踰栴**檀**（平寒・寒）
2上帝神妙来　歎仰欲見**尊**（平魂・真）
梵釈齋敬意　稽首欲受**聞**（平文・真）
3仏所本行願　精進百劫**勤**（平欣・真）
四等大布施　十方受弘**恩**（平痕・真）
4持戒浄無垢　慈軟護衆**生**（平庚・庚）
勇決入禅智　大悲敷度**経**（平青・庚）
5苦行積無数　功勲成於**今**（平侵・侵）
戒忍定慧力　動地魔已**擒**（平侵・侵）
6徳普蓋天地　神智過霊聖（去勁・庚）　→　三本作「霊**皇**」（平唐・陽）

相好特無比　八声震十方（平陽・陽）
7志高於須弥　清妙莫能論（去慁・真）
永離婬怒痴　無復老死患（去諫・寒）
8唯哀従定覚　愍傷諸天人（平真・真）
為開法宝蔵　敷恵甘露珍（平真・真）
9令従憂畏解　危厄得以安（平寒・寒）
迷惑見正道　邪疑睹真言（平元・寒）
10一切皆願楽　欲聴受無厭（去艶・談）↓「無厭」敦煌本作「令融」（平東・東）
当開無死法　垂化於無窮（平東・東）↓コノ第十偈ノミ失韻

さて、敦煌写本中の『衆経別録』（伯三七四七）には、[15]「詠瑞応偈一巻　明成仏降魔事　文多質少」と記されている。ここにある「詠瑞応偈一巻」は、現行の『太子瑞応本起経』と関連していると思われる。本経には、降兜率から初転法輪、そして優為迦葉ら三兄弟の入信までが描かれており、経中にあらわれる四箇所の偈はそれぞれ、降魔・成仏・龍王帰仏・梵天勧請である。敦煌本『衆経別録』にある「明成仏降魔事」という記事から、この「詠瑞応偈」は、成仏と降魔の二相だけを用いたのかもしれない。[16]とすると、巻上末の一八偈と、巻下の三箇所の偈すべてがそれに含まれるのである。この『太子瑞応本起経』における二箇所の有韻偈頌のうち、前者は魔が菩薩に降伏された後に、菩薩に向かって説いた偈であり、後者は成仏した後の梵天勧請において、般遮が琴を弾きながら歌った偈である。[17]その直後にある偈はやはり成仏を内容としている。さらにその『衆経別録』に著録される他の偈、

『胡音偈本』・『後出阿弥陀仏偈』・『陀羅尼偈経』・『讃七仏偈頌』・『怛悊尼百句』・『阿弥陀偈』が、その文体を「質」とされるのに対して、『詠瑞応偈』だけが「文多質少」とされていることから、現存の『太子瑞応本起経』における有韻偈頌と関連していたのではないかと推察されるのである。残念ながらこの「詠瑞応偈」一巻は現存しないが、この『衆経別録』の記載から、当時は単独で伝えられていたということがわかる。また、『高僧伝』一三の経師篇には本経によって多くの梵唄が製作されたことを記している。釈僧弁の条には、「弁、伝古維摩一契・瑞応七言偈一契」（五〇・四一四中）、釈慧忍の条にも「製瑞応四十二契」（五〇・四一四下）、さらに魏陳思王曹植についても「刪治瑞応本起、（中略）在契則四十有二」（五〇・四一五上）とある。よって本経は梵唄という仏教音楽の雛形になりやすい素地をもっていたのである。そしてそれこそ本経の有韻偈頌であったものと推察されるのである。

②『維摩詰経』二巻（『出三蔵記集』二）

本経の押韻に関しては、すでに山口久和が指摘しているが[18]、ここで具体的に通押の数値を示してみよう。敦煌写本における鳩摩羅什訳本は八一二点[19]あるにもかかわらず、支謙訳本はロシア科学アカデミー東洋学研究所（サンクトペテルブルグ支部）の二本（孟六八五・孟二二七五）[20]など、数点を確認するのみである。

まず巻上に七言四句からなる一〇偈があり、うち八偈が押韻する。つづいて巻下には五言四句からなる四〇偈があり、うち半数以上の三二偈が押韻している。このように巻上巻下ともに全体の半数を超える偈が押韻していることになる。なお、『高僧伝』一三の経師篇九に立伝される釈僧弁の条には、「弁、伝古維摩一契」（五〇・四一四中）とあるように、僧弁が本経によって梵唄を伝えたことを記している。おそらくは巻上の仏国品に説かれる七言の有韻偈頌を取り入れて独自に梵唄を製したのではなかろうか。その長者子の宝事童子が仏や仏国を讃えた七言偈（一四・五一九下〜五二〇上）のみをあげる。

清浄金華眼明好　浄教滅意度無極（入職・職）
浄除欲疑称無量　願礼沙門寂然迹（入昔・薬）
既見大聖三界将　現我仏国特清**明**（平庚・庚）
説最法言決衆疑　虚空神天得聞**聴**（平青・庚）
経道講授諸法王　以法布施解説**人**（平真・真）
法鼓導善現上義　稽首法王此極**尊**（平魂・真）
説名不有亦不無　以因縁故諸法**生**（平庚・庚）
非我不造彼不知　如仏清浄無悪**形**（平青・庚）
始在仏樹力降魔　得甘露滅覚道**成**（平清・庚）
以無心意而現**行**　一切異学伏其**名**（平清・庚）
三転法輪於大千　受者修正質行**清**（平清・庚）
天人得見従解法　為現三宝於世**間**（平山・寒）
仏所説法開化人　終已無求常寂**然**（平仙・寒）
上智慼度老死畏　当礼法海徳無**辺**（平先・寒）
供養事者如須**弥**　無誡与誡等以慈（平之・之）
所演如空念普行　孰聞仏名不敬承（平蒸・蒸）
今奉能仁此慈蓋　於中現我三千世（去祭・祭）
諸天龍神所居宮　犍沓和等及閲叉（平佳・支）

以知世間諸所有　十力哀現是変化（去禡・歌）→三本作「此化**変**」（去線・寒）
衆睹希有皆歎仏　稽首極尊大智**現**（去霰・寒）

③『八師経』一巻（『出三蔵記集』二）

五言八句の偈が八つあり、それぞれ四句ずつの換韻のようであるから、一六の押韻単位があるものと考えられる。このうち一五に通押が認められる。

酔者為不孝　怨禍従内**生**（平庚・庚）
迷惑清高士　乱徳敗淑**貞**（平清・庚）→三本作「真」（平真）
吾故不飲酒　慈心済群**生**（平庚・庚）
浄慧度八難　自致覚道**成**（平清・庚）……（一四・九六五下）

念人衰老時　百病同時**生**（平庚・庚）
水消而火滅　刀風解其**形**（平青・庚）
骨離筋脈絶　大命要当**傾**（平清・庚）
吾用畏是故　求道願不**生**（平庚・庚）……（一四・九六六上）

我惟老病死　三界之大**患**（平刪・寒）

福尽而命終　気絶於黄**泉**（平仙・寒）
身爛還為土　魂魄随因**縁**（平仙・寒）
吾用畏是故　学道昇泥**洹**（平桓・寒）……（一四・九六六上）

④『長者音悦経』一巻（『歴代三宝紀』五、『出三蔵記集』では失訳）

本経の経録における扱いは、『出三蔵記集』・『法経録』・『彦琮録』で失訳とし、『歴代三宝紀』ではじめて支謙訳に編入され、以後『大唐内典録』からこれが踏襲されるようになる。四言一六句からなる偈の押韻は完璧で、中途で換韻されている。本経には同一の偈頌が二度見られる（一四・八〇八中・八〇九上）。なお房山石経には隋唐刻として保存されている。[21]

長者今日　吉祥集**至**（去至・脂）
一切福応　室族吉**利**（去至・脂）
昔所殖福　其報有**四**（去至・脂）
大小歓悦　世間無**比**（去至・脂）
諸天龍神　咸為降**伏**（入屋・屋）
快哉長者　猥獲吉**福**（入屋・屋）
如春種禾　秋則成**熟**（入屋・屋）
先作後受　影報随**逐**（入屋・屋）

⑤『黒氏梵志経』一巻（『歴代三宝紀』五、『出三蔵記集』では失訳）

本経には総計八つの偈があり、このうち後の四偈において通押している。なお、房山石経には隋唐刻として保存されている。[22] このことから、以下にあげる偈は通押を認められよう（一四・九六七下）。

光明踰日月　智慧猶大**海**（上海・咍）
大慈無極**哀**　十方悉欣**戴**（去代・咍）
衆生流三**界**　無数億万**載**（上海・咍）
応病授法薬　宣暢大弁**才**（平咍・咍）
雖現入生死　周旋無往**来**（平咍・咍）
勧化令精進　罪福無能**代**（去代・咍）
努力勤精進　勿為欲所**災**（平咍・咍）
降衰四魔除　道成無罣**礙**（去代・咍）

⑥『撰集百縁経』一〇巻（『法経録』六、『出三蔵記集』では未著録）

有韻の偈は、以下に引く巻一〇のわずか二偈のみ（四・二五五中下）であるが、竺法護『普曜経』（三・五三四上）や、『長寿王経』（三・三八七下）にも同じ偈がある。経録による限り、『出三蔵記集』で未著録であり、『法経録』六（五五・一四四中）ではじめて支謙訳とされる。それ以後『彦琮録』・『静泰録』・『開元録』はすべて支謙訳とする。

吾師天中天　三界無極尊（平魂・真）
相好身丈六　神通遊虚空（平東・東）
（長行あり。中略）
花熏去五陰　抜断十二根（平痕・真）
不貪天世楽　心浄開法門（平魂・真）

＊　＊　＊

以上のごとく詩律からすると、『出三蔵記集』以来支謙訳とされる経典では、『太子瑞応本起経』、『維摩詰経』、『八師経』の三経に、また後の経録で支謙訳とされる『長者音悦経』、『黒氏梵志経』、『撰集百縁経』にもそれぞれ脚韻の配慮が施されていることが判明した。これは漢訳者別に調査すると突出している。五世紀末にほぼ規格化する句中の平仄はうまく配置されることはないが、脚韻の状況からして、偈から「詩的なもの」へと支謙が志向していたことを思わせるのである。また支謙が活躍した三国当時は、韻と声調に関する明確な規定が設けられておらず、このため通押の許容範囲は方言や個人の感覚に委ねられること、そして三国における作詩の分量は必ずしも多くはなく、そのため周祖謨〔一九九六〕の合韻表のそれは当時のすべての分合を示しているわけではないことから、あるいはさらに緩く大まかな通押を認めていたであろうことは十分に予想可能である。たとえば、先の『維摩詰経』での「極」（職部）と「迹」（薬部）の通押は晋代になってからあらわれる事例であり、『太子瑞応本起経』の「貪」（覃部）と「談」（談部）については、談部を韻字とする作詩例がもともと三国には存在しないのである。こうした韻部が三国の詩においてその例を検出しえないからといって、失韻であったと考えるのは早計であり、おそらくは通押していたことが予想できるのである。また支謙は後漢の動乱によって、中原から江南に移っている。伝記からして彼の訳経はすべて江南でなされているが、かつての生活の拠点であった北方の字音がまったく偈の脚韻に反映されてないとは断言できない。よって、たとえば上引の『黒氏梵志経』のように各声調間における通押は、とくに四声相配の上声と去声の声調間における異調通押や、隣韻通押などは、古体詩ではしばしば散見されることから、十分に考えられることである。もし上声と去声だけでなく、平声と仄声の用字全般に通押を認めるならば、支謙訳偈頌における失韻はいくぶん減少することになり、それは支謙による自覚的な韻律配慮の実数に近づくことになると思われる。

ただしかし、その一方で『義足経』、『菩薩本業経』、『私呵昧経』以下、ほとんどの経には、まったく韻律配慮がなされていないことも事実である。加えて偈頌の割裂の現象や、句中の字数の不統一も見られる。[23] このように支謙は、みずからが翻訳を手がけた経典のすべての偈頌に対して、韻律や句作りを配慮していたというわけではなかったことも、あわせて留意しなければならないことである。

経典は真理を伝達する媒体であり、そこに含まれる偈頌も例外ではない。インド原典では韻文であるとしても、それは中華の詩のような純文学とは異質なものである。インドの真理が中華の文学に向かって過剰に傾斜してゆくと、鳩摩羅什のことばにあるように、時として、真理が歪まざるをえない弊害をともなう（本書第二部第七章参照）。なぜなら飾り立てられた文章は文学であり、虚構に陥るからである。[24] ただ厳密な意味での翻訳となると、意味内容などの《原意》だけでなく、音節数や韻律と結構などの《形式》も含めてなされるべきである。よって原典の偈の韻律は、翻訳後においてもそれを配慮するのが忠実な翻訳と言える。しかしそれは実際崇高な理想でしかなく、現実的には不可能な場合がほとんどである。そこには異なる言語に転換する際の不可避の限界が横たわっている。もし《形式》（虚構・文）をも完全に転換すると、つまり韻律全般を配慮して翻訳することにとらわれると、《原意》（真理・質）を損なうことにもなりかねない。支謙はこの二者択一を前にして、『太子瑞応本起経』や『維摩詰経』など数部の経典において、その《原意》と《形式》の両者を択ることで、真理と文学性の双方を活かし、漢民族の嗜好に適した翻訳を実現させたのである。漢民族の嗜好としては、美しい文章に価値を認め、単なる原典の直訳では重用されることはない。漢語で綴られる文章は、韻文でも散文でもすべてこの美文が要求された。それは仏典といえども例外ではない。訳経の文体に関して、古くから文質論争がとりざたされてきたのは、これを物語っており、かの道安が示した翻訳体例（五失本三不易）の第二失に「胡経は質を尚ぶ。秦人は文を好む。伝うるに衆心に可うは、文に非ずば合せず」（五五・五二中）とあるのはよく知られている。中華においては、漢語に翻訳されると同時に、それはすでに中華の文献になるわけで、当然そこには装飾的な文のあるスタイルが要求されてくるのである。やはり中華で生を享けた居士支謙であったからこそ、文質双方を活かすことが可能だったのではなかろうか。

さてこの文質論争を偈頌の翻訳にあてた場合、文とは《形式》であり有韻の偈をさし、質とは《原意》であり無韻の偈である。そしてこれをいささか乱暴に分類すると、文は飾り立てられた虚構の産物で、質は飾りのない真実の仏言となる。これまで文質論争をめぐる考察は、きまって長行（散文）のみか、または偈頌と長行を不可分のままに取り扱ってきたが、上記したような偈頌についても、文質論争の俎上にのせて考察の対象としなければならないのである。支謙の訳風について、支敏度が『合首楞厳経記』（五五・四九上）において、

> 其の属辞と析理は、文にして而も越えず、約にして而も義顕われり。

と述べたのは、支謙訳経の長行（散文）だけではなく、偈頌（韻文）も含めた評価であったものと信じる。

おわりに

古訳時代を代表する漢訳者支謙の仏典に見られる偈を検討することによって、中華で生を享けた居士支謙は、中華の詩律（脚韻のみ）を念頭におきつつ翻訳していたことが明らかとなった。仏典が多く漢訳された後漢末から魏晋南北朝隋唐にいたる中華の散文においては、四六駢儷文が盛行した時期であり、仏典においても駢儷はともかくとして四六のリズムが受容されてくる。そしてこれに同じく、偈頌においても支謙をはじめとする若干の漢訳者によって中華の韻文の格律が取り入れられる。それは仏典の偈における中華の韻文への傾斜である。そしてこれら仏典の長行と偈頌における、中華の散文と韻文の受容は、他でもなく読誦・暗誦における実用性と、美文を志向した文学性に求められる。

文字の文化とも称される中華にあっては、その文体が当該文献の存亡を大きく左右するものである。仏教文献であろうと、一旦漢語に転換されると、それはすでに中華の文献となる。より広く読まれ諒解されるには、その時代の文学界の要求に応じなければならない。このように仏典の文体における中華への傾斜は、もとより必然性があったわけである。つまり、仏典の偈は真理でありながら同時に、そして本来的に文学性を内包し、中華の詩は文学でありながら、やはり『詩経』（大序）や『論語』にはじまり、梁の『文心雕龍』にいたってなお復唱されるように、実質的に真理を含んでいることを意味するのである。本来的に二律背反する真理と虚構は、仏典の偈において一徹融和する。この一見して不可思議な構造というのは、中華の教養を有し、漢民族の立場に身をおける文章家（知識階級者）だけが意識しえる特権であり、またそうした文章は必然的に求められたのである。先には真理を「質」とし、虚構を「文」としたが、支謙は『論語』（雍也）にある「文質彬彬」を、長行のみならず偈頌の漢訳においても実現したのであった。

インドのgāthāを中華の詩形をもって翻訳することは不可能ではなかった。『大正蔵経』第一巻から第三二巻にいたる一六九二部の漢訳仏典のうち、約六〇部の典籍に有韻偈頌が含まれている事実がこれを証明している。[25] しかしながら、そのように配慮して漢訳すべきか否かは、また別の問題である。翻訳の体例が確定していく唐以後の訳経には、かえって有韻偈頌は見られなくなっていくことが、いみじくもそれを示唆している。真理をより正しく伝える観点からすれば、確かに鳩摩羅什の翻訳体例を範とすべきであり、「詩」ではなく「偈」として翻訳することが求められて当然である。漢訳者は、この「詩」と「偈」の狭間にあって選択をせまられ、隋唐以後の訳経において、結局はは無韻の「偈」という、おさまるべきところにおさまったものと思われる。

註

（1）「合首楞厳経記」（『出三蔵記集』七、五五・四九上）によると、祖父ではなく父の代で帰化し、中華で生を享けたとある（「又有支越、字恭明。亦月支人也。其父亦漢霊帝之世、来献中国。越在漢生」）。

（2）支謙が輔導した東宮（皇太子）とは誰であろうか。孫権が皇位に就くと長男の孫登が東宮に入る（二二二）がその後病死する（二四一）。次男の孫慮はすでに二〇歳で夭逝している（二三二）。そこで三男孫和を一度は立てるが（二四二）、四男孫覇との間に起きた継承問題（二宮事件）によって後に廃され（二五〇）、七男孫亮が皇太子となり、孫権の死をもって帝位に就くのである。したがって、黄武元年から建興年間までの皇太子は、孫登（二二二～二四一）、孫和（二四二～二五〇）、孫亮（二五〇～二五二）の三人ということになる。また、高麗版に「太子登位、遂隠於穹隘山」、宋元明の三本にある「太子登位卒、遂隠於穹隆山」について、もし高麗本「太子が帝位に就くと」であれば太子は孫権の七男孫亮でしかありえず、三本「太子の登が位より逝去すると」であれば太子は孫権の長兄である孫登となる。しかし三本の「太子登位卒」は漢語としてこなれておらず、後に付加された感は否めない。あるいは三本は「太子登位、卒遂（遽）隠於穹隆山」と読むべきかもしれない（「卒遂（遽）」＝にわかに」）。いずれにせよ、太子は孫亮であって、父孫権の崩御によって即位した。

（3）藤田宏達『原始浄土思想の研究』五三頁（岩波書店、一九七〇年）

（4）この「無量寿」は現今の康僧鎧訳と伝えられる『無量寿経』二巻ではない。支謙が披閲できたのは古訳の『大阿弥陀経』と『無量清浄平等覚経』のみである。そして偈が説かれているのは後者である。よって、『高僧伝』にある「無量寿」とは偈頌を説いている『無量清浄平等覚経』であり、慧皎が『高僧伝』を編纂したときにはすでに漢訳されていた『無量寿経』の名を借用したことによるのだろう。また、「製讃菩薩連句梵唄三契」の訓みについては、鎌田茂雄『中国仏教史』第一巻、二二六頁（東京大学出版会、一九八二年）は、「讃菩薩」と「連句梵唄三契」に分けているが、ここでは確証がないので、分けずに表記した。これは『出三蔵記集』一二の「法苑雑縁原始集目録」にある「支謙製連句梵唄記」（五五・九二上中）とあることに従ったのであろう。なお胡適は「仏教的翻訳文学（下）」（『白話文学史』上巻、上海新月書店、一九二八年）において、「一契、如今人説一只曲子」と述べているように、契とは歌曲を数える量詞である。

（5）ただし僧叡撰「思益経序」（『出三蔵記集』八、五五・五八上）には、支謙の翻訳に関して批判的な叙述がある。

（6）『高僧伝』一三経師篇第九に「其の後、居士の支謙、また梵唄三契を伝うも、みな煙没して存せず」（五〇・四一五中）とあるように、慧皎の時世にはすでに佚していたことになる。

（7）鎌田茂雄は、『出三蔵記集』一二の「帝釈楽人般遮瑟歌唄」であると指摘しているが（前掲書二二五頁）、早くは湯用彤が『漢魏両晋南北朝仏教史』上冊第六章「仏教玄学之濫觴」の支謙の項で指摘している（初版は一九三八年、中華書局版は一九八三年）。

（8）道安『綜理衆経目録』では三〇部であり、これを僧祐が「別録の載す所なり。安録に無し」（五五・七上）として、さらに六部を加えている。

（9）小野玄妙編纂『仏教経典総論』（四八頁、大東出版社、一九三六年）は、支謙訳経典について、歴代の各目録と

『大正蔵経』の存欠を対照している。
(10)『法苑雑縁原始集』については、菅野龍清「法苑雑縁原始集経唄導師集について」(『印度学仏教学研究』四九巻二号、二〇〇一年)を参照。
(11) 藤田宏達〔一九七〇〕五四頁の註記(13)を参照。
(12) 後漢竺大力・康孟詳訳『修行本起経』巻下(三・四七二中)、東晋失訳『般泥洹経』巻下(一・一八七中)、西晋竺法護訳『普曜経』六(三・五二三上)とほぼ同じ偈である。
(13)「定禅」(麗本)と「禅定」(三本)、「聖」(麗本)と「皇」(三本)の相違があり、韻にもとづいて取捨すれば、麗本の「定禅」と三本の「皇」を採らねばならない。
(14)『普曜経』および『長寿王経』、ともに「定禅」に作る。
(15)『敦煌宝蔵』一三〇巻三四一頁上。なおキャプションには「三乗通教経録」と記されている。
(16) 敦煌本『衆経別録』については、内藤龍雄「敦煌出土「衆経別録(残巻)」」および「「衆経別録」の目録学的研究(上)」(『大崎学報』一二二・一二四、一九六七年・一九六九年)、白化文「敦煌写本《衆経別録》残巻校釈」(《敦煌学輯刊》一九八七年第一期)を参照。また「詠瑞応偈一巻」については、他の経録にはまったく著録されていない。
(17) 霍旭初「〝般遮瑞響〟考」(『敦煌学与中国史研究論集』二〇〇一年、後に同氏『考証与弁析――西域佛教文化論稿――』新疆美術撮影出版社、二〇〇二年)を参照。
(18) 山口久和「支謙訳維摩経から羅什訳維摩経へ――訳経史研究の支那学的アプローチ――」(『印度学仏教学研究』二六巻一号、一九七七年)を参照。
(19) 江素雲『維摩詰所説経敦煌写本綜合目録』(台北東初出版、一九九一年)による。
(20) 孟列夫(メンシコフ)『俄蔵敦煌漢文写巻叙録』(上海古籍出版社、一九九九年)によると、偈を含まない章品のようである。なお、玄奘訳本も同じくロシアに四点収蔵されているようである。
(21) 中国仏教協会編『房山石経　隋唐刻経3』六〇四頁(華夏出版社、二〇〇三年)

(22) 同右六一八頁

(23) 句中の字数の不均衡は、たとえば支謙訳『七女経』の偈（一四・九〇八中下）に見られる。また詞彙の割裂の現象については顔洽茂『仏教語言闡釈——中古仏経詞匯研究——』一八〇頁（杭州大学出版社、一九九七年）で指摘されている。支謙訳『慧印三昧経』（一五・四六四下～）の一例を示すと、詞語が句をまたいでいることがわかる。

我自念無央　数恒辺沙劫　爾時於世有　仏名為福名

教授世間住　寿六十七劫　爾時法王衆　僧復無央数

(24) 文学が虚構というのは、あくまでも方外の士の立場からである。これについては本書第一部第三章を参照。

(25) 第三部の資料①《漢訳仏典有韻偈頌一覧表》を参照。

第四章　支謙の訳偈
――五部経典における偈頌の訳者――

はじめに

現存する漢訳経典には、その訳者を特定することができないものが少なからずある。経録においては、それらの経典を失訳と呼んでいる。『歴代三宝紀』では、こうした失訳経典の多くに訳者があてられるようになった。これは北周の廃仏を経験した費長房による護法精神と関連するとも考えられるが[1]、訳者を不当に配された経典が出現したことは事実であり、そのために実際の漢訳者を特定することが困難になったことは否定しえない。しかし、古訳時代において訳者が仮託された経典の中には、比較的容易に判定することができる場合もある。安世高の訳経がその好例である。『歴代三宝紀』で安世高の訳出に仮託されてしまった魏晋以後の訳経と、真に安世高訳の経典とを比較すると、訳語と文体に明らかな相違が認められる。ただし、こうした峻別はあくまでも推測の域をでず、決定的な確証とはならない。一方で、古訳時代が鳩摩羅什の来華によって終わりをつげ、旧訳時代以降になってからは訳者の推定はいっそう困難となる。それは既訳経典からの訳語が後世に踏襲されるからに他ならない。

さて、これら失訳経典と訳者を仮託された多数の経典を前にして、真の訳者を推定する作業は、これまでにもいくらかなされてきた。その際に用いられた手法とは、概ね歴代の経録の記載と経典の訳語語彙にたよっており、そこから帰納的に抽出される結果をもってなされるものであった。たとえば、六種の異訳が現存する〈無量寿経〉類は、経録によればすべて訳者が記載されているので失訳扱いではないものの、現在ではその経録の記載に疑義を呈して、いくつかの仮託説があげられていることは周知のところである。[3] また、こうした〈無量寿経〉類を代表とするような訳者の特定だけにとどまらず、これら失訳経典と仮託経典とされるものにおいては実は漢訳された事実はなく、中国において撰述された経典も含まれていることにも注意をはらわなければならない。[2]

本章では、訳者推定に用いられた手法、つまり経録の記載と訳語語彙をはじめ、とくに偈頌の脚韻に注目して、呉維祇難訳『法句経』二巻、東晋失訳『般泥洹経』二巻、西晋竺法護訳『鹿母経』一巻、同『龍施菩薩本起経』一巻、西秦聖堅訳『演道俗業経』一巻の五部の経典が、実は呉の支謙訳の経典そのもの、または支謙訳の偈頌部分を、後の漢訳者が踏襲転用したもの、あるいは漢訳の際に支謙が深く関わっていた可能性について考察するものである。なお、この五経典の偈頌は、どれも詩文の趨勢に導かれるかのように、偶数句末に不規則ながらも押韻させる配慮を施しつつ漢訳されている。

一、呉維祇難訳『法句経』の偈

維祇難の伝歴については、『出三蔵記集』と『高僧伝』に載録されている。また『法句経序』も含めたこれら三資料には、『法句経』漢訳のいきさつが記録されている。これらの諸資料を用いて、まずは『法句経』漢訳の過程を明らかにしておきたい。

『出三蔵記集』一三（『大正蔵経』五五・九六上）には、

後に沙門の維祇難なる者あり、天竺の人なり。孫権の黄武三（二二四）年を以て、曇鉢経の胡本を齎し、来りて武昌に至る。曇鉢とは即ち法句経なり。時に支謙、経を出さんことを請い、乃ち其の同道の竺将炎をして伝訳せしむ。〔支〕謙、写して漢文となす。将炎、未だ漢言を善くせず、頗る尽くさざる有り。然に志は義本に存し、質実に近し。今の伝うる所の法句、是なり。

とあり、ついで『高僧伝』一（五〇・三二六中）には以下のようにある。

呉の黄武三（二二四）年を以て、同伴の竺律炎と来りて武昌に至る。曇鉢経の梵本を齎す。曇鉢とは即ち法句経なり。時に呉の士、共に経を出さんと請うも、〔維祇〕難、既に国語を善くせざれば、乃ち其の伴の〔竺〕律炎と共に訳して漢文となさしむ。〔竺律〕炎も亦た漢言を善くせず、頗る尽くさざる有り。志は義本に存し、辞は朴質に近し。

『法句経』の訳出を提言した人物について、『出三蔵記集』では呉の支謙とされ、『高僧伝』では呉の士（在野の知識人）とされている。そして梵語を漢訳した人物についても、前者が竺将炎および支謙であり[4]、後者は維祇難と竺律炎の二人とされている。なお竺将炎と竺律炎の名の相違は、伝承過程における異読であろうから、ここでは大きな問題ではない。また「同道」とは天竺からともに武昌にやって来たという意味である。一方この記載から共通することは、維祇難と竺将炎の二人が漢語をほとんど善くしなかったということである。これは『法句経序』にも、「〔竺〕将炎、天竺の語を善くすると雖も、未だ備（つぶさ）に漢を暁かにせず」（五五・五〇上）と見えている。

さて、その作者未詳とされる『法句経序』には、『出三蔵記集』と『高僧伝』に記録されていない情報が遺されているのである。以下にその序文の問題とする部分のみを示す（五五・四九下～五〇上）。

曇鉢偈者、衆経之要義。曇之言法、鉢者句也。而法句経、別有数部。有九百偈、或七百偈及五百偈。偈者結語、猶詩頌也。（中略）始者、維祇難出自天竺、以黄武三年、来適武昌。僕従受此五百偈本、請其同道竺将炎為訳。将炎雖善天竺語、未備暁漢。其所伝言、或得胡語、或以義出音、近於質直。僕初嫌其辞不雅。維祇難曰、「仏言、依其義不用飾。取其法不以厳。其伝経者、当令易暁勿失厥義。是則為善」。座中咸曰、「老氏称、美言不信、信言不美」。仲尼亦云、「書不尽言、言不尽意」。明聖人意、深邃無極、今伝胡義、実宜経達。是以自竭、受訳人口、因循本旨、不加文飾。訳所不解、則闕不伝、故有脱失、多不出者。（中略）昔伝此時、有所不出。会将炎来、更従諮問、受此偈等、重得十三品。幷校往故、有所増定。第其品目、合為一部、三十九篇。大凡偈七百五十二章。庶有補益、共広聞焉。

これによると、『法句経序』の作者である「僕」は、ひとたび漢訳された二六章の『法句経』の文辞がやや質直であることを不満として改訂を求めたが、訳主の維祇難から文章を飾り立てるべきではないとつっぱねられる。また居合わせた者も、後世文質論争でたびたび引かれる老子と孔子の名句を借りて、維祇難の主張を擁護したのであった。おそらくこれによって「僕」は孤立してしまい、ために訳文を修辞することはかなわなかったのである。こうして漢訳に際して理解できなかった部分については、これを削除し伝訳することはなかった。その後（時間の経過を「昔」と表現しているので、常識的に考えて数年ということになろう）、「僕」はもう一人の訳主であった竺将炎に諮問し、かつて訳されなかった一三品を新たに加えることができ、その際に旧本二六章も改治して、ここに三九章からなる『法句経』が完成したということである。

先の『出三蔵記集』や『高僧伝』と照らし合わせるとき、『法句経序』の中に二箇所見られる一人称「僕」は、おのずと呉の支謙か、姓名未詳の呉士のいずれかということになる。「僕」は『法句経』五〇〇偈を維祇難から入手し、竺将炎に漢訳を依頼したが、漢語に明るくなかった竺将炎の訳文が「不雅」であるとしているのである。こうした訳文に対する厳しい評価は、漢語に明るい者でなければできず、しかも「僕」は、「偈者結語、猶詩頌也（偈頌とは〔長行の〕帰結であり、詩頌のようなものである）」とも述べている。漢訳仏典の偈頌に対して、「詩頌」、あるいは「詩」と表記することはきわめて罕見な例である。後世になると、若干見うけられるが[5]、この時期にそうした用例は他になく、この『法句経序』が最初の例である。普通、漢語仏典において斉言の句を並べる場合には、「偈・頌・伽陀・讃・賛・歎・歌・詠・吟・銘・碑に云く」などという前置きがあるが、「詩に云く」という例は存在しない。わずかに見られる「詩云」という場合は「『詩経』に云く」、または「某某が作った詩歌に云く」の意であり、漢訳された偈を意味するものではない。その理由は、インドや西域諸国の言語を漢訳した偈と、中華伝統の詩では大きく相違するからである（第一部第三章を参照）。偈と詩はともに四言・五言・七言というように、普通は斉言句にまとめるため、一見して同じ構造であるにもかかわらず、仏教徒からも非仏教徒からも、ともに互いの呼称を用いることを、あえて忌避しているように感じられるのである。にもかかわらず、この『法句経序』において「偈＝詩」の評価ができたのは、やはりインドの gāthā を偈に漢訳する上で、中国詩の格律（主に句末の押韻）をもって漢訳することが可能であると考えた者ではなかったかと推察される。よって、この『法句経序』の作者「僕」は、呉の支謙を想定するのが穏当なのである。なお『高僧伝』に記されている「呉士」も優婆塞であった支謙のことであり、呉主孫権によってその才を認められ、皇太子の輔導役に任じられたことを『高僧伝』では「士」と記したのである。

以上のことから、『法句経』初訳時の漢訳者は維祇難と竺将炎とされているが、現行本は支謙訳本と理解すべきなのである。これについては、すでに小野玄妙が『仏教経典総論』において、「現行の本に維祇難とあるは寧ろ支謙訳と改むべきである」（四六頁上、大東出版社、一九三六年）と指摘しているとおりである。

またさらに言うならば、『出三蔵記集』二（五五・六下）には維祇難の訳経として、

法句経二巻　右一部凡二巻、魏文帝時、天竺沙門維祇難、以呉主孫権黄武三年齎胡本。武昌竺将炎共支謙訳出。

とあり、そしてまた支謙訳経の条にも、「法句経二巻」（五五・六下）が著録されており、さらに同巻二「新集異出経録第二」（五五・一五上）にも、

法句経　　祇難　　支謙　　右一経二人異出。

とある。この維祇難訳と支謙訳の二種の『法句経』は、旧本二六章を維祇難訳として著録し、後に一三品を加えてさらに「幷に往故を校（ただ）す」（五五・五〇上）とあるように、旧本二六章に手を入れた新本三九章を支謙訳として著録したものと思われる。このように考えるとき、先の『法句経序』にある「僕」も、そして現行本『法句経』の漢訳者も、やはり呉の支謙とみなすのがふさわしいのである。現在、大蔵経に収められている『法句経』上下二巻は、三九章の構成であることから、これが「僕」（支謙）の増補改訂による新本『法句経』ということになる。

ところで、その第一七悪行品と第三一象喩品にある一部の偈の偶数句末には押韻の配慮が加えられている。この有韻偈頌は維祇難と竺将炎の二人による漢訳元本とは考えられず、漢語を母語とする者（すなわち支謙）が、詩の格律を意識しつつ現行のごとく仕上げたということになるだろう。なぜなら、来華僧には漢語の習得までに一定の時間がかかり、しかも韻律の配慮を施すことができるのはごくわずかな漢訳者に限られていたからである。たとえば、前秦苻堅の建元年間（三六五～三八四）に来華した僧伽提婆は、四、五年の期間をおいて、はじめて前の訳本における誤訳を知りえたとある。また、曇無識はインドから亀茲（庫車）を通って姑蔵（涼州）に来てから、沮渠蒙遜から『涅槃経』の漢訳を命じられるが、漢語を善くしなかったために、三年間の学習期間をおいた後に、しかも慧嵩と道朗の助力を得て漢訳している。さらに、曇摩崛多と曇摩耶舎の二人は、天竺から流沙を越えて中華にたどりつき、弘始九（四〇七）年に秦王の詔を奉じて暗誦していた『舎利弗阿毘曇論』を梵文のまま書きとめ、翌一〇（四〇八）年に完了した。しかし漢語を善くしないために、同一七（四一五）年になってようやく完全に翻訳校訂を終わったという。来華まもない維祇難や竺将炎の二人にしても、漢語に明るくなかったとことは、『高僧伝』一（五〇・三二六中）に記されている。

〔維祇〕難、既に国語を善くせざれば、乃ち其の伴の〔竺〕律炎と共に訳して漢文となさしむ。〔竺律〕炎も亦た漢言を善くせず、頗る尽くさざる有り。

このように、はじめ維祇難や竺将炎の漢訳によって二六章の『法句経』が成立したが、後に支謙によって、新たに一三品が漢訳され、さらに旧本二六章をも校訂して、ここに三九章の『法句経』が完成したのである。そしてその現蔵する三九章『法句経』中に見られるひとにぎりの有韻偈頌は、漢語に明るくなかった維祇難と竺将炎によるものと考えることはできず、支謙が最終的に旧本『法句経』二六章を増補改訂したことによって伝えられたものと想定できる。なお維祇難と竺将炎の旧本二六章『法句経』そのものは、現時点でその存在を確認することができない。おそらくは支謙の新本が完訳された後に、姿を消していったのであろう。しかし、現存するパーリ『法句経』(Dhammapada)は、二六品四二三偈で構成されており、これは漢訳『法句経』の第九品から第三二と第三四、三五品の二六品に対応している。よってこの現行『法句経』中の二六の章品が、支謙の改治が加えられた維祇難と竺将炎の旧本であることが予想されるであろう。さきの有韻偈頌が含まれる第一七悪行品と第三一象喩品の偈頌にしても、もともと維祇難と竺将炎の旧本に含まれていたのであるが、支謙が改治の際に韻律の配慮を施したものではなかったろうか。「幷に往故を校(ただ)す」とは、そのような意味で理解することができる。

以下に『法句経』における有韻偈頌の一部を示す（失韻も含む）。括弧には、『切韻』（陸法言、六〇一年成立）最終増訂本で、その音韻体系を比較的忠実に継承しているとされる『広韻』（陳彭年、一〇〇八年成立）の韻目、および三国の韻部を示した。通押に関しては、周祖謨『魏晋南北朝韻部之演変』（東大図書公司、台北、一九九六年）が有用である。詩文の韻部合韻については、同書の合韻表を参照されたい。

見善不従　反随悪**心**（平侵・侵）
求福不正　反楽邪**婬**（平侵・侵）　↓　伯二三八一作「**淫**」（平侵・侵）
凡人為悪　不能自**覚**（入覚・沃）
愚痴快意　令後鬱**毒**（入沃・沃）　↓　聖本作「寿」（上有・侯）

凶人行**虐**　沈漸数**数**（入覚・沃）
快欲為人　罪報自然（平仙・先）
吉人行徳　相随積増（平登・登）
甘心為之　福応自然（平仙・先）
妖孽見**福**　其悪未**熟**（入屋・屋）
至其悪**熟**　自受罪**虐**（入薬・薬）→三本作「**酷**」（入沃・沃）
貞祥見禍　其善未**熟**（入屋・屋）
至其善**熟**　必受其**福**（入屋・職）→屋韻「服福蝠牧」は三国で職部
（巻上、四・五六四下）

（以下は無韻偈頌）

寧独行為善　不与愚為**侶**（上語・魚）
独而不為**悪**　如象驚自**護**（去暮・魚）→「悪」の読唱音は去声暮韻・魚部か？
生而有利**安**　伴軟和為**安**（平寒・寒）
命尽為福**安**　衆悪不犯**安**（平寒・寒）
人家有母**楽**　有父斯亦**楽**（入鐸・薬）
世有沙門**楽**　天下有道**楽**（入鐸・薬）
持戒終老**安**　信正所正**善**（上獮・寒）
智慧最安身　不犯悪最**安**（平寒・寒）
（巻下、四・五七〇下）

二、東晋失訳『般泥洹経』の偈

『大正蔵経』巻一に収められている『般泥洹経』二巻は、東晋以前の失訳とされている。これは『開元録』三（五五・五一〇上）以来の記載によっている。ところで、支謙が二巻本の〈涅槃経〉類を訳出していたことは、『出三蔵記集』二の支謙訳経の条（五五・六下）に、

大般泥洹経二巻　安公云、出長阿含。祐案、今長阿含与此異。

と見えている。同じく『歴代三宝紀』と『開元録』・『貞元録』も「大般泥洹経」とするが、他の経録（法経録・彦琮録・静泰録・内典録・大周録）ではすべて「大般涅槃経」として著録している。経録の記載から言えば、「泥洹」か「涅槃」の相違ということになる。また現行の三本にある経題「仏説方等泥洹経」を加えると、いったいどれが原題なのか、あるいは別本も含まれているのか判然としない。

さて、東晋失訳とされるこの『般泥洹経』をめぐって、現今では支謙訳と竺法護訳の両説があり[6]、その判定は経録の記載と訳語語彙から帰納されるものである。しかし、こうした判定基準はきわめて危険性をともなう。小本の〈涅槃経〉類の訳出は数度に及び、その訳者も少なくないので注意を要する。まず経録は絶対的な信頼性に欠ける。経題は同一経典の異名を複数あげており、当然ながら経録間でもかなり錯綜している。これは、たとえば現行の『般泥洹経』と、僧祐が失訳に入れた『般泥洹経』が同一経典であるという確証は何もないということである。少なくとも本経の訳者を想定する場合においては、経録をもって判断の基準とすることはきわめて困難である。また

訳語については、既訳の語彙が後世にも踏襲されることはごく普通にあるので、たとえ特定の訳者に顕在的な語彙を抽出して帰納的に比定したとしても確実性に乏しい。ただ本経の訳語語彙が支謙訳のそれとほぼ一致していることは事実である。(7) はたして訳者は支謙と竺法護のどちらであろうか。あるいはさらに別の者であろうか。

そこで、このたび竺法護訳経典中の偈を調査してみたところ、韻を配慮して訳されたものは、『生経』・『鹿母経』・『普曜経』・『如来独証自誓三昧経』・『龍施菩薩本起経』であることが判明したが、それらは偶然の通押から既訳の偈を転用したものまであることから、総体的に言って中華の詩律を配慮して訳された事実を確認しえないのである（詳細は第二部第五章）。したがって、現今では東晋失訳『般泥洹経』の訳者をめぐって、支謙訳出説と竺法護訳出説があげられているが、もしこの両者の二者択一という選択肢をおいて他にないというならば、あくまでも偈頌の韻という観点からして、詩律をふまえつつ漢訳にあたった支謙訳出説を支持できるはずである。

もう一つ支謙訳出説を補強できる根拠を示そう。支謙より少し遅れ、呉で活躍した康僧会には梵唄の製があった。それは『高僧伝』一の康僧会伝（五〇・三二六上）に、

また泥洹唄声を伝う。清靡哀亮にして一代の模式たり。

とあるとおりである（『出三蔵記集』にこの記載はない）。康僧会伝での記載はこのようにごくわずかであるが、同じく『高僧伝』一三経師篇第九（五〇・四一五中）には、さらに詳細に、

唯だ康僧会の造りし所の泥洹梵唄は今に尚お伝う。即ち敬謁一契にして、文は双巻泥洹より出でたり。故に泥

洹唄と曰うなり。

とある。康僧会が作ったその泥洹梵唄の名は、「敬謁一契」であったという（なお「契」とは歌曲を数える名量詞[8]）。そしてそれが「双巻泥洹より出でたり」とある。実はこの「敬謁一契」こそ、現行の東晋失訳『般泥洹経』に見られるのである。ここで『般泥洹経』巻上の該当部分をあげる（一・一七九中）。

敬謁法王来　心正道力**安**（平寒・寒）
最勝号為仏　名顕若雪**山**（平山・寒）
譬華浄無疑　得喜如近**香**（平陽・陽）-iang　上古「陽部」
方身観無厭　光若露耀**明**（平庚・庚）-ieng　上古「陽部」
唯仏智高妙　明盛無瑕**塵**（平真・真）
願奉清信戒　自帰於三**尊**（平魂・魂）

韻字の「安」と「山」は、三国時代にあって、ともに寒部に所属する文字であり、押韻していた。ところが西晋以後になると安は寒部、山は先部に分かれてしまう。また、陽部「香」と庚部「明」であるが、『詩経』や『楚辞』などの先秦古籍中にはしばしばこの韻部の入韻は見られ、周祖謨は、漢代から陽部と庚部の通押が見られるとして[9]、とくに晋においては総計二九例、宋と北魏で三例をあげている[10]。また「陽部と庚部の通押現象は東漢時期と相似しており、これは庚部の〝明・京・兄〟等の韻母読音が、陽部と接近していたことを説明するものである[11]」と述べている。さらに「塵」と「尊」も三国時代では真部と魂部に属す字音であり、『切韻』の時代になると押韻しなくなる真・諄・文・欣・魂・痕に属す文字は、みな三国時代において完全に押韻している。したがって、「塵」と「尊」は三国の押韻となる。しかし、先と同じく西晋になると真部と魂部は分かれてしまい押韻しがたくなっていく。

この周祖謨の説に従えば、上引の偈頌は詩歌として認められるものとなる。現時点で三国における通押の用例を詩文中に検出しえないが、この『般泥洹経』の偈がその用例となるのである。したがって、『高僧伝』が伝える康僧会造「敬謁一契」とは、他でもなくこの脚韻をふむ偈頌の句頭二字「敬謁」をとったものである。

康僧会が何らかの「双巻泥洹」経によって「敬謁一契」を作り、それに符合する「双巻泥洹」経とは、現今の東晋失訳『般泥洹経』をおいて他にないことがわかった。これは現行の東晋失訳とされる『般泥洹経』が呉の康僧会（?〜二八〇）以前に訳出されていたということになる。経録からすれば、支婁迦讖にも「胡般泥洹経」の訳出があったとされるが[12]、それは一巻本であって「双巻」ではない。まして支婁迦讖訳経中に通押する偈頌は皆無であるから、詩律を配慮して漢訳した事実を認められない。また河西回廊から長安・洛陽といった北地において、二六六年から翻訳活動を開始した竺法護訳本はどうかといえば、『出三蔵記集』二の竺法護の条に「方等般泥洹経二巻　或云大般泥洹経。太始五年七月二十三日出」とあり、もしこの太（泰）始五（二六九）年の訳出であったならば、康僧会の晩年ということになる。よって康僧会は、同じ江南で活躍した支謙訳本にもとづいて泥洹梵唄を作ったと考えるほうが、むしろ自然ではなかろうか。ただしこれをもって、東晋失訳『般泥洹経』の支謙訳出説の絶対的な根拠になりえないことは言うまでもない。なお、この偈頌の前半、すなわち「敬謁法王来……」から「……光若露耀明」にいたる八句は、西晋失訳『長寿王経』巻末（三・三八七下）の一連の押韻偈（房山隋唐・遼金刻経と麗本にあり、三本にはない）にも取り入れられ、また同じく巻上（一・一七八上中）にある以下の偈も『長寿王経』および

『長阿含遊行経』（一・一二下）に組み込まれていることは、詩歌として高い評価が下されていたことを証明するものである。

仏為海船師　法橋渡河**津**　大乗道之典　一切渡天**人**
亦為自解脱　度岸得昇**仙**　都使諸弟子　縛解致泥**洹**

ここに東晋失訳『般泥洹経』二巻の有韻偈頌の一例を示す。

甘露化従仏出　疾如聴弟子**陳**（平真・真）
教以此勧後学　七覚妙宜諮**賢**（平先・寒）
由仏興使我得　清白行無玷欠（入薛・屑）-jiat
学当知正志念　愛喜法精進入（入緝・緝）-jep
一白専護定**意**　如法解為浄**智**（去寘・支）
有疾者宜聞**斯**　覚微想除邪**思**（去志・之）
是疾者為法王　道宝出自此**源**（平元・真）
彼猶尚請聆法　況凡夫而替**聞**（平文・真）
勝上首明弟子　来問疾務聴**真**（平真・真）
在聖哲猶不厭　何況余欲廃**聞**（平文・真）

若過時聞道備　起他想心乖**異**（去志・之）
如彼為非愛喜　仏之教無雑**思**（去志・之）
愛喜者一向法　為無為心行**寂**（入錫・沃）
已正止無聞想　是名為法解**覚**（入覚・沃）
衆行滅智已**淳**　自帰此三世**尊**（平魂・真）
願一切人天**神**　共学慈大道**真**（平真・真）
今聖師滅度後　衆賢必紹教**明**（平庚・庚）
尊時講誦法言　願神骨助化**行**（平庚・庚）　（一・一八四下）

三、西晋竺法護訳『鹿母経』の偈

現存する『鹿母経』のテキストは、①高麗本・趙城金蔵系統と、②宋元明本の三本系統の二種があり、両者は大いに相違している。分量からしても前者（略本）は短く（『大正蔵経』で一七字×九二行）、後者（広本）は前者の二倍以上の長さ（『大正蔵経』で一七字×二二五行）となっている。もちろん内容的には同じものであり、略本にある文章は、字句に多少の相違はあるものの、すべて広本に含まれている。また『静泰録』および『大周録』には「四紙」（五五・一八四中、三一八中）と注記され、『開元録』では「三紙」（五五・六八八中）と注記されている。写経の標準的な行どり（一行一七字、一紙二八行）からすると、おそらくこれら経録編者らが実見したテキストは、四紙でも三紙でも、ともに略本に相違なく、したがって広本が実見されていた形跡はないようである。本経の漢訳者については、『出三蔵記集』で竺法護訳とされ、『出三蔵記集』の宋元明版では「元康（二九一～二九九）初出」とも注記されている。しかし、僧祐はそれを実見していたわけではなかった。なぜなら、当時、竺法護訳経典には六四部の闕経があったとされ、『鹿母経』はその闕経リストの中に含まれているからである（五五・九上）。
さて、この竺法護訳とされる現存の『鹿母経』には、それに先だって支謙訳の同本異訳『鹿子経』一巻があったということに止目したい。『出三蔵記集』一の支謙訳経の条（五五・七上）には、

鹿子経　別録所載、安録無。

と著録されている。ただ、ここでは支謙訳『鹿子経』が竺法護の『鹿母経』の前翻であったという記載はない。なお、僧祐は支謙訳経典を著録する際に、実見しなかったものについて逐一「今闕」、あるいは「闕」と注記しており、『鹿子経』の下にはそうした注記がないことから、『鹿子経』については実際に目にふれていたのである。ところが竺法護訳『鹿母経』のほうは、前述したように闕経であり実見することができなかったのである。
ついで『法経録』一の「衆経一訳」（五五・一一六下）には、

鹿母経一巻　晋世竺法護訳。
鹿子経一巻　呉建興（二五二～二五三）年、支謙訳。

とある。これは『仁寿録』一の「単本」（五五・一五二中）でも同じ記載である。「衆経一訳」および「単本」とは異訳が存在しない経典を著録したものである。このためこの両経は同本異訳の扱いでなかったことになる。そして

『静泰録』一の「単本」（五五・一八四中）にも同じく、

鹿母経一巻　四紙、晋世、竺法護訳。
鹿子経一巻　三紙、呉建興年、支謙訳。

とある。これらは『大周録』九（五五・三一八上）にいたっても同じ記載となっている。ところが『開元録』になると事情が一変する。まず巻二の支謙訳の条には、八八部の支謙訳経典を連ねたあとに（五五・四八九下）、

長房録中便載一百二十九部、今以房録所載多是別生或異名重載。今随次删之如後所述。

と述べている。つまり『歴代三宝紀』で支謙訳とされた一二九部の経典の中には、異名（四部）や別生経（三八部）にすぎないもの総計四二部を含んでいるので、これらを削除すべきであるというのである。その削除すべき経典の中に、

鹿子経　与西晋竺法護所出鹿母経文同。

として、『鹿子経』をあげているのである。次に竺法護の条（五五・四九四下）には、

鹿母経一巻　又別有鹿子経一巻、与此全同。見僧祐録。

とも記される。ここで『鹿子経』と『鹿母経』の両経が「文同」、「全同」とされ、経題が異なるだけの同本と認められていたことがわかる。また、同巻一二の「有訳有本録」（五五・六〇四中）には『鹿母経』を載せて、

鹿母経一巻、西晋三蔵竺法護訳。又群録中、更有鹿子経一巻。云是呉代外国優婆塞支謙所訳。即与前鹿母経文句全同。但立名殊故不双出。

とあるように、ここでも「文句全同」と記した上で、[13]呉支謙訳の『鹿子経』とは経題が異なるだけなので、両経をあげる必要はないと述べている。これは同巻一七の「別録中刪略繁重録」（五五・六六四中）にも『鹿子経』を載せて、

鹿子経一巻、右一経、与鹿母経文同名異。拠其文義合、従母立名。長房録云、鹿子経呉代優婆塞支謙訳者謬也。

と記していることと一致する。そして『歴代三宝紀』五の支謙訳経の条（四九・五七下）にある「鹿子経　安録無。祐云見別録及竺道祖呉録」の記事を、智昇は「謬也」としていることから、支謙訳の『鹿子経』の存在すら否定しているのであり、『鹿母経』と『鹿子経』は同本異訳の関係ではなく、実は同一経典が伝承されていく際に、「母」を経題とする系統と、「子」を経題とする系統とに分かれたにすぎないとみなしていたのである。そして、こうし

た『開元録』の記載は後の『貞元録』にも継承されていくのであった。

智昇の言うように、両経が単に経題が異なる同一経典であったか否かは、両者を比較する他ない。この『鹿子経』の存在についてであるが、前述のように『開元録』の「別録中刪略繁重録」で削除され、「大乗入蔵録」には『鹿母経』だけが著録（五五・六八八中）されたため、不入蔵の扱いを受けるにいたって、しだいにその姿を消していったのであろう。ところが幸いなことに宝唱撰『経律異相』四七の雑獣畜生部の鹿第七（五三・二四九下～二五〇下）に、「鹿母落猟乞与子別還来就死一」の標題のもとに『鹿子経』のほぼ全文が引用されており（引文の末に「出鹿子経」とある）、さらにまた名古屋市の真言宗七寺からは平安後期の『鹿子経』一巻の写本（漢訳者の名は明記されていない）が発見されている。[14] これら不入蔵とされてしまった『鹿子経』を、入蔵されている『鹿母経』と比較することによって、略本『鹿母経』（高麗本・趙城金蔵系統）にほぼ対応していることが判明した。よって『開元録』で「文句全同」とあることから、智昇が披見した『鹿母経』は略本の系統であったと考えられる。[15]

次に広本『鹿母経』（宋元明本の三本系統）の成立について。この広略両種の『鹿母経』テキストをめぐる成立の前後関係については、慎重に検討されなければならない。ここでは訳語や偈頌をもとにそれを確認してみたい。まずは訳語語彙についてであるが、本経は短い経典だけに、訳者特有の顕在的な語彙を検出することは難しいため、支謙訳とも竺法護訳とも決めかねる。ただ、略本になく広本にある経末の比較的長い叙述部分に「僧那僧涅弘誓之鎧」（三・四五七中）とある。この「僧那僧涅」は、もと支婁迦讖がしばしば用いた音訳語であり、支謙は『慧印三昧経』（一五・四六六上六行）を除いて決して用いることはなかった。[16] しかし竺法護は好んで常用しているのである。たとえば『光讃般若経』には数多く見られ、『郁迦羅越菩薩行経』・『阿闍貰王女阿術達菩薩経』・『方等泥洹経』にも若干例を検出できる。

次に偈頌の韻について。略本と広本の偈頌を比較すると、略本のそれは広本にほぼそのまま収められている。ただし文字に若干の相違があるが、内容的には対応している。また逆に広本には略本に存在しない偈頌を多く含んでおり、それらはほぼ脚韻をふんでいる。さらにまた略本で通押状況が良好でない偈頌の韻が、広本では改善されているという事実がある。[17] これは広本の漢訳者（竺法護、または後世の編集者）は、略本の偈頌に韻の配慮が施されていることを感知して、広本でもそれをさらに配慮して漢訳（または編集）していたということである。これは広本が略本の後に成立したということを追認させるものである。なぜなら略本に韻字の配慮があることを知りながら、故意に改悪するとは考えられないからである。

以上の検討によって以下のことが判明したと思われる。竺法護が同本を二回も訳出するとは考えられないので、広略のいずれかが経録のとおり竺法護訳であり、もう一方は竺法護の訳出ではないということ。僧祐は支謙訳の『鹿子経』を実見していたこと。広本『鹿母経』には竺法護訳の訳語が含まれており、略本の偈頌をよりよく通押させていることから、略本の後に成立したということ。略本『鹿母経』は『鹿子経』との比較から確かに同一経典であり、智昇の言うように伝承の過程でそれぞれ「母」によって経題を立てるものと、「子」によって経題をたてるものとに分かれていったこと。

このことから一つの仮説が立てられそうである。それは、略本『鹿母経』（高麗本・趙城金蔵系統）とは実のところ支謙訳『鹿子経』であり、広本『鹿母経』（宋元明の三本系統）が竺法護による『鹿母経』であったという仮説である。偈頌の韻律については、支謙訳経典の偈頌には少なからず通押させているものがあることから、『鹿子経』の偈頌に韻律配慮を施し、後に竺法護が『鹿母経』を漢訳する際に、こうした有韻の偈をそのまま転載したのではないかということである。また、広本のみにあらわれる有韻偈頌や、その通押が改善されていることについては、竺法護の漢訳事業に携わった数多くの助訳者の存在を考慮すべきかと思われる。[18] いずれにせよ、略本『鹿母経』こそが支謙訳の『鹿子経』であり、これに依拠して竺法護が広本『鹿母経』を翻訳（または編集）したのではないだろうか。

なお日本においてて両経がそろってあらわれるのは、天平勝宝三（七五一）年九月二〇日の「書写布施勘定帳」である。[19] そこには、

鹿母経一巻　五
鹿子経一巻　四　可勘

とある。紙数からしても七寺の『鹿子経』の現存写本と符合するものである。そして、おそらく書写した者が、広略の相違でしかないようなこの両経に対して、不信を懐き「可勘」と記したのだろう。

ここに広本『鹿母経』の偈頌を若干示す。括弧には『広韻』の韻目・三国の韻部・西晋の韻部を示した。

①前世行欺詐　負債著恩愛（去代・脂・皆）
　残暴衆生命　自盗教彼殺（入黠・屑・屑）
②身作如影随　今日当受**之**（平之・之・之）
　畢故不造新　当還赴彼**期**（平之・之・之）
③違仏不信法　背戻師父**誡**（去怪・脂・皆）

自用貪無厭　放情恣痴**意**（去志・之・之）
④罪報為畜生　当為人作**飼**（去志・之・之）
自分不敢怨　畢命不復**欺**（平之・之・之）
⑤貪求取非道　殺盗於前**世**（去祭・祭・祭）
每生為畜獣　宿命所追**逮**（去代・脂・皆）
⑥結縛当就死　恐怖無生**気**（去未・脂・脂）
用識三尊言　見遣尽恩**愛**（去代・脂・皆）
⑦吾朝行不遇　誤堕獵者**弶**（平陽・陽・陽）→略本作「**手**」（上有・侯・侯）
即当就屠割　破砕受宿**殃**（平陽・陽・陽）→略本作「化糜**朽**」（上有・侯・侯）
⑧念汝求哀来　今当還就**死**（上旨・脂・脂）
憐汝小双孤　努力自活**已**（上止・之・之）
⑨行当依群類　止当依衆**裏**（上止・之・之）
食当随侶進　臥当驚覚**起**（上止・之・之）
⑩慎勿子独遊　食走於道**辺**（平先・寒・先）
言竟便長別　就死不復**還**（平刪・寒・寒）　（三・四五六上）

四、西晋竺法護訳『龍施菩薩本起経』の偈

本書第二部第五章を参照。

五、西秦聖堅訳『演道俗業経』の偈

『演道俗業経』は、かつて二度の訳出があった。初出は呉の支謙訳本で、第二出は西秦太初年間（三八八～四〇六）の聖堅訳本である。経録による限り、両者ともに同じ経題『演道俗業経』である。『出三蔵記集』では失訳とされているが、現今の『演道俗業経』一巻は、聖堅訳として伝承され、これまでことさらに疑われることはなかった。これは一三〇〇年前の『法経録』からの伝承と言ってもよいであろう。しかし、筆者はこれに対していささか疑問を感じている。支謙訳の可能性を捨てることができないからである。ただし、聖堅訳の伝承を覆すには、それなりの手続きをふまなければならない。

まずは経録における記載と、他の聖堅訳諸経や支謙訳経との訳語の比較を検討しなければならない。ただし、前節でも述べたように経録は絶対的な信頼性にかけ、訳語語彙にしても前翻の訳語を踏襲することが多いので、この二点から漢訳者を確定することはできず、一つの参考となるにすぎない。そこでもう一歩すすんで、偈頌そのものの詩律を精査する。南北朝期に漢訳された数多くの仏典は、漢詩文でいうところの古体詩の時期に相当することから、もしその仏典の偈に詩の格律が認められるとしても、近体詩のような厳格な格律が具わっているわけではない。加えて翻訳という制限もあって、調査の対象となるのはわずかに通押状況だけとなる。なお、仏典の偈頌において、二四不同や二六対、奇数句末の仄声字、対偶表現、粘法と反法などといった近体詩の格律をはじめて具えるのは、南北朝末期以後に撰述された一部の疑偽経典と、浄土教礼讃偈だけである。漢訳仏典のそれは、これら諸条件を具えるものではない。

さて、聖堅の伝記や訳出経典についてであるが[20]、『高僧伝』には立伝されておらず、『歴代三宝紀』九（四九・八三下）に「右一十四部合二十一巻。晋孝武世、沙門聖堅、於河南国、為乞伏乾帰訳。或云堅公。或云法堅。未詳孰是。（以下略）」とあり、また『大唐内典録』三（五五・二五四下～二五五上）には以下のように示されている。

西秦乞伏氏伝訳仏経録第八
若夫乗時拯俗、開道化生。有国之帰宗、華夷所同志。有乞伏国仁者。隴右鮮卑也。代居苑川、為南単于。前秦敗後、接統創業。都於子城、号為西秦、尊事沙門。時聖堅大徳、行化達彼国、仁崇敬恩遇、其礼弥隆。既播釈風、因事陳訳。相承五主四十四年。（中略）右一十五経、合二十二巻。晋孝武世、沙門聖堅於河南国、為乞伏乾帰訳。或云堅公、或云法堅。未詳孰是、故備列之。

このように聖堅の伝に関しては、「未詳孰是」とあるように、これを詳らかにしえないことから、その来歴や訳風などに関して、資料から詮索することは不可能である。その訳出経典については、『出三蔵記集』では、巻二（五五・一三下）の『虚空蔵経』一部八巻のみであったはずが、後世の経録からすべて抜き出すと総計一六部にまで増加している。そして現在、『大正蔵経』で確認すると、『太子須大拏経』一巻、『睒子経』一巻、『羅摩伽経』三巻、『賢首経』一巻、『阿難分別経』一巻、『婦人遇辜経』一巻、『摩訶刹頭経』一巻、『除恐災患経』一巻、『演道俗業経』一巻、『無崖際総持法門経』一巻の一〇部だけである。

さて、次に経録から現今の聖堅訳『演道俗業経』一巻を追いかけてみよう。まず『出三蔵記集』三（五五・一七上）では、「新集安公失訳経録第二」に「演道俗経一巻　旧録云演道俗業経」と記されるように失訳の部に編入されており、漢訳者を特定できていなかった。それが『法経録』一（五五・一一六中、一二二上）で、はじめて「晋世沙門法堅（ママ）訳」として著録される。ところが『歴代三宝紀』五（四九・五八中）で支謙訳として「演道俗業経一巻見旧録或無業字」、さらに同巻九（四九・八三中）の聖堅訳経典に、「演道俗業経一巻　第二出。与支謙訳者小異」とあるように、同本異訳として前後に支謙訳本と聖堅訳本の二訳を著録している。これによって以後『内典録』、『大周録』、さらに『開元録』（五五・四八八下）でも、「演道俗業経一巻　初出。見旧録。或無業字」と著録されるように、支謙訳本を初出とし、聖堅訳本を第二出とするようになったのである。

さて、前後二訳あるうち支謙訳本の『演道俗業経』一巻は、残念ながら散逸し現存していない。では、いつ散逸したのであろうか。今、『大周録』四の大乗重訳経目（五五・三九四下）を見ると、

演道俗業経一巻　一云無業字
　右呉支謙訳　出長房録
演道俗業経一巻　第二出　与呉代支謙訳者少異　十紙
　右西秦沙門聖堅於河南国訳　或云法堅　或云堅公　並是出長房録
　　已上二経同本別訳

とある。この『大周録』のころまでは、支謙訳本と聖堅訳本の双方がまだ存在していたのかもしれない。ところが、それから数十年後に編纂された『開元録』の記事からすると、すでに散逸していることがわかる。まず巻四の総括群経録（五五・五一八上）の聖堅の訳経として、

演道俗業経一巻　第二出　与支謙訳者同本　見法上録

とあり、さらに巻一二の有訳有本録（五五・六〇一中）にも聖堅訳本のみを載せて、

演道俗業経一巻　乞伏秦沙門釈聖堅訳　第二訳　両訳一闕

とあることから、聖堅訳本の存在はこの時点で確認しうる。しかし「両訳一闕」とあることや、また巻第二の支謙訳に列目されているにもかかわらず、巻一四の別録中有訳無本録（五五・六三一中）になると一転して、

演道俗業経一巻　一云無業字　呉月支優婆塞支謙訳　第一訳

右一経前後両訳。一存一闕

と記されていることからすると、『開元録』の編纂時には、すでに支謙訳本が失われていたことを知る。

また『貞元録』においても、同じように、まず巻第二二の有訳有本録に（五五・九三二下）、

演道俗業経一巻　乞伏秦沙門釈聖堅訳　第二訳　両訳一闕

として、聖堅訳本を載せており、ついで同巻二四の別録中有訳無本（漢訳された事実はあるが、訳出されたテキスト

は存在しない）には以下のようにある（五五・九六五中）。

演道俗業経一巻　一本無業字　呉月支優婆塞支謙訳　第一訳

右一経　前後両訳　一存一闕

ここでもやはり支謙訳本が、有訳無本録に入れられていることから、円照の周囲においてはすでに失われていたことを確認できる。同巻二四の別録中有訳無本録にも同様の記載がある。支謙訳本はこれによって完全に経録上から欠本（有訳無本）扱いとなり、後の大蔵経編纂をへて、今日にいたるまで、ついに発見されることはなかったということである。

さて、これら経録において注目すべきことは、経録編纂者たちによって、聖堅訳本と支謙訳本とが「小異」（『三宝紀』・『内典録』）、または「少異」（『大周録』）とされていることである。この「小異（少異）」の記載からは、『演道俗業経』に同本異訳の別本が存在していたことが確認されると同時に、その両訳本の大部分が同じであったと察することができる。では、どこが同じだったのだろうか。同本異訳ということから、経説の内容が同じであることは言うまでもない。したがって、経録編纂者らが、わざわざ「小異（少異）」と注記するには、内容以外の共通性、つまり語彙や文体、それに分量などの共通性を示唆した叙述ではなかったかと推察される。両訳のうち一方が現今では散逸しているので、その語彙や文体を比べることはできない。そこで以下の二つの観点から精査することになる。一つは、『演道俗業経』と他の聖堅訳とされる経典の語彙を比較することである。しかし、それについて小野玄妙が、「歴代三宝紀等の諸録に羅摩伽経以下十数部をつらね、とくにその中の十部は、聖堅の訳名を附して現行の大蔵中に編入してあるについては、私には一概に信じることはできない[21]」と述べているように、これらの経典はすべて、『歴代三宝紀』から聖堅訳に編入されていることから、小野が言うように、いささか信頼性に欠けるのである。よって、これら一〇部の経典と現行の『演道俗業経』の訳語語彙を相互に比較したところで、確証を得ることはできないわけである[22]。

もう一つの観点は、『演道俗業経』の訳語語彙を支謙訳経典のそれと比較することである。ただし、『演道俗業経』は比較的短い経典であることから、顕在的な訳語語彙の用例を抽出して、帰納的に支謙訳が頻用していた語彙と比較したところで、やはり決定的な確証を得ることはできない。ただ、『演道俗業経』に用いられている語彙は、古訳時代のそれであり、支謙が用いた語彙と概ね共通していることは確かである。唯一相違するのは、四沙門果の訳語である。支謙は通常「溝港・頻来・不還・応儀」と漢訳するが、『演道俗業経』では「道迹・往還・不還・無著」と訳されている[23]。

以上のように、経録の記載と訳語語彙から本経の訳者を比定する試みは上策とは言えない。ただ、両訳本が「小異（少異）」であったという記載はきわめて重要である。

さて、次に偈頌に注目してみたい。聖堅訳と伝えられている現存する一〇部の経のうち、偈を含む経典は、『羅摩伽経』・『除恐災患経』・『演道俗業経』の三経である。そしてこの三経の中で、押韻するのはこの『演道俗業経』のみである。その『演道俗業経』の偈頌は、すべて五言偈で、一四句偈として数えると総計四八の偈ということになる。そしてその中で通押が認められる偈は半数ほどである。これらの偈の格律については、脚韻の通押だけであって、韻文における種々の規則には準じておらず、作詩上の禁忌も多く犯している。それは呉から西秦という時代的制約と、漢訳という翻訳上の制約を受けているので当然のことである。唯一の通押という点に関しても、かなり緩い許容範囲で通押させているようである。羅常培や周祖謨の成果を参照しながら、『演道俗業経』の偈頌の通押状況を精査すると、四声相配はもちろんのこと、古体詩においても類例の少ない通押が見られるのである。しかし、これは何も本経の偈だけに限ったことではない。本書第三部の資料①《漢訳仏典有韻偈頌一覧表》に示した約六〇部の経論においては、普遍的に見られる現象であって、これが異なる言語を転換する翻訳の限界でもある。

いずれにせよ本経の偈は、ほぼ半数が通押していることが判明した。聖堅の他の訳経にはこうした事例が見られないことや、本経には支謙の訳語語彙が少なからず見られることから、本経の偈が異訳である支謙訳本の偈であった可能性を捨てきることができないわけである。

もちろん、本経が西秦の聖堅によって漢訳されたということを完全に否定できたわけではない。しかし、経録には支謙訳本が第一訳として、聖堅訳本に先んじて存在していたことを記し、そしてその両訳本は「小異（少異）」であったというように、両訳本を実見していたことを裏づける経録編纂者たちのコメント、さらには現行の『演道俗業経』における有韻偈頌の通押状況を鑑みることによって、実は現行本こそが、支謙訳本そのもの、あるいは聖堅が漢訳する際に、前翻の支謙訳本の偈頌部分だけを転用していた可能性があるのではないだろうか。偈頌の転用については、資料①《漢訳仏典有韻偈頌一覧表》の備考欄で示したように、前翻の偈が、後翻の経典に転用される例は多数ある。それは無韻の偈であれ有韻の偈であれ、どちらにも共通して言えることである。ことに支謙経典はそれがめだっているのである。

ただ、支謙訳の『演道俗業経』を著録したのは『歴代三宝紀』にはじまることから、その支謙訳本の存在すらも疑わしいのであるが、『歴代三宝紀』の記述のすべてが費長房による仮託・捏造とは限らないであろう。よって、現行の『演道俗業経』一巻の偈に関しては、支謙訳の可能性がないとは言いきれない。

ここに『演道俗業経』一巻における有韻偈頌の一例を示す。括弧には『広韻』の韻目、および三国と両晋の韻部を示した。

畏無量生死　周旋之艱**難**（平寒・寒・寒）
心已懐恐懼　唯欲求自**安**（平寒・寒・寒）
坐禅而数息　専精志安**般**（平恒・寒・寒）
観身中悪露　不浄有若**干**（平寒・寒・寒）
棄捐三界色　断欲得自**安**（平寒・寒・寒）
不能修大慈　唯志楽泥**洹**（平元・寒・先）（一七・八三五上）

悉解其身空　四大而合**成**（平清・庚・庚）
散滅無処所　従心而得**生**（平庚・庚・庚）
五陰本無根　所著以為**名**（平清・庚・庚）
十二縁無**端**　了此至大**安**（平寒・寒・寒）→毎句韻
解色如聚沫　痛痒如水**泡**（平肴・宵・宵）
思想猶野馬　生死若芭**蕉**（平宵・宵・宵）
了識仮譬幻　三界無一**好**（上皓・宵・宵）（一七・八三六上）

分別悉空無　　爾乃至大道（上皓・宵・宵）　（一七・八三六上）

六、支謙の偈頌と梵唄

支謙が梵唄を製していたことは、『出三蔵記集』一三（五五・九七下）の支謙伝（『高僧伝』康僧会附伝も同じ）が伝えている。

又依無量寿・中本起経、製讃菩薩連句梵唄三契、注了本生死経。皆行於世。

とあるように、『無量寿経』と『中本起経』（実際には『無量清浄平等覚経』と『太子瑞応本起経』であろう[24]）にもとづいて「讃菩薩連句梵唄三契[25]」を製し、それが当時伝世していたという。ただし『高僧伝』一三（五〇・四一五中）には、

其後居士支謙、亦伝梵唄三契、皆煙没而不存。世有共議一章。恐或謙之余則也。

とあることから、その流伝状況はすでに当時から危うかったようである。もちろん、これらは今日に現存していない。

ところで梵唄とは何かというと、『高僧伝』一三（五〇・四一五中）に次のようにある。

若然可謂梵音深妙、令人楽聞者也。然天竺方俗、凡是歌詠法言、皆称為唄。至於此土詠経則称為転読、歌讃則号為梵唄。昔諸天讃唄、皆以韻入絃綰。五衆既与俗違。故宜以声曲為妙。

梵唄の興りについては、鎌田茂雄の論考を参照するとして、[26]上引の内容からして、梵唄とはインドにおける歌詠としての法言を、中華の言語に翻訳するにあたって、その内容だけにとどまらず、漢語の抑揚長短などのリズムも活かして（「以韻入絃綰」）漢訳した仏教歌ということになる。

また、梵唄とは漢訳された諸経律典に説かれる偈を抜き出した歌でもある。それは道世の『法苑珠林』三六の「唄讃篇第三十四」（五三・五七四中〜）や、道誠の『釈氏要覧』巻上の「梵音」の条（五四・二七六上）、そして『出三蔵記集』一二の「法苑雑縁原始集目録」中の各梵唄の名称に、梵唄の出典が示されていることでわかるだろう。つまり中国で梵唄と言うときには、みずから作る（あるいは翻訳する）ものと、漢訳された経律の偈頌から抜粋したものをさす場合があるということである。

さて、『高僧伝』一三の経師篇第九の釈僧弁の条に、「弁、伝古維摩一契・瑞応七言偈一契」（五〇・四一四中）とあり、また釈慧忍の条にも「製瑞応四十二契」（五〇・四一四下）とあり、さらに魏陳思王曹植（一九二〜二三二）についても「刪治瑞応本起、（中略）在契則四十有二」（五〇・四一五上）と記されている。このうち「古維摩」とは、『出三蔵記集』二に「新維摩詰経三巻」（五五・一〇下）として著録されている羅什訳本に対して言うところの支謙訳本のことであり、[27]「瑞応」とは湯用彤が指摘するように、[28]支謙訳の『太子瑞応本起経』である。また呉の康僧会も『双巻泥洹』によって「敬謁一契文」という梵唄を作っていた。[29]その『双巻泥洹』とは、『大正蔵経』で東晋失訳とされている『般泥洹経』二巻にある「敬謁法王来　心正道力安」（一・一七九中）ではじまる偈頌に相違なく、この失訳経典の訳者こそ、呉の支謙であったことは前節において証明したところである。

このように、押韻することで歌詠としてのリズムをすでに具えていた支謙訳の「古維摩」と「瑞応」、そして「双巻泥洹」の偈が、仏教音楽としての梵唄の雛形になりやすかったのだろう。このようなことから、梵唄というものは実際のところ、中華の音韻にのっとって漢訳された経典の偈頌そのもの、またはそれにもとづき、抑揚長短を斟酌して新たに作られた歌詠ということになるのである。[30]よって梵唄には漢訳の梵唄と撰述の梵唄があるということになる。

以上のごとく、支謙は仏典の偈の漢訳にあたって、みごとに有韻に仕立て、みずからも『無量寿〈経〉』と『中本起経』にもとづいて多数の梵唄を製した。さらに後になると支謙訳の『維摩詰経』、『太子瑞応本起経』、『般泥洹経』に含まれる有韻偈頌をもとにして、経師篇に立伝されている僧（釈僧弁・釈慧忍）や曹植、そして康僧会らが梵唄を製作し、さらに敦煌本『衆経別録』（伯三七四七）の「詠瑞応偈」一巻[31]も作られていったのである。こうしたところに支謙の楽曲方面における才覚が発揮されていたことを立証できるのである。

当時は前記の各梵唄の他にも、少なくとも左記の二一種の梵唄が、漢訳仏典にもとづいて作られていた。『出三蔵記集』一二の「法苑雑縁原始集目録」によれば、僧祐が撰集した『法苑雑縁原始集』巻第六に「経唄導師集」があり、そのリストには以下の二一種が収められている（一部は重複する）。これらの各梵唄資料そのものは現存しないが、六世紀初頭には、盛況に行われていたということを物語っている。[32]

帝釈楽人般遮瑟歌唄　第一　出中本起経
仏讃比丘唄利益記　第二　出十誦律

億耳比丘善唄易了解記　第三　出十誦律
婆提比丘響徹梵天記　第四　出増一阿含
上金鈴比丘妙声記　第五　出賢愚経
音声比丘尼記　第六　出僧祇律
法橋比丘現感妙声記　第七　出志節伝
陳思王感魚山梵声製唄記　第八
支謙製連句梵唄記　第九
康僧会伝泥洹唄記　第十　康僧会伝
覓歴高声梵記　第十一　唄出須頼経
薬練夢感梵音六言唄記　第十二　唄出超日明経
斉文皇帝製法楽梵舞記　第十三
斉文皇帝製法楽讃　第十四
斉文皇帝令舎人王融製法楽歌辞　第十五
竟陵文宣撰梵礼讃　第十六
竟陵文宣製唱薩願讃　第十七
旧品序元嘉以来読経道人名幷銘　第十八
竟陵文宣王第集転経記　第十九　新安寺釈道興
導師縁記　第二十

安法師法集旧制三科　第二十一

おわりに

本章では、支謙訳とされていない五部の経典をめぐって、経録と訳語語彙の方面も同時に目くばりしつつ、当該文献にあらわれる偈の脚韻を精査することによって、これら五部の経典が、実は支謙によって訳された経典、あるいは偈であったのではないかとの結論に達した。(33) 実際に訳語語彙は当該経典が小部であるため、訳者が常用する顕著な語彙を検出することはできなかったが、経録からは意外な結果が得られたようである。つまり、これら五経典が現在それぞれ呉維祇難訳、東晋失訳、西晋竺法護、西秦聖堅と判定されているのは、経録の記載に依拠していたのであるが、実はその経録によって再確認すると、むしろそこに信憑性はなく矛盾をはらんでいる現実があり、逆に支謙訳を支持したくなるような材料が確認できたという奇妙な結果となったわけである。そしてまた偈の偶数句末における通押状況からしても、支謙の訳経（または訳偈）の可能性を論及できたのである。

また、支謙訳の偈と梵唄の関係についても考察した。洛陽で生を享けた月氏出身の在家居士支謙は、漢民族としての教養を有し、その訳文は「曲は聖義を得て、辞は文雅を旨とす」であったといわれ、「讃菩薩連句梵唄三契」の梵唄（仏教讃歌）をも製した。経典の漢訳にあっては『太子瑞応本起経』、『維摩詰経』など六部の経典の偈に対して韻を配慮して漢訳している事実があり、また後世においても釈僧弁や釈慧忍（ともに『高僧伝』一三経師）や曹植、そして康僧会らが、支謙訳の『太子瑞応本起経』、『維摩詰経』、『般泥洹経』に含まれる有韻偈頌をもとにして梵唄を製作していったこと、さらには前述したように支謙訳経典の有韻偈頌が後世の漢訳者によって転用されていく事実からして、支謙が可能な限り音楽的なリズムを活かしつつ翻訳していたことは否定できないのである。こうしたことを勘案すれば、やはりこれら五部の経典は、支謙の訳出であったと想定できるのである。たとえそこまで断定できないとしても、それぞれ竺法護や聖堅などの漢訳者が、既訳の支謙訳経典から偈頌部分だけを拝借して、みずからの訳本中に挿入したとの推測は許されるのではなかろうか。

支謙訳を支持しうる理由

・経録の記載から支謙訳の可能性を否定できない
・みずからも梵唄を作り、楽曲方面の才も認められていた
・『維摩詰経』など数多くの有韻偈頌を漢訳していた
・またその有韻偈頌が後世の訳経に転用されている
・そうした有韻偈頌にもとづいてさらに梵唄が作られた
・『衆経別録』によれば、支謙訳『太子瑞応本起経』の偈（詠瑞応偈）が抄出されて別行していた

註

（1）大内文雄「中国仏教における通史の意識——歴代三宝紀と帝王年代録——」（『仏教史学研究』三三の二、一九九〇年）

（2）イスタンブール大学附属図書館所蔵の写本を入れると、六存六欠または六存七欠になる。百済康義「漢訳〈無量寿経〉の新異本断片」（藤田宏達博士還暦記念論集『インド哲学と仏教』平楽寺書店、一九八九年）。

（3）藤田宏達『原始浄土思想の研究』（岩波書店、一九七〇年）や、香川孝雄『浄土教の成立史的研究』（山喜房仏書林、一九九三年）を参照。なお、六種の訳本については、前掲百済康義（一九八九）を参照。

（4）同巻二維祇難訳経の条（五五・六下）に、「武昌竺将炎共支謙訳出」とある。

（5）天台智顗『妙法蓮華経玄義』六上（三三・七五二下～七五三上）に「四伽陀、此云不重頌。亦略経数言偈耳。四句為頌。如此間詩頌也」とある。

（6）宇井伯寿「般泥洹経二巻の訳者は支謙か」（『訳経史研究』岩波書店、一九七一年）、岩松浅夫「大般涅槃経における一二の問題点――涅槃経小本の翻伝をめぐって――」（『印度学仏教学研究』二四巻二号、一九七六年）、同「涅槃経小本の翻訳者」（『印度学仏教学研究』二五巻一号、一九七六年）、佐藤義博「『般泥洹経』の訳者について」（『印度哲学仏教学』一〇、一九九五年）を参照。

（7）これについて前掲の宇井論文では「更に般泥洹経の訳語を調べて見ると、支謙独特の訳語が見出される」（五二三頁）と述べ、また岩松も支謙訳の語彙の存在を認めているようである。

（8）胡適は「佛教的翻訳文学（下）」（『白話文学史』上巻、上海新月書店、一九二八年）において、「一契、如今人説〝一只〟曲子」と述べているように、「契」とは歌曲を数える名量詞と解すことができると思われる。なお周一良は向達の説に従って「契」を梵語 gāthā の音写語であると述べている（「論仏典翻訳文学」『周一良集』第三巻、遼寧教育出版、一九九八年）。なお「契」の推定音は李方桂によると、khiadh > khiei である。また福井文雅「唐代俗講儀式の成立をめぐる諸問題」（『大正大学研究紀要　文学部・佛教学部』五四、三一七頁、一九六八年）では、『翻訳名義集』四（五四・一一一三下）の「音義云、契之一字、猶言一節一科也」を引いて、「文章の一区切れを指すものであり、沢田瑞穂も、その「支那仏教唱導文学の形成」の中で「ちなみに、契とは詞章の段節を言ふ」と書いておられる」と述べている。

（9）羅常培・周祖謨『漢魏晋南北朝韻部演変研究』三四頁には、「在東漢一個時期内也還有少数用陽唐韻字和這一類庚韻字在一起通押的例子。甚至於同一個人的作品有時這様押、有時那様押、没有一定、這正代表転変時期不規律的現象。等到三国以後這種現象就很少了」とある。なお韻譜は同書一八一頁（科学出版社、一九五八年）。

（10）前掲の周祖謨『魏晋南北朝韻部之演変』四八～五〇頁。

（11）同右二一頁。

（12）『出三蔵記集』二（五五・六中）に「胡般泥洹経一巻　今闕」とある。

(13)　智昇が『開元録』のいたるところで記している「文句全同」については、これを全面的に信じるわけにはいかない。それは巻一七の「別録中刪略繁重録」（五五・六六四中）によって知ることができるだろう。この「刪繁録」は、同本でありながら経題のみ異なる複数の経典や、同本でも広略などの相違がある複数の経典に対して、「徒盈巻帙、有費功労」（五五・六六二中）の理由によって、その異同を詳らかにし、得失を明らかにした上で削除すべきとする録部である。そしてこの「刪繁録」で下した判定にもとづいて第一九・二〇巻の「入蔵録」の選定が決定される。この「刪繁録」で、たとえば支謙訳とされる『申日経』と竺法護訳の『月光童子経』とは「文同名異」であるから、これを削除して入蔵させるべきでないとしているのである。実際に宋元明の三本にはこの『申日経』は入蔵されておらず、高麗本に見ることができるのである。その高麗本『申日経』には経題の下に、「開元録中無法護訳、恐是支謙誤為法護」（一四・八一七下）とあり、経末の後記にも「此何更有申日経、為法護之訳耶。（中略）何拠謂之法護訳耶」（一四・八一九中）とある。この後記は、『申日経』こそ、竺法護訳ではなくて、支謙訳本ではないかと類推しているわけである。そこで実際に現存する『申日経』と『月光童子経』と比較すると、内容こそ同じであるが、とても「文同」ではないのである。また別の例では、『輪転五道罪福報応経』と『罪福報応経』が、「文句全同、名広略異」（五五・六六四中）としている。しかし実際に両経を比較すると、説かれる内容は同じであっても、とても「文句全同」とは言えない。広略の相違は経題だけでなく、経典そのものにも認められるのである。さらに「大安般経一巻」の下にも、「右一経、与大安般守意経文句全同、名広略異。群録之中存其二本者誤之甚也」（五五・六六四中）とあるように、両本は「文句全同」とし、単に経題の相違でしかなく、経録中に二本を著録することは甚だしい誤りであるとしている。しかし近年『安般守意経』の別本が発見され（大阪真言宗天野山金剛寺）、入蔵本『安般守意経』との相違が判明したことから、この両本が「文句全同」とは言えないことになる。
　以上の三例から、智昇が言う「文同」や「文句全同」を、にわかに信頼することはできない。前記の三例では、『大安般経』一巻と『罪福報応経』とが「入蔵録」から外されることになったが、「徒盈巻帙、有費功労」という理由だけで、安易に除くべきではなかったのではなかろうか。

(14)　七寺本『鹿子経』の資料は、国際仏教学大学院大学落合俊典教授より複写させていただいた。また落合教授からはこの『鹿子経』に関して貴重な助言をいただいた。記して謝意を表する。

(15)『鹿子経』は他に、慧琳の『一切経音義』四四（五四・六〇二下）にも見られる。また『法苑珠林』六五（五三・七八五下）は、咸康三（三三七）年、東晋周子長が『四天王経』と『鹿子経』を読誦したことを伝えている。

(16)『慧印三昧経』は歴代の経録によって支謙訳出とされているが、本経には音写語が非常に多く、それらは支婁迦讖訳経典の訳語語彙と一致している。支謙はその漢訳にあたって、音写語を避けて、意訳語を用いていることや、偈頌の割裂の現象がないことなどから、本経が支謙訳とされることに対して、いささか疑問をもっている。

(17)略本の韻字「僧・漢」から広本の「僧・人」へ、以下「保・露」から「保・草」へ、「爾・害・子・髪」から「大・害・分・神」へと改変している。

(18)竺法護訳経典中の偈はほとんど押韻してないが、『生経』と『普曜経』には通押する偈がある。しかしそれは一経全体の比率からすれば、わずかな事例にすぎず、これは支謙訳の数部の経典中における偈が、一経全体に通押の配慮がなされていることと、大きく相違するのである。この広本『鹿母経』が真に竺法護訳であるとするならば、あくまでも支謙訳『鹿子経』に依拠していることや、助訳者らによってなされた配慮と考えられる。

(19)『大日本古文書』巻一二の一二八頁（東京帝国大学、一九一八年）を参照。

(20)月輪賢隆「聖堅師とその訳経について」五八三〜六一五頁（『仏典の批判的研究』百華苑、一九七一年）を参照。

(21)小野玄妙編纂『仏教経典総論』九二頁下（大東出版社、一九三六年）、また水野弘元『法句経の研究』（春秋社、一九八一年）を参照。

(22)前掲の月輪論文には、「支謙の古までは遡らぬ」としている。

(23)偈頌ではなく長行に見られる（一七・八三七中）。

(24)本書第二部第三章の註（4）を参照。

(25)「讃菩薩連句梵唄三契」について、「讃菩薩」と「連句梵唄三契」に分けるべきかもしれないが、確証がもてないため、ここでは分けずに表記した。

(26)鎌田茂雄『中国仏教史』第一巻「梵唄の初め」一八八頁（東京大学出版会、一九八二年）を参照。

(27) 支謙訳『維摩詰経』には二箇所に有韻偈頌が見られるが、梵唄の素材とされたのは、巻上の仏国品に説かれる、長者子の宝事童子が仏や仏国を讃えた七言偈（一四・五一九下）であろう。

(28) 湯用彤『漢魏両晋南北朝仏教史』上冊第六章「仏教玄学之濫觴」の支謙の項（中華書局本九四頁、一九八三年。初版一九三八年）を参照。

(29)『高僧伝』一の康僧会伝（五〇・三二六上）、および『高僧伝』一三の経師（五〇・四一四中）を参照。

(30) 牟子の『理惑論』の第一章は、釈迦についての問答である。その中で有韻の偈頌（詩）が説かれている。「王曰、未有爾時、禱請神祇、今既有爾、如玉如珪、当続禄位、而去何為。太子曰、万物無常、有存当亡、今欲学道、度脱十方」（五二・一下）この偈は現存する漢訳仏典の中に収められていない偈である。『太子瑞応本起経』で用いられている用語と共通することから、当時何者か（僧弁・慧忍・曹植など）によって製作された梵唄であった可能性もある。

(31) 敦煌本の『衆経別録』には、「詠瑞応偈一巻　明成仏降魔事　文多質少」（『敦煌宝蔵』一三〇巻三四一頁上。なおキャプションには「三乗通教経録」とある）とある。なおこの『衆経別録』については、内藤龍雄「敦煌出土「衆経別録（残巻）」」および「「衆経別録」の目録学的研究（上）」（『大崎学報』一二二・一二四、一九六七年・一九六九年）、白化文「敦煌写本《衆経別録》残巻校釈」（『敦煌学輯刊』一九八七年第一期）を参照。

(32) 鎌田茂雄（一九八二）は、「中国の仏教初伝において梵唄が流布したことは、仏教を音楽として理解し、情意的な面で仏教に接触する大きな意味をもつ。（中略）難解な教義を知性に訴えるよりは、音楽的情緒の中で仏教の雰囲気にひたることができるところにこの梵唄の意義があるといえよう」と述べている。これらは漢訳経典の有韻偈頌そのものの効用を伝えた叙述ではないが、傾聴するに値するかと思われる。

(33) 後章で述べるが、呉の白延訳とされる『須頼経』の偈も、支謙訳出の可能性がある（第二部第八章）。

第五章　竺法護訳『龍施菩薩本起経』の有韻偈頌と漢訳者

はじめに

本章では、西晋竺法護の訳出と伝えられる『龍施菩薩本起経』一巻に説かれる偈の脚韻を調査することによって、各大蔵経における排版の相違、偈の校讎とその通押状況、訳者による韻の配慮、長行中に隠されている偈頌、長行と偈頌の境界、漢訳者とされる竺法護への疑義など、関連する諸問題を解明するものである。

一、経の内容と排版の相違

『大正蔵経』に収載されている『龍施菩薩本起経』は、前半が長行、後半は偈頌をもって排版されている。同本異訳には、呉の支謙訳とされる『龍施女経』一巻があり、こちらはすべて長行であるが、それは『龍施菩薩本起経』の偈頌部分の内容にほぼ相応する。本題に入る前に、ひとまず本経の内容を瞥見しておこう。まず前半の長行では、龍施菩薩が以下のようにみずからの前世の行状を語る。

昔、叢林で修行する一人の行者（般遮旬：pañcābhijñā 五神通、または五神通を具えた者）がいた。またその傍らには一匹の毒蛇がいた。冬になり寒さがいよいよ厳しく、また食料も尽きてしまったので、行者は市中に赴こうとするが、毒蛇は叢林にとどまることを懇願する。しかしその願いもむなしく、ついに行者は立ち去ってしまう。毒蛇は、自己の過去世の悪業によって現在の蛇身を受け、仏法に縁遠いことを怨み、樹上より身を投じる。死して兜率天に生まれた毒蛇は、行者の恩に報いるため、再び娑婆に下り、行者に向かって稽首供養し、その功徳の大なることを讃歎して、再び兜率天へと上生する。

この前半の長行部分の後に偈が接続している。その内容というのは、長行を復唱する重頌ではなく、長行の話題を引きつぐかたちで孤起頌として展開されている。今、それを簡説すると、以下のごとくである。

兜率天に上生した毒蛇は諸天とともに弥勒にまみえ歓喜礼拝し、弥勒が法を説くとみな無生法忍を得る。天界の寿命が尽きたのち、毒蛇は娑婆に下ってある長者の娘龍施として生まれ、仏にまみえて菩提心を発こした。それを知った魔は、身を父親に変えて龍施の心を乱そうとする。父に変作した魔は、もし身命を惜しまずに行を修めるというならば、楼上から身を投げてみよとその覚悟を試す。龍施が身を投じると、即座に無生法忍を得て男子に変じた。阿難がその所以を仏に尋ねると、仏は龍施の過去世の行業と未来の証果を説く。そこで龍施は父母の許しを得て出家する。仏は龍施と五百の侍従のために法を説き、それぞれが果位を得た。

このように前半の長行から後半の偈頌へと移行してからも、その内容は不断に展開していき、最後の流通分まで偈のままで経が説き尽くされている。本経のように長行と偈頌の構成をもって漢訳された経典において、流通分にいたってなお偈頌で表現されるというのは珍しい事例である。また通常、偈頌が説かれる直前には、「仏説偈言……」などのような常套の冠句があるはずが、本経にはそれが見あたらない。漢訳経典に常見される体裁と比べるとき、いささか腑に落ちないものがある。

そこで本経の諸本を対比して排版の相違を確認してみると、以下のように各エディションで異なっていることがわかった。すなわち、一経通じて長行のAグループと、後半から偈頌になっているBグループとである。

Aグループ（すべて長行）

東禅寺・開元寺・金蔵・思渓蔵・磧砂蔵・高麗蔵・房山遼刻・洪武南蔵

Bグループ（前半が長行、後半が偈頌）

元版・明南蔵・明北蔵・嘉興蔵・龍蔵・縮蔵・頻伽蔵・大正蔵

同一経典なので両グループの説相内容が同じことは言うまでもないが、文章スタイルにおいて、一方のAグループ[1]は長行で終始一貫しており、もう一方のBグループ[2]はその後半を偈頌に仕立てているということなのである。ところが実はそれだけではすまない問題がここに隠されているようである。

ここで重要なのは以下の点である。すなわち漢訳者の竺法護は当初、本経の後半を長行として訳出していたのか（Aグループ）、あるいは偈頌として訳出していたのか（Bグループ）ということである。そこで「古い資料がオリジナルにより近い可能性がある」という観点から、写本を捜索してはみたものの、残念ながら印刷大蔵経以前の古写経は見あたらず、敦煌写本も存在しないので、そこから問題解決の糸口を探ることはできなかった[3]。したがって、現存する版本資料から、なんとしても糸口を見つけなければならないことになる。そこでBグループの偈の脚韻と、経録における漢訳者の扱いの二点に注目したいと思う。

なお、高麗版（Aグループ）とそれを底本としたはずの『大正蔵経』（Bグループ）が排版形態を異にしている謎は、『大正蔵経』の草稿に上海で刊行された『頻伽大蔵経』が使用されていたことに起因しているのであろう。[4]

二、テキストの校讎と偈の通押

結論から言うと、本経はもとBグループのように前半が長行で後半が偈頌として漢訳されていた経典であったようである。それは、このたびBグループの蔵経における偈の脚韻を調査することによって判明した結果である。ここでは、たとえ信頼しうる古写本がなくとも、そのように断言できることを順次論証してゆく。

そもそも中華伝統の詩文に目くばりすると、わずかな例外を除いて一作品中の句数は偶数でまとめられるものである。それは四句を単位とした偶数句末で韻をふむことを要求するからである。そして、こうした形式はおそらく漢訳経典に影響を与えたのであろう。実際に大蔵経中の偈を調査すると、やはり偶数句によって漢訳される偈が圧倒的多数を占めていることがわかる。しかし奇数句の偈も若干見うけられ、[5]この『龍施菩薩本起経』の偈も一三五句の奇数句からなり、それはどの版本もみな同じであった。以下の論考においては、実見しえた資料によって確認することにしよう。

本経の偈は一三五句あるので、四句をもって一つの押韻単位（一偈）と考えれば、三三の押韻単位（三三偈）に三句を余すことになる。漢訳経典の偈は四句あるいは八句の単位でまとまった意味をなしている場合が多いとはいえ、必ずしもそれがすべてではない。本経の偈も同じで、四句を基調としながらも、中には六句でないとまとまった内容として完結しえないものもある。一方で押韻に関して言えば、伝統的文壇の詩文においては、意味の切れ目と押韻単位との一致というのは、ことに近体詩になって以降は厳守されている。また古詩であっても概ね一致している。つまり長い詩文（排律）では内容が漸次展開するたびにごとに換韻が行われるのである。よって本経の通押状況を調査するには、どこまでが一まとまりの押韻単位なのかを吟味すると同時に、いくつの句の内容が一つのまとまった意味をなしているかを見極めなければならないわけである。こうした観点で本経の偈を見ていくと、やはり押韻単位ごとに内容がある程度まとまっており、換韻が行われると内容も逐次進展していることを確認することができる。すなわち伝統的な中華の詩作品の格式に準拠させつつ漢訳されていると言えるわけである。

＊　　＊　　＊

ここに『龍施菩薩本起経』の偈（『大正蔵経』一四・九一一上中下）を示す。なお網かけをした句は後述することを示し、偶数句末の括弧の中には『広韻』の韻目と、訳者とされる竺法護が活躍した晋代の韻部を示した。また韻部や通押については周祖謨の『魏晋南北朝韻部之演変』（東大図書公司、台北、一九九六年）など先学の諸成果を参照した。[6]

皆従諸天人　行詣弥勒前（平先・先）
倶稽首作礼　其心悉等平（平庚・庚）
見弥勒歓喜　礼畢住一面（去線・先）
弥勒為説法　皆得無所従生（平庚・庚）
天上寿終後　来生於世間（平山・先）
長者須福家　作女意甚**明**（平庚・庚）
端名曰龍施　除去諸欲**情**（平清・庚）

時仏来詣舍(7)　眉間放光**明**（平庚・庚）
時女在浴室　志意用愕**驚**（平庚・庚）
便即上楼観　見仏功徳**正**（平清・庚）
諸根悉寂定　三十二相**明**（平庚・庚）
女心即歓喜　今逮得安**寧**（平青・庚）
当供養仏法　便発菩提心（平侵・侵）
時魔聞知**之**　心中為愁**思**（去志・之）
此女発道意　尽我境界人（平真・真）
已下変為父　具説艱悩事（去志・之）
仏今現在世　功徳甚尊**特**（入徳・徳）
菩薩多勤苦　羅漢疾易**得**（入徳・徳）
時女即対曰　父言無義**理**（上止・之）
仏智譬虚空　羅漢如芥**子**（上止・之）
猶是以観**之**　小道無高**士**（上止・之）
仏徳如巨海　度人無極**已**（上止・之）　（一四・九一一上）

時魔謂女言　汝今何愚**痴**（平之・之）
菩薩甚勤苦　得道無有**期**（上之・之）

仮使欲得仏　当不惜軀**命**（去映・庚）
従楼自投地　乃知女妙**英**（平庚・庚）
精進無所着　可得無上**正**（平清・庚）
時女住欄**辺**　向仏叉手**言**（平元・先）
我用一切故　願仏知我**誠**（平清・庚）
便自投楼下　逮得無従**生**（平庚・庚）
変為男子**形**　阿難乃怖⑧**驚**（平庚・庚）
叉手正衣服　前白仏天中**天**（平先・先）
今我意甚怪　此為何等**焉**（平仙・先）
一切皆愚痴　願仏現大明（平庚・庚）
時仏告阿難　汝見此女不（平尤・侯）
自投於虚空　転作男子身（平真・真）
不独今棄軀　前世亦復**爾**（上紙・支）
已更事万仏　精進無懈**止**（上止・之）
却後当来世　供養如恒沙（平麻・歌）
便当得作仏　号名曰龍上（去漾・陽）
在第一大会　度脱諸天**人**（平真・真）
其数難屢**陳**　譬之如浮**雲**（平文・真）

爾時仏治世　快楽無有極（入職・職）
飲食皆自**然**　譬如忉利**天**（平先・先）
於是龍施身　住立在仏**前**（平先・先）
報其父母**言**　聴我作沙**門**（平魂・魂）
父母即聴之　侍従五百**人**（平真・真）
及八百天**神**　皆発無上心（平侵・侵）
爾時魔愁毒　悔恨無所**陳**（平真・真）
龍施白仏言　願愍一切**人**（平真・真）
為断十二海　除去諸苦**辛**（平真・真）　（一四・九一一中）
用衆愚痴故　多説大珍宝（上晧・宵）→「大宝**珍**」（平真・真）の誤倒か？
時仏便講法　五百侍従**人**（平真・真）
皆得無所従生　及八百諸**天**（平先・先）
　　　　　　得不起法**忍**（上軫・真）……（このあたり、一句～三句が脱落しているか？）
彼時龍施**身**　便住於仏**前**（平先・先）
自説過世行　求道甚苦**勤**（平欣・真）
不用己身故　但為一切**人**（平真・真）

如来之功徳　不可具説**陳**（平真・真）
爾時般遮旬　今則是世**尊**（平魂・魂）
其毒蛇之軀　今是龍施**身**（平真・真）
時五百玉女　今是五百**人**（平真・真）
八百諸天子　共志無等**倫**（平諄・真）
菩薩所示現　猶為有所**因**（平真・真）
欲歎其功徳　終無能尽**焉**（平仙・先）
彼龍施菩薩　作師子吼時（平之・之）
無数諸天**人**　皆発無上**真**（平真・真）
一切皆歓喜　作礼於仏**前**（平先・先）　（一四・九一一下）

明らかに押韻している句は検証する必要がないので、ここでは異なる韻部の通押について見ることにしよう。中華の詩文、とくに本経が漢訳されたとされる晋代に作られた詩文中に、本経の通押と同じ用例を見出すことができるのである。

まず本経には先部と庚部が通押する単位が六箇所あるが、中華の詩においては晋代の用例がわずかに一つ（張華「章懐皇后誄」の泉・原・清の通押）あるだけである。仏典における用例としては、西晋ではないが、降って姚秦鳩摩羅什の『大智度論』一七（二五・一八四下）に見られる。それは庚部の「明」と先部の「眠」の通押である。

眠為大闇無所見　日日侵誑奪人明（平庚・庚）
以眠覆心無所識　如是大失安可眠（平先・先）

先部と庚部の通押例は非常に少なく、このため詩文の世界では明らかに失韻となるが、本経に六例も検出されるということは偶然とは思われない。翻訳という大きな障壁に立ち向かいながらも、可能な限り一定のリズム、すなわち語尾が -n や -ng の異なりにもかかわらず、陽声韻のリズムを持続させようとする訳者の苦慮をここに認められるのである。

他にも九一一頁中段に支部と之部、先部と魂部、真部と侵部の通押があり、下段には真部と先部、魂部と真部がそれぞれ押韻単位としてあげられる。そしてこれらはそれぞれ詩文においても少なからず通押例が存在するのであって、まず支部と之部の通押は三国で三例、両晋で一三例あり、次の先部と魂部は両晋で三例あり、真部と侵部は三国で五例、両晋では一四例を検出でき、真部と先部は三国両晋で一〇〇例を超え、魂部と真部は三国でともに真部であり、晋代になって分部するがその通押は一四例ほどある。このように同時代の詩作品においてもこれらの韻部が通じていることから、本経の漢訳者にあっても上記の韻部は通押するものと判断した上で意図的に措辞されたと言えるのである。

一方、明らかに失韻とされるものについては、九一一頁上段に二つの失韻、侵部と之部、真部と之部の例があり、中段には三つの失韻、侯部と真部、歌部と陽部、および職部と先部がある（下段については後述する）。これらの失韻現象は、中華の詩と違って、翻訳という言語転換においては不可避な限界であることを認めねばならないだろう(9)。三三の押韻単位に対してわずか五つの失韻などは、他の漢訳仏典の有韻偈頌にも見られることであって問題ではない。偈頌全体の六、七割以上が通押し、失韻が三割あるいは四割を超えていなければ、それは漢訳者による自覚的な韻律配慮であったと認めてよい。なぜなら六、七割以上が通押するということは偶然では起こりえない現象だからである。さらに付言すれば、六八ある本経偈頌の韻字のうち平声は五〇で、仄声（上声・去声・入声）は合わせて一八でしかない。平声字が仄声字の二倍以上多く用いられているということからしても、本経の漢訳者が意図的に平声を韻字に用いたということが言える。すなわち脚韻の配慮は自覚的に行われていたということである。

　さて、問題は九一一頁下段の偈についてである。この部分はいささか複雑である。上段と中段の偈は失韻と思われる押韻単位が五つほどあったが、他は概ね通押していた。ところが下段の偶数句末の韻字はすべて韻をふみはずした失韻なのである。下段の偈はもともと押韻させないままに漢訳されたということなのだろうか。しかし結論から言うと、やはり漢訳者によって配慮が施されていたのである。

　それは既述のように、本経の偈が一三五句の奇数句からなっていることがヒントになっている。漢訳経典における偈が奇数句で訳されるのは罕見な例と認めざるをえないことから、あるいは本経の偈も本来は偶数句で構成されていたのではなかろうかと懐疑しつつ、この九一一頁下段の韻を再び調査すると、実は奇数句において通押していることがわかったのである。つまりどこかで一句または三句程度の脱句があり、本来の偈を一三六句、あるいは一四〇句ではなかったかと推測するわけである。そこで最終の第一三五句「作礼於仏前」から逆に前方に向かって、奇数句の押韻単位を調査していくと、九一一頁中段終わりから下段のはじめのあたりにおいて、押韻しなくなることがわかる。つまりそのあたりに一句または三句が欠けてしまっているのではないかという推測が成り立つのである。そこに奇数の脱句を加えることによって、それ以降の各句が一つ、あるいは三つだけ繰り下がり、それまでの奇数句が偶数句となって再構成されるようになる。このように考えるとき、漢訳者が本経の偈に対して首尾一貫して通押させようとしていたことが認められるわけである。[10]

ただし、九一一頁下段をそのように構成しなおしたとしても、なお二箇所の失韻がでてくる。それは宵部と真部、先部と之部である。このうち先部と之部は明らかに失韻であるが、宵部と真部については以下の推測が成り立つ。

用衆愚痴故　　多説大珍宝（上皓・宵）
時仏便講法　　五百侍従人（平真・真）

韻字は「宝」と「人」であるが、おそらく「……大珍宝」はもと「大宝珍」であっただろうと大胆に推定したいのである。「宝」（皓韻）では押韻しないが、「珍」（真韻）であれば押韻するからである。「宝珍」は聞きなれない語彙であるが、大蔵経中にその例がないわけではない。[11] 押韻させるために、「珍宝」をあえて「宝珍」に倒置したのではないだろうか。ところがいつの間にか常見常用の「珍宝」に改められてしまい、現行の大蔵経へと伝承されたものと思われるのである。

以上をまとめると、本経の押韻は決して四句を一つの単位として区分されているのではなく、意味の切れ目をもって換韻され、それが押韻単位となっているのである。そしてまたこれらの偈の声調は概ね平声を基調としつつ通押させていることも確認できた。さらに現存する本経の偈は一三五句からなるが、句末の通押状況からして、おそらく漢訳当初は偶数句からなるもので、版本成立以前の書写による伝承の過程において、九一一頁の中段最後から下段の最初に相当するあたりで、一句あるいは三句が脱してしまったと考えるのである。[12]

なお、ついでながら付言すると、Ａグループ（すべて長行）のうち、金蔵・高麗蔵・房山遼刻の後半には「皆得無所従生」（九一一上下の二箇所）、「前白仏天中天」（九一一中）のように、一句六字になっているところがあり、東禅寺版・開元寺版・思渓蔵・磧砂蔵・洪武南蔵でも「皆得無所従生」（九一一上）が六字になっている。これらの句の前後はすべて五字句なので、この三箇所だけが一字多いことになる。一方偈頌で排版されているBグループは、Aグループにあったそれらの六字句が「皆得無従生」、「白仏天中天」のごとく、他と同じ五字の斉言句にそろえられている。このことからも、Aグループは後半部を長行とみなしていたことがわかるのである[13]。

三、長行中に隠された偈

本経の偈は上述したように、五言一三六句または一四〇句であった。ところがもう少し丹念に調べてみると、他にも四箇所のまとまった偈と思しき訳文があることがわかった。しかも、それらは長行の中に隠されていたのである。それら該当箇所の諸版本は、ＡＢ両グループともに改行することなく長行としての行どりになっており、各句は四字ずつの句作りになっている。四字一句というだけならば、南北朝期に撰述された漢籍に普遍的に見られる四六体に従ったままでであり、本経の会話部分もやはり同じようなリズムをもって訳されているように、それは三国両晋以降の漢訳経典における長行には常見のスタイルであって、読誦の便に供するためであったと推察しうる[14]。ところが試みに長行の叙述部を四字で断句し、偈の句式に並べ変えてみたところ、その偶数句末は両晋の韻部として十分に通押する韻文であることが判明したのである。

このような現象は、原典の問題なのか、漢訳の問題なのか、それとも書写過程における行どりの問題なのかは不明であるが、『宋高僧伝』三の唐大聖千福寺飛錫伝に以下のような叙述がある（五〇・七二一下）。

釈飛錫、未知何許人也。神気高邈、識量過人。初学律儀、後於天台法門一心三観。与沙門楚金、棲心研習。天宝初（七四二）、遊于京闕、多止終南紫閣峰草堂寺。属不空当途伝訳、慎選英髦錫預其数、頻登筆受潤文之任。代宗永泰元（七六五）年四月十五日、奉詔於大明宮内道場、同義学沙門良賁等十六人、参訳仁王護国般若経幷密厳経。先在多羅葉時、並是偈頌、今所訳者多作散文。不空与錫等及翰林学士柳抗、重更詳定。錫充証義。正員辞筆不愧斯職也。

つまり、あるインド原典がすべて韻文によって綴られていたとしても、それが漢訳された後に原典の韻文が漢語の偈として翻訳されるとは限らないということであり、ここでは不空訳『仁王護国般若波羅蜜多経』と『大乗密厳経』の例があげられている。同じことは他にも竺法護訳『普曜経』の例がある。(15) しかし、ここでは漢訳に言語転換された後の文字資料を扱うものであり、このような原典と漢訳との齟齬について論じるものではない。

さて、本経の長行中の韻文とは、先の五言一三五句の偈が説かれる直前において見られる。①四言一六句、②四言一二句、③四言一六句、④四言二八句がそれである。該当部分を長行の行どりから、偈の行どりに変換した上で引用する（一四・九一〇下～九一一上）。

道人答曰、「卿為毒蛇、衆人所憎。見者欲害、無有愛楽。或於道中、虎・狼・毒虫・蜚鳥・走獣、共害汝身。今実悢悢、無有已已。雖有是心、不得自在。願卿住此、思道念徳、精進自守、忍諸困厄。若前強健、後年復会。」道人悲泣、収涙而去。

毒蛇涕零、不能自止、貪見道人、無有極已。便即上樹、遥望道人。観視若行、察其所避。道人不現、転復上

行。適復不現、上尽樹頭、遥望道人、

①遂遠不現　毒蛇益**悲**（平脂・脂）
自責悔言　「身罪所**致**（去至・脂）
失善道人　前世愚**痴**（平之・之）
多犯衆悪　婬泆瞋**恚**⑯（去寘・支）
闇冥放逸　懈怠無**知**（平支・支）
不奉精進　迷乱不**止**（上止・之）
其心不一　不値仏**世**（去祭・祭）
遠離正法　失大智**慧**（去霽・祭）

違遠至明、従苦入苦、離波羅蜜、堕於五道、虫蛾蚤虱、今受蛇身、為人所憎。皆是身過、不由他人。天上世間、豪貴無常、

②何況我此　含毒之**身**（平真・真）
展転生死　譬如車**輪**」（平諄・真）
爾時毒蛇　自説瑕**悪**（入鐸・薬）
身意静然　但還自**責**（入麦・薬）
今此危身　不足貪**惜**（入昔・薬）
不顧軀命　此無所**着**（入薬・薬）

便従樹上、自投於下、未及至地、堕樹岐間、身絶両分、便即命過、生兜術天、得見光明、即自思惟、便識宿命。

③「我在世時　身為毒**蛇**（平麻・歌）
奉侍道人　行正遠**邪**（平麻・歌）
精進不懈　伏悪心**魔**（平歌・歌）
視其身命　譬如土**沙**（平麻・歌）
知命非常　自投樹**下**（上馬・歌）
於彼寿終　来生此**処**」[17]（去御・魚）
便於天上　従諸玉**女**（上語・魚）
及与天子　各持香華（平麻・歌）
散毒蛇上

便自説言、

④「今此蛇身　雖為毒**悪**[18]（入鐸・薬）
於我大厚　終不為**薄**（入鐸・薬）
精進行法　心無所**著**（入薬・薬）
絶其寿命　得上為天（平先・先）
今故来下　欲報其恩（平痕・魂）
便復行詣　般遮旬所（上語・魚）
稽首作礼　供養花香（平陽・陽）
嗟歎功徳　皆共称**誉**（平魚・魚）

今此道人(19)　無有等侶（上語・魚）
行大慈悲　無有親疎（平魚・魚）
教授一切　令離三塗（平模・魚）
本為毒蛇　視如赤子（上止・之）
憂念一切　此功徳大（去泰・泰）
欲報其恩　何時能達」（入曷・曷）
適説是已、便還去上兜術天。

まず、①は道人から山中にとどまるように言い渡された毒蛇が、山を下る道人を見つめながらみずからの境遇を恨む部分で、それは韻をふまない長行をはさんで②の途中までつづく。このような押韻のあり方はいささか違和感をぬぐえないが、これを偶然の通押とかたづけることもできそうにない。それは②が完全に押韻しているからである。③は樹上から投身して命を絶ち、すぐさま兜率天へと上生した毒蛇が前世を知り、これをみずから思惟する内容であり、「便自説言」をはさんで、直後の④からは思惟の内容を実際に告白する部分である。

通押に関して①と②は何ら問題とならない。③も整っているが、高麗版と諸版本とで相違するのは、第一二句「来生此処」の韻字である。歌部と魚部は三国両晋を通して通押することから、麗本の「上」ではなく、東禅寺版など諸本の「処」、あるいは趙城金蔵の「土」をもって韻字としたいところである。

次の④は、毒蛇が死して兜率天に上生し、そこで玉女や天子から散華供養を受けるところで、毒蛇みずからが説きだした叙述のすべてである。第二句「雖為毒悪」の韻字に相違が見られ、ここは麗本や金蔵の「悪」をとって薬部で通押する。ついで第八句先部と第一〇句魂部は晋代で通押し、以下の一二句は魚部で押韻している。なお中途に陽部の「香」と之部の「子」があるが、「香」については三国に魚部と通押する用例を一つ見出せる。また「子 tsjəɡ」は上古において之部で古入声 -ɡ の韻尾を有するため、中華の詩歌において、いつの時代でも泰部 -i・-d（去声・入声）と通押することはない。また魚部の「塗 daɡ > duo」と之部の「子 tsiəɡ > tsï」は古入声の閉塞韻尾 -ɡ によって通押例はある（三国で一例、そして両晋で三例）。また本経と同じように『大智度論』にもこの例があるので、古入声がいまだ保存されたままの通押と考えられる。

最後は去声の泰部と入声の曷部であるが、この両部は先秦の韻文中では、それぞれ祭部 -ad と月部 -at に含まれその通押例があり、降って西漢で三例、東漢では七例がある。三国になると祭部から泰部（泰・夬・廃・怪・介を包括）が分かれ、その泰部は、両晋にいたるまで陰類 -i とともに入類韻尾 -d をも有し[20]、月部から独立した入声曷部（-t：曷・末・鎋を包括）と南北朝の中期ごろまで通押する。三国では二例見られ、さらに本経が漢訳されたとする両晋においては四つの通押例がある。ちなみに西晋の訳出とされる本経の韻字は「大」と「達」であり、この用字の西晋での通押例は、洛陽の紙価を高からしめたことで知られる左思（二五〇？～三〇五？）の三都賦のうち、魏都賦に「達・帯・会・大」で通押する用例に求めることができる[21]。

以上のごとく、全体にわたって厳格な規則性は認められないとしても、①と②はもちろん、③と④の偶数句末も通押していることは事実である。先に示した五言一三五句の偈と同じように、ここでも「説偈云……」のような常套の冠句はないが、斉言の句作りと偶数句末の韻字から、漢訳者によって意図的に旋律の配慮が施されていることを指摘しうるのであって、決して偶然の通押ではありえない現象となっている。

ただし、前後の文章の流れからすると、偈として漢訳されたにしては、あまりにも不十分である。それはひとまとまりになっている文章のすべてが押韻していないからである。そこで筆者は現在のところ、この文体を以下のように考えている。六朝の漢籍においては四六駢儷が飾り立てられた文体として主流を占めていた。これは平仄の配置や対句を用いているので韻文に近しいのであるが、それはあくまでも散文に収められる文体である。本経の長行中に隠されたこれらの韻文にしても、そうした漢籍の影響を認められるのではないだろうか。つまり中華の文学における四六体という飾られた散文が導入され、仏典における四字句という飾られた長行が誕生したということではないだろうか。ただし四字句を基調としつつ、韻をふむが、平仄配置のきまりはなく、もちろん対句を用いていない。それは漢訳という言語転換における限界が横たわっているからである。いずれにせよ、これらの要件からして、駢儷体でもなく、また偈頌でもなく、かつ通常の長行でもないのであって、仏典における特殊な美文体ということになるのである。ここで言えるのは韻文ということだけである。もし中華の文章のいずれかに収めるのであれば、賦（漢賦）あたりに近似している。会話文であること、四言を基調としていること、長行（長句）が間に入り押韻が途切れることに共通性が認められるのである。厳密な韻文ではないが、かといって散文とも言いがたい。この韻散混淆する美文は、漢代に多く作られた賦の形態を意識されているかのごとくである。

以上のごとく、『龍施菩薩本起経』のわずかばかりの文章（『大正蔵経』で二頁分）の中には、中華の散文と韻文の影響を受けた長行と偈頌があり、そしてその中間には四六スタイルの韻文も含まれており、これはまさしく中華の文章スタイルの縮図とも言える。ただし仏の金言の伝達こそ優先される建前から、「駢」すなわち対句を用いるまでの華美な修辞は回避されたのである。しかし、四字でまとめつつ可能な限りにおいて通押させようとつとめた訳者の配慮は否定しえない。大蔵経を丹念に精査すると、本経の他にもまだ同様な文体が存在するのではあるまいか。(22)

四、竺法護訳出説への疑義

『出三蔵記集』二には、西晋竺法護の漢訳経典一覧が記されている。総計一五四部あるうち、九〇部は当時現存していた経典であり、「右九十部凡二百六巻今並有其経」とされ、ついで当時すでに散逸していた六四部もリストアップされ、「右六十四部凡一百一十六巻経今闕」と記録されている。その散逸リストの中に（五五・九中）、

龍施本起経　一巻　旧録に龍施本経と云う　或いは龍施女経と云う。

と見える。後に現存が確認され、『歴代三宝紀』一三においては大乗録入蔵目（四九・一一一下）に編入され、現在にいたるまで『龍施菩薩本起経』は、竺法護の訳出経典として伝承されてきているのである。本経後半の偈と長行中の美文体は、訳者によって自覚的に脚韻をふませていたに相違ない。それではそのような配慮を施した訳者とは、はたして伝承どおり竺法護なのだろうか。

ところで、竺法護の訳経の特徴について、(23) 諸資料を通して確認してみると、『出三蔵記集』一三の竺法護伝の記載によれば、その先祖は月氏にあったが、竺法護は敦煌で生まれ、八歳で出家し外国沙門の竺高座を師としている。漢語文化圏にありながらも西域に接し、域外の人が往来する地に生まれ育ち、そして出家したということは、その後翻訳者としての責をすでに負わされていたと言ってもよいだろう。伝記の「終身訳写す」とはそれを端的に語ったものである。訳した経典のジャンルは幅広く、またその数量も古訳時代では最多の一五四部三〇九巻であり（ちなみに鳩摩羅什は三五部二九四巻）、しかも大乗仏教の主要経典が多く、翻訳活動期間も少なくとも四〇年以上に及

び（二六六～三〇八）、さらに伝記には「僧徒千数、咸く来りて宗奉す」（五五・九八上）とあり、また竺法乗伝にも「護は既に道関中に被り、且つ資財殷富なり」（五〇・三四七中）とあるごとく、竺法護教団の規模とその財力をもって訳経と写経事業をなしたことなどから、その訳出経典は南北でも広く弘通していたと考えられる。僧祐をして、

凡そ一百四十九部、孜孜として務むる所、ただ弘通を以て業と為し、終身訳写して、労なるも惓を告げず。経法の広く中華に流るる所以は、護の力なり。（五五・九八上）

と言わしめるほど、後世には大きな影響を及ぼしたのである。また聶承遠・聶道真父子やその他多数の助訳者の協力があったことが『出三蔵記集』にある竺法護訳経典の経目・経序・伝記からうかがうことができ、少なくとも直接間接に訳業に関わった者は、出家在家を合わせて三〇人の名を確認することができる。(24) これだけ多くの助訳者がいたということは、いったい完成した訳文にどれだけ竺法護本人の文章が残されたのか、甚だ疑問ではある。

さて、偈の漢訳に関してであるが、竺法護の数ある現存訳経中に、偈の脚韻を配慮して訳されたものは、本経の他に『鹿母経』・『如来独証自誓三昧経』・『生経』・『普曜経』の四部である。しかしながら、有韻の偈があると言っても、偶然の通押から既訳の偈を転用した例まであることから、総体的に言うならば中華の詩律を意識した上で訳されたことを積極的に支持することができないのである。

まず『生経』のそれは巻第三にあるわずかな用例であり、他の偈がすべて無韻であることから、例外的な事例と見るべきである。ちなみに、一経典中に偈が多くあれば、通押の許容が緩やかな時代であっただけに、偶然の一致があったとしても、まったく不思議なことではないし、こうした事例は訳経中にしばしば見られる。(25)

『鹿母経』については、支謙の異訳本『鹿子経』一巻がある。これは現存しないが、『開元録』において両者は「文句全同」とされていることから、散逸した支謙訳『鹿子経』の偈を転用した可能性が高いのである（第二部第四章）。

『普曜経』巻五（三・五一二下）の偈は既訳の前例がないが、巻六（三・五二一中下）の偈は後漢竺大力・康孟詳訳『修行本起経』や支謙の『太子瑞応本起経』に見られるものと同じである。また巻七（三・五二七中下）の偈についても、明らかに『太子瑞応本起経』や西晋失訳『長寿王経』の偈と連関しており、同じく巻八（三・五三四上）の偈も、やはり伝支謙訳の『撰集百縁経』一〇、あるいは『長寿王経』のそれを援用したものに相違ない。よって竺法護自身の訳偈ではなく、むしろ既訳の支謙訳経典あたりから借用してきたものと考えられる。

『如来独証自誓三昧経』にしても、伝安世高訳の『自誓三昧経』のそれとの関連性が認められるので、両経の訳出の前後関係が明確にされなければ、これを竺法護の訳偈と断定できないのである。

問題となるのは、『生経』三（三・八七中下）と『普曜経』五（三・五一二下）に見える有韻偈頌である。[26] この両経の偈は既訳の経典中に認められないので、竺法護の訳経作業中に訳出された偈であるに相違ない。

『生経』にはたくさんの偈（八〇〇句）があるが、有韻偈頌はわずかな用例のみであり、他の多数の偈は押韻していない。比率からすると全体の一割にも満たない。よって漢訳仏典に普遍的に見られる偶然の通押とも考えられるが、以下に示す③④⑤は完全に押韻していることから、またこの事例は五人の太子がみずからの徳を偈によって歌いあげている箇所にまとまって説かれていることからすると、おそらくここは偶然の押韻ではないだろうし、さらに他の漢訳仏典中に同じ偈頌が存在しないことからも、竺法護の訳経グループによって自覚的に韻律配慮が加えられたものとみなすべきである[27]（三・八七中下）。

①智慧最第一　能決衆狐疑（平之・之）
分別難解義　和解久怨結（入屑・屑）
能以権方便　令人得其**所**（上語・魚）
衆庶睹歓喜　悉共等称**誉**（平魚・魚）
②工巧有技術　多所能成就（去宥・侯）
↓「就**成**」（平清・庚）の誤倒か？
機関作木人　正能似人**形**（平青・庚）
挙動而屈**伸**　観者莫不**欣**（平欣・真）
皆共帰遺之　所技可依**因**（平真・真）
③端正最第一　色像難比**倫**（平諄・真）
衆人観顔貌　遠近莫不**聞**（平文・真）
皆来尊敬之　慎事普慇**懃**（平欣・真）
家人奉若天　如日出浮**雲**（平文・真）
④精進為第一　精進入大**海**（上海・皆）
能越諸患難　多致珍宝**財**（平咍・皆）
勇猛多所能　由是無所**礙**（去代・皆）
家業皆成弁　親里敬欣**戴**（去代・皆）
⑤福徳為第一　所在得自**然**（平仙・先）
富楽無有極　生生為福**田**（平先・先）

福為天帝釈　梵天転輪**王**（平陽・陽）
亦得成仏道　具足道法**王**（平陽・陽）（三・八七中下）

次に『普曜経』五（三・五一二下）の偈はそれ以前の訳経中に同一の文言を見出せないが、巻六（三・五二一中下）の偈は竺大力・康孟詳訳『修行本起経』や支謙訳『太子瑞応本起経』に説かれる偈と同じである。また巻七（三・五二七中下）は明らかに『太子瑞応本起経』や西晋失訳『長寿王経』の偈と連関しており、また巻八（三・五三四上）の偈も、やはり伝支謙訳の『撰集百縁経』一〇、あるいは『長寿王経』巻末の偈を援用したものに相違ない。問題となる以下の巻五の偈である。第一偈以外はすべて陽部と庚部で通押しているので、これもまた意図的に漢訳されていると言えよう。あるいは、第一偈も転写間の誤倒であって、もと「六度行」であった可能性もある。
なお、晋代に陽部と庚部の通押例は多数ある。

従無数劫来　積徳行六度（去暮・魚）　→　六度**行**（平庚・庚）か?
四等心四恩　護三界之**将**（平陽・陽）
大慈無蓋哀　欲脱痴聾**盲**（平庚・庚）
今当成大道　具三十二**相**（平陽・陽）
随俗而現身　説苦空非**常**（平陽・陽）
使了悉本無　入仏三宝**蔵**（平唐・陽）
俗人罪所蓋　十二因縁**障**（平陽・陽）

不達無上真　生死沈没亡（平陽・陽）
若解一切空　不犯五陰行（平庚・庚）
陰衰已消滅　心浄如法王（平陽・陽）
至真無上慧　莫能限度量（平陽・陽）
光明踰日月　所済無有疆（平陽・陽）
須弥尚可称　虚空可度量（平陽・陽）
不及大智慧　大聖無極行（平庚・庚）（三・五一二下）

『宋高僧伝』三に、「半声とは、（中略）法護・宝雲・奘師・義浄、洞かに声明音律を解し、中天の細語典言を用て、訳す者の如きは是なり」（五〇・七二四上）とあるように、竺法護はインドの声明音韻方面においては十分な知識を具えていたとされる。また訳業を手助けし、しかも実名が判明している三〇人もの助訳者の存在も無視できない。これらのことから、竺法護は偈の訳出にあたって、脚韻を配慮して漢訳させていたことを否定することはできないのであるが、大多数の偈は押韻していないことも事実であり、『生経』と『普曜経』に通押する偈があるとしても、それは一経全体の比率からすれば、わずかな事例にすぎないということである。

五、支謙訳出説の可能性

前節で述べたように、竺法護によって訳出された経典の偈には、たとえわずかであっても有韻の偈があることは否定しえないことであった。したがって、本経の偈にしても、その訳者の真偽に対して疑義をはさむには及ばないようにも思える。しかし、以下に述べるように、本経は呉の支謙による訳出であった可能性も捨てきれないのである。

はじめに述べたとおり、本経には、呉の支謙訳とされる同本異訳の『龍施女経』がある。この両経を経録に求めると以下のごとくである。

『出三蔵記集』巻二、支謙訳経の条（五五・七上）
龍施女経一巻　別録に載す所なり　安録になし
『出三蔵記集』巻二、竺法護訳経（闕経）の条（五五・九中）
龍施本起経一巻　旧録に龍施本経と云う　或いは龍施女経と云う
『法経録』巻一（五五・一一八下）
龍施女経一巻　晋世竺法護訳
龍施女経一巻　呉黄武年支謙訳
龍施菩薩本起経一巻
右三経は同本異訳
『歴代三宝紀』巻五、支謙訳経の条（四九・五七下）
龍施女経一巻　安録に無し　祐云く別録を見よ
『歴代三宝紀』巻六、竺法護訳経の条（四九・六三上）
龍施女経一巻　旧録に龍施本起経と云う　第二出

『歴代三宝紀』巻一三、大乗録入蔵目（四九・一一一下）

龍施菩薩本起経一巻

龍施女経一巻

上の二経は同本別訳の異名なり

『彦琮録』巻一（五五・一五七中）

龍施女経一巻　晋世竺法護訳

龍施菩薩本起経一巻

右二経は同本異訳

『静泰録』巻一（五五・一九二中）

龍施女経一巻　二紙　晋世竺法護訳

龍施菩薩本起経一巻　四紙

右二経は同本異訳

『大周録』巻三（五五・三九〇下）

龍施女経一巻　第一訳　四紙

右呉黄武年　支謙訳　長房録に出ず

龍施菩薩本起経一巻　第二訳　旧録に龍施本経と云う　二紙

右西晋竺法護訳　長房録に出ず

前の二経は本同別訳なり

『開元録』巻二、支謙訳経の条（五五・四八八上）

龍施女経一巻　初出　龍施菩薩本起経と同本　祐云く別録の載す所なり　安録に無し

『開元録』巻二、竺法護訳経の条（五五・四九四中）

龍施菩薩本起経一巻　旧録に龍施本経と云い或いは龍施女経と云う　第二出なり

龍施女経と同本　僧祐録を見よ

『開元録』巻一九、大乗入蔵録（五五・六八五上）

龍施女経一巻　或いは女の字なし　二紙

龍施菩薩本起経一巻　或いは龍施女経と云う　或いは龍施本経と云う　四紙

『貞元録』巻三、支謙訳経の条（五五・七八五中）

龍施女経一巻　初出　龍施菩薩本起経と同本　祐云く別録の載す所なり　安録に無し

『貞元録』巻三、竺法護訳経の条（五五・七九一下）

龍施菩薩本起経一巻　旧録に龍施本経と云い或いは龍施経と云う　第二出なり

龍施女経と同本　僧祐録を見よ

『貞元録』巻二九、大乗入蔵録（五五・一〇三〇上）

龍施女経一巻　或いは女の字なし　二紙

龍施菩薩本起経一巻　或いは龍施女経と云う　亦た龍施本経と云う　四紙

これらの経録をながめると、支謙訳としてはいずれも「龍施女経」の名で著録されているが、竺法護にあっては

「龍施本経」・「龍施女経」・「龍施本起経」・「龍施菩薩本起経」・「龍施経」とあるように、かなり錯綜している。よって経題から漢訳者を比定することは有効ではないようである。そこで、唐代に編纂された『静泰録』（六六五年）と『大周録』（六九五年）に示される写経の紙数を一つの根拠とするならば、両録は竺法護訳本の料紙を二紙としており、『大周録』は支謙訳本を四紙としている。これを『大正蔵経』に収められている現行の竺法護訳『龍施菩薩本起経』と、支謙訳『龍施女経』に対して唐代の標準的写経の体裁に当てはめてみると、前者の『龍施菩薩本起経』が四紙本に、[28]後者の『龍施女経』が二紙本に相当し、経録の記載と一致するのである。もしこのように写本の料紙を判定基準とするならば、現行の竺法護訳『龍施菩薩本起経』と支謙訳『龍施女経』は、それぞれ漢訳者が逆転することになり、支謙訳が現行の『龍施菩薩本起経』であり、竺法護訳が『龍施女経』となる。[29]なお両経はともに短い経典であり、その訳語語彙を検証帰納して漢訳者を判定しようとする試みは決定的ではなく徒労に終わった。[30]

竺法護によって漢訳された経典における偈はほとんどが無韻であり、一方で呉の支謙訳経典のそれは、多く通押させて漢訳されていることは、これまでにも述べてきたとおりである。竺法護訳とも言われる東晋失訳『般泥洹経』、そして現蔵の竺法護訳『鹿母経』も、偈の韻と経録の記載からして、実は支謙による訳出であるか、または少なくとも偈頌部分のみが既訳の支謙訳本を踏襲したものであったと考えられる。[31]よって本経も、これだけまとまった偈が通押していることと経録の記載から鑑みて、支謙訳の可能性を立てることができるわけである。

六、漢訳者と排版の錯綜

ここまでは以下の二点を論じてきた。第一に本経（または本経の偈）は支謙によって訳出されたが、後に竺法護の訳経に仮託（または踏襲）されてしまったであろうこと、第二に漢訳者（支謙）は押韻する偈として漢訳していたにもかかわらず、初期の印刷大蔵経においては、Ａグループのようにすべて長行で排版されてしまったということである。それではこれらの現象をどのように理解したらよいのであろうか。いったい、いついかなる要因によって、訳者・排版をめぐってこのような変遷をたどってしまったのだろうか。

第一の問題については、以下のようなことが言えるだろう。前述したように、古い経録においては『龍施女経』と『龍施菩薩本起経』の同本異訳に対して、時に経題の錯綜があり、したがって常に一貫して特定の漢訳者があてられるということがなかった。これが訳者比定をめぐる判断をゆるがせる大きな要因であったと思われる。ところが、後の『開元録』や『貞元録』になると、支謙訳として『龍施女経』を、竺法護訳として『龍施菩薩本起経』を著録するようになる。そして印刷大蔵経中の聖典は『開元録』を標準として収集編纂されることから、基本的に経典名も漢訳者名も、当然ながら『開元録』の記載に準じることになる。これによって、現在実見しうる各大蔵経においては、支謙訳は『龍施女経』、竺法護訳は『龍施菩薩本起経』として伝承されてきたのである。

第二の問題については、その経緯をたどることは容易ではないが、次のようなことが考えられる。第一の問題で述べたように、その漢訳者はおそらく呉の支謙であり、後半は偈によって構成されていた。しかし通常、偈文の直前に置かれる「仏説偈言」に相当する冠句がなく[32]、なおかつ長行から断続的に流れる内容であることから、少なくとも『静泰録』が編纂されるころまでに、長行の行どりに改変されてしまい、これが各印刷大蔵経へと継承されてしまった。ところが元版にいたって再び偈の句式に排版され[33]、本来の姿を取りもどすこととなったということである[34]。それは本経の前半における四字句のリズムから、後半にいたると一転して五字句のリズムへと、劇的に変化している事実が、そうさせたと考えてよい。漢訳経典においては魏晋南北朝を通じて四字句こそが長行の標準的なスタイルであり、それは他でもなく読誦や記憶への配慮である[35]。一字一音節としての漢語は二字をもって一拍をうつので、偶数句でまとめあげることは、読誦・暗記することを容易にする。これは文壇の四六文の句式と同じことである。ところがこの長行の四字一句のリズムが、後半にいたって突如として五字一句の句作りに変化し、それが巻末までつづく。発声しようと意念しようと、この突然のリズムの変化を感知しえない漢語を母語とする者はいないだろう（日本の漢字音で読経しても感知できる変化である）。そして次の瞬間にはそれらが長行ではないことを直感するだろう。なぜなら中華の文章や漢語仏典において、一貫して五字を一句とする散文（長行）は存在しないからである。このような五字または七字という奇数音節句というのは、句末に一音節分の休音が発生するために、読誦する上でなめらかに流れていく散文や長行においては不向きなスタイルなのである。加えて魏晋南北朝において普遍的に見られる仏典の偈のスタイルにおいては五字一句の占有率が他を圧倒していることが証明してくれる（本書第三部の資料②《漢訳経典偈頌総覧》を参照）。したがって、元版以前のいつのころかは不明であるが、長行に典型的な四字句のリズムから、後半になって長行リズムではない五字句に移行する違和感から、この五字句の文を、偈と判断して排版しなおしたものと考えられよう。繰り返すが一貫して五字句を基調とする長行は、少なくとも仏教経典においては断じてありえないのである。

ところが興味ぶかいことに、元版以降ようやく原初形態を復元しえたにもかかわらず、その編纂者らはその偈が押韻していることには感知していなかったようである。それは西晋の時代からはるか一〇〇〇年を経過して、時代の推移とともに漢字音すらも変化してしまったことに原因を求めることができる。それは九一一頁中段にある、「阿難乃怖驚」または「阿難乃驚怖」の一句のヴァリアントがこれを雄弁に語っている。

便自投楼下　　逮得無従生（平庚・庚）

変為男子形　　阿難乃怖驚（平庚・庚）

第四句の「阿難乃怖驚」が第二句の「逮得無従生」の韻字「生」と押韻するためには、Aグループの金蔵・高麗蔵・房山遼刻にある「……怖驚」でなければならない。しかし、東禅寺・開元寺・思渓・磧砂・元普寧蔵・洪武南蔵・明南蔵・明北蔵・嘉興蔵・清龍蔵は、そろって「……驚怖」とあるように押韻しないのである。Aグループの「怖驚」は辞書類にとられていない耳慣れない用語であり、むしろ「驚怖」のほうが常用の語彙である。しかしながら、韻字「怖」（『切韻』で去声暮韻、魏晋の韻部は魚部）では失韻となってしまう。漢訳者は押韻させるために常用の「驚怖」をあえて倒置させて耳慣れない「怖驚」という詩語を採用しなければならなかったのである。同義の二音節語彙であれば韻律の条件のもと、語順を倒置することは中華の韻文には常見の修辞手法である。それは第一八句目にある「志意用愕驚」でも同じである。句末の「愕驚」は常用語彙では「驚愕」であるが、押韻させるためにあえて語序を逆にした「愕驚」を採用したまでのことである。ところが偈頌の排版に組みなおして原初形態を復した元版などのBグループであっても、「……驚怖」として、なおも韻字に無頓着であるのは、本経の偈が押韻していると感知していなかったからに他ならない。そしてまた、Bグループの編さん者たちは長行の終わりの部分も押韻している句が含まれていることや、本経こそが支謙訳出の経典であったことについても知りえなかったのである。

そもそも漢字音が時代の推移とともに演変していくということは、清朝考証学のめざましい躍進にともなって知られるようになった学的成果である(36)。よって魏晋の漢字音と元朝における漢字音では歴然とした隔たりがあることから、魏晋に漢訳された本経偈頌の押韻を、約一〇〇〇年後の元朝に生きた者が感知できる道理はないのである。

校讎しえなかったのは版本大蔵経の編纂者の責ではない。時代である。この「驚怖」と「怖驚」の校異はわずか一例にすぎないが、有韻偈頌からはこうしたテキスト校讎によって、漢訳の原初形態を復元することができるということにも、本研究の意義があるというものである。

おわりに

本経の前半は四字句を基調とした長行として漢訳されており、後半は脚韻からして五字句を基調とした偈頌であることが判明した。こうした四字一句（長行のリズム）から、一転して五字一句（非長行のリズム）へ唐突に旋律拍節が変化することと、脚韻の状況からして、本経の原初形態はBグループであると考えられるのである。また長行の中においても押韻する四字句が散見された。これは偈であるかのようにも思えるが、文章の流れからして、おそらく偈ではなく長行として漢訳されたものと想定しうる。ただしそれは通常の長行ではなく、押韻することによって修飾された美文体としての長行であり、あたかも漢賦を想起させるスタイルであって、仏典においてはきわめて特殊にして罕見な事例であるということが言える。

そしてまた漢訳者についても再検討してみた。本経は『出三蔵記集』において、当時すでに闕経となっていた六四部の西晋竺法護訳経典の一つにあげられている。それが後に発見されて『歴代三宝紀』以後に竺法護の現存経典とされたのである。よってすぐさま本経を竺法護の訳出と断定することには、いささか躊躇するものである。そこで偈の通押状況のみならず、経録に示される料紙の紙数を判定基準に加えることによって、三国呉の支謙を実際の漢訳者として想定したのである。また最後には漢訳者と排版の錯綜についてもふれた。前者は経録の記載が、後者は音数律と漢字音の変化がその原因であったと考えられたのである。

漢訳仏典のテキストは実に豊富で多彩である。その豊富さもさることながら、確かな伝承が保証される貴重な写本類の残存も少なくはない。当該テキストの原初形態とその後の展開を同時に実見することができるのは、さまざまな面で研究を稗益進展させるものである。

本章において問題とされたことをあらためて整理すると、以下のようになる。そもそも『大正蔵経』とその底本となっている高麗版とにおける排版の相違から出発した。それは『大正蔵経』の刊行に際して、版下に上海の頻伽蔵を用いていたことに起因するのであるが（註（4）を参照）、ここから各種蔵経を確認する作業の中で以下のことが判明したのである。

1、本経の原初形態は前半が長行で後半が偈頌であった（Bグループ）
2、その偈頌の脚韻は平声を基調として通押している
3、偈頌の終盤（『大正蔵経』九一一頁下段）に一～三句を欠いている
4、前半の長行中にも韻文が隠されている
5、竺法護訳に対する疑義と支謙訳の可能性
6、偈頌から長行へと排版される理由とその時期の推定

註

（1）東禅寺版は宮内庁所蔵本のマイクロフィルムからの焼付けで、開元寺版は二〇〇三年二月四日に知恩院蔵本を調査した。趙城金蔵は『中華大蔵経』一九巻二六七頁。思渓版は二〇〇二年一月一五日、中国国家図書館の所蔵本（女六）を調査確認した。磧砂蔵は『宋磧砂大蔵経』一一巻二一六頁。高麗版は『高麗版大蔵経』第一一巻六一八

頁、なお増上寺所蔵の高麗蔵は二〇〇三年六月一〇日に調査済み。房山石経は『房山石経』一〇巻四五一頁。磧砂蔵にもとづいて開版された洪武南蔵（初刻南蔵）は『原版精縮洪武南蔵』五四冊五七〇頁をそれぞれ参照した。

（2）元版は増上寺所蔵の普寧寺本を確認、明南蔵は立正大学図書館蔵本のマイクロフィルム（『立正大学図書館所蔵明代南蔵目録』を参照）、明北蔵は『永楽北蔵』（第四四冊五五二頁）、嘉興蔵（万暦版・方冊本）は知恩院所蔵本を確認、龍蔵は『新編縮本乾隆大蔵経』（第三八冊一四一頁）、縮刷大蔵経と頻伽精舎蔵本はそれぞれ『大日本校訂縮刷大蔵経』（宙函七）、『頻伽大蔵経』（一四巻四八一頁）を確認し、そして『大正蔵経』は一四巻九一〇頁である。

（3）版本成立以後の写本として、興聖寺本（『興聖寺一切経調査報告書』一一〇頁）・七寺本（『尾張史料七寺一切経目録』四二頁）・石山寺本（『石山寺の研究』一切経篇、二二六頁・二三二頁、『昭和法宝総目録』一巻九八五頁）・名取新宮寺本（『名取新宮寺一切経調査報告書』八七頁に、「鎌倉中期、首欠、三紙」とある）・金剛寺本（『金剛寺一切経の基礎的研究と新出仏典の研究』二九九頁）が現存している。このうち、落合俊典教授（国際仏教学大学院大学）より資料を提供していただいた七寺本と金剛寺本は偈が存在しない系統（高麗版系統）であった。その他は未見。なお正倉院聖語蔵・法隆寺一切経中に本写本は含まれていない。

（4）周知のとおり、『大正蔵経』は『高麗蔵』を底本としている。本経もしかりである（『昭和法宝総目録』一巻二七一頁中）。にもかかわらず両者の排版形態が相違しているのは、『大正蔵経』が『高麗蔵』を底本とし、宋思渓・元普寧、および明の方冊版（万暦版・嘉興蔵）を校本としているといっても、実際は一九一一年から上海で刊行された『頻伽大蔵経』を草稿とし、これに校異を書き込んだ上で増上寺閲蔵亭（現存する経蔵の裏手に建てられたが、後に取り壊されて今は収蔵庫が建っている。なお閲蔵亭がいつ建造されたのかは不明であるが、『大正蔵経』の編纂のために建てられたのでないことは、文政二〈一八一九〉年の『三縁山志』巻二〈『浄全』一九・二八二下〉にすでに記されていることからわかる）から印刷所である九段坂の京華社にまわしているからである。その『頻伽蔵』と『大正蔵経』所収の本経との排版形態は確かに一致している。『頻伽蔵』は『大日本校訂縮刷大蔵経』（『縮蔵』）の復刻であり、その『縮蔵』は増上寺の『高麗蔵』を底本として宋元明の三本で校異を示しているが、『縮蔵』の校記をすべて省いてしまっている『頻伽蔵』の本文は、実質的には『高麗蔵』そのものの復刻ということになるわけである。しかし、『縮蔵』は文字の異同を欄外上部の校記に示すことはしたが、排版形態までも『高麗蔵』に準拠させる作業を怠ったのである。それが『頻伽蔵』に、そして『大正蔵経』へと受け継がれたと考えられる。したがって、『大正蔵経』所収の本経の排版形態は『高麗蔵』と相違してしまったのである。このような本経と似た事例は、支謙訳の『慧印三昧経』巻末の偈（一五・四六八上）においても確認できる。つまり『高麗蔵』では一二字一句が、『大正蔵経』は四字一句となっており、しかも偈頌の後半にいたると、『大正蔵経』は長行に排版されてしまうということである。これはやはり『頻伽蔵』が両者の間に介在していたからである。

いずれにせよ、『大正蔵経』はその編纂過程で、『高麗蔵』を書写する手間を省き、『頻伽大蔵経』をもってその版下にしたということである。『増上寺三大蔵経目録解説』の編者で増上寺史料編纂所の主任研究員金山正好は、「草稿として『頻伽蔵』本が用いられた」（同書一五頁、一九八二年）と述べている。また同「増上寺三大蔵経について（下）」（『増上寺史料集所報』一〇、一九八四年）、石上善応「大蔵経の文化史的意義――増上寺三大蔵経を中心に――」（『日中浄土』七、一〇頁上、一九九五年）、『大本山増上寺史』（石上善応記、本文篇三五二頁、増上寺、一九九九年）も参照。

また『高麗蔵』と宋元明の三本が大きく相違する際には、高麗を先に翻刻し、その後で三本を別に翻刻している。そうした場合には必ず明本が底本となっている。それは、おそらく万暦版そのものを草稿として使用し、そこに宋元の校異をじかに記入して入稿させたからではないだろうか（これが増上寺に明版大蔵経が現存していない理由であろうか）。いずれにしても、出版にいたるまでの時間短縮と労力削減を意図した編纂者の方針であったと考えられる。

（5）　奇数句からなる漢訳仏典の偈頌は『大正蔵経』の一巻から一七巻までに、わずか十数部の経典にしか見られない。本書第三部の資料②《漢訳経典偈頌総覧》を参照されたい。

（6）　他に王力「南北朝詩人用韻考」（『清華学報』一一巻三期、一九三六年、後に『龍虫並雕斎文集』第一冊、中華書局、一九八〇年、『王力語言学論文集』商務院書館、二〇〇〇年に再録）や、劉綸鑫主編『魏晋南北朝詩文韻集与研究（韻集部分）』（中国社会科学出版社、二〇〇一年）。

（7）「時仏……」、元版・明南蔵はここで改行されている。

（8）「怖驚」、金蔵・高麗・房山は「怖驚（平庚・庚）」に作り、東禅寺・開元寺・思渓・磧砂・普寧・明南・明北・嘉興・龍蔵は「驚怖（去暮・魚）」に作る。

（9）漢訳仏典における偈の押韻が完璧ではないという事実には、さまざまな要因が考えられるはずである。たとえば語義（思想内容）の伝達をより重視したため、訳者の漢語能力の限界、訳者の漢語修学地（方音）の相違、翻訳上の技術的な限界、伝承過程における校訂や誤写などである。これについての詳細は本書第十二章を参照。

（10）なおこれと同じように偈に脱句があることは、中国撰述経典の『妙好宝車経』（八五・一三三五上中）にもあらわれていることが判明している。これについては本書第二部第九章を参照。また西晋失訳『玉耶女経』の長行中に説かれる韻文においても三句の脱落の可能性がある（本書第二部第六章を参照）。

（11）『仏本行経』一（四・六三上）

如是歌称声　斯須流聞王
王聞甚歓悦　重賜名宝珍

『出曜経』巻九（四・六五六上）

猶如大海、日夜沸動、濁滓下沈、変成宝珍。人亦如是、昼夜役心不止、便獲果証。

『十地経』四（一〇・五五二中）

菩薩既聞諸勝行　其心歓喜雨妙花
放浄光明散宝珍　供養如来称善説

『大宝積経』七七（一一・四四三上）

以此功徳縁　受身常端正
饒財多宝珍　眷属具成就

（12）おそらく三句の脱句があったものと考えられる。写経でも刊本でも、一行の字数を一七字前後とするならば、本経の五言偈は一行に三句が収まることになる。したがって書写段階での視線乖離によって一行とばして写す場合には、必然的に三句を脱することになると予想される。

(13) ただし『縮蔵』・『頻伽蔵』・『大正蔵経』の排版は、実質的に元版・明版系でありながら、用字は『高麗蔵』によっているのでその限りではない。

(14) 拙文「『浄度三昧経』と竺法護訳経典」（『佛教大学総合研究所紀要』四、一九九七年）を参照。

(15) 岡野潔「普曜経の研究（上・中）――Lalitavistaraにおける新古の層の区分――」（東北印度学宗教学会『論集』一四・一五、一九八七年・一九八八年）、同「仏本行集経の編纂とLalitavistara」（『印度学仏教学研究』三七巻一号、一九八八年）を参照。

(16) 之支部は三国晋ともに通押する。

(17) 「処」、高麗のみ「上（去漾・陽）」に作り、東禅寺・開元寺・思渓・磧砂・普寧・明南・明北・嘉興・龍蔵は「処（去御・魚）」に作り、金蔵は「土（上姥・魚）」に作る。

(18) 「悪入鐸・薬」、金蔵・高麗は「悪（入鐸・薬）」に作り、東禅寺・開元寺・思渓・磧砂・普寧・明南・明北・嘉興・龍蔵は「害（去泰・泰）」に作る。

(19) 「今此……」、元版・明南蔵はここで改行している。

(20) 水谷真成「上中古の間における音韻史上の諸問題」（『中国文化叢書　1言語』大修館書店、一九六七年、後に水谷真成『中国語史研究――中国語学とインド学との接点――』三省堂、一九九四年）、また史存直「古音〝祭〟部是独立的韻部嗎?」（『漢語音韻學論文集』華東師範大学出版社、一九九七年）を参照。

(21) 廓三市而開廛　籍平逵而九達
班列肆以兼羅　設闤闠以襟帯
済有無之常偏　距日中而畢会
抗旗亭之嶢薛　侈所覯之博大

(22) たとえば同様の例として、西晋失訳の『玉耶女経』（二・八六五中）をあげられる（ただし宋元明の三本のみ）。「仏語玉耶」の後に四言五四句の韻文が説かれている。ここは仏が説教する長行部分であって、偈ではない。明らかな失韻は一箇所であり、他はすべて押韻しているのである（本書第二部第六章を参照）。このように長行の中に、偈ではない韻文が含まれている例は、さらに大蔵経中に捜索することができると思われる。

(23) 竺法護の訳経・訳語・訳風などに関わる研究論文は少なくない。最近では梅廼文「竺法護的翻訳初探」（『中華仏学学報』九期、一九九六年）や、河野訓「竺法護の経典漢訳の特徴について」（木村清孝博士還暦記念論集『東アジア仏教――その成立と展開――』春秋社、二〇〇二年）がある。また竺法護の全般的な報告としては、鎌田茂雄「竺法護の翻訳事業」（『中国仏教史』第一巻、東京大学出版会、一九八二年）を参照されたい。

(24) 横超慧日「広律伝来以前の中国に於ける戒律」（『中国仏教の研究』法藏館、一九五八年）、佐々木孝憲「竺法護の訳経について――正法華経読解のための基礎的考察――」（坂本幸男編『法華経の中国的展開』平楽寺書店、一九七二年）ではすべての名を列挙している。

(25) ただ、この『生経』の事例は、五人の太子がみずからの徳を偈によって歌いあげている箇所にまとまっていることから、おそらく偶然の押韻ではなく、意図的に脚韻の配慮がなされたものと思われる。それが竺法護本人であったのか、あるいは数多くの助訳者らの手によるものかは不明である。

(26) 「普曜経記」（『出三蔵記集』七）には、筆受者として康殊と帛法炬の名が見える。あるいはこうした助訳者たちの配慮であったのかもしれない。また『普曜経』は現存する竺法護訳経典のうち、その漢訳年代が判明している中で、最も遅い永嘉二（三〇八）年の翻訳であることから、竺法護自身の漢訳体例に変化が生じたこともあわせて考慮すべきであろうか。

(27) 『生経』の漢訳は、『歴代三宝紀』六（四九・六二上）によると太康六（二八五）年正月一九日とされるが、その助訳者は不明である。

(28) 経録に記載されている紙数からすると、四紙とあるのはおそらく現行の『龍施菩薩本起経』のことと考えられるが、もしこれが長行と偈頌によるものであったならば、五字一句の偈頌はわずか二句（一〇字）をもって一行を占有することから四紙では収まらないはずである。よって経録が四紙と伝えているのは、現行本で偈頌になっている部分も長行であったことを推察させるのではなかろうか。なお平安写経の京都興聖寺本においては、『龍施女経』

が二紙で、『龍施菩薩本起経』が四紙である（京都府教育委員会『興聖寺一切経調査報告書』一一〇頁、一九九八年）。

(29) 岡部和雄は、経録と訳語を精査して、『龍施菩薩本起経』と『龍施女経』が竺法護と支謙のいずれの訳出にかかるのかは判定に苦しむとしながらも、現行で竺法護訳とされている『龍施菩薩本起経』が支謙訳であり、支謙訳とされている『龍施女経』が竺法護ではないかと示唆している（「訳経史研究序説（三）――現蔵経中の竺法護の再検討――」『曹洞宗研究員研究生研究紀要』六、一九七四年）。

(30) 筆者はこれまで発表してきたように、支謙の訳偈が竺法護の経典に転用されたり、または経典そのものが誤って竺法護に仮託されたのではないかと考えている。近年 N-gram によるクラスター分析による漢訳者の比定が脚光をあびてきているが、その有効性が認められるものであれば今後検討する必要がある。

(31) たとえば支謙『太子瑞応本起経』（三・四七九下）の梵天勧請において、楽神般遮が琴を弾きながら歌った釈尊への有韻の讃頌は、竺法護『普曜経』（三・五二七中下）にそのまま踏襲されている。

(32) 支謙訳経においては、『菩薩本業経』の偈だけに「説偈言」に類するような常套の冠句がなく、他の訳出経典の偈の直前にはすべて具わっている。

(33) 元版は思渓版を底本としたといわれるが、本経にあっては例外となろう。よって原初形態を保持しているテキストが元版の底本となったのである。

(34) ただし明の洪武南蔵（初刻南蔵）は磧砂蔵にもとづいて開版されたので、元版以降であっても宋版などと同じく長行によって排版されている。

(35) この漢訳仏典の長行における四字句の発生原因は、研究者によって異論がある。朱慶之は漢訳経典の長行も偈頌も音節数を一定に保とうとしていることから、これらは梵語原典の偈頌の音節が一定であることに影響を受けたとし（『仏典与中古漢語詞彙研究』一四頁、文津出版社、一九九二年）、兪理明は「仏経四言格文体的形成」で、先秦の四字句を中心とした韻文が散文にも波及し、さらにこれが早期の漢訳仏典の長行に影響を与え、後漢の康孟詳の訳経以降は四字句が顕著に認められるとしている（『仏経文献語言』二九頁・四一頁、巴蜀書社、一九九三年）。さらに陳文傑は「仏典文体形成原因再討論」において、道教典籍からの影響を論じている（『宗教学研究』二〇〇一年第四期、四川大学宗教研究所）。なお筆者も以前「『浄度三昧経』と竺法護訳経典」において略述したことがある（前掲註(14)）。なお、長行における四字句の効果については、西谷登七郎「六朝訳経語法の一端――増壱阿含経を中心として――」（『広島大学文学部紀要』一四、一九五八年）などに指摘がある。

(36)　漢字音の変化については、早く明末の陳第（一五四一～一六一七）によって提唱されたことである（『毛詩古音考』序・『読詩拙言』・『屈宋古音義』において指摘されている）。大島正二『中国言語学史　増訂版』二九四頁（汲古書院、一九九八年）を参照。

第六章　西晋失訳『玉耶女経』の長行に説かれる韻文と女性徳育

はじめに

西晋失訳『玉耶女経』一巻は、給孤独長者とその息子の嫁玉耶が登場する物語で、一五〇〇字にも満たない短い経典である。経文はすべて長行で漢訳されており、偈頌は説かれていないが、実は釈迦の玉耶への語り部分が、韻文として漢訳されていることが判明した。すなわち、散文の中に韻文が隠されているといううきわめて特殊な事例にして、膨大な漢訳仏典中にあって、現在のところ本経の他に、西晋竺法護訳『龍施菩薩本起経』の中に類例を確認できるだけである。[1] ただし、これが韻文であっても、偈頌として漢訳されているか否かは別問題である。

本章においては、これまで我われが知るところの常識的な偈頌でもなければ、また常識的な長行でもない、この珍奇で不可解な韻文について解明する。

一、『玉耶女経』の諸本と内容

わが国で『玉耶女経』が取りあげられるときは、そのほとんどが社会や家庭における女性の道徳と教育や教訓がテーマとなっており、また仏教が女性差別する論拠ともされている。[2] それは、本経の内容が男性社会の原理と家父長中心の家庭において、男性に隷属する女性の果たすべき役割を強要し、それを模範的・理想的な女性像（女性観）であることを釈迦に語らせているからである。[3] この女性観をそのまま現代社会に適用しようとすれば、女性の行動規範を盲断し、その社会的役割がいまだ認知されていなかった旧社会における負の遺産への妄執であり、歪曲された性差別であると糾弾されることは必定である。無論、現代の価値観をもたない経典編纂者は、男女の社会的性差（gender）に対する意識はなかったと思われるが、現代ではそうした議論にはしばしば本経が活用されてしまうようである。本経と同じく女性の罪過と悪業を説き、その地位を男性の下位におく経典として、中国で撰述された『血盆経』があるが、この『玉耶女経』はパーリテキストも現存するインド撰述経典であって中国撰述ではない。ただし、本章においてはこうした女性の性（gender）としての側面を扱うのではなく、あくまでも漢訳されたその訳文にフォーカスしようとするものである。[4] これまでの『玉耶女経』研究とは異なる角度からのアプローチを試みる。

さて、本経には数種の異訳が現存し、みな『大正蔵経』に収められている。以下にその概略を示す。

西晋失訳『仏説玉耶女経』（高麗本）……A本
西晋失訳『玉耶女経』（宋元明本）……B本
東晋曇無蘭訳『玉耶経』………………C本

古写本として確認できたものは、大阪金剛寺や奈良西方寺所蔵の各二本（計四本）であり、それらはみなB本の系統である。[5] これら三種訳本の字数については、A本（一二二四字）が最も少なく、B本（一四五八字）がこれにつぎ、C本（約一九〇〇字）では最も多い。[6] ただし、これらの三訳にそれぞれみな原典があったか否かは不明である。いずれにせよ、「玉耶」を経題とするものは、都合三種の異本が現存していることになる。

また、経題を異にする異訳としては、以下の二本がある。

東晋僧伽提婆訳『増一阿含経』四九[7]……D本
劉宋求那跋陀羅訳『阿遬達経』[8]………E本

本論では漢訳された文章を問題とするものであり、そのため扱うテキストはもっぱらA本・B本・C本だけであり、D本とE本は本論と直接関わってこないので言及しない。また、パーリテキストには Satta-bhariyā-sutta がある。[9] これは漢訳の『増一阿含経』に対応するが、漢訳諸本よりははるかに簡略である。

なお、慧沼の『勧発菩提心集』巻中における婦行門（『大正蔵経』四五・三九五上中下）には、C本の文章が引かれており、玄応の『一切経音義』でもC本から二つの語彙を採取し、慧琳『音義』もまた五つの語彙をC本から採取している。[10] 唐代にあっては、ひとりC本（曇無蘭訳）が広く流伝していたということであろうか。ちなみに敦煌写経中の『玉耶経』類は、曇無蘭訳本とされるC本のみが現存している。[11]

〈内容〉

本経の内容と構造は、異訳間にあっても概ね異なることはないが、法数やその説明の多寡に若干の相違があり、また教説内容の順序にも相違がある。いまB本によってその内容を概観する。

給孤独長者は息子のために、ある長者の娘玉耶を娶らせた。玉耶は相貌こそ美しかったが、高慢にして婦としての礼節を知らなかった。体罰を加えるわけにもいかず、かといって放置することもできない。そこで給孤独長者は妻とあい商量して、この玉耶の一件を釈迦に相談することにした。長者は釈迦のもとに詣り、みずからの屋敷で説教されんことを依頼すると、釈迦はその求めに応じ、翌朝、長者の屋敷に出向いて飯食する。嫁の玉耶は釈迦の相好を目にするや、全身の体毛が逆立つほどの戦慄をおぼえ、おもわず仏前に進みでて合掌礼拝するのだった。仏の威厳を前にすると、とてもことばにならないほどであった。そこで釈迦は玉耶にむかって女身の十悪事、夫に仕える五善三悪の婦、世間における七輩婦（五善三悪の婦：母婦・妹婦・知識婦・婦婦・婢婦・怨家婦・奪命婦）、さらに善婦悪婦をそれぞれ順次説いていく。これを聞いた玉耶は、七輩婦の中、第五の婢婦となって夫を支えてゆくことを誓い、仏から三帰十戒を受けるという内容である。

なお、高慢にして婦の礼節をわきまえない玉耶であるからこそ、第五の婢婦を求めたものと推察しうる。婢婦とは、奴婢が王者に仕えるように、夫に対して憍慢放逸にふるまうことなく、婦としての礼節をもって従順にして、かつ献身的に支え、よく仕える婦と規定されている。

二、経録・訳語訳文と漢訳者

①西晋失訳A本B本

西晋失訳とされるA本とB本は、『出三蔵記集』の新集安公失訳経録第二（五五・一七下）において著録されている。よって道安の『綜理衆経目録』からすでに訳者未詳の経典とされていたということになる。

七婦経一巻
玉耶女経一巻（或云玉耶経）

ただし、これが現行の西晋訳なのか、あるいは東晋訳なのか、それともそれ以外なのかは明らかではない。さらに、かりに西晋訳とするならば、A本なのかB本なのかさえも不明である。しかし、少なくとも道安が没した太元一〇

（三八五）年以前には訳出されていたということである。では、いつからこの失訳のA本とB本が西晋代の訳出とされるようになったのかと言えば、『開元釈教録』一三（五五・六一五中）の有訳有本録中声聞三蔵録第二からである。

玉耶女経一巻　或云玉耶経　僧祐録云安公失訳経　今附西晋録初出拾遺編入
玉耶経一巻　一名長者詣仏説子婦無敬経　東晋西域沙門竺曇無蘭訳　第二訳
阿遬達経一巻　宋天竺三蔵求那跋陀羅訳　第三訳
　右三経　同本異訳

このように、経録で西晋失訳本として著録されるものにあっては、はたしてそれがA本に該当するのか、あるいはB本なのかを、その記載から確定することはできない。紙数を「三紙」（『開元録』）・「四紙」（『静泰録』・『内典録』・『大周録』）のように明記する経録もあるが、A本（一二二四字）とB本（一四五八字）の字数からはどちらとも判定しがたい[12]。また経題にしても『玉耶女経』と『玉耶経』の経題で著録するが、西晋失訳であろうと、あるいは曇無蘭訳であろうと、ともに、『三宝紀』・『内典録』・『開元録』・『貞元録』においては、みなすべてに、

玉耶経　或云玉耶女経

と録されており、またこれとは逆に、『出三蔵記集』・『開元録』・『貞元録』では、

玉耶女経　或云玉耶経

とも著録されているので、目録の記載からだけで、それらがはたして現行本のA本なのか、それともB本に該当するかを判断することは困難である。ただ、文字数についてはA本、B本、C本の順で多くなることと、訳語や訳文と構成や内容から類推すると、B本とC本がきわめて近似していることから[13]、おそらくこの両者は相互に参照しつつ漢訳（または編集整理）されたものと推察できるのである。

②東晋曇無蘭訳C本

曇無蘭については、『高僧伝』において立伝されていないので、その事績のほとんどが未詳である。彼に関する最早の記録として『出三蔵記集』二（五五・一〇中）に、

三十七品経一巻　晋太元二十年歳在丙申六月出
賢劫千仏名経一巻
右二部凡二巻、晋孝武帝時、天竺沙門竺曇無蘭、在揚州謝鎮西寺撰出

とあるだけである。しかし、この三十七品経と賢劫千仏名経の二部にしても、曇無蘭みずからが手がけた漢訳でなかったことは、最後の「撰出」という文字から察することができ、またこの二部の経序からもそれを裏づけることができるのである。それは、すでに小野玄妙がきわめて要領よく指摘しているように[14]、まず三十七品経については、『出三蔵記集』一〇（五五・七〇中下）に、太元二一（三九六）年の六月、曇無蘭自撰の「三十七品経序」なるもの

があり、諸経典の中から三七品に関わる文言を採録して並べたものであると述べ、また賢劫千仏名経にあっても、同じくみずからの序「千仏名号序」（五五・八二中）によると、竺法護訳『賢劫経』六の千仏名号品（一四・四五下）からの抄出であることがわかる。他にも曇無蘭が三部の律蔵の異同を校異した「大比丘二百六十戒三部合異」なるものがあったとされるが、小野玄妙はそれもまた漢訳ではなくして、撰集であったことを、同じく『出三蔵記集』一〇（五五・八〇下）に載せられている「大比丘二百六十戒三部合異序」から読み取っている。

このように、曇無蘭は既訳の経典を撰集した外国僧ではあるが、漢訳そのものを手がけていなかったために、少なくとも『高僧伝』の訳経篇に立伝されることはなかったのである。

『出三蔵記集』にあって、わずか二部二巻が曇無蘭に関わるものとしてあげられ、しかも漢訳ではなく撰集されたものであると判断されているにもかかわらず、その八〇年ほど後に編まれた『歴代三宝紀』にいたって、その訳出経典は、奇妙なことに一一〇部一一二巻にまで加増されているのである（四九・六九中〜七〇中）。数多くの失訳経典群が、さしたる根拠もなく仮託されていく例としては、西晋の法炬と並んで驚くべき数値を見せている。『開元釈教録』にあっては、無批判に曇無蘭訳に配当した『歴代三宝紀』の非を糾弾し、それまでの抄出経や疑経を除外し、六一部六三巻を曇無蘭の訳経として著録している。しかし、これもまた疑義なしとは言えない。

さて、C本が曇無蘭訳本として著録されるのは、遅く『歴代三宝紀』七にある東晋録からであり、そこに「玉耶経一巻　或云玉耶女経」（四九・六九中）とあり、また同巻一四の小乗録入蔵目にも「玉耶経一巻　一名長者詣仏説子婦不恭敬経、一名七婦経」（四九・一一八下）と録されている。ついで、『大唐内典録』三の東晋朝伝訳仏経録第五（五五・二四三下）にも同じように本経を曇無蘭訳本として著録している。それは『開元釈教録』など後世の経録でも踏襲されていく。

以上のごとく、曇無蘭を『玉耶経』の訳者とするのは、数多くの失訳経典に対して、無批判に漢訳者を仮託した『歴代三宝紀』にはじまることであり、まして、彼の経典の訳出とは、実は単なる抄出作業であったこともあってか、『高僧伝』に立伝されることはなかった。結局のところ、このC本が曇無蘭訳本であると確定しうる根拠があるわけではない。したがって、ABCこれら三種の訳本にあって、はたしてどの訳本が西晋訳なのか東晋訳（曇無蘭訳）なのかなど、その漢訳年代も漢訳者もすべて特定できないのが現状である。

③ABC本の関係

前述したごとく、本経の異訳においては、A本が最も短く、B本はこれにつぎ、そしてC本が最長であった。また、A本とB本は経録でともに西晋失訳とされ、A本は『高麗版大蔵経』に収められて、宋元明本にはなく、逆にB本は宋元明本に収められているが、高麗版には収載されてない。『大正蔵経』においては、高麗版と宋元明本で字句の異同が甚だしい場合には、それぞれ別に録文することがあり、本経もそのようになっている。このような場合、両者は同系同属関係にあるとみなされるのが通常である。よってA本とB本は同系同属の異訳とみなしたいところである。

ところが、ここにC本を持ちこんで比較すると、明らかにB本とC本とが構造的にも用語の上からも、同系同属関係にあり、A本とは別系であることが容易に見てとれるのである。それは、とくに釈迦が語る女性の善悪の部分を比較すると瞭然としている。

〈諸本の内容比較〉……①善婦悪婦は押韻することはない　②五戒は善婦悪婦の前に説かれている

さて、ここでB本とC本が近似する関係にあることを具体的な語彙によって示してみよう。BC両本には、ともに「万分之後」という奇怪な用語が見られる。それは七輩婦が説かれた後に、これを善婦悪婦に分類して対照的に述べている箇所である。いまB本を示す。

其有善婦者……
万分之後　願願不違　上生天上　宮殿浴池
在所自然　天人楽之　天上寿尽　還生世間
（中略）
其悪婦者……
多逢災横　水火日驚　万分之後　魂神受形
死入地獄　餓鬼畜生　其身矬短　咽如針釘

漢語経典においてその用例は罕見であり、わずかにこのBC両本の他に、竺法護訳『生経』（三・七三中）に、
世尊告比丘、且聴愚冥下士得微妙宝、不能衣食、不供父母妻子奴客、万分之後、無所復益而有減損。

そして、伝安世高訳『分別善悪所起経』（一七・五一八上中下）には、殺生にともなう五悪、および飲酒にともなう三六失の中でそれぞれ以下のように用いられている。
仏言、人於世間、喜殺生無慈之心、従是得五悪。何等五。一者寿命短、二者多驚怖、三者多仇怨、四者万分已

表5　諸本に説かれる善婦悪婦

A本	三障十悪		五善三悪（八輩婦）	善婦悪婦1	（五戒）2
B本	十悪事	五善三悪	五善二悪（七輩婦）	善婦悪婦	三帰十戒
C本	十悪事	五善三悪	五善二悪（七輩婦）	善婦悪婦	十戒
D本			一悪三善（四輩婦）		三帰五戒
E本			三悪四善（七輩婦）		
Pāli			三悪四善（七輩婦）		

1　善婦悪婦は押韻することはない
2　五戒は善婦悪婦の前に説かれている

後、魂魄入太山地獄中。（以下略）
人於世間喜飲酒酔、得三十六失。何等三十六失。一者人飲酒酔、使子不敬父母、臣不敬君、君臣父子無有上下。（中略）三十五者万分之後、当入太山地獄、常銷銅入口、焦腹中過下去。如是求生難得、求死難得千万歳。

かつて胡適は、「泥犂（Niraya）音訳与太山地獄意訳」の一文において、この『分別善悪所起経』を引きつつ、「此経屢用〝万分之後〟即是死後」と指摘した[15]。文脈からして、胡適が言うように「死後」と理解することは可能であろう。また、類似の用例としては、支謙訳『七女経』にも（一四・九〇八上中）、

王言、（中略）我宮中有園観浴池、中有飛鳥鴛鴦相随而鳴。中有衆華、五色光目芝草奇樹。衆果清涼、恣意所

食。極可遊観。汝曹姉弟、何為塚間。七女即報言、大王衆果美食、何益万分。我見世間人、老時命日趣死、人生無有不死者。

そして、東晋失訳『薩羅国経』にも（一四・七九三中）、

仏言、王貪濁色欲、恣心無厭。賦斂財宝餚膳兼味、園観浴池、遊戯無極、不念無常、何益万分。人為欲縛、不惟後世、即致泥犁畜生之属。

などがある。やはり死または死後といった語義で理解できる。今後も検討を要するが、この特殊な語彙がB本とC本にともに同じように出現しているということは、両本が相関しており、どちらか一方が他方を参照しつつ整理編集していたであろうことは容易に推断できるのである。

また、C本では玉耶が心を改めて婢婦として家人に奉事することを告げたところ、釈迦は玉耶を称賛して以下のことばを発している。

仏告玉耶、「善哉善哉、人誰無過、過能改者、善莫大焉」

これについて、一柳知成は『春秋左氏伝』宣公二年の条にある文言から引いたものであることを指摘している(16)。

晋霊公不君、厚斂彫牆……。士季……稽首而対曰、「人誰無過、過而能改、善莫大焉」

『左伝』では暴虐な霊公を家臣の士季が諫めると、霊公が悔い改めたため、右のような賛辞を申し述べたということになっている。この一文はC本だけにあって、A本とB本には見られない。C本の訳者（または編者）は、『左伝』の文言を知った上で挿入したのである。したがって、B本とC本において、一方が他方を参照しつつ整理編集していたのであれば、B本が先に成立し、これを参照しつつ後にC本が成立したと言うこともできるのではなかろうか。

三、長行中の韻文

漢訳仏典の偈のスタイルとしては、「仏説偈言」「説是偈言」や「而説頌言」「而説斯頌」、あるいは「説伽他曰」「以伽他讃曰」のような冠句があり、これにつづけて一句の字数が四言・五言・七言を基調とする偶数句をもって整然と説かれていくのが常である。本経もABCの各本はすべて長行だけが説かれており、経中に偈は見あたらない。ところが、B本とC本の長行中、つまり散文形態の叙述文の中にあって、韻文の形態をとっている文章が混在するのである。ただし、それはあくまでも中華の韻文であって、仏典の偈のスタイルをとっているのではない。

それは、B本の「仏言、善聴、吾今解之」（二・八六五上）、およびC本の「仏告玉耶、諦聴諦聴善思念之、吾当為汝分別解説」（二・八六六中）の後、仏が玉耶に対して七輩婦を説き、さらにこれを善婦悪婦に分けて、それぞれが現世と来世にどのような報いを受けるかを説く箇所である。要するに七輩婦の内容と善婦悪婦の内容の部分が韻文となっているのである。なお、パーリテキストSatta-bhariyā-suttaでは七輩婦に相当する箇所は韻文となっているが、善婦悪婦に相当する部分はもともと存在しない。

そこで、まずは七輩婦の箇所から見ることにする（表6参照）。ここに説かれる七輩婦とは、母婦・妹婦・知識婦・婦婦・婢婦・怨家婦・奪命婦であり、このうち妹婦・知識婦・怨家婦・奪命婦の四婦の文章が押韻している。ここにB本（三本）を底本として以下の八種の写本版本（すべてB本系）を校合する。なお、偶数句末の括弧には『広韻』の韻目、および西晋代の韻部を示した。[17]

C本……東晋曇無蘭訳『玉耶経』
金①……金剛寺蔵①0891
金②……金剛寺蔵②0892
西①……西方寺蔵①0891
西②……西方寺蔵②0892
磧砂……磧砂版大蔵経
嘉興……嘉興版大蔵経
明南……明の南蔵（『中華大蔵経』の校勘記による）

表6　七輩婦対照表

B本（『大正蔵経』二・八六五上中）	**C本**（『大正蔵経』二・八六六中下）
◆七輩婦◆ 仏語玉耶、世間下有七輩婦、為汝説之、一心善聴。一	◆七輩婦◆ 仏告玉耶、世間有七輩婦。一婦如母、二婦如妹、三婦

者母婦、二者妹婦、三者知識婦、四者婦婦、五者婢婦、六者怨家婦、七者奪命婦。汝今解不。

玉耶答言、不及此義。

仏言、善聴、吾今解之。

①何等母婦

愛念夫主　如母愛**子**（紙・支）

昼夜長養　不失時**宜**（支・支）

心常憐念　無有厭患（諫・寒）

念夫如子

是為母婦

②何等妹婦

承事夫壻　尽其敬**誠**（清・庚）

如兄如弟　同気分**形**（青・庚）

骨血至親　無有二**情**（清・庚）

尊之重之　如妹事**兄**（庚・庚）

是為妹婦

③何等知識婦

奉事夫婿　敬順懇**至**（至・脂）

如善知識、四婦如婦、五婦如婢、六婦如怨家、七婦如奪命。是為七輩婦。汝豈解乎。

玉耶白仏、不知七婦、尽何所施行、願仏為解之。

仏告玉耶、諦聴諦聴善思念之、吾当為汝分別解説。

①何等為母婦。母婦者

愛念夫婿　猶若慈母

侍其晨夜　不離左右

供養尽心　不失時宜

夫若行来　恐人軽易

見則憐念　心不疲厭

憐夫如子

是為母婦

②何等為妹婦。妹婦者

承事夫婿　尽其敬**誠**（清）

若如兄弟　同気分**形**（青）

骨肉至親　無有二**情**（清）

尊奉敬之　如妹事**兄**（庚）

是為妹婦

③何等為善知識婦者

侍其夫婿　愛念懇**至**（至）

依依恋恋　不能相**棄**（至・脂）1
私密之事　常相告**示**（至・脂）
行無違失　善事相教（肴・宵）2
使益明慧（霽・支）　相親相愛（代・咍）
欲令度世（祭・祭）　如善知識（職・職）
是為知識婦
④何等婦婦
供養大人　竭情尽行
無有一二　浄修婦礼
終不廃闕　進不犯**義**（寘・支）
退不失礼　常和為**貴**（未・脂）
是名婦婦
⑤何等婢婦

依依恋恋　不能相**棄**（至）
私密之事　常相告**示**（至）
見過依呵　令行無失（質）
善事相敬　使益明慧（霽）
相　愛　欲令度世（祭）
如善知識
是為善知識婦
④何等為婦婦者
供養大人　竭誠尽敬
承事夫婿　謙遜順命
夙興夜寐　恭恪言命
口無逸言　身無逸行
有善推譲　過則称己
誨訓仁施　勧進為道
心端専一　無有分邪
精修婦節　終無闕廢
進不犯儀　退不失礼
唯和為貴
是為婦婦
⑤何等為婢婦者

心常畏忌　不敢自**慢**（諫・寒）
忠孝尽節　口不麁**言**（元・先）
身不放逸　以礼自**防**（陽・陽）
如民奉王　夫婿敬**幸**（耿・庚）
不得憍慢　若得杖捶（紙・支）
敬承奉受　及見罵辱（燭・沃）
黙然無辞　甘身苦楽（鐸・薬）
無有二心　慕修婦道（皓・宵）
不抧衣食　事夫如事大家
是名婢婦

⑥何等怨家婦
見夫不歓　恒懐瞋**恚**（寘・支）
昼夜求願　欲得遠**離**（寘・支）

常懐畏慎　不敢自慢
兢兢趣事　無所避憚
心常恭恪　忠孝尽節
言以柔軟　性常和穆
口不犯麁邪之言　身不入放逸之行
貞良純一　質朴直信
恒自厳整　以礼自将
夫婿納幸　不以憍慢
設不接遇　不以為怨
或得捶杖　分受不恚
及見罵辱　黙而不恨
甘心楽受　無有二意
勧進所好　不妬声色
遇己曲薄　不訴求直
務修婦節　不抧衣食
専精恭恪　唯恐不及
敬奉夫婿　婢事大家
是為婢婦

⑥何等為怨家婦者
見夫不歓　恒懐瞋**恚**（寘）
昼夜思念　欲得解**離**（寘）

雖為夫婦　心常如**寄**（寘・支）
乱頭勤臥　無有畏**避**（寘・支）
不作生活　養育児**子**（止・之）
身行婬蕩　不知羞**恥**（止・之）
陥入罪法　毀辱親**里**（止・之）
夫婿相憎　呪欲令**死**（旨・脂）
是名怨家婦

⑦何等奪命婦
昼夜不眠　毒心伺**之**（之・之）
作何方便　得遠離**之**（之・之）
欲与毒薬　恐人覚**之**（之・之）
心外情通　雇人害**之**（之・之）
復遣傍夫　伺而賊**之**（之・之）
夫死更嫁　適我願**之**（之・之）
是名奪命婦

無夫婦心　常如寄客（陌）→客寄か？
猖猖闘諍　無所畏**忌**（志）
乱頭墜臥　不可作**使**（止）
不念治家　養活児**子**（止）
或行婬蕩　不知着**恥**（止）
状如犬畜　毀辱親**里**（止）
譬如怨家
是為怨家婦

⑦何等為奪命婦者
昼夜不寐　恚心相向（漾）
当何方便　得相遠**離**（寘）
欲与毒薬　恐人覚**知**（支）
或至親里　遠近寄**之**（之）
作是瞋恚　常共賊**之**（之）
若持宝物　雇人害**之**（之）
或使傍夫　伺而殺**之**（之）
怨枉夫命
是為奪命婦。是為七輩婦。玉耶黙然。

1　「棄」：原作「遠（去願）」、金①②西①に拠り改める。
2　「教」：類形字の「致（去至）」であろうか？

本経は、理想とする婦人像とそうでない婦人像を説く経典であるが、諸訳本のうち、ＢＣ本はともに五善二悪の婦を説き、Ｅ本は三悪四善の婦を、そしてパーリテキストも同じく三悪四善の婦人を説いている[18]。ただしＥ本はその該当部分は長行で漢訳されており、ＢＣ本のように偈を意識した四字の句作りではない。

ＢＣ本とパーリテキストでは、善婦と悪婦の数が異なるとはいえ、七輩の婦人を説く点では異ならないことから、おそらくは漢訳の原典となったテキストも、このパーリテキストと同じように韻文となっていたのではないかと推測される。漢訳者があえて韻文として漢訳した理由はそこ（原典の問題）にあったはずである。ただし七輩婦のすべてを完璧に韻文訳することはできなかった。そこで四字句を基調とした音数律リズムによって韻文に代替させて漢訳にあたったのではなかろうか。

ＢＣ本は語句に多少の異同はあるにせよ、ともに不規則ながらも押韻していることは、漢訳者に韻文訳の配慮がなされていたことを認めざるをえない。ところが、現存するＢＣ本は、漢訳経典において偈が説かれる際に通常置かれる「仏説偈言」などの定型の冠句が存在しないことや、漢訳仏典では長行リズムであることが多い四字句を基調としているためであろう、現存する諸本はみな偈の行どりを採用しておらず、長行の中に埋没したままでいる。もともと漢訳者によって偈頌（韻文）で漢訳されたものが転写されていく過程で、いつしかこれが偈として認知されることがなくなり、ついには長行（散文）として転写され、また印行されたと考えられる。

さて、本経は以上のように七輩婦を韻文で訳した後、これをさらに善婦悪婦に二分した上で復唱している（表7参照）。善婦とは七輩婦のうち前五者であり、悪婦とは後二者のことである。この部分はパーリテキストには存在しないので、漢訳者による挿入なのかもしれない。この善悪二婦では、現世における善行と悪行によって、それぞれが来世において、いかなる報いを受けるかを説いており、『大正蔵経』では八言ごとに句点を置いて排版している。これを四言一句の行どりに改めることによって、その偶数句末において、先の七輩婦の叙述部分よりも完全な押韻を確認することができる。また、B本はC本よりも韻律が整っている。

句作りとしては、みな四字句にまとめられる。初句が「其有善婦者」の五字になっているが、後にある「其悪婦者」との対応からすると、「有」は不要な成分であり、漢訳の原初形態としては「其善婦者」であったと考えられる。また押韻について、③と④だけが六句でまとまり、他はすべて四句一偈とみなされる。また⑩は明らかに失韻となっている。

まず、一偈六句からなると想定しうる③と④であるが、他はみな四句一偈ではあっても、現行本の韻字から判断して、ここだけ六句一偈とせざるをえない。韻字が収められる韻部は、それぞれ時代や地域によって異なるが、便宜上、本経が漢訳されたと思われる両晋代の韻部と推定音（漢代∨魏晋∨南北朝前期∨南北朝後期）を示した。[19]

③万分之後　願願不**違**
上生天上　宮殿浴**池**
在所自然　天人楽**之**
④天上寿尽　還生世**間**
常為富貴　侯王子**孫**
端正姝好　人所奉**尊**

表7　善婦悪婦対照表

B本（『大正蔵経』二・八六五中下）

◆善婦悪婦◆

仏語玉耶

①其有善婦者　当有顕**名**（清・庚）[1]
宗親九族　幷蒙其**栄**（庚・庚）
②天龍鬼神　擁護其**形**（青・庚）[2]
使不枉横　財宝日**生**（庚・庚）
③万分之後　願願不**違**（微・脂）[3]
上生天上　宮殿浴**池**（支・支）[4]
在所自然　天人楽**之**（之・之）[5]
④天上寿尽　還生世**間**（山・先）
常為富貴　侯王子**孫**（魂・魂）[6]
端正姝好　人所奉**尊**（魂・魂）[7]
⑤其悪婦者　当得悪**名**（清・庚）
今現在身　不得安**寧**（青・庚）
⑥数為鬼神　在於家**庭**（青・庚）[8]
起病発禍　求及神**明**（庚・庚）

C本（『大正蔵経』二・八六六下）

◆善婦悪婦◆

仏告玉耶

①五善婦者　常有顕名（清）[19]
言行有法　衆人愛敬（映）
②宗親九族　並蒙其栄（庚）
天龍鬼神　皆来擁護（暮）
使不枉拡
③万分之後
得生天上　七宝宮殿（先）
在所自然
侍従左右　寿命延長（陽）
恣意所欲　快楽難言（先）
④天上寿尽　下生世**間**（山）
当為富貴　侯王子**孫**（魂）
端正聡慧　人所奉**尊**（魂）
⑤其悪婦者　常得悪**名**（清）
令現在身　不得安**寧**（青）
⑥数為悪鬼　衆毒所病（映）
臥起不安　悪夢驚怖（暮）

⑦会当帰死　不得長**生**（庚・庚）9
悪夢恐怖　所願不**成**（清・庚）
⑧多逢災横　水火日**驚**（庚・庚）10
万分之後　魂神受**形**（青・庚）11
⑨死入地獄　餓鬼畜**生**（庚・庚）
其身矬短　咽如針**釘**（青・庚）12
⑩身臥鉄床　数千万劫（業・葉）13
⑪受罪畢訖　還生悪**家**（麻・歌）
貧窮裸露　無糸無**麻**（麻・歌）14
⑫孜孜急急　共相鞭**撾**（麻・歌）15
従生至死　無有栄**華**（麻・歌）16
⑬作善得善　作悪自**遮**（麻・歌）17
善悪如此　非是虚**也**（馬・歌）18

所願不得
⑧多逢災横
万分之後　魂神受**形**（青）
⑨当入地獄　餓鬼畜**生**（庚）
展転三塗　累劫不竟（映）

1 「善」：金①②西①②は「五善」に作る。
2 「形」：金①②西①②は「名」に作る。
3 「願願」：西①は「願」に作る。
4 「上生天」：金①②西①②はなし。「殿」：金①②西①②は「灌」に作る。
5 「在」：金①は「右」に作る。
6 「常」：金①②西①②は「当」に作る。
7 「端正」：金①は「瑞政」に作る。「正」：金②西①②は「政」に作る。「姝」：金①②西①②は「殊」に作る。
8 「在於」：金②は「於在」に作る。
9 「死」：金①②西②は「怨」に作る。

10 「災」：金①②西①②は「殃」に作る。
11 「受」：金①②西①②は「寿」に作る。
12 「矬短」：金①は「座植」、金②西①は「莊柦」、西②は「座桓」に作る。「針」：金①は「飲針」に作る。「釘」：西①明南は「針」に作る。
13 この聯は前後の聯の韻字「釘」とも「家」とも押韻しない。全体の句数からしても、このままでは⑩だけがういてしまうのである。したがって、おそらく前後に葉部と押韻する句末の韻字を有する聯がもともと存在したのではないだろうか。いつしか二句分が脱落した可能性がある。
14 「裸」：金①西②は「倮」、金②西①は「保」に作る。
15 「孜孜」：金①②西①②は「玆玆」に作る。
16 「無」：西①はなし。
17 「作善得善」：金①西②は「不信作善得寿」、金②西①は「不信作善得善」に作る。「遮」：金①②西①②は「這（去霰）」に作る。
18 「也」：金①②西①②は「耶（麻）」に作る。
19 「五」：諸本みな同じ。「其悪婦者」との対応から、「其」の誤写であろうと考えられる。ただし、中国ではいつの時代でも「其」と「五」が近似音とはなりえない。したがって、ここは経中に示される「五善三悪」の「五善」であり、「其五」ではない可能性もある。

【韻字】

違：微韻・小韻「韋」・喉清濁三等・合口・微部　-juər（-juəd）>-juəi >-juəi >-juəi（-jwə̆i）
池：支韻・小韻「馳」・舌濁三等・開合・歌部　-jar >-jei >-juæi >-jĕ（-jwĕ）
之：之韻・小韻「之」・歯清三等・開口・之部　-jəg >-jəï >-jɛï >-ï
間：山韻・小韻「間」・牙清二等・開口・文部　-ən >-ǎn >-æn >-ʌn（-ǎn）
孫：魂韻・小韻「孫」・歯清濁一等・合口・文部　-uən >-uən >-uən >-uən
尊：魂韻・小韻「尊」・歯清一等・合口・文部　-uən >-uən >-uən >-uən

このように六句で断句しても、その文意は通るので問題はない。前六句は天上での受報、後六句は娑婆での受報と理解することが可能だろう。また、それら韻部が西晋・東晋と劉宋・北魏に作られた詩文において、実際に通押する事例数は、表8のとおりである[20]。

中華の詩文において、韻部間の通押する作例は少なからず存在するもので、また漢訳という言語転換の制約からすれば、多少の緩さは他の経典の有韻偈頌にも少なからず認められることであり、漢訳者にしてみればこれらの通押は韻文として許容範囲内である。

それでは⑩偈はどうであろうか。句末の「劫」は、前聯の韻字「釘」とも、また後聯の韻字「家」とも押韻せず、異本との校勘によっても克服することができない。

表8　両晋、宋北魏の詩文に見られる通押の事例数

	両晋	宋北魏
脂部・支部	34	14
脂部・之部	23	40
支部・之部	13	7
先部・魂部	3	30

【韻字】

釘：青韻・小韻「丁」・舌清四等・開口・耕部　-eng >-eng >-eng >-eng

劫：業韻・小韻「劫」・牙清三等・合口・葉部　-ĭăp >-ĭap >-ĭɐp >-ĭʌp（-ĭɐp）

家：麻韻・小韻「嘉」・牙清二等・開口・魚部　-ăɣ >-a >-a >-ă（-a）

試みに①偈から後方に向かって押韻単位ごとに括ってゆき、また最終⑬偈からも前方に向かって同じく押韻単位で括っていくと、この⑩偈の「身臥鉄床　数千万劫」の一聯だけが押韻するパートナーを欠く不具合が生ずることになる。そこで以下のことも想定できるだろう。「数千万劫」の「劫」と押韻する葉部に属する韻字を有する一聯が、本来はこの前後に存在していたということである[21]。つまり、ここに二句一聯の脱句があった可能性があるのだ[22]。なお、異訳のA本にはこの偈に該当する叙述部分そ

表9　七輩婦を説く各婦の句数

	母婦	妹婦	知識婦	婦婦	婢婦	怨家婦	奪命婦
B本	7句	8句	12句	8句	18句	16句	12句
C本	11句	8句	13句	19句	34句	17句	15句

のものが欠落しており、C本には表7のごとく、同様に四字句を基調として漢訳されているが、その押韻状況は不規則にして、B本には遠く及ばない。

この善悪婦は、偈が説かれる定型句である「仏説偈言」や「以偈讃曰」などに類する文言が示されていないので、常識的・規範的な漢訳偈頌のスタイルに即していないが、漢訳者によって自覚的に韻文訳されていたことは疑いえない。本経そのものの原典が現存しない以上、この韻文部分がもと韻文であったのか否かを確定することは難しい。しかし、現存パーリテキストに善悪婦の部分は存在しないが、七輩婦の部分は韻文として説かれていることは注意されなければならない[23]。

さて、ここでBC両本の成立の前後について付言すると、前述したごとく一方が他方を参照しつつ成立していることは明らかであり、経録からすれば、先に西晋B本が漢訳され、後に東晋C本が増広して成立したことになるが、C本が曇無蘭の訳出とは考えられないので、経録の記載は信頼できない。しかし、両本の近似関係と字数の増加、そして『春秋左氏伝』の引文からして、やはりB→Cが妥当のようでもある。ところが韻律の状況からするとC→Bを想定することもできるのである。すなわち、B本の長行中に見られる韻文が、C本に比べるとより整理されているからである。とくに善婦悪婦を説く韻文は、C本よりも詳細で、しかも両晋の韻部としてよく通押していることは、C→B成立の根拠となるだろう。加えて、表9のごとく七輩婦を説く各婦の句数について、C本は奇数句が多いが、B本では押韻の要請がともなうためか、①の母婦を除いてみな偶数句に仕立てられている。それは偈頌の典型的な漢訳体例でもある。

以上のように、両本の成立順を判断する材料はあるにしても、決め手に欠けるため、今後の課題である。

四、韻文訳の意図と効果——女訓書との関わり——

以上のような変則的な形態で、しかもこれまでの漢訳仏典における偈の規範を逸脱するようなケースに遭遇して、いささか戸惑いを感じるが、前節でも示したように、本経の偈の形態としては、中華の韻文の影響を受け、それを享受した上で漢訳作業をすすめていたということである。漢訳された仏典の文章（長行と偈頌）というものが、中華の文章（散文と韻文）の洗礼を受けているということをあらためて追認させてくれる事例である[24]。つまり、それは原典の語義や内容を漢語に転換するという通常の翻訳のありかただけにとどまらず、形態の翻訳が実行されたことを意味する。しかし、それには漢訳者の翻訳能力（豊富な語彙数、漢字音の識別力）が要求されるきわめて高度な知的作業であったと言え、それを可能にできるのは、支謙をはじめとする限られた漢訳者であっただろう。このように受けとめたとき、他にも同じような漢訳例が必ずや存在するものと予想されるが、膨大な漢訳経典の散文の中にひそかに隠れている韻文に出会うことは、盲亀浮木にも似て、容易なことではないから、特段に意識して捜索しない限りは検出することはできないだろう。現在のところ竺法護訳『龍施菩薩本起経』一巻において四字句を基調とする長行の中にもあるが[25]、丹念に大蔵経の中を捜索すれば、さらに同様の事例を検出することができるかもしれない。

それにしても、訳者は時間と労力のかかる韻文訳をなぜ行ったのだろうか。それは先述したとおり、パーリテキストでは七輩婦の部分が韻文であったことから、漢訳のもとになっている原典もおそらくは韻文で綴られていたことが想定できるが、パーリテキストに存在しない善婦悪婦までもが韻文訳されているのである。本経の七輩婦と善悪婦を説き示す部分が、韻文として表現されなければならないような必然性とは何であろうか。はたしてその目的や意義はどこにあったのだろうか。

　そこで注目したいのが中国の女訓書である。中国における女性教育の研究は少なからず報告されており、実際の女性教育の資料として、古くは前漢の劉向『列女伝』や、後漢の曹大家（班昭）『女誡』があり、以後各王朝でも陸続と女性に対する訓育書が撰述されてきた(26)。撰者は男女ともにいるが、儒教社会において理想とされる女性観（夫人観）とは、夫や舅姑によく仕える従順な妻であり、また貞淑な妻であることは共通している。

　さて、中国の女訓書の代名詞とも評価されているのは、先の曹大家（班昭）『女誡』であろう(27)。班昭（四五～元初年間、七十余歳）は曹家に嫁いだことから、後に曹大家（たいこ）と尊称される（大家は女性の尊称）。父は史官の班彪（三～五四）、兄もまた父班彪の遺志を継いで『漢書』を編纂した班固（三二～九二）という、史学の名家に生まれた。一四歳にして曹世叔に嫁ぐも世叔と死別する。再婚することなく曹家をよくまもり、育児と学問に精励し、志半ばで没した父と兄を継いで『漢書』を続成せしめ、また『列女伝註』や『東征賦』を著すなど、後漢を代表する女流作家であった。さらに和帝（在位八八～一〇五）に認められ、皇后や宮中の女官の教育指導にあたっている。その『女誡』の内容は、序文と本論七篇からなり、嫁ぎ先での妻として嫁としての処し方が述べられている。『女誡』は夫人たる者の道を要領よくまとめており、各篇は百数十字から長くても四〇〇字程度なので、当初から親しく行われ、女性徳育の教材として広く流布したようである（山崎純一〔一九八六〕七六頁を参照）。本経の韻文が『女誡』と通じる内容として、たとえば西晋失訳の「常に畏忌し」や、東晋訳の「常に畏れを懐きて慎しみ　敢えて自ら慢せず兢兢として事に趣き、避憚する所なし」（以上はパーリテキストに存在しない）である。常に戦々兢々として畏れるとは、いったい何を畏れるのかというと、それは『女誡』の序文にある「戦々兢々として、常に黜辱せられ、以て父母の羞を増し、以て中外の累を益さんことを懼る」や、第一卑弱篇の「謙譲恭敬し、人を先にし己を後にし、善あるも名とするなく、悪あるも辞すことなかれ。辱を忍び垢（そしり）を含み、常に畏懼するがごとし」とあることが同文脈とみられる。また、本経の「後臥早起」「未冥早臥、日出不起」は、『女誡』第一卑弱篇の「晩寝早作」にあたり、「夫婿敬幸、不得憍慢、若得杖捶、敬承奉受、及見罵辱、黙然無辞」は、『女誡』第三敬慎篇の「侮夫不節、譴呵従之、忿怒不止、楚撻従之」に、「口には麁言を言わず」は、『女誡』第四婦行篇の「辞を択びて説き、悪語を道わず」に、そして「其有善婦者　当有顕名　宗親九族　并蒙其栄」は、『女誡』第七和叔妹の「毀訾は中外に布き、恥辱は厥の身に集まる。進んでは父母の羞を増し、退きては君子の累を益す。斯れ乃ち栄辱の本にして、顕否の基なり」にあい通じるものである。いま本経と『女誡』との内容の対応を示すと表10のようになる。

また、『玉耶女経』は給孤独長者の息子に嫁いだ玉耶が婦礼を欠くことが主題となっている。つまり夫人としての礼を問題としているのが本経なのであり、夫のみならず舅姑である給孤独長者とその妻に対しても、「軽慢公姑」であったことに端を発して説かれた本経だけに、夫婦間だけの問題ではなく、一家としての問題でもある。したがって、舅姑への恭順忠孝も重要となるのである。中国では夫に対する以上に舅姑への従順なふるまいは厳格だった。そのため『女誡』第六曲従篇は、舅姑の言動に誤りがあろうとも嫁としては曲げて従い、その関係を悪化させないようにすべき婦礼を説いている点もあい通じる内容である。

それだけではなく、とくに重要なこととして、『女誡』には韻文が引かれていることに止目したい。第三篇は「鄙諺」から、第五篇と第六篇は「女憲」から、そして第七篇は「易経」からの引用である。「女憲」が書名なのか否かは意見の分かれるところではあるが、こうした韻文を用いることで、読者に強い印象を与える効果があると考えられる。つまり、これら濃縮された簡潔な韻文さえ記憶しておけば、当該の篇章の内容全体を再び還元し反芻す

表10　『玉耶女経』と『女誡』

『玉耶女経』	『女誡』
・常に畏忌し（B本） ・常に畏れを懐きて慎しみ　敢えて自ら慢せず　兢兢として事に趣き、避憚する所なし（C本）	・戦々兢々として、常に黜辱せられ、以て父母の羞を増し、以て中外の累を益さんことを懼る（序文） ・謙譲恭敬し、人を先にし己を後にし、善あるも名とすることなく、悪あるも辞すことなかれ。辱を忍び垢（そしり）を含み、常に畏懼するがごとし（第一卑弱篇）
・後に臥し早く起きるも、未だ冥からざるに早く臥し日出でて起きざれ	・晩く寝み早く作す（第一卑弱篇）
・夫婿敬幸すれど、憍慢を得ざれ。若し杖捶を得るも、敬い承け奉受せよ。罵辱せらるに及びては、黙然として辞なかれ	・夫を侮ること節あらざれば、譴呵之に従う。忿怒止まざれば、楚撻之に従う（第三敬慎篇）
・口には麁言を言わず	・辞を択びて説き、悪語を道わず（第四婦行篇）
・其れ善婦なる者あり　当に名を顕わすことあるべし。宗親・九族、幷に其の栄を蒙る	・毀訾は中外に布き、恥辱は厥の身に集まる。進んでは父母の羞を増し、退きては君子の累を益す。斯れ乃ち栄辱の本にして、顕否の基なり（第七和叔妹篇）

ることができるのである。以下にその該当部分のみを示す。

第三篇敬慎の鄙諺
生男如狼（陽部）　猶恐其尫（陽部）
生女如鼠（魚部）　猶恐其虎（魚部）
第五篇専心の女憲
得意一人　是謂永畢（物部）
失意一人　是謂永訖（物部）
第六篇曲従の女憲
婦如影響（陽部）　焉不可賞（陽部）
第七篇和叔妹の易経
二人同心（侵部）　其利断金（侵部）
同心之言（元部）　其臭如蘭（元部）

こうした女訓書には、さらに時代がさがっても韻文で仕立てられることがある。たとえば西晋の中書令張華（二三二～三〇〇）が著した『女史箴』がそれである。そこには宮中に仕える女性の道徳として従順こそが女史（王妃に仕える女官）の徳目であるとして、以下のように四字句からなる韻文によって綴られているのである[(28)]。

茫茫造化　両儀始分（平文・真）　散気流形　既陶既甄（平真・真）
在帝庖犠　肇経天人（平真・真）　爰始夫婦　以及君臣（平真・真）
家道以正　王猷有倫（平諄・真）　婦徳尚柔　含章貞吉（入質・質）
嫕婉淑慎　正位居室（入質・質）　施衿結褵　虔恭中饋（去至・脂）
肅慎爾儀　式瞻清懿（去至・脂）　樊姫感荘　不食鮮禽（平侵・脂）
衛女矯桓　耳忘和音（平侵・侵）　志厲義高　二主易心（平侵・侵）
（中略）
勿謂幽昧　霊鑑無象（去養・陽）　勿謂玄漠　神聴無響（去養・陽）
無矜爾栄　天道悪盈（平清・庚）　無恃爾貴　隆隆者墜（去至・脂）
鑑於小星　戒彼攸遂（去至・脂）　比心螽斯　則繁爾類（去至・脂）
歓不可以極　寵不可以専（平仙・先）　専実生慢　愛極則遷（平仙・先）
致盈必損　理有固然（平仙・先）　美者自美　翩以取尤（平尤・侯）
冶容求好　君子所仇（平尤・侯）　結恩而絶　職此之由（平尤・侯）

なお、東晋の顧愷之（三四四～四〇五？）は、この張華の『女史箴』によって女史箴図を描いている。絵画化することが女性教育の一助となっていたのである。また、この張華と同じく西晋の官僚にして尚書左僕射の裴頠（二六七～三〇〇）にも同じく『女史箴』（『芸文類聚』一五）が遺されている。

膏不厭鮮　水不厭清（平清・庚）　玉不厭潔　蘭不厭馨（平青・庚）
爾形信直　影亦不曲（入燭・沃）　爾声信清　響亦不濁（入覚・薬）
緑衣雖多　無貴於色（入職・職）　邪径雖利　無尚於直（入職・職）
春華雖美　期於秋実（入質・質）　氷璧雖沢　期於見日（入質・質）
浴者振衣　沐者禅冠（平桓・寒）　人知正服　莫知行端（平桓・寒）
服美動目　行美動神（平真・真）　天道祐順　常与吉人（平真・真）

さらに後漢の皇甫規にも『女師箴』なる女訓書が『芸文類聚』一五に収められている。[29]このように韻文で綴られた女訓書は他にも存在するが、その中にあって、最たるものは『女論語』の韻文である。[30]本書は、唐朝第九代徳宗（在位七九九～八〇五）の後宮において皇后や後宮の女官の師範となり学士の称号を賜った宋若華・宋若昭（＝宋尚宮）姉妹が撰述したと伝えられる。孔子の言行や弟子との問答を通して人倫のなんたるかをまとめた『論語』になぞらえて、女性としての理想とされる倫理（婦道・婦徳）を示した短編教訓書である。全一二章からなる本文は、すべて四字一句の韻文で綴られている。そのため「教訓詩」ともいわれる。紙幅の都合から、ここでは第一一章和柔の本文に拙訳を付した。[31]なお、括弧には『広韻』の韻目を示した。

処家之法　婦女須能（平声登韻）　家の中での教えとて　婦女たる者はこうしましょう
以和為貴　孝順為尊（平声魂韻）　和こそ何より大切に　孝順とても心がけ
翁姑瞋責　曾所不曾（平声登韻）　舅姑怒っても　はじめて聞いたふりをして

上房下戸　子姪宜親（平声真韻）　家族はみんな　へだてなく
是非休習　長短休争（平声耕韻）　良いの悪いの　あれこれ言わず
従来家醜　不可外聞（平声文韻）　一家のもめ事起こっても　よそでは決して話さない
東隣西舎　礼数周全（平声仙韻）　むこう三軒両隣　礼を尽くしたお付きあい
往来動問　款曲盤旋（平声仙韻）　仲良く付きあい　助けあい
一茶一水　笑語忻然（平声仙韻）　お茶やお水を差し上げて　笑い語らい和やかに
当説則説　当行則行（平声庚韻）　言うべきことはちゃんと言い　なすべきこともそのように
間是間非　不入我門（平声魂韻）　あれやこれやの問題を　お家の中には持ちこまず
莫学愚婦　不問根源（平声文韻）　愚かな婦人はいけません　ものの原因わきまえず
穢言汚語　触突尊賢（平声先韻）　賤しいことばで　けんか売り
奉勧女子　量後思前（平声先韻）　お勧めしましょう娘さん　後先しっかり考えて

本書が撰述されたと思われる中唐・晩唐の韻文としては、必ずしも十分ではない。ただし、すべて平声の鼻子音で収束する韻字を用いていることから、作者の意図的な韻律配慮の痕跡を知ることができる。この押韻の緩さは、唐末五代の敦煌変文や講経文に見られる俗講資料、それに浄土教の礼讃文でも同じことが言えるのであり、たとえば歯茎鼻音 -n と軟口蓋鼻音 -ng の押韻だけでなく、両唇鼻音 -m もしばしば押韻させている。また、入声韻尾（-p, -t, -k）の用韻もその区別が曖昧で緩くなっている。これは『女論語』全一二章すべてに言えることであり、資料そのものの通俗性を顕著に示すもので、『切韻』系韻書によって作られる伝統の詩文とは大きく乖離した作風となっている。

さて、『玉耶女経』に話題をもどそう。本経はパーリテキストに概ね対応しているので、経中に示される女性観はインドのそれに相違ないが、実際のところ、それが儒教の女性観と抵触することがなかったために、若干の手を加えた上で、さらに文章そのものを韻文に仕立てて弘伝されていったのではないだろうか。本経が韻文として整理されたのはいつのことか不明であるが、こうした修辞が女性徳育の一助となりうることは、全編韻文で綴られている先の『女論語』がよい例となっている。また本経の韻文も、そして女訓書の韻文もともに四音節であることは重要であろう。散文（長行）のリズムである四音節を一句として、そこに押韻が添加されているということは、記憶するにも暗誦するに好都合なのである。ともに偶数音節（四音節）に仕立てていることは閑却できない共通項である。そもそも本経に韻文訳されている七輩婦と善婦悪婦において、後者は前者の七種の婦人を善悪の二種に分類した上で再説しているだけなので、経典の流れからすると、七輩婦と同内容の善婦悪婦が再び説き示される理由はない。したがって、先に示した表5を見ればわかるように、善婦悪婦の韻文を有しているのはＡＢＣ本だけあって、ＤＥ本やパーリテキストにはそれが説かれていない。この善婦悪婦の韻文が中国で撰述されたのか否かを判断することは易しいことではないが、その存在理由はないとしても、存在意義はあるものと考えられる。つまり女性徳育を施すための教材としての意義である。

女性（とりわけ既婚女性）の思想と行動を拘束し、または制限し、男性の下位に位置づけ従属させることを目的とし、そのために本経の韻文をうまく調整し、これを実際の女性徳育（妻として嫁としての心得）の一助に供したのかもしれない。きわめて近似するＢ本とＣ本との存在は、その調整の前後を示唆するもののようである。これは『七女経』と『七女観経』との関係を彷彿させる。この両経も支謙訳本・『経律異相』本・敦煌本が現存し、後二者は支謙訳本の韻文を都合よく調整した所産であることと同じ事情のようでもある。[32] 本経はC本が先に漢訳されたが、後にこの女性徳育の経典を流布させるべく、全体を整理改変するとともに、またその際に、釈迦の語りの中の韻文に若干の手を加えてB本として組成しなおしたのではないだろうか。つまり本経の韻文箇所は、いわば仏教版の『女論語』であったと考えられるのである。

以上、中国の女訓書との関わりからいくつかの共通点を指摘したのであるが、ここでもう一つ注目したいのが本経の韻文箇所（輩婦と善婦悪婦）を引用した文献として、慧沼（六五〇～七一四）[33] によって撰述された『勧発菩提心集』巻中の婦行門（四五・三九五上中下）があるということである（巻首表題には「婦徳門」とある）。引用されているのはB本ではなく、曇無蘭訳のC本であり、[34] ここで問題としている当該の韻文箇所そのものなのである。概ね韻文となっている部分のみを慧沼が引用しているということは、そこに何がしかの意図があったものと思われる。すべて四音節（偶数のリズム）で統一されている当該部分は、魏晋南北朝から隋唐にいたる中華の散文のスタイルであり、それは仏典では偈頌のリズムではなく、明らかに長行のリズムを刻むことになる。つまり、偶数音節の連続は最も安定感が得られ、また記憶にも朗誦にも都合の良いスタイルである。しかも、そこに押韻が添加されたならば、一層リズムのとれた詩歌となるはずである。このような音数律（句中の字数）と韻律（句末の押韻）を配慮することは、豊かな音楽性には不可欠な要因である。よって、この韻文箇所は人に読み聞かせたり、また女性が読唱し、あるいは暗唱するために、その配慮として韻文に改訂されたものと考えられないだろうか。教育を受ける機会もなく、読み書きすらままならない女性のために、歌として記憶したり、口ずさむことができるように配慮したものであり、それは現代中国でもしばしば言えることなのである。[35]

女性が仏の対告者として登場する大乗経典は少なくない。たとえば『大正蔵経』の経集部は、どの分類にも属さないような経典を集め、新たに「経集部」という名称を立てた部類であるが、その第一四巻に収められる第五五一番『摩鄧女経』から第五八〇番『長者女菴提遮師子吼了義経』にいたるまでの三〇部は、みな女性を対告者とするか、または女性を主題とする経典が意図的に並べられている。ちなみに、その中で本経のように押韻する偈を含むのは、伝安世高訳『奈女祇域因縁経』（五五三番）、支謙訳『七女経』（五五七番。ただし『経律異相』所引本）、竺法護訳『龍施菩薩本起経』（五五八番）、涼代失訳『長者法志妻経』（五七二番）、梁代失訳『長者女菴提遮師子吼了義経』（五八〇番）の五部を数えることができる（本書第三部の資料①《漢訳仏典有韻偈頌一覧表》を参照）。韻文に仕立てられたこれらの漢訳偈頌が、そのまますべて女性教育の資料として供せられたとは思わないが、何らかの効果を狙った上での修辞・配慮であったのではないだろうか。

おわりに

魏晋南北朝に漢訳された仏典の長行（散文）は、概ね四音節の句作りが基調となっている。それは中華の文壇の趨勢であった四六文の影響を受けたことだけではなく、経典の朗誦にも、そして記憶にも便となる偶数の音数律を堅持しようとする要請からであったと考えられる。もちろん同じく四音節の偈も少なからず存在するが、後漢から南北朝末期までは五言が圧倒的であり、隋唐からは七言がしだいに増加していく中で、四言はその占有率からすれば低いものである。しかし、いずれにせよ「仏説偈言」に類するような常套の冠句が前置きされるのが漢訳された偈の典型であるが、本経のように冠句もなく、あたかも長行中にひそかに隠れるようにして韻文訳が含まれる奇用は大蔵経中にほとんど捜索することはできない。訳者としては、たとえ押韻させたとはいえ、偈頌として漢訳していたのではなさそうである。

ここで言えることは、南北朝前半以前に漢訳された経典の文章中に、韻文に仕立てられた長行を確認できたという事実であり、そしてこれは特殊な文体にして、訳経中にあっては、その類例はほとんどないということである。中華伝統の賦にも似た文体を仏典の漢訳に導入した奇用として、数ではなくその質においてこそ評価できる用例と言える。

本経の韻文に注目しつつ、これを中国の女性徳育との関係でとらえてみた。中国に多数ある女訓書の内容（儒教の女性観）と形態（四字句の韻文）との接点から、そして慧沼の『勧発菩提心集』婦行門に引かれた当該箇所から察して、本経は結果的には、仏祖釈尊に語らせた仏教版の女訓書としての役割を担わされたのではなかろうか。こうした修辞が女性徳育の一助となりうることは、全編韻文で綴られている『女論語』がよい例となっている。女性の思想と行動を拘束制限し、男性の下位に位置づけ従属させることを目的とし、そのために本経の韻文をうまく調整し、これを実際の女性徳育の勧奨に供したのではないだろうか。

註

（1）本書第二部第五章を参照。なお、「説偈言」に類する冠句をもって偈として漢訳されていながら、長行の中に埋没したままで排版されている例としては、『般舟三昧経』（高麗版のみ）や『七女経』などがある。

（2）岩本裕『仏教と女性』二四～四四頁（第三文明社、一九八〇年）、また植木雅俊『仏教のなかの男女観――原始仏教から法華経に至るジェンダー平等の思想――』一六六～一六九頁、一七五～一九二頁（岩波書店、二〇〇四年）でも論じられ、ともにヒンドゥー教における女性観が反映していると指摘している。

（3）前掲の植木雅俊〔二〇〇四〕は、この『玉耶経』の女性観を、当時のヒンドゥー教社会における女性または妻の実態を、釈迦によって語らせていると指摘する。

（4）一柳知成『玉耶経講話』（新布教学会、一九一八年）は、女性の社会進出や高等教育、男女同権など、当時の「女性の覚醒」を認めつつ、現代（当時）の日本女性は『玉耶経』に倣うべきであると述べている。また『大蔵経講座』九（東方書院、一九三三年）には足立俊雄の「玉耶経講義」の中で、曇無蘭訳本の訓読と解説が掲載されている。
（5）金剛寺と西方寺の写本については、落合俊典教授（国際仏教学大学院大学）に便宜をはかっていただいた。
（6）なお一柳知成（一九一八）は、高麗版（A本）を一二一八字、三本（B本）を一四五八字、そして曇無蘭訳本（C本）を一八三一字とし、『阿遬達経』を七三七字とされている。
（7）『大正蔵経』二・八二〇下。なお『増一阿含経』の漢訳期間は、三八四年から三八五年である。
（8）『大正蔵経』二・八六三上。阿遬達とは給孤独長者（Anāthapiṇḍika）の漢訳名であろうか。
（9）*Aṅguttara-nikāya*, vol. 4（P. T. S., pp. 91–94, London, 1899）、『南伝大蔵経』二〇巻、増支部経典四、三四三頁。
（10）『大正蔵経』五四・六七〇中
（11）いずれも中国国家図書館蔵本のBD14148（八世紀写本）、BD14619（七～八世紀写本）である。『国家図書館蔵敦煌遺書』第一二二冊・一三〇冊（北京図書館出版社、二〇〇九年・二〇一〇年）
（12）今かりに一紙四七六字（一七字×二八行）としても、三紙で一四二八字、四紙で一九〇四字となる。
（13）これについては、常盤大定が『後漢より宋斉に至る訳経総録』において、「恐らくは失訳「玉耶女経」と蘭訳「玉耶女経」とは、もと別本に非りしなるべく……」（七三九頁上）と指摘している（国書刊行会、一九七三年、初版は一九三八年）。
（14）小野玄妙編纂『仏教経典総論』七九～八〇頁（大東出版社、一九三六年）
（15）胡適「泥犁（Niraya）音訳与太山地獄意訳」（一九六一年稿）、中国近代人物文集叢書『胡適学術文集　言語文字研究』二〇六頁（中華書局、一九九三年）参照。
（16）前掲一柳知成〔一九一八〕五三～五四頁。
（17）韻部は周祖謨『魏晋南北朝韻部之演変』（東大図書公司、台北、一九九六年）による分類に従った。

(18) *Aṅguttara-nikāya*, vol. 4 (P. T. S., pp. 91-94, London, 1899)、『南伝大蔵経』二〇巻、増支部経典四、三四三頁。

(19) 上古音は李方桂『上古音研究』(商務印書館、一九八〇年)の成果が、また三国両晋の字音は Ding Bangxin (丁邦新), *Chinese Phonology of the Wei-Chin Period: Reconstruction of the Finals as Reflected in Poetry* (丁邦新『魏晋音韻研究』中央研究院歴史言語研究所、一九七五年)がある。

(20) 詩文中の用例は、羅常培・周祖謨『漢魏晋南北朝韻部演変研究』(科学出版社、一九五八年)、および周祖謨〔一九九六〕、劉綸鑫主編『魏晋南北朝詩文韻集与研究(韻集部分)』(中国社会科学出版社、二〇〇一年)を参照。

(21) なお、B本系(宋元明の三本)の写本である金剛寺本①②、および西方寺本①②でも同じく二七聯となっている。これら写本は、校異を示したようにいくつかの異読が存在する。それらを勘案すると、これら四種の写本はいずれもこの長行が押韻していることを感知されていないままに書写されていることがわかる。

(22) 類似の例として、『龍施菩薩本起経』の奇数句も、韻律からして一～三句の脱句があるものと考えられる(本書第二部第五章参照)。また中国撰述経典の『妙好宝車経』の偈については本書第二部第九章を参照。

(23) パーリテキストでは、七輩婦は説いているが、それを二分して善婦と悪婦として説かれることはない。

(24) 本書第一部第二章を参照。

(25) 本書第二部第五章を参照。

(26) 山崎純一『教育からみた中国女性史資料の研究――『女四書』と『新婦譜』三部書――』二四～四五頁(明治書院、一九八六年)には、総計一四六部の中国女訓書が紹介されている。このうち本経が漢訳されたとされる両晋までに成立した女訓書としては、①杜篤『女誡』、②曹大家『女誡』、③荀爽『女誡』、④程暁『女典篇』、⑤蔡邕『女訓』、⑥蔡邕『女誡』、⑦蔡邕『女史篇』、⑧諸葛亮『女誡』、⑨諸葛亮『貞潔記』、⑩李婉『典式』、⑪杜預『女記』の一一部があげられ、そのうち現存するものは②③④⑤⑥⑪である。また、山崎氏が列挙したもの以外にも、後述する張華『女史箴』や、裴頠にも同じく『女史箴』(『芸文類聚』一五)などがある。なお、中国の女性教育史に関しては、他に崔淑芬『中国女子教育史――古代から一九四八年まで――』(中国書店、二〇〇七年)、杜学元『中国女子教育通史』(貴州教育出版社、一九九五年)、熊賢君『中国女子教育史』(山西教育出版社、二〇〇九年)、陸高

華主編『中国婦女通史　魏晋南北朝巻』（杭州出版社、二〇一〇年）、陸高華主編『中国婦女通史　隋唐五代巻』（杭州出版社、二〇一〇年）などがある。

（27）王相・西坂衷『女四書』所収（山崎純一〔一九八六〕七五頁以下に訳注がある）

（28）『文選』五六、『芸文類聚』一五、『太平御覧』一三五、『西晋文紀』六などに引かれている。括弧には晋代の韻部を示した。

（29）「観象制教　肇経乾坤　家有王義　室有厳君　各有定位　陰陽是分　昔在軒轅　陶化正刑　刑于壼闈　以臨百宮　煌煌后妃　女紞是閑　穆穆夫人　爰採潔蘩　師礼莫違　而神罔時　怨関雎首　化万国承　流実有淑女　允作好逑　唐媛興嬀　文武盛周　徳音不回　弘済大繇　咨爾庶妃　鑾路斯邁　戦戦競競　厲省鞶帯　漸進不形　変起無外行　難著而易喪事　易失而難退動　若順流応　如発機奉　上惟敬撫　下唯慈怨　豈在明患生不思」

（30）王相・西坂衷『女四書』所収（山崎純一〔一九八六〕一〇七頁以下に訳注がある）

（31）拙訳は、前掲山崎純一〔一九八六〕一四七頁を参照した。

（32）本書第二部第十章を参照。

（33）『宋高僧伝』四の義解篇にその伝がある（五〇・七二八下）。「釈慧沼、不知何許人也。少而警慧始預青衿、依于庠序誦習該通。入法修身、不違戒範、乃被時諺沼闍梨焉。次攻堅于経論善達翻伝。自奘三蔵到京、恒窺壼奥。後親大乗基師、更加精博。及菩提流志於崇福寺、訳大宝積経、沼預其選、充証義。新羅勝荘法師執筆。沙門大願塵外皆一時英秀当代象龍。于時武平一充使。盧蔵用陸景初総預斯場。中書侍郎崔湜因行香至翻経院。歎曰、清流尽在此矣。豈応見隔。因奏請乞同潤色新経。初沼証義於義浄訳場、多所刊正、訛言舛義。悉従指定無敢踰制後著諸疏義。号淄州沼也」

（34）なお、慧沼の『勧発菩提心集』に引用されている本経の文章や、玄応『一切経音義』と慧琳『一切経音義』にそれぞれ採られている本経の語彙は、みな同じくC本であり、B本を確認することはできなかった。慧沼が韻文としてより整理されたB本を用いなかったのは、唐代における両本の流布状況と関わっているようである。おそらく慧沼の周辺にはC本のみが存在していたのではないだろうか

（35）たとえば、二〇〇三年には新型肺炎SARS（重症急性呼吸器症候群、中国では非典）が世界各国で流行した。中国ではさっそくSARSを予防するための教誨歌がたくさん作られている。それらは簡単に口ずさむことができ、なおかつユーモラスで覚えやすい。そして句末は現代中国語の発音で押韻する韻文なのである。以下にその歌を三つあげておく。簡単な拙訳を付した。

①天藍藍　草青青　非典疫情撼人心　　空青く　草木は緑というけれど　SARSが心を震わせた
勿害怕　莫担心　開開心心就没病　　恐れるな　心配するな　愉快にすごせば病なし
多鍛錬　勤保潔　全家老少享太平　　体鍛えて　清潔ならば　家族はみんな穏やかなり

②非典在作怪　病毒伝播快　　SARSが災いもたらした　あっという間にうつります
通風勤洗手　口罩酌情戴　　換気や手洗い怠らず　マスクもちゃんとつけましょう
重視不恐慌　健康好心態　　慌てることはありません　健康は心の持ち方しだいです
我一份関愛　你健康常在　　わたしが祈っていることは　あなたの健康だけなのです

③疫情伝得挺怪　心情変得很壊　　感染で多くの災いやってくる　不安で心は落ちつかない
担心你被伝染　勧你不要太帥　　あなたのことが心配です　たとえかっこが悪くても
室内保持通風　公共場合少呆　　お部屋はしっかり換気して　人ごみなんかに身を置かず
出門口罩要戴　睡覚被子要盖　　出るときゃマスクをちゃんとつけ　寝るときゃきちんと布団かけ
心情保持愉快　少接吻多吃菜　　心楽しくすごすとも　キスは少なめ野菜は多め

また二〇〇九年に新型インフルエンザが流行したときには、浙江省疾病予防控制中心の健康教育所という公的機関が予防の歌を作っている。歌のタイトルは不明。ここでも拙訳を付した。

猪流感　国外有（yǒu）　　ぶたインフルはよその国
也許会到家門口（kǒu）　　だけどきっとやって来る
予防事児先做好　　予防はしっかり怠らず
這種疾病不用慌（huāng）　　この種の病気にゃ慌てずに

遇到病人戴口罩（zhào）
人多不去湊熱鬧（nào）
如果発熱生了病
及時要把医院上（shàng）
一日三餐栄養好
猪肉照様可以嘗（cháng）
居住房間通風暢
衣被常洗照太陽（yáng）
双手都要洗清爽
病毒難以近身傍（páng）
予防妙招尽知暁
疾病不能逞凶狂（kuáng）

病人近づきゃマスクつけ
人ごみなんかにゃ行かぬよう
もしもお熱が出たならば
いそいで医者に見せましょう
一日三食ちゃんと食べ
豚肉だって食べてよし
おうちの中では換気して
洗った衣服は干しましょう
両手をしっかり洗ったら
ばい菌なんかは寄りつかず
予防のしかたを知っとけば
病気は猛威となりません

第七章　鳩摩羅什の詩と『大智度論』における偈の韻律

はじめに

中国仏教の三大翻訳家に屈指される姚秦の鳩摩羅什（三五〇〜四〇九）[1]について、その訳業を論じたものは少なくないが[2]、本章ではとくに『大智度論』の有韻偈頌を取りあげ、その韻律を同時代の韻文資料における音韻体系（韻部）に照らしながら、それら有韻偈頌が羅什による述作であった蓋然性が高いことについて論じたいと思う。これまでの研究においては、『大智度論』の成立とそこに引用されている典籍との齟齬をめぐって、漢訳者の羅什や助訳者による加筆改変説、四世紀の西北インドにおける龍樹述作説、羅什述作説などが提起されてきた[3]。そして、それらは『大智度論』に説かれる思想内容や引用される典籍によって判定されるものであったが、ここではあくまでも偈の韻律をもってその解明に一石を投じたいと思う[4]。

一、鳩摩羅什による偈の漢訳法規

『出三蔵記集』一四の鳩摩羅什伝（『大正蔵経』五五・一〇一下）には、羅什自身による偈の漢訳における法規とも思しき叙述がある[5]。

羅什はいつも〔弟子の僧〕叡（または慧叡）のために、西方の辞体について論じ、漢語との異同を比較して仰せられました。「インドの慣例としては美しい文を重視するものです。宮商〔角徴羽の五音〕の音律で楽器に合わせて良いものといたします。国王にまみえるときには必ずその徳を讃え、仏にまみえるときには歌で讃歎することを最高のものとしています。〔仏教の〕経典の中に説かれる gāthā もこれと同じなのです。しかし梵語の gāthā から漢語の偈頌に翻訳する際に、その〔インド原典の〕文章の美しさは失われてしまいます。おおよその意味（原意）は翻訳できても、文章のスタイル（形式）は隔絶してしまうのです。ちょうど飯を嚙んで人に与えると味が変わるだけでなく、吐き気を催してしまうことと同じ〔ほどに梵語と漢語のスタイルの隔絶があるの〕です」と。

羅什が弟子の僧叡（『出三蔵記集』の高麗版のみが慧叡とする）に語るには、インド原典の gāthā を漢語に改める際に、原典の藻蔚（美しさ・麗しさ・巧みな修辞）は失われてしまう。大まかな内容の翻訳は可能であるとしても、gāthā に具わっているスタイルまでは異言語に反映させることは不可能である。それは咀嚼された飯にも似ていると述べている。飯が咀嚼されると、その味が失われるだけではなく、与えられた者にとっては嗚咽するほどに別物になっているということである。もとの飯（gāthā）と咀嚼された飯（偈頌）とは、それほどに隔絶してしまうということで、これを端的に言うならば、インドの韻文が漢訳されると、散文として表現せざるをえないということになる。異なる言語の間に存在する大河のように、どうすることもできない現実であり、おそらくこれは羅什が実際の漢訳において実感しえたことなのであろう。いかに名訳の誉れ高い羅什であろうと、できないものはできないのである。

そもそもインドや西域諸国から来華した僧が中国において仏典を漢訳する場合、三年から五年の漢語修学を経た上でとりかかるということが多いようである（第一部第一章第三節）。そうした短期間の漢語修学においては、どうしても中華の古典の素養や語彙と語法の知識、字音の識別能力にいたるまで、不足なく具えることは不可能であったに相違ない。したがって漢訳仏典の文章は、用いられている用字数と語彙数が限定され、語法上の破格があり、そして割裂を犯した無韻の偈が存在するのである。それらを回避できたのは、呉の支謙などごく少数の訳者だけである。鳩摩羅什は、亀茲国をはなれた前秦の建元二〇（三八四）年から長安の都に入る後秦の弘始三（四〇一）年の一二月まで、約一六年間にわたって姑蔵（現在の武威市）にとどめ置かれている。漢語文化圏の、しかも河西回廊の重要な拠点における羅什の生活について、その伝記には予言者として吉凶を卜占し、呂光の軍事顧問として活動していたことを伝えているが、本来あるべき仏教僧としての事績はふれられていない。ただその姑蔵滞在中に、後に高弟となる僧肇が入門しているので、何らかの仏教活動は行っていたと思われる。そして常識的に考えれば、この地で漢語や漢文化を修学していたのであろう。長安入りの翌月の正月五日には『禅経』三巻を、そして二月八日には『阿弥陀経』、さらに翌三月五日に『新賢劫経』を矢継ぎ早に漢訳している（『歴代三宝紀』巻八、四九・七八上）。したがって漢訳するだけの準備はすでに姑蔵滞在中に整っていたということである。羅什が中華の文章の種類やスタイルをよく把握していたことは、その流麗な訳文に見てとることができるが、インド西域の韻文を漢語としての韻文へ再構築することは不可能であることは認めていたのである。右の文からは、そのように読み取ることができる。

それでは、実際に羅什によって漢訳された三五部二九四巻において、偈が説かれる代表的なものをあげ、すべて韻律の配慮が存在しないことを確認してみよう（現存する羅什訳中に偈を含む経論は三一部ある）。まず『妙法蓮華経』は弘始八（四〇六）年に漢訳されたとされるが、七巻（または八巻）という大部な分量からすると、本章で扱う『大智度論』がその直前の弘始七（四〇五）年一二月二七日に訳了しているので、両部の訳業は同時進行されていたということになる。そして、これは常盤大定『後漢より宋斉に至る訳経総録』八六二〜八六五頁（国書刊行会、一九七三年、初版は一九三八年）や、木村宣彰「鳩摩羅什の訳経――主要経論の翻訳とその草稿訳について――」（『大谷大学研究年報』三八、一九八五年）が指摘するとおりである。(6) また、三年に及ぶ『大智度論』の訳業中には、後述するように『思益梵天所問経』など複数の訳経も同時に手がけているのである。

さて、その『妙法蓮華経』全二八品中の偈を見ると、嘱累品第二二・妙音菩薩品第二四・普賢菩薩勧発品第二八には偈が説かれていないが（『正法華経』も同じ）、その他の各品はいずれも四言や五言の偈が説かれている。しかし、韻律を配慮した訳偈はまったく存在しない。いま化城喩品の一例をあげる（九・二三上）。

世雄無等倫　百福自荘厳（平厳・塩）
得無上智慧　願為世間説（入薛・屑）
度脱於我等　及諸衆生類（去至・脂）
為分別顕示　令得是智慧（去霽・皆）
若我等得仏　衆生亦復然（平仙・先）
世尊知衆生　深心之所念（去㮇・塩）
亦知所行道　又知智慧力（入職・職）
欲楽及修福　宿命所行業（入業・葉）
世尊悉知已　当転無上輪（平諄・真）

周知のように、『妙法蓮華経』は経典みずからが読誦や書写を奨励している。それならば、書写はともかくとして、およそ読誦を奨励するならばそれに堪えうるような訳文が訳者に要求されるはずである。羅什はそれを考慮してか、長行は概ね四字句のリズムで漢訳している。一方の偈頌にあっては、長行リズムを避け、また中華の韻文のスタイルに合わせた五字一句に仕立てている。とくに句末に半拍の停頓をもつ独特のリズムを刻む五字句が偈頌の読誦には活きてくるのである。つまり、読誦するにつけ、読んで唱えやすく、聞いて耳に心地よく、記憶するにも便となる。経典そのものが読誦を勧めていながら、その配慮がまったくなければ、その流伝を危うくさせる結果となるだろう。『妙法蓮華経』の偈に韻律配慮は認められないが、複音節語彙が句間をまたぐような割裂の現象はなく、このため読誦の勧励と偈の構造との間に齟齬はないと言えるだろう。

次に弘始四（四〇二）年に訳された『坐禅三昧経』二巻には、四言・五言・七言の偈が説かれている。そしていずれも無韻である。いま巻上の七言偈の一部をあげる（一五・二七三中下）。

従胎中来生常苦　是中衆生莫瞋悩（上皓・宵）
若念瞋悩慈悲滅　慈悲瞋悩不相比（平脂・脂）→元版作「離」（支韻・支部）
汝念慈悲瞋悩滅　譬如明闇不同処（去御・魚）
若持浄戒念瞋恚　是人自毀破法利（去至・脂）
譬如諸象入水浴　復以泥土塗坌身（平真・真）
一切常有老病死　種種鞭笞百千苦（上姥・魚）
云何善人念衆生　而復加益以瞋悩（上皓・宵）

若起瞋恚欲害彼　　未及前人先自焼（平宵・宵）

さらに論書からも一例を示しておく。弘始六（四〇四）年に訳出が完了した『百論』二巻は、僧肇の「百論序」に、「論に凡そ二十品、品に各々五偈あり。後の十品は、其の人（羅什）此の土に益なしと以為うが故に闕いて伝えず」とある。(7) したがって漢訳された現行の『百論』の偈は、わずかに捨罪福品第一の七言偈と五言偈の二つだけである。これらもみな押韻させる配慮など微塵もない。

七言偈（三〇・一六八上）

頂礼仏足哀世尊　於無量劫荷衆苦（上姥・魚）
煩悩已尽習亦除　梵釈龍神咸恭敬（去映・庚）
亦礼無上照世法　能浄瑕穢止戯論（去慁・魂）
諸仏世尊之所説　幷及八輩応真僧（平登・登）

五言偈（三〇・一六九下）

如羝羊相触　将前而更却（入薬・薬）
汝為欲持戒　其事亦如是（上紙・支）
身雖能持戒　心為欲所牽（平先・先）
斯業不清浄　何用是戒為（平支・支）

最後に『維摩詰所説経』の偈についても見ておきたい。僧肇の「維摩詰経序」(『出三蔵記集』巻八、五五・五八上中)などによると、呉の支謙と西晋の竺法護はともに《維摩経》の訳出があったが、後秦王の姚興はそれらを「理は文に滞り、常に玄宗の訳人に墜つるを懼る」として、弘始八(四〇六)年に一二〇〇人もの義学の沙門を長安大寺に集め、そこで羅什に新訳を訳出させたとある。この羅什訳本の特徴については、中村元(一九六六)や大鹿実秋(一九七七)、鎌田茂雄(一九八三)、そして木村宣彰(前掲)などに述べられている、ここで注意されるべきことは、先学が指摘するように、羅什が本経を漢訳する際に、三国呉の支謙訳『維摩詰経』三巻における訳語などを参照したということである。大鹿はまた翻訳後の僧肇による潤飾があったことについても論及している。

さて、羅什訳本には七言七二句と五言一六八句の偈が説かれており、これらは言うまでもなく支謙訳本の七言四〇句と五言八〇句の偈の内容にそれぞれ対応している。ところで支謙による訳経中の偈が多く押韻することや、その『維摩詰経』の七言偈と五言偈にも韻律の配慮が施されていることについてはすでに述べたところであるが(第二部第三章)、はたして羅什は支謙訳本の韻律を参照していたのだろうか。左にそれぞれ両訳本の偈をあげるが、紙幅の都合もあるので、七言偈のはじめ一六句と五言偈の終わり一六句だけをそれぞれ併記して示そう。

【七言偈】

支謙訳本(一四・五一九下)

清浄金華眼明好　浄教滅意度無極(入職・職) -jək

浄除欲疑称無量　願礼沙門寂然迹(入昔・薬) -jiɛk

既見大聖三界将　現我仏国特清**明**(平庚・庚)

説最法言決衆疑　虚空神天得聞**聴**（平青・庚）
経道講授諸法王　以法布施解説**人**（平真・真）
法鼓導善現上義　稽首法王此極**尊**（平魂・真）
説名不有亦不無　以因縁故諸法**生**（平庚・庚）
非我不造彼不知　如仏清浄無悪**形**（平青・庚）

羅什訳本（一四・五三七下）

目浄脩広如青蓮　心浄已度諸禅定（去径・庚）
久積浄業称無量　導衆以寂故稽首（上有・侯）
既見大聖以神変　普現十方無量土（上姥・魚）
其中諸仏演説法　於是一切悉見聞（平文・文）
法王法力超群生　常以法財施一切（入屑・屑）
能善分別諸法相　於第一義而不動（上董・東）
已於諸法得自在　是故稽首此法王（平陽・陽）
説法不有亦不無　以因縁故諸法生（平庚・庚）

【五言偈】

支謙訳本（一四・五三〇下）

為五通仙人　修治梵行**事**（去志・之）

立衆以浄戒　及忍和損**意**（去志・之）
以敬養烝民　見者楽精**進**（去震・真）
所有僮僕奴　教学立其**信**（去震・真）
随如方便随　令人得楽法（入乏・葉）→「法**楽**」（入鐸・薬）の誤写か？
欲現一切最　善権必深**学**（入覚・沃）
無際行謂此　是以遊無**疆**（平陽・陽）
合会無辺慧　説法無有**量**（平陽・陽）

羅什訳本（一四・五五〇中）

随彼之所須　得入於仏道（上晧・宵）
以善方便力　皆能給足之（平之・之）
如是道無量　所行無有涯（平支・支）
智慧無辺際　度脱無数衆（平東・東）
仮令一切仏　於無量億劫（入業・葉）
讃歎其功徳　猶尚不能尽（上軫・真）
誰聞如是法　不発菩提心（平侵・侵）
除彼不肖人　痴冥無智者（上馬・歌）

まず七言偈についてであるが、支謙訳本の偶数句末に『広韻』の韻目、および三国時代の韻部を示したように、この時代にあっては通押していたのであって、支謙の意図的な漢訳をうかがうことができる。はじめの押韻単位である職部の「極」と薬部の「跡」については、三国にその用例はなく、後漢の司馬相如「子虚賦」と西晋に無名氏の「呉声子夜歌」の二つの通押例があるのみで、それ以外は皆無である。右にあげた偈はこれ以外まったく問題なく押韻している。一方の羅什訳本は最後の押韻単位である陽部と庚部だけが通押する。この両部通押は、魏晋南北朝で普遍的であるが、これ以外はみな失韻となっている。

ついで五言偈はどうか。支謙訳は三つめの単位が薬部と沃部で失韻となるが、あとは完璧に押韻している。しかしながら、羅什訳ではすべて失韻となっている。右に示さなかった偶数句末の押韻すべき単位もすべて失韻となっている。

右の例からわかるように、支謙は意図的に押韻させようとしているが、羅什にはそのような自覚は認められないということである。羅什訳本には一箇所の通押（陽部と庚部）があったが、それは訳経中にしばしば見られる偶然の通押にすぎないのであり、羅什訳本全体を見通したとき、支謙のような積極的な配慮はまったく存在しないことは確かである。

つまり、支謙訳本の訳語を参照しつつ漢訳していた羅什であったが、支謙の有韻偈頌を転用することはなかったのである。後述するようにみずからも詩文を作るだけの教養を有していた羅什であれば、支謙訳本の偈が押韻していることを容易に感知しえたはずである。また、より美しく、より広く受容され易い訳文を心がけようとするならば、さらにまた漢訳作業の時間と労力を節約しようとするならば、支謙の有韻偈頌を転用してもよかったはずである。しかし、それをしなかったということは、みずからの漢訳法規に従ったということになる。僧肇は同経序の最後で羅什訳本を「述而無作」と評価していた（三八・三二七中）。これは言うまでもなく『論語』の述而篇冒頭の

「述而不作、信而好古」に拠っている。これを漢訳に当てはめると、釈迦の本義を伝えることに心がけ、主観的な見解をさしはさんではならないということである。韻文というスタイルの転換に過剰に拘泥すると、ややもすれば本義を喪失しかねないという危惧もある。この「述而無作」にはそうした含意もあったのであろう。

以上のごとく、羅什の主要な訳本を概観してみたが、いずれも漢訳された後の偈には押韻させようという自覚的な配慮はまったく存在していないことが明らかとなった。そして、これは羅什訳仏典のすべてに一貫して言えることなのである。(8)

二、鳩摩羅什の十喩詩

ところで、鳩摩羅什が漢語文化によほど習熟していたであろうことを推察させるものが残されている。それはみずからが作った詩文である。

『出三蔵記集』や『高僧伝』の羅什伝には、かつて一〇偈を作り、それを沙門の法和（生卒年時は不明(9)）に贈ったと伝えている。伝記にはそれら一〇偈のうちわずかに一偈が引かれるのみである。その一〇偈を贈られた釈法和は、かの釈道安とは同学であり、「中阿含経序」（五五・六三下）、「増一阿含序」（五五・六四中）、「婆須蜜集序」（五五・七二上）、「阿毘曇序」（五五・七二上）にもその名が見えているように、仏典の漢訳においては、道安とともに大いに貢献した人物である。なおこの一〇偈がいつ法和に贈られたのかは不明である。

什、嘗て頌を作り、沙門法和に贈る。云く、

心山育徳薫　流芳万由旬（平諄・真）　心山、徳薫を育み　流芳、万由旬なり

哀鸞鳴孤桐　清響徹九天（平先・先）　哀鸞、孤桐に鳴き　清響、九天に徹る

（『出三蔵記集』五五・一〇一下）

凡そ十偈たり。辞喩皆な爾り。

什、嘗て頌を作り、沙門法和に贈る。云く、

心山育明徳　流薫万由延（平仙・先）　心山、明徳を育み　流薫、万由延なり

哀鸞孤桐上　清音徹九天（平先・先）　哀鸞、孤桐の上　清音、九天に徹る

（『高僧伝』五〇・三三二中下）

凡そ十偈たり。辞喩皆な爾り。

この五言の偈は、『出三蔵記集』と『高僧伝』では若干の相違があり、平仄配置など当然のことながら時代的に問うべきではないが、韻文の絶対条件としての脚韻だけはしっかりと配慮されている。[10]羅什自作の偈が一〇首あったというが、「辞喩皆な爾り」とは他の九つの偈もこれと同様に詞彙や比喩が用いられているということであろう。この一〇偈のうち残る九偈については、残念ながら仏書の中で確認することはできない。

ところが幸運なことに、我われは類書の中にもう一首の五言八句の偈を確認することができるのである。それは欧陽詢（五五七～六四一）の『芸文類聚』巻七六内典上の詩部に載せられている「秦鳩摩羅什法師十喩詩曰」と題する作品である。なお、仏典においても吉蔵（五四九～六二三）の『浄名玄論』三（三八・八七五上）に「什公云」として引かれ、また同じく吉蔵『金剛般若疏』四（三三・一二三下）には「什法師云」として、同『二諦義』下（四五・一〇七中）では「什師云」として、同『中観論疏』五末（四二・八七下）にも「羅什師十喩讃云」としてそれぞれ引かれており、また澄観『大方広仏華厳経疏』四六（三五・八五七上）には「叡公云」として紹介されてい

るが、これらの資料では最後二句を欠いていたり、また「叡公云」と誤伝されているので[11]、ここでは『芸文類聚』から以下に示しておく。

秦鳩摩羅什法師の十喩詩に曰わく、

十喩以喩空　空必待此**喩**（去遇・魚）　十喩以て空に喩え　空必ず此の喩を待つ
借言以会意　意尽無会**処**（去御・魚）　借言以て意を会し　意尽く会う処なからん
既得出長羅　住此無所**住**（去遇・魚）　既に長羅より出るを得　此に住まるも住まる所なし
若能映斯照　万象無来**去**（去御・魚）　若し能く斯を映して照さば　万象来去なからん

吉蔵『中観論疏』では「十喩讃」[12]とされていたが、ここでは「十喩詩」と表題されている。四句をもって一首と数えるので、二首だけが紹介されているにすぎないが、先に見た『出三蔵記集』と『高僧伝』にあった「凡そ十偈たり。辞喩皆な爾り」に符合すると考えられる。羅什が作った同一の韻文に対して、仏教徒である僧祐は慣例的に「偈」と呼称し、非仏教徒である欧陽詢は押韻していればこそ、中華の教養にもとづいて「詩」と呼称しているのである[13]。つまり、中華の詩文として正当に評価されていた証拠となる。したがって、この『芸文類聚』の二首は、釈法和に贈られた一〇偈のうちに含まれていたと考えられる。この詩も同じく五言からなり、韻字も両晋から劉宋北魏の韻部で押韻しているように、すでに羅什にとって詩文を作ることは雑作もないことであったようである。

ところで、この「十喩」といえば、『大品般若経』一の序品において一〇回繰り返される「如」に因むものであろう（八・二一七上）。

復有菩薩摩訶薩、皆得陀羅尼及諸三昧行空無相無作。（中略）解了諸法如幻、如焰、如水中月、如虚空、如響、如揵闥婆城、如夢、如影、如鏡中像、如化。

耆闍崛山の会座に居並ぶ菩薩の徳をあげる中で、彼ら菩薩が諸法をよく領解しているとして、その諸法を幻、焔、水中の月など一〇項あげて喩えている。この経文に対して『大智度論』六の解説では、「是十喩為解空法故」（二五・一〇二下）として一々に開陳していくのである。したがって、羅什の一〇偈（十喩詩）とは、『大品般若経』においても諸法が喩えられる一〇項に対応するかたちで作られたものと考えられる。

さて、以上の三首の韻文が、ともに詩としての格律を具えている事実を考慮するとき、一〇偈（十喩詩）のうちの残る七つの羅什自作の偈も、当然ながら詩の格を具えていたであろうと予想されるのである。しかし、残念ながらそれらの現存を確認することはできなかった。

羅什自作の十喩詩とされるものは、おそらく右に示したものが現存するのみであるが、他にも詩の格を具えた作品は存在するので、ここに紹介しておく。廬山の慧遠といえば羅什入関を待たずに逝去した釈道安の高弟である。羅什が長安に入ったことを伝聞した慧遠は、師の道安が果たせなかった多くの疑義を、書簡を通して羅什に解答を求めている。そうした両者のやりとりは数度にわたり、慧遠は法服ならびに法器を贈り、羅什もこれに応えて慧遠に書簡と法物を贈った。ここで問題とする偈は、慧遠への贈与品に添えられた書簡の中にある。それは慧皎『高僧伝』六の釈慧遠伝（五〇・三五九下）、そして『歴代三宝紀』七（四九・七二中下）にも見られる以下の偈である。(14)

幷せて偈一章を遺らん。曰く、

既已捨染楽　心得善摂不（平尤・侯）　既已に染楽を捨つれば　心善く摂すを得るや
若得不馳散　深入実相不（平尤・侯）　若し馳散せざるを得れば　深く実相に入るや
畢竟空相中　其心無所楽（去效・宵）　畢竟空相の中　其の心楽う所なし
若悦禅智慧　是法性無照（去笑・宵）　若し禅智慧を悦べば　是れ法性照すことなからん
虚誑等無実　亦非停心処（去御・魚）　虚誑にして実なきに等しく　また心を停む処に非ず
仁者所得法　幸願示其要（去笑・宵）　仁者の得る所の法　幸願くば其の要を示したまえ

　ここでは「偈一章」とあるが、『広韻』の韻目と劉宋北魏の韻部を括弧に示したように、十分に詩として評価することができる。[15]第六句末字「楽」について、『国訳一切経』は「たのしむ」（入声鐸韻）と訓み、『慧遠研究』遺文篇では「ねがう」（去声效韻）と訓んでいる。詩律を具えた偈であるので、後者の去声效韻を採らなければならない。この羅什自作の偈が慧遠のもとに贈られた時期は不明であるが、慧遠伝ではこのやりとりを録したあとに、「後」と前置きして、「有弗若多羅、来適関中、誦出十誦梵本、羅什訳為晋本……」とつづいていく。すなわち罽賓出身の弗若多羅が弘始年間（三九九〜四一五）に来華入京して、羅什とともに『十誦律』の訳出を行ったということである。そしてこれは弗若多羅伝（五〇・三三三上）によると、弘始六（四〇四）年一〇月一七日に長安中寺においてはじまると記録されている。これを単純に時間の前後関係を示すものと理解すれば、弘始六年一〇月一七日より以前に羅什は慧遠に宛てて右の偈一章を贈っていたということになる。

　さて、『出三蔵記集』の撰者僧祐は、いかなる意図のもとに羅什伝の中にこのような羅什自作の偈などを引いてきたのだろうか。前に示した偈の漢訳に対する「……飯を嚼みて人に与えるに、徒に味を失うのみに非ず、乃ち穢を嘔かしむるに似たり」という羅什の所感の直後に、「什、嘗て頌を作り沙門法和に贈る」として右の詩文が引用される構造からすると、gāthā を翻訳する際には中華の詩の形式に転換しえないが、決して詩文が作れなかったわけではないことを強調したかったのではないだろうか。これを換言すれば、作詩するだけの教養を身につけていた羅什ではあるが、漢訳においては、中華の詩の格律に合致させて漢訳することをあえて避けていたということを伝えようとしたものと考えられよう。前述したように羅什訳の仏典で『大智度論』を除いて、韻律を配慮して訳された偈は存在しないのである。真理の伝達を優先することが第一義であればこそ、いたずらに詩の形式に準拠させることは無意味な処置であるとの自覚であり、同時にこれは僧祐自身の偈の翻訳に対する考え方でもあったことがわかるのである。

三、『大智度論』とその有韻偈頌

『大品般若経』二七巻九〇品の注書『大智度論』は、鳩摩羅什によって漢訳（四〇二～四〇五）され、一〇〇巻という大部の論書になった。これまでの研究では、その思想内容はもちろんのこと、翻訳に関わる不透明な部分が話題とされることが多かった。原題の推定、羅什自身の註解の有無とその具体的な箇所の推定[16]、漢訳の分量をめぐる原典の略削問題などである。中でも羅什の漢訳における加筆や改変は興味深い争点である。それらの成果は加藤純章〔一九九六〕や武田浩学〔二〇〇五〕において簡介されている。

周知のごとく、『大智度論』は、『大品般若経』の序品第一の釈文に相当する巻三四までが詳細であり、それ以降は大幅に簡略化されている。それは『出三蔵記集』一〇に収められる「大智論記」（五五・七五中）に、二品已下は、法師之を略して其の要を取り、以て文意を開釈するに足るのみ。

とあるとおりである。そのためであろうか、『大智度論』全体を通して説かれる偈の数量も決して多くはなく、しかもほとんどが、巻三四までに集中的にあらわれ、巻三五より最終の第一〇〇巻までは、わずか二偈にとどまる程度でしかない(17)。そうした偈の分布一覧は三枝充悳〔一九六六〕を参看されたい。三枝の調査によると総計六一二偈が存在するという。なお押韻（通押も含む）と認められる偈は『大智度論』に八二偈あることから、これは偈頌全体の約一四パーセントということになる。なお、それらの有韻偈頌のうち、『中論』の頌と重複するものは一偈として存在しないことを付言しておく。

以下に『大智度論』における有韻偈頌をすべてあげ、必要に応じて検証していく。ここでは『大智度論』の龍樹撰述説を問題とするのではなく、偈を通して羅什加筆説を検討することが狙いである。対象となる偈は表11のとおりである。各偈の偶数句末の脚韻字には、『広韻』の韻目、および劉宋北魏の韻部を括弧の中に示した(18)。また必要であれば推定音価を示した(19)。敦煌本については伊藤美重子〔一九九六〕が列挙しており、ここで扱う有韻偈頌は、斯二一六一、七一三八・伯二九一三・北七二六九、七二七三において参照することができた。古写本が有用であることは、たとえば巻一三（一五九上）の偈において、斯二一六一のヴァリアントが韻律上の校異を可能にした例からも言える。今後は版本や古写本を用いた悉皆調査と校訂作業を行う必要があるだろう。

巻第五

唯仏一人独第一　　三界父母一切**智**（去寘・支）

表11　『大智度論』における有韻偈頌

大智度論の巻	大正蔵経の頁・段	備　考
5	94ab（七言）	→大通方広経に引文（85-1351b）
11	144b（五言）	
12	150c（七言）	
13	156b（五言）	
13	158a（五言）	
13	159ab（五言）	
13	161a（五言）	智顗の修習止観坐禅法要（46-469ab）に引文
14	166a（四言）	諸経要集（54-133c）、法苑珠林（53-848b）に引文
15	174a（五言）	
17	180c（五言）	智顗の釈禅波羅蜜次第法門（46-476c）に引文
17	181ab（五言）	
17	183c～184a（五言）	法苑珠林（53-454b）、智顗の修習止観坐禅法要（46-464a）・釈禅波羅蜜次第法門（46-488ab）に引文
17	184bc（七言）	智顗の修習止観坐禅法要（46-464b）や、善導の往生礼讃偈（47-468c）に引文
17	184c（七言）	諸経要集（54-111c）・法苑珠林（53-829a）や、修習止観坐禅法要（46-464c）・釈禅波羅蜜次第法門（46-488c）に引文
21	217a（五言）	
23	229a（七言）	智顗の釈禅波羅蜜次第法門（46-539a）に首四句のみ引文
23	230b（五言）	一部が通押する
23	230c（五言）	一部が通押する

於一切等無与等　稽首世尊希有**比**（去寘・支）
　凡人行恵為己**利**　求報以財而給**施**（去寘・支）-jei（三等・開口）
　仏大慈仁無此**事**　怨親憎愛以等**利**（去至・脂）-jiəi（三等・開口）　（二五・九四上中）

支部と脂部の通押例は、両晋南北朝の詩文中に多数の例を見ることができ（両晋では三四例、劉宋で一四例、北魏で四例）、羅什が押韻を意図した上で漢訳にあたっていたことは明らかである。巻五は正倉院聖語蔵の唐代写経中にもあるが、韻字に異同はなかった。なお、この偈は『大通方広懺悔滅罪荘厳成仏経』下（八五・一三五一中）にも引かれている。

巻第一一
　草木諸華香　此香気超**絶**（入薛・屑）
　能悦一切心　世世常不**滅**（入薛・屑）　（二五・一四四中）

巻第一二
　若遭貧窮失本心　不惟本義食為**先**（平先・先）
　汝持我声以語蛇　蝦蟆終不到汝**辺**（平先・先）　（二五・一五〇下）

巻第一三

飢餓身羸痩　受罪大苦劇（入昔・鐸）-jiɛk　諸本作「苦**處**」（去御・魚）-jo
他物不可触　譬如大火**聚**（去遇・魚）-juo（上古「侯部」）
若盗取他物　其主泣懊**悩**（上皓・宵）-âu
仮使天王等　猶亦以為**苦**（上姥・魚）-uo　（二五・一五六中）

五言八句のこの偈は第二句「受罪大苦劇」の韻字に諸本で校異がある。高麗版では「劇」に作るが、宋元明の三本や宮内庁本（東禅寺版）、そして敦煌本の北京七三〇五ではみな「處」に作る。「劇」と「處」は異体字でその字形が酷似するために、転写する過程で誤写されたと推測される。文脈からすると「劇」「處」のいずれも通じるが、「處」であれば他の韻字「聚」「悩」「苦」と通押することになるので、漢訳された当初の原テキストは「處」であったと考えられる。なお魚部と宵部の通押は、『大智度論』一七（二五・一八一上中）や、慧遠に贈った偈一章にも見られる。このように韻字にもとづいて諸本を校讎することによって、原初テキストの復元も可能になるのである。

心口業生悪　堕尼羅浮**獄**（入燭・屋）
具満百千世　受諸毒苦痛（去送・東）
若生阿浮陀　具満三十**六**（入屋・屋）
別更有五世　皆受諸苦**毒**（入沃・屋）
（二五・一五八上）

初句の韻字「悪」（入鐸・薬）も配慮されているようではあるが、第四句韻字「痛」だけは失韻となっている。ここだけが失韻というのもすっきりしない。あるいは「受諸苦痛毒」の語序であろうか。

なお、この五言八句偈が説かれる前後には、それぞれ四言偈が説かれているが[20]、それらはまったく押韻することはない。四言にはさまれたこの五言偈だけが押韻しているのである。

①不殺亦不盗　亦不有邪**婬**（平侵・侵）
実語不飲酒　正命以浄**心**（平侵・侵）
②若能行此者　二世憂畏**除**（平魚・魚）
戒福恒随身　常与天人**倶**（平虞・魚）
③世間六時華　栄曜色相発（入月・屑）-jat（魏晋）＞-juet（南北朝）
以此一歳華　天上一日具（去遇・魚）-juo
④天樹自然生　花鬘及瓔**珞**（入鐸・薬）
丹葩如燈照　衆色相間**錯**（入鐸・薬）
⑤天衣無央数　其色若干**種**（上腫・冬）
鮮白映天日　軽密無間**壟**（上腫・冬）→宋・宮本作「瓏」（平東・東）、北七二六九作「隴」
⑥金色映繍文　斐亹如雲**気**（去未・脂）-jəd（漢魏晋南北朝）＞-jĕi（中古音）
如是上妙服　悉従天樹**出**（入術・質）-juet
⑦明珠天耳璫　宝渠曜手足（入燭・屋）
随心所好愛　亦従天樹出（入術・質）

⑧金華琉璃茎　金剛為華鬚（平虞・魚）-juo　→　宮本・石本・斯二一六一・北七二六九作「飾」（入韻・職）
柔軟香芬熏　悉従宝池出（入術・質）
⑨琴瑟箏箜篌　七宝為挍飾（入職・職）
器妙故音清　皆亦従樹出（入術・質）
⑩波鞞質妬樹　天上樹中**王**（平陽・陽）-jang
在彼歓喜園　一切無有比（上旨・脂）→　斯二一六一作「一切無可**方**」（平陽・陽）-jang
⑪持戒為耕田　天樹従中出（入術・質）-juet
天厨甘露味　飲食除飢渇（入曷・曷）-at
⑫天女無監礙　亦無妊身**難**（平寒・寒）
嬉怡縦逸楽　食無便利**患**（平刪・寒）
⑬持戒常摂心　得生自恣**地**（去至・脂）-jiai
無事亦無難　常得肆楽**志**（去志・之）-jəï
⑭諸天得自在　憂苦不復**生**（平庚・庚）
所欲応念至　身光照幽**冥**（平青・庚）
⑮如是種種楽　皆由施与**戒**（去怪・皆）-ai
若欲得此報　当勤自勉**励**（去祭・祭）-jad ＞-jäi（中古音）　（二五・一五九上中）

五言六〇句からなる一五偈で、途中の③偈と⑦⑧⑨⑪偈の五偈はまったく通押することはない。しかし、⑦⑧⑨は変則的（八言一句偈）な隔句韻としては質部で押韻することになる。それ以外は、たとえ異なる韻部であってもこの時代に通押例を見出せる。⑥脂部と質部の通押は両晋宋北魏で一五例を数える。韻字の「気」は南北朝の末にいたるまで韻尾 -d を保有している。⑩の第四句を諸本はみな「一切無有比」に作るが、敦煌本の斯二一六一だけが「一切無可方」とする。「方」は陽部であるから、第二句の「王」と押韻する。意味としても敦煌本で支障ない。⑬脂之両部は劉宋と北魏だけでも四〇の通押例を確認できる。⑮皆祭両部について、祭部は上古音から韻尾に閉塞音 -d を有していたが、中古音では -i に変化していく。魏晋の詩文中に皆祭両部の通押は少なくとも五例を検出することができる。五世紀初頭の羅什の漢訳当時における音変化を否定しえないのである。

閑坐林樹間　寂然滅衆**悪**（入鐸・薬）
恬澹得一心　斯楽非天**楽**（入鐸・薬）
人求富貴利　名衣好床**褥**（入燭・屋）
斯楽非安隠　求利無厭**足**（入燭・屋）
納衣行乞食　動止心常**一**（入質・質）
自以智慧眼　観知諸法**実**（入質・質）
種種法門中　皆以等観**入**（入緝・緝）
解慧心寂然　三界無能**及**（入緝・緝）　（二五・一六一上）

この偈は完璧に押韻しており、偈というよりはむしろ詩として評価できる。また、以下のごとく智顗の『修習止観坐禅法要』正修行第六（四六・四六九上中）にも引かれている。

修止観者、当知是人真修摩訶衍道。如大品経云、仏告須菩提、若菩薩行時知行、坐時知坐、乃至服僧伽梨、視眴一心出入禅定。当知是人名菩薩摩訶衍。復次若人能如是、一切処中修行大乗。是人則於世間最勝最上、無与等者。釈論偈中説、

閑坐林樹間　寂然滅**諸**悪
憺怕得一心　斯楽非天楽
人求**世間**利　名衣好床褥
斯楽非安隠　求利無厭足
衲衣**在空閑**　動止心常一
自以智慧**明**　観**諸法実相**（平陽・陽）
種種**諸法**中　皆以等観入
解慧心寂然　三界無**倫匹**（入質・質）

現存する『大智度論』と智顗所覧本『大智度論』とでは、いささか字句に相違があって（ゴシックで示した）、後者の韻律は乱れているので、おそらく善本ではなかったか、あるいは語義をより鮮明にするために智顗があえて改変していたかのどちらかであろう。ただ故意に改変していたとするならば、その作業によって偈の後半にある韻字「相」と「匹」は失韻となってしまう。はたして智顗はこの偈が押韻していることを感知していたのだろうか疑問

である。

巻第一四

寧以赤鉄　宛転眼中（平東・東）
不以散心　邪視女色（入職・職）
含笑作姿　憍慢羞恥（上止・之）→三本・宮本・石本作「慙」（平談・談）、『法苑珠林』作「着想」、
『諸経要集』作「羞慚」　侵真は用例あり

迴面摂眼　美言妬**瞋**（平真・真）
行歩妖穢　以惑於**人**（平真・真）
婬羅弥網　人皆没**身**（平真・真）
坐臥行立　迴眄巧**媚**（去至・脂）
薄智愚人　為之心**酔**（去至・脂）
執剣向敵　是猶可勝（去証・蒸）-jeng
女賊害人　是不可禁（去沁・侵）-jem
蚖蛇含**毒**　猶可手**捉**（入覚・薬）-rak（魏晋）＞-ok（南北朝）
女情惑人　是不可**触**（入燭・屋）-juk（魏晋）＞-juok（南北朝）
有智之人　所応不**視**（上旨・支）
若欲観之　当如母**姉**（上旨・支）

諦視観之　不浄塡積（入昔・薬）-jiek
婬火不除　為之焼滅（入薛・屑）-jiat　（二五・一六六上）

この偈は『諸経要集』（五四・一三三下）や『法苑珠林』（五三・八四八中）にも引かれている。「勝」（-jəng）と禁（-jəm）は韻頭（介音）、韻腹（主母音）がともに同じであるが、その韻尾はそれぞれ軟口蓋鼻音と両唇鼻音の相違があり通押とはなりがたく、蒸部と侵部の通押は、両晋の韻文中に四例を見るにすぎない。

巻第一七

決定心悦予　如獲大果**報**（去号・宵）
如願事得時　乃知此最**妙**（去笑・宵）　（二五・一七四上）

禅為守智蔵　功徳之福**田**（平先・先）-ian（魏晋）＞-iɛn（南北朝）
禅為清浄水　能洗諸欲**塵**（平真・真）-jiən
禅為金剛鎧　能遮煩悩**箭**（去線・先）
雖未得無余　涅槃分已得（入徳・徳）
得金剛三昧　摧砕結使**山**（平山・先）
得六神通力　能度無量**人**（平真・真）
囂塵蔽天日　大雨能淹**之**（平之・之）

覚観風散心　禅定能滅**之**（平之・之）　（二五・一八〇下）

この一六句も智顗の『釈禅波羅蜜次第法門』巻一の上（四六・四七六下〜）に引かれている。若干の異同はあるが、韻字そのものに異同はない。

白雪覆山地　鳥獣皆隠**蔵**（平唐・陽）
我独無所恃　惟願見愍**傷**（平陽・陽）
優婆塞両手掩耳、而答偈言、
無羞弊悪人　説此不浄言（平元・魂）-jan
水漂火焼去　不欲聞汝声（平清・庚）-jieng
有婦心不欲　何況造邪**婬**（平侵・侵）
諸欲楽甚浅　大苦患甚**深**（平侵・侵）
諸欲得無厭　失之為大**苦**（上姥・魚）-uo
未得願欲得　得之為所**悩**（上皓・宵）-au
諸欲楽甚少　憂苦毒甚**多**（平歌・歌）
為之失身命　如蛾赴燈**火**（上果・歌）　（二五・一八一上中）

間に叙述文をはさんで、前後に五言の偈が説かれている。先部と庚部の通押であるが、劉宋になると先部の元韻の文字は魂部と多く通押するようになる。また、宵部と魚部の通押は巻一三（一五六中）にも見られ、晋代の詩文中に用例がある。さらに、先に示した羅什自作の詩（『高僧伝』六の釈慧遠伝）にも見られる[21]。

入道慚愧人　持鉢福衆**生**（平庚・庚）
云何縦塵欲　沈没於五**情**（平清・庚）
著鎧持刀杖　見敵而退**走**（上厚・侯）-əu
如是怯弱人　挙世所軽**笑**（去笑・宵）-jau　『法苑珠林』作「賤」
比丘為乞士　除髪著袈裟（平麻・歌）-ra
五情馬所制　取笑亦如是（上紙・支）-jei
又如豪貴人　盛服以厳**身**（平真・真）
而行乞衣食　取笑於衆**人**（平真・真）→石本作「生」（平庚・庚）
比丘除飾好　毀形以摂心（平侵・侵）-jəm
而更求欲楽　取笑亦如是（上紙・支）-jei
已捨五欲楽　棄之而不**顧**（去暮・魚）
如何還欲得　如愚自食**吐**（上姥・去暮・魚）
如是貪欲人　不知観本願（去願・先）
亦不識好醜　狂酔於渇**愛**（去代・皆）-əï（魏晋）＞-əi（南北朝）
慚愧尊重法　一切皆已**棄**（去至・脂）-jiəi

賢智所不親　愚騃所愛近（上隠・真）-jən
諸欲求時苦　得之多怖**畏**（去未・脂）-jəd（魏晋）>-juəd（南北朝）>-jwĕi（中古）
失時懐熱悩　一切無楽**時**（平之・之）-jəï
諸欲患如是　以何当捨**之**（平之・之）
得諸禅定楽　則不為所**欺**（平之・之）
欲楽著無厭　以何能滅**除**（平魚・去御・魚）
若得不浄観　此心自然**無**（平虞・魚）
著欲不自覚　以何悟其心（平侵・侵）-jəm
当観老病死　爾乃出四淵（平先・先）-ian
諸欲難放捨　何以能遠之（平之・之）-jəg（漢）>-jəï（魏晋）
若能楽善法　此欲自然息（入職・職）-jiək（四等）
諸欲難可解　何以能釈之（平之・之）-jəg（漢）>-jəï（魏晋）
観身得実相　則不為所縛（入薬・鐸）-jak
如是諸観法　能滅諸欲**火**（上果・歌）
譬如大澍雨　野火無在**者**（上馬・歌）……三本作「不滅（入薛・屑）」　（二五・一八三下～一八四上）

部分的には明らかな失韻も含まれているが、訳者による押韻の配慮は明らかである。終わり近くに之部と職鐸部が通押しているが、之部の上古音は韻尾 -g を有しており、魏晋以後は消失して -i となる。

なお、道世の『法苑珠林』二三（五三・四五四中）には、この偈のうち「此心自然無」までが引用されている。また智顗の『修習止観坐禅法要』棄蓋第三（四六・四六四上）や、『釈禅波羅蜜次第法門』（四六・四八八上中）にも部分的に引かれている。

汝起勿抱臭身臥　種種不浄仮名**人**（平真・真）-jiən
如得重病箭入体　諸苦痛集安可**眠**（平先・先）-ian
一切世間死火焼　汝当求出安可**眠**（平先・先）
如人被縛将去殺　災害垂至安可**眠**（平先・先）
結賊不滅害未除　如共毒蛇同室宿（入屋・屋）
亦如臨陣白刃間　爾時安可而**睡眠**（平先・先）
眠為大闇無所見　日日侵誑奪人明（平庚・庚）-jiəng
以眠覆心無所識　如是大失安可**眠**（平先・先）-ian　（二五・一八四中下）

真・先・庚の部に入声屋部が混在しているが、韻尾を -n や -ng でそろえようという意図はあるようである。なお、はじめの四句は善導の『往生礼讃偈』に中夜無常偈としても用いられている。

汝已剃頭著染衣　執持瓦鉢行乞**食**（入職・職）-jək
云何楽著戯掉法　既無法利失世**楽**（入鐸・薬）-ak　（二五・一八四下）

この偈は『修習止観坐禅法要』（四六・四六四下）、『釈禅波羅蜜次第法門』（四六・四八八下）、『諸経要集』（五四・一一下）と『法苑珠林』（五三・八二九上）にも引かれている。

巻第二一

六情身完具　智監亦明**利**（去至・脂）-jiəi
而不求道法　唐受身智**慧**（去霽・皆）-iəi
禽獣亦皆知　欲楽以自**恣**（去至・脂）-jiəi
而不知方便　為道修善**事**（去至・脂）
既已得人身　而但自放**恣**（去至・脂）
不知修善行　与彼亦何**異**（去志・之）-jiəi
三悪道衆生　不得修道業（入業・葉）
已得此人身　当勉自益利（去至・脂）……石本作「利益」（二五・二一七上中）

巻第二三

大地草木皆磨滅　須弥巨海亦崩竭（入月・屑）→「竭**崩**」（平登・登）-əng の誤倒か
諸天住処皆焼尽　爾時世界何物**常**（平陽・陽）-ang
十力世尊身光具　智慧明照亦無**量**（平陽・陽）
度脱一切諸衆生　名聞普遍満十**方**（平陽・陽）

今日廓然悉安在　何有智者不感**傷**（平陽・陽）→最終句のみ三本・宮本・石本なし　（二五・二二九上）

はじめの四句は前掲の智顗『釈禅波羅蜜次第法門』九にも前二句だけが引かれている。その第二句が失韻となっている。句末に同義の二音節語彙が配置されると、しばしば中華の韻文において押韻させる都合、聞きなれた語順を倒置させることがあり（たとえば、禅定→定禅・傍辺→辺傍・珍宝→宝珍など）、本偈も「崩竭」を「竭崩」に倒置することも可能であろうか。

騎乗疲極故　求索住立**処**（去御・魚）
住立疲極故　求索坐息**処**（去御・魚）
坐久疲極故　求索安臥**処**（去御・魚）
衆極由作生　初楽後則**苦**（上姥・魚）
視眴息出入　屈伸坐臥起（上止・之）
行立及去来　此事無不**苦**（上姥・魚）　（二五・二三〇中）

之部と魚部の推定音は、後漢>魏晋>南北朝>中古漢語で以下のように変化する。

之部　kjəg > kjəï > kjɨi > kï（起小韻・牙音次清三等）

魚部　kag > kaï > kuo > kuo（苦小韻・牙音次清一等）

この両部の通押例としては、西晋竺法護訳とされる『龍施菩薩本起経』にも見られる。また魏晋の詩文における用例については、丁邦新〔一九七五〕（八三頁）に示されている。

諸有無智人　身心計是我
漸近堅著故　不知無常法
是身無作者　亦無有受者
是身為無生　而作種種事
六情塵因縁　六種識得**生**（平庚・庚）
従三事和合　因縁触法**生**（平庚・庚）
従触法因縁　受念業法**生**（平庚・庚）
如珠日草薪　和合故火**生**（平庚・庚）
情塵識和合　所作事業**成**（平清・庚）
相続相似有　如種有牙**茎**（平耕・庚）　（二五・二三〇下）

はじめ八句は無韻であり、後一二句は押韻する。

四、漢訳か撰述か？

右に並べた有韻偈頌の中で、三枝充悳〔一九六六〕、加藤純章〔一九九六〕、斎藤明〔二〇〇三〕が指摘したような『中論』の頌と関わりをもつ偈や、『百論』に説かれる偈は存在しない（斎藤明〔二〇〇三〕）。また漢訳されたすべての経律論において、これら『大智度論』における有韻偈頌との並行文が見あたらないので、他の仏典から借用されてきた偈でないことだけは確かである。それでは、ここで取りあげた偈に韻律の配慮が施されているという事実は、いったい何を意味しているのだろうか。

羅什の偈における漢訳法規とは、前述したごとくインド原典の韻律を配慮しえないということであった。実際に経典みずからが読誦を奨励する『妙法蓮華経』の偈でさえも、すべて無韻として漢訳されており、また『維摩経』にしても支謙訳本を参照しながらも、そこにあった有韻の偈はいっさい採用しなかった。その一方で羅什には「十喩詩」なるものがあった。すべて現存しているわけではないが、現存するものは韻文としての押韻は十全である。つまり羅什は漢語に熟達するとともに、中華の詩を作るだけの教養をすでに具えていたということである。さらに漢訳仏典における有韻の偈は、ほとんどが経典にあらわれるのであり、このように論の偈にあらわれることは、他に後漢失訳とされる『分別功徳論』四の五言一六句偈（二五・四四上）のわずか一例のみである。[22] 経典においては読誦と流伝の便宜から施された配慮と了解できるが、論書が中国において日常的に読誦されることはありえない。確かに『妙法蓮華経』の長行は四字句を基調としたリズムを刻んでおり読誦に便であるが、偈も唱え易さ、聞き心地のよさ、記憶の便を考慮したとき、そこにさらに韻律の配慮を加えてもよかったはずであろう。とくに中国撰述経典において当該経典みずからが読誦を奨励する場合には、有韻偈頌が組み込まれる傾向にある。しかし、羅什は訳経中の偈においてそれをあえて行わなかった。ところがその一方で、通常は読誦することのない経疏としての『大智度論』に有韻偈頌が含まれているという事実を前にして、これをいったいいかに受けとめたらよいのだろうか。

そこで、これらの用件に齟齬をきたさないような解答を用意するならば、およそ以下の四点を想定することができると考えられる。

①助訳者の加筆配慮なり、彼らの意向が反映された
②後世の何者かによって述作、または韻律の配慮が施された
③羅什自身の漢訳法規が変化した（羅什の漢訳）
④羅什が原典にない偈を述作し挿入した（羅什の撰述）
この四点の是非について、以下に順次考察に入る。

＊　＊　＊

①助訳者の加筆配慮なり、彼らの意向が反映された

僧叡によって加筆潤色されたという説である。前述したように、羅什には厳然とした偈に対する漢訳法規があることから、みずからは有韻偈頌には仕立てなかったが、助訳者らによってより修飾的な文章へと潤色されたということになる。ところが、僧叡「大智釈論序」の末（二五・五七中）には以下のような記事がある。師の羅什によって漢訳された『大智度論』の本文には意味の通じがたいところがあったという。

書写する作業をしばし休み、積極的に未詳部分を議論したとしても、いつになっても解決されないだろう。また逆に消極的にその未詳部分を削除してしまえば、それは不利益で余計な処置であると批判されるだろう。したがって再三考えて訳出された教えをそのまま書きとどめ、その本文に手を加え飾り立てることはしなかった。道理ある賢者が、修飾された美文などを要求せずに、奥深い教えの本質をくみ取られますように。（進欲停筆争是、則交競終日、卒無所成。退欲簡而便之、則負傷於穿鑿之譏。以二三唯、案訳而書、都不備飾。幸冀明悟之賢、略

其文而挹其玄也）

このように僧叡みずからが『大智度論』本文への加筆修辞を否定していることが確認されるのである。ただし干潟龍祥〔一九五八〕で指摘されるような、梵語を知らない漢人への配慮として補足的な説明句が挿入されている部分はこれを除く。

また、助訳者による加筆や何らかの配慮であるというならば、右に示した『大智度論』の一部の偈頌には配慮があって、これを除いた偈がすべて無韻であることを説明することができない。なぜすべての偈を有韻にしなかったのか。そしてまたこの『大智度論』にだけ配慮され、他の羅什訳出経典にはなぜまったく配慮されていないのかということも疑問として残る（『中論』、『百論』、『十住毘婆沙論』など、羅什訳の論書の偈頌もみな無韻である）。羅什の漢訳事業は数百人から数千人を超える僧侶の面前でなされるほどの規模で行われ、多くの有力な弟子たちが羅什を補佐していた。とくに読誦を勧める『妙法蓮華経』などには当然ながらその配慮が加えられてもよかったはずである。助訳者が経中の偈をさしおいて、通常は読誦などしない『大智度論』の偈を、しかも無韻の偈も残しつつ、部分的に押韻させるような措置をとったとは考えがたいのである。

なお、斎藤明〔二〇〇三〕は『大智度論』に引かれている『中論』頌の一句の音節数に注目し、その不統一な文体から、羅什の漢訳であろうと、または撰述であろうと、いずれにせよ不特定多数の弟子たちが関与していたのであって、羅什個人や特定の弟子が最終的に整理したものではないと述べている（同論一六〜一八頁）。それを受けいれるならば、これらの失韻を含む有韻偈頌を以下のようにも了解できる。つまり、『大智度論』の偈頌はみな羅什によってすべて無韻として漢訳された。ところがある弟子（漢訳文を修訂しなかったとみずから述べた僧叡は当然ながら除かれる）によって後に中華の韻文調に改作された。しかし、なるべく原意を残す必要から完璧な韻文に仕上げることはできなかったということである。羅什が感知しえないところで、不十分ながらも中華の韻文に準拠させようとした弟子によって改訂がなされていたということになる。

②後世の何者かによって述作、または韻律の配慮が施された

現在はこれを証明する手立てがない。もし羅什の漢訳当初の訳本や、それを伝えるような良質な写本があり、そこに説かれる偈がもし無韻であったならば、我われの目にふれる版本系の『大智度論』の偈は、後世の者によって押韻させる配慮が加えられたことになるはずである。しかし、敦煌本『大智度論』における偈は、版本大蔵経のそれとほとんど異読はない。今後も古写本を中心に調査する必要はあるにしても、後世の何者かによって述作または改訂されたという可能性は低いだろう。

③羅什自身の漢訳法規が変化した（羅什の漢訳）

インド西域の言語における韻文を中華の韻文に再構築することは不可能であると明言した羅什ではあったが、それを撤回したということである。しかし、これもその可能性は低いだろう。なぜなら、もし『大智度論』の漢訳時に羅什の中で漢訳法規が改められたのであれば、『大智度論』の漢訳以後の訳経中においてもそれが反映されてしかるべきであるが、事実はそのようになっていないからである。

『出三蔵記集』一〇の『大智論記』（五五・七五中）によれば、本書は弘始四（四〇二）年の夏から、同七（四〇五）年一二月二七日をもって、三年に及ぶ訳業を終了している。その三年の間にも、並行して数多くの梵本が漢訳されており、それは同記に、

其の中に兼ねて経本を出だす。禅経・戒律・百論・禅法要解、五十万言に向とす。

とあるとおりで、実際に『思益梵天所問経』、『弥勒成仏経』、『大品般若経』、『百論』、『十誦律』、『仏蔵経』、『雑譬喩経』を順次並行して漢訳している。そして『大智度論』の漢訳が終えた翌八（四〇六）年には『妙法蓮華経』、『維摩詰所説経』、『華手経』を、ついで同九（四〇七）年には『自在王経』を、同一〇（四〇八）年には『中論』と『十二門論』を漢訳している。[23]ところが、これらの経論にあらわれる偈はすべて無韻である。繰り返すが、『妙法蓮華経』は読誦を勧める経であればこそ韻律を配慮されてしかるべきであろうし、『大智度論』が訳了する前にすでに草稿訳があり、『大智度論』の訳了した後に再び治定されたと指摘されている。[24]しかし、結果的には韻律配慮が施されることはなかった。また、『維摩詰所説経』の漢訳にあっても、支謙訳『維摩詰経』の恩恵に浴しているにもかかわらず、その有韻偈頌が採用されることはなかった。

これらのことは、有韻偈頌を含む『大智度論』が訳出されていた最中も、またその訳出後にあっても、羅什訳仏典には、この『大智度論』を除いて押韻する偈は漢訳されることはなかったことを意味するものである。したがって、羅什自身の漢訳法規が『大智度論』の漢訳において変化したという事実はないと言わざるをえない。

④羅什による述作（羅什の撰述）

これは羅什が『大智度論』の原典には存在しない偈を、みずから述作し挿入したという可能性である。実はこれにしても、そもそも本書の梵語原典が現存していないのだから、積極的に支持できるような根拠があるわけではない。ただ消去法によるならば、先の①②③は、どれも可能性としてきわめて低いということであり、したがって、この④が浮上するということになる。

『高僧伝』に記されているように、羅什みずからが偈の漢訳における限界を自覚していた。そして、それを裏づけるかのように、訳出された『大智度論』以外の経論における偈がすべて無韻であるということは事実であった。したがって③に示したように、みずからの漢訳方針を翻訳作業の過程で撤回したとはどうしても考えられないので、『大智度論』の有韻偈頌は、原典からの訳出ではないということになるのではなかろうか。羅什はインドの gāthā における韻律を、漢訳した偈の上に活かすことは不可能であるという限界を感じていた（「但改梵為秦、失其藻蔚。雖得大意殊隔文体、有似嚼飯与人、非徒失味、乃令嘔穢也」）。しかしこれは「改梵為秦」とあるように、あくまでも翻訳という言語転換においてのことであって、みずからの述作には及ばない。そして中華の詩文を作るだけの素養を具えた羅什の教養を鑑みるとき、原典にはない偈を述作し、これを『大智度論』本文中に挿入したと想定することも可能である。また、仏の金言が説かれる経典とは、その漢訳方針が異なることも考慮すべきであろう。論章疏類は、経をより容易に理解せしめるために存在するものだから、時には嚙み砕いた表現をとり、また時には読者の嗜好を配慮することもあるだろう。訳経では不可能だった韻律配慮を、その註疏である『大智度論』において実現したのかもしれない。

魏晋南北朝における漢訳経典の偈には、少数ながらも韻律の配慮が施されている。たとえ真理・真実が、文学・虚構に歩み寄るとしても、漢訳された偈の中に中華の詩の格式を取り入れなければ、漢民族の嗜好に合致せず、経典の流布も危ぶまれる。したがって漢語としての文飾を添加することは必須のことであった。ことに経典が陸続と翻訳されつづけたこの時期は、駢儷文が盛行していた時期と重なる。駢儷文は散文でありながら、韻文的な要素も多分に具える文体である。つまりこの時期、漢語で書かれた文章は美文に仕立てることが要求されていた。仏典の長行であろうと偈頌であろうと、ともに例外とはならなかった。そのように語彙だけではなく文体そのものにも及んで文（意訳）と質（直訳）との均衡をはかったのが三国呉の居士支謙であった。しかし、羅什が吐露したとおり、翻訳においてそれを実現させることは容易なことではなかったことも事実である。無理に中華の詩の格律（形式）に合致させようとすれば、その代償として仏の金句（内容）を損ないかねない。[25]その一種の緊張感のうちに羅什をはじめ多くの漢訳者たちは金句（内容）を優先させ、格律（形式）を放棄せざるをえなかった。しかし、それは経典でのことであったようであり、論疏には適用されなかったのかもしれない。仏の金言が説かれる経典の漢訳では不可能だった韻律配慮を、その註疏である『大智度論』の漢訳においては、みずから有韻偈頌を述作し（または原典の偈に華美な修辞を加えて）、これを実現したのではないだろうか。ただし、そうであったとしても、『中論』や『十住毘婆沙論』には一偈として韻律配慮が施されていないことを説明できない。これについては現在のところ解決の糸口すらつかめていない。

おわりに

『大智度論』には、龍樹から四世紀初頭ごろまでの中観派やそれ以外の文献が用いられ、また西北インドの情報が含まれていることについて、干潟龍祥〔一九五八〕では龍樹撰述・羅什加筆説を提起し、ラモット[26]は四世紀初頭西北インド出身の龍樹撰述説をもってそれぞれ対応している。そして、これ以後に発表された研究成果も概ねこの両氏の見解に補足と修正を加えたものであった。また、加藤純章〔一九八三〕は西北インドの学者が亀茲において羅什と合作したと述べている。これは龍樹作・羅什訳という伝承に対する懐疑から発したものであるが、その後これらの成果を否定して伝承どおりの説を唱えたのが印順〔一九九三〕であった。なお、加藤はその後『大智度論』そのものを羅什の撰述であるという可能性を探った論文〔一九九六〕を発表する。近年も武田浩学〔二〇〇五〕が龍樹撰述・羅什（または僧叡）加筆説を提言している。

本章ではこれらの諸見解に対する正否そのものを検証するのではなく、羅什みずからが語る偈の漢訳体例と、またみずから述作した詩作品の評価を通して、『大智度論』の有韻偈頌に限定してその作者についての可能性を探ったのである。その作業の中でいくつかの事実を確認しえた。つまり、

1、羅什は原典にある音楽的要素を漢語の偈に再構築することは不可能であると述べている

2、その証拠として、羅什によって漢訳された仏典の偈はすべて無韻である

3、しかし、羅什には中華伝統の韻文を作るだけの教養が具わっていた

4、『大智度論』は押韻する偈が存在する（偈全体の約一四パーセント）

5、論章疏の類は、仏の法を伝える経典とは異なり、また読誦の対象でもない

これらを事実として指摘した上で、『大智度論』に有韻偈頌が存在する理由として想定しうる四つの可能性を提起した。その中では、④の羅什が原典にはない偈をみずから述作し、そこに韻律の配慮を加えて『大智度論』の本文中に挿入したということが最も齟齬をきたさないとの結論にいたったのである。これは干潟龍祥〔一九五八〕が提起した、

A　龍樹の言と思われないもの

（1）明らかに龍樹の言ではなく羅什の言と思われるもの

（2）恐らくは龍樹の言ではなく羅什の言と思われるもの

B龍樹の言に相違ないもの

Cどちらとも言えないもの。伝来どおり龍樹とせざるをえない

のうち、A（2）あたりに落ち着くことになるのである。

しかし、最大の課題は残されたままである。すなわち翻訳であろうと撰述であろうと、羅什であろうと助訳者であろうと、いずれにしても羅什訳仏典の中で、なぜ『大智度論』の偈だけが有韻に仕立てられたのかということである。さらに押韻する偈の中にあって、明らかな失韻が含まれているのはなぜであろうか。これが氷解したときに本研究の問題はおのずから決着するのではないかと思われる。

繰り返すが、本章では『大智度論』における有韻偈頌の存在をめぐって、四つの可能性を指摘した上で、④羅什による述作説を採用した。この結論はあくまでも偈の韻律に止目した筆者の研究領域と研究方法論から導き出された一つの結論である。したがって、領域や方法を異にする立場からは、これに対する異論反論はあるに違いない。しかし、それぞれの研究立場から報告される成果を互いにもちよって、再び『大智度論』の成立問題を総体的に斟酌することにより、最終的な結論へと向かうべきである。

註

（1）羅什の生卒年時には諸説あるが、いま塚本善隆の「仏教史上における肇論の意義」（『肇論研究』法藏館、一九五五年）によった。

（2）中村元「クマーラジーヴァ（羅什）の思想的特徴――『維摩経』漢訳のしかたを通じて――」（金倉博士古稀記念『印度学仏教学論集』平楽寺書店、一九六六年）、大鹿実秋「鳩摩羅什訳の特質――『維摩詰所説経』のばあい――」（高井隆秀教授還暦記念論集『密教思想』種智院大学密教学会、一九七七年）、鎌田茂雄「羅什の翻訳活動」（『中国仏教史』第二巻、東京大学出版会、一九八三年）、木村宣彰「鳩摩羅什の訳経――主要経論の翻訳とその草稿訳について――」（『大谷大学研究年報』三八、一九八五年）など。

（3）『大智度論』の成立や漢訳をめぐるこれまでの研究成果については、干潟龍祥「大智度論の作者について」（『印度学仏教学研究』七巻一号、一九五八年）、三枝充悳「大智度論所収偈頌と中論頌」（『印度学仏教学研究』一五巻一号、一九六六年）、塚本啓祥「大智度論と法華経――成立と翻訳の問題に関連して――」（坂本幸男編『法華経の中国的展開』平楽寺書店、一九七二年）、梶山雄一・赤松明彦訳『大乗仏典　中国・日本篇1　大智度論』（中央公論社、一九八九年）、臼田淳三「敦煌出土『大智度論』の諸相（上）（下）」（『仏教学研究』三五・三七、一九七九年・一九八一年）、加藤純章「大智度論の世界」（『講座大乗仏教2　般若思想』春秋社、一九八三年）、鎌田茂雄「羅什の翻訳活動」（『中国仏教史』第二巻、一九八三年）、木村宣彰「鳩摩羅什の訳経――主要経論の翻訳とその草稿訳について――」（『大谷大学研究年報』三八、一九八五年）、印順述・昭慧整理『『大智度論』の作者とその翻訳』（台湾正観出版社、一九九三年）、加藤純章「羅什と『大智度論』」（『印度哲学仏教学』一一、一九九六年）、伊藤美重子「敦煌本『大智度論』の整理」（『中国仏教石経の研究――房山雲居寺石経を中心に――』京都大学学術出版会、一九九六年）、斎藤明「『大智度論』所引の『中論』頌考」（『東洋文化研究所紀要』一四三、二〇〇三年）、武田浩学『大智度論の研究』（山喜房仏書林、二〇〇五年）などがある。なお、David Seyfort Ruegg は“The Literature of the Madhyamaka School of Philosophy in India,”(edited by Jan Gonda, A History of Indian Literature, 7-1, Wiesbaden, Otto Harrassowitz, 1981）において、At all events there is much in the treatise that speaks in favor of the hypothesis of multiple or collective authorship. と述べ、複数の者による集団作業によって成書されたとする（p. 33）。

（4）これまでの成果を一々紹介しないが、とくに羅什による述作ということについては干潟龍祥〔一九五八〕や、加藤純章〔一九九六〕を参照されたい。とくに後者は先行研究を簡介するとともに、『大智度論』そのものが羅什撰述であった可能性を提起している。また近年は武田浩学〔二〇〇五〕も関連する問題にふれている。

（5）「初沙門僧叡、才識高明、常随什伝写。什毎為叡、論西方辞体、商略同異云、天竺国俗甚重文藻。其宮商体韻以入絃為善。凡観国王必有讃徳、見仏之儀以歌歎為尊。経中偈頌皆其式也。但改梵為秦、失其藻蔚。雖得大意殊隔文体、有似嚼飯与人、非徒失味、乃令嘔穢也」。訳文は、『高僧伝』二（五〇・三三二中）および『晋書』九五を参考する。

（6）両者の関係について塚本啓祥（一九七二）も参照されたい。

（7）『出三蔵記集』一一（五五・七七下）、また『大正蔵経』巻三〇『百論』にも付されている（三〇・一六八上）。

（8）なお、『仁王般若経』巻下護国品第五（八・八三〇中）には有韻偈頌が説かれているが、本経は羅什に仮託された中国撰述経典である。望月信亨は慧覚『賢愚経』一一（四・四二六中下）の偈からの転用を指摘し（「仁王般若経真偽問題」『無碍光』一九の六、一九二三年、および『佛教経典成立史論』四三四頁、法蔵館、一九四六年）、さらに佐藤哲英も呉の康僧会訳『六度集経』四からの転用であると指摘している（「三諦三観思想の起源及び発達——第一部、三諦三観思想の起源に関する研究——」『日本佛教学会年報』一五号、一九五〇年）。三経の偈を比較することによって、この『仁王般若経』の偈は、『賢愚経』よりは、むしろ『六度集経』から転用されたものと考えられる。ともあれ、先述したごとく、羅什は有韻偈頌の漢訳の難しさを自認するとともに、『維摩詰所説経』においても支謙訳本の有韻偈頌を転用しなかった事実からして、本経が羅什による漢訳ではないことを支持できるのである。以下に『仁王般若経』の偈を示す（八・八三〇中）。

劫焼終訖　乾坤洞燃（平仙）　須弥巨海　都為灰**煬**（平陽）
天龍福尽　於中彫**喪**（平唐）　二儀尚殞　国有何**常**（平陽）
生老病死　輪転無**際**（去祭）　事与願違　憂悲為**害**（去泰）
欲深禍重　瘡疣無**外**（去泰）　三界皆苦　国有何**頼**（去泰）
有本自無　因縁成**諸**（平魚）　盛者必衰　実者必**虚**（平魚）
衆生蠢蠢　都如幻**居**（平魚）　声響倶空　国土亦**如**（平魚）
識神無形　仮乗四**蛇**（平麻）　無明宝象　以為楽**車**（平麻）
形無常主　神無常**家**（平麻）　形神尚離　豈有国**耶**（平麻）

（9）釈道安の同学。『出三蔵記集』一五（五五・一〇九中）、『高僧伝』五「釈法和」（五〇・三五四上）を参照。

（10）他に、『法苑珠林』二五（五三・四七四下）、『開元録』四（五五・五一五上）、『貞元録』六（五五・八一一上）

にも見られるが、『晋書』九五・列伝六五の羅什伝ではこの偈頌を載せていない。

なお、Yang Lu, "Narrative and Historicity in the Buddhist Biographies of Early Medieval China: The Case of Kumārajīva" (*Asia Major Third Series* 2004-2) では、「哀鸞」という語彙の使用を根拠として、この詩を羅什の作品ではないと述べている (pp. 32-36)。しかし、漢訳仏典の訳語と文学作品の詩語とを同列に考察することは大いに問題があり、氏の立論は成り立たない。

(11) 十喩詩が紹介される吉蔵の『浄名玄論』三 (三八・八七五上)、『金剛般若疏』四 (三三・一二三下)、『二諦義』下 (四五・一〇七中)、『中観論疏』五末 (四二・八七下) は、みな鳩摩羅什の作としているので、この澄観の『大方広仏華厳経疏』の記事は誤伝であると思われる。

(12) 「讃」は、内容から分類される用語であり、偈にも詩にも含まれる呼称である。つまり讃歎の内容を具えている文であれば、散文でも韻文でも、または偈でも詩でも「讃」と言える。ここで大切なことは、「詩」と呼称されるか、それ以外の呼称が付されているかである。この『中観論疏』に「十喩讃」とあるが、「詩」と呼ばれない以上は、「偈」でも「讃」でも同じことである。あくまでも「詩」の呼称にこだわっているのである。

(13) この両者の立場からくる表記の相違「詩」と「偈」については本書第一部第三章を参照。

(14) 『高僧伝』と『歴代三宝紀』に語句の異同はない。また木村英一編『慧遠研究』遺文篇四〇三頁 (創文社、一九六〇年) も参照。

(15) この詩については湯用彤『漢魏両晋南北朝仏教史』上冊 (二二七頁、中華書局版、一九八三年、初版は一九三八年) において、熊十力 (一八八五～一九六八) の解説を紹介している。また胡適は『白話文学史』上巻の「唐初的白話詩」二二〇頁 (上海新月書店、一九二八年) において引用しているが、いずれにしても詩としての評価は下されていない。なお、宵部と魚部との通押例は、『大智度論』にも見られる。

(16) これに関しては、加藤純章〔一九九六〕に、これまで研究をふまえた論考がある。

(17) 巻三五から巻一〇〇までに見られる偈は、巻三八 (三三八下) と巻四五 (三八九上) の二箇所三偈だけである。

(18) 羅什の習得した漢語は北方系の語音によっていたと考えられる。姑蔵での約一六年間についで、長安に入ってから逝去するまでの講経と漢訳に費やした八年間、その間の羅什の拠点は常に北方にあり、南方音と接する機会はきわめて少なかったと想像できるのではなかろうか。ただし、周祖謨は『魏晋南北朝韻部之演変』七頁（東大図書公司、台北、一九九六年）において、北魏と劉宋の韻部は異ならないと述べている。

(19) 推定の音価は、丁邦新『魏晋音韻研究』（中央研究院歴史言語研究所、一九七五年）を用いた。

(20) 「夫士之生　斧在口中　所以斬身　由其悪言　応呵而讃　応讃而呵　口集諸悪　終不見楽」、「心依邪見　破賢聖語　如竹生実　自毀其形」

(21) 釈慧遠伝（五〇・三五九下）

畢竟空相中　其心無所**楽**（去效・宵）-rau
若悦禅智慧　是法性無**照**（去笑・宵）-jau
虚誑等無実　亦非停心**処**（去御・魚）-jo
仁者所得法　幸願示其**要**（去笑・宵）-jiau

(22) 『分別功徳論』は高麗版の末尾に守其の文言が付されている。それによると『増一阿含経』の訳者（東晋の僧伽提婆）と同一人物であろうと推定しているが、泉芳璟は訳語の相違を根拠としてこれには懐疑的である。本論に説かれている唯一の偈であり、朋耆奢（Vaṅgīsa）が世尊を讃歎する偈である。なお朋耆奢が偈（讃歌）を作ることに巧みな比丘であるということも有韻偈頌として漢訳した訳者の意図的な配慮であると考えられる。

清浄十五日　五百比丘**集**（入緝・緝）　已断諸結使　仙人不受**習**（入緝・緝）
猶如転輪王　群臣普囲**遶**（上小・宵）　四海及与地　所典無有**表**（上小・宵）
降伏人如是　導師無有**上**（去漾・陽）　将護諸声聞　三明壊結**性**（去勁・庚）
一切世尊子　無有塵垢穢（去廃・泰）　已破愛欲網　今礼星中月（入月・屑）

この偈はもと僧伽提婆『増一阿含経』（二・六七七中）に見られるが、さらに遡って竺法護の『受新斎経』（一・八五八下～八五九上）にほぼ同文といえるものがある。『出三蔵記集』では『中阿含経』からの抄経があげられており、その中に『受歳経』がある。それら抄経群の多くが『歴代三宝紀』六（四九・六四上）によって竺法護訳経に編入されたのであって、もとより竺法護訳ではないことは言うまでもない。『分別功徳論』の漢訳者は『増一阿含経』から本偈を引用する際に、朋耆奢によって唱えられる偈であることを意識して、あえて押韻しない偈頌を有韻に仕立てなおしたのであろう。なお、『分別功徳論』については泉芳璟による『国訳一切経（釈経論部8）』解説文（大東出版社、一九三二年）、およびMori Sodo（森祖道）"On the *Fenbiegongdelun*（分別功徳論）"（『印度学仏教学研究』一九巻一号、一九七〇年）も参照。

(23) これらは『出三蔵記集』の各経論の序と鳩摩羅什伝、それに『歴代三宝紀』八の記載によっている。

(24) 前掲の木村宣彰〔一九八五〕を参照。

(25) 梵語から漢語へという言語転換において、より正確に仏の教法を伝えるためには、過度の修辞は慎まなければならない。それは漢訳史上に物議を醸した文質論争である。過度の修辞である韻律配慮が施された漢訳偈頌は確かに寡少である。

(26) Étienne Lamotte, *Le traite de la Grande Vertu de Śagesse de Nāgārjuna,* Tome 1-5（Institut orientaliste, Louvain, 1949-1980）の Tome 3（1970）において論じられている。

第八章　白延訳『須頼経』の偈と覔歴の高声梵唄

はじめに

三国魏の白延によって漢訳されたと伝えられる『須頼経』一巻の偈は、不規則ながら押韻している。本章では、これを東晋の梵唄との関連をもって論及したいと思う。

中国仏教において、仏教音楽としての梵唄の嚆矢は、古く三国まで遡るが、ここで扱う『須頼経』も梵唄と関わっているようである。それは『出三蔵記集』一二に、「覔歴高声梵記　第十一　唄出須頼経」（『大正蔵経』五五・九二中）とあるように、『須頼経』の偈が、覔歴の「高声梵唄」の素材となっているという記事から知ることができる。その『須頼経』と呼称される現存経本には、白延訳本（高麗版に欠本）と前涼の支施崙訳本の二本が現存し、両経ともに数多くの偈を有している。本章の目的は、覔歴の「高声梵唄」が素材としたのは、どちらの『須頼経』に説かれるどの偈であったのかを探り当てることである。

なお、『須頼経』と「高声梵唄」の関わりについては、すでに先行論文がある。本章において偈の音韻的解明をすすめる作業の中で、三国における韻部の通押も考証することになるが、その調査の過程で思いがけず先行研究とは異なる結論にいたったので、それについてもあわせて論じていく(1)。

一、『須頼経』とその訳者

現存する『須頼経』諸本には、三国魏（二二〇～二六五）の白延訳本、前涼（三一三～三七六）の支施崙訳本がある。また、唐の菩提流志訳『大宝積経』九五の中にも「善順菩薩会」二七が収められており、これを含めて都合三種の異訳がある。支施崙訳本は白延訳本よりも詳細であり、菩提流志訳本は前二訳本と比較すると完訳ではなく、般遮翼天が仏を歌讃する偈の直前で終結している。また現存三訳の他にも、経録からは、呉の支謙訳『須頼経』、および劉宋の求那跋陀羅訳『貧子須頼経』を確認することができるが、ともに散佚して今に伝わらない。なお、一部の経録では竺法護訳『徳光太子経』も異訳本とされているが、(2)現存する『徳光太子経』の内容はこれと相違するので、ここでは取りあげないことにする。また、本章は東晋の覓歴による「高声梵唄」との関連を主眼とするので、唐の菩提流志訳「善順菩薩会」についても言及することはない。したがって、白延訳と支施崙訳の二本を経録から確認するとともに、あわせてその漢訳者についても精査してみたい。なお、これまでに本経を取り扱った先行研究は、林屋友次郎「須頼経異訳経類の研究」（『異訳経類の研究』東洋文庫、一九四五年）を除いて管見の及ぶ限り見あたらない。

まずは魏の白延（帛延）についてである。『出三蔵記集』一三（五五・九六上）の安玄伝に附伝として、

白延とは、何許(いずこ)の人なるかを知らず。魏の正始（二四〇～二四九）の末、重ねて『首楞厳』、また『須頼』及び『除災患経』、凡そ三部を訳出す。

とあるように、きわめて簡潔な紹介でしかない。三部の経を漢訳したことだけが伝えられるのみで、出自についてはは不明とされている。しかし、現行の『須頼経』には、経題の下に「曹魏西域沙門白延、於洛陽白馬寺訳」（一二・五二中）と記され、『歴代三宝紀』五にも「高貴郷公世、西域沙門白延、懐道遊化」（四九・五六下）とあるように、「西域三蔵」と敬称されていることや、またその「白（＝帛）」姓から亀茲国出身であることは容易に推断しうる。[3]その訳出経典は『出三蔵記集』二（五五・七中）においても、先の安玄伝附伝の記載と同じように、

首楞厳経二巻　闕
須頼経一巻　闕
除災患経一巻　闕
右三部凡四巻、魏高貴公時、白延所訳出。
別録所載。安公録、先無其名。

とあるように、初期の経録では三部四巻を著録するのみである。これが『歴代三宝紀』五（四九・五六下）以降になると、『無量清浄平等覚経』二巻、『平等覚経』一巻、『菩薩修行経』一巻の三部四巻が新たに加えられ、六部八巻とされてくる。

白延訳『須頼経』一巻は、経録上では他に「叉須頼経」、「叉須頼経」とも著録されているが、「須頼」とは本経の中心人物である菩薩の名（Sorata）であるので、[4]語頭の「叉」、「叉」では音写語として熟さない。おそらくこの「叉」字は、先に示した『出三蔵記集』一三の安玄伝の文中にある「重訳首楞厳叉須頼及除災患経」の接続詞「叉」

から誤って経題とされ、その「又」の誤写が「叉」であろうと思われる。加えて『歴代三宝紀』以後になると、洛陽の白馬寺において訳出されたことを伝えるようになるが、その白馬寺は西晋以後の創建であり、三国魏には存在しなかったはずなので、とても信頼できない。白延は、魏の第四代皇帝、高貴郷公の治世（二五四～二六〇）に来華して洛陽の白馬寺に入るというが、『歴代三宝紀』や『大唐内典録』は甘露年間（二五六～二五九）に、また『古今訳経図記』一（五五・三一五中）には甘露三（二五八）年に入京したことを伝えており、[5]さらに先の『出三蔵記集』安玄の附伝には魏の正始年間（二四〇～二四九）の末としている。ところで、呉の支謙も黄武年間（二二二～二二九）に『須頼経』を訳している。『歴代三宝紀』からは白延訳を初出とし、支謙訳本を第二訳としているが、二人の活動年代からすれば、これはむしろ逆であり、支謙訳が初出であり、白延訳は第二訳となるはずである。なお、前涼（三一三～三七六）にも白延という僧が実在しており、支施崙と共同で訳経を行っているので、事はより複雑になる。これについては後に述べる。

次に支施崙である。彼は優婆塞だったので、『高僧伝』においては附伝も含めて立伝されることはなく、その事績の仔細はまったく不明である。しかし、『出三蔵記集』七に作者未詳の「首楞厳後記第十一」があり、そこに支施崙の訳経について記録されている（五五・四九中）。

咸和三年、歳は癸酉（三二八）に在り。涼州刺史の**張天錫**、州に在りて此の『首楞厳経』を出だす。時に月支の優婆塞**支施崙**ありて手に胡本を執る。**支**は博く衆経を綜べ、方等三昧を特に善くし、其の志業は大乗の学なり。『首楞厳』、『**須頼**』、『上金光首』、『如幻三昧』を出だす。時に涼州の州内、正聴堂の湛露の軒下に在りて集う。時に訳者は帰慈（亀茲）王の世子**帛延**にして、晋・胡の音を善くす。**延**は博く群籍を解し、内外に兼綜せり。受者は常侍なる西海の**趙瀟**、会水令の**馬奕**、内侍の**来恭政**、此の三人は皆是れ俊徳にして、心を道徳にあらしむ。時に坐に在りしは、沙門**釈慧常・釈進行**にして、**涼州**（張天錫）は自ら辞を属る。辞・旨は本の如く、文飾を加えず。飾なれば俗に近く、質なれば道にも近し。文質兼ぬるは、唯だ聖なるもの之あるのみ。(6)

これによると、前涼（三一三～三七六）の咸和三（三二八）年に涼州刺史の張天錫が『首楞厳経』を漢訳させる際に、月氏出身の優婆塞で方等三昧にとくに通じ、しかも大乗を奉じていた支施崙が梵語原典を手にとって『須頼経』をはじめ、『首楞厳経』、『上金光首経』、『如幻三昧経』の四部の経を漢訳（または誦出）したという。ただし咸和三年の干支は癸酉ではないので、これが誤りであることは、『開元釈教録』四（五五・五一九上中）に「咸安三年癸酉」と見えること、また中嶋隆蔵が指摘するように、咸和年間では右の文中にある釈慧常や釈進行の活動年代とも合致しないことなどからわかり、(7)したがって、東晋の「咸安三年歳在癸酉（三七三）」とするのが正しいのである。支施崙に関して知ることのできる情報とはこの程度でしかなく、その訳出した『須頼経』は、『開元釈教録』二〇（五五・七〇九上）によると一八紙であったという。

この作者未詳の「首楞厳後記第十一」には、『首楞厳経』や『須頼経』など四部の経典が亀茲国王家の世子（後継者）で、晋や胡の語音によく通じ、また広く群籍にも明るかった帛延（白延）なる者の助力によってなされたことを伝えているが、ここに白延なる僧が二人いることがわかるであろう。一人は前述した魏の白延、そしてもう一人がこの前涼の白延である。姓からしてともに亀茲国の出身であると考えられ、しかも、ともに『首楞厳経』と『須頼経』の訳出がある。前者は魏の正始年間（二四〇～二四九）に漢訳活動を行い、後者は東晋の咸安三（三七三）年、涼州において支施崙の訳業を補助しつつ漢訳に携わっているのである。さらに呉の支謙も同じく『首楞厳経』

と『須頼経』を漢訳していることは、なんとも奇妙な一致といえないだろうか。その間に西晋竺法護にもやはり『首楞厳経』二巻と『徳光太子経』一巻（『須頼経』の異本とされる）の訳出があるので、約一五〇年の間に、中国の南北で二部の経典が都合四度（呉の支謙訳、魏の白延訳、西晋の竺法護訳、前涼の支施崙と白延の共訳）も漢訳されていたということである。

さて、この多数存在する異訳本とその漢訳者をめぐっては、これまでにもいくばくかの報告がなされている。まず小野玄妙は『仏教経典総論』（大東出版社、一九三六年、四六頁・八〇頁）において、「首楞厳後記」の記載によるべきであるとして、魏の白延は実在しなかったと述べている。同じく、常盤大定も『後漢より宋斉に至る訳経総録』（国書刊行会、一九七三年、初版は東方文化学院東京研究所、一九三八年、三五九頁）で、魏の白延とされる者は前涼の支施崙の共訳者である白延の誤伝であろうとして、魏の白延の実在を疑っている。また林屋友次郎は前掲の「須頼経異訳経類の研究」において、魏の白延とされる者は実在しておらず、前涼の帛延が北魏の時代まで活動し、その魏（北魏）が後に三国の魏（曹魏）に誤伝されたのであろうとの見解を示し、また現在白延訳とされる『須頼経』の訳語から、西晋の竺法護訳出説を採用している。これに対して藤田宏達は『原始浄土思想の研究』（岩波書店、一九七〇年、四一～五一頁）で、先行する諸研究成果をふまえた上、伝承どおりに魏の白延訳出説を堅持している。いずれにしても、これらはもっぱら経録や経序の記載と訳語によって導き出された結論である。

筆者は、魏の白延の実在そのものを疑うものではないが、少なくとも魏の白延の訳出として現在まで伝えられている『須頼経』（以下、本経または伝白延本と呼称することもある）については、白延ではなくて、呉の支謙による訳出である可能性もあることを指摘しておきたい。白延の訳経として確実視されているものが現存しないので、彼の訳風を忖度することはできないが、本経の訳語は支謙の用いた訳語と共通するものがあり(8)、また後に詳述するごとく、偈の偶数句末において中華の詩律が認められることからも、この推測を真実に近づけてくれる。ただし、その場合支謙訳本の紙数が問題となる。支謙訳本の紙数は、『静泰録』（五五・一八三中）で「十九紙」、『大唐内典録』（五五・二九〇上）と『大周刊定衆経目録』五（五五・三九八中）では「二十紙」とあり、現存する白延訳本はおよそ一五紙程度であろう。したがって、すでに散佚した支謙訳『須頼経』そのものではないとしても、支謙訳本に説かれていた有韻の偈頌を、後に白延が同じく『須頼経』を漢訳する際に転用したことも考えられるのである。[9]筆者はこれまでに呉維祇難訳『法句経』二巻、西晋竺法護訳『鹿母経』一巻、同『龍施菩薩本起経』一巻、西秦聖堅訳『演道俗業経』一巻、東晋失訳『般泥洹経』二巻の五経に含まれる偈の韻律や、経録の記載と訳語の吟味から、これらが支謙によって訳出された経典、または偈であったことを論証した。[10]本経もまた同じ手続きから支謙訳の可能性が高いと言えるのである。なお、常盤大定は前掲書において、経録の記載から本経を支謙による訳出であろうと述べ、[11]林屋友次郎は竺法護訳出説を立てている。[12]判定基準とする材料は筆者のそれと異なるが、結論としては常盤説に与するものである。

なお、慧琳の『一切経音義』三二（五四・五二三中）には、玄応『一切経音義』の転載として『須頼経』から五つの詞彙が採取され、その音義が解説されている。これはみな支施崙訳の『須頼経』に見られる語彙と一致するものであった。

二、偈頌と梵唄──覓歴の高声梵唄──

慧皎は『高僧伝』一三の経師第九において（五〇・四一四下）、

（前略）然るに東国の歌なるや、則ち詠（宮本作「韻」）を結び以て詠を成じ、西方の讃なるや、則ち偈を作りて以て声に和す。復た歌と讃と殊なると雖も、並な鍾律を協諧し宮商を符靡するを以て、方に乃ち奥妙たり。

として、中華の歌詠とインドの讃偈の相違を述べつつ、どちらも音楽的な旋律を具えていると述べ、またそれぞれ四徳と五利を列挙し、両者における旋律の美と妙を指摘している。さらに、つづけて以下のように述べている（五〇・四一五上）。

大教東流してより、乃ち文を訳すは衆くして、声を伝うは蓋し寡し。良に梵音は重複し、漢語は単奇なるに由れり。若し梵音を用い以て漢語を詠ずれば、則ち声繁にして偈迫り、若し漢曲を用い以て梵文を詠ずれば、則ち韻短くして辞長からん。是の故に金言に訳あるも梵響は授くことなし。

すなわち仏教伝来から経典の文言の翻訳は多いが、インド仏教の音楽的なリズムを、巧みに中華の楽曲に転換されることがなかったことを指摘し、その原因を両者の言語上の特質に求めているのだ（語の音節数の相違）。このあとに、陳思王曹植よりはじまるとされる梵唄の盛況ぶりを伝えるが、宋斉の曇遷・僧弁などの活躍を最後として、以後は衰退の一途をたどると嘆いている。[13]

さて、ここで慧皎は、経師篇において「伝声」の重要性を提言している。（五〇・四一五中）

但だ転読の懿たるや、貴きは声と文と両つから得るにあり。若し唯だ声のみにして文あらざれば、則ち道心以て生ずるを得ることなし。もし唯だ文のみにして声あらざれば、則ち俗情以て入るを得ることなし。故に経に〝微妙の音を以て仏の徳を歌歎す〟と言うは斯の謂なり。而るに頃世（このごろ）の学者は裁ち首尾の余声を得て、便ち名を当世に擅にすと言い、経文の起尽、曾て懐に措かず。或は句を破り、以て声に合せ、或いは文を分かち、以て韻を足す。豈、唯だ声の足らず、また乃ち文の詮を成さず。聴く者は唯だ悦惚を増し、之を聞きて但だ睡眠を益するのみ。（中略）故に声を聴きて以て耳を娯ますべく、語を聆きて以て襟を開くべし。

これは、経典を読誦するには、美声と美文（あや）が兼備していなければならないということを述べているのである。つまり、もし美声だけあって、言辞が模糊としていれば、仏道を求める心がおこらない。逆に美文だけあって、美声を配慮しなければ、世俗的音楽的な情緒にひたれなくなる。ところが多くの者は経典の巻首と巻尾だけにこうした配慮をするが、一経全体に配慮することがない。……だから調和のとれた音声で経典を聞けば耳に心地よく、飾り立てられた言辞を聞けば心が開かれるという意味である。これは韻文の翻訳だけに関する記述ではなく、散文も含めた翻訳経典そのものに関わる言及である。すなわち、翻訳にあっては、修辞を尽くした美文だけでは不十分であり、そこに美声が加わることで、すばらしい転読が実現するということである。これは偈頌における翻訳論そのものを述べている箇所ではないにせよ、梵唄（歌詠）との関連として偈頌に通じる記述でもある。それはこの直後に、

もし然らば謂うべし。梵音は深妙にして人をして聞くを楽（ねが）わしむ者なり。然るに天竺の方俗、凡そ是れ、法言を歌詠して皆な称して唄と為す。此の土に至りて経を詠ずるには、則ち称して転読と為し、歌讃を則ち称して梵唄と為す。昔、諸天の讃唄は皆韻を以って絃綰に入れり。五衆既に俗と違なれり。故に宜しく声曲を以て妙

と為すべし。

とあることから明白である。すなわち前引の『高僧伝』に「西方の讃なるや、則ち偈を作り以て声に和す」とあったように、「歌讃」とは漢訳経典の偈をもとにして、そこに新たに歌曲としての旋律を付与させた仏教音楽に他ならないからである。

ところで、中国において仏教経典を素材とした歌曲が発生してくるのは三国からである。それを梵唄という。『高僧伝』一三の経師（五〇・四一五中下）には、

原ぬるに夫れ、梵唄の起りは亦た**陳思**より兆まる。始め『太子頌』及び『睒頌』等を著し、因りて之が為に声を製す。吐納抑揚並な神授に法る。今の皇皇なるは、顧惟うに蓋し其の風烈なり。其の後居士の**支謙**、亦た梵唄三契を伝うるも、みな湮没して存せず。世に『共議一章』なるものあり、恐或くは謙の余則ならん。ただ**康僧会**の造りし所の『泥洹梵唄』は今に尚お伝う。即ち『敬謁』一契にして、文は『双巻泥洹』より出ず。故に『泥洹唄』と曰う。爰に晋世に至りて**高座法師**あり。初めて**覓歴**に伝う。今の『行地印文』は即ち其の法なり。**籥公**の造りし所の六言は即ち『大慈哀愍』一契なり。今時にも作る者あり。近くは『西涼州唄』あり、源は関右に出でて晋陽に流る。今の『面如満月』これなり。凡そ此の諸曲は並な製は名師より出ずるも、後人継ぐに多く訛漏する所となる。或る時は沙弥・小児、互相いに伝授す。疇昔の成規は殆ど一も遺すことなし。惜しいかな。此れ既に是の声例に同じ。故に之を論末に備う[14]。

とあるのがそれである。ここに陳思（曹植）・支謙・康僧会・高座法師（帛尸梨蜜多羅）・覓歴・籥公（支曇籥）の五人の名が見えており、これらはみな梵唄に長けた人物である。もちろん梵唄を善くした者はこれ以外にもおり、それは『高僧伝』一三の経師篇に立伝されているとおりである。なお、梵唄を定義すれば、インドにおける歌詠としての法言を、漢語の偈頌に翻訳するにあたって、その内容の転換だけにとどまらず、中華の音韻にのっとり、新たに抑揚長短などのリズムを斟酌しつつ、時には句末押韻を具備させた仏教歌詠と定義することができるだろう。[15]

さて、右の文中にある五人を簡介しておく。まず陳思とは、陳思王曹植（一九二〜二三二）のことである。この伝承によると梵唄は彼によって創始されたというが、陳寅恪は「四声三問」においてこれを否定している。[16]

次の支謙は、洛陽に生を享けた月氏の末裔にして居士、後に呉に遊び東宮（皇太子）の輔導役に任じられる傍ら、訳経にも従事し、その類稀な言語能力を駆使して漢訳経中の偈に押韻を実現させたのであった。また支謙はみずからも『無量寿経』と『中本起経』にもとづいて多数の梵唄を製している。[17]後に釈僧弁や釈慧忍（ともに『高僧伝』一三の経師篇）、曹植、そして康僧会（?〜二八〇）らが、支謙訳の『維摩詰経』、『太子瑞応本起経』、『般泥洹経』に含まれる有韻偈頌をもとにして、梵唄を製作していった事実からすると、[18]支謙によって漢訳された偈は、梵唄に用いられるだけの条件をすでに具えていたということである。

康僧会についてもすでに述べたように、東晋失訳（実は支謙の訳出）の『般泥洹経』に説かれる「敬謁法王来……」ではじまる陽声韻で統一されている有韻の偈頌を素材として、みずから「泥洹梵唄」を製したのであった。[19]

覓歴は後述するとして、次の籥公とは『高僧伝』一三の経師篇に立伝されている支曇籥その人である。そしてその「籥公の造りし所の六言は、即ち『大慈哀愍』一契なり」とは、聶承遠訳『仏説超日明三昧経』巻上にある「大慈哀愍群黎……」にはじまる以下の六言四〇句偈（無韻）である。（一五・五三二上中）

是の会中に菩薩あり、名づけて普明と曰う。坐より起ち衣服を整え長跪叉手して偈を以て仏を讃ずらく、

大慈哀愍群黎　為陰蓋盲冥者
開無目使視瞻　化未聞以道明
（中略）
聖尊徳喩須弥　智慧光超日月
所敷演不可喩　故稽首大聖雄

僧祐の『出三蔵記集』一二の「法苑雑縁原始集目録」に「薬練夢感梵音六言唄記　第十二　唄出超日明経」（五五・九二中）とあるのがこれに該当するのである。

さて、最後に覓歴[20]とその梵唄についてであるが、前出の『高僧伝』一三（五〇・四一五中下）には、

爰に晋世に至りて高座法師あり。初めて覓歴に伝う。今の行地印文は即ち其の法なり。

と記されている。「高座法師」とは東晋の帛尸梨蜜多羅のことであるが、覓歴についての詳細は知られていない。『出三蔵記集』一三（五五・九九上）の帛尸梨蜜多羅伝には、

また弟子の覓歴に高声梵唄を授く。響は今に伝う。

とあるように（『高僧伝』一〈五〇・三二八上〉も同文）、東晋の帛尸梨蜜多羅の弟子であり、師から高声梵唄を伝えられたということである。さらに『出三蔵記集』二（五五・一四下〜一五上）には、覓歴の伝える『比丘尼戒』一巻について、

比丘尼戒

竺法護、『比丘尼』一巻を出だすも、今は闕く。釈僧純は『比丘尼大戒』一巻を出だし、釈法穎は『十誦比丘尼戒本』一巻を撰し、覓歴の伝う所の『大比丘尼戒』一巻は、是れ疑経にして、今は闕く。

右一経四人出。

とある。また『出三蔵記集』五（五五・三八下）の「新集安公疑経録」にも、

覓歴の伝う所の『大比丘尼戒』一巻、闕。

とあり、『法経録』五（五五・一四一上）には、

比丘尼戒本一巻

此れ尸梨蜜の弟子覓歴の伝う所なり。諸録皆な疑う故に偽に附す。

と著録されているが、当時からこれが漢訳ではなく、覓歴の伝えた戒本であって、疑偽経としての扱いをうけているのである。

覓歴に関してはこれ以外のことは不明であるが、彼の「高声梵唄」については、明らかになりそうである。『出三蔵記集』一二の「法苑雑縁原始集目録」によれば、僧祐が撰集した『法苑雑縁原始集』六に「経唄導師集」があり[21]、そのリストには、以下の二一種の梵唄（並びにその記）が収められていたという（五五・九二上中）。

1、帝釈楽人般遮瑟歌唄　第一　出中本起経
2、仏讃比丘唄利益記　第二　出十誦律
3、億耳比丘善唄易了解記　第三　出十誦律
4、婆提比丘響徹梵天記　第四　出増一阿含
5、上金鈴比丘妙声記　第五　出賢愚経
6、音声比丘尼記　第六　出僧祇律
7、法橋比丘現感妙声記　第七　出志節伝
8、陳思王感魚山梵声製唄記　第八
9、支謙製連句梵唄記　第九
10、康僧会伝泥洹唄記　第十　康僧会伝
11、覓歴高声梵記　第十一　唄出須頼経
12、薬練夢感梵音六言唄記　第十二　唄出超日明経

13、斉文皇帝製法楽梵舞記　第十三
14、斉文皇帝製法楽讃　第十四
15、斉文皇帝令舎人王融製法楽歌辞　第十五
16、竟陵文宣撰梵礼讃　第十六
17、竟陵文宣製唱薩願讃　第十七
18、旧品序元嘉以来読経道人名幷銘　第十八
19、竟陵文宣王第集転経記　第十九　新安寺釈道興
20、導師縁記　第二十
21、安法師法集旧制三科　第二十一

これらの各資料はすべて現存するわけではないが、六世紀初頭には、すでにこれだけ多くの仏教音楽作品が漢訳の諸経典や律典に説かれる偈に依拠し、または抜粋するなどして製作され、盛況に行われていたということを物語っている。それぞれ典故となった経典名が示されているので、梵唄の歌詞は基本的には漢訳経典の偈そのものであったことがわかる。[22]このリストの第一一に「覓歴高声梵記　第十一　唄出須頼経」とあることや、前述したように覓歴は帛尸梨蜜多羅の弟子であり、師僧から高声梵唄を伝授されたという。ここから、覓歴が師から伝えられた梵唄とは「高声梵（唄）」といい、覓歴はその梵唄に関する何らかの情報を含んだ「記」を撰述し（現存せず）、その梵唄が『須頼経』にもとづいて製されていたということである。帛尸梨蜜多羅は東晋の咸康年間（三三五～三四二）に八〇歳で没しているので、覓歴への伝授はそれ以前ということになる。したがって文謙訳本（二二一～二二九年）、

白延訳本（二四九年）、支施崙訳本（三七三年）の『須頼経』のうち、前二者の偈はどちらであっても、この高声梵唄の素材となる可能性があるが、支施崙訳本ではありえないことになる。ここでは支謙訳は現存しないので、いまは白延訳に注目したい。そして梵唄は経典の偈頌が素材として用いられる傾向にあることから[23]、その経中に説かれている偈を精査する必要がある。

三、白延訳『須頼経』の有韻偈頌

現存する二本の『須頼経』には多くの偈が説かれている。しかし、偶数句末に押韻を有する偈は白延訳本における二箇所のみである。

一つめの有韻偈頌は、楽神の般遮翼天が天神に命じて仏徳を歌歎する偈である。そこにいたるまでの経緯とは以下のとおりである。極貧でも敬虔な居士である舎衛国の須頼が、帝釈天からその堅強な志を試されるが、ことごとくはねつけていく。後に宝珠を得てこれを国中で最も貧しい者である波斯匿王に施そうとする。王は須頼と自分とどちらが極貧であるかの採決を仏に仰ごうとすると、仏は大地から踊出し、物質的（財宝）な豊かさは王にあるが、精神的（道徳）な豊かさにおいて、王は須頼に遠く及ばないと説く。こうして王も国中の人々も須頼を敬うようになった。後に須頼と王はともに仏所に詣でると、帝釈天とその子の拘或[24]（瞿或とも称する）があらかじめ仏や菩薩衆のために座をしつらえ、また楽神の般遮翼天が天神に命じて五百余の琴をもって調和のとれた音で仏徳を歌歎させた。それこそが五言三二句八偈（一二・五五下～五六上）からなる有韻の偈である。以下にその偈を示す。なお、括弧内には『切韻』系韻書の最終増訂版である『広韻』の韻目と、三国の韻部を示した[25]。

①智行過百劫　智盛施無**量**（平陽・陽）
智戒摂身口　当礼無上**聖**（去勁・庚）
②人忍無所犯　精進人力**強**（平陽・陽）
仁開定慧門　当礼三界雄（平東・東）
③明断淫怒痴　已尽滅無瑕（平麻・歌）
自得復授彼　当礼天人師（平脂・脂）
④慧観除三愛　不貪世間**栄**（平庚・庚）
恬惔無憂畏　当礼是法**王**（平陽・陽）
⑤魔天進三女　道意不為**傾**（平清・庚）
無著不可汚　当礼是至**清**（平清・庚）
⑥奇相三十二　衆好自厳**身**（平真・真）
八声無不聞　当礼天中**天**（平先・寒）
⑦行地印文現　無畏威遠**震**（去震・真）
歯斉肩間迴　当礼釈中**神**（平真・真）
⑧我讃十力王　檀独歓喜**誠**（平清・庚）
自帰仏得福　願後如世**尊**（平魂・真）

この八偈のうち、陰声韻の③を除いて、すべて陽声鼻子音 -n や -ng が配置されている。たとえ韻部は異なっているも、三国の詩文中にこれと同じくような通押例はあることから、本経の偈も訳者による自覚的な韻律配慮が介在していたと認められるのである。

また⑦偈の句頭にある「行地印文」とは、先に見た『高僧伝』一三や『歴代三宝紀』七の、「爰に晋世に至りて高座法師あり。初めて覔歴に伝う。今の行地印文は即ち其の法なり」に相当することは動かぬ証拠となるだろう。なお、この梵唄が、「高声梵唄」とも「行地印文」とも呼ばれることについてであるが、「高声梵唄」は普通名詞にして、大きな音声で歌われる梵唄の意であり[26]、「行地印文」が当時用いられていた固有の名称であったと思われる。このように、漢訳された偈頌の句頭の文字を採って梵唄の名称とする例は、先に示した康僧会の「敬謁一契」や、籥公（支曇籥）の「大慈哀愍一契」がある。

次に二つめの有韻偈頌とは、その直後に説かれている仏の阿難への五言六八句一七偈である（一二・五六中下）。

①阿難聴我説　　須頼初発**義**（去寘・支）
護人無仇善　　徳広常大**施**（平支・支）
②従始起意来　　其数難縷陳（平真・真）
供養仏無厭　　奉法守不**忘**（平陽・陽）
③学六度無極　　進道楽久**長**（平陽・陽）
梵行未曾漏　　守法慧不**傾**（平清・庚）
④所行志念具　　覚対立道**地**（去至・脂）
已度衆邪網　　性善覚内**事**（去志・脂）

⑤已捨世八**事**　利衰毀誉**意**（去志・之）
一切等心**視**　如空無罣**礙**（去代・咍）
⑥愛法行無倦　守忍慈為**常**（平陽・陽）
愛人如愛己　棄身安群**生**（平庚・庚）
⑦愛習悉教彼　念熟説義実（入質・質）-jiet
覚意不離法　解空導二脱（入末・曷）-uat
⑧三忍具無念　学法知可行（平庚・庚）
所至必開導　一切蒙其恩（平痕・真）
⑨所在国邑興　輒往到其方（平陽・陽）
宣化如仏意　遍教諸天人（平真・真）
⑩我般泥曰後　末時須頼終（平東・東）
生東可楽国　阿閦所山**方**（平陽・陽）
⑪余三阿僧祇　行満大願**成**（平清・庚）
得仏除世邪　安隠度十**方**（平陽・陽）
⑫自然為神**将**　号曰世尊**王**（平陽・陽）
始如阿閦仏　所度無有**量**（平陽・陽）
⑬世名徳化成　悪滅善義**興**（平蒸・蒸）
仏住千万歳　衆僧不可**称**（平蒸・蒸）

⑭彼願羅漢少　求仏者甚衆（平東・東）
　時人力神足　精進福行明（平庚・庚）
⑮其世五音声　仏説法遍聞（平文・真）
　無有壊善魔　正信脱邪患（上諫・寒）
⑯至仏滅度後　八万四千人（平真・真）
　上法興照世　令行無訟意（去志・之）
⑰須頼所教化　多願摩訶衍（上獮・寒）
　悉会生其世　不数已度人（平真・真）

一七偈六八句あるので、押韻単位は一七であるが、それらすべてに陽声韻が配置されているのではなく、中に九句の陰声韻 -i と入声韻 -t が含まれている。そして残る総計二五の陽声韻であっても、-n と -ng を混用している。先の般遮翼天によって歌歎された八偈に比較すると、韻文としてはいくぶん見劣りする。通押という観点から見ると、三国当時の詩文中における通押の許容範囲からも逸脱したものがあり、相当に緩い通押であったと思われる。緩いというよりも厳密に言えば、これは失韻である。しかし、訳者が押韻をまったく放棄したのかということになると、そうとも言いきれない。押韻単位に陽声韻を配置しようと企図したのは明らかに自覚的な措置であって、陰・陽・入の各声韻の文字が出現する割合からしても、決して偶然このように陽声韻が並ぶ道理はないからである。なお、陽部と庚部の通押は魏晋において三〇例以上がある。

四、楽神般遮と梵唄

前述したように、梵唄が製作された初期には、その歌詞を経典の偈に求める傾向が強かった。白延訳『須頼経』には多くの偈が説かれているが、既述のごとく有韻偈頌となるとわずかに二箇所であった。では本経の二つの有韻偈頌「智行過百劫……」ではじまる八偈（五言三二句）と、「阿難聴我説……」ではじまる一七偈（五言六八句）のうち、どちらが覚歴の「高声梵唄」に該当するかと言えば、梵唄というものが仏教音楽であるということを考慮するとき、伎楽を奏でる楽神の般遮翼天によって歌讃される前者の偈に注目すべきは必定である。この偈の直前には、

諸菩薩大弟子坐已定。時**般遮翼天**、勅其天人、孚調五百余琴、令音調好進歌仏。須頼来者、必有尊天倶主。我曹当退。即時調諸意、如**歌頌**言。

と説かれているように、伎楽を奏でる楽神の般遮翼天によって、しかも「歌頌」として讃歎されていることは、ことのほか重要である。

般遮翼天（Pañcaśikha）とは、般遮尸棄・般遮于旬・執楽神とも漢訳される。仏典において般遮翼が歌讃する用例については、王昆吾・何剣平の『漢文仏経中的音楽史料』にあげられている。[27]この般遮翼という天神は、歌神の緊那羅とともに帝釈天に仕え、琴を奏でながら歌で讃歎して世尊のご機嫌をとり、またその成道に際しては、帝釈天に命じられて般涅槃を思いとどまらせるために歌歎することによってこれを回避させたことでも知られている。[28]以下に『長阿含経』と『太子瑞応本起経』から一例ずつあげよう。まず『長阿含経』一〇の釈提桓因問経（一・六

二下～六二上）に、

釈提桓因告**般遮翼**曰、（中略）汝可於前鼓琉璃琴娯楽世尊、吾与諸天尋於後往。対曰、唯然。即受教已。持琉璃琴於先詣仏。去仏不遠、鼓琉璃琴、以偈歌曰、

跋陀礼汝父　汝父甚端厳
生汝時吉祥　我心甚愛楽
（中略）
忉利天之主　釈今与我願
称汝礼節具　汝善思察之

爾時。世尊従三昧起、告般遮翼言、善哉善哉、般遮翼。汝能以清浄音、和琉璃琴、称讃如来。琴声汝音、不長不短、悲和哀婉、感動人心。汝琴所奏、衆義備有。亦説欲縛、亦説梵行、亦説沙門、亦説涅槃。

とあるように、釈迦に対して歌によって称賛すると、釈迦もまた般遮翼の行為を讃えている。
また、支謙訳『太子瑞応本起経』巻下の偈や、竺法護訳『普曜経』七（三・五二七中下）には、成道した直後に般涅槃を望む釈迦に対し、これを阻止すべく、梵天が帝釈天に命じて楽神の般遮を遣わし、歌曲をもって奏上させる、いわゆる梵天勧請という人口に膾炙した仏教故事が説かれている。いま『太子瑞応本起経』の該当偈頌をあげる（三・四八〇上中）。

梵天知仏欲取泥洹、悲念三界皆為長衰、終不得知度世之法、（中略）即語帝釈、将天楽般遮、下到石室、仏方定意覚。**般遮弾琴而歌**。其辞曰、

聴我歌十力　棄蓋寂定**禅**（平仙・寒）[29]
光徹照七天　徳香踰栴**檀**（平寒・寒）
上帝神妙来　歎仰欲見**尊**（平魂・真）
梵釈齎敬意　稽首欲受**聞**（平文・真）

（中略）

令従憂畏解　危厄得以**安**（平寒・寒）
迷惑見正道　邪疑睹真**言**（平元・寒）
一切皆願楽　欲聴受令**融**（平東・東）[30]
当開無死法　垂化於無**窮**（平東・東）

仏意悉知、便従定覚。梵天白仏言、従久遠以来、適復見仏耳。諸天喜踊、欲聞仏法、当為世間説経、願莫般泥洹。衆生愚闇、無有慧眼、唯加慈導、令得解脱。

この『太子瑞応本起経』の五言四〇句偈は一〇偈からなり、そのすべてが句末に韻をふんでいる。この偈が楽神般遮によって琴に合わせて歌われた「楽曲」であるということは、明らかに訳者に意識されているのであり、ここに支謙による意図的な配慮をうかがうことができる（『太子瑞応本起経』には右の偈だけでなく、他にも押韻する偈がある）。

白延訳『須頼経』との共通点は、ともに楽神般遮によって讃歎される歌であり、中華の韻律の文飾が加えられている点である。つまり、ともに梵唄になるだけの要素としての偶数句末の押韻を具えているということである。なお、先に示した『出三蔵記集』一二の「法苑雑縁原始集目録」には、梵唄作品として「帝釈楽人般遮瑟歌唄第一出中本起経」をはじめに載せている[31]。

以上のことからして、覓歴の製した「高声梵唄」とは、やはり「智行過百劫」からの八偈でなければならない。第一に、この八偈の偶数句末が通押しているため、すでに音楽的な用件を具えていることが根拠となる。押韻の状況は決して良好とはいえないが、三国においては陽庚部・陽東部・真寒部・真庚部は、それぞれ失韻ではなく、みな詩文中に押韻する作例が見出せる。したがって陰声韻の③偈を除いて、訳者が自覚的に陽声韻の -n や -ng といった鼻子音の収束音で統一していこうとしていたことは疑いない。さらに各偈の第四句には、みな「当礼……」を配置していることも止目される。なぜなら、その繰り返されるリフレイン効果によって、この偈を朗誦する際に、音楽的な一定のリズムが刻まれ、各偈が四句をもって完結する軽快感を付与するからである。そして⑦偈の句頭「行地印文」が、『高僧伝』一三の記事、「晋世に至りて高座法師あり。初めて覓歴に伝う。今の行地印文は即ち其の法なり」（五〇・四一五中下）と一致することは決定的な根拠となる。

第二に、この偈は楽神の般遮翼天によって歌われていることも大きな根拠となる。前述したとおり、この般遮翼天は楽曲に秀でており、また美声の天神として知られている。般遮翼天が楽器を奏して嗟嘆する漢訳経典（『太子瑞応本起経』と『普曜経』）の偈に、偶数句末に韻をふむものがあった事実からしても、他の天神らとともに五〇〇もの琴をもって音声の調和をはかりつつ仏徳を歌歎するこの「智行過百劫……」以下の五言八偈こそ、覓歴が帛尸梨蜜多羅から伝授された「高声梵唄」だったはずである。

以上の二点からして、この白延訳『須頼経』の五言八偈は、梵唄として再生されうるような条件をすでに具えていたことが理解されるのである。

おわりに

『開元釈教録』四（五五・五一九上中）の支施崙の項に、以下のようにある。

> 須頼経一巻
> 与曹魏白延・呉支謙・宋功徳賢所出須頼経同本。見**経後記**。第三出。咸安三年出。
> （中略）
> 優婆塞支施崙、月支人也、博綜衆経、特善方等。意存開化、伝於未聞。奉経来遊達於涼土。張公見而重之、請令翻訳。以咸安三年癸酉〈従晋年号也〉。（中略）涼州自属辞、不加文飾也。出**須頼経後記**及首楞厳経後記。

これによると、『須頼経後記』なるものがかつて存在したようである。おそらく、この後記には初出の支謙訳本や第二訳の白延訳本についても、何らかの情報が載せられていたのだろう。また、覓歴が撰述した『高声梵記』にも、師の帛尸梨蜜多羅から「高声梵唄」（＝行地印文）を相伝された経緯が記録されてあったはずである。しかし、これらはみな霧散して、すでに我われの眼前には存在しない。

本章では、白延訳『須頼経』の二つの偈が三国の詩文と同じように通押していることから、漢訳者による韻律配慮が自覚的に行われていたことを指摘するとともに、その有韻偈頌の一方が梵唄にも採用されていたことを考察してきた。そして、これが支謙による訳偈である可能性もあわせて指摘した。

ところで、支謙の撰と考えられる『法句経序』（『出三蔵記集』七）では、偈を「偈者結語、猶詩頌也」（仏典の偈とは総結のことばであり、ちょうど中華の詩頌のようである）と定義している。漢訳仏典の偈を中華の詩頌であると規定しえたのは、そのような漢訳を目指し、実際にそれを実現させることが可能であった支謙らしい説得力のある、しかも当を得たことばである。二〇世紀中国学の巨頭陳寅恪も、「論韓愈」の中で、漢訳仏典の偈を「似詩非詩」と述べている。[32] 確かに漢訳仏典の大多数の偈は詩として評価することはできないので、陳氏の言うとおりである。しかし、すべての偈が「非詩」ということではない。中華の詩文における絶対条件としての押韻は、支謙の訳経中において多く実現されることになり、このため漢訳仏典の偈は詩としての音楽的効果を具えることになったのである。仏教音楽としての梵唄が漢語で表現される以上、中華の詩の格律を積極的に受容し、より旋律豊かな歌曲に仕立てようとすることは、至当な措置ではなかろうか。[33] なぜなら、すでに漢訳されている有韻の偈があれば、それを梵唄の素材として採用するだけでよかったからである。

註

（1）長谷川慎「唄賛音楽の形成」（『文藝論叢』六〇、二〇〇三年）は、王運熙や王昆吾の説を受けて、覓歴の「高声梵唄」を白延訳『須頼経』中に説かれている「夫財日夕貪無厭」から「慧意焼悪無復煙」にいたる七言三二句偈（一二・五四上）であろうと推定している。しかし、後述するように、この七言偈は須頼によって波斯匿王が極貧であるとする由が述べられた叙述部分であり、場面設定としても、偈の韻律からしても（この七言偈は無韻である）、さらに仏や菩薩の功徳を讃歎する梵唄の素材としてもふさわしくない。

なお、漢語仏典の偈における句中の字数が変遷していくということは、梵語原典の影響というよりも、むしろ中華の詩の趨勢（四言→五言→七言）と連動しているのである。漢訳仏典には三言から一二言までの偈が存在するが、訳経がはじまる後漢からは四言偈・五言偈が主流であり、北魏以後には四言偈がしだいに減少して五言偈が多くを占めるようになる。しかし隋にいたって七言偈が増加すると、それにともない四言偈・五言偈が減少し、その傾向は唐宋においていっそう顕著になってくるのである（本書第一部第二章を参照）。また漢訳仏典の梵語原典の偈の一句中の音節数（字数）が対応しないことについては、平田昌司「義浄訳「根本説一切有部毘奈耶破僧事」はインド韻律をどう処理したか」（古田敬一教授頌寿記念『中国学論集』汲古書院、一九九七年）が指摘している。

（2）『大周刊定衆経目録』五に、「徳光太子経一巻、一名須頼問徳光太子経、一名頼咤和羅所問光徳太子経。十九紙」（五五・三九八下）とある。

（3）魏晋の推定音は「白」「帛」ともにbrak（-r-は二等を示す）とされる。

（4）馬鳴造・鳩摩羅什訳『大荘厳論経』七には、「我不斉為大富長者須達多等、亦度貧窮須頼多等。我不斉為大智舎利弗、亦為鈍根周利槃特等」（四・二九六上）とある。「須来」の「頼 lat」は、『切韻』で去声泰韻、三国においては入声韻尾が残存していた。

（5）なお『仏祖統紀』三五（四九・三三二上）には「甘露元年」とある。

（6）「咸和三年歳在癸酉（三二八）、涼州刺史張天錫、在州出此首楞厳経。于時有月支（氏）優婆塞支施崙、手執胡本。支博綜衆経、於方等三昧特善、其志業大乗学也。出首楞厳・須頼・上金光首・如幻三昧。時在涼州州内正聴堂湛露軒下集。時訳者帰慈（亀茲）王世子帛延善晋胡音。延博解群籍、内外兼綜。受者常侍西海趙潚・会水令馬奕・内侍来恭政、此三人皆是俊徳、有心道徳。時在坐沙門釈慧常・釈進行。涼州（張天錫）自属辞。辞旨如本、不加文飾。飾近俗、質近道。文質兼、唯聖有之耳」

（7）中嶋隆蔵編『出三蔵記集序巻訳注』六〇頁（平楽寺書店、一九九七年）を参照。なお、『開元釈教録』四（五五・五一九上中）にも転載されているが、若干の相違がある。

（8）香川孝雄『浄土教の成立史的研究』三三～三四頁（山喜房仏書林、一九九三年）を参照。なお、支謙に特有の訳語ではないにせよ、支謙訳経に見られる訳語が少なくはない。たとえば、善方便・善権方便・安詳・仁者・我曹・

汝曹・若曹・衣毛・乃爾・若干・閻浮利・疲極・慈悲喜護・正使・族姓子・不起法忍・清信士・清信女・婬怒痴・六度無極・釈迦文・漏尽意解・阿須倫などである。

(9) 支謙訳の有韻偈頌は、しばしば後世の同本異訳にそのまま転用されることがある。本書第三部の資料①《漢訳仏典有韻偈頌一覧表》を参照。

(10) 本書第二部第四章、第五章を参照。

(11) 同書三六〇頁・五七六頁・八九八頁。

(12) 同書一一一頁。

(13) 陳寅恪「四声三問」(『清華学報』九巻二期、一九三四年。後に『金明館叢稿初編』に収載。三三八頁、上海古籍出版社、一九八〇年。なお、三聯書店本〈二〇〇一年〉は三七八頁)。

(14) 「原夫梵唄之起亦兆自陳思。始著太子頌及睒頌等、因為之製声。吐納抑揚並法神授。今之皇皇、顧惟蓋其風烈也。其後居士支謙、亦伝梵唄三契、皆湮没而不存。世有共議一章、恐或謙之余則也。唯康僧会所造泥洹梵唄于今尚伝。即敬謁一契、文出双巻泥洹。故曰泥洹唄也。爰至晋世有高座法師、初伝覓歴、今之行地印文即其法也。籥公所造六言、即大慈哀愍一契。于今時有作者、近有西涼州唄、源出関右、而流于晋陽。今之面如満月是也。凡此諸曲並製出名師、後人継作多所訛漏。或時沙弥小児、互相伝授。疇昔成規殆無遺一。惜哉。此既同是声例。故備之論末」

(15) 梵唄については、第二部第四章を参照。

(16) 前掲の陳寅恪「四声三問」を参照。

(17) 本書第二部第四章を参照。

(18) 釈僧弁の梵唄と支謙訳『維摩詰経』と『太子瑞応本起経』については、『高僧伝』一三の経師篇に収められる釈僧弁の伝に、「弁は『古維摩』一契・『瑞応』の七言偈一契を伝う」(五〇・四一四中)とある。さらに釈慧忍の条にも「『瑞応』の四十二契を製す」(五五・四一四下)、そして魏陳思王曹植についても「『瑞応本起』を刪治し、(中略)契に在りては則ち四十有二なり」(五五・四一五上)とある。康僧会の梵唄と支謙訳『般泥洹経』の偈については本書第二部第四章を参照。

(19) 本書第二部第四章を参照。
(20)『歴代三宝紀』七（四九・六九上）には「覓曆」とあるが、今は「覓歴」で統一する。
(21)『法苑雑縁原始集』については、菅野龍清「法苑雑縁原始集経唄導師集について」（『印度学仏教学研究』四九巻二号、二〇〇一年）を参照。
(22) 中には出典が示されていないものもあるが、たとえば「支謙製連句梵唄記」は『中本起経』と『無量寿経』から作られており、「康僧会伝泥洹唄記」は現存する東晋失訳の『般泥洹経』の偈から転用されたものである。したがって、その他の梵唄も基本的には漢訳仏典の偈頌を典拠としていることが予想される。
(23) 陳思王曹植と釈慧忍は支謙訳『太子瑞応本起経』により、支謙は『中本起経』、『無量寿経』により、釈僧弁は支謙訳の『維摩経』と『太子瑞応本起経』により、康僧会も失訳の『双巻泥洹』（実は支謙訳）により、支曇籥は『超日明三昧経』によって、それぞれ梵唄を製している。
(24)『大正蔵経』では、「天帝釈告子言拘。或吾為仏座……」（一一・六一下）と誤読している。「拘或」とは支施崙訳本で「瞿或」とされる帝釈天の子の名である。
(25) 三国の韻部を示したのは、後述するごとく本経を呉の支謙による訳出であると想定するからである。なお、韻部については羅常培・周祖謨『漢魏晋南北朝韻部演変研究』（科学出版社、一九五八年）、周祖謨『魏晋南北朝韻部之演変』（東大図書公司、一九九六年）、Ding Bangxin, *Chinese Phonology of the Wei-Chin Period: Reconstruction of the Finals as Reflected in Poetry*（丁邦新『魏晋音韻研究』中央研究院歴史言語研究所、一九七五年）を参照。
(26) なお、この梵唄が「高声」と呼ばれることに関しては、前掲の長谷川慎〔二〇〇三〕を参照。ただし「高声」は音階の高い音声（これは高音という）ではなく、大きな音声の意である。
(27) 王昆吾・何剣平『漢文仏経中的音楽史料』一～二八頁（巴蜀書社、二〇〇二年）を参照。本書は漢語仏典における音楽に関わる史資料を経典から網羅的に蒐集している。この方面の研究にはたいへん有用である。
(28) 般遮の仏教における楽曲方面の役割については、霍旭初「〝般遮瑞響〟考」（『考証与弁析――西域佛教文化論稿――』新疆美術摂影出版社、二〇〇二年）が詳しい。氏は般遮の弾琴吟唱による梵天勧請の壁画が西域の亀茲国において多く見られることに注目し、般遮瑞響もこの亀茲国で発生したと述べている。

(29)　脚韻「定禅」は『普曜経』・『長寿王経』・敦煌本『太子瑞応本起経』（北六六四二）によって校訂した。三本では「禅定」（去声径韻・庚）に作るので失韻となる。

(30)　脚韻の「令融」は敦煌本（北六六四二）による校訂。高麗版「無厭」（去声艶韻・談）では失韻となる。

(31)　これは、『中本起経』を典故として般遮の梵唄が作られたということであるが、『中本起経』は初転法輪から説かれており、成道してから入涅槃を思いとどまるところに登場する般遮とその歌詠は説かれていない。したがって、思うにこれは『中本起経』ではなく、先に指摘したように『太子瑞応本起経』や『普曜経』のことであろう。

(32)　陳寅恪『金明館叢稿初編』（上海古籍出版社、一九八〇年）所収。三聯書店本（二〇〇一年）は三三一頁。なお原載は『歴史研究』一九五四年第二期。

(33)　言うまでもなく、すべての梵唄作品に押韻が具わっているということではなく、押韻している偈が梵唄の素材となる条件を具えているということである。

第九章　中国撰述経典における偈とその韻律

はじめに

仏典の漢訳がはじまる後漢から、いったいどれほどの時を隔てて中国撰述経典が述作されたのか、その詳細は不明であるが、『出三蔵記集』五の「新集安公疑経録」に、二六部三〇巻が一括分類されている事実から、四世紀中葉ごろまでにそれだけの数が存在していたことがわかる。現存する撰述経典の数量は、『開元釈教録』（七三〇年成書）に著録されている四〇六部一〇七四巻（疑惑再詳録と疑妄乱真録の合計）に遠く及ばないものの、敦煌石室や日本の寺廟などには、往時を知る貴重な資料として今なお珍蔵されている。[1]本章ではそれらのうち、経中に偈を含む文献だけを俎上にあげ、さらにそれらの中でも韻律の配慮（主に句末の押韻と句中の平仄）が施されている偈を研究の素材とするものである。

現存する撰述経典の中で、その経中に偈を含んでいるのは、入蔵と不入蔵とにかかわらず、わずかに四〇部を超える程度である。そこで本章では実見しえた資料にもとづいて、①中華の詩との関係、②テキストの校訂と原初形態の復元、③撰述年代の推定、④経典読誦との関連、⑤韻律の配慮にともなう疑経であることの露呈、⑥その他に分けて関連する諸問題を解明したいと思う。

一、撰述経典の有韻偈頌

中国撰述経典は漢訳仏典と違って経中に偈が多用されているわけではないので、より豊富な用例をもって結論的なことを導き出すのは容易なことではないが、偈頌全体の半数以上に韻律の配慮がなされているという事例を示してみたい。

資料の有韻偈頌を検証する際に、直接間接に閲覧しうる写本刊本はすべて捜索し、語句の異同を調査し、通押状況をたよりにして韻字を校讎した。なお、韻書は『広韻』（陳彭年、一〇〇八年成立）を用い、括弧内にその韻目を示した。また韻目のあとにはその時代の韻部も示した。そのさい周祖謨の『魏晋南北朝韻部之演変』（東大図書公司、台北、一九九六年）をはじめとする研究成果の蓄積を参照した。[2] また本章においては、『大正蔵経』八五巻に収めら

備　　考
胡適〔1961〕、蔡栄婷〔2003〕
→『大智度論』（25-94ab）
『集諸経礼懺儀』巻上（47-465c）
支謙『七女経』・『経律異相』
円空〔1992〕
→『法句譬喩経』（4-578c）
他の仏母経類も有韻
閻羅王の偈
龍興『観経記』
北京天華館敬印本（1928年） 牧田諦亮〔1976〕55頁

備　　考
『出三』失訳（一巻本）、『六度集経』・『賢愚経』に同じ
『出三』失訳、『法経録』疑経。最長の有韻偈頌
『出三』未著録、『法経録』疑経。『開元録』後漢失訳

表12　中国撰述経典有韻偈頌一覧表（不入蔵）

No	全 集	頁・段	経　典　名
1	大正蔵85	1334bc	妙好宝車経
2	大正蔵85	1351b	大通方広懺悔滅罪荘厳成仏経
3	大正蔵85	1370a～	究竟大悲経
4	大正蔵85	1391c～	仏性海蔵智慧解脱破心相経
5	大正蔵85	1405a	続命経
6	大正蔵85	1413bc	三厨経
7	大正蔵85	1416abc	示所犯者瑜伽法鏡経
8	大正蔵85	1425c	高王観世音経
9	大正蔵85	1459abc	七女観経
10	大正蔵85	1461c	救諸衆生一切苦難経
11	大正蔵85	1463a	釈家勧化愚頑経
12	蔵外仏教 1	381	涅槃仏母経
13	卍続150	778b～	預修十王生七経
14	敦煌秘笈1	491～	照明菩薩経
15	私蔵		大報父母恩重経

表13　中国撰述経典有韻偈頌一覧表（入蔵）

No	全 集	頁・段	経 典 名	漢 訳 者
1	大正蔵 3	142a	大方便仏報恩経 3	後漢失訳
	〃	151ab	〃　5	〃
2	大正蔵8	830b	仁王般若経　下	姚秦鳩摩羅什
3	大正蔵21	524a～ 528b	灌頂梵天神策経 （灌頂経10）	東晋帛尸梨蜜多羅
4	大正蔵21	912a	安宅神呪経	後漢失訳

れる敦煌写本の録文における脱文や誤植を、マイクロフィルムや『敦煌宝蔵』の影印によって改めている。

中国撰述経典は、『開元録』にいたって空前の数量にまで膨れ上がってきた。経録編纂者らは史家としての立場から仏の金言のみを伝えるべく、これらの経典に疑偽経の名を付与し、相応の評価を下して一蹴した。たとえそれらが一時代一地域において、漢民族における仏教受容と展開に関わる知的産物であり、かつ中国仏教学と仏教史研究における貴重資料であったとしても、一切経の書写や印刷大蔵経の対象からはずされ、その多くが消えていく運命を余儀なくされたのである。ところが、史家によって一網打尽にされたはずの疑偽経典の一部は、幸いなことにその網の目をくぐり抜け、今日まで翻訳経典（真経）として伝えられたり、あるものは熱狂的信奉者によって伝写され、あるものは日本に伝来し、また敦煌石室に封印され、さらにあるものは今日なお実際に用いられているのである。

こうした撰述経典において偈を有する経典は、入蔵されている疑偽経典を除き、不入蔵だけで三〇部を超える程度であり、そのうち有韻の偈は表12に示したように、わずか一五部でしかない[3]。漢訳経典のそれと比較すると、意外に少ないようであるが、実はそうではない。確かに漢訳経典における有韻の偈の分量は、撰述経典のそれをはるかに凌駕しているが、膨大な漢訳経典の偈頌全体の数量からすると、それは決して多いものとは言えず、わずかに全体の一割にみたない程度である。日中の研究者が大風呂敷を広げ、漢訳経典の偈に対し、足並みそろえて「無韻の詩体」と誤認しているのはこのためである[4]。

一方で、一五部を数えるにすぎない撰述経典の有韻偈頌ではあるが、これに入蔵されている撰述経典と思しきものを加えれば二〇部になろうとしている。偈をもつ撰述経典自体がもともと四〇部ほどしか現存していないのだから、半数を占めることになる。しかも重要なことは、そうした有韻の偈が漢訳仏典に増して、きれいに押韻するということである。たとえば『高王観世音経』や『七女観経』などは、一つ残らず完璧に押韻しているのである。これは三国呉の支謙が韻を配慮して漢訳した『維摩詰経』でも、押韻する割合は経中の偈全体の六割程度であったことに比べると歴然としている。また押韻だけではなく、経典によっては、たとえば『救諸衆生一切苦難経』のように声律としての平仄の配置（二四不同）をも配慮し、さらに『照明菩薩経』のように対句を用いた修辞にいたっては、中国撰述経典の有韻偈頌における顕著な特色となっているのである。

漢訳経典と中国撰述経典の偈における律動を比較することで、前者が漢訳体例という一定の規約のもとでなされる言語転換、そして後者がそうした枷械（制約・限界）に拘束されることのない自由な筆法という異なる条件を如実に反映していることが知られる。したがって、撰述経典の偈は宗教的「偈」というよりは、むしろ文学的「詩」としても機能し、またそのように評価できるわけである。[5]

二、撰述経典の偈とその韻律

ここでは、先に示した①～⑥の問題について具体的に順次検討していく。なお紙幅の都合もあって、すべての検証結果を述べることはかなわないので、それぞれ数例を摘記して考証を加えるにとどめる。

①中華の詩との関係

（1）割裂について

中華の詩においては、それが詩歌である以上は節奏というものがある。句中の字数の多寡に関わりなくそれは存在する。五言であれば第二字目の後にあり（○○／○○○）、七言句では第四字目の後にあって（○○○○／○○○）、これが旋律の基点となっている。そして、この節奏点は意味の単位と符合することが重要である。リズム上の節奏点ごとに意味もまとまっていることによって、詩としての評価が決定されるからである（例外もある）。
　ところで漢訳仏典の偈は、そうした暗黙の約束事を打ち破る割裂の現象がしばしば見られる。これは割裂と節奏（句中のリズム）という、いわば漢語に特有の表現法を前にして、訳者の漢語能力（習得語彙の豊富さと語法の素養）や漢訳条件（助訳者の有無や漢訳に要する時間）に限界があるからである。以下の二例はそれを物語るものである。訳経史において長行にあっては流麗な漢訳につとめ、偈頌においても韻律の配慮も怠らなかった呉の支謙に、以下のような割裂の偈があることはいささか当惑するが、節奏と語義の単位が一致しないことは事実である。語義で断句すると、矢印の下のようになる。

支謙訳『慧印三昧経』の偈（『大正蔵経』一五・四六四下～四六五上）

我自念無央　数恒辺沙劫　→　我自念　無央数恒辺沙劫
爾時於世有　仏名為福名　→　爾時於世有仏　名為福名
教授世間住　寿六十七劫　→　教授世間　住寿六十七劫
爾時法王衆　僧復無央数　→　爾時法王衆僧　復無央数

世親造、菩提流支訳『無量寿経優婆提舎願生偈』の偈（二六・二三一上中）

正覚阿弥陀　法王善住持　→　正覚阿弥陀法王　善住持
同地水火風　虚空無分別　→　同地水火風虚空　無分別
雨天楽花衣　妙香等供養　→　雨天楽花衣妙香等　供養

何等世界無　仏法功徳宝　→　何等世界　無仏法功徳宝

このような不具合は中華の詩作においても確かに存在する。そして漢訳仏典の偈においても少なくはない。ただ名翻訳家の誉れ高い鳩摩羅什の訳経中には少ない。

これに対して中国撰述経典の偈には、右のような句間をまたぐ詞彙の割裂の現象はまずもって存在しない。それは何よりも翻訳という言語の転換作業が介在しない上、漢語を母語とする知識人によって撰述されるからに相違なかろう。それらの用例は煩を避けてここではあげず、以下の各節に示す偈をもってそれに替えることを諒とされたい。

（2）押韻と平仄について

ひとくちに韻文と言っても、たとえば『詩経』に収録される詩歌と唐代の近体詩が異なるように、その特色はさまざまであるが、押韻という条件は決して変わることはない（句中韻と句末韻を問わない）。それは漢語の詩歌における基本的なリズムを決定する要件が、句中の音節数を均一化することと押韻にあるからである。一方、平仄にいたっては五世紀のころに詩作者らにようやく意識されはじめ、その作品の中に顕在的となってきている。撰述経典における有韻偈頌は、漢訳仏典のそれと比較すると、明らかに押韻や平仄がより自覚的に配慮されていることがわかる。ここにそれが最も顕著にあらわれている『救諸衆生一切苦難経』（八五・一四六一下、底本は敦煌本の斯一三六）を示す。

本経は『新菩薩経』と『勧善経』とともに同一料紙に連写されることが多く、互いに関連していることは、その用いられている語句の類似性からも首肯できる。五十数点の敦煌写本を含めたテキストの校勘は、円空の「『新菩薩経』『勧善経』『救諸衆生苦難経』校録及其流伝背景之探討」を参照されたい(6)。唐代の八、九世紀に成立したと考えられる本経は、経典の冒頭に置かれるいわゆる六成就は存在せず、「天台山中有一老師……」ではじまり、最後に偈が接続している(7)。校訂した結果として、本経の偈は以下のようになるであろう（句末の括弧に『広韻』の韻目を示す）。

黒●風○西○北●起●　東○南○興○鬼●**兵**◎（平声庚韻）
永●常○天○地●闇●　何○得●心○不●**驚**◎（平声庚韻）
先○須○断●酒●肉●　貪○瞋○更●莫●**生**◎（平声庚韻）
人○能○慎●此●事●　仏●道●一●時○**行**◎（平声庚韻）

第四句目の「何○得●心○不●驚◎」では二字目の「得」と四字目の「不」が二四不同（二字目と四字目の平仄が相違する）を犯すことになり平仄配置がうまくないが、他の敦煌本をもって解消されるのである。それは次の②テキストの校訂と原初形態の復元において問題とされるべきであるが、これは斯三六八五にある「何○得●不●心○驚◎」を採用することで、すべて平声庚韻で押韻し、二四不同の格律も正格となる。平仄から齎される旋律を優先したことによって語順が倒置されてしまったが、こうした現象は韻文において珍しいことではなく、これによって文意が変わってくるというわけでもない(8)。このように押韻から平仄にいたるまで、周到に修辞されている偈としては、他に『預修十王生七経』にも見られる。

②テキストの校訂と原初形態の復元

これは先の①に確証があってこそ可能な作業となる。中国撰述経典は翻訳仏典と異なり、真理を伝達するための言語転換の労苦がともなわない。よって、韻律を配慮した偈を創作することは、漢訳経典に比して、さほど困難な作業ではなかったはずである。撰述経典における有韻偈頌の数量は割合からすれば多く、しかも当該の偈における合韻率も漢訳経典のそれ以上の数値を見せていることがその証しである。また、脚韻だけでなく句中の平仄配置においても校訂の対象となりうる。

（1）東晋帛尸梨蜜多羅『灌頂梵天神策経』灌頂経第一〇（二一・五二四中下）

本経は『出三蔵記集』四（五五・三二中）において失訳とされる。『灌頂経』一二巻が東晋の帛尸梨蜜多羅による漢訳ではないことは、先学の研究からも明らかであるが[9]、ここでは『灌頂経』第一〇の「梵天神策経」一巻に説かれる偈について述べてみたい。敦煌写本としては中国国家図書館所蔵敦煌写経の北新〇三一八[10]、および英国の斯一三二二の二写本だけである。高麗本などの諸版本と校讎してみて、敦煌本は趙城金蔵や高麗版よりも、むしろ宋元明の三本に近しいテキストであることがわかる。

さて、この一〇〇偈の中で、左記のように脚韻にもとづいて校訂することができるものがある（二一・五二四中下）。

一子行五逆　為汝作禍**災**（平咍・咍）　→　三本作「殃」（平陽・陽）
劫奪人財物　離散失骨**骸**（平皆・咍）
当在空野中　骼露不得**埋**（平皆・咍）

世世不見好　地獄中徘徊（平灰・咍）

第二句、高麗本と敦煌本（北新〇二一八・斯一三二二）が「……作禍災」に作り、宋元明の三本では「……作禍殃」である。ここは他の偶数句末が平声の皆韻と灰韻であることによって、高麗本と敦煌本の「災」をもって原初形態と推定することが可能となる。総計一〇〇偈のほぼすべてが押韻している事実からしても、ここだけが失韻であったとは考えがたいからである。宋元明の三本は、何らかの事情で「殃」に改められてしまった系統なのであり、その系統では偈が押韻していることが感知されていなかったということでもある。

（2）『続命経』（八五・一四〇五上、底本は斯一二一五）

本経は常識的な経典の体裁を採っていない。おそらくは随身携行して延命を祈願するお札（護符）として用いられたのであろう。そしてその韻文は記憶して口ずさむための配慮であると考えられる。

敦煌石室諸本（北八二四七、斯三七九五・五五八一）においては、すべて長行の行どりで書写されているので、韻文であることが感知されなかったのかもしれない。『大正蔵経』（底本は斯一二一五）においても長行として排版されている。これを斉言に組みかえた上で敦煌諸本をもって校訂すると、平声庚韻と清韻によって押韻していることがわかった。本経の成立は唐代であろうか。

一願三宝恒存立　二願風雨順時**行**（平庚）
三願国王寿万歳　四願辺地無刀丘（平尤）→敦煌異本作「刀**兵**」（平庚）
五願三塗離苦難　六願百病尽消除（平魚）→敦煌異本作「除**平**」（平庚）

七願衆生行慈孝　八願屠人莫殺**生**（平庚）
九願牢囚所得脱　十願法界普安**寧**（平青）
眼願莫見刀光刃　耳願不聞怨殃**声**（平清）
口願不用為心語　手願不殺一衆**生**（平庚）
総願当来値弥勒　連辟相将入化**城**（平清）

第四句の「刀丘」は単に「刀兵」の誤写であると予想されるが、第六句の「消除」と「除平」は明らかに押韻を意識したヴァリアントである。したがって、ここはそれぞれ校本の「刀兵」と「除平」を採用し、これをもって本経の原初形態とすべきである。

③撰述年代の推定

（1）『七女観経』（八五・一四五九上中）

敦煌石室写本の『七女観経』[11]は、呉の支謙によって漢訳された『七女経』一巻[12]、そして宝唱の『経律異相』巻三四諸国王女部に「波羅奈国王七女与帝釈共語」と題して引用される『七女経』[13]と同内容を有する経典である。これら三経典が別々に漢訳されたものではなく、支謙訳『七女経』から『経律異相』所収の『七女経』へ、さらに敦煌本『七女観経』へと再編されていったことは、次章で明らかにする。このうち敦煌本『七女観経』の偈は八句で構成されており、平仄の配置に無頓着であることは否めないとしても[14]、押韻は完全と言ってよい。その第三女の偈の脚韻からして本経の成立が八世紀以降であることが言えそうなのである。

第一女説偈言
□□重其○身　如似●好宝●**珠**◎（平虞）
企視●鵝容○歩　姿則●欲入●**居**◎（平魚）
□死●棄塚●間　禽獣●競共●**疽**◎（平魚）
一切●皆如○是　何用●於世●**殊**◎（平虞）

第二女説偈言
譬如○一身○居　人去●宅無○**光**◎（平唐）
身死●如神○誓　乃知○此非○**恒**◎（平陽）
今睹●死尸○観　忽然○遇豺○**狼**◎（平唐）
一切●皆如○是　安得●有久●**長**◎（平陽）

第三女説偈言
譬如●馬駕○車　車破●而馬●**去**◉（去御）
四大●解散●時　魂神○依何○**住**◉（去遇）
初集●四大●時　来従○何所●**処**◉（去御）
乃知○此非○常　唯福●可恃●**怙**◉（上姥）

（第四女以下略）

第三女の首頷頸聯の脚韻字「去・住・処」は去声御韻・遇韻で押韻しているが、尾聯の脚韻字「怙」のみが上声姥韻（小韻「戸」、喉音全濁匣母）となっているので、厳密には押韻していないことになる。しかし、これは濁音上声変去説によって説明することができるのである。[15] すなわち、唐代八世紀の北方普通話には全濁声母の上声字は去声に変化することが立証されている。[16] よって、この第三女の偈は首顎頸の三聯の韻字がすべて去声であるので、尾聯脚韻の濁音上声「怙」字は去声で読唱していたと判断することが可能である。それは同時に本経が唐代以降の音韻体系を具える者によって編撰されていたことを意味する。

（2）『救諸衆生一切苦難経』（八五・一四六一下）

黒風西北起（●○○●●）　東南興鬼**兵**（○○○●◎）（平庚）
永常天地闇（●○○●●）　何得不心**驚**（○●●○◎）（平庚）　→　斯一三六作「何得心不**驚**」（○●○●◎）
先須断酒肉（○○●●●）　貪瞋更莫**生**（○○●●◎）（平庚）
人能慎此事（○○●●●）　仏道一時**行**（●●●○◎）（平庚）

前述したように、本経の偈は諸本をもって校訂すると右のようになるはずである。そして、この偈の平仄配置を点検すると二四不同が詩の規格に準拠していることがわかる。反法または粘法にいたってはいまだ不十分であるが、脚韻といいよく措辞されている。作詩において二四不同は六世紀には顕在的になることから、本経の成立年代は経録その他で不詳ながらも、あくまでも韻律および平仄からすると、隋から初唐あたりを下限として想定しうる。なお参考までに、五〇点にものぼる本経の敦煌本の中で最も年代の早いものは、斯四九二四の貞元九（七九三）年の写本である。[17]

④経典読誦との関連

大乗の経典には、『法華経』がその代表とされるように、当該の経典みずからがその受持読誦を勧めており、そしてこれは大乗における大きな実践徳目とされている。経典が読誦を奨励しているからには、当然ながら容易に読誦できるような文体に翻訳していくことが、漢訳者に課せられた責務だったはずである。もし漢訳者がこの要求に応じえなければ、その漢訳された経典は内に矛盾をかかえ、実用に堪えられず用いられなくなってしまうだろう。それを避けるために、訳者は漢語の特性を熟知しておかなければならず、その語学の力量が試されるわけである。つまり、発音・声調・音節・表意性などであるが[18]、中でもとりわけ音節数（字数）が重要である。漢字は一字一音節という原則から、句のまとまりは字数に支配されている。したがって、字数だけを均一化しておけば、経典を読誦するときに一定のテンポが得られることになる。翻訳者はこれを用いて、散文（長行）に対しては四字一句による二拍の連続を維持させようとしている。実際に魏晋南北朝期に漢訳された経典の長行が四六体となっているのは、当時の文学界の趨勢でもあり、またそれを意識した漢訳者の自覚的配慮のあらわれに相違なかろう。さらに長行のみならず原典の韻文（偈頌）に対しては、三字・四字・五字・六字・七字・八字・一二字を一句とする偈頌に仕立てたのである。テンポがよければ、読唱が容易になり、暗記にも便となり、また聞いて心地よいので、そうした経典は長く広く重用されることになる。鳩摩羅什の訳経を筆頭に、南北朝期に漢訳された多くの経典には、長行と偈頌とを問わず、句中の字数を均一化していこうとする意図を見てとることができる。そして、こうした配慮はなにも漢訳経典だけにとどまらず、魏晋南北朝の撰述仏典における長行にあっても偈頌にあっても全般的に言えることである。結局それは中華の文章論そのものを反映しているのである。つまり、四六が盛行した中国文学界の趨勢と連動して仏典にも受容されていった結果であり、ことに長行では二音節で一拍を数える漢語の特性によって、句中の字数を偶数でまとめることで安定感を維持し、同時にテンポよく、よどみなく読みすすめていくことを可能にする。一方の偈頌においては、その多くが五言と七言の奇数で占められ、それぞれ各句の下三字二拍のうち五字と七字の後に半拍分の休音をもたせることで、次の句に移行するための停頓がうまく機能し、長行とは異なった音楽的な律動によって独特の効果をもたせることになるのである。[19] こうして長行と偈頌は、それぞれ句中の字数の均一化をはかるが、経典読誦においては明らかに異なるリズム（句中の字数が偶数と奇数）のコントラストを演出し、大勢で唱和される宗教儀礼としての読誦において、音楽的・文学的な付加価値が添えられてくる。それは、単調で味気なく形骸的な経典読誦に陥らないようにするべく、こうした工夫が施されたのであろう。

さて、ここでは撰述経典の韻文についてのみ考察してみよう。上述した字数の均一化だけにとどまらず、もしそこに韻の配慮が加わったならばどうだろうか。脚韻と平仄の配慮が具わっていれば、詩歌としても通用する偈となり、よりいっそう受持読誦という実用に堪えうる文体となるのではなかろうか。そして、こうしたことは実際に中国撰述経典の偈頌に顕著にあらわれているのである。以下にその例をあげる。

『高王観世音経』

昼夜修持、心常求誦此経、能滅生死苦、消伏於毒害。（八五・一四二五中）

『照明菩薩経』

仏言、若有善男子善女人等、聞此経者、七日七夜転読此経、終不虚也。今世後世不見地獄餓鬼畜生。何以故。聞此照明経故。

若得聞是照明経者、不墮地獄・餓鬼・畜生三途、八難苦悩之処、眼亦不見、耳亦不聞。聞者生天、何況自読転

教余人。（羽田記念館写真第六〇行）

『妙好宝車経』

仏語宝車菩薩、有能受持宝車菩薩経者、設入大海、（中略）譬如魚鱉在海水中出没自在、不畏虎狼。（後略）（八五・一三三四下）

『救諸衆生一切苦難経』

至心読誦者、得成仏道。（八五・一四六一下、本経は書写も奨励する）

『預修十王生七経』

造此経受持読誦。（『卍続蔵経』一五〇・七七七中）

若造此経、読誦一偈。（同七七八中）

汝当流伝国界。（同七八一上）

これらの撰述経典は、すべてその経中に押韻する偈を含んでおり、しかも右に示しておいたように経典みずからが受持読誦することを奨励している。したがって、この偈頌への韻律配慮と読誦の奨励とは、必ず相関していると考えられる[20]。

経典というものは純粋文学作品と異なるため、長行にあっては駢儷体のように対句や典故を駆使するなど、文章を極端に飾り立てるようなことはしない。偈についても、五字や七字の句作りに仕立てられているものの、その韻律は押韻も平仄も中華伝統の詩における格律に沿うことはない。それが漢訳仏典における文章の実際である。しかし、中国撰述経典における一部の撰述者たちは、読誦を奨励しその功徳を説く経典を編纂する過程で、口唱する詩としても機能しうるように、偈の韻律配慮に意を注いでいたのである。これは経典の読誦が、記憶の便、読み易さ、聞き心地のよさ（音楽的リズム）に関わっているという現実の問題を前にして、撰述者らに意識されていたものと考えられる。[21] その経典が読誦を奨励しておきながら、漢訳者や撰述者の語彙力や表現力がわざわいして、読誦に不向きな文章スタイルとなってしまった経典は、実際の読誦に供されなくなり、それればかりか後世への伝承を危うくすることになるだろう。『春秋左氏伝』（襄公二五年の条）には孔子のことばとして、「言は以て志を足し、文は以て言を足す。言わざれば誰か其の志を知らん。之を言いて文なきは、行わるるも遠からず」とあるが、これは漢訳と中国撰述とを問わず、すべての漢語仏典にも当てはまる内容ではなかろうか。つまり、釈迦の内証はみずからの説教によって表現され、さらにそれは文飾されることによっていっそう明瞭となる。説教なくしてどうして内証が知られようか。また説教するにしても、その言辞が飾り立てられていなければ、法は決して弘通することはないということになる。仏典は文学作品ではないといっても、ひとたび漢語で表現されている以上、それはすでに中華の文章論の規範に従い、一定の拘束を受けることになる。拘束されることは窮屈ではあるが、定められた規範からは、逆に技巧的な美しさが生みだされる。そして、そうした配慮が可能であったのは、支謙や鳩摩羅什などわずかな漢訳者と、漢語を母語とする中国撰述経典の編纂者だけだったと思われる。読誦するならば、それにふさわしい美しく旋律のある漢語文章に仕立てることは必須の要件となるのである。

なお、前述の『灌頂梵天神策経』（灌頂経第一〇）における一〇〇偈は、神策を用いて卜占する当該典籍の性格から、偈頌全編を通読することはないが、各偈は別個に口唱されるものである。したがって、これも広義には受持読誦（暗誦）と無関係ではないだろう。

⑤韻律の配慮にともなう疑経であることの露呈

三国呉の支謙訳経典のように翻訳でありながらも韻律を具えたものもあるが、それにしても押韻から平仄まで周到に配慮されていたり、それに近い体裁をとっているものは、その分だけ偽経の馬脚を露わすことになる。[22] ここでは、およそ漢訳経典には認められないような、極端に華美に修辞された偈を紹介する。

◎『照明菩薩経』（『敦煌秘笈』影片冊一）

本経は敦煌写巻中に一本だけ現存する。[23] 巻首を欠く残欠本（二〇七行が残存）で、尾題に「仏説照明菩薩経」とあることや、本経を引用した典籍と比較することによって、歴代の経録において、すべて不入蔵とされた『照明菩薩経』であることが判明した。

経録の初出は、開皇一四（五九四）年撰の『法経録』二の衆経疑惑に見え（五五・一二六下）、『大唐内典録』では「頭陀照明菩薩経」ともされる。内容的にはいわゆる「王舎城の悲劇」が説かれており、中国では龍興（六五五～七一二?）の『観無量寿経記』に引かれている。[24] また、『妙法蓮華経』譬喩品の「三車」の譬喩や、『涅槃経』の「一切衆生悉有仏性」も見られるので、その成立は五世紀中葉以降ということになる。さらに『四分律』の二五〇戒をめぐって、インドの律典には見られないような独断的な特徴もあらわれる興味ぶかい撰述経典である。[25]

さて本経は断簡とはいえ、その中に多くの偈が見られる。それらのうち韻を配慮しているものは、第四五行からの五言四八句、および第九三行からの五言八句の二箇所である。ここでは後者のみをあげる。

色白●不過○**雪**◉　　色黒●不過○**漆**◉
人貴●無過○王　　味貴●無過○**密**◉

此照●明経○者　経中○最第●一◉
十二●部経○中　照明○経第●七◉

この第九三行の偈はすべて入声質韻で押韻し、初句の「雪」も入声薛韻で通押となっており、五世紀末ごろから見られる平仄（二四不同）も万全である。本経の成立が南北朝中葉以前に遡りえないことを、こうした韻律からも概ね推断できるというものである。さらに首聯（第一・二句）と頷聯（第三・四句）には対偶表現を用いているので、十分に詩の条件を具えていると言えよう。近体詩の格律に照らすとき、入声押韻であり、奇数句末に平声の「王」と「中」が用いられ、また粘法・反法に準拠していないことからも、本経はやはり五世紀末以降の南北朝後期に成立したものと想定できる。

さて、この八句からなる偈頌が興味深いのは、単に詩律を具えているということだけではない。それは尾聯に「十二部経中　照明経第七」と説かれていることである。本経が十二部経のうち第七に相当するというのであるが、十二部経の内容や順序は、それが示される典籍によってずいぶんと異なっている。第七にあてられているのは、たとえば未曾有法（adbhuta-dharma：阿浮陀達磨）であったり（『大智度論』三三ほか）、本生（jātaka：闍多伽）であったり（『中阿含経』一ほか）、譬喩（avadāna：阿波陀那）であったりする（『雑阿含経』四一ほか）。よって本経の撰述者が十二部経中の第七に、何を想定していたかにわかに判断できないということになる。

そもそもこのような対象を特定しえない曖昧さは、他に類例を見ないものであり、いささか当惑してしまう。そこで以下のことが推定できる。すなわち本経の撰述者は、十二部経の第七が何であろうと、それ自体なんら関心はなく、むしろ第六句目の脚韻字「一」（入声質韻）と押韻させるために、「七」を配置せざるをえなかったということである。そこには意味を正確に伝達しようとすることよりも、韻を合わせようとする意図が明らかに読み取れる。型どおりのスタイルを優先させようとするあまり、根拠のない場当たり的な措辞をすることは、撰述経典においてこそ可能なのであって、真理の伝達を最優先すべき翻訳経典にはありえないことではないだろうか。

蛇足ながら、通押させるためだけの措辞ならば、「第八」（入声黠韻）としてもよかったが、「一」と同一韻目の「七」がよりふさわしかったというだけのことである。いずれにせよ、このような措辞と平仄配置（二四不同）によって、本経が疑偽経典であることが露呈してしまっているのである。

◎東晋帛尸梨蜜多羅『灌頂梵天神策経』灌頂経第一〇（二一・五二四上〜五二八中）

僧祐『出三蔵記集』一二には「法苑雑縁原始集目録」がある。これは僧祐が仏教関係の書籍を集めて、『法苑雑縁原始集』の名のもとに収載したものであり、その目録だけをこの『出三蔵記集』に掲載したわけである。残念ながら実際の『法苑雑縁原始集』に列挙される各資料は現存していないが、その目録に著録される『法宝集』下には、「策卜縁記第六、出梵天策経」（法苑雑縁）とある。『灌頂梵天神策経』にもとづくものであり、おそらく実際に神策を用いて卜占したときの事例が記されてあったと思われる。なお本経の巻末には卜占方法が仏によって示されている。

ところで、帛尸梨蜜多羅はその伝記に「不学晋語」とあり、また人と会話をする際には通訳の助力をかりなければならなかった[26]。一方、この「梵天神策経」はほぼ全編が偈頌によって構成されており、その総計一〇〇偈はほぼすべて押韻し、かつ八句ごとにきれいに換韻されている。漢語を善くしない帛尸梨蜜多羅が、その字音を識別して、全編有韻偈頌で構成される本経を漢訳することは到底不可能であり、したがって、『法経録』など諸経録がそろって偽妄と断じているとおりである[27]。成立は『出三蔵記集』に著録されていることから、五世紀の終わりにはすでに存在していたということになる。

さて、先にも述べたごとく本経には七九六句からなる仏教経典における最長の有韻偈頌が説かれている。偈は八句ごとに換韻している(28)ので九九偈と最終の四句一偈で、総計一〇〇偈となる。ただし、宋元明の三本・金蔵・敦煌写本には最終の四句はないので、七九二句九九偈となっている。しかしながら、偈が説かれる直前に、「出梵天結願一百偈頌以為神策」、「演説卜経一百偈頌以示万姓」とあることから、もと一〇〇偈が原初形態であったはずである。全編にわたって平上去入のいずれかの声調でほぼ完璧に押韻しており、これほど押韻する仏典の偈は他の追随を許さないほどである。神策を用いた卜占という中華の俗習のみならず、こうしたところにも疑偽経典であることが露見しているといえるのである。各文言八句はそれぞれ竹・帛の策（おふだ）に書き付けられ、それを引いた者は、押韻しているだけに容易に暗記し、口ずさむことができたに違いない。

1若聞仏呪**経**　百魅皆消**形**（平青・庚）
舎宅得安隠　県官不横**生**（平庚・庚）
迴向無上道　梵天帝相**栄**（平庚・庚）→三本作「常層**営**」（平清・庚）
仕宦得高遷　世世獲嘉**名**（平清・庚）
2既能有好心　不能平其**本**（上混・魂）
供養不専一　功徳日減**損**（上混・魂）
前行已不善　改更亦不**晩**（上阮・魂）
今悉令吉利　禄位自然**返**（上阮・魂）

3 先身無福慶　是故堕罪**中**（平東・東）
不信於三宝　軽笑慢世**雄**（平東・東）
現世獲苦悩　従此致命**終**（平東・東）
積罪如丘山　業報真無**窮**（平東・東）
（中略）
98 子欲遠治生　慎莫信他**語**（上語・魚）
但正一心念　釈梵為等**侶**（上語・魚）
所求自如意　大利天当**与**（上語・魚）
存情向三宝　衆聖之所**許**（上語・魚）
99 慎莫作偸盗　偸盗非好**名**（平清・庚）
貪心取他物　後報作畜**生**（平庚・庚）
以償其宿罪　輪転靡不**経**（平青・庚）　→　明版作「靡不**軽**」（平清・庚）
出入不自由　鎖械其身**形**（平青・庚）
100 得善無悪縁　戒神常擁**護**（去暮・魚）
梵天説神策　吉祥不相**誤**（去暮・魚）　→　この四句、高麗版のみにある

⑥その他

偈の押韻状況と句数をたよりとして、転写する際の句の欠落を指摘することができる。なおこれと同様の現象は、

漢訳の竺法護訳『龍施菩薩本起経』や西晋失訳『玉耶女経』の偈にも当てはまる。[29] ここでは紙幅の都合により、『妙好宝車経』の一例にとどめる。

◎『妙好宝車経』（八五・一三三五上中）

僧祐の『出三蔵記集』五の新集疑経偽撰雑録を開巻すると、『妙好宝車経』をはじめて著録して次のように記している（五五・三九上）。

宝車経一巻　或いは妙好宝車菩薩経と云う。
右一部、北国淮州の比丘曇弁撰し、青州の比丘道侍改治す。

僧祐が「曇弁撰し」と記すように、本経は淮州の曇弁が撰述した偽経で、また青州の道侍が改治したという。僧祐が本経撰述にまつわる情報をどのように入手したのかは不明ながら、他にも『灌頂経』や『提謂波利経』など、数多くの疑偽経典の撰述者が明らかにされていることからしても、当時は広く知られていたのではないかと想像される。

本経に関する先行研究としては、まず牧田諦亮の業績があげられる。[30]「北魏の庶民経典」の中で写本の種類や成立と内容、そして既訳の経典からの影響などを論じている。また、かつて胡適（一八九一〜一九六二）は『妙好宝車経』についての手稿を起草し、経録にもとづいて五世紀末の偽経と認めた上で、「この種の韻文は中古時代にあっては非常に流暢なものであったと考えられる」と述べていることは重要である。[31] 胡適が本経の偈の韻について説き及んだことは、中国撰述経典の偈における楽曲リズムに関する、おそらくはじめての指摘と言えるのである。[32] さらに近年、蔡栄婷が、「敦煌本《妙好宝車経》研究」を発表した[33]。これは本経の撰者である曇弁や敦煌本を含む四種の写本の校異考釈を示し、既存経典からの影響を調査し、また作者の曇弁が用いた本経における文学的な表現手法にまで考察を広げ、前掲の牧田論文の遺漏を追補した力作である。しかし、その文学方面の検討は譬喩表現に対する品評にとどまり、偈の韻律について沈黙したのは遺憾である。

さて、『大正蔵経』所収の中村不折旧蔵敦煌写本は巻首残欠本ではあるが、奥書には「大業十三（六一七）年」とあるように隋末の写本である[34]。経中にはまとまった偈が二箇所に見られる。はじめは五言一二〇句の偈であり、平去入声いずれかの声調でほぼ通押している。二つめは五言六九句からなる偈で、こちらもすべて平声で通押している。これらは明らかな失韻も含まれており、たとえ北魏に撰述されたとしても、当時の通押の許容範囲から逸脱するものである。ここでは二つめの偈だけを示す（八五・一三三五上中）。なお、先の蔡栄婷〔二〇〇三〕が中村不折本と敦煌本の伯二一五七（紙背）の校異を示しているので便である。

如母得子病　殺生求魔神（平真・真）-jien
不得一言福　罪如須弥山（平山・先）-æn
念人衰老時　百病同時**生**（平庚・庚）
水消如火滅　刀風解其**形**（平青・庚）
骨離筋脈絶　大命要当**傾**（平清・庚）
吾欲畏是故　求道願福**生**（平庚・庚）
唯念老病死　三界是大患（平刪・寒）-uan　→　「患」平去両読[35]

福尽而命終　棄之於皇**泉**（平仙・先）-juɛn
身爛還帰土　魂魄随因**縁**（平仙・先）
吾欲畏是故　求道勝泥**洹**（平元・先）
（中略）
放恣著五欲　行業之所**牽**（平先・先）
譬如歴養馬　挙頭看青**天**（平先・先）[36]
但作地獄行　不知念生**天**（平先・先）
智者楽福徳　愚者利養**身**（平真・真）
如馬貪水穀　好語詠不**聴**（平青・庚）
展転鑊湯中　苦痛難可**陳**（平真・真）
　　　　　　語我家中**人**（平真・真）→三句の脱落あるか？
欲求過度我　焼香請道**人**（平真・真）
不経八難苦　皆由宝車経（平青・庚）
身直影亦直　身曲影直**難**（平寒・寒）
心直事事直　心曲直事**難**（平寒・寒）
魚鱉隠在海　掃地求活**難**（平寒・寒）
猿猴急依樹　無樹脱亦**難**（平寒・寒）

人急依於仏　無戒求仏難（平寒・寒）-an
放身自縦恣　衆魔競来前（平先・先）-ien

以上の偈における真先部、寒先部、真庚部の通押は、古く晋宋の詩にも見られるが、本経が撰述された北魏になると激減の一途をたどる。まず真部と先部の通押は両晋で六二例あったものが、劉宋で二例、北魏には用例がなくなる。寒部と先部は晋で一三七例もあるが、劉宋北魏では合わせて一八例のうち、北魏は一例となっている。『広韻』の韻目先・仙・元は三国では寒部に属していたが晋にいたって分部して先部として独立した。したがって晋代の作家の中には依然として作詩中に一三七例の押韻を確認できるが、劉宋以降になってもなお一八例を検出することができるのである。また真部と庚部はそれぞれ韻尾が -n と -ng の鼻子音で収束する。その通押例は晋で八例あるが、劉宋の詩文でわずかに一例、そして北魏になると皆無となる。このように本経が撰述された北魏において、上記の韻部の通押例はそろって激減している(37)。これはもはや通押というよりも例外でしかなく、文学作品中の韻文であれば、甚だ危ういものとなっていた。このように十分な押韻とは言えないものの、偶数句末にはすべて平声を配し、その韻字は語尾が鼻子音韻尾 -n または -ng で収束する陽声韻によって統一がとれていることも事実である。これは偶然などと言えるものではない。すなわち撰述者によって韻字の配慮が意図的に行われていたことは瞭然としている(38)。

また、撰述者の出身地も考慮されなければならない。つまり方音の問題であるが、『出三蔵記集』五では「北国（北魏）淮州の比丘曇弁」といい（五五・三九上）、『歴代三宝紀』九では「斉の武帝の世、元魏淮川（州）の沙門釈曇弁」という（四九・八五下）。そして『高僧伝』一三（経師篇）に見える曇弁も「斉代」と記される（五〇・四一四下）。このように資料によって北朝であったり南朝であったりする。前掲の蔡栄婷〔二〇〇三〕は、曇弁は南朝宋の彭城王劉義康（四〇九～四五一）の第六子にして、その活動地域は南朝宋の徐州であり、梁代になりこの南北の境界に位置する地に淮州が置かれ、東魏になって併合されたと述べている。[39] 彼の出自と活動地域からすると、本経の偈を北魏詩の用例に当ててその通押状況を検証するよりは、劉宋や南斉のそれに照らして是非を論ずべきなのかもしれない。

さて、上引の偈は前述のとおり六九句[40]からなっているが、中国撰述経典の偈というものは有韻無韻に関わりなく、通常は偶数句によってまとめられる。それは句末押韻を要求する中華の韻文スタイルに準拠させようとするからである。したがってこの六九という奇数句はなんとも落ち着きがわるい。おそらく、もとは偶数句であったと思われるが、書写の段階で数句（おそらくは三句）が欠落してしまったのではなかろうか。それはこの偈の押韻状況からもそのような推定が可能となるだろう。まず確認しておくべきことは、本経の偈は不十分ではあるものの、撰述者曇弁は偶数句末に語尾が -n と -ng で収束する陽声韻をもって、しかも平声で押韻を志向していたと断言できることである。ところが偈の初句から偶数句はそのように配置されていながら、終わりに近づくと、すなわち『大正蔵経』でいうと一三三五頁中段第三行目のあたりから最終句にいたるまで、陰声韻・入声韻の、しかも平声でない語が偶数句末にあらわれて失韻となっている。そこでもとは六九の奇数句ではなく、七二の偶数句で構成されていたと仮定して、『大正蔵経』の最終第六九句の「衆魔競来前」を第七二句と想定した上で、ここから逆に前方に押韻単位を調査すると、期待どおり -n の鼻子音で押韻していることが確認されたのである。ところが一三三五頁中段第三行目のあたりまで遡ると、またしても失韻となってしまう。実はその部分に脱句があると予想されるのである。つまり「苦痛難可陳」と「語我家中人」との間におそらく三句ほどの脱落があると考えられるのである。なお脱落したのが三句と想定することには二つの理由がある。一には、通常四句をもって一つの押韻単位とする漢語の韻文で、本経の偈のごとく六九句以上で四で割り切れる最少の句数が七二句となるからである（もちろん七六句や八〇句も想定しうる）。二つには、経典の書写にあって一行の字数は概ね一七字前後とされているので、本経のような一句五言の偈は一行に三句（一五字）が収まることになる。したがって書写作業中の視線乖離によって誤って一行とばして筆写する場合には、必然的に三句が脱することになるからである。(41)

ところで慧皎の『高僧伝』一三の経師篇というのは、美声をもって経典や梵唄を転読歌詠する僧伝を採集した章篇であり、その転読歌詠にあっては単に美声だけにとどまらず、歌詞そのものにも華美な修辞が要求されると規定している。(42) 慧忍伝の最後には、法隣、曇弁、慧念、曇幹、曇進、慧超、道首、曇調の八人の僧名を連ね、「凡そこの諸人、並な斉代に名を知らる」（五〇・四一四下）とある。その中には曇弁の名も見えている。はたして『妙好宝車経』の撰述者曇弁は、この経師篇に名を連ねる曇弁と同一人物なのだろうか。すでに述べたように、押韻させることで華美に飾り立てた偈を含む経典は、その読誦との関わりが認められるのであり、この『妙好宝車経』もまさしく有韻偈頌を含み、しかも読誦を奨励する経典であった。以上のことを勘案するとき、経師篇に名を立てられている曇弁であればこそ、あながち両者は別人とも言えないのではなかろうか。

おわりに

本章において紹介した経典は、どれも翻訳経典には見られないような格律が具わっている。翻訳という拘束から逃れて自由に表現しうるからこそ、より中華の詩律に準拠できたわけである。そして、そのような中国撰述経典に説かれる偈の韻律を調査することによって、はじめに示したような諸問題（①〜⑥）がいくぶん解明できたかと思う。また同時にその意義についても関説したのであった。すなわち、撰述年代の想定、漢訳と撰述の峻別、当該テキストの校訂と原初形態の復元、中古音韻研究への材料提供などに本研究における意義を認められるのである。

インド原典の韻文 gāthā は流沙を越えて漢土に到り、そこで偈として漢訳されてゆく。ところがそこにはすでに伝統的な韻文が存在していたため、漢訳された偈は視覚的に斉言詩のスタイルを受容することになった。しかし、一部の漢訳者たちは視覚だけでなく、不十分ながらも韻文の格律（押韻・平仄）を取り入れて詩的な偈の漢訳に成功した。一方で、もとより言語転換の労苦をともなわない中国撰述経典は、中華の韻文そのものを意識した上で創作されていることが判明した。このように、インドの gāthā から中華の偈へ、そしてその偈から詩的な偈へ、さらに詩的な偈から詩そのものへという変遷をうかがうことができる。つまり、仏教の東漸にともない、異言語の壁に衝突することでインドの韻文（音節と長短）が一度は解体するものの、再び中華の韻文（音節と押韻・平仄）として再構築されてゆく過程が解明できるのである。

【追記】

本稿を提出（二〇〇五年）した後に、出口常順蔵トルファン出土仏典断片図録『高昌残影』（法藏館、一九七八年）に『妙好宝車経』の写真が掲載されていることを、落合俊典国際仏教学大学院大学教授にご示教いただいた。それは「佛説宝車菩薩経」を尾題とする巻末一七行の断簡であり、同書においては唐代写本に分類されている。幸いにも本稿で問題とする偈頌部分の「不知念生天」から巻末までが残存している（『大正蔵経』八五・一三三五頁中段一行目から）。そして以下のとおり、藤枝晃編著『トルファン出土仏典の研究――高昌残影釈録――』（法藏館、二〇〇五年）に翻刻校訂が付されている。

□□□□□　不知□□□　□□□□□　□□□□□
□馬貪□□　視語不能□　□□□□□　□□□□□
出復縁刀山　下復上剣樹　苦□□可陳　□□□□□
欲求過度世　焼香請道人　不逕八難苦　皆由宝車□
（以下略）

ここに他の写本にはなかった「□□□□□　出復縁刀山　下復上剣樹」の三句が存在することが確認できる。先に述べたように、筆者は偶数句末の押韻状況と書写作業中の視線乖離を理由に、「苦痛難可陳」の直後に三句が脱落していると予想していた。実際にはその直前の脱落であったという点では予想に反したが、原初形態として六九句ではなく、やはり七二句であったということは正しかったのである。したがって、諸本校訂を通過させると該当部分は以下のようになるだろう。

　　　　　　不知念生天　智者楽福徳　愚者利養身
如馬貪水穀　好語詠不聴　展転鑊湯中　□□□□□
出復縁刀山　下復上剣樹　苦痛難可陳　語我家中人
欲求過度我　焼香請道人　不経八難苦　皆由宝車経

このように復元することによって、前述した押韻状況に若干の修正が必要となってくる。新たに三句を加えることで、「下復上剣樹」が偶数句に配置され、その韻字「樹」が押韻単位となるのである。これは欠損した二句前の韻字がなお不明なため、はたして押韻なのか、それとも失韻なのかは即断を許さないが、本経の偈は前述したとおり平声の陽声韻で押韻しているはずであった。したがって、陰声韻・上声麌韻の「樹」は押韻としてはふさわしいとは言えないのである。

註

（1）現存する中国撰述経典の数量について、方広錩は「敦煌遺書と奈良平安写経の異同」において、敦煌石室に一一〇種以上が存在することを報告している（二〇〇五年度公開シンポジウム『仏教古写経研究の意義をめぐって――奈良平安写経と敦煌写経――』国際仏教学大学院大学）。また、日本にも名古屋七寺（稲薗山長福寺）所蔵本など少なからず現存している。

（2）周祖謨『魏晋南北朝韻部之演変』に多く依ったが、他にも馬宗霍「唐人用韻考」（『音韻学通論』四、商務印書館、一九三一年）、羅常培『唐五代西北方音』（国立中央研究院歴史言語研究所　単刊甲種之一、一九三三年）、羅常培・周祖謨『漢魏晋南北朝韻部演変研究』（科学出版社、一九五八年）、羅宗濤『敦煌変文用韻考』（衆人出版社、一九六九年）、Ding Bangxin, *Chinese Phonology of the Wei-Chin Period: reconstruction of the Finals as Reflected in Poetry*（丁邦新『魏晋音韻研究』中央研究院歴史言語研究所、一九七五年）、周大璞「敦煌変文用韻考」（『武漢大学学報』哲学社会科学版、一九七九年）、李栄「隋韻譜」（『音韻存稿』商務印書館、一九八二年）、都興宙「敦煌変文韻部研究」（『敦煌学輯刊』一九八五年第一期）、鮑明煒『唐代詩文韻部研究』（江蘇古籍出版社、一九九〇年）、劉綸鑫主編『魏晋南北朝詩文韻集与研究（韻集部分）』（中国社会科学出版社、二〇〇一年）などを利用した。

（3）ここではその成立が一一世紀（敦煌写本）を超える経典は扱わなかった。今後の進展によってはさらに増加するものと考えられる。たとえば有韻偈頌を含んだ『消災免難阜王経』や『救渡父母血盆経』などは一一世紀以後の成立であると想定される。

(4) 本書第一部第三章を参照。
(5) 「詩」と「偈」の相違については本書第一部第三章を参照。
(6) 円空「『新菩薩経』『勧善経』『救諸衆生苦難経』校録及其流伝背景之探討」(『敦煌研究』一九九二年第一期)
(7) 斯三六八五は偈の直前に「勧善偈」とあるが、撰述当初からこのような名称が付与されていたとは考えられない。
(8) 小川環樹『中国詩人選集　唐詩概説』一三八頁(岩波書店、一九五八年、後『小川環樹著作集』第二巻に所収、筑摩書房、一九九七年)を参照。
(9) 望月信亨『浄土教の起原及発達』(共立社、一九三〇年)所収「支那撰述の疑偽経」など。
(10) 全八紙(麻紙)からなり、一紙二九行あるいは三〇行、北京図書館善本組編『敦煌劫余録続編』一五七頁(北京図書館善本組、一九八一年)の記載どおり隋朝ごろの写経と判定しうる。保存状態は良好で裏打ちされ、表紙に蟠龍の刺繡が施される旧大谷家所蔵本である(二〇〇一年九月二九日の調査による)。『大谷光瑞氏寄託経巻目録　第壱分冊　旅順博物館』三〇頁(龍谷大学仏教文化研究所、一九八九年)も参照。
(11) 敦煌写本は、斯一五四八・五八三九の二本がある。『敦煌宝蔵』一一巻・四四巻に所収、『大正蔵経』八五・一四五九(二九一三番)に録文あり。
(12) 『大正蔵経』一四・九〇七(五五六番)
(13) 『大正蔵経』五三・一八五(二一二二番)
(14) 五世紀末には顕在的となる二四不同という句中の平仄配置は、本経の偈頌全体の半数に満たない程度である。
(15) 濁音上声変去説に関連させて本経の偈頌が理解しうると助言されたのは、高田時雄教授(京都大学人文科学研究所)である。
(16) 王力『漢語史稿』上冊、第二九節(一)濁上的変去(中華書局本一九三頁、一九八〇年)、同『漢語語音史』所収「晩唐―五代的声調」(中国社会科学出版社本二五八頁、一九八五年)、同『漢語詩律学』(第二五節古体詩的用韻(中)通韻、上海教育出版社本三四八頁、一九七九年、初版一九五八年)、および「濁音上声変化説」(一九二七年稿、『王力文集』第一八巻、山東教育出版社、一九九一年)。他に史存直「唐七家詩中的陽上作去現象」(『漢語音

韻學論文集』華東師範大学出版社、一九九七年）など。なお范新幹は「濁上変去発端於三国時代考」（四川大学漢語史研究所編『漢語史研究集刊』第二輯、巴蜀書社、二〇〇〇年）において、濁上変去は早く三国にはじまるとして、三国の詩文中から六人の八作品をもって論じている。

(17) 円空は前掲論文〔一九九二〕において、敦煌写本における連写経『新菩薩経』、『勧善経』、『救諸衆生一切苦難経』は、その識語から敦煌が吐蕃に占領されていた時期（七八七年から九世紀中ごろ）に集中していることから、この時期に同じく撰述されたとする。ただし斯六六二の『新菩薩経』のみが長安四（七〇四）年であるので、同時に成立したと想定することには疑問が残る。

(18) 原典を表意文字の漢語に翻訳する際に問題となるのが、音写という転換作業である。一つの文字に意味と発音と形態を有する漢字を音写語として用いる場合には、よほど慎重に文字を選ばなくてはならなかったはずである。後に定着する音写語は別として、新たな音写語を創作するときには、当該の語彙が音写語であることが明瞭に判断できなければならないのである。

(19) 中国詩における五言や七言の音節からくるリズム論については、松浦友久『中国詩歌原論――比較詩学の主題に即して――』（大修館書店、一九八六年）、同『リズムの美学――日中詩歌論――』（明治書院、一九九一年）や、古川末喜『初唐の文学思想と韻律論』（知泉書館、二〇〇三年）などを参照されたい。

(20) 脚韻をふむ偈を有するすべての疑偽経典に受持読誦が併説されているわけではない。たとえば『七女観経』がそうである。なお、ここで注意すべきは押韻させた偈が必ずしも民衆的（民衆に対する配慮）とは言えないということである。押韻する偈を読誦して聞かせたからといって、これを聞いて理解できたとは考えられないのである。

(21) なお翻訳経典において受持読誦と有韻偈頌の相関性を示唆するものとして、『称揚諸仏功徳経』と『六菩薩亦当誦持経』の後半の偈をあげることができる。前者は称揚とあるように口誦性の濃厚な経典であり、後者は経題に「誦持」とあるように読誦を勧励する経典である。両経はともに偈頌にあっては押韻させる配慮が見られるのである。

(22) 中国撰述経典における隠蔽工作としていくつかの痕跡を当該の経中に見出すことができる。漢訳経典の体裁を具えることは言うまでもないが、その他にもたとえば、仏説であることの強調（『護身命経』、『妙好宝車経』など）、抄経への批判（『小法滅尽経』、『提謂波利経』など）、他の経典や教法に対する優越性（『天公経』、『浄度三昧経』など）を説き示すことである。

(23)　全一〇紙からなり総計二〇七行、一紙二八行あるいは二三行、一行一七字で統一されている。六朝後期の写巻と思われる。李盛鐸旧蔵であり、現在は武田科学振興財団杏雨書屋の所蔵である。影印は『敦煌秘笈』影片冊一（財団法人武田科学振興財団、二〇〇九年）に掲載されている。なお、落合俊典「李盛鐸旧蔵照明菩薩経探賾」（香川孝雄博士古稀記念論集『仏教学浄土学研究』永田文昌堂、二〇〇一年）では、『敦煌秘笈』が刊行される前の写真資料（京都大学附属ユーラシア文化研究センター、通称羽田記念館に写真資料が保管されていた）からの書誌的情報や経録における記載、佚文との比較、そして内容の梗概を紹介している。その翻刻には林敏「李盛鐸旧蔵『照明菩薩経』解題・翻刻」（『仙石山論集』一、二〇〇四年）がある。

(24)　この龍興が自著『観無量寿経記』に引用した『照明菩薩経』の佚文を、浄土宗三祖良忠（一一九九～一二八七）が『観経疏序分義伝通記』第一（『浄全』第二、二三七頁下五行）に載せていることで判明した。なお『観無量寿経記』そのものは散逸しており、恵谷隆戒が『浄土教の新研究』（山喜房仏書林、一九七六年）の中で復元している。

(25)　『四分律』の二五〇戒に対して、五陰（色・痛痒・思想・生死・識）にそれぞれ五戒をかけて二五戒、これにさらに身本一〇事をかけて二五〇を算出する。さらにこの二五〇戒は内外それぞれ有するとして合して五〇〇となり、この五〇〇に六根（眼・耳・鼻・口・身・意）をかけて三〇〇〇威儀になると説いている。何を根拠としたのかは不明であり、中国的な変容と考えられる。

(26)　『出三蔵記集』一三（五五・九九上）、『高僧伝』一（五〇・三二七）

(27)　『梵天神策経』を偽妄とするのは、『法経録』（五五・一三八中）、『彦琮録』（五五・一七四上）、『静泰録』（五五・二一二上）、『内典録』（五五・三三五中）などである。

(28)　北京本（北新〇三一八）は換韻される八句ごとの天界上に朱点がつけられている。

(29) 本書第二部第五章、第六章を参照。
(30) 牧田諦亮『疑経研究』（京都大学人文科学研究所、一九七六年）を参照。
(31) 「這種韻文、在中古時代、可算是很通暢的了」。中国近代人物文集叢書『胡適学術文集　中国仏教史』五九二頁（姜義華主編、中華書局、一九九七年）の「仏説妙好宝車経」項を参照。なお、この論稿は胡適の一九六一年一〇月七日付の手記である。
(32) 胡適は唐代浄土教の法照が作った礼讃偈に対しても、同じように韻律配慮の事実を指摘している（『白話文学史』上巻所収「仏教的翻訳文学（下）」二一一頁、上海新月書店、一九二八年）。
(33) 『新世紀敦煌学論集』（巴蜀書社、二〇〇三年）所収。
(34) 磯部彰編『台東区立書道博物館所蔵　中村不折旧蔵禹域墨書集成』三巻（二玄社、二〇〇五年）が刊行され、これによって中村不折旧蔵写本を写真で確認することが可能となった。本論で扱った『妙好宝車経』は、これにもとづいて『大正蔵経』における誤植を訂正した。
(35) 引用中に「患」（去声諫韻）と「泉」（平声仙韻）の押韻単位がある。『広韻』で「患」は去声諫韻のみで平去両読ではないが、漢語仏典中には「患」が去声と押韻するものもあれば、平声と押韻するものも一〇例以上も検出できるので、南北朝においては平声で発声することもあったようである。
(36) 底本では句末の「天」を「雲」（平声文韻）に作るが、伯二二五七によって改めた。
(37) ただし、逯欽立輯校『先秦漢魏晋南北朝詩』（全三冊、中華書局、一九八三年）で各時代の詩作数を比較すると、北魏詩の数量は漢魏両晋南北朝期を通して最も少ない。単純に用例の多寡をもってこの時代の通押を検証することはできないと思われるが、劉宋においてもその用例が減少している事実から、前記の寒部と先部の通押も積極的に支持することはできないだろう。
(38) 同じような例としては、後漢失訳とされる『後出阿弥陀仏偈』も五六句偈であり、その二八の韻字のうち四字を除いてすべて陽声韻の平声でそろっている。また他にも魏の白延訳『須頼経』の偈頌も自覚的な配慮を見てとることができる。本書第二部第十二章を参照。

(39)　蔡栄婷〔二〇〇三〕では、淮州を現在の河南省泌陽県とし、青州を山東省広饒県とする。鎌田茂雄は淮州を現在の河北省滄州地区献県に、青州を山東省益都郡にそれぞれ比定している（『中国仏教史』第四巻、二〇三頁、東京大学出版会、一九九〇年）。また蔡氏は本経撰述者の曇弁と、『宋書』六八に見える彭城王劉義康第六子の曇弁や、『高僧伝』一三の経師篇の最後に名を連ねる曇弁（五〇・四一四下）とはみな同一人物であるとしている。

(40)　『大正蔵経』の底本となっている中村不折旧蔵敦煌本と、フランスの敦煌写本（伯二一五七V）は、いずれも六九句である。写本については蔡栄婷〔二〇〇三〕を参照。

(41)　この理屈は竺法護『龍施菩薩本起経』の偈や、西晋失訳『玉耶女経』の長行中の韻文にも当てはまる可能性がある（本書第二部第五章、第六章を参照）。

(42)　「但転読之為懿、貴在声文両得。若唯声而不文、則道心無以得生。若唯文而不声、則俗情無以得入。故経言、以微妙音歌歎仏徳、斯之謂也」（『高僧伝』一三、五〇・四一五中）

第十章　敦煌本『七女観経』とその偈

はじめに

呉の支謙によって漢訳された『七女経』一巻は歴代の経録において入蔵され、『大正蔵経』一四巻（五五六番）にも収められている。そして、この経は他に二種の異本が存在する。一つは天監一五（五一六）年に成った宝唱の『経律異相』巻三四諸国王女部に「波羅奈国王七女与帝釈共語」として引用される『七女経』（『大正蔵経』五三・一八五）であり、もう一つは敦煌石室写本の『七女観経』（斯一五四八・斯五八三九の二本、『敦煌宝蔵』一一巻・四四巻、『大正蔵経』八五・一四五九）である。分量からいうと支謙訳の『七女経』は『静泰録』以降の経録に六紙とあるように最も長く（現存『七女経』と一致する）、ついで宝唱の『経律異相』に引用された別本の『七女経』（以下『経律』本とする）であり、敦煌本の『七女観経』は最も短くおそらく一紙に収まる程度である。いずれにせよ、これら三種は抄訳でも抄出でもなく、以下に示すようにそれぞれが別々に成立したと考えられる。なお、他にも吉蔵（五四九～六二三）の『三論玄義』や、玄応（生卒年未詳、隋唐）の『一切経音義』においても、わずかながら引文が残されている。(1)

本章はとくに偈の組成と韻の状況をたよりにして、敦煌本『七女観経』の成立について論じるものである。

一、異本の存在

ここで『七女経』、『経律』本、『七女観経』の内容を比較してみたい。[2] いま最も充実した『七女経』の説相を瞥見してみると大きく三段に分類することができるだろう。

①七人の美しい娘を誇るバラモンが仏のもとを訪れるが、仏は外見ではなく心意が正しい者こそをよしと説く。

②仏は過去の因縁譚を説く。

③仏は世の無常を説き、また執着を離れるべきことを説く。

これに対して『経律』本と『七女観経』は前後の①と③が見られず、中間の②だけが説かれている。[3] その②の内容、すなわち過去の因縁譚とは以下のようなものである。国王の娘にして道心ある七人の姉妹（七女）が城外に遊観したところ、狐狼に食いあらされた屍を見て、世の無常を主題とした偈を七人それぞれが詠ずる。これを聞きつけた帝釈天が降り来たって、娘たちの望むところを尋問するが、帝釈天はその崇高な望みに応じえないと答える。ついで娘たちは迦葉仏のもとに行き、法を聞いて授記せられ、男身に変作して阿惟越致を獲得した、というものである。

次に経録ではどのように扱われているだろうか。まず『出三蔵記集』では支謙訳の『七女経』が著録され、また「七女本経一巻」（『大正蔵経』五五・二六下）なるものが新集続撰失訳雑経録に収められている。ところが『歴代三宝紀』にいたって三種の異訳があるとして漢訳者を配当させた上で記録しているのである。まず巻五の支謙訳の条では、

七女経一巻　安云く阿毘曇に出ず。一に女本経と云う。初出なり。（四九・五七中）

とあり、巻六の西晋竺法護の条には、

七女本経一巻　第二訳。呉世支謙の出すものと同じ。（四九・六四下）

また巻九の西秦聖堅の条にも、

七女本経一巻　第二出。支謙の出すものとは大同小異。また七女本心明経と名づけ、また七女経と名づく。支敏度の都録を見よ。（四九・八三下）

とある。このように経録によれば、支謙・竺法護・聖堅の三人がそれぞれ本経を漢訳していたことになり、後にこの記載が踏襲されていく。ところが『開元録』一五の別録中有訳無本録では（五五・六四〇下）、

七女本経一巻　西晋三蔵竺法護訳　第二訳。
七女本経一巻　亦た女本心明経と名づけ、亦た七女経と名づく。乞伏秦沙門の釈聖堅訳す。第三訳。
右前後三訳。一は存し二は闕く。

表14　国名・国王名・七女名対照表

	『七女経』	『経律』本	『七女観経』
国名	波羅那	—	波羅那国
国王名	機惟尼	脂旬尼	冥縁王
一女の名	羞耽	淑調	—
二女の名	須耽摩	異妙	—
三女の名	比丘尼	除貪	—
四女の名	比丘羅輸	清守	—
五女の名	沙門尼	息心	—
六女の名	沙門密	静友	—
七女の名	僧大薩耽	僧婢	—

とあるように『開元録』が編集される智昇の周囲には、すでに右の竺法護と聖堅の訳本の存在を確認できず、初出の支謙訳だけが現存著録（五五・四八八中）されたのである。

ともかく、現存する三種（『七女経』・『経律』本・『七女観経』）に対して、経録においても三種（支謙訳・竺法護訳・聖堅訳）を著録していることになり、はたしてこれらがそれぞれうまく比定しうるか論及されなければならないであろう。そこで現存三種を詳細に比較すると、『経律』本はその引用の最後に「出仏説七女経」とあるにもかかわらず、支謙の『七女経』とは相違し、『七女観経』にしても『七女経』や『経律』本とも一致しないことが判明した。三種にあらわれる国名・国王名・七女名をそれぞれ対照表にしてみると表14のとおりである。

それだけにとどまらず、七女がそれぞれ説く偈の句数・句中の字数・配列順も三経でそれぞれ相違しているのである（ただし配列順だけは『経律』本と『七女観経』は同じ）。

以上のことから、『経律』本は「出仏説七女経」と注記するとはいえ、それは現存する支謙訳『七女経』から取材したのではなく、支謙訳以外の別本『七女経』から取材したと言わざるをえない[4]。支謙訳『七女経』に存在しない情報が『経律』本にあらわれていることも考えあわせると[5]、他に訳本が存在していたことを想定せざるをえないのである。つまり、宝唱のころには支謙訳本以外の『七女経』（竺法護または聖堅訳本か？）が存在していたのであろう。また小部の経典である敦煌本の『七女観経』についても他の二本と合致しないことから、やはり異本と考えるのが自然である（歴代の諸経録で、この「七女観経」という経題は著録されていない）。また、宇井伯寿〔一九六九〕は偽経の可能性を示唆している。[6]

二、偈の比較

次に経中に見られる偈を取りあげてみる。『七女経』・『経律』本・『七女観経』に見られる偈は、王の七人の姉妹がそれぞれ一偈ずつ説くことになっており、その内容は三種とも本質的には同じく人生の無常を主題としたものであるが、その順序が以下のように相違している。

『七女経』　：1・2・3・4・5・6・7
『経律』本　：1・7・3・5・4・6・2
『七女観経』：1・7・3・5・4・6・2

また、句数と句中の字数も相違している。句中の字数を均一に整える斉言偈は、gāthā を翻訳して偈にする際の最低限の配慮（音数律）であり、それは東漢の支婁迦讖からなされているが、支謙訳『七女経』の各偈は、句中の字数が不統一な雑言の偈になっている。ところが、『経律』本と『七女観経』では五字一句の斉言偈によって説かれている。ここに三種の偈を対照してみる。

①『七女経』（一四・九〇八中）
第一女言、寧可各作一偈、救死人魂魄耶。六女皆言、大善。
第一女言

此人生時　好香塗身　著新好衣　行歩衆中　細目綺視　於人中作姿則
欲令人観之　今死在地　日炙風飄　主作姿則者　今為所在
第二女言
雀在瓶中　覆蓋其口　不能出飛　今瓶已破　雀飛而去
第三女言
乗車而行　中道捨車去　車不能自前　主使車行者　今為所在
第四女言
譬如人乗船而行　衆人共載而渡水　得岸便繋船　棄身体去　如棄船去
第五女言
有城完堅　中多人民　皆生長城中　今城更空　不見人民　為在何所
第六女言
人死臥地　衣被常好　従頭至足　無有欠減　今不能行　亦不能動揺　其人当今
為在何所
第七女言
一身独居　人出去其舎　舎中空無有守者　今舎日壊敗

②『経律』本（五三・一八五下）
第一女言

世人重其身　好衣加宝香（平陽）-ng
綺視雅容歩　姿則欲人観（平桓）-n
死皆棄於塚　何用是飾厳（平厳）-m
第二女言
譬如一身居　人去舎毀**傾**（平清）
神遊而身棄　莫能制其**形**（平青）
痴貪謂可保　安知後当**亡**（平陽）
第三女言
観神載形時　猶馬駕車**行**（平庚）
車敗而馬去　可知此非**常**（平陽）
第四女言
本見城完好　中人楽安**居**（平魚）
所求未央足　何便忽空**虚**（平魚）
第五女言
若乗船度水　至当捨船**去**（去御）
形非神常宅　焉得久長**居**（平魚）
第六女言
人死依塼臥　形具尚鮮好（去号）

挺然不動揺　厥神安所在（上海）

第七女言

如雀在瓶中　羅縠覆其**口**（上厚）

縠穿雀飛去　神自随行**走**（上厚）

③『七女観経』（八五・一四五九上中下）

第一女説偈言

□□重其○身　如似●好宝●**珠**◎（平虞）

企視●鵝容○歩　姿則●欲入●**居**◎（平魚）

□死●棄塚●間　禽獸●競共●**疽**◎（平魚）

一切●皆如○是　何用●於世●**殊**◎（平虞）

第二女説偈言

譬如○一身○居　人去●宅無○**光**◎（平唐）

身死●如神○誓　乃知○此非○**恒**◎（平陽）

今睹●死尸○観　忽然○遇豺○**狼**◎（平唐）

一切●皆如○是　安得●有久●**長**◎（平陽）

第三女説偈言

譬如●馬駕○車　車破●而馬●**去**◉（去御）

四大●解散●時　魂神○依何○住◉　（去遇）
初集●四大●時　来従○何所●処◉　（去御）
乃知○此非○常　唯福●可恃●**怙**◉　（上姥）

第四女説偈言
譬如○好城○墎　衆人○楽安○**居**◎　（平魚）
所求○未厭●足　何其○忽空○**虚**◎　（平魚）
人命●如草●木　春長○冬以●**枯**◎　（平模）
唯有●修福●徳　智慧●随身○**軀**◎　（平虞）

第五女説偈言
人之○不修○福　譬如○乗船○**渡**◉　（去暮）
四大●乖離○時　如船○捨岸●**去**◉　（去御）
↓
「乖」：大正蔵経誤作「乗」
地定●風不●動　火微○水還○**故**◉　（去暮）
身非○神常○宅　安得●久長○**処**◉　（去御）

第六女説偈言
如人○好荘○厳　形著●諸繒○**綵**◉　（上海）
自縦●取時○栄　故使●欲人○**待**◉　（上海）
挺然○不動●揺　其神○安所●**在**◉　（上海）
↓
「挺」：大正蔵経作「人侹」、今拠文意改
観世○塚間○屍　将来○宜応○**改**◉　（上海）

第七女説偈言
如雀在瓶中　羅縠覆其**口**（上厚）
縠穿雀飛去　神明随所**受**（上有）[7]
四大和合時　如雀瓶中**有**（上有）
唯有修善福　智慧随身**首**（上有）

まず『七女経』の偈であるが、第一女が「各作一偈」と提案することで七女が順次偈を説いていく。各偈の字数はまちまちであり（雑言）、句中の字数だけは整えようとする漢訳仏典の偈の格式に準じていない。「各作一偈」としながらも実際は漢訳偈頌の規範的スタイルではないのだ。偈の漢訳に並々ならぬ配慮を施していた支謙による訳出にしては珍しい用例となるので、いささか戸惑いを感じる。

次に『経律』本の『七女経』である。一女と二女の偈は六句であり、他はみな四句構成となっている。本経は前述したように、支謙訳の『七女経』から取材したものでないことは明らかである。それはこれまで述べてきたように、偈の順序が相違していることや、新たな情報が盛りこまれていること、そして偈が五字一句の斉言となっているからである。支謙以外の漢訳者として、他に竺法護と聖堅が経録にあげられているが、現在のところ判断材料がないので、『経律』本の漢訳者に関しては保留せざるをえないだろう。ただ、この偈は偶数句末に韻目を示したように、二女・三女・四女・五女・七女の偈は不十分ながらも押韻させようとする訳者（または撰者）の意図を読み取ることができる。七女の偈をそれぞれに見ていくと、まず一女では「香」「観」「厳」が韻字となっているが、これらはすべて陽声韻ではあるものの、各々 -n, -ng, -m で収束する相違があって押韻とはならない。二女と三女は陽部と庚部の通押となっている。この通押例としては、後漢から晋にかけて多く見られる。庚部に属す字の韻母が陽部に接近していたためであり[8]、仏典では東晋失訳（筆写はその韻律から支謙訳と想定している）の『般泥洹経』にも同じ例を見ることができる[9]。次の四女・五女・七女の偈は完全に押韻している。そして六女のそれは明らかに失韻となる。『経律』本では以上のように一女と六女の偈に失韻が認められるとしても、他は魏晋において押韻または通押するのである。そして、このいささか不十分な押韻は、次の『七女観経』において完璧な措辞がなされていく。

敦煌本『七女観経』の偈は、最もよく整備されていると言える。各偈はすべて八句で構成されており、平仄の配置に無頓着であることは否めないとしても[10]、押韻は完全と言ってよい。これは先の『経律』本における不完全な韻とは大きな相違である。つまり、より良いものを完成しようとする漢訳者（または撰述者）の意図を、字数の統一と脚韻の配慮からうかがうことができるわけである。

さて、この『七女観経』の偈が明らかに『経律』本と類似していることは右に対照させた引文からも確認できる。これは、どちらかが他方を下敷きにして成立しているということである。その成立の前後関係を言えば、やはり偈の句数や押韻の整備を考慮に入れるとき、『経律』本が先行し、これを参看しながら『七女観経』が成立したものと考えられるだろう。

ここで、この『七女観経』の成立年代について述べなければならない。『経律』本よりも後に成立したということについて、さらに第三女の偈に止目することでこれを補強することができると思われる。その脚韻からして本経の成立が九世紀以降であることが言えそうなのである。

第三女説偈言
譬如馬駕車　車破而馬**去**（去御）
四大解散時　魂神依何**住**（去遇）
初集四大時　来従何所**処**（去御）
乃知此非常　唯福可恃**怙**（上姥）→読唱音は去声暮韻

この第三女の偈における首顎頸聯の脚韻字「去・住・処」は去声御韻・遇韻で押韻しているが、尾聯の脚韻字「怙」のみが上声姥韻（小韻「戸」、喉音全濁匣母）となっている。筆者は当初これを四声相配の通韻とみなしていたがそれは誤りであり、濁音上声変去説によって説明することができるのである。[11]現代漢語では、たとえば北方普通話や南方の方言の中には、旧韻書における上声字が全濁声母の条件下で去声（高降調、普通話の第四声に多い）に変化する現象がある。それを濁音上声変去と言い、早く一九二七年に王力が「濁音上声変化説」を発表して論じている。[12]問題はこの濁上変去の現象がいったいどこまで遡りうるかということである。これについては詩詞における押韻単位の悉皆調査がなされ、現在では遅くとも唐代八世紀には全濁声母の上声字は去声に変化することが立証されている。[13]孟浩然（六八九～七四〇）と王維（七〇一？～七六一）には濁音上声の押韻単位がそれぞれ一例にとどまり、そのためこれを確実に立証することは難しいが、つづく李白（七〇一～七六二）になると二例、杜甫（七一二～七七〇）に四例、白居易（七七二～八四六）に及んでは二二例、柳宗元（七七三～八一九）では七例（または八例）ほど濁上変去の現象が作品中に見られるのである。[14]無論それらの事例は格律が厳格な近体詩においてではなく古体詩においてである。その後は敦煌変文中にも数例見うけられる。[15]ともかく盛唐以後の北方普通話にはすでに濁上変去現象は確実に認められるのである。ある押韻単位を濁上変去と認定すべきか、あるいは単なる上去通押とすべきかの判定は細心の注意が必要で、史存直（一九九七）や、また范新幹の「濁上変去発端於三国時代考」（三二二頁、四川大学漢語史研究所編『漢語史研究集刊』第二輯、巴蜀書社、二〇〇〇年）において述べられているので参考となるだろう。[16]

さて、本経第三女の偈は首顎頸の三聯の韻字がすべて去声であることから、尾聯脚韻の濁音上声「怙」字の読音は、去声暮韻であったと判断することができる。この『七女観経』の編者においては決して失韻ではなく、すべて完璧に押韻していたわけであり、同時にそれは、この経典が唐代以降の音韻体系を具える者によって編撰されていたということを立証することになる。また歴代のいずれの経録においても「七女観経」というタイトルで著録されていないことから、『貞元録』が編纂（八〇〇年）された以降に、成立した可能性さえもある。音韻学の成果と経録の未著録という事実が、その成立時期に概ね一致した結論を導き出しているのである。

以上のことから、この『七女観経』の七偈すべてが、gāthā を音訳した偈によって表記されるような字数だけをそろえた散文のごときものの範疇を超えており、十分に中華の詩と評される作品であると言えるのである。

三、『七女観経』は漢訳経典か？

それでは、この敦煌本『七女観経』ははたして漢訳経典なのであろうか。経録には支謙訳、竺法護訳、聖堅訳の三種を著録するが、この経題で記録されていない上、他の信頼に足る情報が何一つ提供されていない以上は、当該の経典とそれらの漢訳者とを安易に比定することはできない。ただし、いくらかのヒントは示すことができそうである。結論から言うと本経は漢訳そのものではなくして、既訳の『七女経』や『経律』本系統の『七女経』を加減しつつ改組した撰述経典であると考えられる。

まずは前掲の表14にあるとおり、七女の父王の名を「冥縁王」としていることであり、宇井伯寿はこれを閻魔王であると推定するとともに、疑経的な要素であると指摘している。また写本そのものから言えば、二本の敦煌写経（斯一五四八・斯五八三九）は、帝釈天を「第四忉利天」としているが、これは「第二忉利天」でなければならない。単なる誤写とも言えようが、たまたま二写本そろって誤写されたというよりも、むしろ撰者の無知に起因しているとも考えられる。また斯一五四八などは中国撰述の『父母恩重経』と連写されていることも気になるところであろう。さらに本経は「仏説七女観経」の経題の後に、「聞如是、一時仏説七女観経。昔冥縁王有七女、……」ではじまるが、漢訳経典は通常このような出だしはありえず、いささか違和感をおぼえてしまう。

次に偈頌から言えば、漢訳仏典において本経のように完璧に押韻する事例がまったく存在しない。たとえ支謙の訳出経典であってもこれほどよく韻律配慮されたものはない。また、前述のごとく第三女の偈には八世紀中葉以降に顕在化する濁上変去が認められた。その他、偈の順序・構成・語彙内容は、明らかに『経律』本に説かれる偈から改作したものと考えられる。

経録からしても貞元一六（八〇〇）年に編纂された『貞元録』にいたるまで、一切の経録に『七女観経』の名を見ないことから、本経は九世紀以降、主に『経律』本系統の『七女経』をもとにして再編されていると考えられるのである。なお、巻首の「聞如是」は古訳時代の用語であり、竺仏念を境にして「如是我聞」に転化していく。しかし、既述のように偈は明らかに唐代以後の音韻体系を顕示しているので、この「聞如是」はあえて古い訳語を用いることで、本経が古訳に属す経典であると擬古演出したのであろう。

以上のように、『七女経』や『経律』本に対して、『七女観経』の偈は首尾よく美しく作詩されている。抄出経とは、言うまでもなく大部の経典からある部分を抽出（抄出）することであり、『妙法蓮華経』に対する『観音経』

が好例である。抄出経とその本体の経典とには、基本的には部分または章品を抄出するだけで、たとえ字句の異同があろうとも、この『七女観経』のように偈の形態そのものを変える例はない。こうした点に思いをめぐらすとき、やはり本経は翻訳でもなければ、また抄出とも考えられないのである。本経の編纂者はよりよい漢語の経本を作るために『経律』本の偈を改組改善し、偈を再構築したのであり、その痕跡は上の比較対照から十分にうかがい知ることができる。また、本経の成立地域は不明ではあるが、南方よりも北方により顕著にあらわれる「濁上変去説」がヒントとなろう。[17]

なお、筆者は入蔵されている『七女経』の漢訳者が支謙であるということにも懐疑的である。第一に支謙は偈の漢訳において韻律配慮することがあるにもかかわらず、『七女経』の偈はその配慮どころか、支婁迦讖から踏襲されてくる斉言という漢訳偈頌の音数律すら保持しておらず、このため支謙らしからぬ訳偈となっていること。第二には訳語である。本経は短い経典なので、訳語を帰納して漢訳者を想定するには材料が少なく説得力に欠けるが、『七女経』には「優婆塞」、「優婆夷」、「釈提桓因」、「万分」といった訳語が見られる。ところが『出三蔵記集』において支謙訳と判定された現存経典の中で、これらの用語は用いられていないのである。「優婆塞」と「優婆夷」はそれぞれ「清信士」、「族姓子」と「清信女」、「族姓女」であり、「釈提桓因」は「帝釈」や「拘翼」と漢訳する。また「万分」は死後を意味する語であるが、支謙はこれを用いない。そして、それらはみな竺法護訳経典にあらわれているという事実もここで指摘されてよいだろう。経録には『七女経』の漢訳者として、支謙訳の他にも竺法護訳本と聖堅本が存在したと記されているが、現在入蔵されている『七女経』は支謙の訳出ではなく、『経律』本の『七女経』こそが支謙の訳本であったと考えられる。[18]

おわりに

支謙訳と伝えられる『七女経』、宝唱の『経律異相』に引用された異本の『七女経』、そして敦煌石室本の『七女観経』を比較することによって、これら三種がそれぞれ別々に成立していたことを述べた。そしてまた『七女観経』が『経律』本を参照しつつ、とくに偈の韻律方面において再構築されたことも指摘し、それが九世紀以降になされたであろうことを論じた。

偈が押韻するという事実は、以上のような成立年代や漢訳者などを解明しうる可能性を秘めており、また中国撰述経典にあっては、他にも中華伝統の詩文との接近、そしてそこから求められてくるテキスト校訂、さらには経典読誦との深い関わりにいたるまで言及できるのであり、よってこの方面の研究の進展がいっそう望まれるのである。

註

（1）宇井伯寿は『西域仏典の研究――敦煌逸書簡訳――』四〇七頁（岩波書店、一九六九年）において、『三論玄義』における引文「経云、如雀在瓶中　羅縠覆其口　縠穿雀飛去　身壊而神走」（四五・一下）を指摘している。これは『七女経』ではなく、『経律』本や『七女観経』の第七女の偈に相当する（最後の「身壊而神走」だけが相違する）。吉蔵の言う「経」とは『経律』本系統であり、現存する支謙訳と伝えられる『七女経』ではない。また玄応の『一切経音義』にも『七女経』における「羅瀆」と「梓棺」の二つの語彙が取りあげられている（五四・六七四上）。これらはともに現存支謙訳『七女経』にだけ見られる語彙である。

（2）『仏書解説大辞典』四巻三三九頁（三好鹿雄の解説、大東出版社、一九六四年）。

（3）『経律』本は、後述するごとく支謙訳『七女経』ではない『七女経』から巻首巻尾を除いた部分引用であり、『七女観経』はもともと①③が存在しないテキストである。
（4）宝唱の『経律異相』には経と律からの多くの引文があり、時に節略された上で引用されているが、表14のように固有名詞までまったく改めて引用することはない。よって、『経律』本の『七女経』と支謙訳の『七女経』は別本であると考えられる。
（5）固有名詞の相違だけではなく、内容においても、たとえば七女が五戒をもち嫁がないことや、月の六斎日に精進潔斎すること、そして偈を説き終わった後に『七女経』では三女までが来世に生まれる場を帝釈天に願い出るが、『経律』本ではそれに加えて第四女も生所を願っていることなど、これらは支謙訳本にはない新たな情報である。
（6）宇井伯寿は『西域仏典の研究』（四〇五頁）において、『七女観経』の訓読と簡単な解説を載せているが、支謙訳『七女経』や『経律異相』との関連、経録における記載、そして偈頌の押韻についてはまったくふれていない。
（7）『三論玄義』では「形壊而神去」（上声厚韻）に作る（四五・一下）。
（8）周祖謨『魏晋南北朝韻部之演変』二一一頁（東大図書公司、台北、一九九六年）参照。
（9）本書第二部第四章を参照。
（10）五世紀の末には顕在的となる二四不同という句中の平仄配置は、本経の偈頌全体の半数に満たない程度である。
（11）濁音上声変去説に関連させて本経の偈頌が理解しうると助言されたのは、高田時雄教授（京都大学人文科学研究所）である。
（12）王力「濁音上声変化説」（『広西在京学会学報』第一八期、一九二七年）。後に『王力文集』第一八巻（山東教育出版社、一九九一年）に載録される。
（13）王力『漢語史稿』上冊、第二九節（一）濁上的変去（中華書局本一九三頁、一九八〇年）、同『漢語語音史』（晩唐―五代的声調、中国社会科学出版社本二五八頁、一九八五年）、同『漢語詩律学』（第二五節古体詩的用韻（中）通韻、上海教育出版社本三四八頁、一九七九年、初版一九五八年）、および「濁音上声変化説」（一九二七年稿、『王力文集』第一八巻、山東教育出版社、一九九一年）。他に史存直「唐七家詩中的陽上作去現象」（『漢語音韻學論文集』華東師範大学出版社、一九九七年）など。

（14）前掲の史存直「唐七家詩中的陽上作去現象」（二〇五～二〇七頁）

（15）周大璞「敦煌変文用韻考（続完）」（『武漢大学学報』哲学社会科学版、一九七九年第五期）、および都興宙「敦煌変文韻部研究」（『敦煌学輯刊』一九八五年第一期）を参照。

（16）なお范新幹は同書において、濁上変去ははやく三国にはじまるとして、三国の詩文中から六人の八作品をもって論じている。

（17）平田昌司「科挙制度と中国語史」（『古典学の再構築』七、二〇〇〇年）を参照。

（18）この拙文〔二〇〇四〕を発表した後に、佐藤もな「『七女経』の現存写本について」（『宗教研究』三五一、二〇〇七年）が発表されている。佐藤は、七寺本は『七女経』に、金剛寺本は『経律』本にそれぞれ一致する写本であると報告している。また金剛寺本の巻末に『経律』本に存在しない偈があることを指摘し、また経録で小乗経典に分類された第一訳である支謙訳本に変成男子説が説かれていることは不自然であるとして、変成男子説のない『経律』本系統が第一訳の支謙訳本ではないかと示唆している。

第十一章　偈の律動によるテキスト校訂の可能性

はじめに

本章は、とくに偈頌テキストの原初形態の復元について、その可能性を探ることを目的とする。そこで、資料を漢訳経典の偈、中国撰述経典の偈、浄土教礼讃文の偈に分類した上で、それぞれテキストを可能な限り写本版本から蒐集し、句末脚韻字の押韻状況にもとづいてテキスト校訂（校勘）を行い、さらに句中の用字についても平仄にもとづいて校訂しうる可能性を探り、また、たとえ校訂異本が存在しない場合でも、音韻学の視点から校訂しうることを述べたいと思う。これは漢訳や撰述の原初形態を復元する作業にも通じるが、あくまでも押韻する偈だけが対象となるのであって、それ以外の偈に適応されるものではない。また、紙幅の都合上、ここに紹介するものは数例にとどめざるをえなかったことを諒とされたい。

韻字の後の括弧には『広韻』の韻目、および漢訳された時代の韻部を示し、必要に応じて推定音価を示した(1)。

一、漢訳経典の偈

韻律を配慮しつつ漢訳するということは、漢訳者に豊富な語彙数と精確な漢字音の識別能力とが要求されてくるはずで、そのため一部の訳者にしかなしえない作業であったはずである。その代表として屈指されるのが呉の支謙と姚秦の鳩摩羅什である。しかし、彼らとて完全な韻律配慮はそう易々となしえたはずもなく、また仏の真理を伝達するという使命と、異なる言語を転換する際の限界に阻まれていたと思われる。事実、彼らの漢訳仏典における偈の中には、中国伝統の詩文では明らかに失韻とされる例が少なからず認められるのである。

ここでは漢訳経典の有韻偈頌の用韻にもとづき、また文脈における意味の流れにも留意しつつ異本との校訂によって、本来あるべき（またはそのように推定しうる）姿を確定していく。なお、漢訳経典にあっては脚韻のみを校訂の対象とし、平仄にまで波及させることはできない。有韻偈頌のほとんどが古訳時代の訳経であり、そのため五世紀の末ごろに知識人らに意識されはじめ定着していく平仄は、配慮された形跡はないからである。この平仄については、たとえ新訳以後であっても、翻訳という制約によって平仄を配慮しつつ漢訳することは実質的に不可能なことであったと考えられる。

(1)呉支謙『太子瑞応本起経』巻下（『大正蔵経』三・四八〇上中）

①聴我歌十力　棄蓋寂定**禅**（平仙・寒）　→　三本作「寂禅定」（去径・庚）
光徹照七天　徳香踰栴**檀**（平寒・寒）
②上帝神妙来　歎仰欲見**尊**（平魂・真）
梵釈齋敬意　稽首欲受**聞**（平文・真）
③仏所本行願　精進百劫**勤**（平欣・真）
四等大布施　十方受弘**恩**（平痕・真）
④持戒浄無垢　慈軟護衆**生**（平庚・庚）

勇決入禅智　大悲敷度**経**（平青・庚）
⑤苦行積無数　功勳成於**今**（平侵・侵）
戒忍定慧力　動地魔已**擒**（平侵・侵）
⑥徳普蓋天地　神智過霊聖（去勁・庚）→三本作「過霊**皇**」（平唐・陽）
相好特無比　八声震十**方**（平陽・陽）
⑦志高於須弥　清妙莫能**論**（去慁・真）
永離婬怒痴　無復老死**患**（去諫・寒）
⑧唯哀従定覚　愍傷諸天**人**（平真・真）
為開法宝蔵　敷恵甘露**珍**（平真・真）
⑨令従憂畏解　危厄得以**安**（平寒・寒）
迷惑見正道　邪疑睹真**言**（平元・寒）
⑩一切皆願楽　欲聴受無厭（去艶・談）→敦煌本作「受令**融**」（平東・東）
当開無死法　垂化於無**窮**（平東・東）

呉の支謙によって漢訳された本経にはこの他にも多く押韻する偈がある。ここにあげた例は、成道した直後のブッダに対してその入滅を思い止まらせるため、梵天が楽神の般遮を遣わして歌曲をもって奏上する、いわゆる梵天勧請というよく知られた仏教故事である。

諸本で校訂すると一〇の押韻単位すべてが通押することになる。なお、①②③④は後に竺法護『普曜経』（三・

五二七中）や、西晋失訳『長寿王経』（三・三八七中：房山隋唐刻・遼金刻経、高麗版のみ）にも転用されている。また敦煌本の『太子瑞応本起経』（北六六四二）の存在が、⑩偈を校勘できる唯一にして貴重な写本となっている。

①第二句末の「棄蓋寂定禅」は、この偈をそのまま引いている『普曜経』・『長寿王経』・敦煌本の北六六四二は、みな高麗版と同じく「……寂定禅」とする。しかし三本だけが、「……寂禅定」に作る。ここは耳慣れた「禅定」がふさわしいように感じられるが、そうではない。三本の韻字「定」（-ieng）では失韻となってしまうが、高麗版系統の「禅」（-jian）であって「檀」（-an）と押韻するのである。五言句の句作り（二字／三字）からしても高麗版の「……寂定禅」を採用すべきである。

⑥の第二句「……霊聖」、ここは三本の「……霊皇」を採るべきである。第四句韻字「方」（-jang）と押韻するのは「皇」（-ang）であって、「聖」（-jieng）ではない。

⑦の「論」（-an）と「患」（-ran）は異なる韻部の真部と寒部であるが、これは主母音を生成する際の舌の位置がそれぞれ中段中舌と開母音前舌という相違にすぎない。そのため三国においてこの両部が押韻している作品は五五例を検出することができる。(2)

⑩の第二句「……無厭」は諸本みな同じであり、失韻となっている。しかし、敦煌本『太子瑞応本起経』（北六六四二）のみによって校訂することができる。「厭」（-jiam）で取りたいところであるが、「窮」（-jong）と押韻するのは敦煌写本の「融」（-ong）であり、意味上からも、「すべての衆生がみなブッダの教えを拝聴し理解することを願っております。どうか無死の教えをお説きになり、無窮にその教導を垂れんことを」となり、とくに問題はないだろう。

また、同じく支謙訳出の『維摩詰経』上（一四・五二〇上）においても、異本の用字を採用することによって、失韻を回避することができる。

以知世間諸所有　十力哀現是変化（去禡・歌）→三本作「此化**変**」（去線・寒）
衆睹希有皆歎仏　稽首極尊大智**現**（去霰・寒）

この偈は一〇の押韻単位があり、これは第一〇偈である。他の九偈がみな押韻していることを鑑みて、高麗版のようにここだけが失韻であるとは想定しがたい。しかし、宋元明の三本では「化変」とされているので、これならば一〇偈のすべてが押韻することになる。「変化」も「化変」も単なる語彙の倒置にすぎず、意味として異なるものではない。おそらく漢訳の原書形態としては三本系統であったのではなかろうか。

(2)西晋竺法護『龍施菩薩本起経』（一四・九一一中）

本経は宋版・高麗版ではすべて長行であるが、元版以降になって旧態を復して偈の排版が行われてくる[3]。しかし、編纂者らはその偈が押韻していることには感知していなかったらしい。それは西晋の時代からはるか千年をへて、時の移り変わりとともに漢字音すらも変化してしまい、それを弁別しえなかったことが原因であろう。以下に示す「阿難乃怖驚」または「阿難乃驚怖」の一句のヴァリアントがそれを示唆している。

便自投楼下　逮得無従**生**（平庚・庚）
変為男子**形**　阿難乃怖**驚**（平庚・庚）→三本作「驚怖」（去暮・魚）

叉手正衣服　前白仏天中**天**（平先・先）
今我意甚怪　此為何等**焉**（平仙・先）

第二句の「逮得無従生」の韻字「生」（-reng）と押韻するためには、金蔵・高麗蔵・房山遼刻にある「……怖驚」（-jieng）でなければならない。しかし東禅寺、開元寺、思渓、磧砂、元版、明の洪武南蔵、南蔵と北蔵、嘉興蔵、清の龍蔵は、そろって「……驚怖」（-uo）に作っている。確かに「怖驚」は辞書類に採られておらず耳慣れない用語であり、むしろ「驚怖」のほうは常用の語彙である。しかし、韻字「怖」は魏晋の韻部においては魚部に属すので、失韻となってしまう。漢訳者（筆写は竺法護ではなく、支謙を想定している）は、この偈を押韻させるために常用の「驚怖」をあえて倒置させて、耳慣れない詞彙である「怖驚」を採用しなければならなかったのである。ところが偈頌の排版に組みなおして原初形態を復した元版などのエディションであっても、「……驚怖」として、なおも韻字に無頓着であるのは、明らかに本経の偈が押韻していると感知していなかったからに他ならない。そしてまた、元版系統のエディションは長行の終わりの部分も押韻している句が含まれていることや、竺法護訳出ではなく、実は支謙訳出の経典（または偈）であったことについても知りえなかったようである（本書第二部第五章を参照）。

(3)涼代失訳『長者法志妻経』（一四・九四四中下）
従無数億劫　積行難可**量**（平陽・陽）
慈愍于衆**生**　使発大道**行**（平庚・庚）

三界猶如化　一切悉空無（平虞・魚）→房山作「悉空**行**」（平庚・庚）
能暁了此慧　度脱諸十**方**（平陽・陽）

房山石経中の金刻に本経があり、この部分は「行」（平庚・庚）に作る。[4] この偈は庚部が陽部にはさまれているが、この両部は南北朝に通押する。

(4)後漢竺大力・康孟詳『修行本起経』巻下（三・四七一上）
何安坐林如大語　委国財位守空**閑**（平山・真）
不見我興四部兵　象馬歩兵十八億（入職・職）→瑞応経作「億八**千**」（平先・寒）

支謙訳『太子瑞応本起経』（三・四七七中）にこの偈が引用されている。そこでは「億八千」（平先・寒）とする。「閑」（-æn：準開口前舌性非円唇母音）と押韻するのは「千」（-an：開口前舌性非円唇母音）であって、「億」（-jək）ではないことは明らかである。

(5)蕭斉曇景『未曾有因縁経』巻上（一七・五七七中）
天人得福　衆生亦**然**（平仙・先）
願与和上　永劫相**連**（平仙・先）
至成仏道　常作因**縁**（平仙・先）

明人難値　故立誓言（平元・魂）→　諸本同作「誓焉」（平仙・先）

高麗版系統の「言」（-jɐn）を、三本・宮本・房山遼刻の諸本はそろって句末助字の「焉」（-jɛn）に作る。両者の主母音における相違は、「言」が中舌で、「焉」が前舌という相違だけで、ともに半開の母音である。ともに押韻するが、諸本がより整っていることは言うまでもない。なお、正倉院聖語蔵本は「烏」（平模・模）に作るが、これはおそらくは異体字の近似から「焉」を誤写したものであろう。

(6)西秦聖堅『演道俗業経』（一七・八三四下）

譬如酥醍醐　本従芻草出（-juet 入術・質）
既可用安身　身和無疾疹（-jien 上軫・真）→　三本作「無疹疾」（-jiet 入質・質）
普哀衆生類　其心常平一（-jiet 入質・質）
以是四等行　速逮成至仏（-juat 入物・質）

第四句の「疾疹」（-jien）は、三本では「疹疾」（-jiet）とある。三本ならば押韻する。版本以前の写本の段階における誤倒が高麗版系統に受け継がれてしまったのであろう。

(7)姚秦鳩摩羅什『大智度論』巻一三（二五・一五六中）

飢餓身羸痩　受罪大苦劇（-jiɛk 入陌・薬）→　三本作「大苦處」（-jo 上語・魚）

他物不可触　譬如大火**聚**（-jwo 上麌・魚）
若盗取他物　其主泣懊**悩**（-âu 上晧・宵）
仮使天王等　猶亦以為**苦**（-uo 上姥・魚）

『大智度論』の漢訳をめぐっては諸説あるが、鳩摩羅什は偈頌の音韻を配慮して漢訳することは不可能であると認めつつも、数ある漢訳仏典の中で唯一この『大智度論』の偈だけに押韻が確認できることはすでに述べた（第二部第七章）。この偈の第二句末字は、高麗版系統で「劇」に作り、三本では「處」に作る。ここは三本系統を採用するべきである。「劇」と「處」の異体字が類似することに起因し、おそらくは印刷以前の写本段階ですでに錯誤があったと考えられるが、こうした脚韻の状況から原初形態を復すことが可能なのである。ただし、第三聯の「悩」字は宵部に属し、これは魚部と押韻することはない。

二、中国撰述経典の偈

中国撰述経典は、漢訳仏典と異なり言語転換の労苦がともなわない。翻訳という障壁が存在しないことから、撰述者にとって韻律を配慮した偈を創作することは、さほど困難なことはなかったはずである。その証拠に、撰述経典における有韻偈頌の数量は全体の割合からすれば多く、しかも当該の偈における合韻率も漢訳経典のそれ以上の数値を見せている。さらに脚韻だけでなく、句中の平仄への配慮にいたっても校訂作業上の重要な要件として取りあげなければならないのである。

⑴東晋帛尸梨蜜多羅『灌頂梵天神策経』（灌頂経第一〇）（二一・五二四中下）

一子行五逆　為汝作禍**災**（平咍・咍）→三本作「作禍殃」（平陽・陽）
劫奪人財物　離散失骨**骸**（平皆・咍）
当在空野中　骼露不得**埋**（平皆・咍）
世世不見好　地獄中徘**徊**（平灰・咍）

帛尸梨蜜多羅はその伝記に「晋語を学ばず」（五〇・三二八上）とあるように、漢語を習得する意志がなかったので、人と会話をする際には通訳の助力をかりなければならなかった。来華者が通訳を介していたことは他にも求那跋摩伝に、「或いは時に、訳人を仮るも、往復懸悟す」（五〇・三四一上）とあり、また求那跋陀羅伝にも、「訳に因りて言を交わすと雖も、欣若として蓋を傾けり」（五〇・三四四上）とある。よって帛尸梨蜜多羅のように漢語を善くしない者が、漢語の音韻を識別して、全編有韻偈頌で構成される『梵天神策経』を漢訳しえたとは到底考えられない。吉凶を卜占するために神策に書きつける一百の文章が羅列されているだけの内容からしても、これが漢訳でないことは明らかであり、『法経録』などの諸経録が偽経と判定したことは賢明な判断であった。『出三蔵記集』四（五五・三一中）においては失訳として著録されているので、成立そのものは五世紀であろうと思われる。

高麗版と敦煌本（北新〇三一八・斯一三二二）が「作禍災」に作り、宋元明の三本では「作禍殃」に作る。総計一百の偈のほぼすべてが押韻している事実から、ここだけが失韻であったとは考えられないので、「災」を本経の原初形態と断定すべきである。

(2)『続命経』(八五・一四〇五上、底本は斯一二一五)

一願三宝恒存立　二願風雨順時**行**（平庚）
三願国王寿万歳　四願辺地無刀丘（平尤）→敦煌本作「無刀**兵**」（平庚）
五願三塗離苦難　六願百病尽消除（平魚）→斯三七九五・房山唐刻作「尽除**平**」（平庚）
七願衆生行慈孝　八願屠人莫殺**生**（平庚）
九願牢囚所得脱　十願法界普安**寧**（平青）
眼願莫見刀光刃　耳願不聞怨殃**声**（平清）
口願不用為心語　手願不殺一衆**生**（平庚）
総願当来値弥勒　連辟相将入化**城**（平清）

唐代に成立したと想定される本経は、常識的な経典の体裁をとっていない。おそらくは随身携行する護符として用いられたのであろう。そして、その韻文は記憶して口ずさむための配慮であると考えられる。しかし、『大正蔵経』においては偈頌として排版されていない。これは他の敦煌石室諸本（北八二四七・斯三七九五、五五八一）や房山唐刻[5]においても、みなそろってあたかも長行のごとく書写されているので、これが韻文であることは知られなかったのではないだろうか。

第四句の「刀丘」は単に「刀兵」の誤写で、また第六句の「消除」と「除平」は明らかに押韻を意識したヴァリアントである。したがって、それぞれ校本の「刀兵」と「除平」を採用し、これをもって本経の原初とすべきである。

(3)『救諸衆生一切苦難経』（八五・一四六一下）

本経は、『新菩薩経』と『勧善経』とともに同一料紙に連写されることが多く、互いに関連していることは、その用いられている語句の類似性からも言える。敦煌本は五〇件以上あり、それら各経の校勘などは、円空〔一九九二〕を参照されたい。校訂の結果として本経の偈は以下のようになる。

黒風西北起　東南興鬼**兵**（平庚）　→　斯三六八五作「鬼兵来」（平咍）
永常天地闇　何得不心**驚**（平庚）
先須断酒肉　貪瞋更莫**生**（平庚）
人能慎此事　仏道一時**行**（平庚）

本経の成立年代は不詳ながらも、偈頌の押韻と平仄からすると、六朝末から唐初あたりを下限として想定できるかと思われる。なお、敦煌石室本の中で年代の早い本経写本は、斯四九二四の貞元九（七九三）年の写本である。偈頌は平声庚韻で押韻しているので、底本の斯一三六の「興鬼兵」をもって原初形態と推断されるのである。

三、浄土教礼讃文の偈

『無量寿経優婆提舎願生偈』（『往生論』）の漢訳にはじまる中国浄土教の礼讃偈は、隋の彦琮や初唐の善導にいたって音韻配慮が施されてくる。以後の礼讃偈は、ほぼすべてその流れに属しているので、敦煌石室本を材料にして韻律を中心とするテキスト校訂が可能となるのである。とくに礼讃偈は寺院の儀礼の中で唱和される資料的性質から、意味よりもむしろ音の流れを重視した事例をいくつかあげることができる。たとえば善導の『往生礼讃偈』日中偈の第五偈を見ると、日本の流布本で「枝条相触説無生」とするところが、敦煌諸本では「枝条相触説無因」となっている。前者は意味をなすが音は流れず、後者は意味をなさないが音は流れている。また音の流れを重視するテキストには諧音による書写者の誤写も含む。同じく善導日中偈の第三偈の流布本で「宝地宝色宝光飛」とするところが、斯二六五九では「宝地宝色宝光非」となっている。韻字の「飛」と「非」はともに中古音で -jwĕi と推定されるが、後者では意味をなさない。以上の例では、それぞれ前者の日本伝来本に対して、後者の敦煌本は意味をなさない用字であるが、ともに脚韻を合わせてきている。すなわち意味の伝達よりも律動を優先させていることに、敦煌本に象徴される中国伝存本の大きな特徴が指摘できるのである。

(1)善導の『往生礼讃偈』（四七・四四六上）

宝池宝岸宝金**沙**（平麻）　宝渠宝葉宝蓮**華**（平麻）

十二由旬皆正等　宝羅宝網宝欄巡（平諄）　→　敦煌本等作「宝欄**遮**」（平麻）

第四句末の「欄巡」について、智昇『集諸経礼懺儀』・法照『浄土五会念仏誦経観行儀』（巻中下ともに）・守屋孝蔵の旧蔵本はみな「欄遮」に作り、斯二六五九、伯二七二二、北八三五〇、七寺本『阿弥陀往生礼仏文』は「蘭遮」に作る。「欄」、「蘭」の異同は問題とならないが、『往生礼讃偈』の日本伝存流布本「巡」（平諄）と、中国伝存の「遮」（平麻）の相違が問題となる。(6)

日本の流布本系統では、意味からして「巡」（-juen）を採ったと推察されるが、言うまでもなく初句と第二句の韻字「沙」と「華」が平声麻韻なので、同韻目の「遮」（-ja）を採用すべきで、「巡」では失韻となる。また訓みとしても「宝欄は巡る」ではない。初句の「宝の金沙」と第二句「宝の蓮華」の句作りからして、「宝の欄遮」と訓むべきである。「欄遮」は辞書類に見えない語彙であるが、語倒した「遮欄（＝遮闌・遮蘭）」は、遮ったり阻んだりする物の意であることから、[7] 結局は「欄楯」（垣根・フェンス・欄干）を意味する詩語として理解できる。韻文においては、平仄や押韻を整えるために、たとえ熟した語彙であっても、倒置することは珍しいことではない。[8]

⑵法照の『浄土五会念仏誦経観行儀』

①浄土楽讃（八五・一二四七中）

弥陀住在宝城**楼**（平侯）　傾心念念向西**求**（平尤）　→　伯二〇六六作「向西方」（平陽）

到彼三明八解脱　長辞五濁更何**憂**（平尤）

「向西求」とするのは伯二一三〇と『浄土五会念仏略法事儀讃』（略本）であるが、伯二〇六六は「向西方」に作る。「方」は平声陽韻であって、「憂」と押韻しない。

②帰西方讃（八五・一二六一下）

千生万死無休息　多劫常為猛焰**燃**（平仙）

声声為念弥陀号　一時聞者坐金**蓮**（平先）　→　伯二二五〇作「坐金台」（平咍）

「坐金蓮」に作るのは、伯三一一八・三三七三・北八三四六・守屋旧蔵本であり、伯二二五〇のみが「坐金台」とする。「台」では失韻となる。

③浄土法身讃（八五・一二六四下）
注想常観察　三昧宝王**珍**（平真）
洞閑三蔵教　払却意中泥（平斉）　→　守屋旧蔵本作「**塵**」（平真）

浄土法身讃の敦煌石室写本は十数点残されているが、みなそろって「泥」に作る。しかし、これでは「珍」と押韻しない。ところが唯一、守屋孝蔵の旧蔵本のみが「塵」（平真）に作る。偽写本が疑われている守屋本の真偽問題にも関わるヴァリアントである。このような校異を示すことは、同時に中国伝存本系統と日本伝来本系統に二分されることが了解される。敦煌本を中心とする中国伝存本系統は語義よりも韻律を重視して校訂しており、逆に日本伝来本系統においては韻律よりも語義によって校訂しているという相違である。実際の漢字音にもとづいて儀礼を行わない日本においては当然といえば当然である。(9)

(3)法照「**西方極楽讃**」（八五・一二六四中）
①極楽門中七宝**池**（平支）
花開蓮色紫金**暉**（平微）
蹔念弥陀登宝台（平咍）　→　守屋旧蔵本作「登宝座」（去個）

須臾不覚証無**為**（平支）
②碧玉楼前七宝**台**（平咍）
諸天童子競来看（平寒）　→　守屋旧蔵本作「競看**来**」（平咍）
持得金花供養仏（入物）
処処唯言称善**哉**（平咍）

まず①偈は平声押韻の偈なので、第三句は押韻しない仄声を配置するのが近体詩のセオリーである。法照はそのセオリー守っていることは他の礼讃偈からも了解できるので、ここは平声の「台」ではなく、去声の「座」を採用したいところである。ついで②偈の第二句は近体詩で押韻するので、ここも「来看」ではなく、「看来」を原初形態と推断することができる。その場合「来」は軽く添えられた補語でしかない。いずれも守屋孝蔵の旧蔵本の用字を採用すべきであろう。なお、この讃偈は右の『浄土五会念仏誦経観行儀』（広本）では西方極楽讃の中に含まれているが、同じく法照の『浄土五会念仏略法事儀讃』（略本）では西方楽讃の中に見られる。その略本ではそれぞれ「繋念弥陀登宝座」、「諸天童子競過来」（四七・四八〇中）とされている。

ところでこの守屋旧蔵本は『京都国立博物館蔵品図版目録　書籍篇　中国・朝鮮』（一九九六年）において偽写本の可能性が高いとされている。[10]しかし、右に見た「意中塵」と「競看来」のように、守屋本のみで校訂可能という事例もあるので、写本の真偽問題はより慎重にならなければならないだろう。二〇世紀初頭の偽写本作者が音韻を識別配慮して偽作をなすだけの手間をかけていたのだろうか、それは甚だ疑問である。

四、平仄にもとづく校訂の可能性

これは平仄配置が整っていない用字を、文意や字音から異読と校訂していく作業である。また校訂する異読テキストが存在しない場合は、先と同じように慎重な作業が要求される。

中国撰述経典と浄土教の礼讃偈において顕著にあらわれているので、そこからの用例をいくつか紹介する。礼讃偈について言えば、テキストの性格として中国伝存本系統（敦煌写本）と、日本伝存本系統（流布本など）とに分類することができ、前者は音韻に忠実に従った写本群であり、後者は意味上からの校訂を通過させた改訂本ということになる。

(1)『救諸衆生一切苦難経』（八五・一四六一下、敦煌諸本によって校訂する）

黒風西北起　東南興鬼**兵**（平庚）
永常天地闇　何得心不**驚**（平庚）
先須断酒肉　貪瞋更莫**生**（平庚）
人能慎此事　仏道一時**行**（平庚）

前述したごとく、本経の敦煌写本は五〇件を超える。それらの中で、第四句目に異読があり、「何得心不驚」とする写本か、または「何得不心驚」とする写本かのいずれかである。前者は平仄配置（二四不同）がうまくない。そこで後者とする写本が採用される。語法の問題ではなくして、意味としてはどちらでも通じるわけであって問題はない。なお、このように十全な押韻と平仄配置から察して、本経の成立を六世紀以後に想定することも可能である。

(2)彦琮の礼讃偈（四七・四四五中）

六根常合道　三塗永絶**名**（平清）
念頃遊方遍　還時得忍**成**（平清）
地平無極広　風長是処**清**（平清）
寄言有心輩　共出一苦**城**（平清）

この第八句は、現行本・誓願寺本では、「共出一苦城」であり、これも二四不同を犯している。一方、『聖武天皇宸翰雑集』浄土詩、『浄土五会念仏誦経観行儀』、『集諸経礼懺儀』、北八三五〇、および七寺本『阿弥陀往生礼仏文』はそろって「共出一危城」である。「苦」（上姥）、「危」（平支）はいずれも文意は通ずるが、平仄の配置からして「危」でなければならない。

(3)善導の礼讃偈（四七・四四六上）

宝池宝岸宝金**沙**　宝渠宝葉宝蓮**華**（平麻）
十二由旬皆正等　宝羅宝網宝欄巡（平諄）→敦煌本等作「宝欄**遮**」（平麻）
徳水分流尋宝樹　聞波睹楽証恬怕（入陌／去禡）

寄言有縁同行者　努力翻迷還本家（平麻）

第七句「寄言有縁同行者」の「言」は流布本系統に見られる用字であり、これを『集諸経礼懺儀』、七寺本『阿弥陀往生礼仏文』、斯二六五九、伯二〇六六、二七二二、二九六三、北八三五〇、守屋孝蔵旧蔵本では「語」に作る。ここは流布本系統の「言」（平元）よりも、むしろ「語」（上語）が採用され、「寄語有縁同行者」としなければならない。これによって八句すべての二四不同・二六対は整うことになる。思うに流布本にある「言」は、彦琮晨朝偈の第一七偈尾聯にある「寄言有心輩」に導かれた校勘ではなかろうか。彦琮偈では二四不同を犯しているようでもあるが、実は下三字を本来「○●●」とすべきところを「●○●」にした挟平格であるので、禁忌に抵触するものではない。しかも句中の平仄数の均衡からしても「言」の措辞でなければならないわけである。しかし、善導の偈では平仄から必ず「語」でなければならない。たとえ「寄言有縁同行者」と「寄言有心輩」がまったく同じ句作りであろうとも、用字は定められた格にもとづいて取捨されるべきなのである。

また、第四句の「欄巡」は「欄遮」であることは前述したごとくである。さらに第六句末「恬怕」は、静かで安らかなさま。「怕」は入声陌韻で、押韻しておらず諸本においても異同はないが、去声禡韻で通じさせていた可能性がある。ただしその字音での語義は「懼」である。語義は異なるが、読唱音は去声禡韻であったとも考えられる。(11)

五、校本校異が存在しない場合

これまでは諸本における異読から文意や字音をたよりに校訂していく作業であったが、ここでは校訂する異読テキストが存在しない場合に、文意と字音から校訂しうる可能性を探る作業となる。この場合には、こちら側に柔軟な想像力が要求されるとともに、また原初形態を改竄しかねない危険性をはらんでいるので、あくまでも推測にもとづく可能性を示すだけであり、その作業は慎重にすすめていかなければならない。ここでは西晋の竺法護の訳本から三例、そして唐僧法照による礼讃偈から一例を取りあげる。

(1)西晋竺法護『普曜経』五（三・五一二下）

従無数劫来　積徳行六度（去暮・魚）　→　「六度**行**」（平庚・庚）か？
四等心四恩　護三界之**将**（平陽・陽）
大慈無蓋哀　欲脱痴聾**盲**（平庚・庚）
今当成大道　具三十二**相**（平陽・陽）
（中略）
至真無上慧　莫能限度**量**（平陽・陽）
光明踰日月　所済無有**彊**（平陽・陽）
須弥尚可称　虚空可度**量**（平陽・陽）
不及大智慧　大聖無極**行**（平庚・庚）

この『普曜経』の事例は第一聯が失韻であるが、あとはすべて陽部と庚部の韻字で通押しているので、意図的に配慮されて漢訳されていると言えよう。とするならば、第一聯も本来は押韻していたのではないかと思いたくなる。その場合、たとえ「行六度」に異読は存在しなくとも、語序を入れかえて「六度行」と推測する。韻字「行」（平庚・庚）であれば、第九聯、第一四聯にもあり、また本経が漢訳された晋代の詩文中に、陽部と庚部との通押例は多数あることから、押韻することになる。そして、これを漢訳の原初形態とみなすことは可能ではなかろうか。

⑵竺法護『龍施菩薩本起経』（一四・九一一中下）

龍施白仏言　願愍一切**人**（平真・真）
為断十二海　除去諸苦**辛**（平真・真）
用衆愚痴故　多説大珍宝（上皓・宵）→「大宝**珍**」（平真・真）か？
時仏便講法　五百侍従**人**（平真・真）

第六句の「大珍宝」は諸本ともに同じであり、他に異読はない。しかし、本経の偈はほぼそろって通押している事実からすると（本書第二部第五章を参照）、おそらく原初形態としては「大宝珍」となっていたと考えられないだろうか。「宝」（皓韻）では押韻しないが、「珍」（真韻）であれば押韻するからである。「宝珍」とは聞きなれない語序であるが、大蔵経中にはその例がないわけではない。[12]ここは、押韻させるために「大珍宝」を倒置させ、あえて「大宝珍」と漢訳していたものと考えたい。

⑶竺法護『生経』三（三・八七中下）

①智慧最第一　能決衆狐疑（平之・之）
分別難解義　和解久怨結（入屑・屑）

能以権方便　令人得其**所**（上語・魚）
衆庶睹歓喜　悉共等称**誉**（平魚・魚）
②工巧有技術　多所能成就（去宥・侯）→「就**成**」（平清・庚）の誤倒か？
機関作木人　正能似人**形**（平青・庚）
挙動而屈**伸**　観者莫不**欣**（平欣・真）
皆共帰遺之　所技可依**因**（平真・真）
③端正最第一　色像難比**倫**（平諄・真）
衆人観顔貌　遠近莫不**聞**（平文・真）
皆来尊敬之　慎事普慇**懃**（平欣・真）
家人奉若天　如日出浮**雲**（平文・真）
④精進為第一　精進入大**海**（上海・皆）
能越諸患難　多致珍宝**財**（平咍・皆）
勇猛多所能　由是無所**礙**（去代・皆）
家業皆成弁　親里敬欣**戴**（去代・皆）
⑤福徳為第一　所在得自**然**（平仙・先）
富楽無有極　生生為福**田**（平先・先）
福為天帝釈　梵天転輪**王**（平陽・陽）
亦得成仏道　具足道法**王**（平陽・陽）

右の偈の②の第二句末「就」は第四句末「形」と押韻しない。しかし「成就」が「就成」（平清）であったならばうまく押韻する。①を除いてそろって押韻することから、この一偈のみが失韻であったとはみなしがたいのである。漢訳者は、同じ字義を重ねた二音節語彙だけに、押韻の要求から倒置して漢訳したのであろう。しかし、後の転写につぐ転写の間に、この耳慣れない「就成」が慣用の「成就」に改められてしまい、現在まで誤って伝承されてしまったのではなかろうか[13]。

(4)法照『浄土五会念仏誦経観行儀』巻中の「六根讃」（八五・一二四八下）

地獄門前有何物　牛頭獄卒在傍辺（平先）→「在辺**傍**」（平唐）か？
手把鉄叉叉入鑊　縦得人身受苦**殃**（平陽）

『浄土五会念仏誦経観行儀』（広本）に収められている六根讃は、法照による作品であるとは付記されていない。ところが『浄土五会念仏略法事儀讃』（略本）には法照自作の離六根讃が収められている。この両者はそれぞれ前半が同文であるが後半はまったく相違する讃偈である。しかし、広本の六根讃もやはり法照の作品であることは、以下の文献から推しはかることができる。六根讃の後半に見られる「諸仏在心頭、迷人向外求、内懐無価宝、不識一生休」（八五・一二四八下）という偈と同一記事が、以下の『洋県志』巻五所収の関文叔撰「念仏巌大悟禅師碑記」に存在するからである[14]。

徳宗皇帝讃法照曰、「性入円妙、得念正真、悟常罕測、諸仏了因」。帝又問曰、「仏留下法、衆帰依何門」。法照以偈答曰、「諸仏在心頭、迷人向外求、内懐無価宝、不識一生休」。帝乃大悦、経讃広布流行。

この偈は、大悟禅師こと法照が入京後に徳宗皇帝（在位七七九～八〇五）との問答の中で語られていたことがわかるだろう。『広本』は大暦九（七七四）年に太原の龍興寺においてまとめられているので、六根讃の成立は大暦九年以前ということになり、法照は徳宗とのやりとりに昔日作った一偈を引き合いに出したということである。なお浄土法身讃にも類似の偈がある[15]。

さて、この讃偈の韻字「辺」（先韻）と「殃」（陽韻）の推定中古音は、それぞれ pien と ʔjang で、山摂と宕摂に収められる。まず魏晋南北朝においてこれが通押する例は皆無であり、隋唐の詩や敦煌変文においてもその例を捜索しえない。この脚韻字に異読はなく、また文脈も通じているが、先韻と陽韻は断じて同用とはなりえず、また法照の礼讃偈全般をながめてもこのような明らかな失韻は見あたらない。よって第二句末の「傍辺」は倒置して「辺傍」とするのが本来の原初形態であったのではないかと考えられる。「傍辺」は通常用いられる語彙であるが、先の「成就」→「就成」と同様に、同義異字を重ねた二音節詞であるから、語序を倒置して「傍辺」→「辺傍」とすることは可能であり、詩文においてはよく見られる修辞技法である。たとえば敦煌変文においてよく知られている『董永変文』には以下のようにある（『敦煌変文集』一一二頁）。

阿耨池辺澡浴来　先於樹下隠潜蔵（唐韻）
三個女人同作伴　奔波直至水辺傍（唐韻）

これも押韻させるために通常の「傍辺」をあえて「辺傍」に倒置させた例である。したがって、この六根讃は、もと「辺傍」と措辞されていたはずが、転写されていく段階で耳慣れた語序「傍辺」に誤って改められてしまったと考えるべきである。言うまでもなく、その際に韻律のことなどは考慮されているはずもない。「辺 pien」と「殃 ʔjang」では失韻となるも、「傍 bang」と「殃」は押韻する。

六、脱句について

漢訳仏典の偈頌は、有韻と無韻とを問わず、その多くは偶数句から構成されている。したがって、奇数句に出くわすと奇異に感じてしまう。そうした奇数句の例は、唐代の密教経典に比較的散見されるが、全体からすれば少数なので、あるいはもとは偶数句であったものが、転写間のうちに一句または三句が欠落してしまったのではないかと訝りたくもなる。

さて、ここでは西晋の竺法護訳とされる『龍施菩薩本起経』、および北魏の曇弁撰とされる『妙好宝車経』に説かれる奇数句と押韻の関係から、これら二経がもともとは押韻する偶数句で漢訳され、撰述されていたのではないかということを指摘しておく（詳細は、すでに第二部第五章、第九章において述べた）。

『龍施菩薩本起経』の各版本は、みな一三五句の奇数句からなっている。この偈を韻律にもとづいて再構築すると、一三六句から一四〇句の偶数句こそが本来の姿であった可能性がある。というのも、一三五の句に対して四句をもって一つの押韻単位（一偈）と考えれば、三三の押韻単位（三三偈）に三句を余すことになる。もう一句あれば三四の押韻となるということである。そこで試みに一三五偈をはじめから順次押韻単位で括りながら後方へとすすみ、逆に最終句からも押韻単位ごとに括って前方にすすむと、『大正蔵経』で九一一頁中段終わりから下段のはじめのあたりで失韻となってしまう。つまり、そのあたりに一句または三句の脱落があると予想できるのである。このように考えるとき、漢訳者が本経の偈に対して首尾一貫して押韻させようとしていたことが認められるわけである。

一方で中国撰述経典としての『妙好宝車経』は、『大正蔵経』（底本は中村不折旧蔵の敦煌写本）で、五言六九句の奇数句とされているが、出口常順蔵本（トルファン出土仏典断片図録『高昌残影』法藏館、一九七八年）では七二句となっている。前者は奇数句、後者は三句が加わって偶数句からなる。押韻の要求からも奇数句ではなく、もとは偶数句であったことが予想されるのである。

以上、少なくとも『龍施菩薩本起経』の偈は偶数句によって漢訳されていたのであり、また『妙好宝車経』の偈も同じく偶数句をもって撰述されていたことが類推されるとともに、それらが転写されていく中でいつしか脱落してしまったと考えられるのである(16)。

浄土教からも一例をあげるならば、善導の『法事讃』である。『法事讃』の中で二箇所の脱句があると思われる。

巻上の讃偈（『浄全』四・六下）

為今施主及衆生　奉請賢聖入道場（平声陽韻）
証明功徳修供養　三毒煩悩因茲滅（入声薛韻）
無明黒闇罪皆除　願我生生値諸仏（入声物韻）
念念修道至無余　廻此今生功徳業（入声業韻）
当来畢定在金渠

右に示したように、どのテキストもみな九句となっている。『法事讃』の讃偈における押韻単位は例外なくすべて偶数句によって構成されていることから、ここももとは一〇句構成であったはずが、転写の過程でどこか一句（あるいは三句）の脱落があったものと想定できるのである。右の句式では失韻となるが、最終句から前方に向かって押韻を確認すると、以下のようになる。

為今施主及衆生　奉請賢聖入道場（平声陽韻）
証明功徳修供養　□□□□□□□（平声陽韻）
三毒煩悩因茲滅　無明黒闇罪皆**除**（平声魚韻）
願我生生値諸仏　念念修道至無**余**（平声魚韻）
廻此今生功徳業　当来畢定在金**渠**（平声魚韻）

第二句韻字「場」と押韻する平声陽韻の韻字をもつ一句が、第四句目に存在していたことが予想される。この巻上は、大谷旧蔵トルファン写本としても遺されているが、残念ながら現存諸版本と同じく九句であった。二例目は、

巻下の讃偈（『浄全』四・二九上）
（前略）
標心為説西方楽　欲使斉帰入正門（平声魂韻）
正門即是弥陀界　究竟解脱断根源（平声元韻）

去来他郷不可停　従仏帰家還本国（入声徳韻）
一切行願自然成

である。この讃偈は全一九句となっているが、もとは二〇句あったと予想し、前方から押韻単位を括っていくと、最終の三句で失韻となってしまう。そこで、逆に最終句末の韻字「成」から押韻単位を前方へと括り直していくと、左のように「去来他郷不可停」の「停」と押韻していることが確認できる。

（前略）
標心為説西方楽　欲使斉帰入正**門**（平声魂韻）
正門即是弥陀界　究竟解脱断根**源**（平声元韻）
□□□□□□□　去来他郷不可**停**（平声青韻）
従仏帰家還本国　一切行願自然**成**（平声清韻）

この讃偈は、最後の四句における第一句が脱落したと想定することが可能なのである。

以上、韻律から見て、現存テキストにおける讃偈の脱句を指摘することができるのであるが、現時点でこれを証明するテキストが存在しない。しかし、『法事讃』はこの二例の奇数句を除いて、すべての讃偈が偶数句となっている。右の二例も、もとは偶数句であったはずで、おそらくは転写の間に脱落したということが想定可能となる。本来は韻文なのだから、七字一句ごとに整然と書写するか排版していたならば、もしそこに脱句があったとしたら、誰もが視覚的に容易に気づくはずである。しかし、『法事讃』の韻文は常に散文の行どりで書写され排版されてきたようなのである。現存する諸版本はおろか、大谷旧蔵トルファン写本（八世紀後半か）であっても、韻文の讃偈を散文の行どりによって写している。このような体裁の写本や版本であったからこそ、うっかり一句（または二句）を落としてしまい、それが後世に継承されていったものと考えられるのである。

おわりに

当該の典籍が成った当初は、漢訳者や撰述者によって声律や韻律の配慮が施されていたが、後世の書写につぐ書写によって精確に伝えられなくなってしまう（誤写）。さらに重要なことは、誤写だけではなく後世になると漢字音の変遷が感知されなくなったため、有韻の偈に対して音韻よりもむしろ意味を基軸として校訂されてしまうのである。

表意文字の漢語は、一定の語音を広域的（空間）にもまた永続的（時間）にも保持しつづけることが不可能な言語である。そのため当該の漢訳者や撰述者らが心血をそそいでひねりだした措辞も、後世には実にむなしいものとなる。しかし、だからと言って後世の校訂者を責めることはできない。なぜなら、漢字音が時代の推移とともに演変すると認識されたのは明末の陳第（一五四一～一六一七）を嚆矢とし[17]、これを継承した顧炎武（一六一三～一六八二）にはじまる清朝考証学のめざましい躍進にともなう成果であったからである。つまり、ここにいたるまでは先秦の漢字音と当代の漢字音が同一の音価であると信じられていたのであった。そうすると、たとえば呉の支謙のころは押韻していた用字が、印刷大蔵経がはじまる宋代の読唱音では押韻しなくなっていたにもかかわらず、その事実を感知しえず、そのために適切に異読を校讎することができなかったのである。これは大蔵経の編纂者らの責ではない。時代である。

以上、韻律によるテキスト校訂の可能性について述べてきたが、その結果が常に原初形態の復元であるとまで断定できるのではなく、あくまでも一つの可能性として示しうるということである。ただ筆者としては手ごたえを感じており、とくに浄土教の礼讃偈にあっては、大衆とともに行われる儀礼の現場で用いられる実用品としての視点から、押韻において通俗的な緩さは認められるものの、テキストの原初形態を復元する際に、偈の声律と韻律がその基準となりうるものと確信している。

註

（1）推定音価は、Ding Bangxin（丁邦新）, *Chinese Phonology of the Wei-Chin Period: Reconstruction of the Finals as Reflected in Poetry*（丁邦新『魏晋音韻研究』中央研究院歴史言語研究所、一九七五年）を用いた。

（2）周祖謨『魏晋南北朝韻部之演変』四七頁（東大図書公司、台北、一九九六年）を参照。

（3）本書第二部第五章を参照。

（4）中国仏教協会編『房山石経』行〜聖の巻八六頁上（中国仏教図書文物館、二〇〇〇年）

（5）中国仏教協会編『房山石山　隋唐刻経3』四九四頁・六三二頁（華夏出版社、二〇〇三年）

（6）上杉文秀『善導大師及往生礼讃の研究』四八三頁（法藏館、一九三一年）を参照。

（7）【遮闌・遮蘭・遮欄】⑥遮蔽物：欄阻物（『漢語大詞典』一〇巻一一五九〜一一六〇頁）。

（8）小川環樹『中国詩人選集　唐詩概説』一三八頁（岩波書店、一九五八年、後に『小川環樹著作集』第二巻に所収、筑摩書房、一九九七年）を参照。

（9）浄土教礼讃偈のテキストの系統として、中国伝存本と日本伝存本の二分できることについては、拙文「礼讃偈の韻律――詩の評価とテクスト校訂――」（『浄土宗学研究』二六、二〇〇〇年）を参照。

(10) 同目録の凡例やその目録の作成者である赤尾栄慶の「敦煌写本における偽写本の問題について」(『学叢』二四、二〇〇二年)において、「敦煌写本の中で、偽写本の可能性が高く、その書写年代について検討を要すると思われるものについては、時代や世紀を丸括弧で包む」と述べており、『浄土五会念仏誦経観行儀』は「(唐時代　9世紀)」と記されている。したがって、守屋孝蔵の旧蔵本『浄土五会念仏略法事儀讃』に関しては写本そのものの真偽も考慮しなければならないことになる。しかし、ここにあげたのは守屋旧蔵本によってのみ校訂しうる例である。法照在世当時の漢字音を熟知していなければ不可能な措辞も含まれる。はたして二〇世紀初頭の偽写本作成者にそれだけの素養があったかというと、疑わしいのではなかろうか。字姿や形態などの情報から偽写本と判定されたとしても、その韻律からすると偽写本とは判定しがたいのである。

(11) なお、『浄土五会念仏誦経観行儀』巻中(伯二〇六六)の「西方礼讃文　善導和上」には「恬葩」とある(八五・一二五二中)。「葩」は「はな、はなびら、はなやか、あざやか」の意で、しかも平声麻韻なので「華・遮・家」と押韻することになる。

(12) 『仏本行経』一(四・六三上)
　如是歌称声　斯須流聞王　王聞甚歓悦　重賜名宝珍

『出曜経』九(四・六五六上)
　猶如大海、日夜沸動、濁滓下沈、変成宝珍。人亦如是、昼夜役心不止、便獲果証。

『十地経』四(一〇・五五二中)
　菩薩既聞諸勝行　其心歓喜雨妙花　放浄光明散宝珍　供養如来称善説

『大宝積経』七七(一一・四四三上)
　以此功徳縁　受身常端正　饒財多宝珍　眷属具成就

(13) 「就成」は『漢語大詞典』二巻一五七七頁を参照。

(14) 『中国方志叢書』第五三三号「陝西省　洋県志(二)」四三五〜四三六頁(成文出版社、一九七六年影印版)参照。この「洋県志」に収められている「念仏巌大悟禅師碑記」の録文やその他関連史料は、拙文「法照の礼讃偈における通俗性――その詩律を中心として――」（『浄土宗学研究』三〇、二〇〇四年）に掲載した。

(15) 浄土法身讃に「浄土在心頭、愚人向外求、心中有宝鏡、不識一生休（浄土は心頭に在るも、愚人は外に向かって求む。心中に宝鏡あるも、識らずして一生休む）」（八五・一二六五上）とある。

(16) 同様の例としては、西晋訳『玉耶女経』の長行中の韻文にも見られる（本書第二部第六章を参照）。

(17) 『毛詩古音考』序、『読詩拙言』、『屈宋古音義』において指摘されている。大島正二『中国言語学史　増訂版』二九四頁～（汲古書院、一九九八年）を参照。

第十二章　通押の許容とその要因

はじめに

漢語仏典における偈は、中華の韻文作品のように完璧に押韻するものから、俗文学に分類される作品のように不完全ながらも通押[1]するものまで、実にさまざまな姿を見せている。そして、そのような現象にはいくつかの要因があると考えられる。そこで、本章では漢訳仏典の有韻偈頌（漢語として韻律が配慮されている偈頌）をその押韻または通押の状況から五種に分類し、それぞれの特徴を検証したいと思う。その際、とくに通押ということに関して、そのような有韻偈頌が漢訳されてくる背景や、通押の許容範囲とその緩さの要因を考察するとともに、漢訳者や撰述者らによって句末に陽声の鼻子音尾（-n, -ng, -m）を配置する通押の事例も紹介する。これによって訳者や撰者における偈に対する韻律配慮の痕跡が明らかにされるはずである。

一、韻律方面から見た偈の五類型

中華伝統の文壇における詩文にあっては、音数律、声律、韻律をもって三要素とする。中でも韻律への配慮は、上古の詩文から常に絶対条件となっている。散文に対して韻文と呼ばれるのはそのためである。韻律とは言うまでもなく、押韻という修辞技法である。押韻とは、一字一音節を原則とする漢字において、異なる声母と共通の韻母を有する二つ以上の異字を、毎句または隔句ごとの句末に配置することであり、その朗誦する際の音響的効果により、読み手や聞き手に重層的な余韻をもたせながら作者の意境を伝えるレトリックと言えよう。古く『詩経』における押韻は、句中にも句末にも置かれたが、後になると句末のみに配置されるようになり、さらに降ると隔句ごとの偶数句末に置くことが原則となっていく。仏教が伝来したのは前漢の末であるが、仏典が漢語に翻訳されるのは後漢の後期、すなわち安息国の安世高や月氏国の支婁迦讖といった外国僧による事業を嚆矢とする。この時代の中華の詩作といえば、すでに偶数句末の押韻が主流となっていたことから、漢訳仏典の偈に押韻が認められるなら、それは中華の詩文学の趨勢に連動するかたちで受容されたことは十分に予想される。実際に漢訳仏典中の有韻偈頌は偶数句末に押韻させようとする意図が明瞭にあらわれているのである(2)。

漢訳仏典において有韻偈頌を有する典籍はわずか六〇部ほどにすぎないが（本書第三部の資料①《漢訳仏典有韻偈頌一覧表》を参照）、有韻と言っても完璧に押韻する偈から不完全なものまでさまざまである。完璧な押韻についてはことさら問題とはならないが、不完全な押韻に関してはよほど慎重に判定しなければならない。というのも、ある押韻単位がその時代においてはたして間違いなく押韻していたのか否かは、容易に判定できないからである。表意文字（表語文字）としての漢字そのものが、それぞれの時代のそれぞれの字音を教えてくれるわけではないので、さまざまな資料から帰納的に推測する以外にない。したがって、ある二つの漢字をめぐって押韻するか否かの判定を下すためには韻書は言うまでもないが、それ以上に当該の偈が漢訳されたのと同時期における文壇の詩作の用例も参考とし、丹念に比較していかなければならないのである。その作業は時間も労力もかかるが、そこを通過しない限り、押韻の是非を判断することはできないはずである。

なお、右に述べた不完全ながら押韻するものについてであるが、これは実際のところ、ことばとして曖昧な表現である。そもそも押韻とは複数の漢字における韻母（MVE/T）を構成する韻頭（介音Medial）・韻腹（主母音Vowel）・韻尾（副母音Ending）、そして声調（Tone）の完全なる一致を言うのであり、したがって不完全であれば厳密には押韻とは言えないからである。韻書や詩文の押韻状況に照らし合わせて、たとえ完全な押韻ではないとしても、その許容範囲を緩めて隣接する韻目や韻部または摂、それに近似の音価をもつ字音にも通用して押韻させたことになるわけで、このように広い意味で押韻していると認められることを通押と言う。よって、不完全ながら押韻するものというのは、ここでは通押と呼ぶことにする。通常は韻母のうち韻頭を除く、韻腹・韻尾の一致をもって通押と理解されるが、韻腹であっても隣接する音であれば許容されることもありうる。とくに漢訳仏典は言語転換というハードルを越えた上でなされる韻律配慮であるため、精緻な押韻を実現することは困難であった。しかし、まったくこれを放棄したのではない。不完全ながらも配慮した痕跡が認められるのであり、それを通押と表現するのである。

ここでは、漢語仏典（漢訳経典・中国撰述経典・浄土教礼讃文）の偈における偶数句末の韻字をめぐって、その通押する偈を取りあげ、実際に通押すると認められるであろう許容範囲を調査することを目的としている。これによって当該文献の漢訳者や撰述者たちが、いかに韻律を配慮していたかが明らかになるはずである。また、その意義についても考察を加えるものである。

さて、中華の詩文はそれが韻文であるからこそ、「押韻しているに違いない」と言えるように、韻律配慮が確実に施されているという共通の認識があり、またそれを大前提としているので、異なる韻部の分合や通押についても、そうした前提に立って判定を下し、さらにそれにもとづいて合韻譜を作成することが可能なのである。羅常培、周祖謨、丁邦新、高田時雄らの調査は、みなそのようなすぐれた成果であると言ってよい(3)。ところが漢訳仏典の偈というものは、視覚的には五言や七言などの句作りをしており、あたかも中国詩の体裁をとってはいるものの、実際には押韻などまったく考慮されていない偈が大多数を占めている。したがって、少数派の有韻偈頌についても、はたして漢訳者当人にとっては、本当に韻律を意識して漢訳していたのか、それとも韻律を配慮することなく漢訳したが、結果として偶然にも押韻したのか、そのいずれであったのかを見極めることは容易ではない。つまり、漢訳仏典の偈頌というものは、中華の詩文のように「押韻しているに違いない」という大前提に立って検討することができないわけである。まずは「はたして押韻しているのだろうか？」と訝るところからはじめなければならない。この姿勢をもって膨大な漢訳仏典の偈頌の一々を悉皆調査しなければならない煩雑さと、それにともなう困難はあるが、ここでは筆者が精査した結果として、漢訳者による韻律配慮という視点から、すべての偈を以下のように五つに分類することができると思われる。ここではこの五類を取りあげるにあたり、煩瑣を避けるため、それぞれ用例は二、三を摘記するにとどめて検証してみたい。

（1）押韻する偈
（2）通押する偈
（3）通押と推察される偈
（4）失韻の偈
（5）無韻の偈

（1）押韻する偈

これは韻書に照らしても同じ韻目であったり、同じ韻部の漢字が押韻単位となっている偈である。中華伝統の詩作と同等な押韻を具えている偈であり、明らかに漢訳者らの自覚的な韻律配慮が認められる。ただし、韻書が作られる以前の漢訳仏典の偈においては、同時代の詩作と比較することによって押韻を検証していかなければならない。偶数句末の括弧の中には、『切韻』系韻書の最終増訂版である『広韻』の韻目、および当該経典が漢訳された時代の韻部を示した。また韻部の分合については周祖謨〔一九九六〕を参照した。

呉支謙『長者音悦経』（『大正蔵経』一四・八〇八中、八〇九上の二箇所）

長者今日　吉祥集**至**（去至・脂）　一切福応　室族吉**利**（去至・脂）
昔所殖福　其報有**四**（去至・脂）　大小歓悦　世間無**比**（去至・脂）
諸天龍神　咸為降**伏**（入屋・屋）　快哉長者　猥獲吉**福**（入屋・屋）[4]
如春種禾　秋則成**熟**（入屋・屋）　先作後受　影報随**逐**（入屋・屋）

呉の支謙が漢訳した仏典は古訳時代にあって、たいへん流麗な文で綴られている。祖父の代に一族とともにインドより帰化して、洛陽で生まれ生涯居士を貫き、呉主孫権の太子輔導役にも任ぜられた学徳兼備の在家漢訳者である。梵唄方面にも長じていたことは『出三蔵記集』一三の支謙伝（五五・九七下）からも了解できるであろう。

黄武元年より建興中に至るまで（二二二～二三七）、出だす所の維摩詰・大般泥洹・法句・瑞応本起等二十七経、曲は聖義を得て、辞は文雅を旨とす。また無量寿・中本起経に依り讃菩薩連句梵唄三契を製し、了本生死経に注す。皆な世に行わる。

また『高僧伝』一三の経師第九「論曰」の項（五〇・四一五中）にも、

原ぬるに夫れ、梵唄の起りはまた陳思より兆（はじ）まる。始め太子頌及び睒頌等を著し、因りて之が為に声を製す。吐納抑揚並な神授に法る。今の皇皇なるは、顧惟うに蓋し其の風烈なり。其の後居士の支謙、また梵唄三契を伝うるも、みな湮没して存せず。世に共議一章なるものあり。恐或くは謙の余則ならん。

とある。このような音楽的な才覚を具えていたためであろうか、支謙の訳経中には押韻する偈が少なくない。(5) 右にあげた『長者音悦経』は『出三蔵記集』五で失訳、例によって『歴代三宝紀』五から支謙の訳本とされ、今日までそのように伝承されてきている経典である。支謙訳出の真偽のほどはともかく、三国両晋の韻部によると偈の前半は脂部、そして後半は屋部で完全に押韻していることがわかる。

後秦鳩摩羅什『大智度論』一三（二五・一六一上）

閑坐林樹間　寂然滅衆**悪**（入鐸・薬）
恬澹得一心　斯楽非天**楽**（入鐸・薬）
人求富貴利　名衣好床**褥**（入燭・屋）
斯楽非安隠　求利無厭**足**（入燭・屋）
納衣行乞食　動止心常**一**（入質・質）
自以智慧眼　観知諸法**実**（入質・質）

種種法門中　皆以等観入（入緝・緝）
解慧心寂然　三界無能及（入緝・緝）

周知のように中国仏教史における鳩摩羅什の功績は、他の来華僧を圧倒している。それはさまざまなジャンルの漢訳を手がけたというだけにはとどまらない。漢訳の時代区分からすると、旧訳時代の代表者でもあり、また古訳時代の訳本を再訳することも少なくなかった。偈の翻訳に関しては、本書第二部第七章でもふれたように、『高僧伝』における鳩摩羅什伝に明確に語られている。要するにインドの韻律の美しさが、漢訳によって喪失してしまうことは不可避であるという見解であった。実際に『妙法蓮華経』や『維摩詰所説経』をはじめとする羅什の代表的な訳本の偈は、ことごとく無韻であって、音韻的配慮は絶無なのである。ところが不思議なことに、唯一この『大智度論』には右に示した例をはじめ、他にも有韻の偈頌が数多く見られる。そこに『大智度論』の成立事情が見え隠れしているようにも思われる。羅什は仏典の偈の漢訳において、基本的には無韻を貫く姿勢を堅持しているが、詩を作る教養は具えており、事実そのいくつかが残されている。羅什による漢訳と撰述の問題にからめるとき、事実存在する有韻偈頌は羅什の撰述であった可能性が浮上してくるのである（第二部第七章を参照）。

他にも完璧に押韻させて漢訳されている偈頌は多数存在するが、右の二例のみにとどめておく。むしろ問題とすべきは、通押する偈とその判定なのであり、それは以下の（2）と（3）である。

（2）通押する偈

前述したように、通押とは韻目や韻部は異なるが、隣接していたり、また近似の音価を有していたり、あるいはまた中華の詩文にもしばしばその用例が存在する押韻単位のことである。この通押にも先の押韻と同様に、漢訳者による自覚的な韻律配慮は施されていたと認められる。左にその例を若干あげる。

劉宋求那跋陀羅『摩訶迦葉度貧母経』（一四・七六二下）

①大千国土　仏為特**尊**（平魂・魂）
次有迦葉　能閉罪**門**（平魂・魂）
②昔在閻浮　糞窟之**前**（平先・先）
為其貧母　開説真**言**（平元・魂）
③時母歓喜　貢上米**瀋**（平元・魂）
施如芥子　獲報如**山**（平山・先）
④自致天女　封受自**然**（平仙・先）
是故来下　帰命福**田**（平先・先）

劉宋慧簡『貧窮老公経』（一七・七四三中、七四四上）

①汝昔為太子　不識仁義**方**（平陽・陽）
憍貴自放恣　恃為大国**王**（平陽・陽）
②自謂無罪福　以此可保**常**（平陽・陽）
豈悟生死対　於今受其**殃**（平陽・陽）
③従罪復蒙祐　得睹天中**天**（平先・先）

能脱既往罪　　垂命入法**門**（平魂・魂）
④永離慳貪心　　長受智慧**根**（平痕・魂）
世世侍仏辺　　保寿万劫**存**（平魂・魂）

右の例（七四三中）は、ともに劉宋における訳経の偈である。ここに先部と魂部の韻字が押韻単位となっている。中華の詩文中の用例としては、晋代ではわずかに三例にとどまるが、劉宋と北魏になると合わせて三〇例を検出することができるようになる。[6] したがって、先魂両部の通押は、五～六世紀には普遍的であったと知ることができる。よって右の二例は訳者によって韻律配慮が自覚的になされていたと理解できるのである。

後秦鳩摩羅什『大智度論』九（二二五・九四上中）

唯仏一人独第一　　三界父母一切**智**（去寘・支）
於一切等無与等　　稽首世尊希有**比**（去寘・支）
凡人行恵為己**利**　　求報以財而給**施**（去寘・支）
仏大慈仁無此**事**　　怨親憎愛以等**利**（去至・脂）

鳩摩羅什の『大智度論』は、先に（1）で述べたように完璧に押韻する偈があるかと思えば、韻律にはまったく無頓着な偈（無韻の偈）も多く存在する。ここに掲げた偈は配慮してはいるものの、完全な押韻ではない例、つまり通押する用例である。

この支部と脂部は詩文中にもその用例を指摘することができるので、当時の通押の許容範囲だったはずである。羅什は、おそらく後涼で漢語を習得したであろうし、後に後秦の長安において漢訳を開始しているが、いずれにせよ、習得したのは北方系の漢語であり漢字音であった。このころの韻部としては北魏の詩文に四例、劉宋を含めると一四例を検出することができ、両晋においては三四例がある。したがって、右の偈には明らかに羅什による韻律配慮があったことは疑いえないのである。

元魏吉迦夜『称揚諸仏功徳経』下（一四・一〇三上）

①徳如月満其如来　諸天最上為尊**雄**（平東・東）
此諸大尊徳中**王**　能為衆生除諸**殃**（平陽・陽）
②持諸仏名功徳**成**　能浄諸刹為粛**清**（平清・庚）
其難得値此尊**経**　少有衆生聞其**名**（平清・庚）
③若有信行而供**養**　得大智慧勇力**強**（平陽・陽）
解了諸法無有**量**　当成一切正覚**王**（平陽・陽）
④正覚之法甚深**微**　不当於中起狐**疑**（平之・之）
当善信奉諸導**師**　歓喜敬礼慎莫**疑**（平之・之）

初句を除いて毎句韻の偈頌である。はじめの「雄」と「殃」は、この時期それぞれ東部と陽部に属しており、詩文中の用例は五つあるが、みな劉宋の用例である。②以下がすべて押韻していることから鑑みて、漢訳者の吉迦夜と曇曜としては、①偈にも韻律配慮しようという意図があったはずである。

東晋帛尸梨蜜多羅『灌頂梵天神策経』（灌頂経第一〇、二一・五二五上）

慳吝懐貪惜　坐守財物**死**（上旨・脂）
布施持浄戒　世世従縁**起**（上止・之）
汝有嘉福田　後便致富**貴**（去未・脂）
今現人所敬　徳行亦**欝欝**（入物・質）
高顕而無比　衆中之大**師**（平脂・脂）
寿命亦延長　衆聖為等**類**（去至・脂）

本経が帛尸梨蜜多羅の漢訳でないことはすでに先学が指摘しており、また音韻方面からもそれを立証できることは、第二部第九章で述べた。これは東晋の訳本ではなく、中国で撰述されていた経典である。経録の初出は、僧祐『出三蔵記集』四の新集続撰失訳雑経録に「梵天策経一巻、異出本」（五五・三一中）とあるので、六世紀のはじめには撰述されていたことだけがわかっている。本経には七九六句一百偈が説かれている。その分量たるや、仏教経典においては他の追随を許さない最長の有韻偈頌である。八句ごとに換韻し、全編にわたって平上去入のいずれかの声調でほぼ完璧に押韻している。右の偈は脂部の偈に之部と質部が混在している通押例である。脂部と之部の通押は、詩文の用例として三国五例、両晋二三例、劉宋北魏四〇例というように時を経るに従って増加していく。また質部については、ここでは「貴」と押している。「貴」は、『切韻』系韻書で去声未韻に属す。陰声去声字の未韻は南北朝にいたるまで歯茎閉鎖音 -d が残存している。したがって、「貴 -juəd」と「鬱 -juət」は通押していたことになる。実際に両晋の詩に脂質の通押が一三例あり、降って隋にいたるまで広く通押例を検出できることから、脂部とこの之質両部の通押はかなり長期にわたって行われていたようである。

（3）通押と推察される偈

これは、あるまとまった偈の中で、その一部の押韻単位だけが同時代の詩文中に照らしても通押例が存在しない場合である。しかし、前後の句はみな押韻しているか、または通押しているので、その当該箇所もおそらくは失韻ではなく、かなり緩慢であるとはいえ、漢訳者によって意図的に配慮が施されたと推察される偈のことを言う。

呉康僧会『旧雑譬喩経』上（四・五一〇下）

於是閲叉即以頌而問曰、

手足及与頭　五事雖絆**羈**（平支・支）

但当前就死　跳踉復何**為**（平支・支）　……（高麗版にこの四字はない）

賈客偈答

手足及与頭　五事雖被**繋**（去霽・脂）

執心如金剛　終不為汝擘（入麦・錫）

鬼復説偈　……（高麗版にこの四字はない）

吾為神中王　作鬼多力**旅**（上語・魚）

前後噉汝輩　不可復称**数**（上麌・魚）

今汝死在近　何為復諂**語**（上語・魚）
賈客偈答……（高麗版にこの四字はない）
是身為無常　吾早欲棄**離**（平支・支）
魔今適我願　便持相布**施**（平支・支）
縁是得正覚　当成無上**智**（去寘・支）
鬼説偈帰依……（高麗版にこの五字一句はない）
志妙摩訶薩　三界中希**有**（上有・侯）
畢為度人師　得備将不**久**（上有・侯）
願以身自帰　頭面礼稽**首**（上有・侯）

内容は賈客と鬼人との偈を用いての掛け合いである。はじめの二つの偈はそれぞれ四句からなり、後の三偈はそれぞれ六句からなる。「繫 -i̯」と「擘 -k」を脚韻とする第二偈を除いて、みなきれいに押韻している。では、はたしてこの第二偈は押しているのだろうか。これには二つの可能性がある。

第一に転写間の誤写ということである。異音同義語と交替したとも考えられるが、実見することのできた本経の諸本に異読はないので、この場合それは当てはまらない。第二に訳者の字音識別能力の限界ということである。上記の脂部と錫部とが通押する用例は、この時代を含め中華の詩の韻文において存在しないので、文壇の詩であったならば明らかな失韻である。これは漢語を母語とする者にとっては同じ韻類とは認識されていなかったことを物語る。しかし、ここは他の偈がみな押韻しているということは、明らかに訳者の意図的な配慮が認められるということである。また、そのように考えるとき、この偈だけを失韻として漢訳していたとは思えないのである。

　そこで、以下のようなことを予想できるかもしれない。つまり、この「擘 -k」字は、同じ偏旁の「避」「薛」「嬖」「臂」「僻」「壁」「甓」などと同じ音符「辟」を有していることから、これらがみな同韻部（支部）であると漢訳者に認知されていたのではないかということである。実際に音符が同じ文字は、時を経ても調音点や韻尾が共通することが多い。これらの字の声調はともかくとして、すべて陰声韻の支部に属している。脂部の「繫」と支部であれば、魏晋の詩文中に六〇ほども通押する例があり、さらに以後の南北朝においても広く通押しているのである。したがって、これはおそらく漢語の字音にいまだ習熟していなかった訳者において、本来は入声韻の「擘 -k」が陰声韻（-i）であると判断されたことにより、「擘」（-k＞-i）と「繫」（-i）とは押韻するものとして措辞されていたのではないかということである。インド西域から来華した漢訳者らの習得した限られた漢語語彙数と字音の識別能力に起因して、中華の文壇における詩作には存在しないような通押を生み出したのではないだろうか。

西秦聖堅『演道俗業経』（一七・八三六上）

悉解其身空　四大而合**成**（平清・庚）
散滅無処所　従心而得**生**（平庚・庚）
五陰本無根　所著以為**名**（平清・庚）
十二縁無**端**　了此至大**安**（平寒・寒）

この偈の諸本に校異はなく、また永明延寿の『宗鏡録』九五（四八・九三〇中）に引かれている本経の偈も韻字はすべて同じである。本経の偈の韻律に関しては第二部第四章に述べたように、西秦の聖堅であったとすることに確証がもてない。経録によると、同じ経題の訳本が呉の支謙にも存在していたことから（ただし現存せず）、むしろこれは支謙の訳偈であって、後に聖堅が転用したものと推測したのである。庚部「名」と寒部「安」との通押については、それぞれ -je と -an に推定される。詩文中に通押例はないが、ともに鼻子音（-n, -ng, -m）で収束させようという意識があったのかもしれないが、第七句「十二縁無端」の「端」（平恒・寒）と毎句韻とみなすこともできる。

後漢支曜『成具光明定意経』（一五・四五五中）

於是阿難。則而歎曰

面部人雄顔　眼鼻口正端（平桓・寒）
金体極軟細　今笑何盛欣（平欣・真）
方口含白歯　脣像朱火明（平庚・耕）
姿美八十種　今笑必有因（平真・真）
鏡歯牙四十　広舌頬車方（平陽・陽）
語則香気発　今笑為誰成（平清・耕）
眉髭紺青色　眼瞼双部当（平唐・陽）
白毫天中立　今笑唯願聞（平文・真）
天眼已了朗　道眼已備通（平東・東）

法眼与慧眼　此四已具成（平清・耕）
笑必有感応　啓化於未成（平清・耕）
或当受拝決　故笑発金顔（平刪・元）

後漢の支曜による訳経は『歴代三宝紀』以後になると数を増していくが、本経は『出三蔵記集』にも著録されており、古い訳語が多く見られることから、後漢の訳出を否定するには及ばないだろう。経中には四言偈と五言偈とがあり、右に示した五言偈の韻字はみな平声でそろえられ、しかもすべての韻尾に陽声の鼻子音（-n, -ng）を配置している。とても偶然とは思えないのであり、訳者による自覚的な配慮とみなすべきであろう。その傍証となるのが、この偈の前に説かれているもう一つの五言偈である（一五・四五二中下）。

天尊実神妙　世所希見**聞**（平文・真）
変改卓犖異　睹者莫不**欣**（平欣・真）
諦観甚奇雅　現変難等**双**（平江・冬）
不作而自具　不労飽満**衆**（平東・東）
不語自然使　不教令自**行**（平唐・陽）
不為而遇為　是徳以可**将**（平陽・陽）
本行何術法　生而有此**栄**（平庚・耕）
積何徳之本　致斯巍巍**尊**（平魂・真）

願哀貧道者　開饒以法**財**（平咍・之）
決心之結網　放令無余**疑**（平之・之）

後漢にあっては、冬部と東部は言うまでもないが、耕部と真部が通押する作品を一一例あげることができる。[7] したがって、支曜が押韻させることを意図して右の偈を漢訳していたことは明白である。このことから右の「面部人雄顔……」ではじまる偈を見るとき、完全な押韻からはほど遠い緩さは否めないとしても、やはり意識的に偶数句末に鼻音で収束させる意図がはたらいていたことは確実である。

各時代の詩作品の用韻に照らし、その用例がないからと言って、失韻であると即断し排除すべきではないと思うが、だからと言って、やみくもにすべての用例を通押の偈として取りあげるわけにもいかない。こうした事例は多くないにせよ、それらの通押を判定することは決して容易なことではないのである。

（4）失韻の偈

これは、前後にある偈が押韻、あるいは通押していようとも、その中にあって一部の偈はまったく異なる音価をもつ漢字が韻字として配されており、どう考えても、どう検証しても、韻律への配慮がなされていないケースである。つまり、一連の偈頌全体では不完全な漢訳に終わっている例である。これには訳者が堅持する翻訳規範や、語彙力と音韻の識別能力の限界があったものと考えられる。

呉支謙『維摩詰経』上（一四・五一九下〜五二〇上）
①清浄金華眼明好　浄教滅意度無極（入職・職）

浄除欲疑称無量　願礼沙門寂然迹（入昔・薬）
②既見大聖三界将　現我仏国特清**明**（平庚・庚）
説最法言決衆疑　虚空神天得聞**聴**（平青・庚）
③経道講授諸法王　以法布施解説**人**（平真・真）
法鼓導善現上義　稽首法王此極**尊**（平魂・真）
④説名不有亦不無　以因縁故諸法**生**（平庚・庚）
非我不造彼不知　如仏清浄無悪**形**（平青・庚）
⑤始在仏樹力降魔　得甘露滅覚道**成**（平清・庚）
以無心意而現**行**　一切異学伏其**名**（平清・庚）
⑥三転法輪於大千　受者修正質行**清**（平清・庚）
（⑤〜⑥）六句偈か
天人得見従解法　為現三宝於世**間**（平山・寒）
⑦仏所説法開化人　終已無求常寂**然**（平仙・寒）
上智愍度老死畏　当礼法海徳無**辺**（平先・寒）
（以上三句）六句偈か
⑧供養事者如須**弥**　無誡与誡等以慈（平之・之）
所演如空念普行　孰聞仏名不敬承（平蒸・蒸）
⑨今奉能仁此慈蓋　於中現我三千**世**（去祭・祭）
諸天龍神所居宮　犍沓和等及閲**叉**（平佳・支）
⑩以知世間諸所有　十力哀現是変化（去禡・歌）→　三本作「此化**変**」（去線・寒）

衆睹希有皆歎仏　　稽首極尊大智**現**（去霰・寒）

この支謙訳の『維摩詰経』においては数多くの有韻偈頌が見られ、右の偈もそのうちの一つである。一〇の押韻単位があり、うち②③④⑤⑦の五偈は完璧な押韻であり、⑨は三国の詩文中にその通押する作例が存在し、また⑩はテキストに校異があり、宋元明の三本の用字を採用することで押韻することになる。したがってここで問題とされるのが①⑥⑧の三偈である。

まず①の職部と薬部については、晋代に一例（「色」と「柏」の通押）を見るのみで、三国にもその後の劉宋北魏にも存在しない。⑥偈の庚部と寒部もその用例はない。しかし、⑤⑥⑦の三偈一二句はそれぞれ四句とするから失韻となってしまうが、これを二偈一二句とみなした場合には六句ごとの完全な押韻となる。また、⑧偈の之部と蒸部の通押は、この時代に押韻はありえないので、詩文中にその通押例は検出しえない。しかし上古音にあって両部の主母音（韻腹）はまったく同じく-ə-であることから、あるいは上古音の残存としてみなされるのだろうか。その判定は、時代性よりも、あるいは漢訳者個人における語音の識別力や、広い中国における地域性（方音）の相違によるところが大きいようにも感じられる。

後漢安世高『尸迦羅越六方礼経』（一・二五一下～二五二中）

①鶏鳴当早起　　被衣来下**牀**（平陽・陽）　→　晋宋の韻部を用いる。
　澡漱令心浄　　両手奉花**香**（平陽・陽）
②仏尊過諸天　　鬼神不能**当**（平唐・陽）

低頭遶塔寺　叉手礼十**方**（平陽・陽）

（中略）

⑦仏如好華樹　無不愛楽者（上馬・歌）

処処人民聞　一切皆歓喜（上止・之）

⑧令我得仏時　願使如法王（平陽・陽）

過度諸生死　無不解脱者（上馬・歌）

⑨戒徳可恃怙　福報常随己（上止・之）

現法為人長　終遠三悪道（上皓・宵）

（中略）

⑲一切能正心　三世神吉**祥**（平陽・陽）

不与八難倉　随行生十**方**（平陽・陽）

⑳所生趣精進　六度為橋**梁**（平陽・陽）

広勧無極慧　一切蒙神**光**（平唐・陽）

本経は安世高訳ではく、南北朝期に仮託された経典である。全二〇偈があるうち、ほとんどが押韻するにもかかわらず、⑦⑧⑨の三偈だけが失韻となっている。諸本をもって校しても、やはり押韻することはない失韻の偈頌である。

（5）無韻の偈

筆者が調査したところによると、漢訳された経律論にあらわれる大多数の偈がこれに収まる。つまり、第三部の資料①《漢訳仏典有韻偈頌一覧表》に示さなかった偈はすべて無韻であって、もとより漢訳者らは音韻的配慮をまったく意に介すことなく、ただ文章内容の翻訳のみを優先させた偈ということである。

四言偈　（伝）魏康僧鎧『無量寿経』上（一二・二六七上中）

光顔巍巍　威神無極
如是焰明　無与等者
日月摩尼　珠光焰耀
皆悉隠蔽　猶若聚墨
如来容顔　超世無倫
正覚大音　響流十方
戒聞精進　三昧智慧
威徳無侶　殊勝希有
（以下略）

五言偈　北涼曇無讖『大般涅槃経』二（一二・三七二中下）

汝雖生人道　已超第六天

我及一切衆　　今故稽首請
人中最勝尊　　今当入涅槃
汝応愍我等　　唯願速請仏
久住於世間　　利益無量衆
演説智所讃　　無上甘露法
汝若不請仏　　我命将不全
是故応見為　　稽請調御師

七言偈　後漢支婁迦讖『般舟三昧経』上（一三・九〇八上）

三千大千之国土　　満中珍宝用布施
設使不聞是像経　　其功徳福為薄少
若有菩薩求衆徳　　当講奉行是三昧
疾悉諷誦此経法　　其功徳福無有量
如一仏国塵世界　　皆破壊砕以為塵
彼諸仏土過是数　　満中珍宝用布施
其有受持是世尊　　四句之義為人説
是三昧者諸仏慧　　得聞功徳叵比喩

（以下略）

右の三経は、ともによく知られた経典なので、ここに例として示したまでであるが、これらの偈は、あたかも長行を四言、五言、七言に断句しただけのようでもあり、まったく押韻することはない。インド西域の原典が韻文であればこそ、その漢訳にあたっては中華の韻文のごとき体裁に仕立てたつもりであろうけれど、それはあくまでも韻文を視覚的に偽装するものでしかない。ただし、漢語は古今通じて一字一音節であり、このため字数を均一にそろえることは、読誦するにつけ、一定のリズムを刻みつづける効果（音数律）はある。

このように、漢訳仏典の偈をその音韻的な側面から検討すると、以上の五つの形態に分類できるのであり、これらの相違は漢訳者それぞれの漢語能力と漢訳方針によるものと考えられる。換言すれば、訳者の漢字音の識別力の限界と、翻訳における倫理観とに起因するということである。そこで次はこの点について、よく知られた経の偈をあげながら具体的な考察に入っていく。

二、韻律配慮が行われた要因――文質論争と偈――

後漢にはじまる仏典の漢訳は連綿と継承されていくが、偈をはじめて漢訳した安世高にあってはgāthāを「絶」、「絶辞」と訳し、また「縛束説」とも訳している。そして訳出された偈の句作りは、後世の五言や七言のような斉言句ではなく、不揃いの雑言句であり、韻律の配慮もまったく意図されていなかった。したがって、インド西域の韻文の趣きも、そして中華の韻文としての味わいも、ともに活かされていなかったといえる。つづく支婁迦讖にあっては句中の字数を斉言に仕立てることで音数律を配慮し、視覚的には中華の詩文の体裁を導入してくる点で大きな進展が見られた。しかし、韻律への配慮は依然として施されることはなかった。ところが後漢末から三国にかけて江南の地で活動した居士支謙による漢訳諸経典において、ようやく韻律配慮が顕在的になってくる。それは月氏人にして中華で生を享けた教養人支謙であってこそ可能だったのだろう。すでに述べたように、中国仏教史において、はじめて韻律配慮を行ったのは後漢の支曜であるが、それは『成具光明定意経』のわずか一部に認められるにすぎない。つづく呉の支謙になると数多くの有韻偈頌が漢訳されるようになったことは、支謙に偈頌の漢訳をめぐる明白な方針があったとみなすべきである。

それでは、いったい支謙はなぜそのような漢訳を企図したのであろうか。有韻偈頌を多く漢訳した支謙の漢訳に対する姿勢について考察していくが、その前にひとまず仏典漢訳における文質論争から回顧してみる必要がある。

訳語訳文を決定する翻訳者らの苦慮は「文」と「質」との間の葛藤であり、それぞれの訳者の主体的立場に委ねられてきた。それは時代やジャンルを超えた、ある意味、翻訳における倫理観ともいえる。「文」とは漢訳する際に漢語として美麗に文飾を加えた文体であり、「質」とは原典の語義や内容に対して忠実であろうとする文体である。古来、漢訳仏典における文体論には、道安の五失本三不易（『摩訶鉢羅若波羅蜜経抄序』）を嚆矢として、彦琮の『弁正論』における十条と八備（『続高僧伝』巻二）、玄奘の五種不翻（『翻訳名義集』序）、賛寧の六例（『宋高僧伝』巻三）がその代表とされるほどに、それぞれの時代において俎上にあげられており[8]、一部の経録にも注意されることになったほどである[9]。また、これに関わる近年の論考も少なくはなく、筆者もかつて愚考を開陳したこともある[10]。

さて、漢語仏典における訳文が中華の知識人に受容され、また衢巷に弘通させるために、民間で使用されていた口語語彙や語法を取り入れたという説がある[11]。しかし、それには疑問がないわけではない。そもそも仏典というものを庶民が触目し、これを学んだり読誦する機会はまずありえないからである。かりに在家者が経典に接し、そこに口語が多く含まれていたとしても、思弁的で難解な仏教思想を見て聞いて容易に理解できたとは到底考えられない。よって仏典における口語導入の来源をここだけに求めることは無理がある。そこで漢訳初期においては将来した原典からの翻訳というよりも、来華僧の口誦（講経を含む）をもってなされていたということを考慮に入れなくてはならないだろうし、さらに遡ってインド仏教僧の口誦の伝統が翻訳に顕現されたか、また原典にもすでに口語表現が含まれていた可能性もあることもあわせて考慮しなければならない。そして最も大きな要因として筆者が想定しているのは、漢訳者らの漢語習得レベルの問題である。来華して漢語を学ぶには現在のような教育制度の確立していない時代にあっては、おそらく漢語を母語とする人々との会話を通して習得していたはずである。そのように生活のための漢語を学んでいくうちに、もし古典をも学習することがあって、中華の文化や思想に深い知識を獲得していたならば、おのずと漢訳された文体にも配慮がゆきとどくだろうが、実際に漢訳者たちが漢訳作業を開始するのは、来華後三年から五年のことである（第一部第一章第三節）。つまり、古典の知識を身につける前に漢訳にとりかかっていたということである。したがって、必然的にみずからが習得した限られた語彙語法の範囲の中で漢訳作業を行っていかざるをえないので、日常的に使用頻度の少ない漢字は使われることはなく、使われている漢字の種類も限定され、語彙は口語的にして、語法においても破格がめだっているのはそのためであろう。漢訳経典に口語が頻用されている原因とは、このように意外にも単純なのではなかろうか。

次に文体についても考えてみよう。後漢にはじまり魏晋南北朝、そして初唐に支配的となった装飾的な四六駢儷体が出現すると、この文体が仏典にも導入されてくる。鳩摩羅什が訳経を開始するころには、すでに訳文においてこの文体はむしろ主流となっている。ただし四六駢儷体は、文のスタイルであり、またリズムであるが、仏典のそれはあくまで翻訳にかかるので対句の構造を採用しえない。よって厳密に言えば四六体ではあっても駢儷体ではありえない。また装飾的文章の条件である句中の平仄配置にしても規範どおりではない。つまり一経の首尾が概ね四字六字という視覚的な配慮がなされているだけである。

仏典において四六体が自覚的に導入されはじめるのは三国両晋以後となるが、それではなぜ華美なスタイルの四六体を訳者たちは導入したのであろうか。それは仏典を取り扱っていた者が、主に出家者や一部の知識層という限られた人々だったからである。彼らの使用に堪えうる翻訳のありかたが要求されるのは自明であり、質実を重視するあまり逆に仏の聖意を見失うこともある。そこで翻訳者らはその要求に応えるべく、小説類など当時の中国文学界（あるいは俗文学界）において支配的になりつつあった四六体を採用し美文化させていったと考えられる。さらに付言すれば、経典は読誦の対象でもあり、とくに大乗仏教経典の多くには、みずから経の書写や供養と並べて経の読誦を無上の功徳として、その実践にともなう現当の利益をも説き奨励している。読誦すること、とくに暗誦するには何と言っても、四字句なり六字句なりの特定の音数律（一句中の音節数の均一化）が不可欠である。リズムカルな文章は、歌曲のごとくに機能するからである。かつて吉川幸次郎は仏典の文体を「雅俗混淆体」と呼び口語史の資料として仏典に注目し、また朱慶之は「仏教混合漢語」と呼びその語法と辞彙を究明している。[12] これらはいずれも文質問題と不可分な要因なのである。

さて、ここで再び呉の支謙に話をもどそう。『出三蔵記集』七に載せられている竺律炎・維祇難共訳『法句経』の序（五五・四九下）は、文質論争が行われた一場面としてしばしば取りあげられることがある。この序文の撰者は呉の支謙であると想定されており、その支謙と維祇難らの間で文質をめぐっての意見の食い違いが記されている。「質直」を企図した維祇難の訳文に対し、支謙が「其の辞の不雅なるを嫌」って意訳すべきであると建言したところ、維祇難はこれをはねつけ、またそこに集う者たちも老子の「美言は信ならず、信言は美ならず」（『老子』八一章）や、孔子の「書は言を尽くさず、言は意を尽くさず」（『易』繋辞）を引き合いにして、維祇難の漢訳方針を支持したのであった。これによって支謙は訳主維祇難の意向を尊重したようであり、訳出された『法句経』は「本旨に循じ、文飾を加えず」（五五・五〇上）という訳文に落ち着いたのである。

ところが、竺律炎・維祇難によって訳されたこの『法句経』は二六章であったが、後に支謙は別の一三章を新たに加え、合して三九章として流布せしめた。その際に、「往故を校し、増定する所あり」（五五・五〇上）と述べているように、当初の二六章の訳文に対しても何らかの改訳を行っているのである（第二部第四章）。現存する『法句経』は三九章からなるので、支謙によって増補改訂されたテキストということになるが、実はこの現行本の三九章『法句経』に説かれている偈は押韻するものが少なくない。この事実は、「其の義に依りて用って飾らず、其の法を取りて以て厳らず」と述べた訳主維祇難の方針とは矛盾する。加えて、そもそも序に「〔維祇〕難、既に国語を善くせざれば、……〔竺律〕炎も亦た漢言を善くせず」とあるように、漢語を善くしない彼らに押韻を配慮して偈を漢訳することなど不可能ではなかっただろうか。おそらく「直質」を重視した維祇難による二六章本の偈はもともと無韻であったに違いない。後に一三章を加える際に改訳した人物とは、多数の経の偈を有韻に仕立て、積極的に韻律配慮を行った支謙であったから可能であったのだ。

ここにいたって以下のようなことが言えるはずである。まず支謙が漢訳した経には数多くの有韻偈頌が存在しているという事実。もしこれを右で述べた文質にあてるとき、それは華美に装飾された美文におさまるということ。そして支謙は『法句経』の文体をめぐって維祇難と見解を異にし、「其の辞の不雅なるを嫌」ったこと、また安世高以来用いられてきた音写語を大幅に意訳語へと改訳したこと。さらに経典の漢訳だけではなく梵唄の創作にも功があったこと、皇太子の教育役にも任じられたこと、これらから支謙は明らかに出家者とは異なった価値観をもっていたのではないかということである。祖父の代に月氏から帰化し洛陽で生を享け、しかも生涯にわたって居士を貫いた支謙にとって、仏典の漢訳とは仏教の中国化への不可欠な要因であり、そのためにさまざまな手段をもってこれを実現しようとしていたのである。したがって偈の漢訳において、中華の韻文の規範を導入するということは、当時の翻訳体例に対する支謙の果敢な挑戦であったと考えられる。出家者を除いて仏典に触目する者の大多数は知識人である。中華伝統の教養を身につけた彼らこそ仏教受容とその定着や拡張を実現する担い手であった。だからこそ、もとインド西域の文献といえども、中華の規範をもって再構築させた上で彼ら有識者に提供しなければならなかったはずである。『高僧伝』一三の経師第九には、これを端的に示している（五〇・四一五上中）。

自大教東流、乃訳文者衆、而伝声蓋寡。良由梵音重複、漢語単奇。若用梵音以詠漢語、則声繁而偈迫。若用漢曲以詠梵文、則韻短而辞長。是故金言有訳、梵響無授。（中略）但転読之為懿、貴在声文両得。若唯声而不文、則道心無以得生。若唯文而不声、則俗情無以得入。故経言、以微妙音歌歎仏徳、斯之謂也。（仏教が中国に伝わってから、経文を翻訳することは多いが、音声まで伝えることは稀であったのは、梵語が複音節語であり、漢語が単音節語であるからだ。もし梵語のメロディに漢語の語彙をあてて詠うと、メロディがもともと長いのに漢語は短く終わってしまい、逆に漢語のメロディに梵語の語彙をあてて詠うと、漢語の短いメロディの中に梵語の長い語彙は収まらなくなる。だから釈迦の教えの内容を翻訳することはあっても、梵語の音声までは伝授されなかったのだ。（中略）しかし転読の良しとするところは、音声と文飾がともに伝えられることである。もし音声だけで文飾がなければ覚りを求める心は起きてこないし、反対に文飾だけで音声が具わっていなければ仏教に入信しようとする心が起きてこない。経典にすばらしい音声でブッダの徳を歌歎すると説かれているのはこういうことである）

つまり、ここにある「貴在声文両得」が理想的な翻訳なのであって、声（音声）と文（文飾）とをともに具えるということが不可欠な要素となる。そうした意味で、漢訳した偈を中華の韻文と同じように押韻させるということは、知識人たちの知的好奇心を大いに刺戟したのではなかろうか。

慧皎は『高僧伝』三（五〇・三四五下）の訳経篇において、

爰至安清・支讖・康会・竺護等、並異世一時、継踵弘贊。然夷夏不同、音韻殊隔。自非精括詁訓、領会良難。属有支謙・聶承遠・竺仏念・釈宝雲・竺叔蘭・無羅叉等、並妙善梵漢之音、故能尽翻訳之致。一言三復、詞旨分明。然後更用此土宮商飾以成製。

と述べている。「妙善梵漢之音、故能尽翻訳之致」とされた訳者の筆頭に支謙が連ねられている。これは支謙が梵漢における音韻的な特性を配慮しつつ翻訳するだけの力量を具えていたということである。『出三蔵記集』一三の支謙伝にも、「六国の語に備通す」（五五・九七中）とあるように、六種の言語を操ることができたともいう。したがってその訳文には当時から定評があったということの裏づけとなるのである。

また同じく支謙伝（五五・九七下）には、

所出維摩詰・大般泥洹・法句・瑞応本起等二十七経、曲得聖義、辞旨文雅。又依無量寿・中本起経、製讃菩薩連句梵唄三契、注了本生死経。皆行於世。（漢訳した経典には維摩経・大般泥洹経・法句経・太子瑞応本起経などの二七があり、その訳経中の音声は神聖さを具え、また詞彙も文飾を心がけている。さらに無量寿経と中本起経によって菩薩連句梵唄三契を作り、了本生死経にも注釈した。これらはみな今でも用いられている）

とある。「曲は聖義を得て、辞は文雅を旨とする」とは、支謙の訳文は音声的な配慮もまた文飾的な配慮も、ともに施されていることを意味する。古訳時代において支謙に比肩しうる名訳者は他にいないと言っても過言ではない。

漢訳者が仏典を文学作品とみなせば「文」が優先され、神聖な聖典とみなせば「質」が優先されて翻訳されるように、その訳文にはおのずと差異（訳者の個性）が生じる。『春秋左氏伝』には孔子のことばとして、「言は以て志を足し、文は以て言を足す。言わざれば誰か其の志を知らん。之を言いて文なきは、行わるるも遠からず」（襄公二五年の条）とある。これを漢訳仏典に当てはめて言えば、仏教思想が美麗に成文化され翻訳されることなくして、普及することはないということになるだろう。文質論争は異文化の言語を翻訳するとき、常に考慮される問題であり、これは現代における翻訳作業でもまた爾りである。そして先にふれた翻訳の倫理観とは、直訳と意訳との間でゆれうごく葛藤であった。つまり、原意をそのまま伝える倫理観は残念ながら意味の曖昧さを残すことになり、逆に過度の意訳は原意を損なう禍根が常につきまとう、いわば表裏の関係にある葛藤である。どちらにしても偏りは謗りを受ける。したがって「文質彬彬」（『論語』雍也）の翻訳が常道とされるのである。

以上、文質論争とは漢訳において訳者らが経験する葛藤であり、また新たな体例への試行でもあったわけで、その両者のせめぎ合いの中で微妙な均衡を維持することが「文質彬彬」と言われる所以ではなかろうか。そして、このことはこれまで散文である長行の漢訳における問題としてもっぱら論じられてきたが、実はそのまま偈の漢訳にも当てはめることが可能だということである。すなわち偈の漢訳における文質論争とは、ここで問題としている韻律への配慮（文＝有韻）と無配慮（質＝無韻）ということなのである。この漢訳における大きな難問を前にして、支謙が採ったのは韻律への積極的な配慮、すなわち形態の翻訳（転換）だったわけである。

厳密に言えば、翻訳とは意味や内容を不足なく異言語に置換するだけでは不十分なのであり、その形態も転換してこそはじめて完全な翻訳と言えるのではないだろうか。形態の転換とは、インドの韻文を中華の韻文として置換することを意味する。言うまでもなく、仏典の文章には長行と偈頌の二つのスタイルがあり、これを漢語に翻訳すると中華伝統の散文と韻文のスタイルに転換される。つまり、前者は句中の字数が雑言に（南北朝期に漢訳された経典は意識的に四六体を受容しているが、しばしば三字や五字などがはさまれている）、後者は五言や七言のごとく斉言の句作りに転換される。これは安世高はともかくとして、つづく支婁迦讖からは概ねそのような自覚的な翻訳がなされていく。しかし、それは視覚的に転換したということであって、内実はともなっておらず、中華の韻文の絶対条件である押韻を取り入れて転換したものではない。それを可能にするには、漢語の豊富な語彙数と字音の的確な識別能力が要求されるのであって、数年の漢語学習を経ただけの外来僧にはもとより不可能なことである。呉の支謙は、その置かれた環境がこの難題を克服し、単に意味内容の翻訳だけではなく、漢訳史上はじめてインド仏典の形態の翻訳をも実現させたのであった。

ただし漢訳仏典を通覧するとき、支謙が訳したような有韻偈頌はあまりにも寡少であり、唐宋にいたって漢訳された仏典に有韻偈頌はほとんど存在しない。したがってその後の偈の漢訳においては無韻が主流となっていくことは事実である。

なお付言すれば、西晋以後の訳者にはしばしば助訳者が存在し、組織的な訳経事業を行っている場合がある。よって漢語を母語とする知識人の協力によって有韻偈頌に仕立てられたということも考えられるだろう。たとえば西晋竺法護の四〇年にも及ぶ訳経活動には、名前が判明しているだけでも三〇人の協力者がおり、彼らはさまざまな役割を担って訳経を補佐していたことがわかっている。したがって訳文の是非を、訳者当人（訳主）だけに向けて議論することには問題がある。当該経典を漢訳する訳経グループ全体の問題なのである。

三、偈の通押と失韻——その緩さの要因——

漢訳仏典の有韻偈頌は中華伝統の詩文のように、すべて完璧に押韻するわけではなく、隣接する韻部とも押しているように、かなり緩い通押であった。その緩さもさまざまではあるが、ここではそのような不十分な韻律配慮にとどまった偈を取りあげ、その要因を考察する。

先には仏典の偈を音韻方面からながめて五つに分類したが、このうち（1）押韻する偈は完璧な押韻であり、逆に（5）無韻の偈は訳者による韻律配慮が微塵も存在しないので、ここでは取りあげない。また（2）通押する偈に関しても漢訳された時代またはそれを前後して作られた中華の詩文中に同様の例が存在することから、やはり取りあげない。しかし、（3）通押と推察される偈、および（4）失韻の偈は、それぞれ通押の許容範囲が緩い偈と、押韻する一連の偈の中に明らかな失韻を含む偈であった。それらの偈と韻律が配慮されている偈との相違はいったい何か。たとえばある一漢訳経典の中に複数の偈が含まれている場合、なぜある偈が押韻しているにもかかわらず、別の偈頌は不完全な押韻または通押しているにとどまるのか。ここではその要因について考察を加える。結論を先取りするならば、筆者が想定する要因とは以下の四点である。

①訳者の漢語能力の限界
②語義内容伝達の重視
③訳者の漢語習得地域の相違
④転写過程における誤写

①訳者の漢語能力の限界

釈迦の教えを正しく言語転換することは訳者に共通する使命であり責任でもある。これは現代における翻訳についても同じことである。しかし、それとは別の観点からも考察する余地はある。訳者には豊富な語彙力と的確な語音の識別能力が求められるが、彼らには必ずしも十分な力量はなかったと推察される。そのことは『高僧伝』や『続高僧伝』の訳経篇に立伝されている訳者の伝や経序から知ることができる。前述したごとく（第一部第一章第三節）、インド西域から来華した訳者は、概ね三年から五年、場合によってはそれ以上の期間を漢語の習得に費やし、その後に漢訳を開始することが多いようである。この期間の漢語習学の様子については、残念ながらそれを詳細に伝える資料はない。しかし、彼らは漢語を母語とする者と直接に意志の疎通をはからなければ生活もままならなかったはずである。そこで必要にせまられて、何よりも漢語の習得につとめるわけであるが、常識的に考えるならば、それはとりもなおさず生活用語と日常会話だったはずである。漢訳仏典における訳語に口語成分が少なからず存在し[13]、さらに用いられている字種が少ないのはその証しでもある[14]。そのように日常の会話を中心とした漢語の修学であったならば、彼らが身につけた漢字音とは耳で聞き取った実際の音であり、決して韻書などに定められているような厳密な音韻体系に縛られた字音ではなかったはずである。すなわち耳で感知されるだけに、いくぶん曖昧さをともなった字音をもって音訳語を造語し、また偈の押韻単位となる文字を配置していたということである。したがって、後述するごとく -n, -ng, -m で収束する場合は、主母音が同じかあるいは近似音であることにより、通押する（またはともに鼻子音という共通の余韻をもつ）ものと判断されていたと考えられるわけである。

また、漢訳者たちは字音だけではなく習得した語法（表現法）や語彙数にしても、決して豊富で多彩ではなかった。それは中国の古典作品と漢訳仏典を比較すれば瞭然とする。前者は多種多彩な語彙と表現をとるが、後者は文字種が限定され、またあちこちに似たような表現がめだつ。来華後わずか数年で習得する程度の限られた漢語語彙と表現を駆使して漢訳にあたるのだから、押韻させるための字音に適合する語彙や漢字を偶数句末に配置できなかったに相違ない。先には三国呉の康僧会訳『旧雑譬喩経』上の偈を例として通押の可否を判定した。その通押とは、中華の詩文では類例のない「en」(入声錫部)と「繫」(陰声脂部)の通押であった。しかし、おそらく訳者としては、陰声韻の「避」や「臂」などと音符「辟」が共通することから、本来入声の「en」までも陰声韻と誤認したのであり、これによって訳者本人においては「en」と「繫」とが通押していると判断した上で翻訳していたものと推定したのであった。訳者の限られた語彙数と字音の識別力が、文壇の詩文には存在しないようなこうした通押を生み出したのではないだろうか。それは中華の詩の許容を超えた通押であり、外来僧による訳経であるからこその通押であったのだろう。

ここでは以下のようにまとめられる。偈は歌である。したがって、漢訳者は口で唱えても耳で聞いても心地よく、しかも暗誦するにも都合よいリズムのとれた漢訳を企図したが、有韻偈頌を漢訳した外国三蔵たちには習得語彙数と漢字音の識別能力とに限界があり、これらを要因として不十分な有韻偈頌とならざるをえなかったと想定されるのである。

②転写過程における誤写

漢語仏典の研究にあって、その資料として用いられるのは多くは版本である。そしてその代表である高麗版を底本として、その校異を宋元明版で示しているのが『大正新脩大蔵経』である。しかし、版本が必ずしも善本とは限らないし、オリジナル性を保存しているとも言えない。そこで仏典の開版がはじまる前の古写本、すなわち日本の寺廟に珍蔵される写本や、敦煌石室から発見された写本などを可能な限り蒐集して、もちろん版本も含め実見しうる全テキストの校訂を行う必要がある。なぜなら、厳密にはこれを通過させた上でなければ押韻の是非を見極められないからである。つまり、ある押韻単位がはたして押韻しているのか否かを確認する際、版本A（または写本A）では失韻であるが、版本B（または写本B）では別の文字が韻字となっているため完璧に押韻している事例が存在するからである。かりに押韻する偈のテキストを漢訳当初のオリジナルとしたならば、押韻しないテキストは後世に何らかの理由で改訂されたか、あるいは誤写されたかのどちらかということになる。ここではそれを確認するために二例をあげてみる。

支謙訳『太子瑞応本起経』下（三・四八〇上中）には、一〇偈が説かれてあり、そのうち以下にあるように①偈と⑩偈を除く八偈は押韻する。

①聴我歌十力　棄蓋寂禅定（去径・庚）
光徹照七天　徳香踰栴檀（平寒・寒）
②上帝神妙来　歎仰欲見尊（平魂・真）
梵釈齋敬意　稽首欲受聞（平文・真）
（中略）
⑨令従憂畏解　危厄得以安（平寒・寒）
迷惑見正道　邪疑睹真言（平元・寒）
⑩一切皆願楽　欲聴受無厭（去艶・談）
当開無死法　垂化於無窮（平東・東）

　支謙は他にも多く韻律を配慮して偈を漢訳していることや、中間の②から⑨の八偈が完璧に押韻しているという事実から、①偈と⑩偈も支謙の漢訳当初は実は押韻していたのではないかと推測しつつ諸版本や諸写本を精査してみた。すると、諸版本に校異は存在しなかったが、西晋竺法護訳『普曜経』や失訳『長寿王経』にもこの偈がそのまま転用されていることがわかった。さらに写本としても敦煌石室本『太子瑞応本起経』（北六六四二）が現存していることもわかった。そしてそれらの中に校異があったのである。

　まず①偈の第二句末にある「禅定」であるが、『普曜経』、『長寿王経』、敦煌本『太子瑞応本起経』では「定禅」となっている。「禅」であればこの時代、第四句の「檀」と押す。常用の「禅定」では押韻しないので、これをあえて「定禅」と倒置することで、失韻となることを回避した処置だったのである。また⑩偈についても校異があり、第二句末「無厭」が敦煌本（北六六四二）では「令融」（平東・東）とされており、これならば韻をふむことになる。このように復元することで①⑩ともに押韻し、もちろん意味においても齟齬をきたさない。したがって、これがオリジナルのテキストと想定されるのである。

　次に現存する諸本にまったく校異がない場合である。しかし、これも大胆に予想することは可能である。たとえば先に示した西晋竺法護訳『生経』三（三・八七中下）に、

（前略）

②能以権方便　令人得其所（上語・魚）
　衆庶睹歓喜　悉共等称誉（平魚・魚）
③工巧有技術　多所能成就（去宥・侯）

機関作木人　正能似人形（平青・庚）
④挙動而屈伸　観者莫不欣（平欣・真）
皆共帰遺之　所技可依因（平真・真）
（以下略）

とある。すべて一〇偈あるうちこの③偈の韻字が侯部と庚部であり、明らかな失韻となっているのである。前後する九つの偈はみな押韻していることから、ここだけが例外的に失韻であったとは到底考えられず、漢訳当初は一〇偈そろってみな押韻していたものと予想できる。つまり、竺法護が漢訳した当初は③偈の脚韻字「就」または「形」が別の文字であったのではないかと推定するということである。ただし現存する『生経』の諸本に校異はない。そこで、もし現存テキストのみでこの難問を解くならば、詩文でしばしば見られる倒置をもって解消できないかということである。つまり、第二句の「成就」は、もと「就成」だったのではないかということである。「成」は平声清韻（庚部）なので、第四句の「形」と押韻することになる。訳者は押韻させるために常用の「成就」をあえて倒置させて「就成」と漢訳していた可能性は捨てきれない。ところが訳者によって周到に韻律配慮された偈であっても、その時代の音韻体系が変化した後世にいたって本経が転写されるとき、この聞き慣れない「就成」を常用の「成就」に校訂してしまったと想定するのである。押韻のために語序をあえて倒置する修辞技法は、文壇の作品には珍しいことではないし[15]、先の「禅定」と「定禅」の例もあるように、漢語仏典においては同様の事例が他にも存在する。漢籍において「就成」は、養育・養成という義で用いられる語彙ではあるが、同義あるいは類義の二音節詞であれば倒置することは可能である。訳者は「成就」と同義として通用させていたのであろう。

以上のごとく、古くて良質な写本をさらに蒐集することで、実は今以上に合韻率があがるかもしれない。これを逆に言えば、本来は通押させて漢訳されていたはずが、後世になって漢字音の変遷が感知されないままに、語義によって校訂されたテキストが出現し、これによって訳者が配慮した通押する偈の原初形態が伝承されなくなったということである。残念ながら善本資料の蒐集には物理的な限界があって、この校訂作業は遅々として進まないのが現状である。

③訳者の漢語習得地域の相違

書きことばとしての漢語は共有言語とされ、時代と地域を超えても齟齬をきたすことなく意思や情報を交換することが可能である。それは紙や金石など特定の媒体に表記された字形がもつ普遍性である。しかし、口頭で発声された言語音声が時間と空間の軸に普遍性をもって通用するとは限らない。中国にあってはそれだけ字音が異なるということなのであり、これは現代にあっても例外ではない。

広大な大陸において漢字音に地域差（方音）があったという事実は、仏教資料の中にも記録としてとどめられている。道宣（五九六～六六七）の『続高僧伝』三〇雑科声徳篇には以下のようにある（五〇・七〇六中）。

大地が鄭と魏を分かつように音声においても〔地域によって〕様々である。（中略）よって中国一国の音声は同じでないことがわかるのである。（地分鄭魏、声亦参差。（中略）故知神州一境声類既各不同）

師を求め法を求めて大陸のすみずみに遊学することの多かった出家者たちにとって、誰よりも漢字音の相違は容易に感知されていたことと思われる。それはまた『宋高僧伝』六（五〇・七四三中）の義解篇に立伝されている釈知玄（八一〇～八八二）などからも事情を知ることができる。知玄は郷里の眉州洪雅（現在の四川省射洪、成都の西南約一〇〇キロ）では名の知れた講経師であった。長安の都に出てからも郷里の方音が抜けずに恨めしく思っていたが、後に秦語（長安を中心とする現在の陝西省の方言）を獲得することができたという逸話が伝えられている。

ところで陸法言の『切韻』（六〇一年成書）の序文には撰述の契機となったいきさつが語られている。[16]そこには、漢字音は縦（時間）にも横（空間）にも相違が認められ、それはたとえば呉・楚（揚子江中下流域）、燕・趙（河北・山西）、秦・隴（陝西・甘粛）、梁・益（四川）では発音が異なり、また『韻集』、『韻略』、『音譜』などの先人が著した韻書における分韻もまちまちであったと指摘している。『切韻』の誕生は、南の江東地域と北の河北地域とでは漢字音が異なるために、南北の是非を論じ、韻書の分韻を検討することで、統一的に折衷した語音を確定する必要にせまられた結果であった。[17]これによって『切韻』やこれと同音系の韻書は、後に南北の出自を問わず文人たちの作詩上の標準的な韻書として、その地位を不動のものとし、最終的な増補改訂版ともいわれる一一世紀初頭の『広韻』（陳彭年、一〇〇八年成書）にいたるまで、約四〇〇年の長きにわたってその命脈を保つのである。

さて、ここで偈の漢訳における韻律配慮を考察してみよう。遠くインドや西域から流沙を越え南海を渡って中華にたどりついた者が、長安や建康といった一定の都市にとどまって漢訳するとは限らない。たとえば安世高・支謙・竺法護・帛尸梨蜜多羅・仏駄跋陀羅などは長安から江南へと移動してきている。その原因の多くが戦乱の回避だったり、また教団間の対立だったりする。このように来華した者たちは北へ南へと転々と移動しているが、問題は彼らがいったいどこで漢語を修学したかということである。なぜなら、すでに述べたごとく漢字音は南北で大きく異なるのだから、もし訳者が特定の地域で漢語を習得したならば、その地域に広く通用している語音が当該の訳経の偈に反映されるものと予想されるからである。このように考えるとき、韻書だけをたよりとして仏典における偈の通押をめぐって是非を論ずることは正当な手法とは言えなくなるはずである。

わずか数年間の漢語の学習において得られる語彙数や音韻の識別能力とはいったいいかほどだったのか、さらに南北どの地域で漢語を習得したのか、また助訳者の出身地を含め、これらはともに重要事項であるが、詳細にすることはできない。しかし、結局はみずからの耳で感知しえた字音によって韻律を配慮していくのだから、統一的でもなければ科学的でもない。それはきわめて個別的感性に委ねられており、それだけに曖昧なものだったのではなかろうか。たとえば後に明らかにすることであるが、ある典籍の偈には鼻子音（-n，-ng，-m）を強引に混用させながらも、なお意図的に措辞していたような痕跡がある。鼻子音を並べることは、それは何らかの音響的効果があるという判断がはたらいていたということである。そうした偈の存在は、訳者の音韻識別能力や習得地域の字音が多分に絡んでいたという証拠となるのではなかろうか。

ところで、王力はかつて南北朝の詩人の詩に用いられている用韻を、その生卒年時や出身地から推定し、語音の演変と方言の相違を調査して、「南北朝詩人用韻考」を発表した。そこで、「時代が用韻に与える影響は大きいが、地域が用韻に与える影響は小さいことが判明した」と述べ、さらにまた同時代の同郷人であっても、韻部の緩慢さや厳格さは一様ではないという結論を下している。(18) 漢語を母語とする文人知識人にして、このようなありさまである。それがインド西域から来た外来僧であれば推して知るべしである。したがって、かりにある漢訳者にとって音韻的影響を強く受けた地域を特定できたとしても、その地域の字音を偈の押韻に当てはめたところで、押韻か失韻かの判定に対して決定的な材料とはなりえないはずである。

④語義内容伝達の重視

先に述べた文質論争を偈の漢訳に照射してみるとき、おのずとヒントが導き出せるだろう。もともと韻文で綴られるインドの gāthā であればこそ、漢訳においてもその韻文を活かした言語転換が理想となるはずである。しかし、実際には漢訳された偈の大多数に韻律の配慮など認められない。この事実は訳文を華美に飾り立てるよりも優先すべきことがあったということである。つまり釈迦の金言を翻訳する作業において、漢訳者にとっての最大の使命とは語義と内容の正確な伝達にあり、これをないがしろにして押韻や平仄といった形態を重視するような翻訳は慎まなければならなかったということである。『法句経』の序（五五・五〇上）における維祇難の、

仏言は其の義に依りて用って飾らず、其の法を取りて以て厳らず。其れ経を伝うる者は、まさに暁め易くするとも、厥の義を失うこと勿らしめよ。是れ則ち善と為す。

という立場がまさにそれである。したがって、インド原典においては韻文であろうとも、これを漢語に翻訳するにつけ、中華の韻文の格式に準拠すべく格律を配慮するような形態転換などはめざしていなかったのである。そこには釈迦の教えを正確に伝えるべき使命感がはたらいていたと言える。

ここでその一例をあげよう。後秦の弘始三（四〇一）年に入京した鳩摩羅什である。彼が漢訳した経論の中にあって、偈の脚韻を配慮しているものは『大智度論』を除いて皆無である（第二部第七章を参照）。『出三蔵記集』一四（五五・一〇一下）の伝には以下のように記されている。[19]

〔鳩摩羅〕什は毎に〔慧〕叡の為に西方の辞体を論じ同異を商略して「天竺の国俗には甚だ文藻を重んず。其の宮商体韻には絃に入るを以て善と為す。凡そ国王に観えるに必ず徳を讃ずるあり、仏に見えるの儀に歌を以

て歎えるを尊しと為す。経中の偈頌もみな其の式なり。但だ梵を改め秦と為すに其の藻蔚を失う。大意を得と雖も文体を殊隔つは、飯を嚼みて人に与うるに徒らに味を失うのみならず、乃ち穢を嘔かしむるに似たることあり」と云う。

訳経史に絶大な影響を与えた羅什ですら、インド仏典における韻文を中華の韻文として再構成（形態転換）することは不可能であることを認めていたのである。また、羅什訳の『維摩詰所説経』は支謙訳の『維摩詰経』を参照した跡を見てとれるが[20]、支謙の有韻偈頌をみずからの訳本の中に転用することはしなかった。より美しく、より中国人に受容され易い漢訳を心がけていたならば、そしてまた漢訳期間の短縮化や、有韻偈頌の効用を考慮するならば、これを採用することはあってもよかったはずである。漢語に熟達し、しかも詩文を作るほどの羅什であっても[21]、なお支謙訳本の有韻偈頌を採用しなかったことは何を意味するのか。それは、外面的な形態という文学性にふりまわされて措辞をするあまり、内面的でより重要な原意を喪失しかねないことを危惧していた上での判断ではなかったかと推察される。羅什は釈迦の金言を正しく伝える責務を果たしたまでのことである。文体を重んじる知識人に配慮して漢訳していた鳩摩羅什であったが、韻律の形態転換に関しては躊躇したということではなかろうか。

四、陽声鼻子音尾（-n, -ng, -m）の通押

これまで述べてきたように、漢訳者たちにはそれぞれみずからの漢訳方針というものがあって、それを遂行してきたのであり、当該典籍の偈に韻律を配慮するか否かはそうした姿勢のあらわれであったと言える。漢訳作業においては訳者が押韻させせようとしても、なかなか思うようにはいかないものである。それは前述したように、訳者当

人の漢語能力の限界であり、また原典の語義や内容を重視した結果でもある。ところが可能な限り配慮しようとしていた一部の訳者がいたことはその痕跡から見えてくる。以下は脚韻に陽声鼻子音尾（-n, -ng, -m）の字音をもつ漢字を意図的に配置することで、一定のリズムを保持させようとしていた例である。ここでは漢訳経典、中国撰述経典、浄土教礼讃文からそれぞれ若干例を示す。

①『須頼経』

現存する『須頼経』は、三国魏の白延訳本と前涼の支施崙訳本とがあり、また唐の菩提流志訳『大宝積経』九五にも善順菩薩会二七として収められている。支施崙訳本は白延訳本よりも詳細であり、菩提流志訳本は前二訳本と比較すると完訳ではなく、般遮翼天による歌歎の直前で終結している。

さて、白延訳本にはいくつかの偈が説かれているが、その中でも最も注目すべきは楽神の般遮翼天が天神に命じて仏徳を歌歎する偈である。それは「智行過百劫」から「願後如世尊」にいたる五言三二句偈（一二・五五下～五六上）である。また、この偈は覓歴が師の帛尸梨蜜多羅から伝授されたという「高声梵唄」（行地印文）であると想定されるが、これについては第二部第八章を参照されたい。ここでは、この偈の後に説かれている仏の阿難への五言六八句の一七偈についてである（一二・五六中下）。

①阿難聴我説　須頼初発義（支部 -i）　護人無仇善　徳広常大施（支部 -i）
②従始起意来　其数難縷陳（真部 -n）　供養仏無厭　奉法守不忘（陽部 -ng）
③学六度無極　進道楽久長（陽部 -ng）　梵行未曾漏　守法慧不傾（庚部 -ng）
④所行志念具　覚対立道地（脂部 -i）　已度衆邪網　性善覚内事（脂部 -i）

⑤已捨世八事　利衰毀誉意（之部 -i）　一切等心視　如空無罣礙（咍部 -i）
⑥愛法行無倦　守忍慈為常（陽部 -ng）　愛人如愛己　棄身安群生（庚部 -ng）
⑦愛習悉教彼　念熟説義実（質部 -t）　覚意不離法　解空導二脱（曷部 -t）
⑧三忍具無念　学法知可行（庚部 -ng）　所至必開導　一切蒙其恩（真部 -n）
⑨所在国邑興　輒往到其方（陽部 -ng）　宣化如仏意　遍教諸天人（真部 -n）
⑩我般泥曰後　末時須頼終（東部 -ng）　生東可楽国　阿閦所山方（陽部 -ng）
⑪余三阿僧祇　行満大願成（庚部 -ng）　得仏除世邪　安隠度十方（陽部 -ng）
⑫自然為神将　号曰世尊王（陽部 -ng）　始如阿閦仏　所度無有量（陽部 -ng）
⑬世名徳化成　悪滅善義興（蒸部 -ng）　仏住千万歳　衆僧不可称（蒸部 -ng）
⑭彼願羅漢少　求仏者甚衆（東部 -ng）　時人力神足　精進福行明（庚部 -ng）
⑮其世五音声　仏説法遍聞（真部 -n）　無有壊善魔　正信脱邪患（寒部 -n）
⑯至仏滅度後　八万四千人（真部 -n）　上法興照世　令行無訟意（之部 -i）
⑰須頼所教化　多願摩訶衍（寒部 -n）　悉会生其世　不数已度人（真部 -n）

この一七偈の押韻単位となる韻字は三四組であるが、陽声韻字（-n, -ng）が二五字、陰声韻（-i）が七字、入声韻（-t）が二字である。般遮翼天による歌歎の五言二二句偈に比較すると見劣りするもので、通押という観点から見ると、三国当時の詩文中における通押の許容範囲からも逸脱する緩いものである。緩いと言うよりも、厳密には失韻と言うほうが正しい。しかし、訳者が押韻をまったく放棄したのかということになると、そうとも言いきれないようである。一見して何ら韻律配慮が加えられていないかのようではあるが、よく見ると、⑯偈を除いて、陰陽入のそれぞれがまとまって配置されている。しかも陰声はすべて -i 収束音、入声は -t 収束音となっている。また二五の陽声韻では、歯茎鼻音 -n と軟口蓋鼻音 -ng が混用されているものの、やはりまとまって配置されている。したがって、訳者が押韻単位に陽声韻を配置しようとしていたのは明らかに自覚的な措置であって、決して偶然の現象ではない。

②後漢失訳『後出阿弥陀仏偈』

後漢の失訳として伝えられてきた『後出阿弥陀仏偈』の偈は総計五六句からなるので、偶数句末の韻字は二八であり、したがって押韻単位は一四組ということになる。二八ある韻字のうち、二四字は -n または -ng の鼻子音で収束する陽声韻で、しかも『切韻』系韻書ですべて平声とされるものなので、明らかに撰者による意図的な配置がうかがえる。残りの四字は「得」「得」「法」の入声、および平声之韻の「時」となっている。この陽声韻の二四字のうち、韻尾 -n 音については、『切韻』系韻書で「先」「仙」「勤」「尊」「文」のいずれかの韻目となっている。これらは詩文にあっては押韻するものではないが、その例がまったくないということでもない（成立年時を両晋と想定して、その韻部を併記した。一二・三六四中下）。

①惟念法比丘　乃従世饒王（陽部 -ng）　発願喩諸仏　誓二十四章（陽部 -ng）
②世世見諸仏　妓数無有量（陽部 -ng）　不廃宿命行　功徳遂具成（庚部 -ng）
③世界名清浄　得仏号無量（陽部 -ng）　国界平夷易　豊楽多上人（真部 -n）
④宝樹若干種　羅列叢相生（庚部 -ng）　本茎枝葉花　種種各異香（陽部 -ng）

⑤順風日三動　翕習如花生（庚部 -ng）　堕地如手布　雑廁上普平（庚部 -ng）
⑥一切無諸山　海水及諸源（先部 -n）　但有河水流　音響如説経（庚部 -ng）
⑦天人入水戯　在意所欲望（陽部 -ng）　令水斉胳肩　意願随念得（徳部 -k）
⑧仏寿十方沙　光明普無辺（先部 -n）　菩薩及弟子　不可算称量（陽部 -ng）
⑨若欲見彼仏　莫疑亦莫忘（陽部 -ng）　有疑在胎中　不合五百年（先部 -n）
⑩不疑生基坐　叉手無量前（先部 -n）　願欲遍十方　須臾則旋還（先部 -n）
⑪惟念彼菩薩　姟劫作功勤（真部 -n）　本行如此致　得号愴世尊（魂部 -n）
⑫仏興難得値　須臾会難聞（真部 -n）　講説士難遇　受学人難得（徳部 -k）
⑬若後遭末世　法欲衰微時（之部 -i）　当共建擁護　行仏無欲法（葉部 -p）
⑭仏能説此要　各各勤思行（庚部 -ng）　受此無量福　世世稽首行（庚部 -ng）

また韻尾 -ng 音はみな陽部と庚部に属す文字が配置されている。この陽部と庚部が通押するのは前漢の陽部と耕部において認められ、後漢にいたってかなりの数量となっている。三国ではその用例は見あたらないが、つづく両晋（西晋・東晋）において最も多い一九例を検出することができる。もちろん三国に用例が皆無だからといって、その時代に通押しなかったとは言えない。また後の劉宋や北魏以後になると激減するという状況となる。この韻部の通押を一つの基準として、本書の撰述年代を決定するヒントにもなる。つまり後漢の漢訳開始から両晋にかけて成立した可能性が高いということである。(22)

いずれにせよ、不規則ながらも、このような陽声韻と平声によって韻字を並べることで一定の旋律を持続させせようとすることは、訳者（または撰者）によって自覚的に行われていたことは明らかであり、とくに第三四句までに -ng 収束の陽部と庚部が集中的にあらわれ、その後第四六句までは -n 収束字がまとまって配置されているということは、決して偶然ではありえない現象である。たとえ入声の「得」「得」「法」、および陰声韻「時」の四字は配慮されなかったとしてもである。

③北魏僧曇弁述作『妙好宝車経』

こうした陽声韻尾（-n, -ng, -m）の緩さは漢訳仏典のみならず、中国撰述経典にも見られる。北魏の曇弁によって述作された『妙好宝車経』がそれである。本経にはまとまった偈が二箇所に見られる。はじめは五言一二〇句の偈（八五・一三三五上中）であり、『切韻』系韻書による平去入声いずれかの声調でほぼ押している。二つめは五言六九句からなる偈で、こちらもすべて平声で押している。この中には明らかな失韻も含まれており、たとえ北魏に撰述されたとしても当時の通押の許容範囲から逸脱するものである。ここではその二つめの有韻偈頌を示す。

如母得子病　殺生求魔神（真 -n）　不得一言福　罪如須弥山（先 -n）
念人衰老時　百病同時生（庚 -ng）　水消如火滅　刀風解其形（庚 -ng）
骨離筋脈絶　大命要当傾（庚 -ng）　吾欲畏是故　求道願福生（庚 -ng）
（中略）
欲求過度我　焼香請道人（真 -n）　不経八難苦　皆由宝車経（庚 -ng）
身直影亦直　身曲影直難（寒 -n）　心直事事直　心曲直事難（寒 -n）
魚鱉隠在海　掃地求活難（寒 -n）　猿猴急依樹　無樹脱亦難（寒 -n）

人急依於仏　無戒求仏難（寒 -n）　放身自縦恣　衆魔競来前（先 -n）

真先部、寒先部、真庚部の通押は晋宋の詩作にも用例を見ることができるが、本経が撰述された北魏になると激減の一途をたどる。まず真部と先部の通押は晋で六二例あったものが、劉宋で二例、北魏には用例がなくなる。寒部と先部は晋で一三七例もあるが、劉宋北魏で合わせて一八例あるうち、北魏は一例となっている。『広韻』の先・仙・元は三国では寒部に属していたが、晋代にいたって分部し先部として独立した。したがって晋代の作家の中には依然として作詩中に一三七例の押韻を確認できるが、劉宋以降になってもなお一八例を検出することができるのである。また真部と庚部はそれぞれ韻尾が -n と -ng の鼻子音で収束する。その通押例は晋で八例あるが、劉宋の詩文でわずかに一例、そして北魏になると皆無となる。このように本経が撰述された北魏において、前記の韻部の通押例はそろって激減している[23]。これはもはや通押と言うよりも、むしろ異例でしかなく、文学作品中の韻文であれば甚だ危ういものとなる。このように十分な押韻とは言えないものの、偶数句末にはすべて平声を配し、その韻字は語尾が韻尾 -n（歯茎鼻子音）または -ng（軟口蓋鼻子音）によって統一がとれていることは事実である。これもまた偶然などと言えるものではない。すなわち撰述者によって韻字の配慮が自覚的に行われていたことは瞭然としているのである。

④善導集記『往生礼讃偈』

本書は一日を六時（日没、初夜、中夜、後夜、晨朝、日中）に分けて、各時に仏や浄土への讃歎と願往生を勧める内容を偈として配当している。このうち最後の日中礼讃は善導（六一三～六八一）みずからが作った作品である。その日中讃は詩歌としての押韻や平仄などの決まりごとが必ずしも十分ではなく、作詩上の禁忌を犯しており、文学作品として評価するならば、彦琮によって作られた直前にある晨朝礼讃に比して、その作風は純文学ではなくむしろ俗文学に収まると言える。[24] しかし、宗教歌曲として、また大衆とともに行われる儀礼の現場で用いられるということを考慮するとき、作詩上の正規の格式をあえて打ち破って、当代当地の漢字音にもとづき自由に表現した通俗的な作風となるのは自然なことである。それが鼻子音尾（-n, -ng, -m）の混用としてあらわれていると言えるのである。

第四偈
一一台上虚空中（東韻 -jung）　荘厳宝楽亦無窮（東韻 -jung）
八種清風尋光出　随時鼓楽応機音（侵韻 -jəm）
機音正受稍為難　行住坐臥摂心観（桓韻 -uɑn）
唯除睡時常憶念　三昧無為即涅槃（桓韻 -uɑn）

第一〇偈
弥陀身心遍法界　影現衆生心想中（東韻 -jung）
是故勧汝常観察　依心起想表真容（鍾韻 -jwong）
真容宝像臨華座　心開見彼国荘厳（厳韻 -jɐm）
宝樹三尊華遍満　風鈴楽響与文同（東韻 -ung）

詩文における軟口蓋音 -ng と、両唇音 -m の通押は三国から隋にかけて三例であり、唐代以降の伝統の詩文においては通押となりがたい。

第一七偈

下輩下行下根人（真韻 -jĕn）　十悪五逆等貪瞋（真韻 -jĕn）
四重偸僧謗正法　未曾慙愧悔前愆（仙韻 -jɛn）
終時苦相如雲集　地獄猛火罪人前（先韻 -ien）
忽遇往生善知識　急勧専称彼仏名（清韻 -jɛng）
化仏菩薩尋声到　一念傾心入宝蓮（先韻 -ien）
三華障重開多劫　于時始発菩提因（真韻 -jĕn）

これは同じく善導の『観経疏』散善義にも見られる下輩礼讃偈である。脚韻は「人・瞋・愆・前・名・蓮・因」で、第八句の韻字「名」だけが平声清韻であり、他は平声真韻・仙韻・先韻である。

漢字音の韻尾 -m が -n に変化するのは、元末の『中原音韻』（一三二四年成立）に反映され、北方において完全に変化したのは明代（一三六八〜）にいたってからである。ただし中古において侵韻 -m と真韻 -n の通押はわずか数例あり、きわめて通俗的な敦煌変文になると若干増加し、先と庚、真と先、仙と真、先と庚の押韻もある。したがって善導の日中礼における鼻子音（-n, -ng, -m）を通押とするならば、その規範は相当に緩かったことになる。礼讃偈は文学作品ではなく宗教歌曲である。『切韻』の音に準ずるべき道理はないのであって、そこに民間に身を置いて儀礼に尽力していた善導の姿が彷彿として浮かび上がってくる。

以上の鼻子音尾 -n, -ng, -m をもって通押させるということは、文壇の詩文にはありえない緩慢さである。緩さがありながらも、おそらくハーモニーを感知させる効果があるのだろう。句末韻字に鼻子音という共通の余韻をもたせる効果であり、これは作者、聞き手、読唱者らへの音響的な配慮として意図的に配置されていたと考えるべきである。

おわりに

翻訳とはいつの時代においても容易ではない知的営為である。言語を転換するということは、単なる語学力や技術力だけが要求されるのではない。それぞれの言語が使用されている両国の文化的素地を理解し、歴史的過程すらも把握する必要がある。また宗教思想や文学・哲学にいたるまでの古典文献の知識も不可欠となる。しかし、訳者がそれらをある程度まで具えるには相応の時間が費やされるはずで、来華後わずか数年で漢訳を開始するような場合には、その知識が充足されているとは限らない。しかし、支謙などの一部の漢訳者はこれを克服するだけの環境や条件を具えていた。ただし、それは詩歌にあるような厳格な押韻ではなく、通押の許容範囲は相当に緩いままの漢訳であることは否めない。そうした緩さには前述したようないくつかの要因があり、これが漢訳をいっそう容易ならざるものにしているのである。

註

(1) 本書第一部第一章第二節を参照。漢字音は声母と韻母に分類され、このうち韻母は韻頭（介音）・韻腹（主母音）・韻尾（副母音、子音）と声調に細分される。押韻とはこの韻母のすべてが同じ異字の律動であるが、通押とは押韻よりも緩く、韻腹と韻尾とが共通することを言う。
（2）中華の詩作品と仏典の偈頌の格式（句数・字数・平仄・押韻など）とが連動することは第一部第二章を参照。
（3）羅常培『唐五代西北方音』（国立中央研究院歴史言語研究所、単刊甲種之一、一九三三年）、羅常培・周祖謨『漢魏晋南北朝韻部演変研究』（科学出版社、一九五八年）、周祖謨『魏晋南北朝韻部之演変』（東大図書公司、一九九六年）、Ding Bangxin（丁邦新）, *Chinese Phonology of the Wei-Chin Period: Reconstruction of the Finals as Reflected in Poetry*（丁邦新『魏晋音韻研究』中央研究院歴史言語研究所、一九七五年）、高田時雄『敦煌資料による中国語史の研究――九・十世紀の河西方言――』（創文社、一九八八年）はそれぞれ合韻譜を示している。
（4）「福」字は三国において沃部。沃部と屋部とは押韻する。
（5）第二部第三章、第四章を参照。
（6）前掲の周祖謨〔一九九六〕参照。以下の詩文中の通押数も同書にもとづく。
（7）羅常培〔一九五八〕を参照。
（8）「五失本三不易」は『摩訶鉢羅若波羅蜜経抄序』（『出三蔵記集』八、五五・五二中）、「十条」「八備」は『続高僧伝』二の彦琮伝（五〇・四三八下～四三九上）、「五種不翻」は『翻訳名義集』序（五四・一〇五五上）、「六例」は『宋高僧伝』三（五五・七二三中）にそれぞれ見られる。なお、『宋高僧伝』三（五〇・七二三中）には隋の明則（『続高僧伝』一〇、靖玄伝の附伝、五〇・五〇二中）が「翻経儀式」を撰述したと記している。これは『大唐内典録』五（五五・二八〇中）に著録される、「翻経法式論一部十巻」のことであるが、残念ながら現存しない。
（9）敦煌石室から発見された『衆経別録』（伯三七四七、なお『敦煌宝蔵』のキャプションには「三乗通教経録」とある）には各経の経題をあげた下に、巻数、主題、文質、翻訳者と翻訳年代が端的に記されている。そして各経ごとに「文」「質」「文質均」「文多」「質少」「多質」「不文不質」「文多質少」などと文質を記載する。それは他の経録においては類例がない。本書に関しては内藤龍雄「敦煌出土「衆経別録（残巻）」（『大崎学報』一二二、一九六七年）、同「敦煌残欠本「衆経別録」について」（『印度学仏教学研究』一五巻二号、一九六七年）、白化文「敦煌写本《衆経別録》残巻校釈」（《敦煌学輯刊》一九八七年第一期）を参照。

(10) 丘山新「漢訳仏典に及ぼした中国思想の影響――古訳時代の文体論――」(『仏教思想史』二、一九八〇年)、同「漢訳仏典の文体論と翻訳論」(『東洋学術研究』二二の二、一九八三年)、同「漢訳仏典と漢字文化圏――翻訳文化論――」(シリーズ東アジア仏教第五巻『東アジア社会と仏教文化』春秋社、一九九六年)など。拙文「『浄度三昧経』と竺法護訳経典」(『佛教大学総合研究所紀要』四、一九九七年)を参照。
(11) 前掲拙文「『浄度三昧経』と竺法護訳経典」で紹介した。
(12) 吉川幸次郎「仏説無量寿経の文章」(『大谷学報』一三八、一九五八年、後に『吉川幸次郎全集』第七巻、筑摩書房、一九八四年に編入)、朱慶之『仏典与中古漢語詞彙研究』一五頁(文津出版社、一九九二年)を参照。
(13) Erik Zürcher(許理和),"Late Han Vernacular Elements in the Earliest Buddhist Translations," *Journal of the Chinese Language Teachers Association* vol. 12, 1977)中国語訳は「最早的仏経訳文中的東漢口語成文」(『中国語教師協会会報』第一二巻第三期、一九七七年)を参照。他に松尾良樹「漢代訳経と口語――訳経による口語史・初探――」(『禅文化研究所紀要』一五、一九八八年)、朱慶之『仏典与中古漢語詞彙研究』(文津出版社、一九九二年)など。
(14) たとえば『論語』、支謙『維摩詰経』巻上、安世高『安般守意経』は、ともに一万三〇〇〇字前後の典籍であるが、そこに用いられている漢字の字種をN-gram分析にかけて比較すると、『論語』一二七五字種、『維摩詰経』九四六字種、『安般守意経』五三六字数である。漢訳者の漢語能力とその漢訳仏典中に用いられている字種は概ね比例するようである。第二部第二章表4を参照。
(15) 小川環樹『中国詩人選集　唐詩概説』一三八頁(岩波書店、一九五八年、後に『小川環樹著作集』第二巻に所収、筑摩書房、一九九七年)を参照。一九五八年、後に
(16) 『切韻』序に関しては、大島正二『中国言語学史　増訂版』(汲古書院、一九九八年)の第三章第三節の注記(3)を参照(同書一八二頁)。
(17) 周祖謨「切韻的性質及其音系基礎」(『問学集』中華書局、一九六六年)を参照。
(18) 「我們発見時代対於用韻的影響大，而地域対於用韻的影響小」(『清華学報』一一巻三期、一九三六年)。なお後に

『龍虫並雕斎文集』第一冊、中華書局、一九八〇年、また『王力語言学論文集』（商務院書館、二〇〇〇年）にも再録されている。

（19）『高僧伝』二（五〇・三三二中）および『晋書』九五を参照。

（20）木村宣彰「維摩詰経と毘摩羅詰経」（『仏教学セミナー』四二、一九八五年）、中村元「クマーラジーヴァ（羅什）の思想的特徴——『維摩経』漢訳のしかたを通じて——」（金倉博士古稀記念『印度学仏教学論集』平楽寺書店、一九六六年）を参照。

（21）羅什自作の詩作品の詩的評価については本書第二部第七章を参照。

（22）拙文「『後出阿弥陀仏偈』とその用途」（『佛教大学総合研究所紀要別冊　浄土教典籍の研究』二〇〇六年）を参照。

（23）ただし逯欽立輯校『先秦漢魏晋南北朝詩』全三冊（中華書局、一九八三年）で各時代の詩作数を比較すると、北魏詩は漢魏両晋南北朝期においてその作品数は最も少ない。単純に用例の多寡をもってこの時代の通押を検証することはできないと思われるが、劉宋においてもその用例が減少している事実から、前記の寒部と先部の通押も積極的に支持することはできないだろう。

（24）拙文「礼讃偈の韻律——詩の評価とテクスト校訂——」（『浄土宗学研究』二六、二〇〇〇年）

終章　本研究の総括・課題と展望

一、「漢語仏典における偈の研究」の総括

そもそも本研究「漢語仏典における偈の研究」の中心テーマは、中国仏教を中国学（Sinology）の中に位置づけることにあった。偈頌とは詩歌によって表記したブッダの教説のことであるが、これまで偈頌というものが研究の対象とされることは稀であった。そこで、偈頌の中国学的な解明、すなわち中国仏教の歴史学・教理学・文献学は言うまでもなく、さらに文字学・音韻学・訓詁学・詩文学など、異なる領域を学際的に動員して、仏教が中国化されてゆく過程の解明を試みたつもりである。

さて、第一部の第一章において、すでに本研究のタイトル「漢語仏典における偈の研究」の構想について素描した。その際にAからHまでの八項目の問題点を指摘しておいた。ここでは、それに対する筆者の結論的な考えを示しておきたい。はたしてこれらがどれほど解明できたのか、あるいは解決の糸口が得られたのかということである。一つひとつの問題は、すでに各章においてそれぞれ私見を開陳しているが、ここに再度それらをまとめて摘記する。

A　なぜ詩としての格を具えた有韻偈頌が漢訳されるのか

これは、とくに三国呉の支謙による訳経に顕著に見られるので、それを代表させて応じたい。支謙は中華で生を享け、漢訳活動のかたわら仏教音楽の普及にも貢献し、また皇太子の輔導役にも任じられた知識人である。いまだ

仏教が中華に深く根をおろしていなかったころ、仏教を広め浸透させるためには、国家権力者であったり、それに近しい高級官吏であったり、また当時の文人知識人に働きかけることが王道である。しかし、そのためには文字に記録された聖典の漢訳が何よりも先決事項だったはずである。確かに安世高や支婁迦讖の来華によって、すでに後漢の終わりには翻訳された聖典は少なくなかったが、それらは実のところ漢語としてはあまりにも稚拙であった。とどまることのない音写語彙の羅列、句中の音節を調整しないリズム感のない文体、さらには語法上の破格も少なからず残されたままの文章など、ただでさえ仏教用語に親しみのない漢民族にとって、かえって読書意欲を萎えさせるものとなる。格調ある文章文体を重んじる知識人に仏教を受け入れてもらうには、相応な文章が要求されるものである。彼らに門前払いにされないよう、音写語の多くを意訳語にかえ、句中の音節を一定数に調整し、正しい語法によって漢訳する必要にせまられていたはずである。実際に支謙の訳経全般において右の要件が解消されている事実はその証しとなる。またそれは長行のみならず、偈頌にも言えることである。漢訳とは語義内容を漢語に翻訳する作業であることは言うまでもないが、支謙は韻文という形態すらも漢語に転換したのである。支謙が撰したと考えられる『法句経序』（『出三蔵記集』七）には、「偈とは結語なり。猶お詩頌のごとし」（『大正蔵経』五五・四九下）とある。仏典の偈を、押韻する『詩経』の頌（しょう）になぞらえる例はほかに存在しない。有韻偈頌の漢訳を実現した支謙だからこそ明言することができたのである。言語転換によってひとたび解体したインドの韻文形態を、中華の韻文形態に再構築せしめたのが有韻偈頌なのである。

仏教が伝来し、聖典が漢訳されはじめたころ、いかに中華の土壌に仏教を根づかせるかという課題に直面したとき、それはすでに中華に存在する韻文形態を取り入れることを一つの手段として選択したのである。

B　韻文訳する効果（利点と欠点）とは何か

慧皎は『高僧伝』一三の経師篇において、中華の歌楽には四徳があり、西方の梵唄には五利があると述べている（五〇・四一四下〜四一五上）。これは中華であろうと、またインドであろうと、ともに音楽というものには同じく利徳があるということである。

論じて曰く、夫れ篇章の作は、蓋し懐抱を申暢し情志を褒述せんと欲し、詠歌の作は、言味をして流靡ならしめ辞韻を相属せしめんと欲す。故に『詩』の序に云く、「情は中に動きて言に形わす」と。言の足らざるが故に之を詠歌するなり。然るに東国の歌なるや、則ち詠を結びて以て詠を成じ、西方の賛なるや、則ち偈を作りて以て声に和す。復た歌と讃と殊なると雖も、並な鍾律を協諧し宮商を符靡するを以て、方に乃ち奥妙たり。故に歌を金石に奏すれば則ち之を謂いて楽となし、讃を管絃に設くれば則ち之を称して以て唄となす。夫れ聖人の楽を制するに、其の徳に四あり。天地を感ぜしめ、神明に通じ、万民を安んじ、性類を成ず。唄を聴くが如きにも亦た其の利に五あり。身体は疲れず、憶す所を忘れず、心は懈倦せず、音声は壊れず、諸天は歓喜す。

インド仏典における韻文としての gāthā は、漢語に翻訳されて偈となるが、それは思想内容の翻訳だけではなく、中華伝統の韻文形態に転換することによって右のような効果を期待することができるのである。また、具体的な例として一つあげるならば、西晋代の失訳と伝えられる『玉耶女経』の韻文のように、女性徳育の好材料として実効性を発揮することにもなったようである。ただし、勢い有韻偈頌に仕立てることは、原意を損ないかねない危険性もはらんでいる。かつて『法句経』漢訳者の維祇難が、「仏言は其の義に依りて用って飾らず、其の法を取りて以て厳らず。其れ経を伝うる者は、まさに暁め易くするとも、厥の義を失うこと勿らしめよ。是れ則ち善と為す」（『出三蔵記集』七、五五・五〇上）として、訳文を華美に飾り立てることに強く反発したとおりである。漢訳者はそれら文飾と質直とのはざまで揺れていたのであるが、すでに述べたように、中華伝統の韻文に歩み寄ることで仏教の定着を企図したものと考えられる。

C　有韻偈頌はなぜ特定の訳者に顕在的なのか

本書第三部の資料①《漢訳仏典有韻偈頌一覧表》に示したように、『大正蔵経』第一巻から第三二巻にいたる漢訳仏典において、有韻偈頌を含む典籍はわずか六〇部ほどである。総数一六九二部に比すれば実に寡少であることが知られる。しかし、その中でも顕在的な特徴を指摘することができる。インド西域の言語で記録された仏典にある韻文を漢語に転換する際、中華の韻律に準拠させて、可能な限り異言語を自国語の形態に転換しようとすることは、当該言語を知る者だけに可能な知的作業である。よって支謙など梵漢双方の知識と詩文学の教養を具えたわずか数名の訳者に限定されることは言うまでもない。

『出三蔵記集』一三の支謙伝によれば、「十歳にして書を学び、時を同じくする学者みな其の聡敏に伏す。十三にして胡書を学び、備さに六国の語に通ず」（五五・九七中）とある。多くの漢訳者はインド西域から流沙を踏破してやって来た僧であり、そのため胡語を母語として漢訳を行っていたが、支謙はまったくの逆であり、出家することはなく生涯居士を貫き、漢語を母語としながら胡語に通じていた最初の漢訳者である。この立場の相違は、当然ながら漢訳方針にも差異が生じてくるはずである。『法句経』の漢訳に際しても、支謙はその訳文を評して「質直に近し。僕（われ）は初め其の辞の不雅なるを嫌う」と述べているほどである。このように漢訳経典の偈頌において中華の韻律を導入できる人物とは、それだけの条件を具えていた者であり、したがって、ごく限られた漢訳者による訳経に顕在的となってくるのは当然であろう。ただし、中華の教養を具えた訳者がすべて韻律配慮を施していたわけではない。たとえば法顕や玄奘といった求法漢人僧の訳経中に有韻偈頌は皆無であり、また名翻訳家の誉れ高い来華僧の鳩摩羅什、真諦、不空らの偈にも韻律配慮の痕跡は認められない（『大智度論』は除く）。したがって、単に漢語を母語とする者であるとか、あるいは漢語文化の教養の有無といった要件で判断すべきではないかもしれない。漢訳者それぞれの漢訳方針の異なりによるものであろうけれど、漢語を善くしない訳者には決してなしうることでないことは確かである。

D　中華伝統の韻文とどのように関連するのか

韻律が配慮された漢訳仏典の偈頌と中華伝統の韻文との関係については、音数律、声律、韻律の三要素から比較することが得策である。それは、これら三要素がそのまま中華の韻文における律動としての三要素となっているからである。最初の音数律は一句中の字数に関する律動であり、いつの時代であろうと一字一音節を鉄則とする漢字にあって、特定の音節数（字数）を配置した句が連続することは、それだけで一定のリズムが生み出されることになる。先秦の韻文は必ずしも各句が同一音節（斉言体）で作られていたのではなく、各句中の音節数にばらつきのある雑言体であったが、仏典が漢訳される後漢のころにはすでに五言詩が主要スタイルとなっていた。したがって、仏典の偈頌もこの動向に並走するかのように五言偈が多く漢訳されていく。漢訳の口火を切った安世高の訳偈は雑言体であったが、つづく支婁迦讖からは多少の例外があるとしても、ほとんどの偈は四言、五言、七言を一句とする斉言体で漢訳されるようになる。

次に声律について。これは句中の平仄配置である。声律が詩文中に顕在的となるのは五世紀以後であるので、それ以前の訳経に反映されていないことは言うまでもないが、六世紀以後の訳経中にも平仄を配慮して漢訳された偈は見あたらない。なぜなら、この声律まで配慮して漢訳することで失うものが大きかったからである。釈迦の金言こそ伝承すべきであり、それを蔑ろにしてまで文章を華美に装飾することは、かえって原意を損なう危険性をはらんでいたからに相違なかろう。ただし、中国撰述経典や浄土教礼讃文の偈には意図的な配慮の痕跡がはっきりと認められる。それは、漢訳という言語を転換する作業が介在していないからである。

最後の韻律に関しては、本研究の眼目とするところであり、すでに各章で散説しているので、ここで絮説する必要はないが、概ね偶数句末の押韻をもって漢訳されている（毎句韻の偈頌もわずかにある）。ただし、これも厳格な押韻が要請されるものではなく、隣接する韻部や韻目とのかなり緩い通押、そしてまた韻尾を鼻子音（-n, -ng, -m）で統一しようとする程度のものまであり、文壇の詩文にあっては失韻とされるものも少なくない。しかしながら、漢語で記述された仏典の偈のスタイルにおいては、訳者や撰者において中華伝統の韻文の三要素が念頭にかれていたことは明らかである。

E　後世になるとなぜ漢訳経典の有韻偈頌は減少していくのか

すでに述べたように、後漢の霊帝（在位一六八～一八九）のころ、支曜によって漢訳された『成具光明定意経』の偈こそ、仏典の漢訳史上はじめて「詩的な偈」の試みがなされたということになるが、それはまだ押韻というにはほど遠い訳文であった。しかし、韻尾に鼻子音が配置されていることは偶然ではなく、明らかに意図的な配慮であったと言える。三国呉の支謙にいたって、多数の有韻偈頌が漢訳され、時とともに少しずつ増加していくが、それは南北朝の終わりまでである。つづく隋唐宋に漢訳された仏典の有韻偈頌は、わずかに六部の経典にしか見られないほどに、ほとんど検出できなくなる。それは、仏典が釈迦の金言であり、これをゆるがせにはできないという倫理観が常に漢訳者の意識を拘束していたからではなかろうか。すなわち、漢訳体例が確立されていく中で、形態の転換が真理の伝達に優先されることはなかったのである。その分岐点にいたのが、隋の洛陽翻経館沙門釈彦琮（五五七～六一〇）であった。その『弁正論』においては、仏典の直訳を推進しようとする立場からの提言であり、偈頌の韻律配慮を否定するような文言はないが、華美に飾られた翻訳文を批判しており、その後の漢訳仏典の偈頌は、結果的に彦琮の提言が反映されているのである。

いずれにせよ、東晋の釈道安から北宋の賛寧にいたって、さまざまな漢訳体例が策定され、訳者自身の試行錯誤によって、よりよい体例にもとづいて漢訳されてくるのであるが、それらは概ね長行部分に適用されるものであって、残念ながら偈頌の漢訳を問題とした体例を文献上に確認することはできない。したがって偈頌における「文質彬彬」はついに成就しなかったようである。ただし、鳩摩羅什が若干の規範を示したので、結果的にはその規範が偈頌の漢訳規範（偈は無韻として漢訳すべきこと）としてその後の標準となったと言える。しかし、以下の疑問もある。それは、鳩摩羅什は作詩するだけの力量をもちあわせていたにもかかわらず、偈頌の漢訳においては『大智度論』を除いてすべて韻律配慮を施さなかったということである。羅什であればこそ、有韻偈頌として漢訳しても不思議はなさそうであるが、『妙法蓮華経』など、読誦を奨励する経典を含め、一部として押韻する訳偈は存在しない（羅什に仮託された経典を除く）。これについては、明確な解答を用意できないままである。

F　律蔵と論蔵にはなぜ有韻偈頌がないのか

漢訳の律蔵および論蔵に説かれている偈の分量は、そもそも経蔵のそれに比較して多くはない。まず律蔵では、西晋の聶道真訳『菩薩受斎経』、および義浄訳『根本説一切有部毘奈耶破僧事』にそれらしき有韻の偈頌が示されているにすぎない。

西晋聶道真訳『菩薩受斎経』（二四・一一一六下、『出三蔵記集』では失訳）

清浄尊神国　安隠在西方（平陽・陽）
願得自帰命　奉事無上王（平陽・陽）
神通聖智達　照見我心情（平清・庚）
自帰諸大護　百劫不動傾（平清・庚）

義浄訳『根本説一切有部毘奈耶破僧事』一六（二四・一八五上）

其長者子見大目連、心極驚怪而説頌曰、
今見日神身（平真）　従日下吾前（平先）
誰令現其身（平真）　速答是何人（平真）
為当是日耶　為是多聞天（平先）
為当是月下　為復帝釈身（平真）

しかし、『破僧事』二〇巻には数多くの偈が説かれているにもかかわらず、押韻の配慮を思わせる例は、わずかに右の一偈だけである。はたして義浄において意図的に漢訳されていたのか、それとも単なる偶然であるかは、にわかに判断できないのである。

また、漢訳された論蔵に見られる有韻偈頌は、後漢失訳の『分別功徳論』と鳩摩羅什訳『大智度論』だけである。

おそらくは、律蔵も論蔵も、経典と異なり読誦の対象ではなく、そのため時間と労力のかかる押韻を配慮して漢訳するだけの理由も要請もなかったのではないだろうか。

G　中国撰述経典にはなぜ有韻偈頌が多いのか

漢訳仏典とは異なり、異言語への転換という大きな枷がないこともあって、撰述者は自由に表現することができた。それは教義だけではなく、文体においてもしかりである。中華の教養を有していればこそ、詩律に準拠させて作偈することができたし、それが自然に表出したのであろう。また注目すべきは、経典そのものの読誦奨励との関連である。たとえば『妙法蓮華経』が読誦を奨励しているからこそ、鳩摩羅什は読誦にふさわしい四六のリズムを刻む文体で長行を漢訳したように、中国撰述経典にあっても読誦を勧める経典は、読誦の便を考慮して音節を均一化するだけにとどまらず、偈には韻の配慮を添加していたのである。脚韻と平仄の配慮が具わっていれば、詩歌としても通用する偈となり、よりいっそう読誦という実用に堪えうる経典となる。『高王観世音経』、『照明菩薩経』、『妙好宝車経』などはみな読誦を勧励しており、同時に偈頌の韻律配慮を行っている。また『灌頂梵天神策経』（灌頂経第一〇）における有韻一〇〇偈は、神策を用いて卜占するための経典であり、偈頌のすべてを通読するものではないが、卜占によって得られた神策に書き付けられた一偈のみを朗誦したり、また暗誦するものであるから、これも広義には読誦と同類の性格を有するものである。押韻は神策を口ずさむための配慮であったのである。

中国撰述経典における一部の撰述者たちが、当該の撰述経典の読誦を奨励するとともに、その功徳の大なることを説き示す際に、実際に朗読する詩文としても通用するように、偈の韻律配慮に意をそそいでいたと考えられる。これは経典の読誦が、記憶の便、読み易さ、聞き心地の良さ（音楽的な律動）に関わっているという現実の問題を前にして、撰述者らに意識されていたのであろう。その当該経典みずからが読誦を奨励しておきながら、文体や表現がわざわいして、読誦に不向きとなった経典は、みずから矛盾をかかえこみ、実際の読誦に供されなくなり、必然的に淘汰されていく運命となる。

H　中国浄土教の礼讃偈はなぜ有韻偈頌に仕立てられるのか

経典の漢訳者たちは、漢訳の現場において乗り越えることのできない異言語という高いハードルと、みずからの漢語能力の限界とを痛感するとともに、真理を曲げてまで訳文の美巧に拘泥することに対する倫理的道義的な自戒の念がはたらく。したがって、漢訳された偈の多くは、中華の韻文としての三要素の中、わずかに音数律（一句の字数）だけを配慮する傾向にあり、声律（句中の平仄）と韻律（句末の押韻）に及んで、これを配慮することは自重しなければならなかったのである。ところが、中国で作られる礼讃偈は翻訳と無関係なので、作者の意のままに自由に表現することができる。その意味においては中国撰述経典と同じである。どちらも中国文化において相応の教養ある者によって作られるので、音数律だけではなく、声律と韻律にも自覚的に配慮がなされることになる。とくに唐代の礼讃偈は、僧俗が一堂に会して挙行される儀礼において供されるものであるから、大衆の宗教儀礼として、また娯楽として、音楽的でリズミカルな律動が求められるのは自然なことであり、実際に唐代の多くの礼讃偈はそのように作られている。

隋の仁寿元（六〇一）年に陸法言らによって編まれた音韻字典『切韻』における音韻体系と、唐代の礼讃偈の韻律を照らし合わせたとき、通押となりがたい単位がでてくることは、その大衆性のあらわれと言ってよい。そもそも『切韻』とは、後に官韻として公認され、文人知識人たちの作詩上の共通音として用いられていた韻書であり、今日では南北の音を統一的に折衷したとされる説が有力である。知識人が作り、同じく知識人によって鑑賞されることを前提として存在する詩作品であれば、この官製『切韻』に準じていて当然とはいえ、礼讃文類は宗教儀礼において大衆とともに唱和することを目的とするため、その民間の音系が反映されているということである。『切韻』

にはよらず、当時当地の仏教信者たちが常日頃から用いている通俗的な語音をもって礼讃偈の用字を定め編んでいくことで、僧俗がともに唱和し、彼らの心をとらえ、讃歌として定着していくものである。その通俗性は、さらに後になると敦煌石室から発見された変文や講経文の中に継承されていくように思われる。いずれにせよ、どちらかと言うと無味で型に嵌ってしまいがちな宗教儀礼の〈礼讃偈〉から、大衆の嗜好に歩み寄りながら、より音楽的、より通俗的にして大衆娯楽的な要素を含む〈礼讃詩〉へと再構築したということである。なお、浄土教礼讃偈の韻律を含めた全般的な報告については、続刊を準備している。

二、本研究によって解明できること、および今後の課題と展望

漢語仏教文献全般における偈頌の総合的な研究が皆無であるという現状の中で、本研究は漢訳された仏典の偈頌にはじまり、中国撰述経典と、浄土教礼讃文における偈を材料として、その律動を中心とする文学的な解明と通俗性について言及した。無論、偈頌の総合的研究というには、いまだ十分な考察がなされたとは言えないが、以下の問題を解明することができたり、また解明する可能性を高めたのではないだろうか。

①漢語仏教文献の偈頌が中華の韻文形態の動向と連動していることが明白となった。これは仏教文献といえども、中華の学的趨勢に拘束されていたことの証しである。

②これまで翻訳年代や翻訳者が不明であった仏典について、漢語音韻学を導入することにより、その比定を可能なものとした。

③偈頌の韻律を根拠として、漢訳経典と撰述経典とを峻別することが可能となった。

④同じく韻律を根拠として、偈頌が翻訳された当初の原初形態（オリジナルテキスト）の復元が可能となった。

⑤唐代の民間で盛行する浄土教の礼讃文に対して、音韻学と詩文学の立場から、その通俗性を明らかにし、すすんでその効果や律動豊かな大衆動員型の民衆娯楽としての側面を解明できることになった。

⑥これまで研究が手薄であった上古音と中古音の中間にあたる〈魏晋南北朝の字音研究〉に対し、仏教文献から新たな材料を提供することが可能になった。

＊　＊　＊

最後に今後の課題と期待される展望について述べて終わることにしよう。

第一にテキストの問題である。昨今の仏典における文献研究には、目を見張る成果が報告されている。敦煌文書における仏教テキストは言うに及ばず、とくに注目すべきは日本に現存する奈良・平安・鎌倉時代の古写本類のデジタル化である。この事業は国際仏教学大学院大学の学術フロンティア「奈良平安古写経研究拠点の形成」で進められてきた。その報告は『古写経研究の最前線　シンポジウム講演資料集成』（同大学学術フロンティア編、二〇一〇年）としてまとめられ、さらに「日本古写経データベース」が構築され、同大学のホームページにおいて公開されつつある。日本の寺廟に伝存されてきた古代中世の古写経の調査研究により、これらが高麗版や宋版などの刊本一切経よりも、さらに古い形態、すなわち隋唐写本にまで遡及しうる貴重な資料群であることが明白となってきている。二〇世紀の初頭、敦煌石室から発見された仏教文献は世界の仏教界を驚愕させたが、日本の寺廟に収蔵される古写本類はそれに比肩しうる価値があり、場合によってはそれを凌駕するものである。それらは、もはや古代中世に思いを馳せつつ美術品として愛玩するだけの対象ではなくなったと言える。これに関連して本研究においては、偈の韻字を対象とするものであるから、まずなすべき基礎作業とは、より良質で古形をとどめるテキストを確認することである。そのため、敦煌写本とともに、こうした日本に伝存する古写経の確認は不可欠となる。そしてその作業を通過した上で、「漢語仏典有韻偈頌テキストデータベース」を構築し公開することが大きな課題である。

第二になすべき作業としては、新たな韻文の発掘である。すでに本文中で述べたように、漢訳仏典における韻文のすべてが偈の行どりで書写され、また排版印行されているとは限らない。西晋竺法護訳と伝えられる『龍施菩薩本起経』、そして西晋失訳の『玉耶女経』では、散文（長行）の中に四字句から成る韻文が挿入されている事実があるからである。それらは決して偶然の押韻ではなく、漢訳者による自覚的な配慮が加えられていたことは、その押韻状況からして疑いようのないことである。今後も、大蔵経を丹念に調べることによって、おそらくはさらに同じような用例を検出することができるかと思われる。そこで問題とされるべきは、それが漢訳当初からそのように仕立てられていたのか否かということであり、またなぜ散文（長行）の中にあって韻文に仕立てる必要があったのかということである。もう少し用例を発掘するとともに、賦をはじめとする中華の韻文学とも比較検討されるべきである。

第三に、仏典の有韻偈頌をもって、異なる韻部間の通押を示す〈合韻譜〉を作成するとともに、各韻部の通押関係を明らかにする必要がある。すでに、羅常培『唐五代西北方音』、羅常培・周祖謨『漢魏晋南北朝韻部演変研究』、周祖謨『魏晋南北朝韻部之演変』、Ding Bangxin, *Chinese Phonology of the Wei-Chin Period: Reconstruction of the Finals as Reflected in Poetry*、高田時雄『敦煌資料による中国語史の研究――九・十世紀の河西方言――』では、それぞれ取り扱った韻文資料の〈合韻譜〉が掲載されている。本書においても第三部の資料に加えるべく準備していたが、現段階では断念せざるをえなかった。それは本文中にも述べたが、そもそも中華の韻文は、それが韻文であることを前提として〈合韻譜〉を作成することが可能であるが、漢訳仏典の偈頌はその前提が担保されていないからである。つまり訳者において、はたして自覚的に韻文訳していたのか否かを見極めることが困難な事例が存在するからに他ならない。また鼻子音尾を無造作に並べただけの訳例もあり、その緩さはあたかも敦煌変文や講経文、また通俗詩の押韻にも似ている。したがって、安易に漢訳仏典の偈頌に関わる〈合韻譜〉を作成することは危険であると判断したためである。しかしながら、いずれ何らかの合理的な基準を設定した上で、〈漢語仏典偈頌合韻譜〉を作成したいと願っている。その実現は、中古音韻学の領域に対して、新たな情報を提供することになるはずである。

第四には、『高僧伝』、『続高僧伝』や『広弘明集』など史伝部における韻文、とくに僧侶の詠んだ韻文（僧詩）や、より通俗的な敦煌変文や講経文の韻文の調査も看過することができない。逯欽立輯校の『先秦漢魏晋南北朝詩』全三冊（中華書局、一九八三年）においても僧詩がわずかばかり紹介されているが、他にも魏晋南北朝の韻文資料としてこれまでにまったく紹介されたことのないものが数多く遺されている。これらの資料を加えることによって、やはり音韻学方面に新たな材料を提供することになるかと思われる。これらはすべて今後の課題である。

第五には、浄土教礼讃偈について、その解明すべき課題は易しくはない。まず字音について、礼讃偈の字音が『切韻』系韻書の拘束を受けていないことは事実であり、したがって常識的に考えると、その土地の音（方音）にもとづいて作られていたことになる。はたして、それ（どれだけ韻書を離れ、どれだけ方音に接近しているか）をいかに立証できるかということである。もし、これが明らかになったならば、礼讃偈という儀礼の土着性・通俗性がより明確になるに相違ない。次に個別な問題として、善導の『往生礼讃偈』の晨朝偈には、彦琮の作品を収めているが、『浄土五会念仏誦経観行儀』や正倉院の『聖武天皇宸翰雑集』を見る限りにおいて、もと五言八句都合三二首からなっているはずが、善導はすべてを採用していない。選ばれた偈とそうでない偈には、いかなる採用基準があったのかということであるが、その肝心の基準がどこにあるのかよくわからない。また、これと同じく、『浄土五会念仏誦経観行儀』に引用されている善導の日中礼は、巻中と巻下とに収められている。その理由も不明である。中国伝統の詩歌の格律が整備されてくるに従い、浄土教の礼讃偈もその影響を受けていたことは確実である。おそらくはそうした詩歌の体裁との連動であろうことが予想されるが、それを現段階で実証できていない。さらには、浄土教の礼讃偈と梵唄との関係についても、もう一つすっきりとしない。両者はともに仏教音楽であり、ともに儀礼において用いられ、そしてともに経典の語句や内容にもとづいて作成されているという共通点がある。これほど共通点があるのだから、礼讃偈が梵唄から何らかのヒントを得ていたと考えられるが、よくわからないままである。

こうした多くの課題を残してはいるが、これらの課題は別個のものではなく、みな互いにつながっている。どこかが解明されると、それと関連する課題においても、必ず解決の糸口が見えてくるはずである。今後も、より学際的な見地、すなわち中国学の成果を駆使することで、以上の諸課題を解明していく必要がある。

第三部　資料篇

資料① 《漢訳仏典有韻偈頌一覧表》

【凡 例】

一、本一覧表は、『大正新脩大蔵経』第一巻より第三二巻までの漢訳仏典における偈頌において、韻律配慮が認められる典籍を示したものである

一、漢訳者の欄の漢訳者名に「?」を付しているのは、六世紀以前の訳出でありながら、『出三蔵記集』で失訳とされる典籍、あるいは著録されていない典籍である

一、備考欄には、典籍間における偈頌の転用を「→」で示し、またその他若干の情報を加えた

一、備考欄にある「三本」とは、宋版・元版・明版の各大蔵経の総称である

一、本一覧表に示さなかった漢訳仏典においても有韻偈頌は見られる。しかし、それらは当該偈頌全体の二、三割を超えない。こうした事例は漢訳仏典に普遍的に見られる偶然の通押であると考えられ、そこに訳者による意図的な韻律への配慮は存在しなかったと判断して、表示しなかった

一、中国撰述経典有韻偈頌一覧表は、本書第二部第九章を参照されたい

No	大正蔵	部類	典籍名	漢訳者	備考
1	1-12c	阿含部	長阿含経　2（遊行経）	後秦仏陀耶舎	（→般泥洹経・長寿王経）
2	1-178ab	〃	般泥洹経　上	東晋失訳	支謙or竺法護？（→長阿含経・長寿王経）
	1-179b	〃	〃	〃	（→長寿王経）
	1-180c	〃	〃	〃	
	1-181c	〃	〃	〃	
	1-184a	〃	〃　下	〃	
	1-184c	〃	〃	〃	
	1-188c	〃	〃	〃	
	1-190b	〃	〃	〃	
3	1-251〜252b	〃	尸迦羅越六方礼経	後漢安世高？	『出三』失訳（→禅要経）
4	2-507c	〃	戒徳香経	曇無蘭	『蔵外佛教文献』2編15輯
5	2-865abc	〃	玉耶女経（三本）	西晋失訳	長行中に韻文あり
6	2-866bc	〃	玉耶経	東晋曇無蘭	長行中に韻文あり
7	3-22c〜23a	本縁部	六度集経　4（普明王経）	呉康僧会	（→賢愚経・仁王般若経）佐藤哲英（日仏15）
	3-34c	〃	〃　6	〃	

8	3-87bc	〃	生経　3	西晋竺法護	
9	3-115b	〃	菩薩本行経　中	東晋失訳	
	3-119a	〃	〃	〃	
10	3-142a	〃	大方便仏報恩経　3	後漢失訳	内藤龍雄（印仏3-2）
	3-151ab	〃	〃　5	〃	
11	3-387b～388a	〃	長寿王経（房山隋唐刻・遼金刻、麗本）	西晋失訳	三本になし（→般泥洹経・長阿含経・中本起経・法句譬喩経・撰集百縁経・普曜経・太子瑞応本起経）
12	3-454a～455a	〃	鹿母経（麗本）鹿子経か？	西晋竺法護	『出三』厥経。支謙訳『鹿子経』か？
13	3-455b～457a	〃	鹿母経（三本）	〃	
14	3-471ab	〃	修行本起経　下	後漢竺大力・康孟詳	（→太子瑞応本起経・普曜経）
15	3-477bc	〃	太子瑞応本起経　上	呉支謙	（→修行本起経・普曜経）
	3-480a	〃	〃　下	〃	（→普曜経・長寿王経）
16	3-512c	〃	普曜経　5	西晋竺法護	
	3-521bc	〃	〃　6	〃	（→修行本起経・太子瑞応本起経）
	3-527bc	〃	〃　7	〃	（→太子瑞応本起経・長寿王経）

16	3-534a	〃	〃　8	〃	(→撰集百縁経・長寿王経)
17	4-148c	〃	中本起経　上	後漢曇果・康孟詳	(→長寿王経)
	4-150ab	〃	〃	〃	
	4-152c～153a	〃	〃	〃	(→法句経・法句譬喩経)
	4-156b	〃	〃　下	〃	
	4-159c	〃	〃	〃	
18	4-255bc	〃	撰集百縁経　10	呉支謙?	『出三』未著録(→普曜経・長寿王経)
19	4-426bc	〃	賢愚経　11	元魏慧覚	(→六度集経・仁王般若経)
20	4-510c	〃	旧雑譬喩経　上	呉康僧会?	『出三』未著録
21	4-556c	〃	百喩経　4	蕭斉求那毘地	
22	4-560a	〃	法句経　上	呉維祇難	(→法句譬喩経・釈家観化還愚経)
	4-560b	〃	〃	〃	(→法句譬喩経・未曾有因縁経)
	4-564c	〃	〃	〃	前半のみ
	4-570c	〃	〃　下	〃	
	4-574b	〃	〃	〃	(→中本起経・法句譬喩経)
23	4-578c	〃	法句譬喩経　1	西晋法炬・法立	(→法句経・釈家観化還愚経)

資料①《漢訳仏典有韻偈頌一覧表》

番号	所在	部	経名	訳者	備考
23	4-579c	〃	〃	〃	(→法句経・未曾有因縁経)
	4-607a	〃	〃 4	〃	(→中本起経・法句経)
24	4-614c～615a	〃	出曜経 1	姚秦竺仏念	他にも有韻偈あり
25	8-830b	般若部	仁王般若経 下	姚秦鳩摩羅什?	『出三』失訳(一巻本)(→六度集経・賢愚経)
26	12-55c～56c	宝積部	須頼経	魏白延	
27	14-103a	経集部	称揚諸仏功徳経 下	元魏吉迦夜?	『出三』失訳/羅什訳
	14-104c	〃	〃	〃	終わりの四偈のみ押韻
	14-105a	〃	〃 (房山遼刻、麗本)	〃	三本なし。(→六菩薩亦当誦持経)
28	14-519c～520a	〃	維摩詰経 上	呉支謙	山口久和(印仏26-1)
	14-530abc	〃	〃 下	〃	
29	14-752ab	〃	六菩薩亦当誦持経	後漢失訳	(→称揚諸仏功徳経)
30	14-762c	〃	摩訶迦葉度貧母経	劉宋求那跋陀羅?	『出三』失訳
31	14-768ab	〃	初分説経 下	宋施護	
32	14-808b	〃	長者音悦経	呉支謙	
	14-809a	〃	〃	〃	
33	14-821c	〃	盧至長者因縁経	東晋失訳	

34	14-837c	〃	弁意長者経	後魏法場？	『出三』失訳
	14-838ab	〃	〃	〃	
35	14-896c	〃	奈女祇域因縁経	後漢安世高？	『出三』失訳（→諸徳福田経）
36	14-911abc	〃	龍施菩薩本起経	西晋竺法護	長行中に韻文あり
37	14-944bc	〃	長者法志妻経	涼代失訳	後半のみ有韻
	14-945ab	〃	〃	〃	
38	14-963abc	〃	長者女菴提遮師子吼了義経	梁代失訳	
	14-964c	〃	〃	〃	後半の八句のみ
39	14-965a～966a	〃	八師経	呉支謙？	『出三』失訳
40	14-967c	〃	黒氏梵志経	呉支謙？	『出三』失訳
41	15-238c～239a	〃	禅要経	後漢失訳	無韻偈頌は羅什『禅法要解』に同じ。（→戸迦羅越六方礼経）
42	15-345a	〃	自誓三昧経	後漢安世高？	『出三』失訳（→如来独証自誓三昧経）
43	15-347b	〃	如来独証自誓三昧経	西晋竺法護	（→自制三昧経）
44	15-452bc	〃	成具光明定意経	後漢支曜	
	15-455b	〃	〃	〃	
45	16-777a～778b	〃	諸徳福田経	西晋法立・法炬	（→奈女祇域因縁経）

資料①《漢訳仏典有韻偈頌一覧表》

46	17-419a	〃	妙法聖念処経 1	宋法天	
	17-425c	〃	〃 3	〃	
	17-427c	〃	〃	〃	
	17-428a	〃	〃	〃	
	17-429c	〃	〃 4	〃	
47A	17-563b	〃	罪福報応経（麗本）	劉宋求那跋陀羅？	『出三』未著録
48	17-564bc	〃	輪転五道罪福報応経（三本）	〃	〃
49	17-577b	〃	未曾有因縁経 上	蕭斉曇景？	『出三』失訳
	17-583c	〃	〃	〃	
	17-587a	〃	〃 下	〃	（→法句譬喩経）
50	17-743b	〃	貧窮老公経	劉宋慧簡？	『出三』失訳
51	17-834c	〃	演道俗業経	西秦聖堅？	『出三』失訳、支謙訳か？
	17-835abc	〃	〃	〃	〃
	17-836a	〃	〃	〃	〃
52	19-192c	密教部	奇特最勝金輪仏頂念誦儀軌法要	唐失訳	中華の目録になし
53	19-261b	〃	一字仏頂輪王経 5	唐菩提流志	
54	19-700c	〃	一向出生菩薩経	隋闍那崛多	

55	21-368c	〃	金毘羅童子威徳経	唐大広智不空	
56	21-524a～528b	〃	灌頂梵天神策経（灌頂経10）	東晋帛尸梨蜜多羅？	『出三』失訳、疑経は法経録が初出、最長の有韻偈頌
57	21-912a	〃	安宅神呪経	後漢失訳	『出三』未著録、疑経は法経録が初出、後漢失訳は開元録から
58	24-1116c	律部	菩薩受斎経	西晋聶道真？	『出三』失訳
59	25-44a	釈経論	分別功徳論　4	後漢失訳	
60	25-94ab	〃	大智度論　5	後秦鳩摩羅什	（→大通方広経（85-1351b））
	25-144b	〃	〃　11	〃	
	25-150c	〃	〃　12	〃	
	25-156b	〃	〃　13	〃	
	25-158a	〃	〃　13	〃	
	25-159ab	〃	〃　13	〃	
	25-161a	〃	〃　13	〃	
	25-166a	〃	〃　14	〃	
	25-174a	〃	〃　15	〃	
	25-180c	〃	〃　17	〃	
	25-181ab	〃	〃　17	〃	

60	25-183c～184a	〃	〃	17	〃	
	25-184bc	〃	〃	17	〃	
	25-217a	〃	〃	21	〃	
	25-229a	〃	〃	23	〃	
	25-230b	〃	〃	23	〃	一部通押する
	25-230c	〃	〃	23	〃	一部通押する

この《漢訳仏典有韻偈頌一覧表》にもとづいて、いくつかの明確な特徴を指摘すると次のようになる。

①数量

『大正蔵経』の第一巻から第三二巻までの漢訳仏典の総数は一六九二部に及び、このうち半数以上の典籍が偈頌を有している。そしてこのうち有韻偈頌を含むものは、わずかに六〇部にすぎず、全体の総数に比すれば、実に寡少であることがわかる。しかし、わずか六〇部ではあるものの、以下に示すごとく、いくつかの顕在的な特徴をうかがい知ることができる。

②部類

典籍の部類からすると、有韻偈頌は本縁部および経集部に多く見られる。まず本縁部については、仏教文学とも呼称されるように、インド以来の文学的要請（仏伝文学）と通俗性が色濃いことから、漢訳者らによって、偈の音楽性・文学性を配慮しつつ訳されたものと考えられる。なお、経集部については、『大正蔵経』を編纂する際に設けられた新しい部類であり、他のどの部類にも属さない比較的短い分量の経典を集めていることから、有韻偈頌が多くとも何ら不思議ではない。また、律部および釈経論部に関しては、経典と異なり読誦に関わりがないため、わずかに三部でしかないのだろう。

③漢訳者

有韻偈頌を漢訳する顕在的な特徴は、第一に漢訳者である。そして、その代表として呉の支謙をあげることができる。洛陽で生を享けた支謙は、インドの韻文（gāthā）を中華の韻文（詩歌）として漢訳することが可能であった。ついで同じく呉の康僧会もあげることができる。また鳩摩羅什の『大智度論』にも多く見られることは興味深く、偈頌部分における漢訳と述作の判断基準となる可能性がある。

④失訳経典

《一覧表》を見ると失訳が一二部とめだつ。また『出三蔵記集』で失訳、あるいは未著録とされ、後の経録にいたって訳者を特定された経典（訳者の後に「?」を付した経典）も一七部あり、よってこれら失訳経典類を総計すると二九部となる。これは有韻偈頌の総数六〇部に対してほぼ半数となる。そして、これらの失訳経典類のうち、いくつかは漢訳された事実はなく、実は中華で撰述された疑偽経典も少なからず含まれているのである。

⑤漢訳年代

有韻偈頌の漢訳は後漢の支曜や厳仏調、康孟詳にはじまり、呉支謙と康僧会など、比較的早期の訳経、すなわち南北朝中期ごろまでに顕著にあらわれている。そして中華の詩律（近体詩）が確立する唐以後の訳経には、かえってほとんど見られず、隋唐で四部、宋で二部にすぎない。それは、漢訳初期における試行錯誤の時期から、南北朝中期以後の翻訳体例の確立にともない、偈頌の漢訳においても、《形式》よりもむしろ《語義》をより重視するようになったことが原因ではないかと思われる。

⑥偈頌の転用

仏典の漢訳においては、後翻が前翻を踏襲することが少なからずある。それは長行だけではなく偈頌においても同じことが言える。《一覧表》の備考欄に「→」を付したものが、典籍間で転用されている偈である。また有韻の偈はもちろんのこと、無韻の偈も転用されることがある。これらは漢訳作業を簡便化させることと同時に、ことに有韻偈頌の場合は、その旋律豊かな音楽性の要求に応じた結果であったと考えられる。とりわけ西晋失訳『長寿王経』における巻末の二〇偈は、六部の経典から総計一六の有韻偈頌をもって編集している。これは実際に偈を唱和することを前提とした編集であったものと考えられる。

⑦文字の校讎

有韻偈頌の脚韻字は、諸本によって相違することがある。したがって、場合によっては同一典籍の諸本を蒐集比較することから本来の偈の姿を復元することができる。なお後漢から南北朝の漢訳経典および述作経典は脚韻字のみの校讎にとどまるが、隋唐以降に撰述される浄土教礼讃偈においては、近体詩の格をもって偈頌全体の校讎が可能となる。そしてこれら漢訳仏典の有韻偈頌は、中古漢語音韻学に対してもまとまった資料となる。

⑧律と論

律蔵と論蔵に示される偈頌の分量は、経蔵に比して多くはない。まして有韻偈頌はさらに少ない。わずかに『大智度論』と『分別功徳論』のみである。戒律関係では、西晋の聶道真訳『菩薩受斎経』、および義浄訳『根本説一切有部毘奈耶破僧事』にそれらしき韻文が示されているが、とくに『破僧事』については義浄にその配慮が意図されていたのか、それとも単なる偶然かは判断できない。いずれにせよ、読誦の対象ではない戒律関連の仏典や論書の偈において韻律を配慮して漢訳する理由はなかったものと思われる。

資料②《漢訳経典偈頌総覧》

【凡　例】

一、『大正蔵経』第一巻～第二一巻までの訳経における偈頌を、漢訳者別の年代順に一覧表にした
一、律・論・儀軌類や、密教部における中国撰述書、失訳で漢訳年代不明の典籍は除外した
一、基本的に絶・縛束・偈・頌・讃・伽他（陀）・祇夜などが冠されているものを選んだ
一、表中の各項目は以下のとおりである
No＝『大正蔵経』の通し番号
経題＝『大正蔵経』に示される経題と巻数
時代＝漢訳された時代
漢訳者＝漢訳者名（「?」は疑わしい場合に付した）
3～9＝一句中の音節数を示している
各項目中の数字（1～4）＝当該経典に説かれている偈の句数の分量によって1～4で示した
　たとえば、No184修行本起経の場合、経典中のすべての偈の中で五言の句数が最多であり、以下、七言、九言、四言としだいにその句数が少なくなっていることを意味する
他＝一句中の音節数が3～9以外の偈。そのほとんどが雑言（各句の音節数が斉言でないもの）

資料② 《漢訳経典偈頌総覧》

No	経題	時代	漢訳者	3	4	5	6	7	8	9	他	備考
150	七処三観経 1	後漢	安世高		1						雑言	「従後説絶」
607	道地経 1	後漢	安世高								雑言	「従後東説」「従後縛束説」
16	尸迦羅越六方礼経 1	後漢	安世高?			1						
105	五陰譬喩経 1	後漢	安世高?			1						
131	婆羅門避死経 1	後漢	安世高?			1						
140	阿那邠邸化七子経 1	後漢	安世高?			1						
492	阿難問事仏吉凶経 1	後漢	安世高?			1						
525	長者子懊悩三処経 1	後漢	安世高?			1						
553	奈女祇域因縁経 1	後漢	安世高?			1						
622	自誓三昧経 1	後漢	安世高?			1						
701	温室洗浴衆僧経 1	後漢	安世高?			1						
729	分別善悪所起経 1	後漢	安世高?			1						
137	舎利弗摩訶目連遊四衢経 1	後漢	康孟詳			1						

197	興起行経　2	後漢	康孟詳			1						
46	阿那律八念経　1	後漢	支曜			1						
630	成具光明定意経　1	後漢	支曜		2	1						
204	雑譬喩経　1	後漢	支婁迦讖			1						
417	般舟三昧経　1	後漢	支婁迦讖	1		4	3	2				奇数句（900ａ）
418	般舟三昧経　3	後漢	支婁迦讖			2	3	1				第3、4品の偈‥麗本と三本に相違
361	無量清浄平等覚経　4	後漢	支婁迦讖（支謙？）			2	1					
184	修行本起経　2	後漢	竺大力・康孟詳		4	1		2		3		
66	魔嬈乱経　1	後漢	失訳			1						
156	大方便仏報恩経　7	後漢	失訳			1						
373	後出阿弥陀経　1	後漢	失訳			1						全偈
491	六菩薩亦当誦持経　1	後漢	失訳			1						最終句「別有四菩薩」は長行の文
609	禅要経　1	後漢	失訳			1						

610	内身観章句経	1	後漢	失訳			1						全偈
1394	安宅神呪経	1	後漢	失訳			1						
196	中本起経	2	後漢	曇果・康孟詳		2	1						
360	無量寿経	2	魏	康僧鎧？		2	1						
328	須頼経	1	魏	白延			1		2				
210	法句経	2	呉	維祇難・竺律炎・支謙		1	2						
152	六度集経	8	呉	康僧会		2	1	3					
206	旧雑譬喩経	2	呉	康僧会			1						
20	開解梵志阿颰経	1	呉	支謙		1	2						
67	弊魔試目連経	1	呉	支謙			1						
76	梵摩渝経	1	呉	支謙			1						
128	須摩提女経	1	呉	支謙			1						高麗本と三本に相違あり（別出）
153	菩薩本縁経	3	呉	支謙		2	1			3			

169	月明菩薩経　1	呉	支謙				1					
185	太子瑞応本起経　2	呉	支謙			2		1	3			
198	義足経　2	呉	支謙		3	2	1	4				
200	撰集百縁経　10	呉	支謙			1						
281	菩薩本業経　1	呉	支謙		1							
427	八吉祥神呪経　1	呉	支謙			1						
474	維摩詰経　2	呉	支謙			1		2				
530	須摩提長者経　1	呉	支謙		2	1						
531	長者音悦経　1	呉	支謙		1							
532	私呵昧経　1	呉	支謙				1					
533	菩薩生地経　1	呉	支謙			1	2					
556	七女経　1	呉	支謙								雑言	四言～七言の雑言偈あり
581	八師経　1	呉	支謙			1						

583	黒氏梵志経	1	呉	支謙			1						
632	慧印三昧経	1	呉	支謙		1	2	3				12	四言：麗・金は一二言、奇数句（464c）
1011	無量門微密持経	1	呉	支謙			1						
1300	摩登伽経	2	呉	竺律炎・支謙		1			2				
101	雑阿含経	1	魏・呉	失訳（安世高？）			1					雑言	「従後説絶」「説絶辞」「説是絶」
816	道神足無極変化経	4	西晋	安法欽			1		2				
17	善生子経	1	西晋	支法度			1						
527	逝童子経	1	西晋	支法度			1						
61	受新歳経	1	西晋	竺法護			1						
77	尊上経	1	西晋	竺法護			1						
118	鴦掘摩経	1	西晋	竺法護			1						
135	力士移山経	1	西晋	竺法護			1						
154	生経	5	西晋	竺法護		3	1		2				奇数句（90c）

170	徳光太子経　1	西晋	竺法護			1		2				
182	鹿母経　1	西晋	竺法護			1						高麗版
182	鹿母経　1	西晋	竺法護			1			2			宋元明三本
186	普曜経　8	西晋	竺法護		3	1		2				
199	仏五百弟子自説本起経　1	西晋	竺法護			1		2				ほぼ全偈
263	正法華経　10	西晋	竺法護		1	2						
266	阿惟越致遮経　3	西晋	竺法護			1						
285	漸備一切智徳経　5	西晋	竺法護			1		2				
291	如来興顕経　4	西晋	竺法護			1						
292	度世品経　6	西晋	竺法護			1						
310-3	大宝積経・密迹金剛力士会	西晋	竺法護		2	1		3				
310-4	大宝積経・浄居天子会	西晋	竺法護			1		2				
310-47	大宝積経・宝髻菩薩会	西晋	竺法護			1		2				

資料② 《漢訳経典偈頌総覧》

318	文殊師利仏土厳浄経 2	西晋	竺法護			1		2	3?			八言：麗本以外みな四言に作る
324	幻士仁賢経 1	西晋	竺法護		1	2						
334	須摩提菩薩経 1	西晋	竺法護				1					
337	阿闍貰王女阿術達菩薩経 1	西晋	竺法護		2		1					
338	離垢施女経 1	西晋	竺法護		2	1		3				
342	如幻三昧経 2	西晋	竺法護			1						
345	慧上菩薩問大善権経 2	西晋	竺法護			2		1				
349	弥勒菩薩所問本願経 1	西晋	竺法護			1	2					
378	方等般泥洹経 2	西晋	竺法護			1	3	2				
381	等集衆徳三昧経 3	西晋	竺法護		2	1						
398	大哀経 8	西晋	竺法護		2	1		3				
399	宝女所問経 4	西晋	竺法護		2	1						
401	無言童子経 2	西晋	竺法護			1						

403	阿差末菩薩経 7	西晋	竺法護			1						
425	賢劫経 8	西晋	竺法護	2		1		3	4?			巻六の三言・偈ではなく仏名 巻八の八言・聖語蔵は四言に作る
428	八陽神呪経 1	西晋	竺法護			1						
433	宝網経 1	西晋	竺法護		2	1		3				
435	滅十方冥経 1	西晋	竺法護			1						
453	弥勒下生経 1	西晋	竺法護			1						
461	文殊師利現宝蔵経 2	西晋	竺法護			2	1					
477	大方等頂王経 1	西晋	竺法護			1						
481	持人菩薩経 4	西晋	竺法護			1						
513	琉璃王経 1	西晋	竺法護			1						
545	持心梵天所問経 4	西晋	竺法護		2	1						
558	龍施菩薩本起経 1	西晋	竺法護		2	1						長行中に四言の韻文あり。奇数句（911c）

565	順権方便経 2	西晋	竺法護			1						
569	心明経 1	西晋	竺法護			1						
588	須真天子経 4	西晋	竺法護		2	1	3					
598	海龍王経 4	西晋	竺法護			1	3	2				
606	修行道地経 7	西晋	竺法護			1		2				
623	如来独証自誓三昧経 1	西晋	竺法護			1						
627	文殊師利普超三昧経 3	西晋	竺法護			1						
635	弘道広顕三昧経 4	西晋	竺法護			1		2				
636	無極宝三昧経 2	西晋	竺法護		2	1						
770	四不可得経 1	西晋	竺法護			1						
809	乳光仏経 1	西晋	竺法護			1						
810	諸仏要集経 2	西晋	竺法護			1						
811	決定総持経 1	西晋	竺法護	3	4	1			2			八言・麗本以外みな四言に作る

813	無希望経　1	西晋	竺法護		1	2						
815	仏昇忉利天為母説法経　3	西晋	竺法護		1	2			3			
817	大浄法門経　1	西晋	竺法護		2	1						
1301	舎頭諌太子二十八宿経　1	西晋	竺法護			1		2				
142	玉耶女経　1	西晋	失訳		1							長行中の韻文（三本）、（No143参照）
161	長寿王経　1	西晋	失訳			1						三本になし
265	薩曇分陀利経　1	西晋	失訳		1	2						奇数句（197b）
794	時非時経　1	西晋	若羅厳			1						
325	決定毘尼経　1	西晋	敦煌三蔵（竺法護？）			2		1				
5	仏般泥洹経　2	西晋	白法祖			1					雑言	四言～六言の雑言偈を含む(174ab)
330	菩薩修行経　1	西晋	白法祖			2	1					
23	大楼炭経　6	西晋	法立・法炬			2	1					
683	諸徳福田経　1	西晋	法立・法炬			1						

39	頂生王故事経 1	西晋	法炬			1						
64	瞻婆比丘経 1	西晋	法炬			1						
65	伏婬経 1	西晋	法炬			1						
119	鴦崛髻経 1	西晋	法炬			1						
122	波斯匿王太后崩塵土坌身経 1	西晋	法炬			1						
133	頻毘娑羅王詣仏供養経 1	西晋	法炬			1						
178	前世三転経 1	西晋	法炬			3?	2	1				五言：三本は六言に作る
332	優塡王経 1	西晋	法炬			1						
503	比丘避女悪名欲自殺経 1	西晋	法炬			1						
508	阿闍世王問五逆経 1	西晋	法炬			1						
211	法句譬喩経 4	西晋	法炬・法立		1	2			3			
537	越難経 1	西晋	聶承遠			1						
638	超日明三昧経 2	西晋	聶承遠			1	2					
310-33	大宝積経・無垢施菩薩応弁会	西晋	聶道真			1		2				

351	摩訶衍宝厳経　1	晋	失訳					1				晋代訳
1332	七仏八菩薩所説大陀羅尼神呪経　4	晋	失訳			1						
419	抜陂菩薩経　1	晋？	失訳				1					3cごろ成立か？
310-37	大宝積経・大乗方便会	東晋	竺難提		1	2						
6	般泥洹経　2	東晋	失訳		3	1	2					支謙訳？
44	古来世時経　1	東晋	失訳			1						
155	菩薩本行経　3	東晋	失訳		2	1						
539	盧至長者因縁経　1	東晋	失訳		2	1						奇数句（825a）
693	造立形像福報経　1	東晋	失訳			1						
749	因縁僧護経　1	東晋	失訳		2	1						
26	中阿含経　60	東晋	僧伽提婆		2	1	3					
125	増一阿含経　51	東晋	僧伽提婆		3	1		2				
22	寂志果経　1	東晋	曇無蘭			1						
62	新歳経　1	東晋	曇無蘭			1		2				

106	水沫所漂経 1	東晋	曇無蘭			1							
116	戒徳香経 1	東晋	曇無蘭			1							No117の異訳
143	玉耶経 1	東晋	曇無蘭		1								長行中の韻文（No142参照）
393	迦葉赴般涅槃経 1	東晋	曇無蘭			1							
741	五苦章句経 1	東晋	曇無蘭			1							
742	自愛経 1	東晋	曇無蘭		1								
1043	請観世音菩薩消伏毒害陀羅尼呪経 1	東晋	難提			1		2					
296	文殊師利発願経 1	東晋	仏陀跋陀羅			1							全偈
278	大方広仏華厳経 60	東晋	仏駄跋陀羅		3	1		2					
618	達摩多羅禅経 2	東晋	仏駄跋陀羅			1							
643	観仏三昧海経 10	東晋	仏駄跋陀羅		1	2							
666	大方等如来蔵経 1	東晋	仏駄跋陀羅			1							
1012	出生無量門持経 1	東晋	仏駄跋陀羅			1		2					

7	大般涅槃経　3	東晋	法顕		2	1						
376	大般泥洹経　6	東晋	法顕		3	1		2				奇数句（858c）
1331-4	灌頂百結神王護身呪経　1	東晋	帛尸梨蜜多羅					1				
1331-10	灌頂梵天神策経　1	東晋	帛尸梨蜜多羅			1						
1331-11	灌頂随願往生十方浄土経　1	東晋	帛尸梨蜜多羅			1						
637	宝如来三昧経　2	東晋	祇多蜜		2	1						
212	出曜経　30	後秦	竺仏念		2	1						奇数句（728a［麗本］734b、757b、758a）
309	十住断結経　10	後秦	竺仏念			1						
384	菩薩従兜術天降神母胎説広普経　7	後秦	竺仏念			1						奇数句（1028c、1036b）
385	中陰経　2	後秦	竺仏念			1						奇数句（1061c）
656	菩薩瓔珞経　14	後秦	竺仏念		2	1						奇数句（105b［麗本・宋本］）
194	僧伽羅刹所集経　3	後秦	僧伽跋澄			1						

566	楽瓔珞荘厳方便品経 1	後秦	曇摩耶舎			1						
123	放牛経 1	後秦	鳩摩羅什			1						
201	大荘厳論経 15	後秦	鳩摩羅什			1						奇数句（266a他［麗本］302他）
235	金剛般若波羅蜜経 1	後秦	鳩摩羅什			1						
245	仁王般若波羅蜜経 2	後秦	鳩摩羅什		3	2		1				
262	妙法蓮華経 7	後秦	鳩摩羅什		2	1						
286	十住経 4	後秦	鳩摩羅什			1						
310-17	大宝積経・富楼那会	後秦	鳩摩羅什			1						
335	須摩提菩薩経 1	後秦	鳩摩羅什				1					
382	集一切福徳三昧経 3	後秦	鳩摩羅什					1				
426	千仏因縁経 1	後秦	鳩摩羅什		3	1		2				奇数句（69c）
454	弥勒下生成仏経 1	後秦	鳩摩羅什					1				
456	弥勒大成仏経 1	後秦	鳩摩羅什		2	1		3				奇数句（430c、433c）

475	維摩詰所説経　3	後秦	鳩摩羅什			1		2				
482	持世経　4	後秦	鳩摩羅什					1				
484	不思議光菩薩所説経　1	後秦	鳩摩羅什			1						奇数句（671c）
586	思益梵天所問経　4	後秦	鳩摩羅什			1		2				
613	禅秘要法経　3	後秦	鳩摩羅什			1						
614	坐禅三昧経　2	後秦	鳩摩羅什		3	1		2				
616	禅法要解　2	後秦	鳩摩羅什			1						
625	大樹緊那羅王所問経　4	後秦	鳩摩羅什			2		1				
650	諸法無行経　2	後秦	鳩摩羅什			1						
653	仏蔵経　3	後秦	鳩摩羅什		2	1						
657	華手経　10	後秦	鳩摩羅什		3	1		2				
703	燈指因縁経　1	後秦	鳩摩羅什			1						
405	虚空蔵菩薩経　1	後秦	仏陀耶舎		2	1						

資料② 《漢訳経典偈頌総覧》

1	長阿含経 22	後秦	仏陀耶舎・竺仏念		2	1	3					奇数句（麗本10c）、五言が9割以上
100	別訳雑阿含経 16	西秦	失訳		3	1		2				奇数句（399c、468b、480c、482b…）
294	羅摩伽経 3	西秦	聖堅			1						
744	除恐災患経 1	西秦	聖堅			1						
820	演道俗業経 1	西秦	聖堅			1		2				
495	阿難分別経 1	西秦	法堅			1						
158	大乗悲分陀利経 8	秦	失訳			1		2				附秦録、奇数句（280c）
183	一切智光明仙人慈心因縁不食肉経 1	秦	失訳			1		2				附秦録
310-43	大宝積経・普明菩薩会	秦	失訳			1						附秦録
432	十吉祥経 1	秦	失訳		2	1						附秦録、奇数句（77c）
720	無明羅刹集経 2	秦	失訳		1	3		2				附秦録
176	師子月仏本生経 1	秦	失訳			1						附三秦録
821	大方広如来秘密蔵経 2	秦	失訳			1		2				附三秦録

329	須頼経　1	前涼	支施崙		2	1							
267	不退転法輪経　4	北涼	失訳		2	1							
273	金剛三昧経　1	北涼	失訳		2	1							
410	大方広十輪経　8	北涼	失訳			1		2					
572	長者法志妻経　1	北涼	失訳			1							
579	優婆夷浄行法門経　2	北涼	失訳		2	1							奇数句（955c）
310-44	大宝積経・宝梁聚会	北涼	道龔		1								
157	悲華経　10	北涼	曇無讖		1	2							
192	仏所行讃　5	北涼	曇無讖			1							全偈、奇数句（4c、5a、9c、10a、32b、44b、45a、54ab）
311	大方広三戒経　3	北涼	曇無讖			1							
374	大般涅槃経　40	北涼	曇無讖		2	1		3					
387	大方等無想経　6	北涼	曇無讖			1							
397-1	大方等大集経・瓔珞品	北涼	曇無讖					1					

397-2	大方等大集経・陀羅尼自在王菩薩品	北涼	曇無讖			2		1				
397-3	大方等大集経・宝女品	北涼	曇無讖					1				
397-4	大方等大集経・不眴菩薩品	北涼	曇無讖					1				
397-5	大方等大集経・海会菩薩品	北涼	曇無讖					1				
397-6	大方等大集経・無言菩薩品	北涼	曇無讖					1				
397-7	大方等大集経・不可説品	北涼	曇無讖					1				
397-8	大方等大集経・虚空蔵品	北涼	曇無讖		3	2		1				
397-9	大方等大集経・宝幢分	北涼	曇無讖					1				
397-10	大方等大集経・虚空目分	北涼	曇無讖			2		1				
397-11	大方等大集経・宝髻菩薩品	北涼	曇無讖					1				
397-13	大方等大集経・日密分	北涼	曇無讖					1				
663	金光明経　4	北涼	曇無讖		1							
1339	大方等陀羅尼経　4	北涼	法衆					1				

1161	観薬王薬上二菩薩経	劉宋	畺良耶舎			1						
79	鸚鵡経　1	劉宋	求那跋陀羅			1						
99	雑阿含経　50	劉宋	求那跋陀羅		2	1						奇数句（23c）
120	央掘魔羅経　4	劉宋	求那跋陀羅		3	1		2				
127	四人出現世間経　1	劉宋	求那跋陀羅			1						
189	過去現在因果経　4	劉宋	求那跋陀羅		2	1						
270	大法鼓経　2	劉宋	求那跋陀羅		2	1						
271	菩薩行方便境界神通変化経　3	劉宋	求那跋陀羅		3	2		1				
353	勝鬘師子吼一乗大方便方広経　1	劉宋	求那跋陀羅			1						
462	大方広宝篋経　3	劉宋	求那跋陀羅			1						奇数句（480a、麗本のみ）
497	摩訶迦葉度貧母経　1	劉宋	求那跋陀羅		2	1						
670	楞伽阿跋多羅宝経　4	劉宋	求那跋陀羅		2	1						奇数句（482b）
678	相続解脱地波羅蜜了義経　1	劉宋	求那跋陀羅			1						
679	相続解脱如来所作随順処了義経　1	劉宋	求那跋陀羅			1						

資料② 《漢訳経典偈頌総覧》

747	罪福報応経	1	劉宋	求那跋陀羅			1						輪転五道罪福報応経
1013	阿難陀目佉尼呵離陀経	1	劉宋	求那跋陀羅				1					
134	長者子六過出家経	1	劉宋	慧簡			1						
797	貧窮老公経	1	劉宋	慧簡			1						
375	大般涅槃経	36	劉宋	慧厳		2	1		3				
414	菩薩念仏三昧経	5	劉宋	功徳直		2	1						
1014	無量門破魔陀羅尼経	1	劉宋	功徳直・玄暢			1						
633	如来智印経	1	劉宋	失訳			2		1				
640	月燈三昧経	1	劉宋	先公				1	2				
723	分別業報略経	1	劉宋	僧伽跋摩			1						全偈
268	広博厳浄不退転輪経	6	劉宋	智厳			1		2				
269	法華三昧経	1	劉宋	智厳			1						
397-12	大方等大集経・無尽意菩薩品		劉宋	智厳			1						宝雲と共訳

407	虚空蔵菩薩神呪経　1	劉宋	曇摩蜜多		2	1		2				四言と七言は同句数
564	転女身経　1	劉宋	曇摩蜜多			1						
814	象腋経　1	劉宋	曇摩蜜多			1		2				
822	諸法勇王経　1	劉宋	曇摩蜜多			1						
277	観普賢菩薩行法経　1	劉宋	曇無蜜多			1						
371	観世音菩薩授記経　1	劉宋	曇無竭			1						
193	仏本行経　7	劉宋	宝雲		2	1		3				全偈
512	浄飯王般涅槃経　1	劉宋	沮渠京声			1						
620	治禅病秘要法　2	劉宋	沮渠京声			1						
798	進学経　1	劉宋	沮渠京声		1							
209	百喩経　4	南斉	求那毘地			1						奇数句（551c、552a）
383	摩訶摩耶経　2	南斉	曇景			1		2				
754	未曾有因縁経　2	南斉	曇景		2	3		1				奇数句（572b）

276	無量義経　1	南斉	曇摩伽陀耶					1				
478	大乗頂王経　1	梁	月婆首那			1		2				奇数句（603ａ）
231	勝天王般若波羅蜜経　7	梁	月婆首那		2	3		1				陳代の翻訳
310-23	大宝積経・摩訶迦葉会	梁	月婆首那			1						元魏の翻訳、奇数句（509ｃ）
423	僧伽吒経　4	梁	月婆首那			1						元魏の翻訳
580	長者女菴提遮師子吼了義経　1	梁	失訳			1						
669	無上依経　2	梁	真諦					1				
314	大乗十法経　1	梁	僧伽婆羅			1						
358	度一切諸仏境界智厳経　1	梁	僧伽婆羅		2	1						
430	八吉祥経　1	梁	僧伽婆羅			1						
468	文殊師利問　2	梁	僧伽婆羅		2	1						
1016	舎利弗陀羅尼経　1	梁	僧伽婆羅		2	1						
658	宝雲経　7	梁	曼陀羅仙			1						

659	大乗宝雲経　7	梁	曼陀羅仙・僧伽婆羅			1		2				
237	金剛般若波羅蜜経　1	陳	真諦		2	1						
677	解節経　1	陳	真諦			1						
441	仏名経　30	元魏？	失訳		3	1		2				奇数句（205c）
434	称揚諸仏功徳経　3	元魏	吉迦夜			2?		1				巻末の五言：麗本のみにあり
203	雑宝蔵経　10	元魏	吉迦夜・曇曜			1		2				奇数句（474c、475a、487c、497b）
202	賢愚経　13	元魏	慧覚		1	2						
357	如来荘厳智慧光明入一切仏境界経　2	元魏	曇摩流支			1						
1335	大吉義神呪経　4	元魏	曇曜			2		1				
339	得無垢女経　1	元魏	般若流支			1						
341	聖善住意天子所問経　3	元魏	般若流支			1						
354	毘耶娑問経　2	元魏	般若流支			1						
721	正法念処経　70	元魏	般若流支		3	1		2				奇数句（113c）

資料② 《漢訳経典偈頌総覧》

823	一切法高王経　1	元魏	般若流支			1						
833	第一義法勝経　1	元魏	般若流支			1						
179	銀色女経　1	元魏	仏陀扇多			1						
310-9	大宝積経・大乗十法会	元魏	仏陀扇多			1						
310-32	大宝積経・無畏徳菩薩会	元魏	仏陀扇多			1						
576	転有経　1	元魏	仏陀扇多			1						
835	如来師子吼経　1	元魏	仏陀扇多			1						
1015	仏説阿難陀目佉尼呵離陀隣尼経　1	元魏	仏陀扇多				1					
236	金剛般若波羅蜜経　1	元魏	菩提流支			1						
440	仏名経　12	元魏	菩提流支			2		1				
470	文殊師利巡行経　1	元魏	菩提流支			1						
573	差摩婆帝授記経　1	元魏	菩提流支			1						
575	大方等修多羅王経　1	元魏	菩提流支			1						

578	無垢優婆夷問経　1	元魏	菩提流支			1						
587	勝思惟梵天所問経　6	元魏	菩提流支			1		2				
671	入楞伽経　10	元魏	菩提流支			1						
675	深密解脱経　5	元魏	菩提流支			1						
761	法集経　6	元魏	菩提流支			1		2				
831	謗仏経　1	元魏	菩提流支			1						
1028 A	護諸童子陀羅尼経　1	元魏	菩提流支			1						
272	大薩遮尼乾子所説経　10	元魏	菩提留支			1						
544	弁意長者子経　1	元魏	法場			1	2					
162	金色王経　1	東魏	般若流支			1						
673	大乗同性経　2	北周(隋)	闍那耶舎			2		1				
1343	尊勝菩薩所問一切諸法入無量門陀羅尼経　1	北斉	万天懿			1						
310-16	大宝積経・菩薩見実会	北斉(隋)	那連提耶舎			1		2				

380	大悲経　5	北斉(隋)	那連提耶舎		3	2		1				
639	月燈三昧経　10	北斉(隋)	那連提耶舎			2		1				奇数句（569b）
702	施燈功徳経　1	北斉(隋)	那連提耶舎			2		1				
397-15	大方等大集経・月蔵分	北斉(隋)	那連提耶舎			1		2				
397-16	大方等大集経・須弥蔵分	北斉(隋)	那連提耶舎		3	2		1				
397-14	大方等大集経・日蔵分	隋	那連提耶舎			2		1				
386	蓮華面経　2	隋	那連提耶舎			2		1				
444	百仏名経　1	隋	那連提耶舎			1		2				
545	徳護長者経　2	隋	那連提耶舎			1		2				
818	大荘厳法門経　2	隋	那連提耶舎			1		2				奇数句（831a、832a）
24	起世経　10	隋	闍那崛多			2		1				
310-18	大宝積経・護国菩薩会	隋	闍那崛多			2		1				

310-39	大宝積経・賢護長者会	隋	闍那崛多			1						
327	発覚浄心経　2	隋	闍那崛多					1				
379	四童子三昧経　3	隋	闍那崛多			1		2				
408	虚空孕菩薩経　2	隋	闍那崛多			1		2				
416	大方等大集経賢護分（経）　5	隋	闍那崛多			2		1				
431	八仏名号経　1	隋	闍那崛多			1						
443	五千五百仏名神呪除障滅罪経　8	隋	闍那崛多			2		1				
479	善思童子経　2	隋	闍那崛多			1						
480	月上女経　2	隋	闍那崛多					1				
485	無所有菩薩経　4	隋	闍那崛多			1		2				奇数句（678c、684a、696a）
591	商主天子所問経　1	隋	闍那崛多					1				

資料②　《漢訳経典偈頌総覧》

649	観察諸法行経　4	隋	闍那崛多			2		1				奇数句（744ａ）「偈文梵本元少一句」
651	諸法本無経　3	隋	闍那崛多			2		1				
824	諸法最上王経　1	隋	闍那崛多			1						
834	大威燈光仙人問疑経　1	隋	闍那崛多			1		2				
837	出生菩提心経　1	隋	闍那崛多			1		2				
1017	一向出生菩薩経　1	隋	闍那崛多			1		2				
1340	大法炬陀羅尼経　20	隋	闍那崛多			1		2				
1341	大威徳陀羅尼経　20	隋	闍那崛多			1						
1348	十二仏名神呪校量功徳除障滅罪経　1	隋	闍那崛多			1						
1353	東方最勝燈王陀羅尼経　1	隋	闍那崛多			1						
1354	東方最勝燈王如来経　1	隋	闍那崛多			1						
471	文殊尸利行経　1	隋	闍那崛多（豆那掘多）			1						

264	添品妙法蓮華経　7	隋	闍那崛多・笈多		2	1						
190	仏本行集経　60	隋	闍那崛多			2		1				
25	起世因本経　10	隋	達摩笈多			2		1				
238	金剛能断般若波羅蜜経　1	隋	達摩笈多		1	2						
310-36	大宝積経・第三十六善住意天子会	隋	達摩笈多			2		1				
415	大方等大集経菩薩念仏三昧分　10	隋	達磨笈多			2		1				
664	合部金光明経　8	隋	宝貴・曇無讖		1	2		3				奇数句（388a）
80	仏為首迦長者説業報差別経　1	隋	法智			1						
402	宝星陀羅尼経　10	唐	波羅頗蜜多羅		3	1		2				奇数句（563b、566a）
220	大般若経　600	唐	玄奘			2		1				巻五七二・五七三・五七六・五七七のみ
310-12	大宝積経・菩薩蔵会	唐	玄奘		3	2		1				
411	大乗大集地蔵十輪経　10	唐	玄奘			1		2				
476	無垢称経　6	唐	玄奘			1		2				

592	請問経 1	唐	玄奘			1						
676	解深密経 5	唐	玄奘			2		1				
680	仏地経 1	唐	玄奘			1						
765	本事経 7	唐	玄奘			1						
1162	持世陀羅尼経 1	唐	玄奘			1						
487	離垢慧菩薩所問礼仏法経 1	唐	那提			1						
1060	千手千眼観世音菩薩広大円満無礙大悲心陀羅尼経 1	唐	伽梵達摩					1				奇数句（108b）
901	陀羅尼集経 12	唐	阿地瞿多			1						
377	大般涅槃経後分 2	唐	若那跋陀羅					1				奇数句（910b）
187	方広大荘厳経 12	唐	地婆訶羅		3	1		2				
347	大乗顕識経 2	唐	地婆訶羅			1						
674	証契大乗経 2	唐	地婆訶羅		2	1		3				
681	大乗密厳経 3	唐	地婆訶羅		2	1						

699	造塔功徳経	1	唐	地婆訶羅			1						
772	大乗四法経	1	唐	地婆訶羅			1						
773	菩薩修行四法経	1	唐	地婆訶羅			1						
836	大方広師子吼経	1	唐	地婆訶羅			1						
842	大方広円覚修多羅了義経	1	唐	仏陀多羅			1						
301	大方広如来不思議境界経	1	唐	実叉難陀					1				
310-15	大宝積経・文殊師利授記会		唐	実叉難陀			1		2				
412	地蔵菩薩本願経	2	唐	実叉難陀					1				
672	大乗入楞伽経	7	唐	実叉難陀		2	1						
700	右繞仏塔功徳経	1	唐	実叉難陀			1						
774	大乗四法経	1	唐	実叉難陀			1						
279	大方広仏華厳経	80	唐	実叉難陀		3	2		1				
697	浴像功徳経	1	唐	宝思惟			1		2				
956	大陀羅尼末法中一字心呪経	1	唐	宝思惟			1						

資料② 《漢訳経典偈頌総覧》

163	妙色王因縁経	1	唐	義浄			1						
217	譬喩経	1	唐	義浄			1						
239	能断金剛般若波羅蜜多経	1	唐	義浄			1						
310-14	大宝積経・仏説入胎蔵会		唐	義浄			1						
455	弥勒下生成仏経	1	唐	義浄			1						
577	大乗流転諸有経	1	唐	義浄			1						
584	長爪梵志請問経	1	唐	義浄			1						
665	金光明最勝王経	10	唐	義浄			2		1				
698	浴仏功徳経	1	唐	義浄			1		2				
756	八無暇有暇経	1	唐	義浄			2		1				
801	無常経	1	唐	義浄			1		2				
985	大孔雀呪王経	3	唐	義浄			1		2				
1349	称讃如来功徳神呪経	1	唐	義浄			1						

1362	善夜経　1	唐	義浄			1						
1374	一切功徳荘厳王経　1	唐	義浄					1				
240	実相般若波羅蜜経　1	唐	菩提流志			1						
310-1	大宝積経・三律義会	唐	菩提流志			1						奇数句（18c、19c）
310-2	大宝積経・無辺荘厳会	唐	菩提流志			1						
310-5	大宝積経・無量寿如来会	唐	菩提流志			1		2				
310-7	大宝積経・被甲荘厳会	唐	菩提流志		2	1						
310-10	大宝積経・文殊師利普門会	唐	菩提流志			1						
310-11	大宝積経・出現光明会	唐	菩提流志		3	1		2				
310-13	大宝積経・仏為阿難説処胎会	唐	菩提流志			1						
310-20	大宝積経・無尽伏蔵会	唐	菩提流志			1						
310-21	大宝積経・授幻師跋陀羅記会	唐	菩提流志			1		2				
310-22	大宝積経・大神変会	唐	菩提流志		2	1						

310-24	大宝積経・優波離会	唐	菩提流志			2		1				
310-25	大宝積経・発勝志楽会	唐	菩提流志			1						
310-27	大宝積経・善順菩薩会	唐	菩提流志		3	1		2				
310-28	大宝積経・勤授長者会	唐	菩提流志			2		1				
310-29	大宝積経・優陀延王経	唐	菩提流志		2	1						
310-30	大宝積経・妙慧童女会	唐	菩提流志			2		1				
310-34	大宝積経・功徳宝花敷菩薩会	唐	菩提流志					1				
310-37	大宝積経・阿闍世王子会	唐	菩提流志			1						
310-40	大宝積経・浄信童女会	唐	菩提流志		3	1		2				
310-42	大宝積経・弥勒菩薩所問会	唐	菩提流志			1						
310-48	大宝積経・勝鬘夫人会	唐	菩提流志			1						
310-49	大宝積経・広博仙人会	唐	菩提流志			1		2				
336	須摩提経　1	唐	菩提流志			2		1				
920	仏心経　3	唐	菩提流志			1		2				

951	一字仏頂輪王経　5	唐	菩提流志			1		2				
952	五仏頂三昧陀羅尼経　4	唐	菩提流志			1		2				
1092	不空羂神変真言経　30	唐	菩提流志		3	2		1				
1130	大乗金剛髻珠菩薩修行分経　1	唐	菩提流志			2		1				
1185	文殊師利法宝蔵陀羅尼経　1	唐	菩提流志			1						A本B本ともに五言偈
1267	使呪法経　1	唐	菩提流志			1						
1268	大使呪法経　1	唐	菩提流志			1						
945	大仏頂如来密因修証了義諸菩薩万行首楞厳経　10	唐	般刺蜜帝			1		2				
164	師子素駄娑王断肉経　1	唐	智厳					1				
847	大乗修行菩薩行門諸経要集　3	唐	智厳			1						
1018	出生無辺門陀羅尼経　1	唐	智厳			1						
848	大毘盧遮那成仏神変加持経　7	唐	善無畏・一行			1		2				

850	摂大毘盧遮那成仏神変加持経	3	唐	輸婆迦羅(善無畏)			1		2				
893	蘇悉地羯羅経	3	唐	輸婆迦羅(善無畏)			1		2				
241	金剛頂瑜伽理趣般若経	1	唐	金剛智			1						「説密語…」
866	金剛頂瑜伽中略出念誦経	4	唐	金剛智			1		2				
867	金剛峯楼閣一切瑜伽瑜祇経	2	唐	金剛智			1		2				
876	金剛頂経瑜伽修習毘盧遮那三摩地法	1	唐	金剛智			2		1				
1149	五大虚空蔵菩薩速疾大神験秘密式経	1	唐	金剛智					1				
243	大楽金剛不空真実三麽耶経	1	唐	不空			1		2				
246	仁王護国般若波羅蜜多経	2	唐	不空		3	2		1				
319	大聖文殊師利菩薩仏刹功徳荘厳経	3	唐	不空			2		1				
404	大集大虚空蔵菩薩所問経	8	唐	不空			2		1				
667	大方広如来蔵経	1	唐	不空					1				
682	大乗密厳経	3	唐	不空			1						

789	金剛頂瑜伽念珠経　1	唐	不空					1				
865	金剛頂一切如来真実摂大乗現証大教王経　3	唐	不空			1		2				
874	金剛頂一切如来真実摂大乗現証大教王経　2	唐	不空			1		2				
950	菩提場所説一字頂輪王経　5	唐	不空			1		2				
953	一字奇特仏頂経　3	唐	不空			1		2				
961	如意宝珠転輪秘密現身成仏金輪呪王経　1	唐	不空		1			2				
972	仏頂尊勝陀羅尼念誦儀軌法　1	唐	不空			1						
982	仏母大孔雀明王経　3	唐	不空		3	1		2				
989	大雲輪請雨経　2	唐	不空					1				
1001	法華曼荼羅威儀形色法経　1	唐	不空			1						
1009	出生無辺門陀羅尼経　1	唐	不空			1		2				
1033	金剛恐怖集会方広儀軌観自在菩薩三世最勝心明王経　1	唐	不空					1				

1040	金剛頂降三世大儀軌法王教中観自在菩薩心真言一切如来蓮華曼拏攞品　1	唐	不空			1						
1067	摂無礙大悲心大陀羅尼経　1	唐	不空		2	1						
1069	十一面観自在菩薩心密言念誦儀軌経　3	唐	不空			1						
1076	七俱胝仏母所説准提陀羅尼経　1	唐	不空			1						
1091	七星如意輪秘密要経　1	唐	不空					1				
1101	大方広曼殊室利経　1	唐	不空			1						
1102	金剛頂経多羅菩薩念誦経　1	唐	不空					1				
1153	普遍光明清浄熾盛如意宝印心無能勝大明王大随求陀羅尼経　2	唐	不空			1		2				
1163	雨宝陀羅尼経　1	唐	不空			1						
1167	八大菩薩曼荼羅経　1	唐	不空			1						
1199	金剛手光明灌頂経最勝立印聖無動尊大威怒王念誦儀軌法品　1	唐	不空			1						

1200	底哩三昧耶不動尊威怒王使者念誦法　1	唐	不空		2	1						
1222	聖迦柅忿怒金剛童子菩薩成就儀軌経　3	唐	不空			1						別本あり（五言）
1225	大威怒烏芻渋麼儀軌経　1	唐	不空			1						
1244	毘沙門天王経　1	唐	不空			1						
1289	金毘羅童子威徳経　1	唐	不空			1						
1299	文殊師利菩薩及諸仙所説吉凶時日善悪宿曜経　2	唐	不空					1				
1005 A	大宝広博楼閣善住秘密陀羅尼経　3	唐	不空			1						
1072 A	聖賀野紇哩縛大威怒王立成大神験供養念誦儀軌法品　2	唐	不空			1						
1098	不空羂索陀羅尼儀軌経　2	唐	不空（阿目佉）			2		1				
159	大乗本生心地観経　8	唐	般若			2		1				
261	大乗理趣六波羅蜜多経　10	唐	般若			1		2				
293	大方広仏華厳経　40	唐	般若			2		1				

300	大方広仏華厳経不思議仏境界分　1	唐	般若					1				
868	諸仏境界摂真実経　3	唐	般若			1						
997	守護国界主陀羅尼経　10	唐	般若			2		1				
852	大毘盧遮那成仏神変加持経　2	唐	法全			1		2				
287	十地経　9	唐	尸羅達摩			2		1				奇数句（563a）
849	大毘盧遮那仏説要略念誦経　1	唐	菩提金剛			2		1				
1065	千光眼観自在菩薩秘密法経　1	唐	蘇縛羅			1						
965	大妙金剛大甘露軍拏利焔鬘熾盛仏頂経　1	唐	達磨栖那			1		2				
1321	施餓鬼甘露味大陀羅尼経　1	唐	跋駄木阿			1						
81	分別善悪報応経　2	宋	天息災			1						
213	法集要頌経　4	宋	天息災			1		2				全偈
546	金耀童子経　1	宋	天息災			1						
759	較量寿命経　1	宋	天息災			1						

1050	大乗荘厳宝王経　4	宋	天息災			1		2				
1191	大方広菩薩蔵文殊師利根本儀軌経　20	宋	天息災					1				
1257	大摩里支菩薩経　7	宋	天息災			1						
1106	讃揚聖徳多羅菩薩一百八名経　1	宋	天息災			1						
2	七仏経　1	宋	法天			1						
3	毘婆尸仏経　2	宋	法天			1						
19	大三摩惹経　1	宋	法天			1						
299	大方広総持宝光明経　5	宋	法天			2		1				
333	大乗日子王所問経　1	宋	法天			1		2				
595	嗟韈曩法天子受三帰依獲免悪道経　1	宋	法天			1						
628	未曾有正法経　6	宋	法天			2		1				
722	妙法聖念処経　8	宋	法天		1	2						
725	六道伽陀経　1	宋	法天			1						全偈

758	諸行有為経 1	宋	法天			1						
804	解憂経 1	宋	法天			1		2				
937	大乗聖無量寿決定光明王如来陀羅尼経 1	宋	法天					1				
1127	普賢菩薩陀羅尼経 1	宋	法天					1				
1129	金剛手菩薩降伏一切部多大教王経 3	宋	法天					1				
1164	大乗聖吉祥持世陀羅尼経 1	宋	法天					1				
1233	無能勝大明王陀羅尼経 1	宋	法天			1						
1245	毘沙門天王経 1	宋	法天			1						
8	大堅固婆羅門縁起経 2	宋	施護					1				
10	白衣金幢二婆羅門縁起経 3	宋	施護					1				
130	給孤長者女得度因縁経 3	宋	施護			2		1				
165	頂生王因縁経 6	宋	施護					1				
173	福力太子因縁経 4	宋	施護			2		1				

230	聖八千頌般若波羅蜜多一百八名真実円義陀羅尼経　1	宋	施護					1				
249	帝釈般若波羅蜜多心経　1	宋	施護			1						
321	護国尊者所問大乗経　4	宋	施護			2		1				
331	無畏授所問大乗経　3	宋	施護			2		1				
346	大方広善巧方便経　4	宋	施護					1				
352	大迦葉問大宝積正法経　5	宋	施護		2	1						奇数句（208c、209b）
372	如幻三摩地無量印法門経　3	宋	施護					1				
424	大集会正法経　5	宋	施護			1		2				
437	大乗宝月童子問法経　1	宋	施護			2		1				
498	初分説経　2	宋	施護			2		1				
505	随勇尊者経　1	宋	施護					1				
516	勝軍王所問経　1	宋	施護			1						
549	光明童子因縁経　4	宋	施護			2		1				

594	大自在天子因地経 1	宋	施護			1							
654	入無分別法門経 1	宋	施護					1					
719	十二縁生祥瑞経 2	宋	施護			1							
775	四無所畏経 1	宋	施護					1					
838	発菩提心破諸魔経 2	宋	施護			2		1					
843	大乗不思議神通境界経 3	宋	施護					1					
882	一切如来真実摂大乗現証三昧大教王経 30	宋	施護			2		1					
883	秘密三昧大教王経 4	宋	施護					1					
884	秘密相経 3	宋	施護			2		1					
885	一切如来金剛三業最上秘密大教王経 7	宋	施護			1		2					
887	無二平等最上瑜伽大教王経 6	宋	施護			2		1					
999	守護大千国土経 3	宋	施護			2		1					
1025	仏頂放無垢光明入普門観察一切如来心陀羅尼経 2	宋	施護			2		1					

1053	聖観自在菩薩功徳讃　1	宋	施護					1				全偈
1126	普賢曼拏羅経　1	宋	施護			1						
1187	最勝妙吉祥根本智最上秘密一切名義三摩地分　2	宋	施護			1		2				
1355	聖最上燈明如来陀羅尼経　1	宋	施護			1						
9	人仙経　1	宋	法賢			1						
15	帝釈所問経　1	宋	法賢			1						
41	頻婆娑羅王経　1	宋	法賢					1				
45	大正句王経　2	宋	法賢			1						
63	解夏経　1	宋	法賢			1						
69	護国経　1	宋	法賢			1						
117	戒香経　1	宋	法賢					1				
126	阿羅漢具徳経　1	宋	法賢			1						奇数句（833b）
166	月光菩薩経　1	宋	法賢					1				
191	衆許摩訶帝経　13	宋	法賢		3	1		2				

資料②《漢訳経典偈頌総覧》

229	仏母宝徳蔵般若波羅蜜経 3	宋	法賢					1				
244	最上根本大楽金剛不空三昧大教王経 7	宋	法賢			1						奇数句（799b他）
363	大乗無量寿荘厳経 2	宋	法賢			2		1				
473	妙吉祥菩薩所問大乗法螺経 1	宋	法賢			1						
488	宝授菩薩菩提行経 1	宋	法賢			1						
548	金光王童子経 1	宋	法賢			1						
845	尊那経 1	宋	法賢			1						
890	瑜伽大教王経 5	宋	法賢			2		1				
939	大乗観想曼拏羅浄諸悪趣経 2	宋	法賢			1		2				
1104	聖多羅菩薩経 1	宋	法賢		2	1						
1169	持明蔵瑜伽大教尊那菩薩大明成就儀軌経 4	宋	法賢			1						
1186	妙吉祥菩薩陀羅尼 1	宋	法賢					1				
1217	妙吉祥最勝根本大教経 3	宋	法賢			1						

312	如来不思議秘密大乗経　20	宋	法護			2		1				
316	大乗菩薩蔵正法経　40	宋	法護			2		1				
359	大乗入諸仏境界智光明荘厳経　5	宋	法護			2		1				
438	大乗大方広仏冠経　2	宋	法護					1				
489	除蓋障菩薩所問経　20	宋	法護					1				
892	大悲空智金剛大教王儀軌経　5	宋	法護			1		2				
260	開覚自性般若波羅蜜多経　4	宋	惟浄			1						
400	海意菩薩所問浄印法門経　18	宋	惟浄			2		1				
550	金色童子因縁経　12	宋	惟浄			2		1				
320	父子合集経　20	宋	日称			2		1				
726	六趣輪廻経　1	宋	日称			1						全偈
728	諸法集要経　10	宋	日称			1		2				全偈
652	大乗随転宣説諸法経　3	宋	紹徳		2	1						
543	巨力長者所問大乗経　3	宋	智吉祥		1	2						

634	大乗智印経 5	宋	智吉祥			2		1				
1188	文殊所説最勝名義経 2	宋	金総持			1						
1192	妙吉祥平等秘密最上観門大教王経 5	宋	慈賢		2	1						
1417	壊相金剛陀羅尼経 1	元	沙囉巴			1						
976	仏頂大白傘蓋陀羅尼経 1	元	沙羅巴			1						
1189	文殊最勝真実名義経 1	元	沙羅巴			1		2				
1108 A	聖救度仏母二十一種礼讃経 1	元	安蔵					1				全偈
977	大白傘蓋総持陀羅尼経 1	元	真知					1				
1190	聖妙吉祥真実名経 1	元	釈智					1				
927	薬師七仏供養儀軌如意王経 1	清	工布査布			3		1		2		

参考文献一覧

ここに掲載するものは、漢訳仏典・漢語仏典と音韻学・詩文学に関する参照すべき文献である。これらを除く個々の参考文献については、各章節の本文や文末註記に示している。（排列は五十音順）

【漢訳仏典・漢語仏典】

一柳知成『玉耶経講話』（新布教学会、一九一八年）
伊藤美重子「敦煌本『大智度論』の整理」（『中国仏教石経の研究――房山雲居寺石経を中心に――』京都大学学術出版会、一九九六年）
岩本裕『仏教と女性』（第三文明社、一九八〇年）
印順述・昭慧整理『『大智度論』の作者とその翻訳』（台湾正観出版社、一九九三年）
植木雅俊『仏教のなかの男女観――原始仏教から法華経に至るジェンダー平等の思想――』（岩波書店、二〇〇四年）
宇井伯寿『訳経史研究』（岩波書店、一九七一年）
臼田淳三「敦煌出土『大智度論』の諸相（上）（下）」（『仏教学研究』三五・三七、一九七九年・一九八一年）
円空「『新菩薩経』『勧善経』『救諸衆生苦難経』校録及其流伝背景之探討」（『敦煌研究』一九九二年第一期）
王昆吾・何剣平『漢文仏経中的音楽史料』（巴蜀書社、二〇〇二年）
王晴慧「浅析六朝漢訳仏典偈頌之文学特色――以経蔵偈頌為主――」（『仏学研究中心学報』第六期、国立台湾大学仏学研究中心、台北、二〇〇一年）

大鹿実秋「鳩摩羅什訳の特質――『維摩詰所説経』のばあい――」（高井隆秀教授還暦記念論集『密教思想』種智院大学密教学会、一九七七年）
梶山雄一・赤松明彦訳『大乗仏典　中国・日本篇1　大智度論』（中央公論社、一九八九年）
加藤純章「大智度論の世界」（『講座大乗仏教2　般若思想』春秋社、一九八三年）
加藤純章「羅什と『大智度論』」（『印度哲学仏教学』一一、一九九六年）
鎌田茂雄「羅什の翻訳活動」（『中国仏教史』第二巻、東京大学出版会、一九八三年）
河野訓『初期漢訳仏典の研究――竺法護を中心として――』（皇學館大学出版部、二〇〇六年）
顔洽茂『仏教語言闡釈――中古仏経詞匯研究――』（杭州大学出版社、一九九七年）
季羨林「浮屠与仏」（『中央研究院歴史言語研究所集刊』一九四七年。後に『季羨林文集』第七巻仏教、江西教育出版社、一九九八年に収める）
木村宣彰「鳩摩羅什の訳経――主要経論の翻訳とその草稿訳について――」（『大谷大学研究年報』三八、一九八五年）
木村宣彰「維摩詰経と毘摩羅詰経」（『仏教学セミナー』四二、一九八五年）
季羨林「再談浮屠与仏」（『季羨林文集』第七巻仏教、江西教育出版社、一九九八年に収める）
龔賢「論七言仏偈伝訳与東晋南朝七言詩」（『衡陽師範学院学報』三一巻一期、二〇一〇年）
黄先炳「也談《法句経》的偈頌及其文学性」（『中国韻文学刊』一九巻二期、二〇〇五年）
胡適「仏教的翻訳文学（上・下）」（『白話文学史』上巻、上海新月書店、一九二八年）
胡適「仏説妙好宝車経」（中国近代人物文集叢書『胡適学術文集　中国仏教史』所収、中華書局、一九九七年、この短文は一九六一年一〇月七日付の手記）
榊亮三郎「偈頌に就きて」（『六條学報』九、一九〇二年）
蔡栄婷「敦煌本《妙好宝車経》研究」《新世紀敦煌学論集》（巴蜀書社、二〇〇三年）

霍旭初「〝般遮瑞響〟考」（『敦煌学与中国史研究論集』二〇〇一年、後に『考証与弁析——西域仏教文化論稿——』新疆美術摂影出版社、二〇〇二年）
三枝充悳「大智度論所収偈頌と中論頌」（『印度学仏教学研究』一五巻一号、一九六六年）
斎藤明「『大智度論』所引の『中論』頌考」（『東洋文化研究所紀要』一四三、二〇〇三年）
齊藤隆信「礼讃偈の韻律——詩の評価とテクスト校訂——」（『浄土宗学研究』二六、二〇〇〇年）
齊藤隆信「善導後身法照的詩和礼讃偈」（『法源』二一期、二〇〇三年／『仏学研究』一二期、二〇〇〇年）
齊藤隆信「法照の礼讃偈における通俗性——その詩律を中心として——」（『浄土宗学研究』三〇、二〇〇四年）
齊藤隆信「中国浄土教礼讃偈における詩律——世親『往生論』から善導『般舟讃』まで——」（『佛教文化研究』五〇、二〇〇六年）
齊藤隆信「善導『観経疏』における讃偈の韻律」（『浄土宗学研究』三二、二〇〇六年）
齊藤隆信「善導の礼讃偈における革新」（『法然仏教とその可能性』法藏館、二〇一二年）
柴田泰「疑経と讃偈——『念仏超脱輪廻捷径経』研究の諸問題——」（『札幌大谷短期大学紀要』一二、一九七九年）
柴田泰「『究竟大悲経』と「臥輪禅師偈」——疑経と讃偈（二）——」（『札幌大谷短期大学紀要』一四・一五合併号、一九八一年）
朱慶之『仏典与中古漢語詞彙研究』（文津出版社、一九九二年）
朱慶之「梵漢《法華経》中的〝偈〟〝頌〟和〝偈頌〟（一）（二）」（四川大学漢語史研究所編『漢語史研究集刊』第三・四輯、巴蜀書社、二〇〇〇年・二〇〇一年）
周一良「論仏典翻訳文学」（『周一良集』第三巻、遼寧教育出版、一九九八年、原載は『申報文史副刊』第三〜五期）
孫尚勇「仏経偈頌的翻訳体例及相関問題」（『宗教学研究』二〇〇五年第一期）

孫尚勇「中古漢訳仏経偈頌詩学価値述略」（『宗教学研究』二〇〇九年第四期）
武田浩学『大智度論の研究』（山喜房仏書林、二〇〇五年）
常盤大定『後漢より宋斉に至る訳経総録』（国書刊行会、一九七三年、初版は東方文化学院東京研究所、一九三八年）
陳允吉「漢訳仏典偈頌中的文学短章」（『社会科学戦線』二〇〇二年第一期）
陳允吉「中古七言詩体的発展与仏偈翻訳」（陳允吉主編『仏経文学研究論集』復旦大学出版社、二〇〇四年）
陳文傑「仏典文体形成原因再討論」（『宗教学研究』二〇〇一年第四期、四川大学宗教研究所）
陳明「漢訳仏経中的偈頌与賛頌簡要弁析」（『南亜研究』二〇〇七年第二期）
中田勇次郎「中国の舞狂歌謡」（『読詞叢考』創文社、一九九八年）
中西和夫『佛教音楽論集』（東方出版、一九九八年）
中村元「クマーラジーヴァ（羅什）の思想的特徴——『維摩経』漢訳のしかたを通じて——」（金倉博士古稀記念『印度学仏教学論集』平楽寺書店、一九六六年）
長谷川慎「唄賛音楽の形成」（『文芸論叢』六〇、二〇〇三年）
長谷川慎「漢訳佛経と唄賛音楽」（『文芸論叢』六二、二〇〇四年）
林屋友次郎「安世高訳の雑阿含と増一阿含」（『仏教研究』一の二、仏教研究会編、大東出版社、一九三七年）
干潟龍祥「大智度論の作者について」（『印度学仏教学研究』七巻一号、一九五八年）
平田昌司「義浄訳「根本説一切有部毘奈耶破僧事」はインド韻律をどう処理したか」（古田敬一教授頌寿記念『中国学論集』汲古書院、一九九七年）
牧田諦亮『疑経研究』（京都大学人文科学研究所、一九七六年）
山口久和「支謙訳維摩経から羅什訳維摩経へ——訳経史研究の支那学的アプローチ——」（『印度学仏教学研究』二六巻一号、一九七七年）

山崎純一『教育からみた中国女性史資料の研究――『女四書』と『新婦譜』三部書――』（明治書院、一九八六年）

兪理明『仏経文献語言』（巴蜀書社、一九九三年）

李立信「論偈頌対我国詩歌所産之影響――以〈孔雀東南飛〉為例――」（中国古典文学研究叢刊『文学与仏学関係』学生書局、一九九四年）

李小栄・呉海勇「仏経偈頌与中古絶句的得名」（陳允吉主編『仏経文学研究論集』復旦大学出版社、二〇〇四年）

David Seyfort Ruegg, "The literature of the Madhyamaka school of philosophy in India," Wiesbaden, Otto Harrassowitz（A History of Indian Literature 7-1, 1981）

Étienne Lamotte, *Le traite de la Grande Vertu de Śagesse de Nāgārjuna*, Tome 1-5（Institut orientaliste, Louvain, 1949-1980）

Erik Zürcher（許理和）"Late Han Vernacular Elements in the Earliest Buddhist Translations"（*Journal of the Chinese Language Teachers Association* vol. 12, 1977）中国語訳は「最早的仏経訳文中的東漢口語成文」（『中国語教師協会会報』第一二巻第三期、一九七七年）

Erik Zürcher（許理和）"A New Look at the Earliest Chinese Buddhist Texts," *From Benares to Beijing: Essays on Buddhism and Chinese Religion*"（edited by Shinohara Koichi and Gregory Schopen, Mosaic Press, 1991）中国語訳は「関於初期漢訳仏経的新思考」（『漢語史研究集刊』第四輯、巴蜀書社、二〇〇一年）

Jan Nattier *A Guide to the Earliest Chinese Buddhist Translations*（創価大学高等仏教研究所、二〇〇八年）

Paul Harrison "The *Ekottarikagama* Translations of An Shigao"（*INDICA ET TIBETICA: BAUDDHA VIDYASUDHAKARAH*, 1997）

Sodo Mori（森祖道）"On the *Fenbiegongdelun*（分別功徳論）"（『印度学仏教学研究』一九巻一号、一九七〇年）

Yang Lu "Narrative and Historicity in the Buddhist Biographies of Early Medieval China: The case of Kumarajiva," *Asia Major Third Series* 2004-2, pp. 1-43.

【音韻学・詩文学】

伊藤正文・一海知義編訳『中国古典文学体系⑯　漢・魏・六朝詩集』（平凡社、一九七二年）

于安瀾『漢魏六朝韻譜』（汲古書院、一九七〇年、初版は于海晏著　謝国彦校、北平、中華印書局、一九三六年）

王力『漢語語音史』（中国社会科学出版社、一九八五年）

王力「古体詩的用韻（上・中・下）」（『漢語詩律学』上海教育出版社、一九七九年、初版一九五八年）

王力「濁音上声変化説」（一九二七年稿、『王力文集』第一八巻、山東教育出版社、一九九一年）

王力「上古韻部及常用字帰部表」（『古代漢語』二冊付録）、「詩韻常用字表」（同四冊付録、中華書局、一九六二年）

王力「南北朝詩人用韻考」（『清華学報』一一巻三期、一九三六年、後に『龍虫並雕斎文集』第一冊、中華書局、一九八〇年、『王力語言学論文集』商務院書館、二〇〇〇年に再録）

汪啓明「古合韻評議」（四川大学漢語史研究所編『漢語史研究集刊』第二輯、巴蜀書社、二〇〇〇年）

大島正二『中国言語学史　増訂版』（汲古書院、一九九八年）

小川環樹『中国詩人選集　唐詩概説』（岩波書店、一九五八年、後に『小川環樹著作集』第二巻に所収、筑摩書房、一九九七年）

小川環樹「唐詩の押韻——韻書の拘束力——」（『中国語学研究』創文社、一九七七年）

尾崎雄二郎『中国語音韻史の研究』（創文社、一九八〇年）

金文京「詩讃系文学試論」（『中国——社会と文化——』七、東大中国学会、一九九二年）

洪藝芳「従敦煌通俗韻文看唐五代西北方音的韻類」（『敦煌学』二〇、一九九五年）

高本漢（Karlgren）『中国音韻学研究』（趙元任・李方桂訳、商務印書館、一九四八年）

史存直『漢語音韻学論文集』（華東師範大学出版社、一九九七年）

史存直「古音〝祭〟部是独立的韻部嗎？」（『漢語音韻学論文集』華東師範大学出版社、一九九七年）

朱慶之「佛典与漢語音韻研究——二〇世紀国内佛教漢語研究回顧之一——」（四川大学漢語史研究所編『漢語史研

究集刊』第二輯、巴蜀書社、二〇〇〇年）
周祖謨『魏晋南北朝韻部之演変』（東大図書公司、一九九六年）
周祖謨「切韻的性質及其音系基礎」（『問学集』中華書局、一九六六年）
周祖謨『広韻校本』上下（中華書局、一九六〇）
将冀騁「王梵志詩用韻考」（『敦煌吐魯番学研究論集』書目文献出版社、一九九六）
高田時雄『敦煌資料による中国語史の研究――九・十世紀の河西方言――』（創文社、一九八八年）
逯欽立輯校『先秦漢魏晋南北朝詩』全三冊（中華書局、一九八三年）
丁声樹『古今字音対照手冊』（科学出版社、一九五八年）
唐作藩・馮春田ほか『王力語言学詞典』（山東教育出版社、一九九五年）
董同和『上古音韻表稿』（中央研究院歴史語言研究所、一九四四年）
馬宗霍「唐人用韻考」（『音韻学通論』四、商務印書館、一九三一年）
范新幹「濁上変去発端於三国時代考」（四川大学漢語史研究所編『漢語史研究集刊』第二輯、巴蜀書社、二〇〇〇年）
平山久雄「中古漢語の音韻」（『中国文化叢書1　言語』大修館書店、一九六七年）
古川末喜『初唐の文学思想と韻律論』（知泉書館、二〇〇三年）
福井佳夫『六朝美文学序説』（汲古書院、一九九八年）
鮑明煒『唐代詩文韻部研究』（江蘇古籍出版社、一九九〇年）
松浦友久『中国詩歌原論――比較詩学の主題に即して――』（大修館書店、一九八六年）
松浦友久『リズムの美学――日中詩歌論――』（明治書院、一九九一年）
松浦友久『中国詩文の言語学――対句・声調・教学――』（研文出版、二〇〇三年）
松浦崇編著『全三国詩索引』（櫂歌書房、一九八五年）

水谷真成「上中古の間における音韻史上の諸問題」（『中国文化叢書1　言語』大修館書店、一九六七年、後に水谷真成『中国語史研究――中国語学とインド学との接点――』三省堂、一九九四年）

水谷真成「永明期における新体詩の成立と去声の推移」（吉川博士退休記念『中国文学論集』筑摩書房、一九六八年、後に水谷真成『中国語史研究――中国語学とインド学との接点――』三省堂、一九九四年）

水谷真成「梵語音を表わす漢字における声調の機能」（『名古屋大学文学部二十周年記念論集』一九六八年、後に『中国語史研究――中国語学とインド学との接点――』三省堂、一九九四年）

水谷真成『中国語史研究――中国語学とインド学との接点――』三省堂、一九九四年）

兪敏「後漢三国梵漢対音譜」（『中国語文学論文選』光生館、一九八四年、後に『兪敏語言学論文集』商務印書館、一九九九年）

羅常培・周祖謨『漢魏晋南北朝韻部演変研究』（科学出版社、一九五八年）

羅常培『唐五代西北方音』（国立中央研究院歴史言語研究所　単刊甲種之一、一九三三年）

頼惟勤著、水谷誠編『中国古典を読むために――中国語学史講義――』（大修館書店、一九九六年）

頼惟勤『頼惟勤著作集Ⅰ　中国音韻論集』（汲古書院、一九八九年）

李珍華・周長楫『漢字古今音表』修訂本（中華書局、一九九九年）

李方桂『上古音研究』（商務印書館、一九八〇年）

李栄「隋韻譜」（『音韻存稿』商務印書館、一九八二年）

李敦柱著、藤井茂利訳『漢字音韻学の理解』（風間書房、二〇〇四年）

劉綸鑫主編『魏晋南北朝詩文韻集与研究（韻集部分）』（中国社会科学出版社、二〇〇二年）

龍宇純『韻鏡校注』（藝文印書館、台北、一九九九年、第一三刷）

『校正宋本広韻』（張氏澤存堂本）、藝文印書館、台北、一九九八年）

『玉篇』（中文出版社、一九八五年）

Bernhard Karlgren（高本漢）, *Grammata Serica Recensa*（SMC Publishing inc., Taipei, 1996）

Ding Bangxin 丁邦新, *Chinese Phonology of the Wei-Chin Period: Reconstruction of the Finals as Reflected in Poetry*（『魏晋音韻研究』中央研究院歴史言語研究所、一九七五年）

W. South Coblin, *A Handbook of Earstern Han Sound Glosses*（The Chinese University Press, Hong Kong, 1983）

初出一覧

第一部　総　論

第一章　研究序説

第一節　本研究の構想・目的、意義および方法論（書き下ろし）

第一節　中華の韻文と漢語音韻学（書き下ろし）

第一節　来華僧の漢語能力（「来華僧の漢語能力」福原隆善先生古稀記念論集『佛宝僧論集』山喜房仏書林、二〇一三年）

第二章　漢語仏典における偈の形態論——中華の韻文との連動——（「漢訳仏典における偈の形態論——中華の韻文との連動——」『印度学仏教学研究』五六巻一号、二〇〇七年）

第三章　有韻の偈と中国詩（「漢語佛典における偈の研究——有韻の偈——」香川孝雄博士古稀記念論集『仏教学浄土学研究』永田文昌堂、二〇〇一年）

第二部　各　論

第一章　gāthā の訳語とその変遷——絶・縛束・偈・伽他——（「漢訳経典における gāthā の訳語とその変遷——絶・縛束・偈・伽他——」『印度学仏教学研究』五四巻一号、二〇〇五年）

第二章　漢魏両晋南北朝期の有韻偈頌（書き下ろし）

第三章　支謙の訳経における偈の詩律（「支謙と鳩摩羅什譯佛典における偈の詩律」『仏教史学研究』四三の一、二〇〇〇年）

第四章　支謙の訳偈——五部経典における偈頌の訳者——（「漢訳佛典中偈頌的韻律与『演道俗業経』」「支謙所譯經典

中偈頌的研究――四部經典中偈頌的漢譯者――」『法源』一八期・一九期、北京、二〇〇〇年、二〇〇一年）

第五章　竺法護訳『龍施菩薩本起経』の有韻偈頌と漢訳者（「漢語仏典における偈の研究――竺法護訳『龍施菩薩本起経』の詩律をめぐって――」『印度学仏教学研究』五二巻一号、二〇〇三年、「『龍施菩薩本起経』の有韻偈頌と漢訳者について」『佛教大学総合研究所紀要』一三、二〇〇六年）

第六章　西晋失訳『玉耶女経』の長行に説かれる韻文と女性徳育（「西晋失訳『玉耶女経』の長行に説かれる韻文」『印度学仏教学研究』五八巻二号、二〇一〇年、「女性徳育と『玉耶女経』の韻文」『印度学仏教学研究』五九巻一号、二〇一〇年）

第七章　鳩摩羅什の詩と『大智度論』における偈の韻律（「鳩摩羅什の詩と『大智度論』の偈」『印度学仏教学研究』五五巻一号、二〇〇六年）

第八章　白延訳『須頼経』の偈と覓歴の高声梵唄（「白延訳『須頼経』の偈と覓歴の「高声梵唄」」多田孝正博士古稀記念論集『仏教と文化』山喜房仏書林、二〇〇八年、「白延訳『須頼経』の偈と覓歴の高声梵唄」『印度学仏教学研究』五七巻一号、二〇〇八年）

第九章　中国撰述経典における偈とその韻律（「漢語仏典における偈の研究――中国撰述経典における偈とその韻律――」『仏教史学研究』四八の一、二〇〇五年）

第十章　敦煌本『七女観経』とその偈（「敦煌本『七女観経』とその偈」髙橋弘次先生古稀記念論集『浄土学仏教学論叢』第二巻、山喜房仏書林、二〇〇四年）

第十一章　偈の律動によるテキスト校訂の可能性（「偈の韻律によるテキスト校訂の可能性」『印度学仏教学研究』五三巻一号、二〇〇四年）

第十二章　通押の許容とその要因（「漢語仏典における偈の通押とその要因」『印度学仏教学研究』六〇巻一号、二〇一一年）

終　章　本研究の総括・課題と展望（書き下ろし）

あとがき

「田舎の学問より京の昼寝」とはよく言ったものだ。京都で仏教とかかわっていると、なるほど昼寝同然の生活の中にも耳目を驚かすような話題がとびこんでくるわけで、そうした情報を組み合わせて歳月を重ねるうちに、一冊の本ができあがってしまった。恵まれた環境にわが身を置く幸せに感謝しなければならない。

学生結婚だったこともあり大学院を修了して帰郷するつもりでいたが、幸運なことに博士課程在学中の平成六（一九九四）年、知恩院浄土宗学研究所に拾っていただいた。そこですごした環境と時間は貴重だった。総本山とはいえ、一寺院が研究所を維持することは経費の面でも管理の面でも大きな負担である。それにもかかわらず多くの時間を研究活動に充てられるようご配慮いただいた本山当局をはじめ、当時主任であった髙橋弘次先生、副主任の福原隆善先生には心より感謝申しあげたい。法然上人七五〇年遠忌に開設された宗学研究所、その五年後に浄土宗学研究所へと発展的に改組されたのが昭和四一（一九六六）年七月一日であり、それは私がこの世に生を享けた日であったことにも因縁を感じる。

大学院在学中からの八年間は、牧田諦亮先生の京都宅で毎週金曜日の午前、落合俊典先生が中心となって開かれていた七寺古逸経典研究会に参加し、それまでの私の狭い視野を大いに拡張する機縁となった。最年少の私は幸か不幸か昼食の買い出し係だったこともあって欠席が許されず、そのおかげで入れ替わり立ち替わり来訪される異分野の先生方の謦咳に接することとなり、その都度みずからの至らなさを痛感するとともに、研究の最前線を駆け抜けている心地よさを堪能できた。そして共同研究による連帯感と参会者全員で一つの成果をあげる醍醐味も知ることもできた。また研究会と並行して大谷大学において大内文雄先生と漢文テキストを会読した二年半では常に懇切なる薫陶を頂戴した。まさしく驥尾に附した貴重な八年間となった。

研究会は『七寺古逸経典研究叢書』全六冊（大東出版社、一九九四年～二〇〇〇年）の報告によって閉会となったが、それと時を同じくする平成一二（二〇〇〇）年に、中国仏教協会の招聘により交換訪問学者として北京市に赴いた。その二年間の北京研修において本研究を成就するための下準備ができたといってよい。大陸で縁を結ぶことができた多くの方々からも大いに啓発され、僧侶養成機関の仏学院を研究拠点としていたこともあり、大学では知ることのできないサンガを間近で見聞できたことは机上の研究とは異なる有意義な経験となった。

平成一四（二〇〇二）年の帰国と同時に、京都大学人文科学研究所の共同研究員として、高田時雄先生が主催される「王玄策研究会」に参加することになった。研究会での四年間、班員による資料の緻密な読解と妥協ない姿勢に同所のアカデミックな伝統を肌で感じることができた。また平成一五（二〇〇三）年には佛教大学文学部に奉職し、学科をこえて隣接する領域からの知見も得ることができた。さらに翌年には国際仏教学大学院大学において集中講義「漢語仏典における偈の韻律研究」を担当することになった。講義の準備に多くの時間を費やすことになり、結果的にはこれが本書を上梓する一因となっている。その他にも、さまざまな学会や研究会、そして公開講座などでも発表する機会を得、有益な批正を種々頂戴した。それは自己の研究の歩みを止めて、それまでの道のりを顧みる機会となり、新たな情報を得るとともに不備を補う大切な時間でもあった。

学位請求論文の審査では、福原隆善先生に主査の労をとっていただき、副査には藤堂俊英先生、そして落合俊典先生に加わっていただいてご高見とご批評を拝領した。審査後にも高田時雄先生から懇切なご教示を賜わったことも心強かった。それらをどれだけ反映させることができたのか心もとないが、本書に誤読や誤解があれば、それはひとえに筆者の責である。

不肖を顧みず本書を公表するのは、他でもなく一つのくぎりをつけ、次のステップにつなげたかったからである。第一章では研究の構想として大風呂敷をひろげたものの、「大山鳴動して鼠一匹」ではあるまいかと今は兢々としている。しかしながら、鼠一匹だけでも出てきてくれたならば、無駄ではなかったとみずからを慰撫したい。

本書の出版については、仏教書肆の老舗法藏館にお引き受けいただいた。このような奇怪な本、在庫をかかえることになるのではないかと思うと心苦しい。とりわけ編集の田中夕子さんには大変お世話になった。著者だからこそ気づくことのできない瑕疵をことごとく指摘していただいた。また持留浩二先生（佛教大学英米学科）には、お忙しい中拙い英文目次をお目通しいただいた。ここに、これまでの研究と本書の上梓にかかわって下さった多くの方々に心より感謝申しあげたい。そして、「田舎の学問より京の昼寝」をおおらかに見守ってくれた郷里の両親と、高校生のときからずっと昼寝につきあってくれている妻に万謝の意を表したい。

二〇一三年八月一八日

観譽隆信

本書の出版に際しては、佛教大学より平成二五（二〇一三）年度の出版助成を受けた。

索　引

書名索引

あ行――

か行――

さ行——

た行——

な行——

は行——

ま行――

や行――

ら行——

Alphabet——

人名索引

あ行——

か行――

さ行——

た行——

な行——

は行——

ま行——

や行——

ら行——

わ行——

Alphabet

A Study of *Gāthās* in Chinese Buddhist Scriptures

By

Saito Takanobu

Associate Professor
Bukkyo University

HŌZŌKAN Kyoto 2013

CONTENTS

齊藤隆信（さいとう　たかのぶ）

1966年、新潟県長岡市生れ　佛教大学大学院文学研究科博士課程満期退学。

知恩院浄土宗学研究所研究助手、中国仏教協会交換訪問学者を経て、現在佛教大学仏教学部准教授、博士（文学）

【著書論文】

『七寺古逸経典研究叢書』第2、4、5、6巻（共著、大東出版社、1994～2000年)、『浄土宗読誦聖典　観念法門』（四季社、2002年)、『新アジア仏教史第七巻・中国Ⅱ隋唐』（共著、佼成出版社、2010年)、「『浄度三昧経』と竺法護訳経典」（『佛教大学総合研究所紀要』4、1997年)、「漢訳佛典中偈頌的韻律与《演道俗業経》」（《法源》18期、2000年)、「法然の戒と念仏」（『法然上人研究論文集』、2011年)、「善導の礼讃偈における革新」（『法然仏教とその可能性』法藏館、2012年)、「日華佛教研究会顚末記」（『浄土宗学研究』38、2012年）など

漢語仏典における偈の研究

二〇一三年一一月一一日　初版第一刷発行

著　者　齊藤隆信

発行者　西村明高

発行所　株式会社　法藏館
京都市下京区正面通烏丸東入
郵便番号　六〇〇-八一五三
電話　〇七五-三四三-〇〇三〇（編集）
〇七五-三四三-五六五六（営業）

装幀者　山崎　登

印刷・製本　中村印刷株式会社

ISBN978-4-8318-7399-6 C3015